譯註
禮記類編大全
❻

譯註
禮記類編大全

❻

최석정崔錫鼎 저
정병섭鄭秉燮 역

　본 역서는 조선후기 학자인 최석정(崔錫鼎)의 『예기유편대전(禮記類編大全)』을 번역한 것이다. 최석정은 예학이나 조선사에서 자주 거론되는 인물이므로, 별도로 설명을 덧붙이지는 않겠다. 역자가 이 책을 번역한 것은 최석정의 학문적 업적을 밝히려거나 조선 예학사의 특징을 규명하고자 하는 거창한 의도에 의한 것이 아니다. 또 그럴 만한 그릇도 안 된다. 이 책을 번역하게 된 것은 아주 사소한 이유 때문이다. 모교에 있는 한국유경편찬센터에 잠시 들렀다가 책장에 꽂혀 있는 『예기유편』과 『예기유편대전』을 보게 되었다. 호기심에 책을 뽑아 펼쳐보니 『예기』에 대한 주석서인 것 같은데, 경문(經文) 순서가 내가 알고 있던 것과 전혀 달라서 유심히 살펴보게 되었다. 내용을 읽어나가다 보니 최석정이 자신의 견해에 따라 『예기』 전체 문장을 재배열하였다는 것을 알게 되었다. 그 당시는 때마침이라는 표현이 적합할 정도로 강의가 끝난 방학 중이었고 밀린 일거리도 없어서 약간의 휴식기에 접어들던 참이었다. 휴식이라고 해보았자 한없이 나태해질 것이 뻔하였으므로, 이 책을 펼친 김에 번역을 시작하게 되었다. 이것이 내가 이 책을 번역한 지극히도 사소하고 자잘한 이유이다.

　최석정의 『예기유편(禮記類編)』은 본래 『예기』의 경문(經文)만 수록하고, 간단한 음주(音註) 등을 덧붙인 책이다. 이후 진호(陳澔)의 『집설(集說)』과 최석정의 부주(附註)가 덧붙여져 『예기유편대전(禮記類編大全)』이 편찬되었는데, 역자가 번역한 것은 바로 『예기유편대전』이다. 이 책의 가장 큰 특징은 『예기』 경문의 배열을 재배치했다는 점이다. 권근(權近)의 『예기천견록(禮記淺見錄)』 또한 경문의 배열을 바꾸고 있지

4

만, 하나의 편 안에서만 이루어진 작업이었다. 반면 이 책은 편의 구분에 구애되지 않고 동일한 주제에 따라 경문을 새롭게 배열했다는 점에서, 예학사와 경학사적 측면에서 중요한 자료가 된다. 또『효경(孝經)』을『예기』의 부류라고 여겨서, 하나의 편으로 삽입한 것 또한 주목해볼 점이다.

나는 재질도 보잘것없고 성격도 게을러서 학문도 깊지 못하다. 따라서 번역서를 내놓을 때마다 항상 부끄럽고 또 부끄럽다. 이 책에 나온 오역은 모두 역자의 실력이 부족해서이다. 다른 사람에게 도움이 되고자 출판하는 것이 번역서인데, 보잘것없는 재주로 인해 오히려 해를 끼치고 있지 않은가 반성하게 된다. 다만 이 책을 발판으로 더 좋은 번역서가 나왔으면 하는 바람이다. 끝으로『예기유편대전』을 출판할 수 있도록 허락해주신 학고방의 하운근 사장님께 감사를 전한다.

- 본 책은 역주서(譯註書)로써, 『예기유편대전(禮記類編大全)』을 완역하고, 자세한 주석을 첨부했다.

- 『예기유편대전』은 진호(陳澔)의 『예기집설(禮記集說)』에 대한 주석서로, 『예기』의 경문(經文)과 진호의 『집설』을 수록하고 자신의 견해를 덧붙이고 있다.

- 『예기유편대전』의 가장 큰 특징은 경문 배열을 수정한 것이다. 각 편의 구분에 구애되지 않고, 각 문장들을 주제별로 묶어서 순서를 바꾼 것이 많다. 이러한 점들을 나타내기 위해, 각 편의 첫 부분에는 『예기집설』의 문장순서와 『예기유편대전』의 문장순서를 비교하여 도표로 제시하였고, 각 경문 기록 뒤에는 〈001〉·〈002〉·〈003〉 등으로 표시하여, 이 문장이 『예기집설』에서는 몇 번째 문장에 해당하는지 나타내었다. 또 다른 편에서 가져온 기록인 경우, 숫자 앞에 각각의 편명을 제시하였다.

- 『예기』 경문 해석은 진호의 『집설』에 따랐다. 최석정의 부주(附註)에는 진호의 해석에 대해 이견을 나타낸 것이 많은데, 특별한 경우를 제외하면 주석을 통해 최석정의 경문 해석을 확인할 수 있으므로, 최석정의 주석에 따른 새로운 경문 해석은 별도로 제시하지 않았다.

- 『예기유편대전』은 수권(首卷), 1~40권, 말권(末卷)으로 구성되어 있다. 말권에는 예류혹문(禮類或問)과 부록(附錄)이 수록되어 있다. 그러나 혹문과 부록의 원문이 입력되지 않은 상태여서 번역을 하지 못했다. 따라서 이 책은 수권으로부터 40권까지를 번역한 것이며, 혹문과 부록의 원문이 이후 입력된다면 나중에 보권으로 출판할 계획이다.

- 본 역서의 『예기유편대전(禮記類編大全)』 원문과 표점은 한국유경편찬센터(http://ygc.skku.edu)의 자료를 사용하였다.

- 『예기유편대전』의 주석 대상이 되는 『예기집설』의 저본은 다음과 같다.

『禮記』, 서울 : 保景文化社, 초판 1984 (5판 1995)

- 經文 으로 표시된 것은 『예기』의 경문 기록이다.

- 集說 로 표시된 것은 진호의 『집설』 기록이다.

- 類編 으로 표시된 것은 『예기유편』의 본래 주석이다.

- 附註 로 표시된 것은 『예기유편』을 『예기유편대전』으로 출판하며 덧붙여진 최석정의 부주이다.

禮記類編大全卷之二十九 『예기유편대전』 29권

禮記類編大全卷之二十六

『예기유편대전』 26권

◇ 儒行第二十六 / 「유행」 26편

類編 此篇亦記孔子對哀公之言, 論儒者之行.

이 편 또한 공자가 애공에게 대답한 말을 기록하고 있는데, 유자의 행실에 대해 논의한 것이다.

類編 本居投壺之下.

본래는 『예기』「투호(投壺)」편 뒤에 수록되어 있었다.

「유행」편 문장 순서 비교		
『예기집설』	『예기유편대전』	
	구분	문장
001		001
002		002
003		003
004		004
005		005
006		006
007		007
008		008
009		009
010		010
011		011
012		012
013		013
014		014
015		015
016		016
017		017
018		018

【001】

魯哀公問於孔子曰: "夫子之服, 其儒服與?" 孔子對曰: "丘少居魯, 衣[去聲]逢掖之衣. 長居宋, 冠[去聲]章甫之冠. 丘聞之也, 君子之學也博, 其服也鄉, 丘不知儒服."〈001〉

노나라 애공이 공자에게 묻기를 "선생께서 착용한 복장은 유자의 복장입니까?"라고 하자, 공자는 대답을 하며 "저는 젊어서는 노나라에 살았으므로 소매가 넓은 홑옷을 착용했습니다.「衣'자는 거성으로 읽는다.」 장성해서는 송나라에 살았으므로 장보의 관을 썼습니다.「冠'자는 거성으로 읽는다.」 제가 듣기로 군자의 학문이 넓어진다 하더라도 그가 착용하는 복장은 살고 있는 마을의 것이라고 했으나 저는 유자의 복장에 대해서는 모르겠습니다."라고 했다.

集說 鄭氏曰: 逢, 猶大也, 大掖之衣.

정현이 말하길, '봉(逢)'자는 "크다."는 뜻이니, 소매가 넓은 옷을 뜻한다.

集說 疏曰: 謂肘掖之所寬大, 故鄭云大袂襌衣也.

소에서 말하길, 팔꿈치와 겨드랑이 부분이 넓고 큰 것을 뜻한다. 그렇기 때문에 정현은 소매가 큰 홑옷이라고 했다.

集說 應氏曰: 儒之名始見於周官, 曰儒以道得民, 末世不充其道, 而徒於其服. 哀公覘孔子之被服儒雅, 而威儀進趨, 皆有與俗不同者, 怪而問之. 孔子不敢以儒自居也, 故言不知儒服.

응씨가 말하길, '유(儒)'라는 명칭은 처음으로 『주례』에 나오며, "유(儒)는 도로써 백성들을 얻는다."[1]라고 했는데, 말세에는 그 도를 확충하지 못하고 단지 그 복장만 착용하는 무리들이 생겨났다. 애공은 공자가 의복을 착용한 것이 단아하고 의젓하며 위엄과 격식을 갖춰 행동하여 모든

---

1) 『주례』「천관(天官)・대재(大宰)」: 以九兩繫邦國之名: 一曰牧, 以地得民; 二曰長, 以貴得民; 三曰師, 以賢得民; 四曰儒, 以道得民; 五曰宗, 以族得民; 六曰主, 以利得民; 七曰吏, 以治得民; 八曰友, 以任得民; 九曰藪, 以富得民.

면에서 세속과는 다른 점이 있는 것을 보고, 그것을 괴이하게 여겨 질문한 것이다. 공자는 감히 유자로 자처할 수 없었기 때문에, 유자의 복장에 대해서는 모른다고 대답했다.

集說 郊特牲云: "章甫, 殷道也." 蓋緇布冠, 殷世則名章甫. 章, 明也. 所以表明丈夫, 故謂之章甫耳.

『예기』「교특생(郊特牲)」편에서는 "장보(章甫)를 쓰는 것은 은나라 때의 도이다."라고 했다. 치포관(緇布冠)을 은나라 때에는 '장보(章甫)'라고 불렀을 것이다. '장(章)'자는 "밝힌다."는 뜻이다. 즉 장부임을 드러내는 도구이기 때문에, '장보(章甫)'라고 부르는 것일 뿐이다.

【002】

哀公曰: "敢問儒行." 孔子對曰: "遽數之, 不能終其物. 悉數之, 乃留, 更僕未可終也." 哀公命席, 孔子侍曰: "儒有席上之珍以待聘, 夙夜强 [上聲]學以待問, 懷忠信以待擧, 力行以待取. 其自立有如此者." 〈002〉

애공이 말하길 "감히 유자의 행실에 대해서 묻겠습니다."라고 하자, 공자는 대답하길 "급작스럽게 몇 가지만 열거한다면 그 내용을 모두 설명할 수 없습니다. 그렇다고 모두 열거를 하자면 오래 머물러 계셔야 하니, 부관을 교대시키더라도 끝마칠 수 없을 정도입니다."라고 했다. 애공은 자리를 깔도록 명령하여 공자를 앉도록 하니, 공자는 애공을 모시며 말하길, "유자에게는 자리 위에 보배가 있으면 보배를 사줄 자가 찾아오기를 기다리고, 밤낮으로 학문에 힘써['强'자는 상성으로 읽는다.] 자문해오길 기다리며, 충심과 신의를 품어서 천거되기를 기다리고, 힘써 실천하여 선택되기를 기다림이 있습니다. 유자는 스스로 확립함에 이와 같은 점이 있는 자들입니다."라고 했다.

集說 卒遽而數之, 則不能終言其事; 詳悉數之, 非久留不可. 僕, 臣之擯相者. 久則疲倦, 雖更代其僕, 亦未可得盡言之也. 公於是命設席, 使孔子坐侍而言之.

갑작스럽게 열거한다면 그 사안에 대해서 끝까지 말할 수 없고, 자세히 열거하자면 오랜 시간 머물러 있지 않으면 설명할 수 없다는 뜻이다. '복(僕)'자는 신하 중 의례의 진행을 돕는 자들을 뜻한다. 오랜 시간이 경과하면 피로하게 되니, 비록 부관들을 교대시키더라도 또한 다 말할 수 없다는 뜻이다. 애공은 이에 명령하여 자리를 설치하도록 하고, 공자로 하여금 자리에 앉아 자신을 모시며 설명하도록 했다.

集說 呂氏曰: 席上之珍, 自貴而待價者也. 儒者講學於間燕, 從容乎席上, 而知所以自貴以待天下之用. 強學以待問, 懷忠信以待擧, 力行以待取, 皆我自立而有待也. 德之可貴者人必禮之, 學之博者人必問之, 忠信可任者人必擧之, 力行可使者人必取之. 故君子之用於天下, 有所待而不求焉.

여씨가 말하길, 자리 위의 보배는 그 자체로 귀하지만 사줄 자를 기다리는 것이다. 유자는 한가롭게 머물 때에는 강학을 하며, 자리 위에서는 침착하게 행동하니, 스스로를 존귀하게 여겨서 천하에 사용될 때를 기다릴 줄 알았던 것이다. 힘써 학문을 하여 자문을 기다리고, 충심과 신의를 품어서 천거되길 기다리며, 힘써 실천하여 선택되기를 기다리는 것들은 모두 스스로 확립하고서 기다리는 것이다. 존귀하게 여길만한 덕을 갖춘 자에 대해서는 사람들이 반드시 그를 예우하게 되고, 널리 배운 자에 대해서는 사람들이 반드시 그에게 자문하게 되고, 임무를 맡길 정도의 충심과 신의를 갖춘 자에 대해서는 사람들이 반드시 그를 천거하게 되며, 심부름을 시킬 정도로 힘써 실천한 자에 대해서는 사람들이 반드시 그를 쓰게 된다. 그렇기 때문에 군자는 천하에 사용됨에 있어서 기다림은 있어도 직접적으로 찾아 나서지는 않는다.

【003】

"儒有衣冠中, 動作愼. 其大讓如慢, 小讓如僞, 大則如威, 小則如愧.
其難進而易退也, 粥粥[燭]若無能也. 其容貌有如此者."〈003〉

공자가 계속하여 말하길, "유자는 의관을 바르게 하고 행동을 신중히 함이
있습니다. 그래서 크게 사양할 때에는 남들이 보기에 마치 거만한 것처럼
보이지만 실제로는 여유롭기 때문이고, 작게 사양할 때에는 남들이 보기에
거짓된 것처럼 보이지만 실제로는 다급하지 않기 때문이며, 크게 나타나는
것에 있어서는 남들이 범할 수 없는 위엄이 있는 것처럼 보이고, 작게 나타
나는 것에 있어서는 감히 어찌할 수 없어 부끄러워하는 것처럼 보입니다.
유자는 나아갈 때 신중을 기하여 어렵게 하고, 물러날 때에는 곧바로 하니
쉽게 하며, 유약하여['粥'자의 음은 '燭(촉)'이다.] 남들이 보기에는 마치 무능한
것처럼 보입니다. 유자는 행동거지에 이와 같은 점이 있는 자들입니다."라
고 했다.

集說 中, 猶正也. 論語曰: "君子正其衣冠."

'중(中)'자는 "바르다[正]."는 뜻이다. 『논어』에서는 "군자는 의관을 바르
게 한다."[2]라고 했다.

集說 方氏曰: 衣冠中者, 言衣之在身, 冠之在首, 皆中於禮也. 動作
愼者, 言心之所動, 事之所作, 皆愼其德也. 大讓, 所以自抗, 故如慢
而不敬; 小讓, 所以致曲, 故如僞而不誠. 方其容貌之大也, 則有所不
可犯, 故如威. 及其容貌之小也, 則有所不敢爲, 故如愧. 三揖而後
進, 故曰難進. 一辭而遂退, 故曰易退. 粥粥者, 柔弱之狀, 故若無能

---

2) 『논어』「요왈(堯曰)」: 子張問於孔子曰, "何如斯可以從政矣?" 子曰, "尊五美,
屛四惡, 斯可以從政矣." 子張曰, "何謂五美?" 子曰, "君子惠而不費, 勞而不怨,
欲而不貪, 泰而不驕, 威而不猛." 子張曰, "何謂惠而不費?" 子曰, "因民之所利
而利之, 斯不亦惠而不費乎? 擇可勞而勞之, 又誰怨? 欲仁而得仁, 又焉貪? 君
子無衆寡, 無小大, 無敢慢, 斯不亦泰而不驕乎? 君子正其衣冠, 尊其瞻視, 儼
然人望而畏之, 斯不亦威而不猛乎?"

也. 是皆禮之所脩, 道之所與也.

방씨가 말하길, "의관이 중(中)하다."는 말은 의복은 몸에 착용하고 관은 머리에 쓰는데, 둘 모두 예법에 맞다는 뜻이다. "동작이 신(愼)하다."는 말은 마음이 움직인 것과 사안으로 나타난 것들이 모두 그 덕을 신중히 나타냈다는 뜻이다. 크게 사양함은 스스로를 높이는 것이기 때문에 마치 거만하여 공경하지 않는 것처럼 보이며, 작게 사양함은 세세한 것까지 다하는 것이기 때문에 마치 거짓되어 진실되지 않은 것처럼 보인다. 그 용모의 큰 것을 본받게 된다면, 남이 범할 수 없는 점이 생긴다. 그렇기 때문에 위엄이 있는 것처럼 보인다. 용모의 작은 것에 있어서는 감히 할 수 없는 점이 생기기 때문에 마치 부끄러워하는 것처럼 보인다. 세 차례 읍을 한 이후에 나아가기 때문에 "나아가기를 어렵게 한다."라고 했다. 한 차례 사양을 하고 곧바로 물러나기 때문에 "물러나길 쉽게 한다."라고 했다. '죽죽(粥粥)'은 유약한 모습을 뜻한다. 그렇기 때문에 마치 무능한 것처럼 보인다. 이것들은 모두 예법에 따라 수양하고 도가 부여된 것이다.

【004】

"儒有居處齊[齋]難[去聲]. 其坐起恭敬, 言必先信, 行[去聲]必中正, 道塗不爭險易之利, 冬夏不爭陰陽之和. 愛其死以有待也, 養其身以有爲也. 其備豫有如此者."〈004〉

공자가 계속하여 말하길, "유자는 거처함에 가지런함과['齊'자의 음은 '齋(재)'이다.] 장엄함이['難'자는 거성으로 읽는다.] 있습니다. 앉거나 일어남에는 공경스럽고, 말을 할 때에는 반드시 신의가 앞서며, 행동을['行'자는 거성으로 읽는다.] 할 때에는 반드시 올바름에 맞고, 도로에서는 험하거나 평이한 이로움을 다투지 않으며, 겨울과 여름에는 따뜻하거나 시원한 곳을 다투지 않습니다. 자신의 생명을 소중히 여겨서 등용되기를 기다림이 있고, 자신을 잘 길러서 앞으로 시행할 것들을 갖춥니다. 유자는 미리 대비함에 이와 같은 점이 있는 자들입니다."라고 했다.

集說 鄭氏曰: 齊難, 齊莊可畏難也.

정현이 말하길, '재난(齊難)'은 가지런하고 장엄하여 두려워하고 어려워할만 하다는 뜻이다.

集說 呂氏曰: 事豫則立, 不豫則廢, 儒者之學皆豫也. 擬之而後言, 議之而後動. 故學有豫則義精, 義精則用不匱. 若其始也, 不敬則身不立, 不立則道不充. 仲弓問仁, 子曰: "出門如見大賓, 使民如承大祭; 己所不欲, 勿施於人." 居處齊難, 坐起恭敬, 言必先信, 行必中正. 所謂如見大賓, 如承大祭, 敬也. 道塗不爭險易之利, 冬夏不爭陰陽之和, 所謂己所不欲, 勿施於人, 恕也. 惟敬與恕, 則忿懲欲窒, 身立德充, 可以當天下之變而不避, 任天下之重而不辭, 備豫之至有如此者也.

여씨가 말하길, 일은 미리 대비하면 성립되지만 미리 대비하지 못하면 실패하니,[3] 유자의 학문은 모두 미리 대비하는 것에 해당한다. 견준 뒤에 말하고 의논한 뒤에 행동하기 때문에[4] 학문에 미리 대비함이 있다면 뜻이 정밀해지고, 뜻이 정밀해지면 사용함에 다함이 없게 된다. 만약 시작함에 있어서 공경스럽지 못하다면 자신이 확립되지 못하고, 자신이 확립되지 못한다면 도가 확충되지 못한다. 중궁이 인(仁)에 대해서 묻자, 공자는 "대문을 나서게 되면 큰 빈객을 뵌 것처럼 행동하고, 백성들을 부릴 때에는 큰 제사를 받드는 것처럼 해야 하며, 자신이 하고 싶지 않은 것을 남에게 시행해서는 안 된다."라고 했다.[5] 거처를 가지런히 하여 남들이 어렵게 여길만하게 하며, 앉거나 일어날 때 공경스럽고, 말을 할 때 반드시 신의가 앞서며, 행동을 할 때 반드시 올바름에 합당하다는 것은 이른

---

3) 『중용』「20장」: 凡事豫則立, 不豫則廢. 言前定則不跆, 事前定則不困, 行前定則不疚, 道前定則不窮.
4) 『역』「계사상(繫辭上)」: 擬之而後言, 議之而後動, 擬議以成其變化.
5) 『논어』「안연(顔淵)」: 仲弓問仁, 子曰, "出門如見大賓, 使民如承大祭, 己所不欲, 勿施於人. 在邦無怨, 在家無怨." 仲弓曰, "雍雖不敏, 請事斯語矣."

바 큰 빈객을 뵙는 것처럼 하고 큰 제사를 받드는 것처럼 한다는 뜻으로 공경함에 해당한다. 도로를 갈 때 험하거나 평이하다는 이로움을 다투지 않고, 겨울과 여름에는 음양이 조화로운 곳을 다투지 않는다는 것은 이른 바 자신이 하고 싶지 않은 것을 남에게 시행하지 않는다는 뜻으로 서에 해당한다. 경과 서를 갖춘다면, 분노가 그치고 욕심이 막히며 자신이 확립되고 덕이 확충되어, 천하의 온갖 변화에 대해서도 피하지 않고 천하의 중책을 맡더라도 사양하지 않을 수 있으니, 미리 대비함을 지극히 함에 이와 같은 점이 있는 자이다.

集說 劉氏曰: 不爭, 非特恕也, 亦以愛死養身以有待有爲. 不爭小者近者, 以害大者遠者也.

유씨가 말하길, 다투지 않는다는 말은 단지 서(恕)에만 해당하는 것이 아니며, 이를 통해 생명을 소중히 여기고 자신을 잘 길러서 기다림과 시행함을 갖추는 것이다. 즉 작고 가까이 있는 것을 다투어 크고 멀리 있는 것을 해치지 않는 자이다.

【005】

"儒有不寶金玉, 而忠信以爲寶; 不祈土地, 立義以爲土地; 不祈多積[玆四反], 多文以爲富. 難得而易祿也, 易祿而難畜[許六反]也. 非時不見[現], 不亦難得乎? 非義不合, 不亦難畜乎? 先勞而後祿, 不亦易祿乎? 其近人有如此者."〈005〉

공자가 계속하여 말하길, "유자는 금이나 옥을 보배로 여기지 않고 충심과 신의를 갖춰서 이것을 보배로 여기며, 토지를 받고자 기원하지 않고 의를 확립하여 이것을 토지로 삼으며, 많이 축적하기를['積'자는 '玆(자)'자와 '四(사)'자의 반절음이다.] 기원하지 않고 많은 문채를 갖추는 것을 부유함으로 여깁니다. 얻는 것을 어렵게 여겨서 녹봉을 쉽게 받으며, 녹봉을 쉽게 받지만 축적하기를['畜'자는 '許(허)'자와 '六(륙)'자의 반절음이다.] 어렵게 여깁니다. 때가 아니면 나타나지['見'자의 음은 '現(현)'이다.] 않으니, 또한 얻기가 어렵지 않겠습니까? 의롭지 않다면 합하지 않으니, 또한 축적하기 어렵지 않겠습니까? 먼저 수고롭게 일한 뒤에야 녹봉을 받으니, 또한 녹봉을 쉽게 받지 않겠습니까? 유자는 사람과 가까이 함에 이와 같은 점이 있는 자들입니다."라고 했다.

集說　呂氏曰: 儒者之於天下, 所以自爲者德而已, 所以應世者義而已. 趙孟之所貴, 趙孟能賤之; 我之所可貴, 人不得而奪也. 此金玉土地多積, 不如信義多文之貴也. 難得難畜, 主於義而所以自貴也. 雖曰自貴, 時而行, 義而合, 勞而食, 未始遠於人而自異也.

여씨가 말하길, 유자는 천하에 대해 스스로 행위하는 것은 덕에 따른 것일 뿐이며, 세상에 호응하는 것은 의에 따른 것일 뿐이다. 조맹이 귀하게 해준 것은 또한 조맹이 천하게도 할 수 있지만,6) 내가 귀하게 여기는 것을 남은 빼앗을 수 없다. 이것은 금·옥·토지나 많이 축적하는 것은 신의·의로움이나 많은 문채를 갖추는 것의 존귀함만 못하다는 뜻이다. 얻기를 어렵게 여기고 축적하기를 어렵게 여기는 것은 의로움을 위주로 하여 스스로를 존귀하게 하는 것이다. 비록 스스로 존귀하게 여긴다고 하지만, 때를 기다려서 시행하고 의로움에 맞아야 화합하며 수고롭게 일한 뒤에 식록을 받으니, 애초부터 사람과 동떨어져서 스스로 차이를 두지 않았던 것이다.

【006】
"儒有委之以貨財, 淹之以樂[五敎反]好, 見利不虧其義, 劫之以衆, 沮之以兵, 見死不更其守. 鷙蟲攫搏不程勇者, 引重鼎不程其力, 往者不悔, 來者不豫. 過言不再, 流言不極. 不斷[短]其威, 不習其謀. 其特

<hr />

6) 『맹자』「고자상(告子上)」 : 人之所貴者, 非良貴也. 趙孟之所貴, 趙孟能賤之.

立有如此者."〈006〉

공자가 계속하여 말하길, "유자는 재화를 맡고 좋아하는['樂'자는 '五(오)'자와 '敎(교)'자의 반절음이다.] 것으로 그를 빠져들게 하더라도, 이로움을 보더라도 의로움을 훼손시키지 않고, 많은 무리로 겁을 주고 병사로 겁박을 주더라도, 죽음이 다가오더라도 지키는 것을 바꾸지 않습니다. 사나운 맹수가 공격을 한다고 하더라도 용맹한 정도를 헤아리지 않고, 무거운 솥을 끌더라도 힘을 헤아리지 않으니, 가는 것에 대해서는 후회하지 않고 올 것에 대해서는 미리 짐작하지 않습니다. 잘못된 말은 반복하지 않고 떠도는 소문에 대해서는 끝까지 추궁하지 않습니다. 그 위엄스러운 태도는 끊을['斷'자의 음은 '短(단)'이다.] 수가 없고, 그가 모의한 것은 연습하지 않아도 됩니다. 유자는 우뚝 섬에 이와 같은 점이 있는 자들입니다."라고 했다.

集說 過言, 出於己之失, 知過則改, 故不再. 流言, 出於人之毁, 禮義不讐, 故不極. 極, 猶終也, 言不終爲所毁也. 不斷其威者, 言其威容不可得而挫折也. 不習其謀者, 言其謀必可成, 不待嘗試而後見於用也.

잘못된 말은 자신의 과실에서 나온 것이어서, 잘못을 안다면 고치기 때문에 반복하지 않는다. 떠도는 말은 남의 비방에서 나온 것이지만 예의에는 허물이 되지 않기 때문에 추궁하지 않는다. '극(極)'자는 "끝까지 다하다."는 뜻이니, 헐뜯는 것에 대해 끝까지 추궁하지 않는다는 의미이다. "그 위엄을 끊지 못한다."는 말은 위엄을 갖춘 행동거지를 좌절시킬 수 없다는 뜻이다. "그 모의한 것은 연습하지 않는다."는 말은 그가 모의한 것은 반드시 완성되므로, 시험을 한 뒤에야 활용함에 그 성과가 드러날 때까지 기다리지 않는다는 뜻이다.

集說 鄭氏曰: 淹, 謂浸漬之. 劫, 脅也. 沮, 恐怖之也. 鷙蟲, 猛鳥獸也.

정현이 말하길, '엄(淹)'자는 침잠하여 젖어든다는 뜻이다. '겁(劫)'자는 "위협하다."는 뜻이다. '저(沮)'자는 두렵게 한다는 뜻이다. '지충(鷙蟲)'

은 사나운 조류와 짐승을 뜻한다.

集說 方氏曰: 鷙猛之蟲, 當攫搏之, 不程量其勇而後往, 此況儒者
勇足以犯難而無顧也. 引重鼎不程其力, 又以況儒者材足以任事而
有所勝也. 往者不悔, 非有所吝而不改也, 爲其動則當理而未嘗至於
悔. 來者不豫, 非有所忽而不防也. 爲其機足以應變而不必豫耳. 過
言則失其正, 流言則失其原, 過言不免乎出, 然一之爲甚也, 矧可再
而二乎? 流言不免乎聞, 必止之以智也, 詎可極而窮乎?

방씨가 말하길, 사납고 난폭한 짐승이 공격하게 되는데도 자신의 용맹함
을 헤아린 뒤에야 가지 않는데, 하물며 유자의 재목이 그 임무를 맡기에
충분하여 돌아봄이 없는 경우에는 어떻겠는가. 무거운 솥을 끌 때에도
자신의 힘을 헤아리지 않는데, 또한 하물며 유자의 재목이 그 임무를 맡
기에 충분하여 충분히 해낼 수 있는 경우에는 어떻겠는가. 가는 것을 후
회하지 않는 것은 인색한 점에 대해서 고치지 않는 것이 없기 때문이니,
행동을 하게 되면 도리에 합당하게 해서 일찍이 후회하는 지경에 이른
적이 없다. 오는 것을 미리 예상하지 않는 것은 소홀한 점에 대해 방비하
지 않은 것이 없기 때문이니, 그 재치가 변화에 호응하기에 충분하여 미
리 대비할 필요가 없을 따름이다. 잘못된 말은 바름을 잃어버린 것이고,
떠도는 말은 본래의 의미를 잃은 것인데, 잘못된 말은 내뱉지 않을 수
없지만 한 번이면 족하다고 여기니, 하물며 재차 반복하겠는가? 떠도는
말은 듣지 않을 수 없지만 반드시 지혜로움을 발휘하여 그치게 하니, 어
찌 끝까지 추궁하여 따질 수 있겠는가?

【007】
"儒有可親而不可劫也, 可近而不可迫也, 可殺而不可辱也. 其居處不
淫, 其飲食不溽, 其過失可微辨而不可面數也. 其剛毅有如此者."〈007〉

공자가 계속하여 말하길, "유자는 친하게 대하는 것은 괜찮지만 위협해서는 안 되고, 가까이 하는 것은 괜찮지만 다그쳐서는 안 되며, 죽이는 것은 괜찮지만 욕보이게 해서는 안 되는 점이 있습니다. 그의 거처는 사치를 부리지 않고 음식에 있어서도 맛좋은 것만 추구하지 않으며, 잘못을 저질렀을 때에는 은미하게 따지는 것은 괜찮지만 면전에서 하나하나 따져서는 안 됩니다. 유자는 강직하여 굴하지 않음에 이와 같은 점이 있는 자들입니다."라고 했다.

集說 呂氏曰: 儒者之立, 立於義理而已. 剛毅而不可奪, 以義理存焉. 以義交者, 雖疏遠必親. 非義加之, 雖強禦不畏. 故有可親可近可殺之理, 而不可劫迫辱也. 淫, 侈溢也. 溽, 濃厚也. 侈其居處, 厚其飲食, 欲勝之也, 欲勝則義不得立; 不淫不溽, 所以立義也. 其過失可微辨而不可面數, 此一句尙氣好勝之言, 於義理未合. 所貴於儒者, 以見義必爲, 聞過而改者也, 何謂可微辨不可面數? 待人可矣, 自待則不可也. 子路聞過則喜, 孔子幸人之知過, 成湯改過不吝. 推是心也, 苟有過失, 雖怨詈且將受之, 況面數乎?

여씨가 말하길, 유자가 스스로를 확립함에는 의리에서 확립할 따름이다. 강직하여 굴하지 않아서 빼앗을 수 없으니, 의리를 보존하고 있기 때문이다. 의(義)로써 사귀는 경우 비록 소원한 관계라도 반드시 친하게 된다. 의(義)가 아닌 것으로 상대에게 시행하면 비록 억지로 강요하더라도 외경하지 않는다. 그렇기 때문에 친근히 할 수 있고 가까이 할 수 있으며 죽일 수 있는 이치는 있지만, 위협하거나 다그치거나 욕보일 수는 없다. '음(淫)'자는 사치를 부리고 과도하게 한다는 뜻이다. '욕(溽)'자는 짙고 진하게 한다는 뜻이다. 거처에 대해 사치를 부리고 음식을 맛좋은 것으로만 하는 것은 욕심이 이기는 것이니, 욕심이 이기게 된다면 의(義)가 확립될 수 없다. 따라서 사치를 부리지 않고 음식을 맛좋은 것으로만 하지 않는 것은 의(義)를 확립하는 방법이다. 과실에 대해서는 은미하게 변별할 수 있지만 면전에서 하나하나 따질 수는 없는데, 이 구문은 혈기를 높이고 이기는 것만 좋아하는 말은 의리에 합치되지 않는다는 뜻이다. 유자에 대해 존귀하게 여기는 것은 의(義)를 보면 반드시 시행하고 잘못을 듣게 되면 고치는 것인데, 어찌 은미하게 변별하는 것은 괜찮다고 하며 면전에서 하나하나 따질 수는 없다고 하는가? 이것은 상대를 대할 때에는 괜찮은 말이지, 스스로에게 적용하는 경우라면 불가하다. 자로는 잘못에 대해 듣게 되면 기뻐하였고,[7] 공자는 남이 자신의 잘못을 알아차리는 것을 다행으로 여겼으며,[8] 탕임금은 잘못을 고치는데 인색하지 않았다.[9] 이러한 마음을 미루어보면, 과실이 있어서 비록 책망을 하더라도 받아들이는데, 하물며 면전에서 하나하나 따지는 경우라면 어떻겠는가?

【008】

“儒有忠信以爲甲冑, 禮義以爲干櫓, 戴仁而行, 抱義而處. 雖有暴政, 不更其所. 其自立有如此者.”〈008〉

공자가 계속하여 말하길, “유자는 충심과 신의를 지켜서 이를 갑옷과 투구로 삼고, 예와 의를 따라서 이를 방패로 삼으며, 인을 얹어 행동하고 의를 품어 처신합니다. 비록 폭정이 가해지더라도 지키는 것을 바꾸지 않습니다. 유자는 스스로 확립함에 이와 같은 점이 있는 자들입니다.”라고 했다.

集說 鄭氏曰: 甲, 鎧; 冑, 兜鍪也. 干櫓, 小楯大楯也.

정현이 말하길, ‘갑(甲)’자는 갑옷을 뜻하며, ‘주(冑)’자는 투구를 뜻한다. ‘간로(干櫓)’는 작은 방패와 큰 방패를 뜻한다.

---

7) 『논어』「공야장(公冶長)」: 子曰, “道不行, 乘桴浮于海. 從我者其由與?” 子路聞之喜. 子曰, “由也好勇過我, 無所取材.”

8) 『논어』「술이(述而)」: 陳司敗問昭公知禮乎, 孔子曰, “知禮.” 孔子退, 揖巫馬期而進之, 曰, “吾聞君子不黨, 君子亦黨乎? 君取於吳爲同姓, 謂之吳孟子. 君而知禮, 孰不知禮?” 巫馬期以告. 子曰, “丘也幸, 苟有過, 人必知之.”

9) 『서』「상서(商書)·중훼지고(仲虺之誥)」: 惟王不邇聲色, 不殖貨利. 德懋懋官, 功懋懋賞, 用人惟己, 改過不吝, 克寬克仁, 彰信兆民.

呂氏曰: 忠信則不欺, 不欺者, 人亦莫之欺也. 禮者敬人, 敬人
者, 人亦莫之侮也. 忠信禮義, 所以禦人之欺侮, 猶甲冑干櫓可以捍
患也. 行則尊仁, 居則守義, 所以自信者篤, 雖暴政加之, 有所不變
也. 自立之至者也. 首章言自立, 論其所信所守, 足以更天下之變而
不易. 二者皆自立也, 有本末先後之差焉.

여씨가 말하길, 충심과 신의를 갖췄다면 속이지 않고, 속이지 않는 자에
대해서는 남들 또한 그를 속이지 않는다. 예(禮)는 남을 공경하는 것이
니, 남을 공경하는 자에 대해서는 남들 또한 그를 업신여기지 않는다.
충심과 신의, 예와 의는 남이 속이거나 업신여기는 것을 막는 방법이니,
마치 갑옷과 방패가 우환을 막을 수 있는 것과 같다. 행동하게 되면 인
(仁)을 존숭하고 머물 때에는 의(義)를 지키는 것은 스스로 신의를 지키
는 것이 독실한 것으로, 비록 폭정을 그에게 가하더라도 변치 않는 점이
있다. 이것은 스스로 확립함이 지극한 자에 해당한다. 첫 장에서는 스스
로 확립하는 것을 말했는데, 이곳에서는 신의를 지키고 고수하는 것을
논의하여, 이로써 천하의 변화를 고치며 자신은 바꾸지 않을 수 있다고
했다. 두 가지는 모두 스스로 확립하는 것에 해당하는데, 본말과 선후의
차이가 있다.

【009】

"儒有一畝之宮, 環堵之室, 篳門圭窬[豆], 蓬戶甕牖, 易衣而出, 幷日
而食. 上答之不敢以疑, 上不答不敢以諂. 其仕有如此者." 〈009〉

공자가 계속하여 말하길, "유자는 1무의 담장이 있고 1도로 둘러싼 집에
가시나무나 대나무로 엮은 대문을 내고 담장을 뚫어 작은 문을['窬'자의 음은
'豆(두)'이다.] 내며, 풀을 엮은 방문과 옹기처럼 둥글게 뚫은 창문을 낸 집에
살며, 공용의 외출복을 갈아입고 출타하며, 2~3일에 하루치의 음식을 먹는
일이 있습니다. 그렇더라도 윗사람이 자신의 도의에 합치되면 감히 의심하
지 않고, 윗사람이 자신의 도의에 합치되지 않더라도 감히 아첨하지 않습

니다. 유자는 벼슬살이함에 이와 같은 점이 있는 자들입니다."라고 했다.

集說 疏曰: 一畝, 謂徑一步長百步也. 折而方之, 則東西南北各十步. 宮, 牆垣也, 牆方六丈. 環, 周廻也. 方丈爲堵, 東西南北各一堵. 蓽門, 以荊竹織門也. 圭窬, 穿牆爲之, 門旁小戶也, 上銳下方, 狀如圭. 蓬戶, 編蓬爲戶也. 甕牖者, 牕牖圓如甕口也. 又云以敗甕口爲牖. 易衣而出者, 合家其一衣, 出則更著之也. 幷日而食者, 謂不日日得食, 或三日二日, 幷得一日之食也.

소에서 말하길, '일무(一畝)'는 직경 1보(步)10)로 길이가 100보(步)인 것을 뜻한다. 그것을 쪼개어 사각형으로 만들면, 동서의 길이와 남북의 길이가 각각 10보(步)가 된다. '궁(宮)'자는 담장을 뜻하니, 담장은 사방 6장(丈)의 길이이다. '환(環)'자는 두른다는 뜻이다. 사방 1장(丈)의 크기가 1도(堵)11)가 되니, 동서의 길이와 남북의 길이가 각각 1도(堵)이다. '필문(蓽門)'은 가사나무와 대나무를 엮어서 만든 문이다. '규두(圭窬)'는 담장을 뚫어서 만드니, 대문의 측면에 낸 작은 문으로, 위로는 뾰족하게 되고 아래로는 사각형이 되어 그 모습이 규(圭)와 비슷하다. '봉호(蓬戶)'는 봉(蓬)이라는 풀을 엮어서 만든 방문이다. '옹유(甕牖)'는 창문을 원형으로 만들어서 항아리의 주둥이처럼 만드는 것이다. 또는 깨진 항아리의 주둥이로 창문대신 단다고도 말한다. "옷을 바꿔 입고서 나간다."는 말은 같은 집에 사는 사람들이 모두 하나의 외출복을 공용으로 사용하고 있어서, 어떤 자가 나가게 되면 그 옷으로 갈아입는다는 뜻이다. "날을 합쳐서 먹는다."는 말은 날마다 음식을 먹는 것이 아니며, 3일이나 2일마다 하루

---

10) 보(步)는 길이를 재는 단위이다. 5척(尺)을 1보(步)로 삼기도 했고, 주(周)나라 때에는 8척을 1보로 삼기도 했으며, 진(秦)나라 때에는 6척을 1보로 삼기도 하여, 단위가 일정하지 않았다.
11) 도(堵)는 성곽이나 담장 등을 측량할 때 사용하는 단위이다. 고대에는 판축법을 사용하여 흙을 쌓아 담을 올렸는데, 1개의 판(版) 길이에 5개 판의 높이가 1도(堵)가 된다.

치의 음식을 한꺼번에 먹는다는 뜻이다.

集說 上答之不敢以疑者, 道合則就, 卽信之而不疑, 無患失之心也. 上不答不敢以諂者, 不合則去, 卽安之而不諂, 無患得之心也.

"윗사람이 응답하더라도 감히 의심하지 않는다."는 말은 도리가 합하여 관직에 나아갔다면 믿고 의심하지 않으며, 잃을까 근심하는 마음이 없다는 뜻이다. "윗사람이 응답하지 않더라도 감히 아첨하지 않는다."는 말은 도리가 합치되지 않으면 떠나며, 곧 그것에 안주하여 아첨하지 않으니, 얻으려고 근심하는 마음이 없다는 뜻이다.

【010】

"儒有今人與居, 古人與稽, 今世行之, 後世以爲楷. 適弗逢世, 上弗援, 下弗推, 讒諂之民有比黨而危之者, 身可危也, 而志不可奪也. 雖危起居, 竟信[申]其志, 猶將不忘百姓之病也. 其憂思[去聲]有如此者."〈010〉

공자가 계속하여 말하길, "유자는 오늘날의 사람들과 살면서도 옛 사람들과 도를 상고하여, 현세에 고대의 도리를 시행하고 후세에 법도로 삼도록 합니다. 나아감에 알맞은 시대를 만나지 못하고, 위로는 당겨주는 이가 없으며, 아래로는 올려주는 이가 없는데, 헐뜯고 아첨하는 백성들이 무리를 지어 위협하면, 몸을 위태롭게 할 수 있을지라도 뜻은 빼앗을 수 없습니다. 비록 행동하고 머무는데 위협을 가하더라도 결국 자신의 뜻을 믿으며['信'자의 음은 '申(신)'이다.] 오히려 백성들이 근심하는 일에 대해서는 하루라도 잊은 적이 없습니다. 유자는 근심하고 생각함에['思'자는 거성으로 읽는다.] 이와 같은 점이 있는 자들입니다."라고 했다.

集說 楷, 法式也. 上弗援, 在上者, 不引我以升也; 下不推, 在下者, 不擧我以進也. 危起居, 謂因事中傷之也. 信其志, 謂志不可奪也. 時有否泰, 道有通塞, 然其憂思, 則未嘗一日而忘生民之患也.

'해(楷)'자는 법도를 뜻한다. '상불원(上弗援)'은 위에 있는 사람이 자신을 이끌어서 위로 올려주지 않는다는 뜻이며, '하불추(下弗推)'는 아래에 있는 사람이 자신을 천거하여 등용시키지 않는다는 뜻이다. "행동하거나 머무는 것을 위태롭게 한다."는 말은 사안에 따라서 해를 입힌다는 뜻이다. "뜻을 믿는다."는 말은 뜻을 빼앗을 수 없다는 뜻이다. 때에는 막히는 경우가 있고 통하는 경우도 있으며, 도에도 통하는 경우가 있고 막히는 경우도 있는데, 근심하고 생각함에 있어서는 하루라도 백성들의 걱정을 잊은 적이 없다.

【011】

"儒有博學而不窮, 篤行而不倦, 幽居而不淫, 上通而不困. 禮之以和爲貴, 忠信之美, 優游之法. 慕賢而容衆, 毀方而瓦合. 其寬裕有如此者."〈011〉

공자가 계속하여 말하길, "유자는 널리 배우되 중단하지 않고, 독실하게 실천하되 게으름을 피우지 않으며, 쓸쓸하고 궁벽한 곳에 있더라도 음란하게 행동하지 않고, 위로 통달하되 곤궁하지 않음이 있습니다. 예를 본체로 삼지만 활용에 있어서는 조화로움을 존귀하게 여기고, 충심과 신의를 아름다움으로 삼으며, 관대함을 법도로 삼습니다. 현명한 자를 사모하고 대중들을 포용하며, 헐어서 모나게 만들고 합하여 원형으로 만듭니다. 유자는 관대하게 포용함에 이와 같은 점이 있는 자들입니다."라고 했다.

集說 博學不窮, 溫故知新之益也. 篤行不倦, 賢人可求之德也. 幽居不淫, 窮不失義也. 上通不困, 達不離道也. 禮之體嚴, 而用貴於和. 忠信, 禮之質也, 故以忠信爲美. 優游, 用之和也, 故以優游爲法. 賢雖在所當慕, 衆亦不可不容. 汎愛衆而親仁, 亦是意也. 毀方而瓦合者, 陶瓦之事, 其初則圓, 剖而爲四, 其形則方. 毀其圓以爲方, 合其方而復圓, 蓋於涵容之中, 未嘗無分卞之意也. 故曰其寬裕有如此者.

"널리 배우되 중단하지 않는다."는 말은 옛 것을 익숙히 하고 새로운 것을 아는 것[12]이 확장된 것이다. "독실하게 실천하되 게으름을 피우지 않는다."는 말은 현명한 자 중에서도 오래 지속할 수 있는 덕을 갖춘 것이다.[13] "쓸쓸하고 궁벽한 곳에 있더라도 음란하게 하지 않는다."는 말은 곤궁하더라도 의(義)를 잃지 않는 것이다.[14] "위로 통달하되 곤궁하지 않다."는 말은 영달하게 되어도 도에서 떨어지지 않는다는 것이다.[15] 예(禮)의 본체는 엄중한데 활용에 있어서는 조화로움을 존귀하게 여긴다. 충심과 신의는 예의 본질이다. 그렇기 때문에 충심과 신의를 아름다움으로 삼는다. 여유로운 것은 활용의 조화로움이다. 그렇기 때문에 여유로움을 법도로 삼는다. 현명한 자에 대해서는 비록 마땅히 사모해야 할 대상이지만, 대중들 또한 포용하지 않을 수 없다. "널리 대중들을 사랑하되 인(仁)한 자를 친근히 대한다."[16]는 말 또한 이러한 의미에 해당한다. "헐어서 모나게 만들고 조각조각 합한다."는 말은 질그릇 및 기와 등을 만들 때, 처음에는 원형으로 만들고 그것을 쪼개어 4조각으로 만드는데, 그 형태는 사각형이 된다. 원형이었던 것을 헐어서 사각형으로 만들고, 사각형인 것을 합하여 다시 원형으로 만드는 것이니, 관대하게 포용하는 가운데에서도 일찍이 분별의 뜻이 없었던 적이 없다는 의미이다. 그렇기 때문에 "그 관대함에 이와 같은 점이 있다."라고 했다.

---

12) 『논어』「위정(爲政)」: 子曰, "溫故而知新, 可以爲師矣." / 『중용』「27장」: 故君子尊德性而道問學, 致廣大而盡精微, 極高明而道中庸, 溫故而知新, 敦厚以崇禮.
13) 『역』「계사상(繫辭上)」: 易則易知, 簡則易從, 易知則有親, 易從則有功, 有親則可久, 有功則可大, 可久則賢人之德, 可大則賢人之業.
14) 『맹자』「진심상(盡心上)」: 尊德樂義, 則可以囂囂矣. 故士窮不失義, 達不離道. 窮不夫義, 故士得己焉, 達不離道, 故民不失望焉.
15) 『맹자』「진심상(盡心上)」: 尊德樂義, 則可以囂囂矣. 故士窮不失義, 達不離道. 窮不夫義, 故士得己焉, 達不離道, 故民不失望焉.
16) 『논어』「학이(學而)」: 子曰, "弟子, 入則孝, 出則悌, 謹而信, 汎愛衆, 而親仁. 行有餘力, 則以學文."

【012】

"儒有內稱不辟[避]親, 外擧不辟怨. 程功積事, 推賢而進達之[句], 不望其報. 君得其志, 苟利國家, 不求富貴. 其擧賢援[平聲]能有如此者."〈012〉

공자가 계속하여 말하길, "유자는 친족 내부에서 천거하더라도 친하다는 이유로 천거를 피하지['辟'자의 음은 '避(피)'이다.] 않고, 외적으로 원한이 있는 자를 천거하더라도 원한이 있다는 이유로 천거를 피하지 않습니다. 공적을 헤아리고 실적을 취합하여, 현명한 자를 추대하고 나아가 달통하게 하되['之'자에서 구문을 끊는다.] 보답을 바라지 않습니다. 군주가 뜻을 실현하여 만약 국가가 이롭게 되더라도 부귀함을 바라지 않습니다. 유자는 현명한 자를 천거하고 유능한 자를 발굴함에['援'자는 평성으로 읽는다.] 이와 같은 점이 있는 자들입니다."라고 했다.

集說 疏曰: 君得其志, 謂此賢者輔助其君, 使君得遂其志也.

소에서 말하길, "군주가 그 뜻을 얻었다."는 말은 현명한 자가 군주를 보필하여 군주로 하여금 그 뜻을 실현할 수 있도록 만든다는 의미이다.

集說 應氏曰: 程筭其功, 積累其事, 不輕薦也. 下不求報於人, 上不求報於國.

응씨가 말하길, 그 공적을 헤아리고 일의 실적을 쌓으며, 경솔하게 천거하지 않는다. 밑으로 남에게서 보답을 구하지 않고, 위로 나라에 대해 보답을 구하지 않는다.

【013】

"儒有聞善以相告也, 見善以相示也, 爵位相先也, 患難[去聲]相死也, 久相待也, 遠相致也. 其任擧有如此者."〈013〉

공자가 계속하여 말하길, "유자는 선함을 들으면 서로에게 알려주고, 선함을 보게 되면 서로에게 보여주며, 작위에 대해서는 서로에게 먼저 하라고 양보하고, 환란에['難'자는 거성으로 읽는다.] 대해서는 서로 목숨을 던지며, 오래된 관계에서도 서로를 대우하고, 소원한 관계에서도 서로를 이루어줌이 있습니다. 유자는 벗에게 임무를 맡기거나 천거함에 이와 같은 점이 있는 자들입니다."라고 했다.

集說 呂氏曰: 舉賢授能, 儒者所以待天下之士也, 任擧者, 所以待其朋友而已, 必同其好惡也. 故聞善相告, 見善相示, 必同其憂樂也. 故爵位相先, 患難相死. 彼雖居下, 不待之同升則不升; 彼雖疎遠, 不致之同進則不進. 此任擧朋友加重於天下之士者, 義有厚薄故也.

여씨가 말하길, 현명한 자와 유능한 자를 천거하고 발탁하는 것은 유자가 천하의 사들을 대우하는 것이며, 맡기고 천거하는 것은 벗을 대우하는 것일 따름인데, 반드시 좋아함과 싫어함을 동일하게 해야 한다. 그렇기 때문에 선함을 들으면 서로 알려주고, 선함을 보게 되면 서로 보여준다. 또 반드시 근심과 즐거움을 함께 해야 한다. 그렇기 때문에 작위에 대해서는 서로 먼저 하라고 양보하며, 환란에 대해서는 서로 목숨을 바친다. 상대가 비록 낮은 자리에 있더라도 함께 오르도록 대우하지 않는다면 오르지 않고, 상대가 비록 소원한 관계에 있더라도 함께 나아가도록 하지 않는다면 나아가지 않는다. 이것은 벗에게 임무를 맡기거나 등용할 때 천하의 사보다 비중을 더 두는 것이니, 의(義)에는 두텁고 엷은 차이가 있기 때문이다.

【014】

"儒有澡[무]身而浴德, 陳言而伏, 靜而正之, 上弗知也. 麤而翹之, 又不急爲也. 不臨深而爲高, 不加少而爲多. 世治不輕, 世亂不沮. 同弗與, 異弗非也. 其特立獨行有如此者."〈014〉

공자가 계속하여 말하길, "유자는 몸을 정결히['澡'자의 음은 '무(조)'이다.] 하고 덕으로 목욕하며, 간언을 올리되 순종하며 따르고, 고요하게 있는 것 같지만 바르게 만드니, 윗사람이 그의 사람됨을 몰라보는 경우도 있습니다. 거칠게 잘못을 지적하는 것 같지만 또한 다급하게 하지 않습니다. 깊은 곳에 임하지 않고도 높아지며, 작은 것들을 더하지 않고도 많아집니다. 세상이 다스려질 때에도 경솔하게 나아가지 않고, 세상이 혼란스러울 때에도 물러나 숨지 않습니다. 자신과 같은 자만을 함께 하지 않고, 자신과 다르다고 하여 비난하지 않습니다. 유자는 홀로 우뚝 서고 홀로 시행함에 이와 같은 점이 있는 자들입니다."라고 했다.

集說 翹, 與招其君之過招字同, 擧也, 擧其過而諫之也.
'교(翹)'자는 "군주의 과실을 지적한다."라고 했을 때의 '초(招)'자와 같으니, "낱낱이 드러낸다."는 뜻으로, 과실을 드러내어 간언을 한다는 의미이다.

集說 呂氏曰: 惟大人能格君心之非, 在我者未正, 未有能正人者也, 故澡身浴德者, 所以正己也. 陳言而伏者, 入告嘉謀而順之于外也. 靜而正之者, 將順其美, 匡救其惡, 常在於未形也. 故曰上弗知也.
여씨가 말하길, 오직 대인만이 군주의 잘못된 마음을 바로잡을 수 있는데, 본인에게 있어서 아직 바르지 않음이 있다면, 남에 대해서도 바르게 할 수 없다. 그렇기 때문에 몸을 씻고 덕으로 목욕한다는 것은 자신을 바르게 하는 것이다. "말을 진술하되 엎드린다."는 말은 입조하여 좋은 계획을 아뢰고 밖으로 나가서는 그것을 가르친다는 뜻이다.[17] "고요하면서도 바르게 한다."는 말은 군주의 아름다운 미덕은 순종하여 따르고 잘못된 점은 바로잡아 그만두게 한다는 뜻인데,[18] 항상 드러나지 않기 때문에 "윗사람이 모른다."라고 했다.

---

17) 『서』「주서(周書)·군진(君陳)」: 爾有嘉謀嘉猷, 則入告爾后于內, 爾乃順之于外, 曰, 斯謀斯猷, 惟我后之德. 嗚呼. 臣人咸若時, 惟良顯哉.
18) 『효경』「사군장(事君章)」: 子曰, 君子之事上也. 進思盡忠. 退思補過. 將順其美, 匡救其惡. 故上不能相親也.

集說 方氏曰: 靜而正之者, 隱進之也. 麤而翹之者, 明告之也. 靜而正之, 既不見知, 然後麤而翹之. 然亦緩而不失節, 故曰不急爲也. 其行之高, 皆自然而已, 不必臨深以相形, 然後顯其爲高. 其文之多, 皆素有而已, 不必加少以相益, 然後成其爲多. 世治而德常見重, 故曰不輕. 世亂而志常自若, 故曰不沮. 與其所可與, 不必同乎己也. 非其所可非, 不必異乎己也.

방씨가 말하길, "고요하면서도 바르게 한다."는 말은 은밀하게 간언을 올린다는 뜻이다. "거칠게 지적한다."는 말은 분명하게 아뢴다는 뜻이다. 고요하면서도 바르게 하는 것은 이미 그 지혜를 드러내지 않은 것인데, 그런 뒤에는 거칠게 지적을 한다. 그러나 이 또한 느긋하며 절도를 잃지 않는다. 그렇기 때문에 "다급하게 시행하지 않는다."라고 했다. 그 행실이 고원한 것은 모두 자연의 이치에 따른 것일 뿐이니, 반드시 깊은 곳에 임하여 형상화한 뒤에야 높음을 드러낼 필요가 없다. 그 문채가 많은 것은 모두 본래부터 가지고 있던 것일 따름이니, 반드시 적은 것을 더하여 서로 늘린 뒤에야 많게 할 필요가 없다. 세상이 다스려지면 덕은 항상 중시되기 때문에 "경솔하지 않다."라고 했다. 세상이 혼란스러우면 뜻은 항상 태연하기 때문에 "꺾이지 않는다."라고 했다. 함께 할 수 있는 자와 함께 하니, 반드시 나와 같은 자만 고집할 필요가 없다. 비난할만한 자를 비난하니, 반드시 자신과 다른 자를 비난할 필요가 없다.

集說 應氏曰: 治不輕進, 若伯夷不仕於武王, 亂不退沮, 若孔子歷聘於諸國. 非但處而特立於一身, 亦出而獨行於一世.

응씨가 말하길, 제대로 다스려지는 세상에서도 경솔하게 나아가지 않는 것은 백이가 무왕의 조정에서 벼슬하지 않은 것과 같고, 세상이 혼란스러울 때 물러나 숨지 않는 것은 공자가 여러 제후국들을 두루 방문했던 것과 같다. 이것은 단지 은둔하며 자신만 확립하는 것이 아니라 또한 출사하여 세상에 대해 홀로 시행하는 것이다.

"儒有上不臣天子, 下不事諸侯, 愼靜而尙寬, 强毅以與人, 博學以知服, 近文章, 砥厲廉隅. 雖分國如錙銖, 不臣不仕. 其規爲有如此者."〈015〉

공자가 계속하여 말하길, "유자는 바르지 않다면 위로 천자의 신하가 되지 않고, 아래로 제후의 신하가 되지 않으며, 신중하고 고요하여 관대함을 숭상하고, 강직하고 굳세어 남과 함께 하며, 널리 배워서 요점을 알고, 문채를 가까이 하며, 염치와 절개를 연마함이 있습니다. 비록 그에게 나라를 나누어 주더라도 바르지 않다면 미물처럼 여겨서 신하가 되지 않고 벼슬에 오르지 않습니다. 유자는 법도에 맞게 헤아리고 실천함에 이와 같은 점이 있는 자들입니다."라고 했다.

集說 愼靜者, 謹飭而不妄動, 守身之道也. 尙寬者, 寬裕以有容, 待人之道也. 强毅以與人, 不苟詭隨於人也. 知服, 知力行之要也. 博學知服, 卽博文約禮之謂也. 遠於文, 則質勝而野. 近文章, 則亦不使文揜其質也. 砥厲廉隅者, 求切磋琢磨之益, 不刓方以爲圓也. 筭法十黍爲絫, 十絫爲銖, 二十四銖爲兩, 八兩爲錙. 言人君好賢, 雖分其國以祿賢者, 視之如錙銖之輕, 猶不臣不仕也. 其所謀度, 其所作爲, 有如此者.

'신정(愼靜)'은 조심하여 망령되게 행동하지 않는다는 뜻으로, 자신을 지키는 도에 해당한다. '상관(尙寬)'은 관대하고 여유로워서 포용함이 있다는 뜻으로, 남을 대하는 도에 해당한다. 강직하고 굳세게 하여 남과 함께 하는 것은 구차하게 스스로를 속이며 남을 따르지 않는다는 뜻이다. '지복(知服)'은 힘써 시행해야 할 요점을 안다는 뜻이다. 널리 배우고 요점을 안다는 것은 널리 학문을 익혀서 예법에 따라 요약한다는 뜻이다. 문채와 멀어진다면 질박함이 너무 앞서 고루하게 된다. 문채와 가까이 하는 경우에는 또한 화려함이 질박함을 가리지 않도록 해야 한다. "염치와 절개를 연마한다."는 말은 절차탁마의 노력을 더한다는 뜻으로, 모난 것을

깎아서 둥글게 만든다는 뜻이 아니다. 계산법에 따른다면 10서(黍)는 1
유(虆)가 되며, 10유(虆)는 1수(銖)가 되고, 24수(銖)는 1양(兩)이 되며,
8양(兩)은 1치(錙)가 된다. 즉 군주가 현명한 자를 좋아하여, 비록 나라
를 나눠서 현명한 자에게 녹봉으로 하사하더라도 치(錙)나 수(銖)처럼
가벼운 것으로 간주하니, 신하가 되지 않고 벼슬을 하지 않는다는 뜻이
다. 그 헤아림과 시행하는 것에 이와 같은 점이 있는 자들이다.

【016】

"儒有合志同方, 營道同術. 竝立則樂, 相下不厭. 久不相見, 聞流言不
信[句]. 其行[去聲]本方立義, 同而進, 不同而退. 其交友有如此者."〈016〉
공자가 계속하여 말하길, "유자는 뜻을 합치시키고 방도를 동일하게 따르
며, 도를 영위하고 방법을 동일하게 따름이 있습니다. 뜻을 함께 하는 자와
나란히 동등한 작위에 오르면 기뻐하고, 상대에 비해 자신이 아랫자리에
있더라도 싫어하지 않습니다. 오래도록 만나보지 못했지만 떠도는 악한 소
문을 듣더라도 믿지 않습니다.['信'자에서 구문을 끊는다.] 그의 행실은['行'자는
거성으로 읽는다.] 방정함에 근본을 두고 의에서 확립하여, 의가 같다면 나아
가지만 다르다면 물러납니다. 유자는 벗을 사귐에 이와 같은 점이 있는
자들입니다."라고 했다.

集說 合志, 以所向言; 營道, 以所習言. 方, 卽術也. 竝立, 爵位相
等也. 相下, 以尊位相讓而己處其下也. 流言, 惡聲之傳播也. 聞之
不信, 不以爲實也. 其行本方立義, 謂所本者必方正, 所立者必得其
宜也. 同於爲義則進而從之, 不同則退而避之, 故曰同而進, 不同而
退.

"뜻이 합치된다."는 말은 지향하는 것을 기준으로 말한 것이며, "도를 영
위한다."는 말은 익힌 것을 기준으로 말한 것이다. '방(方)'자는 방법을
뜻한다. '병립(竝立)'은 작위가 서로 대등하다는 뜻이다. '상하(相下)'는

존귀한 자리를 상대에게 양보하여 자신은 아랫자리에 처한다는 뜻이다. '유언(流言)'은 나쁜 소문이 전파된 것을 뜻한다. 그것을 듣고도 믿지 않는 것은 사실로 여기지 않기 때문이다. 그 행실이 방정함에 근본을 두고 의(義)에 확립한다는 말은 근본으로 삼은 것은 반드시 방정하며, 확립한 것도 반드시 마땅함을 얻는다는 뜻이다. 의(義)로 삼은 것이 동일하다면 나아가 그를 따르지만, 동일하지 않다면 물러나서 피한다. 그렇기 때문에 "같다면 나아가지만 다르다면 물러난다."라고 했다.

【017】

"溫良者, 仁之本也. 敬愼者, 仁之地也. 寬裕者, 仁之作也. 孫[去聲]接者, 仁之能也. 禮節者, 仁之貌也. 言談者, 仁之文也. 歌樂者, 仁之和也. 分散者, 仁之施也. 儒皆兼此而有之, 猶且不敢言仁也. 其尊讓有如此者."〈017〉

공자가 계속하여 말하길, "온순하고 어짊은 인의 근본입니다. 공경하고 신중함은 인의 실천입니다. 관대하고 여유로움은 인의 진작시킴입니다. 겸손하게['孫'자는 거성으로 읽는다.] 상대를 대함은 인을 잘 실천하는 것입니다. 예절은 인의 모습입니다. 말은 인의 무늬입니다. 노래하고 음악을 연주하는 것은 인의 조화로움입니다. 나누어 베푸는 것은 인을 베푸는 것입니다. 유자는 모두 이러한 것들을 겸하고 있지만 오히려 감히 자신이 인을 실천한다고 말하지 않습니다. 유자는 인한 자를 존귀하게 높이고 선한 자에게 사양함에 이와 같은 점이 있는 자들입니다."라고 했다.

集說 仁之本, 謂根本於仁也. 地, 猶踐履也. 作, 充廣也. 能, 能事也. 八者皆仁之發見, 哀公問儒行, 夫子旣歷數以告之矣. 仁包四德百行之原, 故於其終也以仁爲說焉. 兼有此仁之行而不敢自以爲仁, 是尊仁而讓善也. 故曰尊讓有如此者.

'인지본(仁之本)'은 인(仁)에 근본을 둔다는 뜻이다. '지(地)'자는 실천한다는 뜻이다. '작(作)'자는 확충한다는 뜻이다. '능(能)'자는 뛰어난 것을 뜻한다. 여덟 가지는 모두 인(仁)이 드러난 것인데, 애공이 유자의 행실에 대해 질문하여, 앞서서 공자는 차례대로 알려주었다. 인(仁)은 사덕(四德)과 모든 행실의 근원을 포함하고 있기 때문에, 그 말미에서는 인(仁)에 대해 설명한 것이다. 이러한 인(仁)에 따른 행실을 모두 가지고 있으면서도 스스로 인(仁)이라고 여기지 않는 것은 인(仁)한 자를 존귀하게 높이고 선한 자에게 사양하는 것이다. 그렇기 때문에 "존귀하게 높이고 사양함에 이와 같은 점이 있다."라고 했다.

【018】

"儒有不隕穫於貧賤, 不充詘[屈]於富貴, 不慁[胡困反]君王, 不累[去聲]長上, 不閔有司, 故曰儒. 今衆人之命儒也妄[如字句絶], 常以儒相詬[呼構反]病." 孔子至舍, 哀公館之, 聞此言也, 言加信, 行加義: "終沒吾世, 不敢以儒爲戲."〈018〉

공자가 계속하여 말하길, "유자는 가난과 미천함으로 인해 실추되거나 상처를 입지 않고, 부유함과 존귀함으로 인해 교만하거나 인색하지['詘'자의 음은 '屈(굴)'이다.] 않으며, 군주를 욕보이지['慁'자는 '胡(호)'자와 '困(곤)'자의 반절음이다.] 않고, 윗사람을 얽어매지['累'자는 거성으로 읽는다.] 않으며, 유사를 근심하게 만들지 않습니다. 그러므로 유자라고 부르는 것입니다. 그런데 현재의 대중들은 스스로를 유자라고 부르니 망령된 짓이며['妄'자는 글자대로 읽으며, 여기에서 구문을 끊는다.] 항상 유자라는 말로 서로를 업신여기고['詬'자는 '呼(호)'자와 '構(구)'자의 반절음이다.] 욕보이고 있습니다."라고 했다. 공자가 숙소에 도착하자 애공은 그가 잘 머물 수 있도록 배려를 해주었고, 이러한 말을 듣고서 말에 신의가 생겼고 행실의 의가 생겨서, "내 일생토록 감히 유자를 희롱거리로 삼지 않으리라."라고 했다.

集說 隕者, 如有所墜失. 穫者, 如有所割刈. 充者, 驕氣之盈. 詘者, 吝氣之歉.

'운(隕)'은 마치 실추됨이 있는 것과 같다는 뜻이다. '확(穫)'은 마치 베이는 것이 있는 것과 같다는 뜻이다. '충(充)'은 가득 찬 교만한 기운을 뜻한다. '굴(詘)'자는 차지 않은 인색한 기운을 뜻한다.

集說 鄭氏曰: 隕穫, 困迫失志之貌. 充詘, 喜失節之貌. 慁, 猶辱也. 累, 猶係也. 閔, 病也. 言不爲天子諸侯卿大夫群吏所困迫而達道, 孔子自謂也.

정현이 말하길, '운확(隕穫)'은 곤궁하고 궁핍하여 뜻을 잃는 모습을 뜻한다. '충굴(充詘)'은 기쁨이 절도를 잃은 모습을 뜻한다. '흔(慁)'자는 "욕보이다."는 뜻이다. '누(累)'자는 "얽어매다."는 뜻이다. '민(閔)'자는 "괴로워한다."는 뜻이다. 즉 천자·제후·경·대부·뭇 하급 관리로 인해 곤궁하고 궁핍하게 되더라도 도를 어기지 않는다는 뜻이니, 공자가 본인을 가리켜서 한 말이다.

集說 方氏曰: 無儒者之行而爲儒者之服, 無儒者之實而盜儒者之名, 故曰今衆人之命儒也妄. 以其妄, 故常爲人所詬病. 旣至舍矣, 又曰館之者, 具食以致其養, 具官以治其事也. 言加信, 則不以儒相詬矣. 行加義, 則不以儒相病矣.

방씨가 말하길, 유자의 행실이 없는 자가 유자의 복장을 착용하고, 유자의 실질이 없는 자가 유자의 명칭을 훔쳐서 사용한다. 그렇기 때문에 "현재 대중들이 자신을 유자라고 부르는 것은 망령된 것이다."라고 했다. 망령되기 때문에 항상 남에게 업신여김과 욕됨을 당하게 된다. 이미 숙소에 이르렀는데도 재차 "숙소를 마련해주다."라고 말한 것은 음식을 갖춰서 봉양하도록 만들고, 관리들을 마련하여 잡무를 맡아보도록 했다는 뜻이다. 말에 신의를 더한다면, 유자라는 말로 서로 업신여기지 않는다. 행실에 의(義)를 더한다면, 유자라는 말로 서로 욕보이지 않는다.

集說 李氏曰: 儒行, 非孔子之言也, 蓋戰國時豪士所以高世之節耳. 其條十有五, 然旨意重複. 要其歸, 不過三數途而已. 一篇之內, 雖有與聖人合, 而稱說多過. 或曰哀公輕儒, 孔子有爲而言, 故多自夸大以搖其君, 此豈所謂孔子者哉?

이씨[19]가 말하길, 「유행」편은 공자의 말이 아니니, 전국시대 호걸들이 세상에서 높였던 절개일 따름이다. 그 조목에는 15가지가 있지만, 그 뜻에 있어서는 중복이 된다. 요점을 간추리면 3가지 방도에 지나지 않을 따름이다. 「유행」편의 내용은 간혹 성인의 행실과 부합되는 점이 있지만, 설명한 것들은 대부분 지나치다. 혹자는 애공이 유자들을 경시하여, 공자가 이로 인해 설명했기 때문에 대부분 스스로를 과시하고 과장하여 군주의 생각을 바꾸려고 했다고 주장하는데, 이것이 어찌 공자라 할 수 있겠는가?

---

19) 이씨(李氏, ? ~ ?) : 자세한 이력이 남아 있지 않다.

◆ 祭法第二十七 / 「제법」 27편

此篇記祀典.

이 편은 제사의 의례 규범을 기록한 것이다.

本居喪大記之下.

본래는 『예기』「상대기(喪大記)」편 뒤에 수록되어 있었다.

「제법」편 문장 순서 비교		
『예기집설』	『예기유편대전』	
	구분	문장
001		001
002		002
003		003
004		004
005		005
006		006
007		007
008		008
009		009
010		010
011		011
012		012
013		013
014		014
015		015
016		016
017		017
018		018
019		019
020		020
021		021
022		022

「제법」편 문장 순서 비교		
『예기집설』	『예기유편대전』	
	구분	문장
023		023
024		024
025		025
026		026
027		027

祭法: 有虞氏禘黃帝而郊嚳, 祖顓頊而宗堯; 夏后氏亦禘黃帝而郊
鯀, 祖顓頊而宗禹; 殷人禘嚳而郊冥, 祖契[息列反]而宗湯; 周人禘嚳
而郊稷, 祖文王而宗武王.〈001〉

제사의 법도에 있어서, 유우씨 때에는 황제에게 체제사를 지냈고 제곡에게
교제사를 지냈으며, 전욱을 조로 모셨고 요임금을 종으로 모셨다. 하후씨
때에는 황제에게 체제사를 지냈고 곤에게 교제사를 지냈으며, 전욱을 조로
모셨고 우임금을 종으로 모셨다. 은나라 때에는 제곡에게 체제사를 지냈고
명에게 교제사를 지냈으며, 설을['契'자는 '息(식)'자와 '列(렬)'자의 반절음이다.] 조
로 모셨고 탕임금을 종으로 모셨다. 주나라 때에는 제곡에게 체제사를 지
냈고 후직에게 교제사를 지냈으며, 문왕을 조로 모셨고 무왕을 종으로 모
셨다.

集說 國語曰: 有虞氏禘黃帝而祖顓頊, 郊堯而宗舜; 夏后氏禘黃帝
而祖顓頊, 郊鯀而宗禹; 商人禘嚳而祖契, 郊冥而宗湯; 周人禘嚳而
郊稷, 祖文王而宗武王.

『국어』에서 말하길, 유우씨는 황제에게 체제사를 지내고 전욱을 조로 모
시며, 요임금에게 교제사를 지내고 순임금을 종으로 모셨다. 하후씨는
황제에게 체제사를 지내고 전욱을 조로 모시며, 곤에게 교제사를 지내고
우임금을 종으로 모셨다. 은나라 때에는 제곡에게 체제사를 지내고 설을
조로 모시며, 명에게 교제사를 지내고 탕임금을 종으로 모셨다. 주나라
때에는 제곡에게 체제사를 지내고 후직에게 교제사를 지냈으며, 문왕을
조로 모시고 무왕을 종으로 모셨다.[1]

集說 石梁王氏曰: 此四代禘郊祖宗, 諸經無所見, 多有可疑, 雜以

---

1) 『국어』「노어상(魯語上)」: 故有虞氏禘黃帝而祖顓頊, 郊堯而宗舜; 夏后氏禘黃
   帝而祖顓頊, 郊鯀而宗禹; 商人禘舜而祖契, 郊冥而宗湯; 周人禘嚳而郊稷, 祖
   文王而宗武王.

緯書, 愈紛錯矣.

석량왕씨가 말하길, 이곳에서 사대의 체·교·조·종으로 섬겼다고 한 내용은 여러 경문에는 나타나지 않으니, 의심스러운 부분이 많으며, 위서의 내용이 뒤섞여서 더욱 혼란스럽게 되었다.

集說 劉氏曰: 虞·夏·殷·周皆出黃帝, 黃帝之曾孫曰帝嚳, 堯則帝嚳之子也. 黃帝至舜九世, 至禹五世, 以世次言, 堯·禹兄弟也. 按詩傳, 姜嫄生棄爲后稷, 簡狄生契爲司徒, 稷·契皆堯之弟. 契至冥六世, 至湯十四世, 后稷至公劉四世, 至太王十三世. 四代禘郊祖宗之說, 鄭氏謂經文差互, 今以成周之禮例而推之, 有天下者, 立始祖之廟, 百世不遷, 又推始祖所自出之帝, 祭於始祖之廟, 而以始祖配之, 則虞·夏皆當以顓頊爲始祖, 而禘黃帝於顓頊之廟, 祭天於郊, 則皆當以顓頊配也. 殷當以契爲始祖, 而禘帝嚳於契廟, 郊則當以契配也. 至於祖有功而宗有德, 則舜之曾祖句芒, 嘗有功可以爲祖, 今既不祖之矣, 瞽瞍頑而無德, 非所得而宗者, 故當祖嚳而宗堯也. 蓋舜受天下於堯, 堯受之於嚳, 故堯授舜, 而舜受終于文祖, 蘇氏謂卽嚳廟也. 舜授禹, 禹受命于神宗, 卽堯廟也. 卽是可以知虞不祖句芒而祖嚳, 不宗瞽瞍而宗堯也明矣. 先儒謂配天必以始祖, 配帝必以父, 以此宗字卽爲宗祀明堂之宗, 故疑舜當宗瞽瞍, 不當宗堯. 竊意五帝官天下, 自虞以上, 祖功宗德, 當如鄭註尙德之說; 三王家天下, 則自當祖宗所親. 然鯀嘗治水而殛死, 有以死勤事之功, 非瞽瞍比也, 故當爲祖, 但亦不當郊耳. 冥亦然. 由是論之, 則經文當云有虞氏禘黃帝而郊顓, 祖嚳而宗堯; 夏后氏亦禘黃帝而郊顓, 祖鯀而宗禹; 殷人禘嚳而郊契, 祖冥而宗湯; 周人禘嚳而郊稷, 祖文王而宗武王. 如此則庶乎其無疑矣. 大抵祖功宗德之宗, 與宗祀明堂之宗不同. 祖其有功者, 宗其有德者, 百世不遷之廟也; 宗祀父於明堂以配上帝者, 一世而一易, 不計其功德之有無也. 有虞氏宗祀之禮未聞,

借使有之, 則宗祀鼕瞍以配帝, 自與宗堯之廟不相妨. 但虞不傳子,
亦無百世不遷之義耳.

유씨가 말하길, 우·하·은·주 네 왕조는 모두 황제에게서 비롯되었으
니, 황제의 증손자를 '제곡(帝嚳)'이라 부르고, 요임금은 제곡의 자식이
된다. 황제로부터 순임금에 이르기까지는 9세대가 되고, 우임금까지는
5세대가 되는데, 세대의 순서에 따라 말을 해본다면 요임금과 우임금은
형제 항렬이 된다. 『시전』을 살펴보니 강원은 기를 낳았으니 이 자가
후직이 되었고, 간적은 설을 낳았으니 사도가 되었는데, 후직과 설은 모
두 요임금의 동생 항렬이 된다. 설로부터 명에 이르기까지는 6세대이고,
탕임금에 이르기까지는 14세대가 되며, 후직으로부터 공유에 이르기까지
는 4세대가 되며, 태왕에게 이르기까지는 13세대가 된다. 네 왕조에서
체·교·조·종으로 섬겼다고 하는 주장에 대해서, 정현은 경문을 착간
하여 보았는데, 현재 주나라의 예법에 따라 추론해보면, 천하를 소유한
자는 시조의 묘를 세우고, 100세대가 지나더라도 체천시키지 않고, 또
시조를 파생시킨 상제를 추존하여, 시조의 묘에서 제사를 지내고 시조를
배향하니, 우와 하 때에는 모두 마땅히 전욱을 시조로 삼아야 하고, 전욱
의 묘에서 황제에게 체제사를 지내며, 교에서 하늘에 대한 제사를 지낸다
면 모두 전욱을 배향해야 한다. 또 은나라 때에는 마땅히 설을 시조로
삼아야 하고, 설의 묘에서 제곡에게 체제사를 지내야 하며, 교제사에서는
마땅히 설을 배향해야 한다. 그리고 공덕을 세운 자를 조로 삼고 덕을
갖춘 자를 종으로 삼게 되니, 순임금의 증조인 구망은 일찍이 공덕을 세
웠으므로 조로 삼을 수 있는데, 현재는 그를 조로 삼지 않았고, 고수는
아둔하고 덕이 없어서, 종으로 삼을 수 있는 자가 아니다. 그렇기 때문에
마땅히 제곡을 조로 삼고 요임금을 종으로 삼아야 한다. 무릇 순임금은
요임금에게 천하를 선양받았고, 요임금은 제곡에게서 천하를 선양받았
다. 그렇기 때문에 요임금은 순임금에게 천하를 선양하고, 순임금은 문조
에게서 제위를 받았다고 했는데,[2] 소씨는 제곡의 묘에 나아가서 받은 것

이라고 했다. 또 순임금은 우임금에게 선양을 했고, 우임금은 신종에게서 명을 받았다고 했는데,[3] 곧 요임금의 묘에 나아가서 받은 것이다. 이것을 통해서 우 때에는 구망을 조로 삼지 않았고 제곡을 조로 삼았으며, 고수를 종으로 삼지 않았고 요임금을 종으로 삼았다는 사실을 명확히 알 수 있다. 선대 학자들은 하늘에 배향할 때에는 반드시 시조를 배향하고, 상제에게 배향할 때에는 반드시 부친을 배향한다고 하여, 이곳의 '종(宗)'자를 곧 명당에서 종주로 삼아 제사를 지낸다고 할 때의 종(宗)자로 여겼다. 그렇기 때문에 순임금은 고수를 종(宗)으로 삼아야 하며 요임금을 종(宗)으로 삼아서는 안 된다고 의심을 품었다. 내가 생각하기에, 오제(五帝)가 천하를 다스림에 우로부터 그 이상에 있어서는 공덕을 세운 자를 조(祖)로 삼았고 덕을 갖춘 자를 종(宗)으로 삼았으니, 마땅히 정현의 주에서 말한 것처럼 덕을 숭상한다는 주장과 같아야 한다. 그러나 삼왕이 천하를 다스렸을 때라면 그들에게 있어서 친근한 자를 조(祖)와 종(宗)으로 삼아야 한다. 그러므로 곤은 일찍이 치수를 담당했지만 사형을 받아 죽었는데, 맡은 일에 목숨을 바친 공덕이 있으니, 고수가 미칠 수 있는 것이 아니다. 그렇기 때문에 마땅히 조(祖)로 여겨야 하지만, 또한 교제사를 지낼 수 없을 따름이다. 명 또한 이와 같다. 이를 통해 논의해본다면, 경문에서는 마땅히 "유우씨는 황제에게 체제사를 지냈고 전욱에게 교제사를 지냈으며, 제곡을 조로 모셨고 요임금을 종으로 모셨다. 하후씨 또한 황제에게 체제사를 지냈고 전욱에게 교제사를 지냈으며, 곤을 조로 모셨고 우임금을 종으로 모셨다. 은나라 때에는 제곡에게 체제사를 지냈고 설에게 교제사를 지냈으며, 명을 조로 모셨고 탕임금을 종으로 모셨다. 주나라 때에는 제곡에게 체제사를 지냈고 후직에게 교제사를 지냈으

---

2) 『서』「우서(虞書)·순전(舜典)」: 正月上日, <u>受終于文祖</u>, 在璿璣玉衡, 以齊七政, 肆類于上帝, 禋于六宗, 望于山川, 徧于群神, 輯五瑞, 旣月, 乃日覲四岳群牧, 班瑞于群后.

3) 『서』「우서(虞書)·대우모(大禹謨)」: 正月朔旦, <u>受命于神宗</u>. 率百官若帝之初.

며, 문왕을 조로 모셨고 무왕을 종으로 모셨다."라고 해야 한다. 이처럼
한다면 의심할 것이 거의 없게 된다. 대체로 공덕을 세운 자를 조로 모시
고 덕을 갖춘 자를 종으로 모신다고 했을 때의 '종(宗)'은 명당에서 종주
로 삼아 제사를 지낸다고 할 때의 종(宗)과는 다르다. 공덕을 세운 자를
조로 섬기고 덕을 갖춘 자를 종으로 섬긴다고 했는데, 이들은 100세대가
지나더라도 체천되지 않는 묘에 안치된다. 반면 명당에서 종주로 삼아
부친에게 제사를 지내고 상제에게 배향할 때에는 한 세대가 지나면 한
차례 바뀌게 되니, 공덕의 유무를 따지지 않는다. 유우씨 때에도 종주로
삼아 제사를 지내는 예법이 있었다는 사실은 들어보지 못했지만, 만약
그러한 예법이 있었다면, 고수를 종주로 삼아 제사를 지내며 상제에게
배향을 하더라도, 요임금을 종으로 삼아서 체천되지 않는 묘에 안치시킨
것과 서로 간여되지 않는다. 다만 우 때에는 자식에게 제위를 물려주지
않았으니, 또한 100세대가 지나더라도 체천되지 않는다는 뜻이 없을 따
름이다.

集說 今按: 以此章之宗, 爲宗其有德者, 自無可疑. 但殷有三宗, 不
惟言宗湯, 則未能究其說也.

현재 살펴보니, 이곳 문장에서 말한 '종(宗)'자는 덕을 갖춘 자를 종으로
삼는다는 뜻임을 의심할 것이 없다. 다만 은나라 때에는 '삼종(三宗)'이
있어서, 탕임금만을 종으로 모셨다고는 말할 수 없을 따름이니, 그 주장
을 완전히 헤아릴 수는 없다.

【002】

燔[煩]柴於泰壇, 祭天也; 瘞[於滯反]埋於泰折, 祭地也, 用騂犢. 〈002〉

태단에서 땔감을 쌓고 그 위에 희생물이나 옥을 올려두고 태우는['燔'자의
음은 '煩(번)'이다.] 것은 하늘에 제사지내는 방법이다. 태절에서 희생물이나
폐물을 매장하는['瘞'자는 '於(어)'자와 '滯(체)'자의 반절음이다.] 것은 땅에 제사지내

는 방법이다. 두 제사에서는 모두 붉은 색의 송아지를 희생물로 사용한다.

集說 燔, 燎也, 積柴於壇上, 加牲玉於柴上, 乃燎之, 使氣達於天, 此祭天之禮也. 泰壇, 卽圓丘, 泰者, 尊之之辭. 瘞埋牲幣, 祭地之禮也. 泰折, 卽方丘, 折, 如磬折折旋之義, 喩方也. 周禮陽祀用騂牲, 陰祀用黝牲. 此幷言騂犢者, 以周人尙赤, 而所謂陰祀者, 或是他祀歟.

'번(燔)'자는 "태우다."는 뜻이니, 제단 위에 땔나무를 쌓고 그 위에 희생물 및 옥을 올려두고서 태우고, 연기가 하늘까지 도달하도록 하는 것이니, 이것은 하늘에 제사지내는 예법이다. '태단(泰壇)'은 곧 원구에 해당하니, '태(泰)'자를 붙여서 부르는 것은 존귀하게 여기는 말이기 때문이다. 희생물과 폐물을 파묻는 것은 땅에 제사지내는 예법이다. '태절(泰折)'은 곧 방구에 해당하니, '절(折)'자를 붙여서 부르는 것은 경(磬)이 꺾인 것처럼 몸을 숙여 행동하는 뜻과 같으며, 방형을 비유한다. 『주례』에서는 양사에 성생(騂牲)[4]을 사용하고, 음사에서는 유생(黝牲)[5]을 사용한다고 했다.[6] 그런데 이곳에서 둘 모두에 대해서 적색의 송아지를 사용한다고 말한 것은 주나라 때에는 적색을 숭상했기 때문인데, '음사(陰祀)'라는 것은 혹은 다른 제사를 뜻할 수도 있을 것이다.

【003】
埋少牢於泰昭, 祭時也. 相[祖近]迎]於坎壇, 祭寒暑也. 王宮, 祭日也.

---

4) 성생(騂牲)은 제사에 사용되는 적색의 희생물을 뜻한다.
5) 유생(黝牲)은 제사에 사용되는 흑색의 희생물을 뜻한다. '유생'의 '유(黝)'자는 '유(幽)'자로 풀이하는데, '유(幽)'자는 흑색을 뜻한다. 『주례』 「지관(地官)·목인(牧人)」편에는 "凡陽祀, 用騂牲毛之; 陰祀, 用黝牲毛."라는 기록이 있는데, 정현의 주에서는 정사농(鄭司農)의 주장을 인용하여, "黝讀爲幽. 幽, 黑也."라고 풀이했다.
6) 『주례』 「지관(地官)·목인(牧人)」: 凡陽祀, 用騂牲毛之; 陰祀, 用黝牲毛之; 望祀, 各以其方之色牲毛之.

夜明, 祭月也. 幽宗[如字], 祭星也. 雩宗, 祭受旱也. 四坎壇, 祭四方也. 山林·川谷·丘陵能出雲, 爲風雨, 見[現]怪物, 皆曰神. 有天下者祭百神. 諸侯在其地則祭之, 亡其地則不祭.〈003〉

태소에서 소뢰를 매장하는 것은 사계절에게 제사지내는 방법이다. 감단에서 전송하고['相'자의 음은 '祖(조)'이다.] 맞이하는['近'자의 음은 '迎(영)'이다.] 것은 추위와 더위에게 제사지내는 방법이다. 왕궁에서 제사를 지내는 것은 태양에게 제사지내는 방법이다. 야명에서 제사를 지내는 것은 달에게 제사지내는 방법이다. 유종에서['宗'자는 글자대로 읽는다.] 제사를 지내는 것은 별에게 제사지내는 방법이다. 우종에서 제사를 지내는 것은 물과 가뭄의 신에게 제사지내는 방법이다. 4개의 구덩이와 4개의 제단에서 제사를 지내는 것은 사방의 모든 하위 신들에게 제사지내는 방법이다. 산림·하천과 계곡·구릉 지역은 구름을 발생시켜서 바람과 비를 만들고 괴이한 현상을 일으킬['見'자의 음은 '現(현)'이다.] 수 있으니, 이들을 모두 '신(神)'이라 부른다. 천하를 소유한 자는 모든 신들에게 제사를 지낸다. 제후가 자신의 봉지를 소유하고 있다면, 해당 봉지의 신들에게 제사를 지내지만, 봉지를 삭탈당했다면 제사를 지내지 않는다.

集說 泰昭, 壇名也. 祭時, 祭四時也. 相近, 當爲祖迎, 字之誤也, 寒暑一往一來, 往者祖送之, 來者迎逆之. 周禮仲春晝逆暑, 仲秋夜迎寒, 則送之亦必有其禮也. 坎以祭寒, 壇以祭暑. 亡其地, 謂見削奪也.

'태소(泰昭)'는 제단 이름이다. '제시(祭時)'는 사계절에 대해 제사를 지낸다는 뜻이다. '상근(相近)'은 마땅히 '조영(祖迎)'이 되어야 하니, 글자가 비슷해서 생긴 오류이며, 추위와 더위가 한 차례 가고 찾아오게 되는데, 떠나는 것에 대해서는 전송하고, 찾아오는 것에 대해서는 맞이한다. 『주례』에서는 중춘의 한낮에 더위를 맞이하고, 중추의 밤에 추위를 맞이한다고 했으니,7) 전송할 때에도 반드시 그에 해당하는 예법이 있다. 구덩

---

7) 『주례』「춘관(春官)·약장(籥章)」: 中春晝擊土鼓, 龡爾詩以逆暑. 中秋夜迎寒,

이에서는 추위에 대해 제사를 지내고, 제단에서는 더위에 대해 제사를 지낸다. '망기지(亡其地)'는 분봉받은 땅을 빼앗겼다는 뜻이다.

集說 方氏曰: 天無二日, 土無二王, 則王有日之象, 而宮乃其居也, 故祭日之壇曰王宮. 日出於晝, 月出於夜, 則夜爲月之時, 而明乃其用也, 故祭月之坎曰夜明. 幽以言其隱而小也, 揚子曰: "視日月而知衆星之蔑", 故祭星之所則謂之幽宗焉. 吁而求雨之謂雩, 主祭旱言之耳. 兼制水者, 雨以時至, 則亦無水患也. 幽·雩皆謂之宗者, 宗之爲言尊也, 書曰: "禋于六宗", 詩曰: "靡神不宗", 無所不用其尊之謂也. 泰壇·泰折不謂之宗者, 天地之大, 不嫌於不尊也. 四方, 百物之神也, 方有四而位則八, 若乾位西北·艮位東北·坎位正北·震位正東, 皆陽也; 坤西南·巽東南·離正南·兌正西, 皆陰也. 故有坎有壇, 而各以四焉.

방씨가 말하길, 하늘에는 2개의 태양이 없고 땅에는 2명의 천자가 없으니, 천자에게는 태양의 형상이 있고 '궁(宮)'은 그가 거주하는 곳이다. 그렇기 때문에 태양에게 제사지내는 제단을 '왕궁(王宮)'이라고 부른다. 태양은 낮에 떠오르고 달은 밤에 떠오르니, 밤은 달의 시간이 되고 달의 밝음은 그것의 작용이 된다. 그렇기 때문에 달에게 제사지내는 구덩이를 '야명(夜明)'이라고 부른다. '유(幽)'는 그윽하고 작은 것을 가리켜서 한 말인데, 양자는 "해와 달에 견주면 뭇 별들이 어둡다는 사실을 알 수 있다."고 했다. 그렇기 때문에 별에게 제사지내는 장소를 '유종(幽宗)'이라고 부른다. 부르짖으며 비를 내려달라고 구하는 의식을 '우(雩)'라고 부르는데, 가뭄 신에게 제사지낸다는 것을 위주로 말한 것일 뿐이다. 물에게 제사지내는 것도 겸하는 것은 비가 때에 알맞게 내리게 되면 또한 수재가 발생하지 않기 때문이다. '유(幽)'와 '우(雩)'에 대해서 모두 '종(宗)'자를 붙여서 부르는 이유는 '종(宗)'자는 존귀하다는 뜻이니, 『서』에서 "육종

亦如之.

(六宗)8)에게 인제사를 지낸다."9)라 했고, 『시』에서 "신을 높이지 않음이 없다."10)라 했으니, 존귀하게 여긴다는 뜻을 사용하지 않는 경우가 없다. 태단(泰壇)과 태절(泰折)에 대해서는 '종(宗)'자를 붙여서 부르지 않았는데, 천지는 위대하므로 존귀하게 높이지 않는다는 혐의를 받지 않기 때문이다. '사방(四方)'은 백물(百物)의 신을 뜻하며, 방(方)에는 4가지가 있고 위(位)는 8가지이니, 마치 건괘(乾卦)는 서북쪽에 자리하고, 간괘(艮卦)는 동북쪽에 자리하며, 감괘(坎卦)는 정북쪽에 자리하고, 진괘(震卦)는 정동쪽에 자리하는데, 이들은 모두 양(陽)에 해당하고, 곤괘(坤卦)는 서남쪽에 자리하고, 손괘(巽卦)는 동남쪽에 자리하며, 리괘(離卦)는 정남쪽에 자리하고, 태괘(兌卦)는 정서쪽에 자리하는데, 이들은 모두 음(陰)에 해당하는 것과 같다. 그렇기 때문에 구덩이와 제단이 있는데, 각각 4개씩 두는 것이다.

---

8) 육종(六宗)은 고대에 제사를 지냈던 여섯 신들을 뜻하는데, 구체적인 신들에 대해서는 이견이 많다. 『서』「우서(虞書)·요전(堯典)」편에는 "肆類於上帝, 禋於六宗, 望於山川, 遍於群神."이라는 기록이 있는데, 한(漢)나라 때 복승(伏勝)과 마융(馬融)은 천(天)·지(地)·춘(春)·하(夏)·추(秋)·동(冬)이라고 여겼다. 한나라 때 구양(歐陽) 및 대·소 하후(夏侯)와 왕충(王充)은 천지(天地)와 사방(四方) 사이에서 음양(陰陽)의 변화를 돕는 신들이라고 여겼다. 한나라 때 공광(孔光)과 유흠(劉歆)은 건곤(乾坤)의 육자(六子)로 여겼으니, 수(水)·화(火)·뇌(雷)·풍(風)·산(山)·택(澤)을 가리킨다. 한나라 때 가규(賈逵)는 천종(天宗)의 셋인 일(日)·월(月)·성(星)과 지종(地宗)의 셋인 하(河)·해(海)·대(岱)로 여겼다. 한나라 때 정현(鄭玄)은 성(星)·신(辰)·사중(司中)·사명(司命)·풍사(風師)·우사(雨師)라고 여겼다. 한나라 이후에도 여러 학자들이 다양한 의견을 제시했다.
9) 『서』「우서(虞書)·순전(舜典)」: 正月上日, 受終于文祖, 在璿璣玉衡, 以齊七政, 肆類于上帝, 禋于六宗, 望于山川, 徧于群神, 輯五瑞, 旣月, 乃日覲四岳群牧, 班瑞于群后.
10) 『시』「대아(大雅)·운한(雲漢)」: 旱旣大甚, 蘊隆蟲蟲. 不殄禋祀, 自郊徂宮. 上下奠瘞, 靡神不宗. 后稷不克, 上帝不臨. 耗斁下土, 寧丁我躬.

【004】

大凡生於天地之間者皆曰命. 其萬物死皆曰折, 人死曰鬼. 此五代
之所不變也. 七代之所更[平聲]立者, 禘郊祖宗, 其餘不變也. 〈004〉

무릇 천지 사이에 태어난 것들에 대해서는 모두 '명(命)'이라 부른다. 만물
이 죽게 되면 모두 '절(折)'이라 부르는데, 사람이 죽게 되면 '귀(鬼)'라
부른다. 이것은 다섯 왕조에서 바꾸지 않았던 점이다. 일곱 왕조에서 고쳐
서['更'자는 평성으로 읽는다.] 세웠던 것은 체·교·조·종에서 섬기는 대상이
며, 그 나머지는 바뀌지 않았다.

集說 五代, 唐·虞·三代也. 加顓頊·帝嚳爲七代. 舊說五代始黃
帝, 然未聞黃帝禘郊祖宗之制, 恐未然.

'오대(五代)'는 당(唐)·우(虞)와 삼대(三代)를 합한 것이다. 거기에 전욱
(顓頊)과 제곡(帝嚳)의 시대를 합하면 '칠대(七代)'가 된다. 옛 학설에서는
오대가 황제로부터 시작된다고 했는데, 황제가 체·교·조·종의 제도를
만들었다는 말은 들어보지 못했으니, 아마도 그렇지 않은 것 같다.

集說 方氏曰: 人物之生, 數有長短, 分有小大, 莫不受制於天地, 故
大凡生者曰命. 及其死也, 物謂之折, 言其有所毀也; 人謂之鬼, 言其
有所歸也. 不變者, 不改所命之名也. 更立者, 更立所祭之人也. 名
既當於實, 故無事乎變; 人既異於世, 故必更而立焉. 名之不變, 止自
堯而下者, 蓋法成於堯而已, 由堯以前, 其法未成, 其名容有變更也.
更立不及於黃帝者, 七代同出於黃帝而已, 黃帝垂統於上, 七代更立
於下故也. 其餘不變者, 謂禘郊祖宗之外不變也, 若天地日月之類,
其庸可變乎?

방씨가 말하길, 사람과 사물이 태어날 때에는 수명에 길고 짧은 차이가
있고, 본분에도 크고 작은 차이가 있지만, 천지에게서 법식을 부여받지
않은 것이 없기 때문에 "무릇 태어난 것에 대해서는 '명(命)'이라 부른다."
고 했다. 그것들의 죽음에 있어서, 사물에 대해서는 '절(折)'이라 부르니,

훼손된 점이 있다는 뜻이며, 사람에 대해서는 '귀(鬼)'라 부르니, 회귀하
는 점이 있다는 뜻이다. '불변(不變)'은 부여받은 명의 명칭을 바꾸지 않
았다는 뜻이다. '경립(更立)'은 제사를 지내는 대상을 고쳐서 세웠다는
뜻이다. 명칭은 본질에 해당하기 때문에 변화되는 점이 없지만, 사람은
세대에 따라 달라지기 때문에 반드시 고쳐서 세우게 된다. 명칭이 바뀌지
않은 것은 단지 요임금으로부터 그 이하의 세대에 해당하는데, 그 법도가
요임금 때 완성되었기 때문이며, 요임금 이전에는 그 법도가 아직 완성되
지 못하여, 명칭에 있어서 바뀌거나 고쳐지는 점이 있었다. 고쳐서 다시
세우는 것은 황제까지 미치지 않는데, 칠대(七代)는 모두 황제로부터 비
롯되었을 따름이며, 황제는 위로 그 계통을 드리우고, 칠대는 그 밑으로
고쳐서 다시 세웠기 때문이다. "나머지는 바뀌지 않았다."는 말은 체·
교·조·종 이외에는 바뀌지 않았다는 뜻이니, 천·지·일·월 등의 부
류에 있어서 변화가 있을 수 있겠는가?

【005】

**天下有王, 分地建國, 置都立邑, 設廟祧壇墠而祭之, 乃爲親疏多少
之數.**〈005〉

천하에는 천자가 있으니, 천자는 땅을 나눠주고 제후국을 세워주며, 도읍
을 세우게 하고 읍을 건립하게 하며, 그런 뒤에는 묘·조·단·선을 설치
하여 제사를 지내게 하니, 친소관계에 따른 수치와 등급에 따른 많고 적은
수치로 삼는다.

集說 方氏曰: 分地建國, 置都立邑, 所以尊賢也; 設廟祧壇墠而祭
之, 所以親親也. 親親不可以無殺, 故爲親疏之數焉; 尊賢不可以無
等, 故爲多少之數焉. 有昭有穆, 有祖有考, 親疏之數也; 以七以五,
以三以二, 多少之數也.

방씨가 말하길, 땅을 나누어주고 나라를 세우며, 도읍을 세우고 읍을 건

립하는 것은 현명한 자를 존귀하게 대하는 방법이다. 묘(廟)·조(祧)·단(壇)·선(墠)을 설치하여 제사를 지내는 것은 친근한 자를 친근하게 대하는 방법이다. 친근한 자를 친근하게 대할 때에는 줄임이 없을 수 없다. 그렇기 때문에 친소 관계에 따른 수치로 삼는다. 현명한 자를 존귀하게 대할 때에는 등급이 없을 수 없다. 그렇기 때문에 많고 적은 수치로 삼는다. 소목(昭穆)의 차이가 있고 조고(祖考)의 차이가 있으니, 이것은 친소 관계에 따른 수치에 해당한다. 7개로 만들고 5개로 만들며 또 3개로 만들고 2개로 만드는 것은 많고 적은 수치에 해당한다.

【006】

是故王立七廟, 一壇一墠, 曰考廟, 曰王考廟, 曰皇考廟, 曰顯考廟, 曰祖考廟, 皆月祭之; 遠廟爲祧, 有二祧, 享嘗乃止; 去祧爲壇, 去壇爲墠, 壇墠有禱焉祭之, 無禱乃止; 去墠曰鬼.〈006〉

이러한 까닭으로 천자는 7개의 묘를 세우고, 1개의 단과 1개의 선을 두니, 7개의 묘 중에서도 대수가 가까운 5개의 묘는 고묘, 왕고묘, 황고묘, 현고묘, 조고묘이며, 이들에 대해서는 모두 달마다 제사를 지낸다. 대수가 먼 나머지 2개의 묘는 조묘가 되니, 2개의 조묘가 있게 되며, 이들에 대해서는 사계절마다 제사를 지낼 뿐이다. 또 조묘의 대상보다도 대수가 더 멀어지게 되면 단에 모셔서 제사를 지내고, 단에 모시는 대상보다도 대수가 더 멀어지면 선에 모셔서 제사를 지내는데, 단과 선에 모시는 대상에 대해서는 기원을 해야 할 일이 있을 때에만 제사를 지내고, 기원할 일이 없다면 제사를 지내지 않는다. 또 선에 모시는 대상보다도 대수가 더 멀어지면 그러한 조상들은 '귀(鬼)'라고 부른다.

集說 七廟, 三昭三穆, 與太祖爲七也. 一壇一墠者, 七廟之外, 又立壇墠各一, 起土爲壇, 除地曰墠也. 考廟, 父廟也. 王考, 祖也. 皇考, 曾祖也. 顯考, 高祖也. 祖考, 始祖也. 始祖百世不遷, 而高曾祖禰以親, 故此五廟, 皆每月一祭也; 遠廟爲祧, 言三昭三穆之當遞遷者, 其

主藏於二祧也. 古者祧主藏於太祖廟之東西夾室, 至周則昭之遷主
皆藏文王之廟, 穆之遷主皆藏武王之廟也. 此不在月祭之例, 但得四
時祭之耳, 故云享嘗乃止. 去祧爲壇者, 言世數遠, 不得於祧處受祭,
故云去祧也. 祭之則爲壇. 其又遠者, 亦不得於壇受祭, 故云去壇也.
祭之則爲墠. 然此壇墠者, 必須有祈禱之事則行此祭, 無祈禱則止,
終不祭之也. 去墠則又遠矣. 雖有祈禱, 亦不及之, 故泛然名之曰鬼
而已.

'칠묘(七廟)'는 3개의 소묘(昭廟)와 3개의 목묘(穆廟)에 태조의 묘를 합
하면 7개가 된다. '일단일선(一壇一墠)'은 7개의 묘 외에 재차 제단과
터를 각각 1개씩 만드는데, 흙을 쌓아서 올리면 '단(壇)'이 되고, 땅바닥
을 쓸어서 정돈하면 '선(墠)'이라 부른다. '고묘(考廟)'는 부친의 묘이다.
'왕고(王考)'는 조부를 뜻한다. '황고(皇考)'는 증조부를 뜻한다. '현고(顯
考)'는 고조부를 뜻한다. '조고(祖考)'는 시조를 뜻한다. 시조의 묘는 100
세대가 지나더라도 체천시키지 않고, 고조·증조·조부·부친은 친근한
관계에 있기 때문에 이러한 다섯 묘에 대해서는 모두 매월 한 차례 제사
를 지낸다. '원묘위조(遠廟爲祧)'는 3개의 소묘와 3개의 목묘에서 체천을
시켜야 하는 자는 그의 신주를 2개의 조묘(祧廟)에 보관한다. 그러나 고
대에는 조묘의 신주를 태조의 묘 중 동서쪽에 있는 협실에 보관하였고,
주나라 때가 되어서야 소묘의 신주 중 체천된 것은 모두 문왕의 묘에
보관하였고, 목묘의 신주 중 체천된 것은 모두 무왕의 묘에 보관하였다.
이들은 달마다 지내는 제사 대상에는 포함되지 않고, 단지 사계절마다
제사지낼 수 있을 따름이다. 그렇기 때문에 향상(享嘗)[11]하고서 그친다
고 했다. '거조위단(去祧爲壇)'은 대수가 멀어져서 조묘에서 제사를 지낼
수 없기 때문에, "조묘에서 제거한다."라고 했다. 그에게 제사를 지내게

---

11) 향상(享嘗)은 계절마다 지내는 시제(時祭)를 뜻한다. 『예기』「제법(祭法)」편에는
"遠廟爲祧, 有二祧, 享嘗乃止."라는 기록이 있고, 이에 대한 정현의 주에서는
"享嘗, 謂四時之祭."라고 했다.

되면 제단에서 시행한다. 또 그보다도 대수가 더욱 멀어진 대상에 대해서는 또한 제단에서도 제사를 지낼 수 없다. 그렇기 때문에 "제단에서 제거한다."라고 했다. 그에게 제사를 지내게 되면 터에서 시행한다. 그러나 제단과 터에서 지내는 제사는 반드시 기원해야 할 일이 있어야만 제사를 시행하고, 기원할 일이 없다면 그쳐서 결국 제사를 지내지 않는다. 터에서도 제거된다면 대수가 더욱 멀어진 것이다. 따라서 비록 기원해야 할 일이 있더라도, 그에게까지 제사를 지내지 않는다. 그렇기 때문에 범범하게 '귀(鬼)'라고 부를 따름이다.

集說 今按: 此章曰王立七廟, 而以文武不遷之廟, 爲二祧以足其數, 則其實五廟而已. 若商有三宗, 則爲四廟乎. 壇墠之主, 藏於祧而祭於壇墠, 猶之可也, 直謂有禱則祭, 無禱則止, 則大祫升毀廟之文何用乎? 又宗廟之制, 先儒講之甚詳, 末有擧壇墠爲言者, 周公三壇同墠, 非此義也. 又諸儒以周之七廟, 始於共王之時, 夫以周公制作如此其盛, 而宗廟之制, 顧乃下同列國, 吾知其必不然矣! 然則朱子然劉歆之說, 豈無見乎? 鄭註此章, 謂祫乃祭之, 蓋亦覺記者之失矣.

지금 살펴보니, 이곳에서는 "천자는 7개의 묘를 세운다."라 했지만, 문왕과 무왕의 묘는 체천시키지 않는 묘에 해당하고, 2개의 조묘를 세워서 그 수치를 채우게 되니, 실제로는 5개의 묘만 있을 따름이다. 은나라처럼 삼종(三宗)이 있었던 경우라면, 아마도 4개의 묘를 세웠을 것이다. 제단과 터에 세우는 신주는 조묘에 보관하고, 제사를 지낼 때 그것을 꺼내서 제단과 터에 두고 제사를 지낸다면 가능한 일이지만, 단지 "기도를 드릴 때에만 제사를 지내고, 기도를 드릴 일이 없다면 그친다."고 한다면, 성대한 협제사를 지낼 때 훼철된 묘의 신주를 모신다고 한 제도를 어떻게 시행할 수 있겠는가? 또 종묘의 제도에 있어서 선대 학자들은 매우 자세히 강론을 했는데, 제단과 터를 말한 자는 없었으니, 주공이 3개의 제단을 만들며 터를 동일하게 했다는 말은 여기에서 말하는 뜻이 아닐 것이다. 또 여러 학자들은 주나라의 7개 묘는 공왕 때 시작되었는데, 주공이 이처럼 융성하게 제도를 만들었기 때문이라고 여겼지만, 종묘의 제도에 있어서 아래 문장에서 기술한 것처럼 제후국에 대해서도 동일하게 한 것을 살펴보면, 나는 반드시 그렇지만은 않을 것이라고 확신한다. 그러므로 주자도 유흠12)의 설이라고 여겼던 것인데, 어찌 살펴본 것이 없어서 이처럼 말했겠는가? 정현의 이곳 문장에 대한 주에서도 협제사를 지내게 되면 제사를 지낸다고 했으니, 이 또한 『예기』를 기록한 자의 실수를 깨달았기 때문일 것이다.

附註 去祧去壇, 註云"去祧云者, 不得於祧處受祭", 去壇亦然, 恐未然. 去祧, 言離去於祧廟, 猶大夫去國之去.

거조(去祧)와 거단(去壇)에 대해 주에서는 "거조(去祧)라 말한 것은 조묘에서 제사를 지낼 수 없기 때문이다."라 했고, 거단(去壇) 또한 이와 같다고 했는데, 아마도 그렇지 않을 것이다. '거조(去祧)'라는 것은 조묘에서 떠난다는 뜻이니, "대부가 그 나라를 떠난다."라고 할 때의 거(去)자와 같다.

---

12) 유흠(劉歆, B.C.53 ~ A.D.23) : 전한(前漢) 때의 경학자이다. 자(字)는 자준(子駿)이다. 후에 이름을 수(秀), 자(字)를 영숙(潁叔)으로 고쳤다. 유향(劉向)의 아들이다. 저서에는 『삼통력보(三統曆譜)』 등이 있다.

【007】

諸侯立五廟, 一壇一墠, 曰考廟, 曰王考廟, 曰皇考廟, 皆月祭之; 顯
考廟, 祖考廟, 享嘗乃止; 去祖爲壇, 去壇爲墠, 壇墠有禱焉祭之, 無
禱乃止; 去墠爲鬼.〈007〉

제후는 5개의 묘를 세우고, 1개의 단과 1개의 선을 두니, 5개의 묘 중에서
도 대수가 가까운 3개의 묘는 고묘, 왕고묘, 황고묘이며, 이들에 대해서는
모두 달마다 제사를 지낸다. 대수가 먼 나머지 2개의 묘인 현고묘와 조고묘
에 대해서는 사계절마다 제사를 지낼 뿐이다. 또 조고묘보다도 대수가 더
멀어지게 되면 단에 모셔서 제사를 지내고, 단에 모시는 대상보다도 대수
가 더 멀어지면 선에 모셔서 제사를 지내는데, 단과 선에 모시는 대상에
대해서는 기원을 해야 할 일이 있을 때에만 제사를 지내고, 기원할 일이
없다면 제사를 지내지 않는다. 또 선에 모시는 대상보다도 대수가 더 멀어
지면 그러한 조상들은 '귀(鬼)'라고 한다.

集說 諸侯太祖之廟, 始封之君也. 月祭三廟, 下於天子也. 顯考·
祖考, 四時之祭而已. 去祖爲壇者, 高祖之父, 雖遷主寄太祖之廟, 而
不得於此受祭, 若有祈禱, 則去太祖之廟而受祭於壇也. 去壇而受祭
於墠, 則高祖之祖也.

제후에게 있는 태조의 묘는 처음 분봉을 받은 군주의 묘이다. 달마다 지
내는 제사를 3개의 묘에서만 하는 것은 천자보다 낮추기 때문이다. 현고
(顯考)와 조고(祖考)에 대해서는 사계절마다 제사를 지낼 뿐이다. '거조
위단(去祖爲壇)'은 고조부의 부친은 비록 체천되어 그 신주가 태조의 묘
에 의탁해 있더라도 이 장소에서 제사를 받을 수 없고, 만약 기원할 일이
생기면 태조의 묘에서 신주를 꺼내 제단에서 제사를 받게 된다. 제단에서
도 밀려나면 터에서 제사를 지내게 되니, 고조부의 조부를 뜻한다.

【008】

大夫立三廟二壇, 曰考廟, 曰王考廟, 曰皇考廟, 享嘗乃止; 顯考 ·
祖考無廟, 有禱焉, 爲壇祭之; 去壇爲鬼.〈008〉

대부는 3개의 묘를 세우고, 2개의 단을 두니, 3개의 묘는 고묘, 왕고묘, 황
고묘이며, 이들에 대해서는 사계절마다 제사를 지낼 뿐이다. 현고와 조고
에 대해서는 해당하는 묘가 없고, 기원해야 할 일이 있을 때에는 단에 모셔
서 제사를 지낸다. 단에 모시는 대상보다도 대수가 더 멀어지면 그러한
조상들은 '귀(鬼)'라고 한다.

集說 大夫三廟, 有廟而無主, 其當遷者, 亦無可遷之廟, 故有禱則
祭於壇而已. 然墠輕於壇, 今二壇而無墠者, 以太祖雖無廟, 猶重之
也. 去壇爲鬼, 謂高祖若在遷去之數, 則亦不得受祭於壇, 祈禱亦不
得及也.

대부는 3개의 묘를 세우는데, 묘만 있고 신주는 없으며, 체천을 시켜야
하는 대상에 대해서도 체천시킬 수 있는 묘가 없다. 그렇기 때문에 기원할
일이 생기면 제단에서 제사를 지낼 따름이다. 그런데 터는 제단보다 상대
적으로 덜 중요한데, 현재 이곳에서는 2개의 제단을 마련하고 터는 마련하
지 않는다고 했다. 그 이유는 태조에 대해서는 비록 묘를 세우지 않지만
여전히 중시여기기 때문이다. '거단위귀(去壇爲鬼)'는 고조부가 만약 체
천시켜야 하는 대수에 해당한다면, 또한 제단에서도 제사를 지낼 수 없으
니, 기원을 할 때에도 그 대상까지는 제사를 지낼 수 없다는 뜻이다.

【009】

適[的]士二廟一壇, 曰考廟, 曰王考廟, 享嘗乃止; 皇考無廟, 有禱焉,
爲壇祭之; 去壇爲鬼.〈009〉

적사는['適'자의 음은 '的(적)'이다.] 2개의 묘를 세우고 1개의 단을 두니, 2개의
묘는 고묘, 왕고묘이며, 이들에 대해서는 사계절마다 제사를 지낼 뿐이다.

황고에 대해서는 해당하는 묘가 없고, 기원해야 할 일이 있을 때에는 단에 모셔서 제사를 지낸다. 단에 모시는 대상보다도 대수가 더 멀어지면 그러한 조상들은 '귀(鬼)'라고 한다.

集說 適士, 上士也. 天子上·中·下之士及諸侯之上士, 皆得立二廟.

'적사(適士)'는 상사이다. 천자에게 소속된 상사·중사·하사와 제후에게 소속된 상사는 모두 2개의 묘를 세울 수 있다.

【010】

官師一廟, 曰考廟, 王考無廟而祭之, 去王考爲鬼.〈010〉

관사는 1개의 묘를 세우니, 고묘이며, 왕고에 대해서는 해당하는 묘가 없지만 제사를 지내며, 왕고보다 대수가 멀어지면 그러한 조상들은 '귀(鬼)'라고 한다.

集說 官師者, 諸侯之中士·下士爲一官之長者, 得立一廟, 祖禰共之. 曾祖以上, 若有所禱, 則就廟薦之而已, 以其無壇也.

'관사(官師)'는 제후에게 소속된 중사와 하사 중 한 관부의 수장을 맡고 있는 자이니, 이들은 1개의 묘를 세워서 조부와 부친을 함께 모실 수 있다. 증조부로부터 그 이상의 조상에 대해서 만약 기원할 일이 생기면 묘에 나아가 음식을 바칠 따름이니, 제단이 없기 때문이다.

【011】

庶士·庶人無廟, 死曰鬼.〈011〉

서사와 서인들은 묘가 없으니, 그 조상이 죽게 되면 '귀(鬼)'라고 부르며 침(寢)에서 천(薦)을 한다.

集說 庶士, 府史之屬. 死曰鬼者, 謂雖無廟, 亦得薦之於寢也, 王制云: "庶人祭於寢."

'서사(庶士)'는 부(府)1)나 사(史)2) 등의 부류이다. '사왈귀(死曰鬼)'는 비록 묘가 없더라도 또한 침(寢)에서 천(薦)3)을 할 수 있다는 뜻이니, 『예기』「왕제(王制)」편에서는 "서인은 침에서 제사를 지낸다."고 했다.

【012】

王爲群姓立社, 曰大[泰]社. 王自爲立社, 曰王社. 諸侯爲百姓立社, 曰國社. 諸侯自爲立社, 曰侯社. 大夫以下成群立社, 曰置社. 〈012〉

천자는 관리들과 백성들을 위해서 사에게 제사지내는 제단을 설치하니, 그 제단을 '태사(大社)'라고[大'자의 음은 '泰(태)'이다.] 부른다. 천자 스스로 사에게 제사지내기 위해 만든 제단은 '왕사(王社)'라고 부른다. 제후는 백성들을 위해서 사에게 제사지내는 제단을 설치하니, 그 제단을 '국사(國社)'라고 부른다. 제후 스스로 사에게 제사지내기 위해 만든 제단은 '후사(侯社)'라고 부른다. 대부로부터 그 이하의 무리들은 100가(家) 이상의 규모가 되면, 사에게 제사지내기 위한 제단을 설치하니, 그 제단을 '치사(置社)'라고 부른다.

---

1) 부(府)는 각 관부에 소속된 하급 관리 중 하나이다. 각 관부의 창고에 부관된 재화나 물건 등을 담당했던 관리이다. 『주례』「천관총재(天官冢宰)」편에는 "府, 六人; 史, 十有二人."이라는 기록이 있는데, 이에 대한 정현의 주에서는 "府, 治藏."이라고 풀이했고, 손이양(孫詒讓)의 『정의(正義)』에서는 "凡治藏之吏亦通謂之府也."라고 풀이했다.

2) 사(史)는 각 관부에 소속된 하급 관리 중 하나이다. 각 관부의 문서기록 및 보관, 그리고 문서기록과 관련된 각종 부수자재 등을 담당했던 관리이다. 『주례』「천관(天官)·재부(宰夫)」편에는 "六曰史, 掌官書以贊治."라는 기록이 있는데, 이에 대한 정현의 주에서는 "贊治, 若今起文書草也."라고 풀이했다.

3) 천(薦)은 제사의 일종이다. 정식 제사에 비해서 각종 형식과 제수들이 생략되어 간소하게만 지내니, 각 계절별로 생산되는 음식들을 바친다는 뜻에서 '천'이라고 부르는 것이다.

集說 疏曰: 太社在庫門之內右. 王社所在, 書傳無文, 崔氏云: "王
杜在籍田, 王所自祭以供粢盛." 國社亦在公宮之右. 侯社在籍田. 置
社者, 大夫以下包士庶, 成群聚而居滿百家以上得立社, 爲衆特置,
故曰置社.

소에서 말하길, '태사(太社)'는 고문 안쪽 우측에 있다. '왕사(王社)'의 위
치에 대해서는 『서전』에 관련 기록이 없는데, 최영은은 "왕사는 적전(藉
田)[4]에 있으니, 천자가 직접 제사를 지낼 때 자성을 공급하기 위해서이
다."라고 했다. '국사(國社)' 또한 궁궐의 우측에 있다. '후사(侯社)'는 적
전에 있다. '치사(置社)'는 대부로부터 그 이하로 사 및 서인을 포함하여,
무리를 이루어 100가(家) 이상의 규모를 이루게 되면 사를 세울 수 있으
니, 무리를 위해서 특별히 설치한 것이다. 그렇기 때문에 '치사(置社)'라
고 부른다.

集說 方氏曰: 王有天下, 故曰群姓; 諸侯有一國, 故曰百姓而已. 天
子曰兆民, 諸侯曰萬民, 亦此之意.

방씨가 말하길, 천자는 천하를 소유하기 때문에 백성들을 '군성(群姓)'이
라고 부른다. 제후는 한 나라를 소유하고 있기 때문에 백성들을 '백성(百
姓)'이라고 부를 따름이다. 천자의 백성을 '조민(兆民)'이라 부르고, 제후
의 백성을 '만민(萬民)'이라 부르는 것 또한 이러한 의미이다.

【013】
王爲群姓立七祀, 曰司命, 曰中霤, 曰國門, 曰國行, 曰泰厲, 曰戶,
曰竈. 王自爲立七祀. 諸侯爲國立五祀, 曰司命, 曰中霤, 曰國門, 曰

---

4) 적전(藉田)은 적전(籍田)이라고도 부른다. 천자와 제후가 백성들을 동원해서 경
　작하는 땅이다. 처음 농사일을 시작할 때, 천자와 제후는 이곳에서 직접 경작에
　참여함으로써, 농업을 중시한다는 뜻을 보이게 된다.

國行, 曰公厲. 諸侯自爲立五祀. 大夫立三祀, 曰族厲, 曰門, 曰行. 適士立二祀, 曰門, 曰行. 庶士·庶人立一祀, 或立戶, 或立竈.〈013〉
천자는 관리들과 백성들을 위하여 7가지의 제사를 지내니, 그 대상은 사명·중류·국문·국행·태려·호·조이다. 천자는 또한 자신을 위해서도 이러한 7대상에 대해 제사를 지낸다. 제후는 나라를 위하여 5가지의 제사를 지내니, 그 대상은 사명·중류·국문·국행·공려이다. 제후는 또한 자신을 위해서도 이러한 5대상에 대해 제사를 지낸다. 대부는 3가지 대상에게 제사를 지내니, 그 대상은 족려·문·행이다. 적사는 2가지 대상에게 제사를 지내니, 그 대상은 문·행이다. 서사와 서인들은 1가지 대상에게 제사를 지내니, 그 대상은 호 또는 조이다.

集說 司命, 見周禮. 中霤·門·行·戶·竈, 見月令. 泰厲, 古帝王之無後. 公厲, 古諸侯之無後者. 族厲, 古大夫之無後者. 左傳云: "其有所歸, 乃不爲厲", 以其無所歸, 或爲人害, 故祀之. 又按五祀之文, 散見經傳者非一, 此言七祀·三祀·二祀·一祀之說, 殊爲可疑. 曲禮"大夫祭五祀", 註言殷禮; 王制"大夫祭五祀", 註謂有地之大夫, 皆未可詳.

'사명(司命)'은 『주례』에 나온다.[5] 중류(中霤)·문(門)·행(行)·호(戶)·조(竈)는 『예기』「월령(月令)」편에 나온다. '태려(泰厲)'는 고대의 제왕 중 후손이 없는 자를 뜻한다. '공려(公厲)'는 고대의 제후 중 후손이 없는 자를 뜻한다. '족려(族厲)'는 고대의 대부 중 후손이 없는 자를 뜻한다. 『좌전』에서는 "귀(鬼)는 회귀할 곳이 있어야만 곧 여귀(厲鬼)[6]가 되지 않는다."[7]라고 했는데, 그들은 회귀할 곳이 없기 때문에 간혹 사람들에게 피해를 입힌다. 그러므로 그들에게 제사를 지내는 것이다. 또 오사

---

5) 『주례』「춘관(春官)·대종백(大宗伯)」: 以禋祀祀昊天上帝, 以實柴祀日·月·星·辰, 以槱燎祀司中·<u>司命</u>·飌師·雨師.
6) 여귀(厲鬼)는 악귀(惡鬼)라는 뜻이다. 『춘추좌씨전』「소공(昭公) 7년」편에는 "今夢黃熊入于寢門, 其何厲鬼也."라는 용례가 있다.
7) 『춘추좌씨전』「소공(昭公) 7년」: 子産曰, "<u>鬼有所歸, 乃不爲厲</u>, 吾爲之歸也."

(五祀)에 대한 기록을 살펴보면, 경전에 여기 저기 흩어져 나오며 동일하지 않은데, 이곳에서 칠사(七祀) · 삼사(三祀) · 이사(二祀) · 일사(一祀)라고 한 주장은 자못 의심스럽다. 『예기』「곡례(曲禮)」편에서는 "대부는 오사에게 제사를 지낸다."라 했는데, 정현의 주에서는 은나라 때의 예법이라고 했고, 『예기』「왕제(王制)」편에서는 "대부는 오사에게 제사를 지낸다."라 했는데, 정현의 주에서는 토지를 소유한 대부를 뜻한다고 했지만, 이 모든 주장에 대해서는 자세히 알 수 없다.

【014】

王下祭殤五: 適子, 適孫, 適曾孫, 適玄孫, 適來孫. 諸侯下祭三, 大夫下祭二, 適士及庶人祭子而止.〈014〉

천자는 자신보다 후대가 되는 자들 중 요절한 자에 대해서 제사를 지낼 때, 그 대상은 5명이다. 즉 적자 · 적손 · 적증손 · 적현손 · 적래손이다. 제후는 요절한 자에 대해서 제사를 지내는데, 그 대상은 3명이다. 대부는 요절한 자에 대해서 제사를 지내는데, 그 대상은 2명이다. 적사와 서인은 자식을 제사지내는데 그친다.

集說 方氏曰: 玄孫之子爲來者, 以其世數雖遠, 方來而未已也. 以尊祭卑, 故曰下祭也.

방씨가 말하길, 현손의 자식을 '내(來)'라고 부르는 것은 대수가 비록 멀어졌지만 앞으로 찾아와서 끝나지 않기 때문이다. 존귀한 자가 미천한 자를 제사지내기 때문에 '하제(下祭)'라고 부른다.

集說 石梁王氏曰: 庶殤全不祭, 恐非.

석량왕씨가 말하길, 서자 중 요절한 자에 대해서는 모두 제사를 지내지 않는다고 했는데, 아마도 잘못된 기록인 것 같다.

附註 王祭殤, 註石梁王氏說庶殤不祭, 恐非. 按: 庶殤是支子, 天子諸侯絶旁期, 本不祭, 何可論也?

천자가 요절한 자에 대해 제사를 지낸다고 했는데, 주에서 석량왕씨는 서자 중 요절한 자에 대해 제사를 지내지 않는다는 것은 아마도 잘못된 기록인 것 같다고 했다. 살펴보니, 서자가 요절했다고 하는 것은 지자(支子)들에 해당하는데, 천자와 제후는 방계 친족에 대해 기년상으로 끊으니, 본래 제사를 지내지 않는데, 어찌 논의할 만한 것이겠는가?

【015】

夫聖王之制祭祀也, 法施於民則祀之, 以死勤事則祀之, 以勞定國則祀之, 能禦大菑則祀之, 能捍大患則祀之.〈015〉

무릇 성왕이 제사의 법칙을 제정했을 때, 그 대상은 다섯 부류가 된다. 첫 번째 백성들에게 올바른 법도를 시행한 자라면 그가 죽은 이후 대대로 제사를 지낸다. 두 번째 죽음을 무릅쓰고 자신의 본분에 최선을 다한 자라면 그가 죽은 이후 대대로 제사를 지낸다. 세 번째 수고로움을 무릅쓰고 나라를 안정시킨 자라면 그가 죽은 이후 대대로 제사를 지낸다. 네 번째 큰 재앙을 막았던 자라면 그가 죽은 이후 대대로 제사를 지낸다. 다섯 번째 큰 환란을 막았던 자라면 그가 죽은 이후 대대로 제사를 지낸다.

集說 此五者, 所當祭祀也, 下文可見.

이 다섯 가지에 해당하는 자에 대해서는 마땅히 제사를 지내야 하니, 아래문장에서 확인할 수 있다.

【016】

是故厲山氏之有天下也, 其子曰農, 能殖百穀; 夏之衰也, 周棄繼之, 故祀以爲稷.〈016〉

이러한 까닭으로 여산씨가 천하를 소유했을 때, 그의 자손 중에는 '농(農)'이라고 불렸던 자가 있었으니, 그는 모든 곡식을 경작할 수 있었다. 하나라가 쇠약해지고, 주나라의 기가 그 자리를 이어받았기 때문에, 그에게 제사를 지내며 '직(稷)'으로 삼았다.

集說 厲山氏, 一云烈山氏, 炎帝神農也. 其後世子孫有名柱者, 能殖百穀, 作農官, 因名農, 見國語. 棄見舜典, 稷穀神也.

'여산씨(厲山氏)'는 열산씨(烈山氏)라고도 부르는데, 염제인 신농을 가리킨다. 그의 후세 자손들 중에는 '주(柱)'라는 이름을 가진 자가 있었는데, 그는 모든 곡식을 경작할 수 있었으므로, 농업을 담당하는 관리로 세웠고, 또 그에 따라 '농(農)'이라고 불렀으니, 『국어』에 관련 기록이 나온다.[1] '기(棄)'에 대한 사안은 『서』「순전(舜典)」편에 나온다.[2] '직(稷)'은 곡식신이다.

【017】

共[恭]工氏之霸九州也, 其子曰后土, 能平九州, 故祀以爲社. 〈017〉

공공씨가['共'자의 음은 '恭(공)'이다.] 천하에 군주 노릇을 했을 때, 그의 자손 중에는 '후토(后土)'라고 불렀던 자가 있었으니, 그는 구주를 편안하게 다스릴 수 있었다. 그렇기 때문에 그에게 제사를 지내며 '사(社)'로 삼았다.

集說 左傳言共工氏以水紀官, 在炎帝之前, 大昊之後. 社, 土神也. 『좌전』에서는 공공씨(共工氏)가 수(水)에 따라 관직명을 정했다고 했고,[3] 염제 이전과 태호 이후에 기록하였다. '사(社)'는 토지신이다.

【018】

帝嚳能序星辰以著衆. 〈018〉

제곡은 하늘의 운행을 계산하여 별자리를 관측할 수 있었으니, 이를 통해 백성들이 시기를 계산할 수 있게끔 했다.

集說 序星辰, 知推步之法也. 著衆, 謂使民占星象而知休作之侯也. '서성진(序星辰)'은 천상의 역법을 계산하는 법칙을 알았다는 뜻이다.

---

1) 『국어』「노어상(魯語上)」: 昔烈山氏之有天下也, 其子曰柱, 能殖百穀百蔬; 夏之興也, 周棄繼之, 故祀以爲稷.
2) 『서』「우서(虞書)・순전(舜典)」: 帝曰, 棄, 黎民阻飢, 汝后稷, 播時百穀.
3) 『춘추좌씨전』「소공(昭公) 17년」: 昔者黃帝氏以雲紀, 故爲雲師而雲名; 炎帝氏以火紀, 故爲火師而火名; <u>共工氏以水紀, 故爲水師而水名</u>; 大皥氏以龍紀, 故爲龍師而龍名.

'저중(著眾)'은 백성들로 하여금 별의 모습을 점치게 하여 휴식을 취하거나 일을 해야 할 시기를 알게 했다는 뜻이다.

【019】

堯能賞[句], 均刑法[句], 以義終.〈019〉

요(堯)임금은 공적에 알맞게 상을 내렸으며['賞'자에서 구문을 끊는다.] 죄목에 알맞게 형법을 부과하여 균등하게 시행했고['法'자에서 구문을 끊는다.] 제왕의 지위를 선양하여 의로써 끝맺었다.

集說 能賞, 當其功也. 均刑法, 當其罪也. 以義終, 禪位得人也.

상을 잘 주었다는 말은 해당 공적에 알맞도록 했다는 뜻이다. 형법을 균등하게 했다는 말은 해당 죄에 알맞도록 했다는 뜻이다. 의로써 끝맺었다는 말은 제왕의 지위를 선양하여 알맞은 사람을 얻었다는 뜻이다.

附註 堯能賞均刑法, 註賞句, 未當. 此言賞必均而刑必以法也.

'요능상균형법(堯能賞均刑法)'에 대해, 주에서는 '상(賞)'자에서 구문을 끊었는데 합당하지 않다. 이것은 상은 반드시 균등해야 하고 형벌은 반드시 법도에 따라야 한다는 뜻이다.

【020】
舜勤衆事而野死.〈020〉

순(舜)임금은 모든 일에 최선을 다하여, 결국 순수를 하다가 길에서 죽었다.

集說 巡守而崩也.

순수를 하다가 죽었다는 뜻이다.

集說 石梁王氏曰: 舜死蒼梧之說不可信, 鄭氏謂因征有苗, 尤不可信.

석량왕씨가 말하길, 순임금이 창오의 땅에서 죽었다고 하는 주장은 믿을 수 없는데, 정현은 유묘를 정벌하다가 죽었다고 했으니, 더욱 믿을 수 없는 말이다.

【021】
鯀鄣[章]鴻水而殛死, 禹能脩鯀之功.〈021〉

곤은 홍수를 막았는데['鄣'자의 음은 '章(장)'이다.] 그 일을 끝내지 못하고 죽었다. 그래서 우임금이 그 일을 이어받아서 곤의 공적을 올바르게 마무리했다.

集說 鄣, 甕塞之也. 脩者, 繼其事而改正之.

'장(鄣)'자는 막았다는 뜻이다. '수(脩)'는 그 일을 이어받아서 고쳐서 올바르게 했다는 뜻이다.

集說 石梁王氏曰: 祀禹, 非祀鯀也.

석량왕씨가 말하길, 우임금에게 제사를 지낸 것이지 곤에게 제사를 지낸 것이 아니다.

【022】

黃帝正名百物, 以明民共[恭]財, 顓頊能脩之.〈022〉

황제는 모든 사물의 명칭을 바르게 정하여 이것을 통해 백성들을 밝게 깨우쳐주었고 백성들이 재물을 공급하도록['共'자의 음은 '恭(공)'이다.] 했다. 전욱은 그것을 잘 정비할 수 있었다.

集說 正名百物者, 立定百物之名也. 明民, 使民不惑也. 共財, 供給公上之賦斂也.

'정명백물(正名百物)'은 모든 사물의 명칭을 바르게 정했다는 뜻이다. '명민(明民)'은 백성들로 하여금 의혹을 품지 않도록 했다는 뜻이다. '공재(共財)'는 조정에서 부여하는 세금에 공급했다는 뜻이다.

【023】

契爲司徒而民成.〈023〉

설은 사도가 되어 백성들을 교화하여 풍속을 완성시켰다.

集說 司徒, 敎官之長. 民成, 化民成俗也.

'사도(司徒)'는 교화를 담당하는 관부의 수장이다. '민성(民成)'은 백성들을 교화하여 풍속을 완성시켰다는 뜻이다.

【024】

冥勤其官而水死.〈024〉

명은 치수를 담당하는 관부의 일을 열심히 하다가 물에 빠져 죽었다.

集說 冥, 卽玄冥也, 月令冬之神, 水死未聞.

'명(冥)'은 곧 현명을 뜻하는데, 『예기』「월령(月令)」편에서는 겨울에 해당하는 신이라고 했지만, 물에서 죽었다는 말은 들어보지 못했다.

【025】

湯以寬治民而除其虐.〈025〉

탕임금은 너그러움으로 백성들을 통치하여 사나움을 제거했다.

集說 書曰: "克寬克仁", 又言: "代虐以寬."

『서』에서는 "능히 너그럽고 능히 인자하다."[1]라 했고, 또 "사나움을 대신하여 너그럽게 하시다."[2]라 했다.

【026】

文王以文治, 武王以武功去民之菑[災], 此皆有功烈於民者也.〈026〉

문왕은 문덕으로 백성들을 다스렸고, 무왕은 무공으로 백성들의 재앙을['菑' 자의 음은 '災(재)'이다.] 제거했으니, 이들은 모두 공덕을 세워서 백성들에게 큰 보탬을 주었던 자들이다.

集說 陳氏曰: 自農·棄至堯, 自黃帝至契, 法施於民者也; 舜·鯀與冥, 以死勤事者也; 禹脩鯀功, 以勞定國者也; 湯除其虐, 文·武之去民菑, 能禦大菑, 能捍大患者也.

진씨가 말하길, 농과 기로부터 요에 이르기까지, 또 황제로부터 설에 이르기까지는 법도를 백성들에게 베푼 자들이다. 순·곤·명은 죽음을 무릅쓰고 맡은 일에 열심히 했던 자들이다. 우는 곤의 공적을 이어받아 완성했으니, 수고로움으로써 나라를 안정시킨 자이다. 탕은 사나움을 제거

---

1) 『서』「상서(商書)·중훼지고(仲虺之誥)」 : 德懋懋官, 功懋懋賞, 用人惟己, 改過不吝, <u>克寬克仁</u>, 彰信兆民.

2) 『서』「상서(商書)·이훈(伊訓)」 : 惟我商王, 布昭聖武, <u>代虐以寬</u>, 兆民允懷.

했고, 문왕과 무왕은 백성들의 재앙을 제거했으니, 큰 재앙을 막을 수 있었고 큰 환란을 막을 수 있었던 자들이다.

【027】

及夫日月星辰, 民所瞻仰也; 山林 · 川谷 · 丘陵, 民所取財用也. 非此族也, 不在祀典.〈027〉

그리고 해 · 달 · 별은 백성들이 우러러 보는 대상이다. 그리고 산림 · 하천과 계곡 · 구릉지대는 백성들이 재물을 취하는 곳이다. 따라서 이러한 부류들이 아니라면, 제사의 법도를 기록한 문헌에 수록되지 않는다.

集說 族, 類也. 祀典, 祭祀之典籍.

'족(族)'자는 부류를 뜻한다. '사전(祀典)'은 제사의 법도를 기록한 전적이다.

◈ 祭統第二十八 / 「제통」 28편

類編 鄭氏曰: "統, 猶本也." 此篇記祭禮之義.

정현은 "'통(統)'자는 근본과 같은 뜻이다."라 했다. 이 편은 제례의 의미를 기록하고 있다.

類編 本居祭義之下.

본래는 『예기』 「제의(祭義)」편 뒤에 수록되어 있었다.

「제통」편 문장 순서 비교		
『예기집설』	『예기유편대전』	
	구분	문장
001		001
002		002
003		003
004		004
005		005
006		006
007		007
008		008
009		009
010		010
011		011
012		012
013		013
014		014
015		015
016		016
017		017
018		018
019		019
020		020
021		021

「제통」편 문장 순서 비교		
『예기집설』	『예기유편대전』	
	구분	문장
022		022
023		023
024		024
025		025
026		030
027		031
028		032
029		033
030		034
031		035
032		036
033		037
034		038
035		
036		
037		
038		

【001】

凡治人之道, 莫急於禮. 禮有五經, 莫重於祭. 夫祭者, 非物自外至
者也, 自中出生於心者也. 心怵黜而奉之以禮, 是故唯賢者能盡祭
之義.〈001〉

무릇 사람을 다스리는 도리 중에서 예보다 급선무인 것은 없다. 또 예에는
오경이 있지만 제사보다 중대한 것은 없다. 제사라는 것은 사물이 외부로
부터 오는 것이 아니며, 내면으로부터 나타나니, 마음에서 생겨나는 것이
다. 마음이 두렵고 슬퍼지게 되어['怵'자의 음은 '黜(출)'이다.] 예법에 따라 받든
다. 이러한 까닭으로 오직 현자만이 제사의 뜻을 다할 수 있다.

集說 五經, 吉 · 凶 · 軍 · 賓 · 嘉之五禮也. 心怵, 卽前篇 "君子履之
必有怵惕之心", 謂心有感動也.

'오경(五經)'은 길례(吉禮)[1] · 흉례(凶禮)[2] · 군례(軍禮)[3] · 빈례(賓禮)[4]

---

1) 길례(吉禮)는 오례(五禮) 중 하나로, 제사에 대한 예제(禮制)를 뜻한다. 고대에는
   제사 자체를 길(吉)한 일로 여기기 때문에, 제례(祭禮)를 '길례'로 여겼다.
2) 흉례(凶禮)는 재앙 등의 일에 봉착했을 때, 애도를 표시하거나 구휼하는 예제(禮
   制)를 뜻한다. 또한 '흉례'는 상례(喪禮)를 지칭하는 용어로도 사용되었다.
3) 군례(軍禮)는 오례(五禮) 중 하나로, 군대와 관련된 예제(禮制)를 뜻한다. 참고적
   으로 고대 중국에서는 각 계절마다 군대와 관련된 의식을 시행하였는데, 봄에
   하는 것을 진려(振旅)라고 불렀고, 여름에 하는 것을 발사(拔舍)라고 불렀으며,
   가을에 하는 것을 치병(治兵)이라고 불렀고, 겨울에 하는 것을 대열(大閱)이라고
   불렀다. 이러한 의식들이 모두 '군례'에 포함된다.
4) 빈례(賓禮)는 오례(五禮) 중 하나로, 천자를 찾아뵙거나 천자가 제후들을 만나보
   거나, 아니면 제후들끼리 회동하는 조빙(朝聘)의 예법(禮法)을 뜻한다. 또한 '빈
   례'는 손님을 접대하는 예제(禮制)를 뜻하기도 한다. 참고적으로 봄에 천자를 찾
   아뵙는 것을 조(朝)라고 하였으며, 여름에 찾아뵙는 것을 종(宗)이라고 하였고,
   가을에 찾아뵙는 것을 근(覲)이라고 하였으며, 겨울에 찾아뵙는 것을 우(遇)라고
   하였다. 또한 제후들이 천자를 찾아뵐 때에는 본래 각각의 제후들마다 정해진
   기간이 있었는데, 정해진 기간 외에 찾아뵙는 것을 회(會)라고 하였고, 정해진
   기간에 찾아뵙는 것을 동(同)이라고 하였다. 또 천자가 순수(巡守)를 할 때에도
   정해진 기간이 있었는데, 정해진 기간이 아닌 때에 제후를 찾아가 보는 것을 문
   (問)이라고 하였고, 정해진 기간에 찾아가 보는 것을 시(視)라고 하였다.

· 가례(嘉禮)[5]이다. '심출(心怵)'은 앞 편에서 "군자가 그것을 밟게 되면 반드시 조심스러운 마음이 들게 된다."라고 했던 뜻과 같으니, 마음에 느껴서 움직이는 것이 있다는 의미이다.

集說 方氏曰: 盡其心者, 祭之本, 盡其物者, 祭之末, 有本然後末從之, 故祭非物自外至, 自中出生於心也. 心怵而奉之以禮者, 心有所感於內, 故以禮奉之於外而已, 蓋以其自中出非外至者也. 奉之以禮者, 見乎物; 盡之以義者, 存乎心. 徇其物而忘其心者衆人也, 發於心而形於物者君子也, 故曰: "唯賢者能盡祭之義."

방씨가 말하길, 마음을 다하는 것은 제사의 근본이고, 제물을 모두 갖추는 것은 제사의 말단이니, 근본이 생긴 뒤에야 말단도 그에 따른다. 그렇기 때문에 제사는 그 대상이 외부로부터 오는 것이 아니라 내면으로부터 나타나니, 마음에서 생겨나는 것이다. "마음이 두렵고 슬퍼져서 예법에 따라 받든다."는 것은 마음에 내적으로 느끼는 것이 있기 때문에, 외적으로 예법에 따라 받든다는 뜻일 뿐이니, 무릇 내면으로부터 나오는 것이며 외부로부터 온 것이 아니기 때문이다. "예법에 따라 받든다."는 것은 대상을 통해 나타나고, "의로움에 따라 다한다."는 것은 마음에 달려 있다. 외부 대상만을 따르고 마음을 잊어버리는 것은 일반인들인데, 마음을 나타내어 외부 대상으로 형상화하는 것은 군자이다. 그렇기 때문에 "오직 현자만이 제사의 뜻을 다할 수 있다."고 했다.

[002]

賢者之祭也, 必受其福, 非世所謂福也. 福者, 備也, 備者, 百順之名

---

5) 가례(嘉禮)는 오례(五禮) 중 하나로, 결혼식을 치르거나, 잔치 등을 베풀 때의 예제(禮制)를 뜻한다. 경사스러운 일이라는 뜻에서 가(嘉)자를 붙여서 '가례'라고 부르는 것이다.

也. 無所不順者之謂備, 言內盡於己, 而外順於道也. 忠臣以事其君, 孝子以事其親, 其本一也. 上則順於鬼神, 外則順於君長, 內則以孝 於親, 如此之謂備. 唯賢者能備, 能備然後能祭. 是故賢者之祭也, 致其誠信, 與其忠敬, 奉之以物, 道之以禮, 安之以樂, 參之以時, 明 薦之而已矣. 不求其爲[去聲], 此孝子之心也. 〈002〉

현명한 자가 제사를 지낼 때에는 반드시 복을 받게 되는데, 이것은 세간에서 말하는 복이 아니다. 복(福)이라는 것은 비(備)라는 것이며, 비(備)라는 것은 모든 것을 따른다는 뜻이다. 즉 따르지 않음이 없는 것을 '비(備)'라고 부르는데, 이것은 내적으로 자신의 뜻을 다하고 외적으로 도리에 따르는 것을 의미한다. 충신은 이를 통해 군주를 섬기고, 자식은 이를 통해 부모를 섬기는데, 그 근본은 동일하다. 위로는 귀신에게 순종하고, 외적으로는 군주와 연장자에게 순종하며, 내적으로는 이를 통해 부모에게 효를 하니, 이처럼 하는 것을 비(備)라고 부른다. 오직 현자만이 비(備)를 할 수 있는데, 비(備)를 한 뒤에야 제사를 지낼 수 있다. 이러한 까닭으로 현자가 제사를 지내게 되면, 진실과 신의 및 충심과 공경을 다하고, 사물을 통해 받들고, 예를 통해 인도하며 음악을 통해 편안하게 하고 정해진 시기를 통해 간여하며, 청결하게 제수를 바칠 따름이다. 따라서 세속적인 복을 바라는['爲'자는 거성으로 읽는다.] 마음이 없는 것이 바로 효자의 마음이다.

集說 方氏曰: 誠·信·忠·敬, 四者祭之本, 所謂物者, 奉乎此而 已; 所謂禮者, 道乎此而已; 所謂樂者, 安乎此而已; 所謂時者, 參乎 此而已.

방씨가 말하길, 진실·신의·충심·공경이라는 네 가지는 제사의 근본이 되며, 이른바 '물(物)'이라는 것은 이러한 것들을 받드는 것일 따름이고, 이른바 '예(禮)'라는 것은 이러한 것들을 인도할 따름이며, 이른바 '악(樂)'이라는 것은 이러한 것들을 편안하게 할 따름이고, 이른바 '시(時)'라는 것은 이러한 것들에 참여할 따름이다.

集說 應氏曰: 不求其爲, 無求福之心也, 所謂祭祀不祈也.

응씨가 말하길, '불구기위(不求其爲)'는 복을 바라는 마음이 없다는 뜻이니, "제사에서는 개인적인 복을 기원하지 않는다."는 뜻이다.

【003】

祭者, 所以追養[去聲]繼孝也. 孝者畜[敕六反]也. 順於道, 不逆於倫, 是之謂畜.〈003〉

제사는 봉양의['養'자는 거성으로 읽는다.] 도리를 미루어 시행하고 효의 뜻을 지속적으로 시행하는 것이다. 효는 봉양하는['畜'자는 '敕(칙)'자와 '六(륙)'자의 반절음이다.] 것이니, 천도에 순응하고 인륜을 거스르지 않는 것을 '축(畜)'이라 부른다.

集說 應氏曰: 追其不及之養, 而繼其未盡之孝也. 畜, 固爲畜養之義, 而亦有止而畜聚之意焉.

응씨가 말하길, 미치지 못하는 봉양의 도리를 미루어 따르고 미진했던 효를 계속하는 것이다. '축(畜)'은 진실로 기르고 봉양한다는 뜻이 되고, 또한 그쳐서 쌓고 모은다는 뜻도 있다.

集說 劉氏曰: 追養其親於旣遠, 繼續其孝而不忘. 畜者, 藏也, 中心藏之而不忘, 是順乎率性之道, 而不逆天敍之倫焉. 詩曰: "心乎愛矣, 遐不謂矣, 中心藏之, 何日忘之", 此畜之意也.

유씨가 말하길, 이미 멀어진 상태에서 부모에 대해 미루어 봉양하고, 효를 지속적으로 시행하여 잊지 않는 것이다. '축(畜)'자는 "보관한다."는 뜻이니, 마음속에 간직하여 잊지 않는 것이 바로 본성에 따르는 도에 순종하고, 천도의 윤리를 거스르지 않는 것이다. 『시』에서 "마음에서 사랑하니, 어찌 말하지 않겠는가, 마음에 간직하고 있으니, 어느 날인들 잊겠는가."6)라고 했는데, 이것이 바로 축(畜)의 의미이다.

孝者畜也, 畜, 許六反. 註勅六反, 非.

'효자휵야(孝者畜也)'라 했는데, '畜'자는 '許(허)'자와 '六(륙)'자의 반절음
이다. 주에서 '勅(칙)'자와 '六(륙)'자의 반절음이라 한 것은 잘못되었다.

---

6) 『시』「소아(小雅)·습상(隰桑)」: 心乎愛矣, 遐不謂矣. 中心藏之, 何日忘之.

【004】

是故孝子之事親也, 有三道焉: 生則養[去聲], 沒則喪, 喪畢則祭. 養則觀其順也, 喪則觀其哀也, 祭則觀其敬而時也. 盡此三道者, 孝子之行[去聲]也.〈004〉

이러한 까닭으로 자식이 부모를 섬길 때에는 세 가지 도리가 있다. 부모가 살아계실 때에는 봉양의['養'자는 거성으로 읽는다.] 도리를 다하고, 돌아가셨을 때에는 상장의 의례를 다하며, 상례가 끝나면 제례의 도리를 다한다. 봉양을 할 때에는 순종함을 살피고, 상례를 치를 때에는 애통함을 살피며, 제사를 치를 때에는 공경함과 때에 맞게 함을 살핀다. 이러한 세 가지 도리를 다하는 것이 효자의 행동이다.['行'자는 거성으로 읽는다.]

集說 生事之以禮, 死葬之以禮, 祭之以禮. 養以順爲主, 喪以哀爲主, 祭以敬爲主. 時者, 以時思之, 禮時爲大也.

살아계실 때에는 예에 따라 섬기고, 돌아가셔서 장례를 치를 때에는 예에 따라 지내며, 제사를 지낼 때에는 예에 따라 치른다.[1] 봉양할 때에는 순종함을 위주로 하고, 상장례를 치를 때에는 애통함을 위주로 하며, 제사를 치를 때에는 공경함을 위주로 한다. '시(時)'는 때에 맞게 부모를 생각한다는 뜻으로, 예법에서는 때가 가장 중대하다.

【005】

旣內自盡, 又外求助, 昏禮是也. 故國君取[去聲]夫人之辭曰: "請君之玉女, 與寡人共有敝邑, 事宗廟社稷." 此求助之本也. 夫祭也者, 必夫婦親之, 所以備外內之官也. 官備則具備. 水草之菹, 陸産之醢, 小物備矣. 三牲之俎, 八簋之實, 美物備矣. 昆蟲之異, 草木之實, 陰

---

1) 『논어』「위정(爲政)」: 孟懿子問孝. 子曰, "無違." 樊遲御, 子告之曰, "孟孫問孝於我, 我對曰, 無違." 樊遲曰, "何謂也?" 子曰, "<u>生事之以禮, 死葬之以禮, 祭之以禮.</u>"

陽之物備矣. 凡天之所生, 地之所長, 苟可薦者, 莫不咸在, 示盡物
也. 外則盡物, 內則盡志, 此祭之心也.〈005〉

이미 내적으로 스스로 그 마음을 다했지만 또한 외적으로 도움을 구하게
되니, 혼례가 바로 여기에 해당한다. 그러므로 군주가 부인을 얻을[取'자는
거성으로 읽는다.] 때 전하는 말에 있어서는 "그대의 여식이 나와 함께 우리나
라를 다스리고, 종묘와 사직의 제사를 섬길 수 있도록 청합니다."라고 말한
다. 이것이 바로 도움을 구하는 근본에 해당한다. 무릇 제사를 지낼 때에는
반드시 부부가 직접 시행하니, 이것이 내외의 직분을 갖추는 것이다. 또
내외의 직분이 갖춰지면 모든 것들이 갖춰지게 된다. 수초 등의 절임이나
육지에서 생산된 산물로 담근 젓갈 등은 미미한 사물들을 갖추는 것이다.
세 희생물을 도마에 담고 여덟 개의 궤에 담은 음식 등은 맛있는 사물들을
갖추는 것이다. 곤충들 중 특별한 것과 초목의 과실 등은 음양에 해당하는
사물들을 갖추는 것이다. 무릇 하늘이 낳아준 것과 땅이 길러준 것들 중에
서 바칠 수 있는 것들이라면 모두 갖추지 않는 것이 없으니, 이를 통해
사물들을 모두 갖췄음을 드러낸다. 외적으로 사물들을 모두 갖추고 내적으
로 자신의 뜻을 다하는 것이 제사를 지내는 자의 마음이다.

集說 按內則, 可食之物有蜩范者, 蟬與蜂也. 又如蚳醢, 是蟻子所
爲. 此言昆蟲之異, 亦此類乎.

『예기』「내칙(內則)」편을 살펴보면, 먹을 수 있는 음식으로 조(蜩)와 범
(范)이 포함되어 있는데, 이것은 매미와 벌을 뜻한다. 또 '지해(蚳醢)'와
같은 것은 왕개미 알로 담근 젓갈이다. 따라서 이곳에서 '곤충지이(昆蟲
之異)'라고 한 말은 또한 이러한 부류를 뜻할 것이다.

【006】
是故天子親耕於南郊, 以共齊盛; 王后蠶於北郊, 以共純[緇]服; 諸侯
耕於東郊, 亦以共齊盛; 夫人蠶於北郊, 以共冕服. 天子・諸侯非莫
耕也, 王后・夫人非莫蠶也, 身致其誠信, 誠信之謂盡, 盡之謂敬, 敬

盡然後可以事神明, 此祭之道也. 〈006〉

이러한 까닭으로 천자는 남쪽 교외에 마련된 적전에서 직접 경작하여 제성을 공급하고, 왕후는 북쪽 교외에 마련된 잠실에서 직접 누에를 쳐서 천자의 제사복장을['純'자의 음은 '緇(치)'이다.] 만든다. 제후는 동쪽 교외에 마련된 적전에서 직접 경작하여 제성을 공급하고, 제후의 부인은 북쪽 교외에 마련된 잠실에서 직접 누에를 쳐서 제후의 제사복장을 만든다. 천자와 제후에게는 경작을 할 수 있는 아랫사람이 없는 것이 아니고, 왕후와 부인에게는 누에를 칠 수 있는 아랫사람이 없는 것이 아니지만, 직접 정성과 신의를 지극히 하니, 정성과 신의를 지극히 하는 것을 '진(盡)'이라 부르고, 이처럼 다하는 것을 '경(敬)'이라 부른다. 따라서 공경을 다하고 정성과 신의를 지극히 한 뒤에야 신명을 섬길 수 있으니, 이러한 것을 제사의 도라고 한다.

集說 祭服皆上玄下纁, 天子言緇服, 諸侯言冕服. 緇服, 亦冕服也, 緇以色言, 冕服則顯其爲祭服耳. 非莫耕, 非莫蚕, 言非無可耕之人, 非無可蠶之人也.

제사복장은 모두 상의는 현색으로 하고 하의는 분홍색으로 하는데, 천자의 것은 '치복(緇服)'이라 부르고, 제후의 것은 '면복(冕服)'이라 부른다. 치복 또한 면복에 해당하는데, '치(緇)'자는 그 색깔에 따라 부르는 것이고, 면복은 그 복장이 제사복장이 됨을 현격히 드러낸 말일 뿐이다. '비막경(非莫耕)'과 '비막잠(非莫蠶)'은 경작을 할 수 있는 아랫사람들이 없는 것이 아니고, 양잠을 할 수 있는 아랫사람들이 없는 것이 아니라는 뜻이다.

【007】

及時將祭, 君子乃齊. 齊之爲言齊也, 齊不齊以致齊者也. 是故君子非有大事也, 非有恭敬也, 則不齊; 不齊則於物無防也, 耆[嗜]欲無止也. 及其將齊也, 防其邪物, 訖其耆欲, 耳不聽樂, 故記曰: "齊者不樂", 言不敢散其志也. 心不苟慮, 必依於道. 手足不苟動, 必依於禮. 是故君子之齊也, 專致其精明之德也, 故散[上聲]齊七日以定之, 致齊三日以齊之. 定之之謂齊, 齊者精明之至也, 然後可以交於神明也.〈007〉

정해진 때가 되어 제사를 지내야 하면, 군자는 곧 재계를 한다. '제(齊)'자는 정돈한다는 뜻이니, 가지런하지 않은 것을 정돈하여 재계를 지극히 하는 것이다. 이러한 까닭으로 군자는 중대한 사안이 없다면 공경을 나타내야 할 대상이 없어서 재계를 하지 않고, 재계를 하지 않는다면 외부 사안에 대해서 방비함이 없으며, 즐기고['嗜'자의 음은 '嗜(기)'이다.] 바라는 것에 대해서도 금지함이 없다. 그러나 재계를 해야 할 때가 되면, 사사로운 사안에 대해 방비하고, 즐기고 바라는 것을 금하며, 귀로는 음악을 듣지 않는다. 그렇기 때문에 고대의 『기』에서는 "재계를 하는 자는 음악을 듣지 않는다."라고 한 것이니, 그 뜻을 감히 흐트러트리지 않는다는 의미이다. 마음으로는 구차한 생각을 하지 않고, 반드시 도에 따른다. 손과 발은 구차하게 움직이지 않고 반드시 예에 따른다. 이러한 까닭으로 군자가 재계를 할 때에는 전적으로 맑고 밝은 덕을 지극히 한다. 그래서 7일 동안 산재를[散'자는 상성으로 읽는다.] 하여 안정시키고, 3일 동안 치재를 하여 가지런하게 만든다. 안정시키는 것을 '제(齊)'라고 부르니, 재계를 하는 것은 맑고 밝은 덕을 지극히 하는 것이다. 이처럼 한 뒤에야 신명과 교감할 수 있다.

集說 於物無防, 物, 猶事也, 不苟慮, 不苟動, 皆所謂防也.

"물(物)에 대해서는 방비함이 없다."라 했는데, '물(物)'자는 사안을 뜻하며, "구차하게 생각하지 않는다."는 것과 "구차하게 움직이지 않는다."는 것은 모두 방비에 해당한다.

【008】
是故先[去聲]期旬有一日, 宮宰宿夫人, 夫人亦散齊七日, 致齊三日. 君致齊於外, 夫人致齊於內, 然後會於大廟. 君純[編]冕立於阼, 夫人副褘立於東房. 君執圭瓚祼尸, 大宗執璋瓚亞祼. 及迎牲, 君執紖[赤軫反], 卿·大夫從[去聲], 士執芻; 宗婦執盎從[句], 夫人薦涗[詩畏反]水; 君執鸞刀羞嚌[才又反], 夫人薦豆. 此之謂夫婦親之.〈008〉

이러한 까닭으로 정해진 기한보다 11일 앞서['先'자는 거성으로 읽는다.] 궁재는 군주의 부인에게 재계를 해야 한다고 아뢰니, 부인 또한 7일 동안 산재를 하고 3일 동안 치재를 한다. 군주는 바깥채에서 치재를 하고, 부인은 안채에서 치재를 하는데, 치제가 끝나면 태묘에 모인다. 군주는 제복을['純'자의 음은 '緇(치)'이다.] 입고 동쪽 계단 위에 서 있게 되고, 부인은 머리장식과 휘의를 입고 동쪽 방에 서 있게 된다. 군주는 규찬을 들고 술을 따라 시동 앞에서 술을 땅에 뿌리고, 대종은 부인을 대신하여 장찬을 들고 술을 따라 군주 다음으로 땅에 술을 뿌린다. 희생물을 맞이할 때가 되면, 군주는 고삐를['紖'자는 '赤(적)'자와 '軫(진)'자의 반절음이다.] 잡고 경과 대부는 군주를 따르며['從'자는 거성으로 읽는다.] 사는 짚을 들고 따른다. 종부는 앙제를 담은 술동이를 들고 부인을 따르고['從'자에서 구문을 끊는다.] 부인은 앙제를 맑게 거른['涗'자는 '詩(시)'자와 '畏(외)'자의 반절음이다.] 술을 바친다. 군주가 난도를 들고 희생물을 갈라 폐와 간을['嚌'자는 '才(재)'자와 '又(우)'자의 반절음이다.] 잘라 바치면 부인은 두를 바친다. 이처럼 하는 것을 부부가 직접 시행한다고 부른다.

集說 宿, 讀爲肅, 猶戒也.

'숙(宿)'자는 숙(肅)자로 풀이하니, "경계를 시킨다."는 뜻이다.

集說 鄭氏曰: 大廟, 始祖廟也. 圭瓚璋瓚, 祼器也, 以圭璋爲柄. 酌鬱鬯曰祼, 大宗亞祼, 容夫人有故攝焉. 紖, 所以牽牲. 芻, 藁也, 殺牲用以薦藉.

정현이 말하길, '태묘(大廟)'는 시조의 묘를 뜻한다. 규찬(圭瓚)과 장찬(璋瓚)은 모두 땅에 술을 뿌릴 때 사용하는 기구들인데, 규(圭)와 장(璋)으로 자루를 만든다. 울창주를 따라서 땅에 뿌리는 것을 '관(祼)'이라 부르는데, 대종(大宗)이 두 번째로 관을 하는 것은 부인에게 사정이 생겨서 대신하는 것까지를 수용하기 위해서이다. '진(紖)'은 희생물을 끌 때 사용

하는 끈이다. '추(芻)'는 짚이니, 희생물을 도축할 때 이것을 이용하여 깔
개로 깐다.

集說 疏曰: 宗婦執盎從者, 謂同宗之婦, 執盎齊以從夫人也. 夫人
薦涗水者, 涗卽盎齊, 以濁用淸酒以涗沛之. 涗水是明水, 宗婦執盎
齊從夫人而來, 尊盎齊於位, 夫人乃就盎齊之尊, 酌此涗齊而薦之,
因盎齊有明水, 連言水耳. 君執鸞刀羞嚌者, 嚌, 肝肺也, 嚌有二時,
一是朝踐之時, 取肝以膋貫之, 入室燎於爐炭, 而出薦之主前; 二是
饋熟之時, 君以鸞刀割制所羞嚌肺, 橫切之不使絶, 亦尊於俎上, 尸
並嚌之, 故云羞嚌. 一云: "羞, 進也." 夫人薦豆者, 君羞嚌時, 夫人薦
此饋食之豆也. 又曰: 郊特牲云: "祭齊加明水", 天子諸侯祭禮, 先有
祼尸之事.

소에서 말하길, '종부집앙종(宗婦執盎從)'이라는 말은 같은 종가의 부인
들이 앙제(盎齊)를 들고서 부인을 뒤따른다는 뜻이다. '부인천세수(夫人
薦涗水)'라고 했는데, '세(涗)'는 곧 앙제를 뜻하니, 술이 탁하여 맑은 술
을 이용해서 맑게 걸러내기 때문이다. '세수(涗水)'는 곧 명수를 뜻하는
데, 종부는 앙제를 들고 부인을 뒤따라 와서, 자리 앞에 앙제를 담은 술동
이를 진열하고, 부인은 곧 앙제를 담은 술동이로 다가가 맑게 거른 술을
따라서 바치는데, 앙제에 명수가 포함된 것에 따라서 연이어 '수(水)'를
언급한 것일 뿐이다. '군집란도수주(君執鸞刀羞嚌)'라고 했는데, '주
(嚌)'자는 희생물의 간과 폐를 뜻하며, 주(嚌)를 하는 것에는 두 시기가
있으니, 첫 번째는 조천의 시기에 희생물의 간을 가져다가 지방을 두르고
묘실로 들어가서 화톳불 위에서 태우고, 밖으로 나와서 신주 앞에 바치는
것이다. 두 번째는 궤숙을 할 때, 군주가 난도로 희생물을 가르고, 음식으
로 바칠 폐를 잘라내어, 횡으로 저미되 끊어지지 않게 하고, 이것을 또한
도마 위에 올려서, 시동이 맛을 보게 된다. 그렇기 때문에 '수주(羞嚌)'라
고 부른다. 한편에서는 "수(羞)자는 진설한다는 뜻이다."라고 했다. 부인

이 두를 바친다는 것은 군주가 시동이 맛볼 제수를 바칠 때, 부인이 이러한 궤식의 두를 바친다는 뜻이다. 또 말하길, 『예기』「교특생(郊特牲)」편에서는 "오제를 가지고 제사를 지낼 때 명수를 첨가한다."고 했는데, 천자와 제후의 제례에서는 그보다 앞서 시동 앞에서 술을 땅에 뿌리는 절차가 있다.

【009】

及入舞, 君執干戚就舞位. 君爲東上, 冕而摠干, 率其群臣以樂皇尸. 是故天子之祭也, 與天下樂之; 諸侯之祭也, 與竟[境]內樂之. 冕而摠干, 率其群臣以樂皇尸, 此與竟內樂之之義也.〈009〉

종묘로 들어가서 춤을 출 때, 군주는 직접 무용도구인 방패와 도끼를 들고 무용수들의 대열로 나아간다. 군주는 동쪽 끝에 위치하며, 면복을 착용하고 방패를 쥐며, 뭇 신하들을 통솔하여 황시를 즐겁게 만든다. 이러한 까닭으로 천자가 제사를 지내는 것은 천하의 백성들과 즐거워하는 것이고, 제후가 제사를 지내는 것은 자기 영토['竟'자의 음은 '境(경)'이다.] 안의 백성들과 즐거워하는 것이다. 면복을 착용하고 방패를 쥐며 뭇 신하들을 통솔하여 황시를 즐겁게 하니, 이것이 영토 안의 백성들과 즐거워 한다는 뜻이다.

集說 東上, 近主位也. 此明祭時天子·諸侯親在舞位.

동쪽 끝은 신주와 가까운 위치이다. 이것은 제사를 지낼 때, 천자와 제후가 직접 무용수들의 대열에 있게 됨을 나타내고 있다.

【010】

夫祭有三重焉: 獻之屬莫重於祼, 聲莫重於升歌, 舞莫重於武宿夜, 此周道也. 凡三道者, 所以假於外, 而以增君子之志也, 故與志進退. 志輕則亦輕, 志重則亦重. 輕其志而求外之重也, 雖聖人弗能得也,

是故君子之祭也, 必身自盡也, 所以明重也. 道之以禮, 以奉三重而
薦諸皇尸, 此聖人之道也.〈010〉

무릇 제사에는 세 가지 중대한 절차가 있다. 술을 바치는 것 중에는 술을
땅에 부어 신을 강림시키는 것보다 중대한 것이 없고, 음악 중에는 당상에
올라가서 노래를 부르는 것보다 중대한 것이 없으며, 춤 중에는 무숙야라
는 악곡에 맞춰 무무를 추는 것보다 중대한 것이 없으니, 이것은 주나라
때의 도리이다. 이러한 세 가지 도리는 외부 사물의 힘을 빌려서 군자의
뜻을 증진시키는 것이다. 그렇기 때문에 그 뜻과 함께 나아가거나 물러나
게 된다. 따라서 내면의 뜻이 가벼우면 외부 사물 또한 가볍게 되고, 내면
의 뜻이 무거우면 외부 사물 또한 무겁게 된다. 내면의 뜻을 가볍게 두면서
외부 사물 중 중대한 것을 구한다면, 비록 성인일지라도 할 수 없다. 따라
서 군자가 제사를 지낼 때에는 반드시 제 스스로 그 뜻을 다하니, 중대함을
드러내는 방법이다. 인도하길 예로써 하여, 세 가지 중대한 절차를 받들고
황시에게 바치니, 이것은 성인이 따르는 도이다.

集說 祼以降神, 於禮爲重, 歌者在上, 貴人聲也. 武宿夜, 武舞之曲
名也, 其義未聞. 假於外者, 祼則假於鬱鬯, 歌則歌於聲音, 舞則假於
干戚也. 誠敬者, 物之未將者也, 誠敬之志存於內, 而假外物以將之,
故其輕重隨志進退, 若內志輕而求外物之重, 雖聖人不可得也. 聖人
固無內輕而求外重之事, 此特以明役志爲本耳.

술을 땅에 부어서 신을 강림시키는 것은 예법 중에서도 중대하고, 노래를
부르는 자가 당상에 올라가서 부르는 것은 사람의 목소리를 귀하게 여기
기 때문이다. '무숙야(武宿夜)'는 무무(武舞)를 출 때 연주하는 악곡의
이름인데, 그 뜻에 대해서는 들어보지 못했다. '가어외(假於外)'는 술을
땅에 붓게 되면 울창주의 힘을 빌리게 되고, 노래를 부르게 되면 사람의
소리를 빌리게 되며, 춤을 추게 되면 방패와 도끼의 힘을 빌리게 된다는
뜻이다. 정성과 공경은 사물을 전달하기 이전의 것으로, 정성과 공경의
뜻은 내면에 존재하여, 외부 사물을 빌려 그것을 끌어내기 때문에, 경중
이 뜻에 따라 나아가고 물러나니, 만약 내면의 뜻이 가벼운데도 외부 사

물 중 중대한 것을 구한다면, 비록 성인일지라도 할 수 없다. 성인은 진실로 내면의 뜻이 가벼운데도 외부 사물 중 중대한 것을 구하는 일이 없으니, 이것은 단지 뜻을 부리는 것이 근본이 됨을 나타낼 따름이다.

【011】

夫祭有餕[俊], 餕者祭之末也, 不可不知也. 是故古之人有言曰: "善終者如始, 餕其是已." 是故古之君子曰: "尸亦餕鬼神之餘也, 惠術也, 可以觀政矣."〈011〉

무릇 제사에는 남은 음식을 먹는['餕'자의 음은 '俊(준)'이다.] 절차가 있는데, 이처럼 남은 음식을 먹는 것은 제사를 마무리 짓는 절차이므로, 그 의미에 대해서 몰라서는 안 된다. 이러한 까닭으로 고대인은 "마무리를 잘하는 것은 처음을 잘했던 것처럼 하니, 남은 음식을 먹는 것이 바로 여기에 해당한다."라고 했다. 그래서 고대의 군자는 "시동 또한 귀신이 남긴 음식을 먹으니, 이것은 은혜를 베푸는 것에 해당하므로, 이러한 예법을 살펴보면 그 나라의 정치를 확인할 수 있다."라고 했다.

集說 方氏曰: 牲既殺, 則薦血腥於鬼神, 及熟之於俎, 而尸始食之, 是尸餕鬼神之餘也.

방씨가 말하길, 희생물을 도축했다면 피와 생고기를 귀신에게 바치고, 익힌 고기를 도마에 올려 바치게 되면 시동이 비로소 맛보게 되는데, 이것은 시동이 귀신이 남겨준 음식을 먹는 것에 해당한다.

集說 劉氏曰: 祭畢而餕餘, 是祭之終事也. 必謹夫餕之禮者, 愼終如始也, 故引古人曰: "善終者如其始之善, 今餕餘之禮, 其是此意矣." 所以古之君子有言: "尸之飲食, 亦是餕鬼神之餘也, 此即施惠之法也, 觀乎餕之禮, 則可以觀爲政之道矣.

유씨가 말하길, 제사가 끝나고 남은 음식을 먹는 것은 제사의 마무리에 해당한다. 반드시 남은 음식을 먹는 예법에 대해 신중히 하는 것은 끝을 신중히 하길 처음처럼 한다는 뜻이다. 그렇기 때문에 고대인의 말을 인용하여, "끝을 잘 마무리 짓는 것은 처음 시작할 때 잘하는 것처럼 하는 것이다. 현재 남은 음식을 먹는 예법이 바로 이러한 의미에 해당한다."라고 했다. 그래서 고대의 군자는 "시동이 음식을 먹는 것은 또한 귀신이 먹고 남긴 음식을 먹는 것인데, 이것은 곧 은혜를 베푸는 법도에 해당하므로, 남은 음식을 먹는 예법을 살펴본다면, 정치를 시행하는 도를 살펴볼 수 있다."라고 했다.

【012】

是故尸謖[縮], 君與卿四人餕; 君起, 大夫六人餕, 臣餕君之餘也; 大夫起, 士八人餕, 賤餕貴之餘也; 士起, 各執其具以出, 陳于堂下, 百官進[讀爲餕], 徹之, 下餕上之餘也. 凡餕之道, 每變以衆, 所以別貴賤之等, 而興施[去聲]惠之象也. 是故以四簋黍, 見[現]其脩於廟中也. 廟中者, 竟內之象也.〈012〉

이러한 까닭으로 시동이 귀신이 남겨준 음식을 먹고 자리에서 일어나면['謖'자의 음은 '縮(축)'이다.] 군주는 3명의 경과 함께 시동이 남긴 음식을 먹는다. 군주와 경이 자리에서 일어나면, 6명의 대부가 군주가 남긴 음식을 먹는다. 이것은 신하가 군주가 남긴 음식을 먹는다는 뜻이다. 대부가 일어나면 8명의 사가 대부가 남긴 음식을 먹는다. 이것은 신분이 천한 자가 존귀한 자가 남긴 음식을 먹는다는 뜻이다. 사가 일어나서 각각 그릇을 잡고 밖으로 나가 당하에 놓아두면, 모든 관리들이 나아가서 사가 남긴 음식을 먹고['進'자는 '餕'자로 풀이한다.] 그릇을 치운다. 이것은 아랫사람이 윗사람이 남긴 음식을 먹는다는 뜻이다. 무릇 남긴 음식을 먹는 법도에 있어서 매번 변화가 생길 때마다 인원이 늘어나니, 이것은 귀천의 등급을 구별하고 은혜를 베푸는['施'자는 거성으로 읽는다.] 형상을 흥기시키는 방법이다. 이러한 까닭으로 4개의 궤에 담긴 서직을 이용해서 남은 음식을 먹고, 그것을 종묘 안에서 시행함을 드러낸다.['見'자의 음은 '現(현)'이다.] 종묘 안은 한 나라의 영역을 상징한다.

謖, 起也. 天子之祭八簋, 諸侯六簋, 此言四簋者, 留二簋爲陽
厭之祭, 故以四簋餕也. 簋以盛黍稷, 舉黍則稷可知矣. 自君卿至百
官, 每變而人益衆, 所以別貴賤, 象施惠也. 施惠之禮, 脩擧於廟中,
則施惠之政, 必徧及於境內, 此可以觀政之謂也.

‘축(謖)’자는 “일어난다.”는 뜻이다. 천자의 제사에서는 8개의 궤를 차려
내고, 제후의 제사에서는 6개의 궤를 차려낸다. 그런데 이곳에서 4개의
궤라고 한 것은 2개의 궤는 남겨두어서 양염의 제사에 사용하기 때문에,
4개의 궤를 이용해서 남은 음식을 먹는다. 궤에는 서직으로 지은 밥을
담는데, 서(黍)를 제시했다면 직(稷)도 포함됨을 알 수 있다. 군주와 경
으로부터 모든 관리들에 이르기까지 매번 변화가 생길 때마다 사람들이
더욱 늘어나니, 이것을 통해 귀천의 등급을 구별하고 은혜를 베푼다는
것을 상징한다. 은혜를 베푸는 예법을 종묘 안에서 시행한다면, 은혜를
베푸는 정치도 분명 나라 안에서 두루 펼쳐지게 되니, 이것이 정치를 살
펴볼 수 있다는 뜻이다.

百官進徹之, 進, 如字, 不必作餕.
‘백관진철지(百官進徹之)’라 했는데, ‘進’자는 글자대로 읽으며, 준(餕)
자로 고칠 필요가 없다.

【013】

祭者, 澤之大者也. 是故上有大澤, 則惠必及下, 顧上先下後耳, 非上積重[平聲]而下有凍餒之民也. 是故上有大澤, 則民夫人待于下流, 知惠之必將至也, 由餒見之矣. 故曰: "可以觀政矣." 夫祭之爲物大矣, 其興物備矣, 順以備者也, 其敎之本與. 是故君子之敎也, 外則敎之以尊其君長, 內則敎之以孝於其親, 是故明君在上, 則諸臣服從; 崇事宗廟社稷, 則子孫順孝. 盡其道, 端其義, 而敎生焉.〈013〉

제사는 은택이 크게 베풀어지는 것이다. 이러한 까닭으로 윗사람에게 큰 은택이 내려지면, 그 은택은 반드시 아랫사람에게까지 미치니, 살펴보면 이것은 단지 윗사람에게 먼저 베풀고 아랫사람에게 이후에 베푸는 것일 뿐이며, 윗사람이 중대한['重'자는 평성으로 읽는다.] 은택을 쌓아두기만 하여 아랫사람 중 굶어죽고 얼어 죽는 백성이 생긴다는 뜻이 아니다. 이러한 까닭으로 윗사람에게 큰 은택이 내려지면, 백성들은 은택이 밑으로 흐르기를 기다리니, 은택이 반드시 자신들에게까지 미치게 됨을 알기 때문이며, 이것은 남은 밥을 먹는 것을 통해 나타난다. 그러므로 "이로써 정치를 살필 수 있다."고 말한 것이다. 무릇 제사에서는 제물을 성대하게 갖추고, 그 제수들을 빠짐없이 갖추는데, 예법에 따름으로써 갖추는 것으로, 이것은 교화의 근본일 것이다. 이러한 까닭으로 군자의 교화는 외적으로는 백성들을 가르쳐서 그들의 군주와 연장자를 존경하게 만들고, 내적으로는 백성들을 가르쳐서 그들의 부모에게 효를 하도록 한다. 이러한 까닭으로 현명한 군주가 윗자리에 있다면 신하들이 복종하게 되고, 종묘와 사직을 존숭하며 섬긴다면, 자속들이 순응하고 효를 다하게 된다. 그 도를 다하고 그 의를 바르게 하여, 교화가 생기는 것이다.

集說 爲物, 以事言也; 興物, 以其言也. 興舉牲羞之具, 凡以順於禮而致其備焉耳, 聖人立教, 其本在此.

"사물을 마련한다."는 말은 사안을 기준으로 말한 것이며, "만물을 융성하게 한다."는 말은 갖춘 것을 기준으로 말한 것이다. 희생물과 음식 등을 융성하게 갖추는 것은 모두 예법에 따라서 지극히 갖춘 것일 뿐인데, 성인이 교화를 세울 때 그 근본도 여기에 달려 있다.

【014】

是故君子之事君也, 必身行之; 所不安於上, 則不以使下; 所惡於下, 則不以事上. 非諸人, 行諸己, 非教之道也. 是故君子之教也, 必由 其本, 順之至也, 祭其是與. 故曰: "祭者, 教之本也已."〈014〉

이러한 까닭으로 군자가 군주를 섬길 때에는 반드시 몸소 시행하니, 윗사람에게 편치 않은 것으로는 아랫사람에게 시키지 않고, 아랫사람들이 싫어하는 것으로는 윗사람을 섬기지 않는다. 남을 비난하면서 자신이 그러한 짓을 하는 것은 교화의 도리가 아니다. 이러한 까닭으로 군자의 교화는 반드시 그 근본을 따라야 하니, 순종함이 지극하게 되며, 제사가 바로 여기에 해당할 것이다. 그러므로 "제사는 교화의 근본일 따름이다."라고 했다.

集說 以己之心, 度人之心, 卽大學絜矩之道, 如此而後能盡其道, 端其義也. 申言教之本, 以結上文之意.

자신의 마음을 기준으로 남의 마음을 헤아리는 것은 곧 『대학』에서 말한 '혈구지도(絜矩之道)'이니, 이처럼 한 뒤에야 도를 다하고 의를 바르게 할 수 있다. 이것은 교화의 근본을 거듭 말하여, 앞 문장의 뜻을 결론 맺은 것이다.

【015】

夫祭有十倫焉: 見[現]事鬼神之道焉, 見君臣之義焉, 見父子之倫焉, 見貴賤之等焉, 見親疏之殺[色介反]焉, 見爵賞之施焉, 見夫婦之別 焉, 見政事之均焉, 見長幼之序焉, 見上下之際焉. 此之謂十倫.〈015〉

무릇 제사에는 10가지 도의가 포함된다. 첫 번째는 귀신을 섬기는 도가 나타난다.['見'자의 음은 '現(현)'이다.] 두 번째는 군신관계에서 지켜야 하는 의가 나타난다. 세 번째는 부자관계에서 지켜야 하는 윤리가 나타난다. 네 번째는 신분의 귀천에 따른 등급이 나타난다. 다섯 번째는 친하고 소원한 관계에 따른 차등이[`殺`자는 ‘色(색)’자와 ‘介(개)’자의 반절음이다.] 나타난다. 여섯 번째는 작위와 상을 하사하는 것이 나타난다. 일곱 번째는 부부의 유별함이 나타난다. 여덟 번째는 정치의 균등한 시행이 나타난다. 아홉 번째는 장유관계의 질서가 나타난다. 열 번째는 상하계층의 사귐이 나타난다. 이것을 바로 ‘십륜(十倫)’이라고 부른다.

集說 鄭氏曰: 倫, 猶義也.
정현이 말하길, ‘윤(倫)’자는 의(義)자와 같다.

附註 見, 如字. 註音現, 恐非.
‘見’자는 글자대로 읽는다. 주에서 그 음을 ‘現(현)’이라 한 것은 아마도 잘못된 설명인 것 같다.

鋪筵設同几, 爲[去聲]依神也. 詔祝於室而出于祊[伯更反], 此交神明之
道也. 〈016〉

십륜(十倫) 중 첫 번째는 다음과 같다. 자리를 깔고 공동으로 사용하는 한
개의 안석을 설치하는데, 이것은 신이 기대어 편안히 있도록 하기 위함이
다.[爲'자는 거성으로 읽는다.] 묘실에서 축관이 시동에게 제사를 지낸다고 아뢰
고, 다음날 묘문 밖 측면에서 역제를[祊'자는 '伯(백)'자와 '갱(更)'자의 반절음이다.]
지내니, 이것은 신명과 교감하는 도이다.

集說 筵, 席也. 几, 所馮以爲安者. 人生則形體異, 故夫婦之倫在於
有別, 死則精氣無間, 共設一几, 故祝辭云: 以某妃配也. 依神, 使神
馮依乎此也. 詔, 告也. 祝, 祝也. 謂祝以事告尸於室中也. 出于祊者,
謂明日繹祭, 出在廟門外之旁也, 郊特牲云: "索祭祝于祊", 是也. 祊,
說見前篇. 神之所在於彼乎, 於此乎, 故曰: "此交神明之道也."

'연(筵)'은 자리이다. '궤(几)'는 기대어서 편안하게 앉도록 하는 기구이
다. 사람이 태어나게 되면 형체가 달라지기 때문에 부부관계에서 지켜야
하는 윤리는 서로 구별하는데 달려 있지만, 죽게 되면 죽은 자의 정기에
는 차이가 없으니, 둘에 대해 공동으로 하나의 안석을 설치한다. 그렇기
때문에 축사에서 "아무개 비를 배향합니다."라고 말하는 것이다. '의신
(依神)'은 신으로 하여금 이곳에 의지해서 기대도록 한다는 뜻이다. '조
(詔)'자는 "아뢴다."는 뜻이다. '축(祝)'자는 축관이다. 즉 축관이 그 사안
을 묘실 안에서 시동에게 아뢴다는 뜻이다. '출우팽(出于祊)'이라는 말은
정규 제사를 지낸 다음날 역제(繹祭)를 지내는데, 묘문 밖의 측면으로
나아가서 지내니, 『예기』「교특생(郊特牲)」편에서 "신을 찾으며 지내는
제사에서는 팽(祊)에서 축사를 아뢴다."라고 한 말이 바로 이 제사를 가
리킨다. '팽(祊)'에 대한 설명은 앞 편에 나온다. 신이 계신 곳이 저기인
가? 아니면 여기인가? 알 수 없기 때문에 역제를 지낸다. 그러므로 "이것
이 신명과 교감하는 도이다."라고 했다.

【017】

君迎牲而不迎尸, 別嫌也. 尸在廟門外則疑於臣, 在廟中則全於君. 君在廟門外則疑於君, 入廟門則全於臣·全於子, 是故不出者, 明君臣之義也.〈017〉

십륜(十倫) 중 두 번째는 다음과 같다. 군주는 제사에 사용되는 희생물은 맞이하지만 시동은 맞이하지 않는데, 이것은 혐의를 변별하기 위해서이다. 시동이 묘문 밖에 있을 때에는 신하의 신분이 되지만, 종묘 안에 있게 되면 온전히 선대 군주를 형상화하게 된다. 군주가 묘문 밖에 있을 때에는 군주의 신분이 되지만, 묘문 안으로 들어가게 되면 온전히 신하와 자식의 입장이 된다. 그렇기 때문에 묘문 밖으로 나가서 시동을 맞이하지 않는 것은 군주와 신하 관계에서 지켜야 하는 의를 나타낸다.

集說 尸本是臣, 爲尸而象神, 則尊之如君父矣, 然在廟外未入, 則猶疑是臣也; 及旣入廟, 則全其象君父之尊矣. 君祭固主於尊君父而盡臣子之道, 然未入廟, 則猶矣是君也; 及旣入廟, 則全爲臣子而事尸無嫌矣. 若君出門迎尸, 則疑以君而迎臣, 故不出者, 所以別此嫌而明君臣之義也.

시동은 본래 신하의 신분인데, 시동이 되어 신을 형상화하게 된다면 그를 군주나 부친처럼 존귀하게 대한다. 그러나 묘문 밖에 있고 아직 안으로 들어오지 않았을 때라면 여전히 신하의 신분이 아닌가라는 의심이 든다. 반면 묘문 안으로 이미 들어온 상태라면 군주와 부친의 존귀함을 형상화하고 있음을 온전히 해준다. 군주의 제사에서는 진실로 군주와 부친을 존숭하는 것을 위주로 하여 신하와 자식된 도리를 다하게 되지만, 아직 묘문으로 들어오지 않았을 때라면 여전히 군주의 신분이 아닌가라는 의심이 든다. 반면 묘문 안으로 이미 들어온 상태라면 온전히 신하와 자식의 입장이 되어 시동을 섬기더라도 혐의가 없다. 만약 군주가 묘문 밖으로 나가서 시동을 맞이하게 된다면 군주의 신분으로 신하를 맞이한다는 의심을 받게 된다. 그렇기 때문에 밖으로 나가지 않는 것은 이러한 혐의

(饋食)을 할 때 두 차례 따르는 술, 그리고 식사가 끝나면 주인이 시동에게 입가심하는 술을 따라주게 되니, 이러한 술은 모두 시동이 마시게 된다. 그렇기 때문에 "시동이 다섯 차례 술을 마신다."라고 했다. 이 시기에는 술을 따라서 경에게 주는데, 경에게 술을 따라서 준 이후에 주부는 시동에게 입가심하는 술을 따라주고, 시동에게 입가심하는 술 따라주는 절차가 끝나면, 빈객들의 수장이 시동에게 술을 따라서 바치니, 이것이 시동이 일곱 차례 술을 마신다는 뜻이다. 이러한 절차가 끝나면 곧 요작(瑤爵)을 이용해서 술을 따라 대부에게 주는데, 여기에서 정규 구헌의 예법이 모두 끝난다. 다만 두 차례 술을 따라서 신을 강림시킬 때에는 그 술을 마시지 않기 때문에 "일곱 차례 술을 마신다."라고 했다. 그리고 이러한 절차 이후로 빈객들의 수장과 장형제는 재차 가작(加爵)[1]을 하게 되고, 시동은 또한 술을 받아 두 차례 술을 마시게 되니, 앞에서 마신 술까지 합하면 시동은 아홉 차례 술을 마시게 된다. 주인은 곧 산작(散爵)을 이용해서 사와 뭇 유사(有司)들에게 술을 따라서 준다. 이러한 것들은 상공(上公)이 시행하는 구헌의 예법에 해당한다. 그렇기 때문에 시동에게 입가심하는 술을 따라주는 한 차례의 술 따름까지 합하여 시동이 다섯 차례 술을 마신다고 한 것이다. 만약 후작이나 백작의 경우처럼 칠헌(七獻)을 하게 된다면, 조천과 궤식 때 각각 한 차례 술을 따르게 되고, 식사가 끝나면 시동에게 입가심하는 술을 따라주니, 시동은 단지 세 차례 술을 마실 따름이다. 그리고 자작과 남작처럼 오헌(五獻)을 하게 된다면, 식사가 끝난 뒤에 시동에게 입가심하는 술을 따라주니, 시동은 한 차례 술을 마시게 된다.

---

1) 가작(加爵)은 술을 따라서 권한다는 뜻이다.

【020】
夫祭有昭穆. 昭穆者, 所以別父子·遠近·長幼·親疏之序而無亂
也. 是故有事於大廟, 則群昭群穆咸在而不失其倫. 此之謂親疏之
殺也.〈020〉

십륜(十倫) 중 다섯 번째는 다음과 같다. 무릇 제사에는 소목의 항렬이 있
다. 소목(昭穆)이라는 것은 부모와 자식·멀고 가까움·나이가 많고 적
음·친근하고 소원한 질서를 구별하여 문란함이 없도록 하는 것이다. 이러
한 까닭으로 태묘에서 제사를 지내게 되면 뭇 소목 항렬에 해당하는 시동
과 신주가 모두 태묘 안에 모이지만, 각각의 질서를 어기지 않게 된다. 이
것을 바로 친하고 소원한 관계에 따른 차등이라고 부른다.

集說 疏曰: 祭大廟, 則群昭穆咸在; 若餘廟之祭, 唯有當廟尸主, 及
所出之子孫, 不得群昭群穆咸在也.

소에서 말하길, 태묘에서 제사를 지내게 되면, 뭇 소(昭)와 목(穆)항렬에
해당하는 시동과 신주가 모두 모이게 되지만, 만약 나머지 묘에서 제사를
지내게 된다면, 단지 해당하는 묘의 시동과 신주만 있게 되고, 그에게서
파생된 자손은 뭇 소와 목 항렬의 시동과 신주를 모두 모이게 할 수 없다.

【021】
古者明君爵有德而祿有功, 必賜爵祿於大廟, 示不敢專也. 故祭之
日, 一獻, 君降立于阼階之南, 南鄉[去聲], 所命北面, 史由君右, 執策
命之, 再拜稽首, 受書以歸, 而舍[釋]奠于其廟. 此爵賞之施也.〈021〉

십륜(十倫) 중 여섯 번째는 다음과 같다. 고대에 현명한 군주는 덕을 갖춘
자에게 작위를 하사했고, 공을 세운 자에게 녹봉을 내려주었는데, 반드시
태묘 안에서 작위와 녹봉을 하사하여, 감히 제멋대로 한 것이 아님을 드러
내었다. 그러므로 제사를 지내는 날, 한 차례 술을 시동에게 바치면, 군주
는 동쪽 계단으로 내려가서 계단의 남쪽에 서서 남쪽을 바라보고['鄉'자는
거성으로 읽는다.] 군주로부터 작위나 녹봉을 받는 자는 북쪽을 바라보게 된

다. 사관은 군주의 우측에 위치하여 문서를 들고 작위나 녹봉을 받는 자에게 군주의 명령을 전달한다. 작위나 녹봉을 받는 자는 명령을 받은 뒤 재배를 하고 머리를 조아리고서 문서를 받고 자신의 집으로 되돌아가고, 자신의 종묘에 석전을['舍'자의 음은 '釋(석)'이다.] 치르며 그 사실을 아뢴다. 이것이 작위와 상을 하사하는 것이다.

集說 疏曰: 酳尸之前, 皆承奉鬼神, 未暇策命, 此一獻, 則上文尸飮五, 君獻卿之時也. 若天子命群臣, 則不因常祭之日, 特假於廟. 釋奠, 告以受君之命也.

소에서 말하길, 시동에게 입가심하는 술을 따르기 이전에는 모두 귀신을 받들어 섬기니, 기록을 적어 명령할 겨를이 없다. 따라서 이곳에서 한 차례 술을 따른다고 했다면, 이것은 앞 문장에서 시동이 다섯 차례 술을 마시면, 군주가 경에게 술을 따라서 준다고 했던 때에 해당한다. 만약 천자가 뭇 신하들에게 명령하는 경우라면, 정규 제사를 지내는 날에 따르지 않고, 특별히 묘로 가서 치른다. 작위나 상을 받은 자는 석전(釋奠)을 지내서, 이를 통해 군주로부터 명령 받았음을 아뢴다.

【022】

君卷[袞]冕立于阼, 夫人副褘立于東房. 夫人薦豆執校[效], 執醴授之執鐙[登]; 尸酢夫人執柄, 夫人受尸執足. 夫婦相授受, 不相襲處, 酢必易爵, 明夫婦之別也.〈022〉

십륜(十倫) 중 일곱 번째는 다음과 같다. 군주는 곤면을['卷'자의 음은 '袞(곤)'이다.] 착용하고 동쪽 계단 위에 서 있고, 군주의 부인은 머리장식과 휘의를 착용하고 동쪽 방에 서 있다. 부인이 두를 바칠 때에는 두의 중앙 부분을['校'자의 음은 '效(효)'이다.] 잡고, 예제를 전달하는 자는 두를 전달할 때 두의 발 부분을['鐙'자의 음은 '登(등)'이다.] 잡는다. 시동이 부인에게 술잔을 돌릴 때에는 자루부분을 잡고, 부인이 시동에게서 술잔을 받을 때에는 다리부분을 잡는다. 부부가 서로 물건을 주고받을 때에는 서로 잡았던 부분을 잡지 않고, 술잔을 돌릴 때에는 반드시 술잔을 바꾸니, 이것은 부부의 유별함을 나타낸다.

集說 卷冕・副褘, 見前. 校, 豆中央直者. 執醴, 執醴齊之人也, 此人兼掌授豆. 鐙, 豆之下跗也. 爵形如雀, 柄則尾也. 襲處, 謂因其處. '곤면(卷冕)'과 '부휘(副褘)'에 대한 설명은 앞에 나온다. '효(校)'는 두(豆) 중에서도 가운데 곧게 뻗은 부분이다. '집례(執醴)'는 예제(醴齊)를 든 사람을 뜻하는데, 이 사람은 두를 전달하는 임무도 겸하고 있다. '등(鐙)'은 두의 하단에 있는 발 부분이다. 작(爵)은 그 형태가 참새와 비슷하므로, 자루부분은 꼬리에 해당한다. '습처(襲處)'는 잡았던 부분을 잡는다는 뜻이다.

【023】

凡爲俎者, 以骨爲主. 骨有貴賤. 殷人貴髀[俾], 周人貴肩. 凡前貴於後. 俎者, 所以明祭之必有惠也. 是故貴者取貴骨, 賤者取賤骨, 貴者不重[平聲], 賤者不虛, 示均也. 惠均則政行, 政行則事成, 事成則功立. 功之所以立者, 不可不知也. 俎者, 所以明惠之必均也. 善爲政者如此. 故曰見政事之均焉. 〈023〉

십륜(十倫) 중 여덟 번째는 다음과 같다. 무릇 도마에 고기를 올릴 때에는 살점이 붙어 있는 뼈를 위주로 한다. 살점이 붙어 있는 뼈에는 귀천의 등급이 있다. 은나라 때에는 넓적다리['髀'자의 음은 '俾(비)'이다.] 부위를 존귀하게 여겼고, 주나라 때에는 어깨 부위를 존귀하게 여겼다. 또 주나라 때에는 희생물의 앞부분을 뒷부분보다 존귀하게 여겼다. 도마에 올린 고기라는 것은 제사를 지낼 때 반드시 은혜가 베풀어짐을 나타내는 것이다. 이러한 까닭으로 존귀한 자는 살점이 붙어 있는 뼈 중에서도 존귀한 부분을 받고, 천한 자는 상대적으로 천한 부분을 받는다. 그러나 존귀한 자라 하더라도 중복해서['重'자는 평성으로 읽는다.] 받지 않고, 천한 자라 하더라도 받지 못하는 경우가 없으니, 이것은 균등하게 돌아감을 나타낸다. 은혜가 균등하게 베풀어지면 정치가 시행되고, 정치가 시행되면 사업이 이루어지며, 사업이 이루어지면 공을 세우게 된다. 공을 세울 수 있는 방법은 이처럼 몰라서는 안 되는 것이다. 따라서 도마에 올린 고기라는 것은 은혜가 반드시 균등하게 베풀어짐을 나타내는 것이다. 이처럼 정치를 잘하기 때문에, "정치의 균등한 시행을 나타낸다."라고 했다.

集說 疏曰: 殷質, 貴髀之厚, 賤肩之薄; 周文, 貴肩之顯, 賤髀之隱. 前貴於後, 據周言之.

소에서 말하길, 은나라 때에는 질박함을 숭상하여 두터운 넓적다리 부위를 귀하게 여겼고, 얇은 어깨 부위를 상대적으로 천하게 여겼다. 주나라 때에는 화려함을 숭상하여 훤히 드러나는 어깨 부위를 귀하게 여겼고, 잘 드러나지 않는 넓적다리 부위를 상대적으로 천하게 여겼다. 앞부분이 뒷부분보다 귀하다는 것은 주나라 때를 기준으로 한 말이다.

集說 方氏曰: 俎者, 對豆之器, 俎以骨爲主, 則豆以肉爲主可知. 骨, 陽也, 肉, 陰也. 俎之數以奇而從陽, 豆之數以偶而從陰, 爲是故也.

방씨가 말하길, 도마는 두와 대비되는 기물인데, 도마는 살점이 붙어 있는 뼈 부위 담는 것을 위주로 하니, 두에는 고기 부위 담는 것을 위주로 함을 알 수 있다. 뼈는 양(陽)에 해당하고 고기는 음(陰)에 해당한다. 도마를 진설할 때에는 홀수에 맞춰서 양에 따르고, 두는 짝수에 맞춰서 음에 따르는 것도 이러한 이유 때문이다.

【024】

凡賜爵, 昭爲一, 穆爲一, 昭與昭齒, 穆與穆齒. 凡群有司皆以齒. 此之謂長幼有序.〈024〉

십륜(十倫) 중 아홉 번째는 다음과 같다. 무릇 술잔을 하사할 때에는 형제들과 자손들 중 소(昭)항렬에 해당하는 자들은 한 무리를 이루고, 목(穆)항렬에 해당하는 자들은 한 무리를 이루며, 소항렬의 사람들은 소항렬의 사람들과 나이에 따라 서열을 정하고, 목항렬의 사람들은 목항렬의 사람들과 나이에 따라 서열을 정한다. 여러 유사들도 모두 나이에 따라 서열을 정한다. 이것을 장유관계에 질서가 있다고 부른다.

集說 爵, 行酒之器也.

'작(爵)'은 음주를 할 때 사용하는 기물이다.

集說 疏曰: 此旅酬時賜助祭者酒, 衆兄弟子孫等在昭列者則爲一色, 在穆列者自爲一色, 各自相旅, 長者在前, 少者在後, 是昭與昭齒, 穆與穆齒也.

소에서 말하길, 이것은 여수(旅酬)를 할 때 제사를 도왔던 자들에게 하사하는 술을 뜻하는데, 형제들과 자손들 중에서 소(昭)항렬에 해당하는 자들은 한 무리를 이루고, 목(穆)항렬에 해당하는 자들은 그들 자체로 한 무리를 이루는데, 각각 그들끼리 서로에게 술을 권하게 되며, 연장자가 앞에 위치하고 젊은이가 뒤에 위치한다. 이것이 소항렬의 사람들은 소항렬끼리 나이에 따라 서열을 정하고, 목항렬의 사람들은 목항렬끼리 나이에 따라 서열을 정한다는 뜻이다.

集說 方氏曰: 宗廟之中, 授事則以爵, 至於賜爵則以齒, 何也? 蓋授事主義, 而行於旅酬之前; 賜爵主恩, 而行於旅酬之後, 以其主恩, 故皆以齒也. 司士所謂"祭祀賜爵呼昭穆而進之", 是矣. 夫齒所以序長幼, 故曰: "此之謂長幼有序."

방씨가 말하길, 종묘 안에서 임무를 전달할 때에는 작위의 등급에 따르는데, 술잔을 하사할 때에 이르러 나이에 따르는 것은 어째서인가? 무릇 임무를 전달할 때에는 의(義)를 위주로 하고 여수를 시행하기 이전에 하지만, 술잔을 하사할 때에는 은혜를 위주로 하고 여수를 시행한 이후에 하니, 은혜를 위주로 하기 때문에 모든 경우에 나이에 따르는 것이다.

『주례』「사사(司士)」편에서 "제사를 지내며 술잔을 하사할 때에는 소(昭)항렬과 목(穆)항렬의 사람들을 불러서 나오도록 한다."[2]라고 한 말이 이러한 뜻을 나타낸다. 무릇 나이라는 것은 장유관계에 질서를 세우는 것이다. 그렇기 때문에 "이것을 장유관계에 질서가 있다고 부른다."라고 했다.

【025】

夫祭有畀煇[運]·胞[庖]·翟[狄]·閽者, 惠下之道也. 唯有德之君爲能行此, 明足以見之, 仁足以與之. 畀之爲言與也, 能以其餘畀其下者也. 煇者, 甲吏之賤者也; 胞者, 肉吏之賤者也; 翟者, 樂吏之賤者也; 閽者, 守門之賤者也, 古者不使刑人守門. 此四守者, 吏之至賤者也. 尸又至尊, 以至尊旣祭之末而不忘至賤, 而以其餘畀之, 是故明君在上, 則竟內之民無凍餒者矣. 此之謂上下之際.〈025〉[此下一節, 移入祭義篇.]

십륜(十倫) 중 열 번째는 다음과 같다. 무릇 제사에서는 운['煇'자의 음은 '運(운)'이다.]·포['胞'자의 음은 '庖(포)'이다.]·적['翟'자의 음은 '狄(적)'이다.]·혼과 같은 자들에게도 나눠줌이 있으니, 이것은 아랫사람에게도 은혜를 베푸는 도이다. 오직 덕을 갖춘 군주여야만 이처럼 시행할 수 있어서, 밝게 그들의 사정을 살피고, 인자하게 그들에게 줄 수 있는 것이다. '비(畀)'라는 말은 남에게 준다는 뜻이니, 자신에게 남는 것을 아랫사람에게 줄 수 있다는 의미이다. '운(煇)'은 가죽을 다루는 미천한 관리이다. '포(胞)'는 고기를 담당하는 미천한 관리이다. '적(翟)'은 음악을 담당하는 미천한 관리이다. '혼(閽)'은 문을 지키는 미천한 관리이다. 고대에는 형벌을 받은 자로 하여금 문을 지키도록 하지 않았다. 이처럼 네 가지 일을 담당하고 있는 자들은 하급관리들 중에서도 매우 미천한 자이다. 시동은 또한 지극히 존귀한 자

2) 『주례』「하관(夏官)·사사(司士)」: 凡祭祀, 掌士之戒令, 詔相其法事; 及賜爵, 呼昭穆而進之.

인데, 지극히 존귀한 자임에도 제사의 말미에 이르면, 매우 미천한 자들까지도 잊지 않고, 남은 것들을 그들에게 주니, 이러한 까닭으로 현명한 군주가 위정자의 자리에 있어야만, 그 나라의 백성들 중 얼어 죽거나 굶어죽는 자가 없게 된다. 이것은 상하계층의 사귐이라고 부른다. [이 아래 한 개 절은 「제의」편으로 옮겼다.]

集說 不使刑人守門, 恐是周以前如此, 周則墨者使守門也. 際, 接也. 言尊者與賤者恩意相接也.

"형벌을 받은 자로 하여금 문을 지키게 하지 않는다."는 말은 아마도 주나라 이전에 이와 같이 했다는 뜻이니, 주나라 때에는 묵형을 받은 자로 하여금 문을 지키게 했다.3) '제(際)'자는 "접한다."는 뜻이니, 존귀한 자 및 미천한 자의 은혜와 뜻이 서로 접하게 된다는 뜻이다.

【026】

夫鼎有銘, 銘者自名也, 自名以稱揚其先祖之美, 而明著之後世者也. 爲先祖者, 莫不有美焉, 莫不有惡焉. 銘之義, 稱美而不稱惡, 此孝子孝孫之心也. 唯賢者能之. 〈030〉 [本在"民父母矣"下.]

무릇 솥에는 명이 새겨져 있다. 명(銘)이라는 것은 스스로 명성을 이루어 기록한 것이니, 스스로 자신의 명성을 이루어서, 자기 선조의 아름다운 점을 드날리고, 후세에 드러내는 것이다. 선조에게는 아름다운 일이 없을 수 없고, 반면 나쁜 점도 없을 수 없다. 그러나 명의 뜻은 아름다운 점은 드러내되 나쁜 점은 드러내지 않는 것이니, 이것은 효자와 효손의 마음이다. 오직 현명한 자여야만 이처럼 할 수 있다. [본래는 "어떻게 백성의 부모 된 자라 하겠는가?"4)라고 한 문장 뒤에 수록되어 있었다.]

---

3) 『주례』「추관(秋官)·장륙(掌戮)」 : 墨者使守門.
4) 『예기』「제통(祭統)」 029장 : 故曰: "禘嘗之義大矣, 治國之本也, 不可不知也. 明其義者君也, 能其事者臣也. 不明其義, 君人不全; 不能其事, 爲臣不全." 夫義者, 所以濟志也, 諸德之發也. 是故其德盛者其志厚, 其志厚者其義章, 其義

集說 自名, 下文謂 "自成其名", 是也.

'자명(自名)'은 아래문장에서 말한 "스스로 명성을 이루다."는 뜻이다.

集說 方氏曰: 稱則稱之以言, 揚則揚其所爲. 明則使之顯而不晦, 著則使之見而不隱.

방씨가 말하길, '칭(稱)'은 말을 통해 지칭하는 것이며, '양(揚)'은 시행했던 일을 드러내는 것이다. '명(明)'은 그 대상을 밝게 하여 어둡게 만들지 않는 것이며, '저(著)'는 그 대상을 드러나게 하여 숨기지 않는 것이다.

附註 稱揚, 是表揚之意, 二字不必分解.

'칭양(稱揚)'은 드러내어 찬양한다는 뜻이니, 두 글자를 나눠서 풀이할 필요는 없다.

章者其祭也敬; 祭敬, 則竟內之子孫莫敢不敬矣. 是故君子之祭也, 必身親涖之, 有故, 則使人可也. 雖使人也, 君不失其義者, 君明其義故也. 其德薄者其志輕, 疑於其義而求祭使之必敬也, 不可得已. 祭而不敬, 何以爲民父母矣?

【027】

銘者, 論譔[撰]其先祖之有德善·功烈·勳勞·慶賞·聲名, 列於天下, 而酌之祭器, 自成其名焉, 以祀其先祖者也. 顯揚先祖, 所以崇孝也. 身比[毗志反]焉, 順也. 明示後世, 敎也.〈031〉

명(銘)이라는 것은 선조가 갖췄던 덕과 선함, 공과 업적·훈로·하사와 상·명성 등을 서술하고 기록하여[譔'자의 음은 '撰(찬)'이다.] 천하에 드러내는데, 그것의 경중과 대소를 헤아려서 제기에 새기고, 스스로 그 명성을 이루어서, 이를 통해 선조의 제사를 지내는 것이다. 선조의 명성을 선양하는 것은 효를 숭상하는 방법이다. 자신의 이름을 그 다음에['比'자는 '毗(비)'자와 '志(지)'자의 반절음이다.] 새기는 것은 순종함에 해당한다. 이를 통해 후세의 자손들에게 밝게 드러내는 것은 가르침이 된다.

集說 論, 說; 譔, 錄也. 王功曰勳, 事功曰勞. 酌, 斟酌其輕重大小也. 祭器, 鼎彝之屬. 自成其名者, 自成其顯揚先祖之孝也. 比, 次也. 謂己名次於先祖之下也. 順, 無所違於禮也. 示後世而使子孫效其所爲, 則是敎也.

'논(論)'자는 "설명한다."는 뜻이며, '선(譔)'자는 "기록한다."는 뜻이다. 천자의 공업을 도운 것을 '훈(勳)'이라 부르고, 국가를 안정시킨 공을 '노(勞)'라 부른다.[1] '작(酌)'자는 경중과 대소를 헤아린다는 뜻이다. '제기(祭器)'는 솥이나 술병 등을 뜻한다. '자성기명(自成其名)'은 선조의 효 드날리는 일을 스스로 완성한다는 뜻이다. '비(比)'자는 다음이라는 뜻이니, 자신의 이름을 선조 다음에 기록한다는 뜻이다. '순(順)'자는 예법에 위배되는 점이 없다는 뜻이다. 후세에 보여주어 자손들로 하여금 선조의 행동거지를 본받도록 한다면, 이것은 가르침이 된다.

---

1) 『주례』「하관(夏官)·사훈(司勳)」: 土功曰勳. 國功曰功. 民功曰庸. 事功曰勞. 治功曰力. 戰功曰多.

【028】

夫銘者, 壹稱而上下皆得焉耳矣. 是故君子之觀於銘也, 旣美其所
稱, 又美其所爲. 爲之者, 明足以見之, 仁足以與之, 知[去聲]足以利
之, 可謂賢矣. 賢而勿伐, 可謂恭矣. 〈032〉

무릇 명(銘)이라는 것은 한 차례 읽게 되면 선조와 본인 모두 후세에 그
명성을 기릴 수 있다. 이러한 까닭으로 군자가 명을 보게 되면, 명에서 일
컫는 내용을 아름답게 칭찬하고, 또 그의 행적을 아름답고 칭송한다. 명을
만든 자가 그 밝음이 선조의 선행을 드러낼 수 있고, 인자함이 군주가 명을
칭송하도록 할 수 있으며, 지혜가['知'자는 거성으로 읽는다.] 자신의 이름을 선
조 밑에 새길 수 있음을 이롭게 여길 수 있다면, 현명하다고 평할 수 있다.
또 현명하면서도 자랑하지 않는다면, 공손하다고 평할 수 있다.

集說 上, 謂先祖. 下, 謂己身也. 見之, 見其先祖之善也, 非明不能;
與之, 使君上與己銘也, 非仁莫致; 利之, 利己之得次名於下也, 非知
莫及.

'상(上)'은 선조를 뜻한다. '하(下)'는 자신을 뜻한다. '현지(見之)'는 선조
의 선함을 드러낸다는 뜻이니, 밝음이 아니라면 할 수 없다. '여지(與之)'
는 군주로 하여금 선조와 자신의 명(銘)을 읽게끔 한다는 뜻이니, 인자함
이 아니라면 지극히 할 수 없다. '이지(利之)'는 선조 밑에 자신의 이름을
새길 수 있는 것을 이롭게 여긴다는 뜻이니, 지혜로움이 아니라면 미칠
수 없다.

【029】

故衛孔悝[恢]之鼎銘曰: "六月丁亥, 公假[格]于大廟, 公曰: '叔舅, 乃祖
莊叔, 左右[竝去聲]成公, 成公乃命莊叔隨難[去聲]于漢陽, 卽宮于宗
周, 奔走無射[亦].'" 〈033〉

예전 위나라 공회에['悝'자의 음은 '恢(회)'이다.] 대한 솥의 명(銘)에서는 "6월

정해일에, 장공(莊公)이 태묘에 가서['假'자의 음은 '格(격)'이다.] 제사를 지내며, 공회에게 명을 새기도록 하사를 해주었는데, 장공은 '그대 공회여, 그대의 선조 장숙은 성공(成公)을 보좌하였고['左'자와 '右'자는 모두 거성으로 읽는다.] 성공은 장숙에게 명하여, 결국 초나라 땅인 한양까지 난리를['難'자는 거성으로 읽는다.] 피해 따라갔으며, 결국 주나라 수도에 있는 감옥에 갇혔는데, 신속히 명령을 수행하였음에도 싫어하는['射'자의 음은 '亦(역)'이다.] 기색이 없었다.'"라고 했다.

集說 孔悝, 衛大夫. 周六月, 夏四月也. 公, 衛莊公蒯聵也. 假, 至也, 至廟禘祭也. 因祭而賜之銘, 蓋德悝之立己, 故褒顯其先世也. 異姓大夫而年幼, 故稱叔舅, 莊叔, 悝七世祖孔達也. 成公爲晉所伐而奔楚, 故云: "隨難于漢陽." 後雖反國, 又以殺弟叔武, 晉人執之歸于京師, 實諸深室, 故云: "卽宮于宗周"也. 射, 厭也.

'공회(孔悝)'는 위나라의 대부이다. 주나라의 6월은 하나라 때의 4월에 해당한다. '공(公)'은 위나라 장공(莊公)인 괴외(蒯聵)이다. '격(假)'자는 "~에 이르다."는 뜻이니, 종묘에 가서 체제사를 지냈다는 의미이다. 제사를 지내는 것에 따라서 명(銘)을 새기도록 하사해준 것인데, 아마도 공회가 자신의 명성을 수립할 정도로 덕을 지닌 것을 기렸기 때문에 그의 선조도 기려서 드날리게 한 것이다. 군주와 이성인 대부이며 나이가 어리기 때문에, '숙구(叔舅)'라고 지칭한 것이다. '장숙(莊叔)'은 공회의 7대조 조상인 공달(孔達)이다. 성공은 진나라에 의해 정벌을 당해서 초나라로 달아났다. 그렇기 때문에 "초나라의 한양까지 어려움을 무릅쓰고 따라갔다."라고 말한 것이다. 이후 비록 본국으로 되돌아왔지만, 또한 동생인 숙무(叔武)를 죽여서, 진나라에 붙잡혀 주나라의 경사(京師)[2]로 끌려갔

---

2) 경사(京師)는 그 나라의 수도를 뜻한다. 『시』「대아(大雅)·공유(公劉)」편에는 "京師之野, 于時處處."라는 기록이 있고, 이에 대해 마서신(馬瑞辰)의 『통석(通釋)』에서는 오두남(吳斗南)의 주석을 인용해서, "京者, 地名. 師者, 都邑之稱. 如洛邑, 亦稱洛師之類."라고 풀이했다. 즉 '경(京)'자는 단순한 지명이었고, '사

고 감옥에 갇혔다. 그렇기 때문에 "종주에 갇혔다."라 말한 것이다. '역
(斁)'자는 "싫어하다."는 뜻이다.

集說 石梁王氏曰: 悝乃蒯聵姊之子, 蒯聵, 悝之舅, 而悝則甥, 今反
謂之舅, 其放周禮同姓之臣稱伯叔父 · 異姓之臣稱伯叔舅歟!

석량왕씨가 말하길, '회(悝)'는 괴외(蒯聵) 누이의 자식이니, 괴외는 공회
의 외삼촌이므로, 공회는 곧 생질이 된다. 그런데도 오히려 '구(舅)'라고
불렀으니, 주나라 예법에서 동성의 신하에 대해 백부(伯父)나 숙부(叔
父)라 지칭하고, 이성의 신하에 대해 백구(伯舅)나 숙구(叔舅)라 지칭했
던 예법에 따른 것이다.

【030】

"'啓右獻公, 獻公乃命成叔纂乃祖服.'"〈034〉

계속하여 예전 위나라 공회에 대한 솥의 명(銘)에서 "장공(莊公)은 '장숙은
헌공(獻公)을 인도하고 도왔기 때문에, 헌공은 장숙의 손자인 성숙에게 명
령하여 너의 조부가 맡았던 임무를 계승하라.'"라고 했다.

集說 獻公, 成公之曾孫, 名衎. 啓, 開; 右, 助也. 魯襄十四年, 衛孫
文子 · 甯惠子逐衛侯, 衛侯奔齊. 言莊叔餘功流於後世, 能右助獻公,
使之亦得反國也. 成叔, 莊叔之孫烝鉏也. 其時成叔事獻公, 故公命
其纂繼爾祖舊所服行之事也.

헌공(獻公)은 성공의 증손자로 이름은 간(衎)이다. '계(啓)'자는 "깨우치
다."는 뜻이며, '우(右)'자는 "돕다."는 뜻이다. 노나라 양공(襄公) 14년에,
위나라 손문자와 영혜자가 위나라 후작을 쫓아내서, 위나라 후작은 제나

(師)'자가 수도를 뜻하는 단어였다. 이후에는 '경사'라는 단어를 그 나라의 수도를
가리키는 용어로 사용하였다.

禮記類編大全卷之二十六 109

라로 도망갔다. 즉 장숙이 남긴 공업이 후세에 전해져서 헌공을 도와 그로 하여금 본국으로 되돌아올 수 있게 했다는데 있다는 뜻이다. 성숙(成叔)은 장숙의 손자인 증서(烝鉏)이다. 그 시기 성숙은 헌공을 섬겼기 때문에 헌공이 그에게 명령하여 조부가 이전에 맡았던 일을 계승하도록 한 것이다.

集說 疏曰: 按左傳, 無孔達之事, 獻公反國, 亦非成叔之功.

소에서 말하길, 『좌전』을 살펴보면 공달의 일화는 기록되어 있지 않으니, 헌공이 본국으로 되돌아올 수 있었던 것은 또한 성숙의 공은 아닐 것이다.

【031】

"'乃考文叔, 興舊耆[嗜]欲, 作率慶士, 躬恤衛國. 其勤公家, 夙夜不解[邂], 民咸曰休哉.' 公曰: '叔舅! 予[上聲]女[汝]銘, 若纂乃考服.'"〈035〉

계속하여 예전 위나라 공회에 대한 솥의 명(銘)에서 "장공(莊公)은 '너의 부친인 문숙은 이전 선조들이 군주를 친애하고 나라를 걱정했던 마음을[耆'자의 음은 '嗜(기)'이다.] 숭상하여, 경과 사들을 분기시키고 인솔하여 직접 위나라를 구휼했다. 그가 공실을 위해 노력함에 하루 종일 그치지[解'자의 음은 '邂(해)'이다.] 않았으니, 백성들은 모두 훌륭하다고 칭송하였다.'라고 했다. 그런 뒤에 장공은 재차 '그대 공회여, 내가[予'자는 상성으로 읽는다.] 너에게[女'자의 음은 '汝(여)'이다.] 명(銘)을 새길 수 있도록 허락을 해주겠으니, 너의 부친이 맡았던 임무를 계승하라.'"라고 했다.

集說 應氏曰: 嗜欲者, 心志之所存, 言其先世之忠, 皆以愛君憂國爲嗜欲, 文叔孔圉慕尙而能興起之也. 作率, 奮起而倡率之也. 慶, 卿也, 古卿慶同音, 字亦同用, 故慶雲亦言卿雲.

응씨가 말하길, '기욕(嗜欲)'은 심지에 보존되어 있는 것을 뜻하니, 이전 세대의 충절은 모두 군주를 친애하고 나라를 근심하는 것을 바라는 점으로 삼았다는 뜻이다. 따라서 문숙인 공어는 그것을 사모하고 숭상하여 흥기시킬 수 있었다는 의미이다. '작솔(作率)'은 분기시키고 인솔한다는 뜻이다. '경(慶)'자는 경(卿)을 뜻하니, 고대에는 경(卿)자와 경(慶)자의 음이 같았으므로, 그 글자를 또한 통용해서 사용했다. 그렇기 때문에 경운(慶雲)을 경운(卿雲)이라고도 말하는 것이다.

【032】
"悝拜稽首曰: '對揚以辟[璧]之勤大命施于烝彝鼎.'" 此衛孔悝之鼎銘也.〈036〉

계속하여 예전 위나라 공회에 대한 솥의 명(銘)에서 "공회는 절을 하고 머리를 조아리며, '군주의 명령에 응하고 그 뜻을 드날려서, 제사에 사용하는 술동이와 솥에 군주께서[璧'자의 음은 '璧(벽)'이다.] 내려주신 깊고도 큰 명령을 새겨두겠습니다.'"라고 했다. 이것은 위나라 공회의 솥에 새겨진 명(銘)이다.

集說 對揚至彝鼎十三字, 止作一句讀, 言對答揚擧, 用吾君殷勤之大命, 施勒于烝祭之彝尊及鼎也.

'대양(對揚)'으로부터 '이정(彝鼎)'까지의 13글자는 하나의 구문으로 읽으니, 군주의 명령에 응하고 드날려서 군주께서 내려주신 깊고도 큰 명령에 따르며, 겨울제사인 증 때 사용하는 술동이와 솥에 새겨두겠다는 뜻이다.

附註 對揚以辟之當句, 言君命若是隆重, 故對揚以尊敬之. 詩曰: "君之宗之." 辱君之大命, 施勒于烝祭之彝鼎也. 陳註十三字爲一句, 恐未然. 勤猶勞也, 故以辱字爲解.

'대양이벽지(對揚以辟之)'까지를 하나의 구문으로 보아야 하니, 군주의 명령은 이와 같이 높고 중요하기 때문에, 응하고 드높여서 존경한다는 뜻이다. 시에서는 "군주로 세우고 종으로 세웠다."[3]라 했다. 군주의 큰 명령을 욕되게 하여 제사에 사용하는 술동이와 솥에 새기도록 칙서를 베풀어주었다는 의미이다. 진호의 주에서는 13개 글자를 하나의 구문으로 보았는데 아마도 그렇지 않을 것이다. '근(勤)'자는 수고롭게 한다는 뜻이기 때문에 욕(辱)자로 풀이한 것이다.

---

3) 『시』「대아(大雅)・공류(公劉)」: 篤公劉, 于京斯依. 蹌蹌濟濟, 俾筵俾几. 旣登乃依. 乃造其曹, 執豕于牢, 酌之用匏. 食之飮之, 君之宗之.

【033】

古之君子, 論譔其先祖之美, 而明著之後世者也. 以比其身, 以重其
國家如此. 子孫之守宗廟社稷者, 其先祖無美而稱之, 是誣也; 有善
而弗知, 不明也; 知而弗傳, 不仁也. 此三者, 君子之所恥也.〈037〉

고대의 군자는 선조들의 아름다운 미덕을 서술하고 기록하여 후세에 드러
내는 자이다. 또한 이를 통해 선조의 행적 뒤에 자신의 이름을 새기니, 이
처럼 국가의 중대한 보물로 여기게 된다. 자손들은 종묘와 사직을 지키는
데, 그들의 선조에게 미덕이 없는데도 칭송하는 것은 거짓된 것이며, 선행
이 있는데 알지 못하는 것은 밝지 못한 것이고, 알지만 전하지 못하는 것은
인자하지 못한 것이다. 이러한 세 가지 것들은 군자가 치욕으로 여기는
것이다.

集說 勳在鼎彝, 是國有賢臣也, 故足爲國家之重.

선조의 훈공이 솥과 술동이에 새겨져 있는 것은 국가에 현명한 신하가
있다는 뜻이다. 그렇기 때문에 국가의 중대한 보물로 삼기에 충분하다.

【034】

昔者周公旦有勳勞於天下, 周公旣沒, 成王·康王追念周公之所以
勳勞者, 而欲尊魯, 故賜之以重祭, 外祭則郊·社是也, 內祭則大
嘗·禘. 是也. 夫大嘗·禘, 升歌淸廟, 下而管象, 朱干玉戚以舞大
武, 八佾以舞大夏, 此天子之樂也. 康周公, 故以賜魯也. 子孫纂之,
至于今不廢, 所以明周公之德, 而又以重其國也.〈038〉

옛날에 주공 단은 천하에 대해 공로를 세웠으므로, 주공이 죽자 성왕과
강왕은 주공이 세운 업적을 추념하여, 노나라를 높이고자 했다. 그렇기 때
문에 중대한 제사를 지낼 수 있도록 하사를 해주었으니, 외제(外祭)[1]로는

---

1) 외제(外祭)는 내제(內祭)와 상대되는 말이다. 교사(郊祀)를 가리키기도 하며, 왕
   이 사냥이나 출정 등으로 밖으로 나갔을 때 지내는 제사인 표맥(表貉)과 순수(巡

교제사와 사제사가 여기에 해당하며, 내제(內祭)[2]로는 성대한 가을제사와 체제사가 여기에 해당한다. 무릇 성대한 가을제사와 체제사에서는 악공이 당상에 올라가서 청묘라는 시가를 노래로 부르고, 당하에서는 악공들이 관악기로 상이라는 시가를 연주하며, 무용수는 주색의 방패와 옥으로 장식한 도끼를 들고 대무라는 악무를 추고, 팔일무에 맞춰서 대하라는 악무를 추는데, 이것은 본래 천자가 사용하는 음악이다. 그런데도 주공을 기리고자 했기 때문에 이러한 것들을 노나라에 하사한 것이다. 노나라의 자손들은 그것을 계승하여 지금까지도 폐지하지 않았으니, 주공의 덕을 밝히고, 또 이를 통해 국가의 중대한 보물로 여긴 것이다.

集說 詩維淸, 奏象舞. 嚴氏云: "文王之舞謂之象, 文舞也. 大武, 武舞也. 管象, 以管播其聲也." 餘見前.

『시』「유청(維淸)」편에서는 상(象)이라는 악무에 연주한다고 했다.[3] 엄씨는 "문왕에 대한 악무를 '상(象)'이라고 부르니, 문무(文舞)에 해당한다. '대무(大武)'는 무무(武舞)이다. '관상(管象)'은 관악기로 그 소리를 연주한다는 뜻이다."라고 했다. 나머지 설명은 앞에 나온다.

守)를 시행할 때 산천(山川)에 지내는 제사 등을 가리킨다. 『주례』「지관(地官)·목인(牧人)」편에 기록된 '외제'에 대해, 정현의 주에서는 "外祭, 謂表貉及王行所過山川用事者."라고 풀이했고, 또 『예기』「제통(祭統)」편에는 "外祭則郊社是也."라는 기록이 있다.

2) 내제(內祭)는 외제(外祭)와 상대되는 말이다. 선조(先祖)에 대한 종묘(宗廟)의 제사를 뜻한다. 체(禘)제사 및 대상(大嘗) 등이 여기에 포함된다. 종묘에서는 각 시기와 목적에 따라 각종 제사들이 시행되었는데, 이것들을 통칭하여 '내제'라고 부른다. 『예기』「제통(祭統)」편에는 "內祭則大嘗禘是也."라는 기록이 있다.

3) 『시』「주송(周頌)·유청(維淸)」의 「모서(毛序)」: 維淸, 奏象舞也.

禮記類編大全卷之二十七

『예기유편대전』 27권

◇ 祭義第二十九 / 「제의」 29편

類編 此亦祭禮之義, 疑祭統之下篇也. 篇文多錯簡, 分入他記.

이 또한 제례의 의미를 나타내고 있으니, 아마도 『예기』「제통(祭統)」의 하편에 해당할 것이다. 편에 속한 문장들은 대부분 착간되어 있어서, 나누어 다른 기록에 편입시켰다.

類編 本居祭法之下.

본래는 『예기』「제법(祭法)」편 뒤에 수록되어 있었다.

「제의」편 문장 순서 비교		
『예기집설』	『예기유편대전』	
	구분	문장
001		祭統-026
002		祭統-027
003		祭統-028
004		祭統-029
005		001
006		002
007		003
008		004
009		005
010		006
011		禮器-064
012		禮器-065
013		郊特牲-006
014		007
015		008
016		009
017		010
018		011
019		012
020		053

『예기집설』	『예기유편대전』	
	구분	문장
021		021
022		022
023		023
024		024
025		025
026		026
027		027
028		028
029		029
030		030
031		017
032		016
033		018
034		019
035		020
036		
037		
038		
039		
040		
041		
042		
043		
044		
045		
046		
047		
048		
049		
050		
051		
052		
053		
054		

「제의」편 문장 순서 비교

【001】

凡祭有四時, 春祭曰礿[藥], 夏祭曰禘, 秋祭曰嘗, 冬祭曰烝.〈祭統-026〉

[本在“上下之際”下.]

무릇 제사에는 고정적으로 정해진 네 시기가 있으니, 봄에 지내는 제사를 약이라[‘礿’자의 음은 ‘樂(약)’이다.] 부르고, 여름에 지내는 제사를 체라 부르며, 가을에 지내는 제사를 상이라 부르고, 겨울에 지내는 제사를 증이라 부른다. [본래는 “상하계층의 사귐이다.”[1]라고 한 문장 뒤에 수록되어 있었다.]

集說 周禮, 春祠, 夏禴, 秋嘗, 冬烝. 鄭氏謂此夏·殷之禮.

『주례』의 체제에 따른다면 봄제사는 사(祠)가 되고 여름 제사는 약(禴)이 되며 가을 제사는 상(嘗)이 되고 겨울 제사는 증(烝)이 된다.[2] 정현은 이 기록이 하나라와 은나라 때의 예법이라고 했다.

【002】

礿·禘, 陽義也; 嘗·烝, 陰義也. 禘者, 陽之盛也; 嘗者, 陰之盛也. 故曰: “莫重於禘嘗.”〈祭統-027〉

봄에 지내는 약제사와 여름에 지내는 체제사는 양의 뜻에 해당한다. 가을에 지내는 상제사와 겨울에 지내는 증제사는 음의 뜻에 해당한다. 체제사는 양 중에서도 왕성한 것이고, 상제사는 음 중에서도 왕성한 것이다. 그렇

---

1) 『예기』「제통(祭統)」 025장 : 夫祭有畀煇·胞·翟·閽者, 惠下之道也. 唯有德之君爲能行此, 明足以見之, 仁足以與之. 畀之爲言與也, 能以其餘畀其下者也. 煇者, 甲吏之賤者也; 胞者, 肉吏之賤者也; 翟者, 樂吏之賤者也; 閽者, 守門之賤者也. 古者不使刑人守門. 此四守者, 吏之至賤者也. 尸又至尊, 以至尊既祭之末而不忘至賤, 而以其餘畀之, 是故明君在上, 則竟內之民無凍餒者矣. 此之謂上下之際.

2) 『주례』「춘관(春官)·사준이(司尊彝)」 : 春祠夏禴, 祼用雞彝·鳥彝, 皆有舟; 其朝踐用兩獻尊, 其再獻用兩象尊, 皆有罍, 諸臣之所昨也. 秋嘗冬烝, 祼用斝彝·黃彝, 皆有舟; 其朝獻用兩著尊, 其饋獻用兩壺尊, 皆有罍, 諸臣之所昨也.

기 때문에 "체제사와 상제사보다 중요한 것이 없다."라고 했다.

集說 方氏曰: 陽道常饒, 陰道常乏, 饒, 故及於夏始爲盛焉; 乏, 故及於秋已爲盛矣. 此禘所以爲陽之盛, 嘗所以爲陰之盛歟. 以其陰陽之盛, 故曰: "莫重於禘嘗."

방씨가 말하길, 양(陽)의 도는 항상 풍요롭고 음(陰)의 도는 항상 결핍되어 있다. 풍요롭기 때문에 여름이 되어야 비로소 왕성해지고, 결핍되었기 때문에 가을이 되면 이미 왕성하게 된다. 이것은 체(禘)제사가 양(陽)의 왕성함이 되고, 상(嘗)제사가 음(陰)의 왕성함이 됨을 뜻한다. 음양의 왕성함이기 때문에 "체제사와 상제사보다 중요한 것이 없다."라고 했다.

【003】
古者於禘也, 發爵賜服, 順陽義也; 於嘗也, 出田邑, 發秋政, 順陰義也. 故記曰: "嘗之日, 發公室, 示賞也." 草艾[刈]則墨, 未發秋政, 則民弗敢草也.〈祭統-028〉

고대에 여름의 체제사를 지낼 때에는 작위를 내리고 의복을 하사하였으니, 양의 뜻에 따르는 것이다. 또 가을의 상제사를 지낼 때에는 채읍을 나눠주고 형벌을 시행했으니, 음의 뜻에 따르는 것이다. 그러므로 고대의 『기』에서는 "상제사를 지내는 날 국가의 창고를 열어 재물을 하사하는 것은 상의 시행을 나타낸다."라고 말한 것이다. 풀을 벨['艾'자의 음은 '刈(예)'이다.] 수 있게 되면 묵형을 시행하는데, 아직 형벌을 시행하지 않았다면, 백성들은 감히 초목을 베지 않는다.

集說 方氏曰: 爵, 命之者也, 服, 勝於陰者也, 故爲順陽義; 祿, 食之者也, 田邑, 制於地者也, 故爲順陰義. 嘗之日, 發公室, 因物之成而用之以行賞也, 故曰示賞. 草刈則墨者, 因其枯槁之時, 刈之以給爨. 刈草謂之草, 猶采桑謂之桑歟. 墨, 五刑之輕者, 左氏言"賞以春夏,刑以秋冬", 而此言嘗之日發公室何也? 蓋賞雖以春夏爲主, 而亦未始不用刑, 月令"孟夏斷薄刑, 決小罪", 是也. 刑雖以秋冬爲主, 亦未始不行賞, 此所言是也.

방씨가 말하길, 작위는 명령을 내리는 것이며, 의복은 음기를 이길 수 있는 것이다. 그렇기 때문에 양의 뜻에 따르는 것이 된다. 녹봉은 양식을 받는 것이고, 전읍은 땅을 구역화해서 나누는 것이다. 그렇기 때문에 음의 뜻에 따르는 것이 된다. 상제사를 지내는 날 공실을 연다고 했는데, 만물이 완성되는 시기에 따라서 이 시기를 이용하여 상을 내리는 것이다. 그렇기 때문에 "상을 하사함을 나타낸다."라고 했다. 풀을 벨 때가 되면 묵형을 시행한다는 것은 초목이 시들었을 시기에 따라서 풀을 베어 불을 지피는데 공급한다는 뜻이다. 풀 베는 것을 '초(草)'라 부른 것이니, 뽕잎 따는 것을 '상(桑)'이라 부르는 것과 같다. 묵형(墨刑)은 오형(五刑) 중에서도 가벼운 형벌이며, 『좌전』에서는 "상을 하사할 때에는 봄과 여름에 하고, 형벌을 내릴 때에는 가을과 겨울에 한다."[3]고 했는데, 이곳에서 상제사를 지내는 날 공실을 연다고 한 것은 어째서인가? 무릇 상은 비록 봄과 여름에 하사하는 것을 위주로 하지만, 또한 일찍이 형벌을 시행하지 않은 적이 없으니, 『예기』「월령(月令)」편에서 "맹하(孟夏)의 달에 가벼운 형벌에 해당하는 자들에 대해, 판결을 하여 형벌을 부여하고, 작은 죄를 범한 자에 대해, 판결을 내려 옥에 가두지 않고 내보낸다."고 한 말이 바로 이러한 사실을 나타낸다. 그리고 형벌은 가을과 겨울에 시행하는 것을 위주로 하지만, 또한 일찍이 상을 시행하지 않은 적이 없으니, 이곳에서 말한 내용이 이러한 사실을 나타낸다.

集說 應氏曰: 不曰艾草而曰草艾者, 草自可艾也.

---

3) 『춘추좌씨전』「양공(襄公) 26년」: 古之治民者, 勸賞而畏刑, 恤民不倦. <u>賞以春夏, 刑以秋冬</u>. 是以將賞, 爲之加膳, 加膳則飫賜, 此以知其勸賞也. 將刑, 爲之不擧, 不擧則徹樂, 此以知其畏刑也.

응씨가 말하길, '애초(艾草)'라 말하지 않고 '초애(草艾)'라 말한 것은 풀 자체가 벨 수 있게끔 시들기 때문이다.

【004】

故曰: "禘嘗之義大矣, 治國之本也, 不可不知也. 明其義者君也, 能其事者臣也. 不明其義, 君人不全; 不能其事, 爲臣不全." 夫義者, 所以濟志也, 諸德之發也. 是故其德盛者其志厚, 其志厚者其義章, 其義章者其祭也敬; 祭敬, 則竟[境]內之子孫莫敢不敬矣. 是故君子之祭也, 必身親涖之, 有故, 則使人可也. 雖使人也, 君不失其義者, 君明其義故也. 其德薄者其志輕, 疑於其義而求祭使之必敬也, 不可得已. 祭而不敬, 何以爲民父母矣?〈祭統-029〉[以上祭統.]

그러므로 "여름에 지내는 체제사와 가을에 지내는 상제사의 뜻이 크니, 나라를 다스리는 근본이 되므로, 몰라서는 안 된다. 그 뜻에 밝은 자는 군주이며, 그 일을 잘하는 자는 신하이다. 그 뜻에 밝지 못하면 남을 다스리는 온전한 군주라 할 수 없고, 그 일을 잘하지 못하면 온전한 신하라 할 수 없다."라고 했다. 무릇 제사의 뜻이라는 것은 이루고자 하는 것을 완성시키는 방법이며, 덕성을 드러내는 것이다. 그러므로 덕이 융성한 자는 그 뜻도 두터우며, 그 뜻이 두터운 자는 그 뜻이 밝게 드러나고, 그 뜻이 밝게 드러나는 자는 제사를 지낼 때에도 공경스럽다. 제사를 공경스럽게 시행한다면, 나라['竟'자의 음은 '境(경)'이다.] 안의 백성들 중 감히 공경하지 않는 자가 없게 된다. 이러한 까닭으로 군자가 제사를 지낼 때에는 반드시 직접 그 일에 임하게 되는데, 특별한 사정이 생기면 남을 시켜 제사를 지내도 괜찮다. 비록 남을 시켜 제사를 지내더라도, 군주는 그 뜻을 잃지 않으니, 군주 본인이 그 뜻을 밝게 알고 있기 때문이다. 덕이 엷은 자는 그 뜻도 가볍고, 제사의 뜻에 의혹을 품어 제대로 알지 못한다면, 비록 제사에 대해서 남들로 하여금 반드시 공경스럽게 치르게 시킨다 하더라도 할 수 없다. 제사를 지내더라도 공경스럽게 하지 않는다면, 어떻게 백성의 부모 된 자라 하겠는가? [여기까지는 「제통」편의 문장이다.]

集說 中庸言"明乎郊社之禮, 禘嘗之義, 治國如視諸掌", 此因上文陽義陰義而申言之. 濟志, 成其所欲爲也; 發德, 顯其所當爲也.

『중용』에서는 "교사(郊社)의 예법과 체상(禘嘗)의 뜻을 안다면, 나라를 다스리는 것이 손바닥을 보는 것처럼 쉬울 것이다."[4]라고 했는데, 이곳 문장은 앞에서 양(陽)과 음(陰)의 뜻이라고 한 것에 따라서 그 뜻을 거듭 밝힌 것이다. '제지(濟志)'는 바라고자 하는 것을 이룬다는 뜻이며, '발덕(發德)'은 마땅히 해야 할 것을 드러낸다는 뜻이다.

集說 方氏曰: 大宗伯"若王不與祭祀則攝位", 先儒謂王有故, 代之行其祭事, 正謂是矣. 代之雖在乎人, 使之則出乎君, 代之雖行其事, 使之則本乎義."

방씨가 말하길, 『주례』「대종백(大宗伯)」편에서는 "만약 천자가 제사에 참여하지 못하면, 그 지위를 대신한다."[5]라 했는데, 선대 학자들은 천자에게 특별한 사정이 있기 때문에, 대신해서 제사를 시행한다고 풀이했으니, 바로 앞에서 언급한 내용을 뜻한다. 대신 시행하는 것이 비록 남에게 달린 일이더라도, 그를 시키는 것은 군주의 명령으로부터 비롯되며, 대신 시행하는 것이 비록 그 일을 절차에 따라 시행하는 것이더라도, 그처럼 시키는 것은 제사의 뜻에 근본을 두게 된다.

【005】

祭不欲數[朔], 數則煩, 煩則不敬. 祭不欲疏, 疏則怠, 怠則忘. 是故君子合諸天道, 春禘[禴]秋嘗. 霜露旣降, 君子履之, 必有悽愴[初亮反]之心, 非其寒之謂也. 春雨露旣濡, 君子履之, 必有怵惕之心, 如將見

---

4) 『중용』「19장」: 郊社之禮所以事上帝也. 宗廟之禮, 所以祀乎其先也. <u>明乎郊社之禮禘嘗之義, 治國其如示諸掌乎</u>.
5) 『주례』「춘관(春官)·대종백(大宗伯)」: 若王不與祭祀, 則攝位.

之. 樂以迎來, 哀以送往, 故禘[禴]有樂而嘗無樂. 〈001〉 [本篇首段.]

제사는 자주['數'자의 음은 '朔(삭)'이다.] 지내고자 하지 않으니, 자주 지내게 된다면 번잡하게 되고, 번잡해지면 공경스럽지 못하다. 제사는 너무 뜸하게 지내고자 하지 않으니, 뜸하게 지내면 태만하게 되고, 태만해지면 부모에 대한 마음을 잊는다. 그렇기 때문에 군자는 천도에 합치시켜서, 봄에는 약제사를['禘'자의 음은 '禴(약)'이다.] 지내고 가을에는 상제사를 지낸다. 가을에 서리와 이슬을 내렸는데, 군자가 그것을 밟게 되면 반드시 슬프고 애달픈['愴'자는 '初(초)'자와 '亮(량)'자의 반절음이다.] 마음이 들게 되니, 그것은 추위 때문이 아니며, 부모의 혼령이 떠나가게 됨을 생각해서이다. 또 봄에 비와 이슬이 내려 땅을 적셨는데, 군자가 그것을 밟게 되면 반드시 조심스러운 마음이 들게 되니, 그것은 따뜻함 때문이 아니며, 부모의 혼령을 보게 됨을 생각해서이다. 따라서 봄에는 즐거운 마음으로 혼령이 찾아오는 것을 맞이하고, 가을에는 슬픈 마음으로 혼령이 떠나는 것을 전송한다. 그렇기 때문에 약제사에서는['禘'자의 음은 '禴(약)'이다.] 음악을 사용하지만, 상제사에서는 음악을 사용하지 않는다. [본편의 첫 단락이다.]

集說 王制言: "天子諸侯宗廟之祭, 春礿, 夏禘, 秋嘗, 冬烝." 註云: "夏·殷之祭名. 周則春祠·夏禴·秋嘗·冬烝也." 郊特牲: "饗禘有樂, 而食嘗無樂." 禘, 讀爲禴. 然則此章二禘字, 亦皆當讀爲禴也. 但祭統言"大嘗禘, 升歌淸廟, 下管象", 與那詩言"庸鼓有斁, 萬武有變", 下云"顧予烝嘗", 是殷·周秋冬之祭. 不可言無樂也. 此與郊特牲皆云無樂, 未詳.

『예기』「왕제(王制)」편에서는 "천자와 제후의 종묘 제사는 봄에 지내는 것을 '약(礿)'이라 부르고, 여름에 지내는 것을 '체(禘)'라 부르며, 가을에 지내는 것을 '상(嘗)'이라 부르고, 겨울에 지내는 것을 '증(烝)'이라 부른다."고 했다. 그리고 정현의 주에서는 "이것은 하나라나 은나라 때의 제사 명칭이다. 주나라의 경우라면 봄제사를 '사(祠)'라 불렀고, 여름제사를 '약(禴)'이라 불렀으며, 가을제사를 '상(嘗)'이라 불렀고, 겨울제사를 '증(烝)'이라 불렀다."고 했다. 『예기』「교특생(郊特牲)」편에서는 "봄에 고 아들에게 향연을 베풀거나 약제사를 지낼 때에는 음악이 포함되고, 가을에 노인들에게 밥을 대접하거나 상제사를 지낼 때에는 음악이 포함되지 않는다."고 했다. 이때의 '체(禘)'자는 약(禴)자로 풀이한다. 그렇다면 이곳에서 말하는 2개의 '체(禘)'자 또한 모두 약(禴)자로 풀이해야 한다. 다만 『예기』「제통(祭統)」편에서는 "성대한 상과 체제사 때에는 악공들이 당상으로 올라가서 청묘라는 시가를 노래 부르고, 당하에서는 관악기로 상의 시가를 연주한다."라 했고, 『시』「나(那)」편에서는 "징과 북이 성대하게 울려 퍼지고 만무가 질서정연하구나."라고 했고, 그 뒤에서는 "내 증제사와 상제사를 돌아본다."라고 했는데,[6] 여기에서 말하는 제사들은 은나라와 주나라 때 가을과 겨울에 지낸 제사를 뜻하므로, 음악이 없다고 말할 수 없다. 하지만 이곳 기록과 「교특생」편에서는 모두 음악이 없다고 했으니, 그 이유를 모르겠다.

集說 鄭氏曰: 迎來而樂, 樂親之將來也; 送去而哀, 哀其享否不可知也.

정현이 말하길, 찾아오는 것을 맞이하며 즐거워하는 것은 부모의 혼령이 도래하게 됨을 즐거워하는 것이다. 떠나가는 것을 전송하며 슬퍼하는 것은 흠향을 했는지 아닌지를 알 수 없다는 사실을 슬퍼하는 것이다.

集說 方氏曰: 於雨露言春, 則知霜露之爲秋矣; 霜露言非其寒, 則雨露爲非其溫之謂矣; 雨露言如將見之, 則霜露爲如將失之矣. 蓋春夏所以迎其來, 秋冬所以送其往也.

방씨가 말하길, 비와 이슬에 대해서는 봄이라고 말했으니, 서리와 이슬이 가을을 뜻함을 알 수 있다. 서리와 이슬에 대해서 추위 때문이 아니라고 했으니, 비와 이슬의 경우에 있어서도 따뜻함 때문이 아니다. 비와 이슬

---

6) 『시』「주송(周頌)·나(那)」: 庸鼓有斁, 萬舞有奕. 我有嘉客, 亦不夷懌. 自古在昔, 先民有作. 溫恭朝夕, 執事有恪. <u>顧予烝嘗</u>, 湯孫之將.

에 대해서 장차 보게 되는 것과 같다고 했다면, 서리와 이슬에 대해서도 장차 보이지 않게 됨과 같다. 무릇 봄과 여름에는 혼령이 찾아오는 것을 맞이하는 것이고, 가을과 겨울에는 혼령이 떠나는 것을 전송하는 것이다.

附註 春禘秋嘗, 註禘作禴, 當從橫渠說, 如字讀. 中庸"禘嘗", 恐亦與此一例.

'춘체추상(春禘秋嘗)'이라 했는데, 주에서는 '체(禘)'자를 약(禴)자로 고쳤지만, 마땅히 횡거의 주장에 따라 글자대로 풀이해야 한다. 「중용」에서 '체상(禘嘗)'[7]이라 한 말도 아마 이와 동일한 용례일 것이다.

---

7) 『중용』「19장」 : 明乎郊社之禮・禘嘗之義, 治國其如示諸掌乎!

【006】

致齊[齋]於內, 散[上聲]齊於外, 齊之日, 思其居處, 思其笑語, 思其志意, 思其所樂[五敎反], 思其所嗜. 齊三日, 乃見其所爲[去聲]齊者.〈002〉

내적으로는 치재를['齊'자의 음은 '齋(재)'이다.] 하고, 외적으로는 산재를['散'자는 상성으로 읽는다.] 하니, 재계를 하는 기간에는 부모가 거처하던 모습을 떠올리고, 부모가 웃고 말하던 것을 떠올리며, 부모가 생각했던 뜻을 떠올리고, 부모가 좋아하던['樂'자는 '五(오)'자와 '敎(교)'자의 반절음이다.] 것을 떠올리며, 부모가 즐기던 것을 떠올린다. 따라서 재계를 3일 동안 지속하게 되면, 재계를 올리는['爲'자는 거성으로 읽는다.] 대상이 눈앞에 아른거린다.

集說 五其字, 及下文所爲, 皆指親而言.

다섯 개의 '기(其)'자 및 아래문장에서 '소위(所爲)'라고 한 말은 모두 부모를 가리켜서 한 말이다.

集說 疏曰: 先思其粗, 漸思其精, 故居處在前, 樂嗜居後.

소에서 말하길, 먼저 범범한 것을 생각하고, 점진적으로 세부적인 것을 생각한다. 그렇기 때문에 거처에 대한 것이 앞에 있고, 좋아하고 즐기던 것이 뒤에 있다.

【007】

祭之日, 入室, 僾[愛]然必有見[如字]乎其位; 周還[旋]出戶, 肅然必有聞乎其容聲; 出戶而聽, 愾[苦代反]然必有聞乎其歎息之聲.〈003〉

제사를 지내는 당일 묘실로 들어서면, 신주의 자리에 부모가 있는 것을 어렴풋하게['僾'자의 음은 '愛(애)'이다.] 보게['見'자는 글자대로 읽는다.] 된다. 또 음식을 올리고 술잔을 바칠 때 간혹 몸을 돌려['還'자의 음은 '旋(선)'이다.] 방문 밖으로 나가게 되는데, 그 시기에는 부모가 움직일 때 나는 소리를 엄숙한 가운데 듣게 된다. 또 방문 밖으로 나가서 안에서 들리는 소리에 귀를 기울이면, 크게 탄식하게['愾'자는 '苦(고)'자와 '代(대)'자의 반절음이다.] 되어 부모가 탄식하는 소리를 듣게 된다.

集說 入室, 入廟室也. 僾然, 髣髴之貌. 見乎其位, 如見親之在神位也. 周旋出戶, 謂薦俎酌獻之時, 行步周旋之間, 或自戶內而出也. 肅然, 儆惕之貌. 容聲, 舉動容止之聲也. 愾然, 太息之聲也.

'입실(入室)'은 묘실로 들어간다는 뜻이다. '애연(僾然)'은 어렴풋한 모습을 뜻한다. '견호기위(見乎其位)'는 부모가 신주의 자리에 있는 것을 보는 것과 같다는 뜻이다. '주선출호(周旋出戶)'는 도마에 음식을 올리고 술을 따라서 바칠 때, 행동하며 몸을 돌리는 중간에 간혹 방문 안쪽으로부터 밖으로 나가게 되는 것을 뜻한다. '숙연(肅然)'은 조심하고 두려워하는 모습을 뜻한다. '용성(容聲)'은 행동을 취할 때 나는 소리이다. '개연(愾然)'은 크게 탄식하는 소리이다.

【008】

是故先王之孝也, 色不忘乎目, 聲不絶乎耳, 心志嗜欲不忘乎心; 致愛則存, 致慤則著, 著存不忘乎心, 夫安得不敬乎? 君子生則敬養[去聲], 死則敬享, 思終身弗辱也.⟨004⟩

이러한 까닭으로 선왕의 효라는 것은 부모의 얼굴이 눈에서 사라지지 않고, 부모의 음성이 귀에서 떠나지 않으며, 부모의 마음과 뜻 또 즐기고 바라는 것들을 마음에서 잊지 않는 것이다. 그러므로 친애하는 마음을 지극히 하면 이러한 것들이 보존되고, 정성을 다하면 부모의 모습과 소리가 드러나게 되니, 부모의 모습이 드러나고 부모에 대한 생각을 보존하여 마음에서 잊지 않고 있는데, 어떻게 공경스럽게 치르지 않을 수 있겠는가? 따라서 군자는 부모가 생존해 계실 때에는 공경스럽게 봉양하고['養'자는 거성으로 읽는다.] 부모가 돌아가시게 되면 공경스럽게 흠향을 드리니, 종신토록 부모를 욕되지 않게 함을 항상 염두에 두어야 한다.

致愛, 極其愛親之心也. 致愨, 極其敬親之誠也. 存, 以上文三者不忘而言. 著, 以上文見乎其位以下三者而言. 不能敬, 則養與享, 秖以辱親而已.

'치애(致愛)'는 부모를 친애하는 마음을 지극히 한다는 뜻이다. '치각(致愨)'은 부모를 공경하는 정성을 지극히 한다는 뜻이다. '존(存)'은 앞에 나온 세 가지 사안에 대해서 잊지 않는다는 뜻으로 한 말이다. '저(著)'는 앞에서 "그 신위에 나타난다."라고 한 구문으로부터 그 이하의 세 사안을 기준으로 한 말이다. 공경하게 치를 수 없다면, 봉양과 흠향을 하더라도 그것은 단지 부모를 욕되게 하는 것일 뿐이다.

【009】

君子有終身之喪, 忌日之謂也. 忌日不用, 非不祥也, 言夫日志有所至, 而不敢盡其私也.〈005〉

군자에게는 자신의 생이 끝날 때까지 치르는 상사가 있으니, 바로 부모의 기일을 뜻한다. 부모의 기일에는 다른 일을 하지 않는데, 그것은 부모가 돌아가신 날을 상서롭지 않다고 여겨서가 아니며, 그 날에는 마음이 부모에 대한 생각으로 가득하여, 감히 사적인 일에 마음을 쏟을 수 없기 때문이다.

忌日, 親之死日也. 不用, 不以此日爲他事也. 非不祥, 言非以死爲不祥而避之也. 夫日, 猶此日也. 志有所至者, 此心極於念親也. 不敢盡其私, 此私字, 如不有私財之私, 言不敢盡心於己之私事也.

'기일(忌日)'은 부모가 돌아가신 날을 뜻한다. '불용(不用)'은 이러한 날에 다른 일을 하지 않는다는 뜻이다. '비불상(非不祥)'은 돌아가신 것이 상서롭지 못하다고 여겨 피한다는 뜻이 아니라는 의미이다. '부일(夫日)'은 '이러한 날'이라는 뜻이다. 뜻에 지극한 바가 있다는 것은 그 마음은 부모를 그리워하는데 지극하다는 뜻이다. "감히 사적인 것을 다하지 않는다."고 했는데, 이때의 '사(私)'자는 "사사롭게 재물을 축적하지 않는다."

라고 할 때의 사(私)자와 같으니, 감히 자기 개인적인 일에 마음을 다할
수 없다는 뜻이다.

【010】
唯聖人爲能饗帝, 孝子爲能饗親. 饗者, 鄕[去聲]也, 鄕之然後能饗焉.
是故孝子臨尸而不怍. 君牽牲, 夫人奠盎; 君獻尸, 夫人薦豆; 卿大
夫相[去聲]君, 命婦相夫人. 齊齊[如字]乎其敬也, 愉愉乎其忠也, 勿勿
諸其欲其饗之也!〈006〉

오직 성인만이 상제에게 제사를 지내 흠향을 드릴 수 있고, 효자만이 부모
에게 제사를 지내 흠향을 드릴 수 있다. '향(饗)'자는 향한다는['鄕'자는 거성
으로 읽는다.] 뜻이니, 향한 뒤에야 흠향을 드릴 수 있다. 이러한 까닭으로
자식은 시동을 대하고도 꺼려하지 않는다. 군주는 직접 희생물을 끌고 오
고 군주의 부인은 술동이를 설치한다. 군주가 시동에게 술잔을 바치고 부
인은 두에 음식을 담아 바친다. 경과 대부는 군주를 돕고['相'자는 거성으로
읽는다.] 경과 대부의 부인들은 군주의 부인을 돕는다. 정숙하구나['齊'자는 글
자대로 읽는다.] 공경함이여, 화락하고 온순하구나 진실됨이여, 간절하게 흠
향하시길 바라는구나.

集說 臨尸不怍, 則其鄕親之心, 致愛致慤可知矣. 奠盎, 設盎齊之
奠也. 齊齊, 整肅之貌. 愉愉其忠, 有和順之實也. 勿勿, 猶切切也.
諸, 語辭, 猶然也.

시동을 대하고도 거리낌이 없다면 부모를 향한 마음이 친애함을 지극히
하고 정성을 지극히 한다는 사실을 알 수 있다. '전앙(奠盎)'은 앙제 등을
담은 술동이를 진설한다는 뜻이다. '제제(齊齊)'는 정숙한 모습을 뜻한다.
'유유기충(愉愉其忠)'은 화락하고 온순한 진실됨이 있다는 뜻이다. '물물
(勿勿)'은 간절함을 뜻한다. '저(諸)'자는 어조사이니, 연(然)자와 같다.

【011】

納牲詔於庭, 血毛詔於室, 羹定[丁磬反]詔於堂. 三詔皆不同位, 蓋道求而未之得也. 〈禮器-064〉 [本在"欲其饗之"下.]

종묘의 마당으로 희생물을 들어서 신에게 아뢰고, 희생물의 피와 털을 가져다가 묘실에서 아뢰며, 희생물을 삶은 고깃국과 익힌 고기를[定'자는 '丁 (정)'자와 '磬(경)'자의 반절음이다.] 차려내서 당에서 아뢰게 된다. 이처럼 세 차례 아뢰는 의식에서는 모두 해당하는 장소가 다른데, 그것은 신을 찾으나 확실히 어디에 있는지 알 수 없기 때문이라는 뜻을 나타낸다. [본래는 "신들이 흠향하기를 바라는구나."[1]라고 한 문장 뒤에 수록되어 있었다.]

集說 詔, 告也. 牲入在庭以幣告神, 故云納牲詔於庭. 殺牲取血及毛, 入以告神於室, 故云血毛詔於室. 羹, 肉汁也. 定, 熟肉也. 煮之就熟, 將迎尸入室, 乃先以俎盛羹及定, 而告神於堂, 此是薦熟未食之前也. 道, 言也. 此三詔者各有其位, 蓋言求神而未得也.

'조(詔)'자는 아뢴다는 뜻이다. 희생물을 들여서 마당에 놓아두고서 폐물을 사용하여 신에게 아뢴다. 그렇기 때문에 "마당으로 희생물을 들여서 아뢴다."고 말한 것이다. 희생물을 도축한 뒤 희생물의 피와 털을 가져다가 묘실에 들어가서 신에게 아뢴다. 그렇기 때문에 "묘실에서 피와 털로 아뢴다."고 말한 것이다. '갱(羹)'은 고깃국이다. '정(定)'은 익힌 고기이다. 고기를 삶아서 충분히 익게 되면, 장차 시동을 맞이하여 묘실로 들어가려고 하여, 우선적으로 도마에 고깃국과 익힌 고기를 담아서 올리고, 당에서 신에게 아뢰니, 이것은 곧 익힌 고기를 올렸으나 아직 맛보기 이전인 때에 해당한다. '도(道)'자는 말한다는 뜻이다. 이처럼 세 차례 아뢰는 의식에서는 각각 해당하는 장소가 있으니, 신을 찾으나 확실히 어디에 있는지 알 수 없다는 뜻을 나타낸다.

---

1) 『예기』「예기(禮器)」 063장 : 卿大夫從君, 命婦從夫人, 洞洞乎其敬也, 屬屬乎其忠也, 勿勿乎其欲其饗之也.

【012】

設祭於堂, 爲祊[百彭反]乎外, 故曰於彼乎, 於此乎.〈禮器-065〉[二段禮器.]

신이 어디에 있는지 알 수 없으므로 당에서 제사를 지내고, 묘문 밖에서 팽을['祊'자는 '百(백)'자와 '彭(팽)'자의 반절음이다.] 지낸다. 그렇기 때문에 "저기에서 흠향을 하실 것인가? 아니면 이곳에서 흠향을 하실 것인가?"라고 말하는 것이다. [2개 단락은 「예기」편의 문장이다.]

集說 設祭於堂者, 謂薦腥燭之時, 設饌在堂也. 祊, 祭之明日繹祭也. 廟門謂之祊, 設祭在廟門外之西旁, 故因名爲祊也. 記者又引古語云於彼乎於此乎, 言不知神於彼饗之乎於此饗之乎.

"당에서 제사를 시행한다."는 말은 생고기를 바치고 데친 고기를 바칠 때, 당에다 성찬을 진설하는 것을 뜻한다. '팽(祊)'이라는 것은 정규 제사를 지낸 다음날에 지내는 역제를 뜻한다. 묘문을 '팽(祊)'이라고 부르는데, 제사를 시행할 때 묘문 밖의 서쪽 측면에서 지내기 때문에, 이러한 것에 착안하여 그 제사를 '팽(祊)'이라고 부르는 것이다. 『예기』를 기록한 자는 또한 고대의 말을 인용하여서, "저기인가? 여기인가?"라고 하였는데, 이 말은 신이 저곳에서 흠향을 하게 될 것인지 또는 이곳에서 흠향을 하게 될 것인지 알 수 없다는 뜻이다.

【013】

鼎俎奇[居衣反]而籩豆偶, 陰陽之義也. 籩豆之實, 水土之品也. 不敢用褻味而貴多品, 所以交於旦[神]明之義也.〈郊特牲-006〉[郊特. 本在"凡聲陽也"下.]

정과 조는 홀수로['奇'자는 '居(거)'자와 '衣(의)'자의 반절음에 해당한다.] 설치하고, 변과 두는 짝수로 진설하니, 음양의 뜻에 따르기 때문이다. 변과 두에 담아내는 음식들은 물과 땅에서 나온 물건들이다. 감히 평상시에 먹는 음식을 사용하지 않고, 음식들을 많이 차려내는 것을 귀하게 여기는 것은 신명과

['旦'자의 음은 '神(신)'이다.] **교감하기 위해서이다.** [「교특생」편의 문장이다. 본래는 "무릇 소리는 양에 해당하기 때문이다."[2]라고 한 문장 뒤에 수록되어 있었다.]

集説 自一鼎至九鼎皆奇數, 其十鼎者, 陪鼎三, 則正鼎亦七也. 十二鼎者, 陪鼎三, 則正鼎亦九也. 正鼎鼎別一組, 故云鼎組奇也. 籩豆偶者, 據周禮掌客及前篇所舉, 皆是偶數. 又詳見儀禮圖.

1개의 정을 두는 것으로부터 9개의 정을 두는 것까지는 모두 홀수에 따르고 있으며, 10개의 정을 설치하는 경우에 있어서도, 배정(陪鼎)[3]이 3개라면 정정 또한 홀수인 7개가 된다. 그리고 12개의 정을 설치하는 경우에 있어서도, 배정이 3개라면 정정 또한 홀수인 9개가 된다. 정정에 있어서는 정마다 별도로 1개의 조를 둔다. 그렇기 때문에 정과 조가 모두 홀수라고 말한 것이다. 변과 두가 짝수라는 말은 『주례』「장객(掌客)」편 및

---

2) 『예기』「교특생(郊特牲)」 005장 : 饗禘有樂, 而食嘗無樂, 陰陽之義也. 凡飮, 養陽氣也. 凡食, 養陰氣也. 故春禘而秋嘗, 春饗孤子, 秋食耆老, 其義一也. 而食嘗無樂, 飮養陽氣也, 故有樂; 食養陰氣也, 故無聲. 凡聲, 陽也.

3) 배정(陪鼎)은 추가적으로 설치하는 정(鼎)을 뜻한다. 의식 행사 때 본래 차려내야 하는 음식들을 담은 정(鼎)은 정정(正鼎)에 해당하고, 그 이외에 추가적으로 차려내는 음식들을 담은 정(鼎)은 '배정'이 된다. 『춘추좌씨전』「소공(昭公) 5년」에는 "宴有好貨, 飧有陪鼎."이라는 기록이 있는데, 이에 대한 두예(杜預)의 주에서는 "陪, 加也. 加鼎所以厚殷勤."이라고 풀이했으며, 양백준(楊伯峻)의 주에서는 "據儀禮·聘禮, 賓始入客館, 宰夫卽設飧, 有九鼎, 牛鼎一·羊鼎一·豕鼎一·魚鼎一·腊鼎一·腸胃鼎一·膚鼎一·鮮魚鼎一·鮮腊鼎一. 陪鼎一曰羞鼎, 有三, 牛羹鼎·羊羹鼎·豕羹鼎各一."이라고 풀이했다. 즉 『의례』「빙례(聘禮)」편의 기록에 따르면, 빈객(賓客)이 처음으로 숙소에 들어가게 되면, 음식을 담당하는 재부(宰夫)는 식사를 차려내게 되며, 9개의 정(鼎)을 설치한다. 소를 담은 정(鼎)이 1개이고, 양을 담은 정(鼎)이 1개이며, 돼지를 담은 정(鼎)이 1개이고, 물고기를 담은 정(鼎)이 1개이며, 말린 고기를 담은 정(鼎)이 1개이고, 창자와 위를 담은 정(鼎)이 1개이며, 고기를 잘게 저민 정(鼎)이 1개이고, 물고기 회를 담은 정(鼎)이 1개이다. 그리고 '배정'의 경우에는 '수정(羞鼎)'이라고도 부르는데, 3가지가 있으며, 소고기 국을 담은 정(鼎)이 1개이고, 양고기 국을 담은 정(鼎)이 1개이며, 돼지고기 국을 담은 정(鼎)이 1개이다.

이전 편의 기록에서 제시하는 말에 근거해보면, 모두 짝수에 해당한다.
또한 『의례도』에 자세한 설명이 나타난다.

【014】

文王之祭也, 事死者如事生, 思死者如不欲生, 忌日必哀, 稱諱如見
親, 祀之忠也. 如見親之所愛, 如欲色然, 其文王與[平聲]. 詩云: "明發不
寐, 有懷二人." 文王之詩也. 祭之明日, 明發不寐, 饗而致之, 又從而思
之. 祭之日, 樂[洛]與哀半, 饗之必樂, 已至必哀.〈007〉[本在"其饗之也"下.]

문왕이 제사를 지낼 때에는 돌아가신 부모를 섬길 때 마치 살아계셨을 때
섬기는 것처럼 했고, 돌아가신 부모를 끊임없이 생각하여 마치 부모를 따
라 죽고 싶어 하는 것과 같았으며, 부모의 기일에는 반드시 슬퍼하였으며,
피휘의 글자를 입에 담을 때에는 마치 부모를 직접 뵙는 것처럼 했으니,
이것은 문왕이 제사를 지낼 때 나타났던 한결같은 마음이다. 부모가 평소
에 아끼던 대상을 볼 때에는 마치 부모가 그것을 원하는 표정을 직접 본
것처럼 하니, 이처럼 할 수 있는 자는 문왕일 것이다.['與'자는 평성으로 읽는다.]
『시』에서는 "동이 틀 때까지 잠을 이루지 못하여, 부모 두 분을 생각하는구
나."라고 했는데, 이것은 문왕의 덕을 기리기에 충분한 시이다. 제사를 지
낸 다음날에도 동이 틀 때까지 잠을 이루지 못하고, 다시 흠향을 드리며
혼령이 찾아오도록 하고, 또 그에 따라 부모를 생각한다. 제사를 지내는
당일에는 즐거움과['樂'자의 음은 '洛(락)'이다.] 슬픔이 반반이 되니, 흠향을 드
리게 되면 혼령이 찾아오므로 반드시 즐겁게 되지만, 이미 찾아왔다면 앞
으로 떠나가게 되니 반드시 슬프게 된다. [본래는 "흠향하시다."[4]라고 한 문장 뒤에
수록되어 있었다.]

集說 如不欲生, 似欲隨之死也. 宗廟之禮, 上不諱下, 故有稱諱之
時, 如祭高祖, 則不諱曾祖以下也. 如欲色然, 言其想像親平生所愛

---

4) 『예기』「제의」 006장 : 唯聖人爲能饗帝, 孝子爲能饗親. 饗者, 鄕也, 鄕之然後
能饗焉. 是故孝子臨尸而不作. 君牽牲, 夫人奠盎; 君獻尸, 夫人薦豆. 卿大夫
相君, 命婦相夫人. 齊齊乎其敬也, 愉愉乎其忠也, 勿勿諸其欲其饗之也!

之物, 如見親有欲之之色也. 詩, 小雅·小宛之篇. 明發, 自夜至光明開發之時也, 詩本謂宣王永懷文王·武王之功烈, 此借以喩文王念父母之勤耳. 文王之詩, 言此詩足以詠文王也. 饗之必樂, 迎其來也. 已至而禮畢則往矣, 故哀也.

"마치 살고 싶지 않은 것 같다."는 말은 부모를 따라서 죽고 싶어 하는 것과 같다는 뜻이다. 종묘의 예법에서 윗사람은 아랫사람에 대해 피휘를 하지 않는다. 그렇기 때문에 피휘한 글자를 부를 때가 있는 것이니, 예를 들어 고조부에게 제사를 지내게 되면 증조부로부터 그 이하의 선조에 대해서는 피휘를 하지 않는다. '여욕색연(如欲色然)'은 부모가 평소에 아끼던 대상을 생각하며, 마치 부모가 그것을 바라는 안색을 실제로 보는 것처럼 한다는 뜻이다. '시(詩)'는 『시』 「소아(小雅)·소완(小宛)」5)편이다. '명발(明發)'은 밤부터 동이 터오를 때까지를 뜻하니, 『시』의 내용은 본래 선왕이 문왕과 무왕의 공적을 오래도록 생각한다는 뜻인데, 이곳에서는 그 내용을 빌려와서 문왕이 부모에 대해 열심히 사모했던 것을 비유했을 따름이다. '문왕지시(文王之詩)'는 이 시는 문왕을 찬미하기에 충분하다는 뜻이다. "흠향을 드리면 반드시 기뻐하게 된다."는 말은 혼령이 찾아오는 것을 맞이하기 때문이다. 이미 찾아왔으나 해당 의례가 끝나게 되면 떠나게 된다. 그렇기 때문에 슬퍼한다.

附註 如欲色然, 舊註, 時人好色, 故借以爲言. 陳註"如見親有欲之之色", 似不然.

'여욕색연(如欲色然)'에 대해 옛 주에서는 당시 사람들이 여색을 밝혔기 때문에 그 사안을 빌려서 이처럼 말한 것이라 했다. 진호의 주에서는 "마치 부모가 그것을 바라는 안색을 실제로 보는 것처럼 한다."라 했는데, 아마도 그렇지 않을 것이다.

---

5) 『시』 「소아(小雅)·소완(小宛)」: 宛彼鳴鳩, 翰飛戾天. 我心憂傷, 念昔先人. 明發不寐, 有懷二人.

【015】

仲尼嘗奉薦而進, 其親也愨, 其行也趨趨[促]以數[朔]. 已祭, 子贛問曰: "子之言: '祭, 濟濟[上聲]漆漆[切]然', 今子之祭, 無濟濟漆漆, 何也?" 子曰: "濟濟者, 容也, 遠也, 漆漆者, 容也, 自反也. 容以遠若容以自反也, 夫何神明之及交? 夫何濟濟漆漆之有乎? 反饋樂成, 薦其薦俎, 序其禮樂, 備其百官, 君子致其濟濟漆漆, 夫伽慌[晃]惚[忽]之有乎? 夫言豈一端而已, 夫各有所當[去聲]也." 〈008〉

공자는 자신의 종묘에서 가을 제사를 지내며, 음식을 받들고 시동에게 나아갔는데, 직접 그 일을 처리함에는 전일하고 조심스러웠지만 행동에 있어서는 걸음이 급하여['趨'자의 음은 '促(촉)'이다.] 발을 빈번하게['數'자의 음은 '朔(삭)'이다.] 들어 올렸다. 제사가 끝나자 자공은 "선생님께서는 이전에 '제사를 치를 때에는 융성하고 장엄하며['濟'자는 상성으로 읽는다.] 전일하고 지극한['漆'자의 음은 '切(절)'이다.] 모습을 취해야 한다.'라고 하셨습니다. 그런데 현재 선생님께서 제사를 지내는 모습을 보니 그러한 모습이 나타나지 않는데, 어찌된 일입니까?"라고 물었다. 공자는 "융성하고 장엄하다는 것은 행동거지를 뜻하는데, 이것은 제사에 참여한 빈객들처럼 제사 대상과 관계가 소원한 자들이 취하는 태도이다. 또 전일하고 지극하다는 것도 행동거지를 뜻하는데, 스스로 가다듬고 정돈하는 것이다. 이러한 행동거지를 통해 소원하게 대하고 스스로 정돈하게 된다면 어찌 신명이 교감할 수 있겠는가? 따라서 자신이 직접 제사를 지낼 때 어찌 융성하고 장엄하며 전일하고 지극한 행동거지를 취할 수 있겠는가? 시동이 묘실로 되돌아가서 음식을 바치고 음악을 연주하여 절차를 완성하면, 주인은 궤식의 음식들과 희생물을 담은 도마를 바치고, 예악을 질서정연하게 시행하고, 또 모든 관리들이 참여하도록 하니, 이처럼 제사에 참여해서 돕는 군자들은 융성하고 장엄하며 전일하고 행동거지를 지극히 하게 되는데, 어찌 이들에게서 그리움에 사무쳐 멍하게['慌'자의 음은 '晃(황)'이다. '惚'자의 음은 '忽(홀)'이다.] 있는 모습이 있을 수 있겠는가? 따라서 말에 어찌 한 측면만 있겠는가? 말에는 각각 해당하는['當'자는 거성으로 읽는다.] 것들이 있다."라고 대답했다.

集說 嘗, 秋祭也. 奉薦而進, 進於尸也. 親, 身自執事也. 愨, 專謹貌. 趨趨, 讀爲促促, 行步迫狹也; 數, 擧足頻也, 皆不事威儀之貌. 子貢待祭畢, 以夫子所嘗言者爲問, 蓋怪其今所行與昔所言異也. 夫子言濟濟者, 衆盛之容也, 遠也, 言非所以接親親也. 漆漆者, 專致之容也. 自反, 猶言自修整也. 若, 及也. 容之疏遠及容之自反者, 夫何能交及於神明乎? 我之自祭, 何可有濟濟漆漆乎? 言以誠愨爲貴也. 若言天子諸侯之祭, 尸初在室, 後出在堂, 更反入而設饋作樂既成, 主人薦其饋食之豆與牲體之俎, 先時則致敬以交於神明, 至此則序禮樂, 備百官, 獻酬往復, 凡助祭之君子, 各以威儀相尙, 而致其濟濟漆漆之容, 當此之際, 何能有思念慌惚交神之心乎? 各有所當, 言各有所主, 謂濟濟漆漆, 乃宗廟中賓客之容, 非主人之容也; 主人之事親, 宜愨而趨數也.

'상(嘗)'[1]자는 가을 제사를 뜻한다. "음식을 받들고 나아간다."는 말은 시동에게 나아간다는 뜻이다. '친(親)'자는 자신이 직접 그 일을 처리한다는 뜻이다. '각(愨)'자는 전일하며 조심하는 모습을 뜻한다. '추추(趨趨)'는 촉촉(促促)으로 풀이하니, 걸음걸이가 급하고 폭이 좁다는 뜻이고, '삭(數)'은 발을 자주 들어 올린다는 뜻이니, 모두 위엄스러운 행동거지로 일을 처리하는 것이 아니다. 자공은 제사가 끝날 때까지 기다린 뒤에 공자가 평상시 자주 하던 말로 질문을 했으니, 현재 공자가 시행한 행동이 이전에 한 말과 차이를 보이는 것을 괴이하게 여겼기 때문이다. 공자는

---

1) 상제(嘗祭)는 가을에 종묘(宗廟)에서 지내는 제사를 뜻한다. 『이아』「석천(釋天)」편에는 "春祭曰祠, 夏祭曰礿, 秋祭曰嘗, 冬祭曰烝."이라는 기록이 있다. 즉 봄에 지내는 제사를 '사(祠)'라고 부르며, 여름에 지내는 제사를 '약(礿)'이라고 부르고, 가을에 지내는 제사를 '상(嘗)'이라고 부르며, 겨울에 지내는 제사를 '증(烝)'이라고 부른다. 한편 '상'제사는 성대한 규모로 거행하였기 때문에, '대상(大嘗)'이라고도 불렸으며, 가을에 지낸다는 뜻에서, '추상(秋嘗)'이라고도 불렸다. 또한 『춘추번로(春秋繁露)』「사제(四祭)」편에서는 "四祭者, 因四時之所生孰而祭其先祖父母也. 故春曰祠, 夏曰礿, 秋曰嘗, 冬曰烝. …… 嘗者, 以七月嘗黍稷也."이라고 하여, 가을 제사인 상(嘗)제사는 7월에 시행하며, 서직(黍稷)을 흠향하도록 지낸다는 뜻에서 맛본다는 뜻의 '상'자를 붙였다고 설명한다.

다음과 같이 대답했다. '제제(濟濟)'라는 것은 여럿이 융성하게 행동하는 모습이며, 관계가 소원한 경우에 해당한다는 뜻이니, 친근한 자를 친근하게 대하는 방법이 아니라는 뜻이다. 그리고 '절절(漆漆)'은 전일하고 지극한 모습이다. '자반(自反)'은 스스로 가다듬고 정돈한다는 뜻이다. '약(若)'자는 '~과'라는 뜻이다. 소원하게 대하는 모습과 스스로 정돈하는 모습을 취한다면, 어떻게 신명과 교감할 수 있겠는가? 본인이 직접 제사를 지내면서 어떻게 관계를 소원하게 대하며 스스로 정돈하는 모습을 취할 수 있겠는가? 즉 진실하고 전일한 것을 존귀하게 여긴다는 뜻이다. 만약 천자와 제후의 제사로 말한다면, 시동은 최초 묘실에 있고, 이후에 밖으로 나와서 당상에 있으며, 재차 되돌아가 묘실로 들어가며, 음식을 차리고 음악을 연주하여 절차를 완성하면, 주인은 궤식에 사용하는 두와 희생물의 몸체를 담은 도마를 바치고, 앞선 시기에는 공경함을 지극히 하여 신명과 교감하고, 이 시기에 이르게 되면 예악을 차례대로 갖추고, 모든 관리들을 참여시켜서, 술을 바치고 주고받는 것을 반복하니, 무릇 제사를 돕는 군자들은 각각 위엄을 갖춘 행동거지를 숭상하여, 융성하고 정돈된 모습을 지극히 나타내니, 이러한 시기에 어떻게 그리워하는 마음에 멍하게 있으며 신과 교감하려는 마음을 가질 수 있겠는가? '각유소당(各有所當)'은 각각 담당하는 것이 있다는 뜻으로, 제제(濟濟)와 절절(漆漆)이라는 것은 곧 종묘 안에서 빈객들이 취하는 행동거지이지 주인이 취하는 행동거지가 아니라는 의미이니, 주인이 부모의 제사를 치를 때에는 마땅히 전일하고 조심하며 걸음걸이가 급하고 발을 자주 들어 올리게 된다.

附註 仲尼嘗奉薦, 註: "嘗, 秋祭." 按: 嘗, 卽嘗曾之義. 進其親, 言進於其親, 當連讀.

'중니상봉천(仲尼嘗奉薦)'에 대해 주에서는 "상(嘗)은 가을 제사이다."라 했다. 살펴보니, '상(嘗)'은 일찍이라는 뜻에 해당한다. '진기친(進其親)'은 부모에게 나아간다는 뜻이니, 마땅히 연결해서 풀이해야 한다.

【016】

孝子將祭, 慮事不可以不豫; 比[卑]時具物, 不可以不備; 虛中以治
之. 〈009〉

자식이 부모의 제사를 지내려고 할 때, 일에 대해 생각할 때에는 미리 고려
하지 않아서는 안 된다. 또 해당 시기에 미쳐서['比'자의 음은 '뿌'(비)이다.] 기물
과 음식들을 갖출 때에는 예법에 맞게 갖추지 않아서는 안 된다. 몸을 정갈
하게 하고 마음을 비워서 처리해야 한다.

集說 比時, 及也, 謂當行禮之時. 具物, 陳設器饌之屬. 虛中, 淸明
在躬, 心無雜念也.

'비시(比時)'는 "그 시기에 미치다."는 뜻이니, 해당 의례를 시행해야 할
때를 의미한다. '구물(具物)'은 진설하는 기물들과 음식 등을 뜻한다. '허
중(虛中)'은 몸을 정갈하게 하여 마음에 잡념이 없다는 뜻이다.

【017】

宮室旣脩, 牆屋旣設, 百物旣備, 夫婦齊戒·沐浴, 奉承而進之. 洞
洞乎! 屬屬乎! 如弗勝[平聲], 如將失之, 其孝敬之心至也與[平聲]! 薦
其薦俎, 序其禮樂, 備其百官, 奉承而進之, 於是諭其志意, 以其慌
惚以與神明交, 庶或饗之, 庶或饗之! 孝子之志也! 〈010〉

종묘의 건물이 갖춰지고 종묘의 담장과 지붕이 갖춰졌으며 모든 기물들이
갖춰졌다면, 주인과 주부는 재계를 하고 목욕을 하여, 제물을 받들어 나아
가 바친다. 공경스럽구나! 진실되구나! 마치 그 일을 감당할['勝'자는 평성으로
읽는다.] 수 없을 것처럼 하고, 마치 잃지는 않을까 노심초사하는 것처럼 하
니, 효와 공경스러운 마음이 지극하구나!['與'자는 평성으로 읽는다.] 궤식의 음
식들과 희생물을 담은 도마를 바치고, 시행하는 예악을 질서정연하게 시행
하고, 또 모든 관리들이 참여하도록 하여, 제사를 돕는 자들이 제물을 받들
어 나아가 바치니, 이 시기에 축관은 자식의 효를 아뢰고, 자식은 그리움에
깊이 잠겨서 신명과 교감하니, 찾아오셔서 흠향하시기를 바라며, 찾아오셔

서 흠향하시기를 바라는구나! 이것이 바로 자식의 마음이로다!

集說 洞洞·屬屬, 見禮器. 兩言奉承而進之, 上謂主人, 下謂助祭者. 諭其志意, 祝以孝告也.

'동동(洞洞)'과 '촉촉(屬屬)'에 대해서는 『예기』「예기(禮器)」편에 나온다. 두 차례 "받들어서 나아간다."라고 했는데, 앞의 것은 주인에 대한 내용이며, 뒤의 것은 제사를 돕는 자들에 대한 내용이다. '유기지의(諭其志意)'는 축관이 자식의 효를 아뢴다는 뜻이다.

【018】

孝子之祭也, 盡其慤而慤焉, 盡其信而信焉, 盡其敬而敬焉, 盡其禮而不過失焉. 進退必敬, 如親聽命, 則或使之也.〈011〉

자식이 제사를 지낼 때에는 성실함을 다하여 성실을 시행하고, 신의를 다하여 신의를 시행하며, 공경함을 다하여 공경을 시행하고, 예법을 다하여 과실을 범하지 않는다. 나아가거나 물러날 때에는 반드시 공경을 다하여, 마치 직접 부모로부터 명령을 받아서 그 일을 하게 된 것처럼 한다.

集說 盡其慤而爲慤, 盡其信而爲信, 盡其敬而爲敬, 言無一毫之不致其極也. 禮有常經, 不可以私意爲降殺, 故曰盡其禮而不過失焉. 進退之間, 其敬心之所存, 如親聆父母之命而若有使之者, 亦前章著存之意.

성실함을 다하여 성실을 시행하고, 신의를 다하여 신의를 시행하며, 공경함을 다하여 공경을 시행하는 것은 한 터럭만큼이라도 지극함을 다 하지 않음이 없다는 뜻이다. 예법에는 항상된 기준이 있으니, 자기 마음대로 높이거나 낮출 수 없다. 그렇기 때문에 "그 예법을 다하여 과실을 범하지 않는다."고 말한 것이다. 나아가거나 물러날 때 공경스러운 마음이 존재한다면, 마치 직접 부모로부터 명령을 받아서 그 일을 시행하도록 한 일이 있었던 것과 같게 되니, 이 또한 앞에서 드러나고 보존된다고 했던 뜻에 해당한다.

【019】
孝子之祭可知也: 其立之也, 敬以詘[屈]; 其進之也, 敬以愉; 其薦之
也, 敬以欲. 退而立, 如將受命; 已徹而退, 敬齊[如字]之色, 不絶於面.
孝子之祭也, 立而不詘, 固也; 進而不愉, 疏也; 薦而不欲, 不愛也;
退立而不如受命, 敖[傲]也; 已徹而退, 無敬齊之色, 而忘本也. 如是
而祭, 失之矣.〈012〉
자식이 제사를 지내는 모습을 보면, 그의 마음가짐에 대해서 알 수 있다.
서 있을 때에는 공경함에 따라 몸을 굽히고[‘詘’자의 음은 ‘屈(굴)’이다.] 나아갈
때에는 공경함에 따라 얼굴에 기쁜 표정이 드러나고, 제수를 바칠 때에는
공경함에 따라 흠향하기를 바라게 된다. 또 조금 뒤로 물러 나와 서 있을
때에는 마치 명령을 받게 될 것처럼 하게 되고, 이미 치우고서 물러나게
될 때에는 공경하고 엄숙한[‘齊’자는 글자대로 읽는다.] 표정이 얼굴에서 떠나지
않는다. 이와 반대로 자식이 제사를 지내면서, 서 있을 때 몸을 굽히지 않
는 것은 고루함이고, 나아가되 기쁜 표정을 짓지 않는 것은 소원함이며,
제수를 바치되 흠향하기를 바라지 않는 것은 친애하지 않는 것이고, 물러
나 서 있을 때 명령을 받는 것처럼 하지 않는 것은 오만함이며[‘放’자의 음은
‘傲(오)’이다.] 이미 상을 치우고서 물러났는데 얼굴에 공경하고 엄숙한 표정
이 없는 것은 근본을 잊은 것이다. 이처럼 제사를 지내는 것은 제사의 도의
를 버리는 일이다.

集說 方氏曰: 孝子之祭可知者, 言觀其祭, 可以知其心也. 立之者,
方待事而立也. 進之者, 旣從事而進也. 薦之者, 奉物而薦也. 退而
立者, 進而復退也. 已徹而退者, 旣薦而後徹也. 蓋退而立, 則少退
而立; 已徹而退, 則於是乎退焉, 此其所以異也. 立之敬以詘, 則身之
詘而爲之變焉, 故立而不詘, 固也. 進之敬以愉, 則色之愉而致其親

焉, 故進而不愉, 疏也. 薦之敬以欲則心之欲而冀其享焉, 故薦而不欲, 不愛也. 退而立, 如將受命, 則順聽而無所忽焉, 故退立而不如受命, 敖也. 已徹而退, 敬齊之色, 不絶於面, 則愼終如始矣, 故已徹而退, 無敬齊之色, 而忘本也.

방씨가 말하길, "자식의 제사를 알 수 있다."는 말은 그 제사를 살펴보면, 그의 마음가짐을 알 수 있다는 뜻이다. '입지(立之)'는 그 일을 시행하려고 기다리며 서 있다는 뜻이다. '진지(進之)'는 이미 그 사안을 따르게 되어 나아간다는 뜻이다. '천지(薦之)'는 제물을 받들고 나아가서 바친다는 뜻이다. '퇴이립(退而立)'은 나아갔다가 다시 물러난다는 뜻이다. '이철이퇴(已徹而退)'는 제수를 바친 뒤에 치웠다는 뜻이다. 무릇 '퇴이립(退而立)'이라면 조금 뒤로 물러나 서 있는 것이며, '이철이퇴(已徹而退)'라면 이 시기에 물러난다는 뜻으로, 이것이 그 차이점이다. 서 있을 때 공경함으로 몸을 굽힌다면, 몸을 굽혀서 그 일을 위해 변화를 주는 것이다. 그렇기 때문에 서 있되 몸을 굽히지 않는 것은 고루함이 된다. 나아가서 공경함으로 기쁜 표정을 짓는다면, 얼굴에 기쁜 표정이 나타나서 친애함을 지극히 하게 된다. 그렇기 때문에 나아가되 기쁜 표정을 짓지 않는 것은 소원함이 된다. 제수를 바침에 공경함으로 바란다면, 마음에 바라는 점이 있어서 흠향하기를 기대하는 것이다. 그렇기 때문에 제수를 바치되 바라지 않는 것은 친애하지 않는 것이다. 물러나 서 있을 때 마치 명령을 받는 것처럼 한다면, 순종적으로 따르며 소홀함이 없는 것이다. 그렇기 때문에 물러나 서 있되 명령을 받는 것처럼 하지 않는 것은 오만함이 된다. 이미 치우고 물러났을 때 공경하고 엄숙한 표정이 얼굴에서 떠나지 않는다면, 마무리를 삼감이 처음과 같은 것이다. 그렇기 때문에 이미 치우고 물러나되 공경하고 엄숙한 표정이 없다면, 근본을 잊은 것이다.

【020】

孝子將祭祀, 必有齊莊之心以慮事, 以具服物, 以脩宮室, 以治百事. 及祭之日, 顏色必溫, 行必恐, 如懼不及愛然. 其奠之也, 容貌必溫, 身必詘[屈], 如語焉而未之然. 宿者皆出, 其立卑靜以正, 如將弗見然. 及祭之後, 陶陶[如字]遂遂, 如將復入然. 是故慤善不違身, 耳目不違心, 思[去聲]慮不違親; 結諸心, 形諸色, 而術省[息井反]之. 孝子之志也.〈053〉[本在"以尊賢也"下.]

자식이 제사를 지내려고 할 때에는 반드시 재계하고 엄숙한 마음을 지니고, 이를 통해 일들에 대해 계획하고, 의복과 사물들을 갖추며, 종묘를 수리하고, 모든 사안들을 처리한다. 제사를 치르는 당일이 되면, 안색은 반드시 온화하고 행동은 반드시 두려움이 있는 것처럼 조심스러우니, 마치 친애함에 부족함이 있을까 염려하는 것처럼 한다. 제수를 진설할 때에는 행동은 반드시 온화하게 되고 몸은 반드시 굽히게['詘'자의 음은 '屈(굴)'이다.] 되니, 마치 부모가 무언가를 말하고자 하시나 아직 말하지 않은 것처럼 한다. 중요 절차가 끝나고 머물던 자들이 모두 밖으로 나가면, 자식은 서 있으며 자세를 낮추고 고요하게 처신해서 올바르게 따르니, 마치 앞으로는 다시 볼 수 없을 것처럼 한다. 제사가 모두 끝나게 되면, 안팎으로 부모를 그리워하는['陶'자는 글자대로 읽는다.] 마음이 두루 통하니, 마치 부모가 다시 찾아올 때처럼 한다. 이러한 까닭으로 정성과 선함이 몸에서 떠나지 않아서 항상 공경스럽게 행동하고, 보고 듣는 것들도 마음을 위배하지 않아서 마음에['思'자는 거성으로 읽는다.] 보존된 친애함을 혼란스럽게 만들지 않는다. 마음에 그리워하는 마음이 맺혀 있고 형색을 통해 나타나고, 매사를 신중히 생각하고 살핀다.['省'자는 '息(식)'자와 '井(정)'자의 반절음이다.] 이것이 바로 자식의 뜻이다. [본래는 "이를 통해 현자를 존귀하게 높인다."[1]라고 한 문장 뒤에 수록되어 있었다.]

---

1) 『예기』「제의」 052장 : 昔者, 聖人建陰陽天地之情, 立以爲易. 易抱龜南面, 天子卷冕北面, 雖有明知之心, 必進斷其志焉, 示不敢專, 以尊天地; 善則稱人, 過則稱己, 敎不伐, <u>以尊賢也</u>.

集說 慤善不違身, 周旋升降, 無非敬也. 耳目不違心, 所聞所見, 不得以亂其心之所存也. 結者, 不可解之意. 術, 與述同, 述省, 猶循省也, 謂每事思省.

'각선불위신(慤善不違身)'은 몸을 움직이고 오르고 내릴 때 공경스럽지 않은 것이 없다는 뜻이다. '이목불위심(耳目不違心)'은 듣고 보는 것이 마음에 보존된 것을 혼란스럽게 만들 수 없다는 뜻이다. '결(結)'은 풀 수 없다는 뜻이다. '술(術)'자는 술(述)자와 동일하니, '술성(述省)'은 자세히 살핀다는 의미로, 매사를 자세히 고려하고 살핀다는 뜻이다.

集說 方氏曰: 於其來也, 如懼不及愛然; 及旣來也, 又如語而未之然. 於其往也, 如將弗見然; 及旣往也, 又如將復入然. 則是孝子之思其親, 無物足以慊其心, 無時可以絶其念. 如懼不及愛然, 卽前經所謂致愛則存, 是矣. 如語焉而未之然, 卽所謂如親聽命, 是矣. 如將弗見然, 卽所謂如將失之, 是矣. 如將復入然, 卽所謂又從而思之, 是矣. 愛者, 愛其親也; 懼不及愛者, 懼愛親之心有所未至也. 語者, 親之語也; 語而未之然, 如親欲有所語而未發也. 陶陶, 言思親之心存乎內; 遂遂, 言思親之心達乎外. 祭後猶如此者, 以其如將復入故也.

방씨가 말하길, 신령이 찾아오는 것에 대해서 마치 친애함이 미치지 못할 것을 걱정하는 것처럼 하고, 신령이 이미 도래했을 때에는 또한 말을 하려고 하나 아직 하지 않은 것처럼 한다. 또 신령이 떠나갈 때에는 마치 앞으로 보지 못할 것처럼 하고, 이미 떠나갔을 때에는 또한 다시 찾아올 것처럼 한다. 이러한 것은 자식이 부모를 그리워함에, 그 어떤 것도 그 마음을 흡족하게 만들 수 없고 또 어느 때이건 부모에 대한 생각을 끊을 수 없음을 뜻한다. "마치 친애함이 미치지 못할 것을 걱정하는 것처럼 한다."는 말은 앞의 경문에서 "친애함을 지극히 하면 보존된다."라고 한 말에 해당한다. "마치 말을 하되 아직 하지 않은 것처럼 한다."는 말은 "마치 부모로부터 직접 명령을 받는 것처럼 한다."라고 한 말에 해당한다.

"마치 앞으로 보지 못할 것처럼 한다."는 말은 "마치 앞으로 잃게 되는 것처럼 한다."라고 한 말에 해당한다. "마치 다시 찾아오는 것처럼 한다."는 말은 "또 그에 따라 부모를 생각한다."라고 한 말에 해당한다. '애(愛)'는 부모를 친애한다는 뜻이며, '구불급애(懼不及愛)'는 부모를 친애하는 마음에 지극하지 못한 점이 있을까를 염려한다는 뜻이다. '어(語)'는 부모의 말이며, '어이미지연(語而未之然)'은 부모가 하고 싶은 말이 있지만 아직 하지 않은 것과 같다는 뜻이다. '도도(陶陶)'는 부모를 그리워하는 마음이 내면에 보존되어 있음을 뜻하고, '수수(遂遂)'는 부모를 그리워하는 마음이 외적으로 두루 나타난 것을 뜻한다. 제사를 지낸 이후에도 여전히 이와 같은 것은 마치 다시 찾아올 것처럼 여기기 때문이다.

【021】

宰我曰: "吾聞鬼神之名, 不知其所謂." 子曰: "氣也者, 神之盛也. 魄也者, 鬼之盛也. 合鬼與神, 教之至也." 〈021〉 [本在"治者則微矣"下.]

재아는 "저는 귀신(鬼神)이라는 말을 들어봤지만 그것이 무엇을 뜻하는 것인지는 모르겠습니다."라고 했다. 그러자 공자는 "기(氣)라는 것은 신(神)의 융성한 상태를 뜻한다. 백(魄)이라는 것은 귀(鬼)의 융성한 상태를 뜻한다. 귀(鬼)와 신(神)을 합해야만 교화의 지극함이 된다."라고 했다. [본래는 '치자즉미의(治者則微矣)'²⁾라는 문장 뒤에 수록되어 있었다.]

集說 程子曰: 鬼神天地之功用, 而造化之迹也.

정자가 말하길, 귀신(鬼神)은 천지의 작용이며, 조화가 드러나는 자취이다.

---

2) 『예기』「제의」020장 : 天下之禮, 致反始也, 致鬼神也, 致和用也, 致義也, 致讓也. 致反始, 以厚其本也. 致鬼神, 以尊上也. 致物用, 以立民紀也. 致義, 則上下不悖逆矣. 致讓, 以去[上聲]爭也. 合此五者, 以治天下之禮也, 雖有奇[居衣反]邪而不治者, 則微矣.

集說 張子曰: 鬼神者, 二氣之良能也.

장자가 말하길, 귀(鬼)와 신(神)은 두 기운의 양능(良能)이다.

集說 朱子曰: 以二氣言, 則鬼者陰之靈也, 神者陽之靈也; 以一氣言, 則至而伸者爲神, 反而歸者爲鬼, 其實一物而已.

주자가 말하길, 두 기로 말을 한다면 귀(鬼)는 음(陰)의 영묘함이며 신(神)은 양(陽)의 영묘함이다. 하나의 기로 말을 한다면 지극히 이르러 펼쳐지는 것은 신(神)이고 돌아와 되돌아가는 것은 귀(鬼)이다. 그러나 실질은 한 가지 사물일 뿐이다.

集說 陳氏曰: 如口鼻呼吸是氣, 那靈處便屬魂, 視聽是體, 那聰明處便屬魂.

진씨가 말하길, 예를 들어 입과 코로 숨 쉬는 것은 기(氣)이고 영묘한 것은 혼(魂)에 해당하며, 보고 듣는 것은 체(體)이고 총명한 것은 백(魄)에 해당한다.

集說 方氏曰: 魂氣歸于天, 形魄歸于地, 故必合鬼與神, 然後足以爲敎之至. 中庸曰: "使天下之人, 齊明盛服以承祭祀", 此皆敎之至也.

방씨가 말하길, 혼기(魂氣)는 하늘로 되돌아가고 형백(形魄)은 땅으로 되돌아간다. 그렇기 때문에 반드시 귀(鬼)와 신(神)을 합한 뒤에야 교화의 지극함을 이룰 수 있다. 『중용』에서 "천하의 사람들로 하여금 재계하여 밝게 하고 성복하여 제사를 받들게 한다."[3]라고 한 말은 모두 교화의 지극함에 해당한다.

---

3) 『중용』「16장」: <u>使天下之人齊明盛服以承祭祀</u>, 洋洋乎如在其上, 如在其左右.

【022】

"衆生必死, 死必歸土, 此之謂鬼. 骨肉斃于下, 陰[去聲]爲野土. 其氣
發揚于上, 爲昭明焄[熏]蒿悽愴, 此百物之精也, 神之著也."〈022〉

공자가 계속하여 말하길, "만물은 태어나면 반드시 죽게 되는데, 죽으면
반드시 땅으로 되돌아가니 이것을 '귀(鬼)'라고 부른다. 뼈와 살은 땅에
묻히고 음이['陰'자는 거성으로 읽는다.] 되어 흙이 된다. 그 기는 위로 발향하여
소명 · 훈호['焄'자의 음은 '熏(훈)'이다.] · 처창이 되니, 이것은 모든 사물의 정기
이며 '신(神)'의 드러남이다."라고 했다.

集說 朱子曰: 如鬼神之露光處是昭明, 其氣蒸上處是焄蒿, 使人精
神悚然是悽愴. 又曰: 昭明是光曜底, 焄蒿是衰然底, 悽愴是凜然底.
又曰: 昭明, 乃光景之屬. 焄蒿, 氣之感觸人者. 悽愴, 如漢書所謂"神
君至其風肅然"之意. 又曰: 焄蒿是鬼神精氣交感處.

주자가 말하길, 귀신(鬼神)이 드러나는 것을 '소명(昭明)'이라 하며, 그
기(氣)가 피워 오르는 것을 '훈호(焄蒿)'라 하고, 사람의 정신을 오싹하게
만드는 것은 '처창(悽愴)'이다. 또 말하길, '소명(昭明)'은 밝게 빛나는 것
이고, '훈호(焄蒿)'는 무성한 것이며, '처창(悽愴)'은 엄숙한 것이다. 또
말하길, '소명(昭明)'은 밝게 드러나는 것들이다. '훈호(焄蒿)'는 기(氣)가
사람을 감응시키고 촉발시키는 것들이다. '처창(悽愴)'은 『한서』에서 "신
군이 바람을 재빠르게 불게 한다."고 했던 뜻과 같다. 또 말하길, '훈호(焄
蒿)'는 귀신의 정기가 교감하는 것이다.

【023】

"因物之精, 制爲之極, 明命鬼神, 以爲黔首則, 百象以畏, 萬民以
服."〈023〉

공자가 계속하여 말하길, "사물의 정령을 가릴 수 없다는 것에 따라서 그것
을 제정하여 지극한 칭호를 만들었으니, '귀신(鬼神)'이라고 현저히 드러내

어 불러서, 백성들의 법칙으로 삼았다. 따라서 이를 통해 백성들은 두려워
하여 태만하게 구는 일이 없게 되었고, 또 복종하여 위배하는 일이 없게
되었다.”라고 했다.

集說 因其精靈之不可掩者, 制爲尊極之稱, 而顯然命之曰鬼神, 以
爲天下之法則, 故民知所畏而無敢慢, 知所服而無敢違.

정령을 가릴 수 없다는 사실에 따라서 제정하여 지극히 존엄한 칭호로
삼고 현저히 드러내어 '귀신(鬼神)'이라 지칭하고, 이를 천하의 법칙으로
삼았다. 그렇기 때문에 백성들은 두려워해야 할 바를 알아서 감히 태만하
게 구는 일이 없게 되었고, 복종해야 할 바를 알아서 감히 위배하는 일이
없게 되었다.

集說 方氏曰: 極之爲言至也, 名曰鬼神, 則尊敬之至, 不可以復加,
是其所以制爲之極也. 且鬼神本無名也, 其名則人命之爾, 鬼神至
幽, 不可測也, 命之以名, 則明而可則矣, 然後人得而則之, 故曰 '以
爲黔首則', 是乃所以爲敎之至也.

방씨가 말하길, '극(極)'자는 "이른다."는 뜻이니, '귀신(鬼神)'이라고 불렀
다면 지극히 존엄하고 공경스러운 명칭이므로, 재차 더할 것이 없다. 이
것이 제정하여 지극하게 만든 것이다. 또 귀신은 본래 명칭이 없는데,
귀신이라는 명칭은 사람들이 부른 것일 뿐이니, 귀신은 지극히 아득하여
헤아릴 수 없어서, 명칭을 제정하여 불렀다면 밝게 드러나서 헤아릴 수
있게 되고, 그런 뒤에야 사람들이 본받을 수 있다. 그렇기 때문에 "백성들
의 법칙으로 삼았다."고 말한 것이니, 이것은 곧 지극한 가르침이 된다.

集說 馮氏曰: 秦稱民爲黔首, 夫子時未然也, 顯是後儒竄入.

풍씨가 말하길, 진나라 때에는 백성들을 '검수(黔首)'라고 불렀는데, 공자
당시에는 이처럼 부르지 않았으니, 이것은 후대 학자들이 삽입한 글임을
드러낸다.

附註 馮氏云云, 禮記出於秦‧漢諸儒所裒輯, 何必以是深斥?

풍씨가 운운한 것에 있어서, 『예기』는 진나라와 한나라 때의 학자들이 모아 놓은 기록에서 나온 것이니, 어찌 기어코 이것을 가지고 심히 배척한단 말인가?

【024】

"聖人以是爲未足也, 築爲宮室, 設爲宗祧, 以別親疏遠邇; 教民反古復始, 不忘其所由生也. 衆之服自此, 故聽且速也."〈024〉

공자가 계속하여 말하길, "그러나 성인은 이러한 것들도 부족하다고 여겼다. 그래서 궁실을 만들고 종묘를 만들어서 제사의 예법으로 친소와 멀고 가까운 관계를 구별하고, 백성들로 하여금 옛 것을 돌이켜 시초를 회복하도록 해서, 자신의 유래를 잊지 않도록 가르쳤다. 백성들이 감복했던 것은 이를 통해서이다. 그러므로 명령에 따르기를 매우 신속하게 했다."라고 했다.

集說 言聖人制宗廟祭祀之禮以教民, 故衆民由此服從而聽之速也.

성인은 종묘에 대한 제사의 예법을 제정하여 백성들을 교화했다. 그렇기 때문에 백성들이 이를 통해 감복하여 따르고 명령 듣기를 빠르게 했다는 뜻이다.

【025】

"二端旣立, 報以二禮: 建設朝[如字]事, 燔燎羶[如字]薌, 見[澗]以蕭光, 以報氣也. 此教衆反始也. 薦黍稷, 羞肝肺首心, 見間[見間二字, 合爲覛.]以俠甒[武], 加以鬱鬯, 以報魄也. 教民相愛, 上下用情, 禮之至也."〈025〉

공자가 계속하여 말하길, "기(氣)가 신(神)의 융성함이며, 백(魄)이 귀(鬼)의 융성함이라는 두 사안이 이미 수립되었다면, 이제는 두 가지 의례를 통해서 보답하게 된다. 우선 조사의['朝'자는 글자대로 읽는다.] 의례를 시행하여, 희생물의 지방을 태우되 쑥과 함께 섞어서['見'자의 음은 '澗(간)'이다.] 그 누린 냄새를['羶'자는 글자대로 읽는다.] 하늘로 피워 올리고 빛을 발하도록 하는 것은 기에 보답하고자 하기 때문이다. 이러한 것들은 백성들에게 시초를 돌이키도록 가르치는 방법이다. 또 서직 등의 곡물을 바치고 희생물의 간·폐·머리·심장을 바치며 2개의 술동이에['甒'자의 음은 '武(무)'이다.] 단술을 담아 진설하고['見間'이라는 두 글자는 합쳐서 '覛'자가 된다.] 또 제사 초반부에

울창주를 땅에 뿌리는 것은 백에게 보답하고자 하기 때문이다. 이러한 것들은 백성들에게 서로 친애하고 상하 계층이 정감에 따르도록 가르치는 방법이다. 따라서 이러한 것은 예의 지극함이 된다."라고 했다.

集說 二端, 謂氣者神之盛, 魄者鬼之盛也. 二禮, 謂朝踐之禮與饋熟之禮也. 朝事, 謂祭之日, 早朝所行之事也. 燔燎羶薌, 謂取膟膋燎於爐炭, 使羶薌之氣上騰也. 見, 讀爲覸, 雜也. 以蕭蒿雜膟膋而燒之, 故曰覸以蕭光, 光者, 煙上則有照暎之光采也. 此是報氣之禮, 所以敎民反古復始也. 至饋熟之時, 則以黍稷爲薦, 而羞進肝肺首心四者之饌焉. 見間, 卽覸字, 誤分也. 俠甒, 兩甒也. 當此薦與羞, 而雜以兩甒醴酒, 故曰覸以依甒也. 加以鬱鬯者, 魄降在地, 用鬱鬯之酒以灌地, 本在祭初, 而言於薦羞之下者, 謂非獨薦羞二者爲報魄, 初加鬱鬯, 亦是報魄也. 此言報魄之禮. 敎民相愛, 上下用情者, 饋熟之時, 以酬酢爲禮, 祭之酒食, 徧及上下, 情義無間, 所以爲禮之極至也.

'이단(二端)'은 기가 신의 융성함이며 백이 귀의 융성함이라는 뜻이다. '이례(二禮)'는 조천의 의례와 궤숙(饋孰)[1]의 의례를 뜻한다. '조사(朝事)'는 제사를 지내는 날 아침 일찍 시행하는 절차를 뜻한다. '번료전향(燔燎羶薌)'은 희생물의 지방을 가져다가 화톳불 위에서 태우며 누린내가 위로 올라가도록 한다는 뜻이다. '견(見)'자는 간(覸)자로 풀이하니, "섞는다."는 뜻이다. 쑥을 희생물의 지방에 섞여서 태운다. 그렇기 때문에 "쑥과 빛으로 섞는다."라고 한 것이니, '광(光)'은 불에 태우게 되면 불타면서 나는 빛을 뜻한다. 이것은 기에 보답하는 예법으로, 백성들에게 옛 것을 돌이켜서 시초를 회복하는 일들을 가르치는 방법이다. 익힌 음식

---

1) 궤숙(饋孰)은 '궤숙(饋熟)'이라고도 부른다. 제례(祭禮) 의식 중 하나이다. 제사를 시행할 때에는 희생물을 잡아서 생고기를 바치고, 이후에 다시 익힌 고기를 바치는데, '궤숙'은 바로 익힌 음식을 바치는 절차를 뜻한다.

을 바치는 때가 되면 서직을 바치게 되고, 음식을 차릴 때 희생물의 간·폐·머리·심장을 음식으로 만들어서 바친다. '견간(見間)'은 곧 '간(覸)'자에 해당하니, 잘못하여 글자를 나눠서 기록한 것이다. '협무(俠甒)'는 2개의 술단지를 뜻한다. 이처럼 곡물을 바치고 음식을 차릴 때에는 2개의 술단지에 단술을 담아서 함께 차린다. 그렇기 때문에 "2개의 술단지를 섞는다."라고 말한 것이다. '가이울창(加以鬱鬯)'은 백은 땅으로 내려가 있으니 울창주를 사용하여 땅에 붓게 되는 것으로, 이것은 본래 제사를 지내는 초기에 시행하는데도 곡물과 음식을 바치는 사안 뒤에 언급한 것은 곡물과 음식을 차리는 2가지만이 백에 보답하는 사안이 아니며, 제사를 지내는 초반부에 울창주를 뿌리는 것 또한 백에 보답하는 사안이기 때문이다. 따라서 이러한 것들은 백에 보답하는 예법이라는 뜻이다. "백성들에게 서로 친애하고 상하 계층이 서로 그 정감에 따르도록 가르친다."고 했는데, 익힌 음식을 바칠 때 술을 권하고 잔을 돌리는 것을 예법으로 정하여, 제사를 지내며 술과 음식이 상하 계층에게 골고루 돌아가서 정감과 도의에 간극이 없게 되니, 이것은 예의 지극함이 되는 이유이다.

【026】

"君子反古復始, 不忘其所由生也, 是以致其敬, 發其情, 竭力從事以報其親, 不敢弗盡也. 是故昔者天子爲藉[在亦反]千畝, 冕而朱紘[宏], 躬秉耒; 諸侯爲藉百畝, 冕而靑紘, 躬秉耒. 以事天地·山川·社稷·先古, 以爲醴酪[洛]齊[咨]盛[成]於是乎取之, 敬之至也."〈026〉

공자가 계속하여 말하길, "군자가 옛 것을 돌이키고 시초를 회복하는 것은 자신의 유래를 잊지 않고자 했기 때문이다. 따라서 공경함을 지극히 하고 정감을 다 드러내며, 힘을 다해 일에 종사해서 부모에게 보답을 하는데, 감히 다하지 않는 경우가 없었다. 이러한 까닭으로 예전에 천자는 적전['藉'자는 '在(재)'자와 '亦(역)'자의 반절음이다.] 1,000이랑을 마련하여 면류관을 착용하고 주색의 끈을['紘'자의 음은 '宏(굉)'이다.] 달고서 직접 쟁기를 잡고 경작했으며, 제후는 적전 100이랑을 마련하여 면류관을 착용하고 청색의 끈을 달고서 직접 쟁기를 잡고 경작했다. 이를 통해 천지·산천·사직·선조에게 제사를 지냈고, 또 단술과 식초['醋'자의 음은 '洛(락)'이다.] 자성['齊'자의 음은 '咨(자)'이다. '盛'자의 음은 '成(성)'이다.] 등을 만들 때 바로 이 경작지에서 산출된 곡식을 사용하였으니, 공경함이 지극한 것이다."라고 했다.

集說 藉, 藉田也. 紘, 冠冕之繫, 所以爲固也. 先古, 先祖也. 於是乎取之, 言皆於此藉田中取之也.

'적(藉)'자는 적전을 뜻한다. '굉(紘)'은 관과 면류관에 매다는 끈으로, 고정시키기 위한 것이다. '선고(先古)'는 선조를 뜻한다. '어시호취지(於是乎取之)'는 모두 이러한 적전에서 취했다는 뜻이다.

【027】

"古者天子諸侯必有養獸之宮, 及歲時, 齊戒沐浴而躬朝之, 犧牷祭牲必於是取之, 敬之至也. 君召牛, 納而視之, 擇其毛而卜之, 吉然後養之. 君皮弁素積, 朔月·月半, 君巡牲, 所以致力, 孝之至也."〈027〉

공자가 계속하여 말하길, "고대에 천자와 제후는 반드시 가축을 기르는 관리를 두었고, 각 계절이 도래하면 재계를 하고 목욕을 하고서 그들을 조회했으며, 제사에 사용하는 희생물은 반드시 이를 통해 선택했으니, 공경함이 지극한 것이다. 군주는 소를 끌고 오라고 하여, 그것을 들이게 되면 직접 살펴서, 털이 순색인 것을 골라 거북점을 쳤고, 길하다는 점괘가 나온 뒤에야 그 소를 우리에 가두어 보살피게 했다. 군주는 피변에 소적을 하고, 매월 초하루와 보름마다 군주가 직접 희생물들을 순시하니, 애써 힘을 다하는 것으로, 효가 지극한 것이다."라고 했다.

集說 色純曰犧, 體完曰牷, 牛羊豕曰牲. 周禮牧人掌牧六牲, 牛·馬·羊·豕·犬·雞也. 然後養之, 謂在滌三月也. 皮弁·素積, 見前.

털색이 순색인 것은 '희(犧)'라 부르고, 몸체가 온전한 것은 '전(牷)'이라 부르며, 소·양·돼지는 '생(牲)'이라 부른다. 『주례』「목인(牧人)」편에 서는 여섯 가지 희생물 방목하는 것을 담당한다고 했으니,[2] 소·말· 양·돼지·개·닭을 뜻한다. 그런 뒤에 기른다는 말은 우리에 가두어 3개월 동안 기른다는 뜻이다. 피변(皮弁)과 소적(素積)에 대해서는 앞에 그 설명이 나온다.

【028】

"古者天子諸侯必有公桑蠶室, 近川而爲之, 築宮仞有三尺, 棘牆而外閉之. 及大昕[欣]之朝, 君皮弁素積, 卜三宮之夫人·世婦之吉者, 使入蠶于蠶室, 奉[上聲]種浴于川, 桑于公桑, 風戾以食[嗣]之."〈028〉

공자가 계속하여 말하길, "고대에 천자와 제후는 반드시 왕실에서 사용하 는 뽕밭을 두었고 그 안에는 누에치는 건물을 두었는데, 반드시 하천과 가까운 곳에 설치하였고, 담장을 두르되 1인(仞)[3] 3척으로 했고, 담장 위 에는 가시나무를 꽂고 문은 밖에서 잠그도록 했다. 계춘의 달 초하루['昕'자 의 음은 '欣(흔)'이다.] 아침이 되면, 군주는 피변에 소적을 하고, 부인들과 세부 들에 대해 점을 쳐서 길한 점괘가 나온 여자로 하여금 누에치는 곳으로 들여보내 누에를 치도록 했고, 누에를 가져다가['奉'자는 상성으로 읽는다.] 하천

---

2) 『주례』「지관(地官)·목인(牧人)」 : 牧人, 掌牧六牲而阜蕃其物, 以共祭祀之牲牷.

3) 인(仞)은 길이를 재는 단위이다. 7척(尺)이 1인(仞)이 된다. 일설에는 8척(尺)을 1인(仞)이라고도 한다. 『논어』「자장(子張)」편에서는 "夫子之牆數仞, 不得其門 而入者, 不見宗廟之美, 百官之富, 得其門者或寡矣."라고 했는데, 이에 대한 하 안(何晏)의 『집해(集解)』에서는 "七尺曰仞也"라고 풀이했고, 『의례』「향사(鄕射)」편에는 "杠長三仞."이라고 했는데, 이에 대한 정현의 주에서는 "七尺曰仞." 이라고 풀이했다. 한편 『한서(漢書)』「식화지상(食貨志上)」편에는 "神農之敎曰: 有石城十仞, 湯池百步, 帶甲百萬而亡粟, 弗能守也."라고 했는데, 이에 대한 안 사고(顔師古)의 주에서는 "應劭曰: '仞, 五尺六寸也.' 師古曰: '此說非也. 八尺 曰仞, 取人申臂之一尋也.'"라고 풀이했다.

에서 씻기고, 공상에서 뽕잎을 따다가 바람에 건조시켜 누에에게 먹이도록 ['食'자의 음은 '飼(사)'이다.] 했다."라고 했다.

集說 公桑, 公家之桑也. 蠶室, 養蠶之室也. 近川, 便於浴種也. 棘牆, 置棘於牆上也. 外閉, 戶扇在外, 而閉則向內也. 大昕之朝, 季春朔之旦也. 三宮, 在天子則謂三夫人, 在諸侯之夫人, 則立三宮, 半后之六宮也. 桑, 采桑也. 戾, 乾也, 蠶惡濕, 故葉乾乃以食也.

'공상(公桑)'은 공가(에서 기르는 뽕나무이다. '잠실(蠶室)'은 누에를 치는 건물이다. 하천과 가까운 곳에 짓는 것은 누에를 씻기기에 편리하기 때문이다. '극장(棘牆)'은 담장 위에 가시나무를 꼽는다는 뜻이다. '외폐(外閉)'는 문이 바깥쪽에 있어서 닫게 되면 안쪽으로 닫힌다는 뜻이다. '대흔지조(大昕之朝)'는 계춘의 달 초하루 아침을 뜻한다. '삼궁(三宮)'은 천자에게 있어서는 3명의 부인(夫人)을 뜻하고, 제후의 부인에게 있어서는 3개의 궁을 짓게 되니, 왕후(王后)가 세우는 6개의 궁에서 반을 세우는 것이다. '상(桑)'자는 뽕잎을 딴다는 뜻이다. '여(戾)'자는 "건조시킨다."는 뜻이니, 누에는 젖어 있는 뽕잎을 싫어하기 때문에 뽕잎을 건조시킨 뒤에야 먹인다.

集說 方氏曰: 戾, 至也, 風至則乾矣.

방씨가 말하길, '여(戾)'자는 "~에 이른다."는 뜻으로, 바람이 불어오면 건조된다는 뜻이다.

【029】
"歲旣單[丹]矣, 世婦卒蠶, 奉[上聲]繭[古典反]以示于君, 遂獻繭于夫人. 夫人曰: '此所以爲君服與[平聲].' 遂副褘[揮]而受之, 因少牢以禮之. 古之獻繭者, 其率[如字]用此與."〈029〉

공자가 계속하여 말하길, "누에를 치기 시작하여 3개월의 시간이 모두 지나면['單'자의 음은 '丹(단)'이다.] 세부는 누에치는 일을 끝내고, 누에고치를['繭' 자는 '古(고)'자와 '典(전)'자의 반절음이다.] 받들고서['奉'자는 상성으로 읽는다.] 군주에 게 보여주며, 뒤이어 군주의 부인에게 누에고치를 헌상한다. 부인은 '이것 은 군주의 의복을 만들기 위한 것이다.['與'자는 평성으로 읽는다.]'라고 말한다. 그리고 곧 머리장식을 하고 휘의를['褘'자의 음은 '揮(휘)'이다.] 착용하고서 헌상 한 누에고치를 받고, 그 일을 계기로 소뢰에 해당하는 가축들로 음식을 만들어 세부들을 예우한다. 고대에 누에고치를 헌상하는 자들에 대해 대접 했던 예법의 비율은['率'자는 글자대로 읽는다.] 이에 따랐을 것이다."라고 했다.

集說 單, 盡也. 副之爲言覆也, 婦人首飾, 所以覆首者. 褘, 褘衣也. 禮之, 禮待獻繭之婦人也. 率, 舊讀爲類, 今如字.

'단(單)'자는 "다한다."는 뜻이다. '부(副)'자는 "덮는다."는 뜻이니, 부인들 이 하는 머리장식은 머리를 가리기 위한 것이다. '휘(褘)'자는 휘의를 뜻 한다. '예지(禮之)'는 누에고치를 헌상한 부인을 예우한다는 뜻이다. '율 (率)'자를 옛 주석에서는 부류를 뜻하는 유(類)자로 풀이했지만, 지금은 글자대로 읽는다.

集說 方氏曰: 三月之盡, 非歲蠶之時, 然蠶成之時也, 自去歲蠶成 之後, 迄今歲蠶成之時, 期歲矣, 故謂之歲單. 若孟夏稱麥秋者, 亦此 之意.

방씨가 말하길, 3개월의 시간이 다했다는 뜻이지, 한 해가 다 끝났다는 뜻이 아니니, 누에치는 일을 끝내는 시기는 이전에 누에치는 일을 끝낸 이후로부터 현재 누에치는 일을 끝낸 시간까지 1년의 시간이 된다. 그렇 기 때문에 '세단(歲單)'이라고 말한 것이다. 맹하(孟夏)를 '보리에겐 가을 격인 보리 익는 시기'라고 지칭하는 것도 이러한 의미이다.

【030】

"及良日, 夫人繅[蘇刀反], 三盆手, 遂布于三宮夫人·世婦之吉者, 使繅. 遂朱緣之, 玄黃之, 以爲黼黻文章. 服旣成, 君服以祀先王先公, 敬之至也."〈030〉

공자가 계속하여 말하길, "길한 날이 도래하면 군주의 부인은 실을 뽑게[繅'자는 '蘇(소)'자와 '刀(도)'자의 반절음이다.] 되는데, 누에고치를 담은 동이에 세 차례 손을 담그며 실의 끄트머리를 뽑아내고, 3궁의 부인들이나 세부들 중 길한 점괘가 나온 여자들에게 일감을 나눠주어 실을 뽑도록 한다. 그리고 주색과 녹색 및 현색과 황색으로 물들여서 보나 불 등의 무늬를 만든다. 복장이 완성되면, 군주는 그 복장을 착용하고 선왕과 선공에게 제사를 지내니, 공경함이 지극한 것이다."라고 했다.

集說 良日, 吉也. 三盆手, 置繭于盆中, 而以手三次淹之, 每淹則以手振出其緒, 故云三盆手也.

'양일(良日)'은 길일을 뜻한다. '삼분수(三盆手)'는 동이 안에 누에고치를 채우고 손을 세 차례 담근다는 뜻이다. 매번 손을 담그게 되면, 손으로 실의 가닥을 뽑아내기 때문에 '삼분수(三盆手)'라고 했다.

集說 方氏曰: 夫人之繅, 止於三盆, 猶天子之耕, 止於三推.

방씨가 말하길, 군주의 부인이 실을 뽑을 때 단지 3차례 동이에 손을 담그는 것에만 그치는 것은 천자가 경작을 할 때 3번 밭을 가는 것과 같다.

【031】

祭之日, 君牽牲, 穆答君, 卿·大夫序從[去聲]. 旣入廟門, 麗于碑; 卿·大夫袒, 而毛牛尙耳. 鸞刀以刲[奎], 取膟[律]膋[刀調反], 乃退; 爓[徐廉反]祭·祭腥而退, 敬之至也.〈017〉 [本在"國門敬之至也"下.]

종묘에서 제사를 지내는 날에 군주는 직접 희생물을 끌고, 군주의 자식은 그 옆에서 함께 희생물을 끌며, 경과 대부는 그 뒤에 서열에 따라 차례대로 뒤따른다.['從'자는 거성으로 읽는다.] 종묘의 문으로 들어가게 되면 희생물을 마당에 있는 기둥에 매어둔다. 희생물을 도축하게 되면 경과 대부들은 상의의 한쪽 어깨를 드러내고, 소의 털을 자르는데, 귀의 측면에 있는 털을 숭상한다. 난도로 희생물을 가르고['刲'자의 음은 '奎(규)'이다.] 창자 사이에 있는 지방을['膟'자의 음은 '律(률)'이다. '膋'자는 '刀(도)'자와 '調(조)'자의 반절음이다.] 가져다가 바치며, 그 일이 끝나면 잠시 뒤로 물러난다. 희생물의 데친 고기와['爓'자는 '徐(서)'자와 '廉(렴)'자의 반절음이다.] 생고기로 제사지내는 일이 끝나면 물러나게 되니, 이것은 공경함을 지극히 나타내는 행동이다. [본래는 "국문으로 들어가지 않는 것은 공경함을 지극히 나타내는 행동이다."[4]라고 한 문장 뒤에 수록되어 있었다.]

集說 祭之日, 謂祭宗廟之日也. 父爲昭, 子爲穆. 穆答君, 言君牽牲之時, 子姓對君其牽也. 卿大夫佐幣, 士奉芻, 以次序在牲之後, 故云序從也. 麗牲之碑, 廟之中庭, 麗, 猶繫也, 謂以牽牲之紖, 繫于碑之孔也. 袒衣, 示有事也. 將殺牲, 則先取耳旁毛以薦神, 毛以告全, 耳以主聽, 欲神聽之也, 以耳毛爲上, 故云尙耳也. 鸞刀・膟膋, 竝見前篇. 乃退, 謂薦毛血膟膋畢而暫退也. 爓祭, 祭湯中所爓之肉也. 祭腥, 祭牛肉也. 爓腥之祭畢, 則禮終而退矣. 此皆敬心之極至也.

'제지일(祭之日)'은 종묘에서 제사지내는 날을 뜻한다. 부친이 소(昭) 항렬에 해당하고, 자식은 목(穆) 항렬에 해당한 것이다. 그러므로 '목답군(穆答君)'이라는 말은 군주가 희생물을 끌고 올 때, 그의 자식은 군주를 마주보며 함께 희생물을 끌고 온다는 뜻이다. 경과 대부는 폐물 바치는 것을 돕고, 사는 희생물에게 먹일 꼴을 받들고 오는데, 등급에 따라서 희생물 뒤에 차례대로 나열한다. 그렇기 때문에 "순서에 따라 뒤따른다."라고 했다. 희생물을 묶어두는 기둥은 종묘의 마당에 있는데, '여(麗)'자는 "묶는다."는 뜻이니, 희생물을 끌고 올 때 사용한 끈을 기둥의 구멍에

---

4) 『예기』「제의」 016장 : 郊之祭也, 喪者不敢哭, 凶服者不敢入國門, 敬之至也.

연결해서 묶는 것이다. 상의의 옷을 걷는 것은 맡아서 처리하는 일이 있음을 드러내기 위해서이다. 희생물을 도축하려고 한다면, 먼저 귀의 측면에 있는 털을 잘라서 신에게 바치니, 희생물의 털이 온전한 순색임을 아뢰는 것이고, 귀는 듣는 것을 위주로 하니, 아뢰는 말을 신이 듣기를 바라기 때문에, 귀의 털을 상위로 여기는 것이다. 그렇기 때문에 "귀를 높인다."라고 말했다. '난도(鸞刀)'와 '율료(膟膋)'에 대해서는 그 설명이 앞에 나온다. '내퇴(乃退)'는 희생물의 털과 피 및 창자 사이의 지방 바치는 일이 끝나면 잠시 뒤로 물러난다는 뜻이다. '섬제(爓祭)'는 탕에 넣어서 데친 고기로 제사를 지낸다는 뜻이다. '제성(祭腥)'은 생고기로 제사를 지낸다는 뜻이다. 데친 고기와 생고기로 제사지내는 일이 끝나면 예법이 마무리되어 물러나게 된다. 이러한 것들은 모두 공경하는 마음이 지극한 것이다.

【032】
郊之祭也, 喪者不敢哭, 凶服者不敢入國門, 敬之至也.〈016〉 [本在"無
所不行"下.]
교제사를 지낼 때, 상을 당한 자는 감히 곡을 하지 않고, 상복을 착용한 자는 감히 나라의 문으로 들어가지 않는다. 이것은 공경함을 지극히 나타내는 행동이다. [본래는 "행하지 못할 것이 없게 된다."5)라고 한 문장 뒤에 수록되어 있었다.]

集說 吉凶異道, 不得相干.
길사와 흉사는 도리를 달리하며, 서로 간여할 수 없기 때문이다.

---

5) 『예기』「제의」 015장 : 子曰: "立愛自親始, 敎民睦也. 立敬自長始, 敎民順也.
敎以慈睦, 而民貴有親. 敎以敬長, 而民貴用命. 孝以事親, 順以聽命, 錯諸天
下, 無所不行."

【033】

郊之祭, 大報天而主日, 配以月. 夏后氏祭其闇[暗], 殷人祭其陽. 周
人祭日以朝及闇. 〈018〉 [本在"而退敬之至也"下.]

교제사를 지내는 것은 하늘에 대해 크게 보답하기 위해서이며, 그 제사에
서는 해를 주된 신으로 삼고, 달을 함께 배향한다. 하후씨 때에는 어두워졌
을['闇'자의 음은 '暗(암)'이다.] 때 제사를 지냈고, 은나라 때에는 한낮에 제사를
지냈다. 반면 주나라는 제사를 지내는 날 아침부터 해가 저물 때까지 지냈
다. [본래는 "물러나게 되니, 이것은 공경함을 지극히 나타내는 행동이다."[6]라고 한 문장
뒤에 수록되어 있었다.]

集說 道之大原出於天, 而懸象著明, 莫大乎日月, 故郊以報天, 而
日以主神, 制禮之意深遠矣.

도의 큰 본원은 하늘로부터 도출되었고, 하늘은 형상을 드러내어 밝게
나타냈는데, 그 중에는 해나 달보다 큰 것이 없다. 그렇기 때문에 교제사
를 지내며 하늘에 보답하고, 해를 주된 신으로 삼으니, 예법을 제정한
뜻이 심원하다.

集說 方氏曰: 郊雖以報天, 然天則尊而無爲, 可祀之以其道, 不可
主之以其事, 故止以日爲之主焉, 猶之王燕飮則主之以大夫, 王嫁女
則主之以諸侯而已. 有其祀, 必有其配, 故又配以月也, 猶祭社則配
以句龍, 祭稷則配以周棄焉. 闇者, 日旣沒而黑, 夏尙黑, 故祭其闇.
陽者, 日方中而白, 殷尙白, 故祭其陽也. 日初出而赤, 將落亦赤, 周
尙赤, 故祭以朝及闇. 及者, 未至於闇, 蓋日將落時也. 祭日, 謂祭之
日也.

방씨가 말하길, 교제사가 비록 하늘에 보답하는 제사이지만, 하늘은 존귀

---

6) 『예기』「제의」 017장 : 祭之日, 君牽牲, 穆答君, 卿・大夫序從. 旣入廟門, 麗于
碑; 卿・大夫袒, 而毛牛尙耳. 鸞刀以刲, 取膟膋, 乃退; 爓祭・祭腥而退, 敬之
至也.

하며 특별히 시행하는 것은 없으니, 그 도로써 제사는 지낼 수 있지만 시행하는 일을 위주로 삼을 수는 없다. 그렇기 때문에 단지 해를 주된 것으로 삼으니, 천자의 연회에서 대부를 주인으로 삼고, 천자가 딸을 시집보낼 때 제후를 주인으로 삼는 경우와 같을 따름이다. 제사를 지내게 되면 반드시 배향하는 대상이 있어야 한다. 그렇기 때문에 또한 달을 배향하니, 사에 제사지낼 때 구룡을 배향하고 직에 제사지낼 때 주나라의 기를 배향했던 경우와 같다. '암(闇)'은 해가 져서 어두운 때를 뜻하는데, 하나라는 흑색을 숭상했기 때문에 어두운 때 제사를 지냈다. '양(陽)'은 해가 남중하여 밝을 때를 뜻하는데, 은나라는 백색을 숭상했기 때문에 한낮에 제사를 지냈다. 해가 처음 떠오를 때에는 적색을 띠고 일몰할 때에도 적색을 띠는데, 주나라는 적색을 숭상했기 때문에 제사를 지낼 때 아침부터 저녁때까지 지냈다. '급(及)'은 아직 어두워지지는 않았다는 뜻이니, 해가 일몰하려고 하는 때이다. '제일(祭日)'은 제사를 지내는 날을 뜻한다.

【034】

祭日於壇, 祭月於坎, 以別幽明, 以制上下. 制日於東, 祭月於西, 以別外內, 以端其位. 日出於東, 月生於西, 陰陽長短, 終始相巡[如字], 以致天下之和.〈019〉

제단에서 해에게 제사지내고 구덩이에서 달에게 제사지내는 것은 어둠과 밝음을 구별하고 상하를 제정하는 것이다. 동쪽에서 해에게 제사지내고 서쪽에서 달에게 제사지내는 것은 내외를 구별하고 자리를 바로잡는 것이다. 해는 동쪽에서 떠오르고 달은 서쪽에서 나타나며, 음양에 따라 길어지고 짧아지며 끝과 시작이 순환하여[巡자는 글자대로 읽는다.] 천하의 조화로움을 이룬다.

集說 終始相巡, 止是始終往來, 周回不息之義, 不必讀爲沿也.

160 譯註 禮記類編大全

'종시상순(終始相巡)'은 단지 끝과 시작이 왕래하며 순환하여 그치지 않는다는 뜻이니, '연(沿)'자로 해석할 필요는 없다.

集說 方氏曰: 壇之形則圓而無所虧, 以象日之無所虧而盈也. 坎之形則虛而有所受, 以象月之有所受而明也. 壇高而顯, 坎深而隱, 一顯一隱, 所以別陰陽之幽明; 一高一深, 所以制陰陽之上下. 東動而出, 西靜而入, 出則在外, 入則反內, 故東西所以別陰陽之外內. 東爲陽中, 西爲陰中, 中則得位, 故東西所以端陰陽之位. 別幽明之道, 然後能制上下之分, 別外內之所, 然後能端陰陽之位, 言之序所以如此. 且壇坎者, 人爲之形; 東西者, 天然之方. 出於人爲, 故言制; 出於天然, 故言以端其位而已. 日出於東, 言其象出於天地之東也; 月生於西, 言其明生於輪郭之西也, 此又復明祭日月於東西之意也. 日言出於東, 則知爲入於西, 堯典於東曰"寅賓出日", 於西曰"寅餞納日"者, 以此. 月言生於西, 則知爲死於東, 揚雄言"未望則載魄于西, 旣望則終魄于東"者, 以此. 日之出入也, 歷朝夕晝夜而成一日; 月之死生也, 歷晦朔弦望而成一月. 日往則月來, 月往則日來, 而陰陽之義配焉. 陽道常饒, 陰道常乏, 故運而爲李氣, 賦而爲形, 凡屬乎陽者皆長, 屬乎陰者皆短, 一長一短, 終則有始, 相巡而未嘗相絶, 故足以致天下之和者, 陰陽相濟之效也. 獨陰而無陽, 獨陽而無陰, 是同而已, 又何以致和乎?

방씨가 말하길, 제단의 형태는 원형으로 되어 있고 찌그러진 부분이 없으니, 해에는 이지러진 부분이 없고 가득 차 있는 모습을 상징한다. 구덩이의 형태는 비어 있어 수용할 수 있으니, 달은 받아들여서 밝게 빛남을 상징한다. 제단은 높고 현저히 드러나며 구덩이는 깊고 숨어 있는데, 하나는 드러나고 하나는 숨어 있는 것은 음양의 어둡고 밝음을 구별하기 위해서이며, 하나는 높고 하나는 깊은 것은 음양의 위아래를 제정하기 위해서이다. 동쪽은 활동적이고 나타나며 서쪽은 고요하고 들어가며, 나타나면 밖에 있고 들어가면 안으로 되돌아간다. 그렇기 때문에 동쪽과 서쪽은 음양의 내외를 구별하는 것이다. 동쪽은 양중(陽中)에 해당하고 서쪽은 음중(陰中)에 해당하는데, 가운데 있다면 자리를 얻은 것이다. 그렇기 때문에 동쪽과 서쪽은 음양의 자리를 단정하게 만드는 것이다. 어둡고 밝은 도리를 구별한 뒤에야 상하의 구분을 제정할 수 있고, 내외의 장소를 구별한 뒤에야 음양의 자리를 단정하게 할 수 있으니, 말의 순서가 이와 같은 것이다. 또 제단과 구덩이는 사람이 인위적으로 만든 형태이고, 동쪽과 서쪽은 자연적으로 정해진 방위이다. 인위적인 것에서 나타났기 때문에 '제(制)'라 말했고, 자연적인 것에서 나타났기 때문에 "그 자리를 단정하게 만든다."라고만 말한 것이다. 해는 동쪽에서 나오는데, 이것은 천지의 동쪽에서 형상이 나타남을 뜻한다. 달은 서쪽에서 나타나는데, 이것은 전체 테두리의 서쪽에서 밝음이 생성됨을 뜻한다. 이것은 또한 동쪽과 서쪽에서 해와 달에게 제사 지내는 뜻을 재차 밝힌 것이다. 해에 대해서 동쪽에서 나온다고 말했다면 서쪽으로 들어감을 알 수 있으니, 『서』「요전(堯典)」에서 동쪽에 대해서는 "떠오르는 해를 공경스럽게 인도한다."[7]고 했고, 서쪽에 대해서는 "들어가는 해를 공경스럽게 전송한다."[8]고 했던 것도 이러한 이유 때문이다. 달에 대해서는 서쪽에서 나타난다고 말했다면 동쪽에서 사라진다는 사실을 알 수 있으니, 양웅이 "아직 보름이 되지 않았다면 백(魄)은 서쪽에 실려 있고, 이미 보름이 되었다면 백(魄)은 동쪽에서 끝난다."고 했던 것도 이러한 이유 때문이다. 해가 떠오르고 들어감에 있어서 아침과 저녁 낮과 밤을 두루 거쳐서 하루를 이룬다. 달이 없어지고 나타남에 있어서 그믐·삭일·초승·보름을 두루 거쳐서 한 달을 이룬다. 해가 가면 달이 찾아오고 달이 가면

---

7) 『서』「우서(虞書)·요전(堯典)」: 分命羲仲, 宅嵎夷, 曰暘谷, 寅賓出日, 平秩東作, 日中星鳥, 以殷仲春, 厥民析, 鳥獸孳尾.
8) 『서』「우서(虞書)·요전(堯典)」: 分命和仲, 宅西, 曰昧谷, 寅餞納日, 平秩西成, 宵中星虛, 以殷仲秋, 厥民夷, 鳥獸毛毨.

해가 찾아오는데, 음양의 뜻에 짝한다. 양(陽)의 도는 항상 충만하고 음(陰)의 도는 항상 결핍되어 있기 때문에 운행하여 기운이 되고 부여하여 형체를 이루는데, 무릇 양에 속한 것들은 모두 길고, 반면 음에 속한 것들은 모두 짧으니, 어느 것은 길고 어느 것은 짧은데, 끝이 나면 시작이 생겨나고 서로 순환하여 일찍이 단절된 적이 없다. 그렇기 때문에 천하의 조화로움을 이루기에 충분하니, 이것은 음양이 서로를 구제하는 효과이다. 음만 있고 양은 없으며 양만 있고 음은 없는 것은 동일한 것일 뿐인데, 어찌 조화로움을 이룰 수 있겠는가?

【035】

天下之禮, 致反始也, 致鬼神也, 致和用也, 致義也, 致讓也. 致反始,
以厚其本也. 致鬼神, 以尊上也. 致物用, 以立民紀也. 致義, 則上下
不悖逆矣. 致讓, 以去[上聲]爭也. 合此五者, 以治天下之禮也, 雖有
奇[居衣反]邪而不治者, 則微矣. 〈020〉

천하의 예에서는 다섯 가지 목적이 있다. 첫 번째는 시초로 되돌리는 마음을 지극히 하는 것이다. 두 번째는 귀신을 존귀하게 여기는 마음을 지극히 하는 것이다. 세 번째는 재화의 쓰임을 지극히 하는 것이다. 네 번째는 도의를 지극히 이루는 것이다. 다섯 번째는 겸양의 미덕을 지극히 하는 것이다. 시초로 되돌리는 마음을 지극히 하여 근본을 두텁게 한다. 귀신을 존귀하게 여기는 마음을 지극히 하여 윗사람을 존숭한다. 재화의 쓰임을 지극히 하여 백성들의 기강을 세운다. 도의를 지극히 하면 상하 계층이 각각 질서를 거스르지 않는다. 겸양의 미덕을 지극히 하여 다툼을 없앤다.['去'자는 상성으로 읽는다.] 이러한 다섯 가지 것들을 합하여 천하의 예법을 다스리니, 이처럼 한다면 비록 기이하고['奇'자는 '居(거)'자와 '衣(의)'자의 반절음이다.] 사벽한 행동을 하며 다스림에 따르지 않는 자가 있다할지라도 그 수는 매우 적을 것이다.

集說 疏曰: 和, 謂百姓和諧. 用, 謂財用豊足. 致物用以立民紀者,

民豊於物用則知榮辱禮節, 故□以立人紀也. 奇□謂奇異; 邪, 謂邪惡, 皆據異行之人言, 用此五事爲□, 假令有異行□從治者, 亦當少也.

소에서 말하길, '화(和)'자는 백성들이 화목하다는 뜻이다. '용(用)'자는 재물이 풍족하다는 뜻이다. "재물을 지극히 하여 백성들의 기강을 세운다."는 말은 백성들이 재물을 사용하는데 풍족하다면, 영예와 욕됨 및 예절을 알기 때문에 사람들이 따라야 하는 기강을 세울 수 있다. '기(奇)'자는 기이하다는 뜻이며, '사(邪)'자는 사악하다는 뜻이니, 이상한 행실을 보이는 자를 기준으로 말한 것으로, 이러한 다섯 가지 사안을 사용하여 다스리는데, 만약 기이한 행동을 보이며 다스림에 따르지 않는 자가 있더라도 또한 그러한 자들은 적게 될 것이라는 의미이다.

集說 應氏曰: 致者, 推致其極□. 致反始, 所以極吾心報本之誠; 致鬼神, 所以極鬼神尊嚴之理.

응씨가 말하길, '치(致)'자는 지극함을 이룬다는 뜻이다. "시초로 되돌리는 것을 이룬다."는 것은 내 마음에 있는 근본에 보답하는 정성을 지극히 이룬다는 뜻이다. 또 "귀신을 이룬다."는 것은 귀신을 존엄하게 여겨야 하는 이치를 지극히 이룬다는 뜻이다.

◇ 大傳第三十 / 「대전」 30편

[類編] 鄭氏曰: 記祖宗人親之大義.

정현이 말하길, 선조에 대한 제사와 친족에 대한 대의를 기록했다.

[類編] 本居喪服小記之下.

본래는 『예기』「상복소기(喪服小記)」편 뒤에 수록되어 있었다.

「대전」편 문장 순서 비교		
『예기집설』	『예기유편대전』	
	구분	문장
001		001
002		002
003		003
004		005
005		喪服小記-017
006		006
007		007
008		004
009		008
010		009
011		010
012		011
013		012
014		013
015		014
016		喪服小記-010
017		服問-018
018		015
019		016
020		017
021		018
		019
		020
		021

【001】

禮不王不禘. 王者禘其祖之所自出, 以其祖配之. 〈001〉

예법에 따르면, 천자가 아니면 체제사를 지내지 않는다. 천자는 자신의 시
조를 낳은 대상에 대해서 체제사를 지내고, 자신의 시조를 배향한다.

集說 方氏曰: 此禘也, 以其非四時之常祀, 故謂之間祀. 以其及祖
之所自出, 故謂之追享. 以其比常祭爲特大, 故謂之大祭. 以其猶事
生之有享焉, 故謂之肆獻祼. 名雖不同, 通謂之禘也.

방씨가 말하길, 여기에서 말한 체제사는 사계절마다 주기적으로 지내는
제사가 아니기 때문에, '간사(間祀)'라 부른다. 또 자신의 시조를 낳은
대상에게 제사를 지내기 때문에, '추향(追享)'이라 부른다. 또 정규적으로
지내는 제사에 대비하면 매우 성대하기 때문에, '대제(大祭)'라 부른다.
또 여전히 살아계실 때처럼 섬기며 흠향을 시키기 때문에, '사헌관(肆獻
祼)'이라 부른다. 명칭은 비록 다르지만 이것들을 통괄적으로 '체(禘)'라
고 부른다.

【002】

諸侯及其太祖. 大夫士有大事省於其君, 干祫及其高祖. 〈002〉

제후가 협제사를 지낼 때에는 태조까지도 제사를 지낸다. 대부와 사에게
협제사를 지낼 일이 있다면, 군주에게 문의하여 허락을 받아야 하며, 허락
을 받아 협제사를 지낼 때에도 고조까지만 지낸다.

集說 上文言諸侯不得行禘禮, 此言諸侯以下有祫祭之禮. 二昭二
穆與大祖而五者, 諸侯之廟也. 諸侯之祫, 固及其大祖矣. 大事, 謂
祫祭也. 大夫三廟, 士二廟一廟, 不敢私自擧行, 必當問於君, 而君賜
之, 乃得行焉. 而其祫也, 亦上及於高祖. 干者, 自下干上之義. 以卑
者而行尊者之禮, 故謂之干. 祫禮說見王制.

앞 문장에서는 제후는 체제사의 의례를 시행할 수 없다고 했고, 이곳 문장에서는 제후로부터 그 이하의 계층에게 있어서 협제사의 의례를 시행하는 경우를 언급했다. 두 개의 소묘와 두 개의 목묘 및 태조의 묘를 합하면 다섯 개가 되니, 제후가 세우는 묘를 뜻한다. 제후가 지내는 협제사에서는 진실로 그의 태조까지 제사를 지내게 된다. '대사(大事)'는 협제사를 뜻한다. 대부는 3개의 묘를 세우고, 사는 2개 또는 1개의 묘를 세우는데, 감히 자기 마음대로 제사를 시행할 수 없고, 반드시 군주에게 문의하여 군주가 허락을 해주어야만 시행할 수 있다. 그리고 협제사를 지낼 때에도 위로는 고조까지 지내게 된다. '간(干)'이라는 말은 아래로부터 위로 요구한다는 뜻이다. 미천한 자가 존귀한 자에게 해당하는 예법을 시행하려고 하기 때문에, '간(干)'이라고 말했다. 협제사의 예법은 그 설명이 『예기』「왕제(王制)」편에 나온다.

【003】

牧之野, 武王之大事也. 旣事而退, 柴於上帝, 祈於社, 設奠於牧室, 遂率天下諸侯執豆籩, 逡奔走, 追王[去聲]大王亶父·王季歷·文王昌, 不以卑臨尊也.〈003〉

목야 땅에서 은나라와 전쟁을 벌인 것은 무왕의 중대사이다. 전쟁을 치른 이후 물러나서, 상제에게 시제를 지내고, 땅에게 기원을 했으며, 목야의 숙소에서 전제사를 지냈고, 결국 천하의 제후들을 통솔하여, 그들이 두와 변과 같은 제기들을 들고 분주하게 뒤따르도록 하여, 태왕단보·왕계력·문왕창 등 천자의 칭호를['王'자는 거성으로 읽는다.] 추증했으니, 미천한 자가 존귀한 자를 임할 수 없기 때문이다.

集說 旣事, 殺紂之後也. 燔柴以告天, 陳祭以告社, 奠告行主於牧野之館室, 然後率諸侯以祭告祖廟. 逡, 疾也. 追加先公以天子之號者, 蓋爲不可以諸侯之卑號臨天子之尊也.

'기사(旣事)'는 주임금을 주살한 이후를 뜻한다. 땔나무를 태워서 연기를
피워 올려 하늘에 아뢰고, 제수를 진설하여 땅에게 아뢰며, 목야 땅의
숙소에서 행주에게 전제사를 지내 아뢰고, 그런 뒤에야 제후들을 통솔하
여 조묘에서 제사를 지내어 아뢰었다. '준(逡)'자는 신속하다는 뜻이다.
선공에게 추향하며 천자의 칭호를 더한 것은 이전 선조가 가졌던 제후의
낮은 칭호로는 천자처럼 존귀한 자를 임할 수 없기 때문이다.

集說 石梁王氏曰: 周頌作駿, 以此章參之, 書武成及中庸有不同者,
先儒言文王已備禮亶父·季歷, 克商後但尊稱其號, 若王者禮制, 至
周公相成王而後備也.

석량왕씨가 말하길, 『시』「주송(周頌)」편에서는 '준(駿)'자로 기록했는
데,1) 「대전」편의 기록을 통해 참고해보면, 『서』「무성(武成)」편과 『예기』
「중용(中庸)」편의 기록이 같지 않은데, 선대 학자들은 문왕 때 이미 단
보와 계력에 대해 예법을 갖춰 대했고, 은나라를 이긴 이후에는 단지 호
칭만을 높였을 뿐이며, 천자에게 걸맞은 예법을 제정한 것은 주공이 성왕
을 도운 이후에야 갖춰졌다.

【004】

聖人南面而聽天下, 所且先者五, 民不與[去聲]焉, 一曰治親, 二曰報
功, 三曰擧賢, 四曰使能, 五曰存愛. 五者一得於天下, 民無不足無
不贍者 五者一物紕[篇夷反]繆, 民莫得其死. 聖人南面而治天下, 必
自人道始矣.〈005〉[本在"人道竭矣"下.]

성인이 남면하여 천하의 정사를 들을 때에는 우선적으로 처리해야 할 것이
다섯 가지인데, 백성들을 다스리는 일은 별개의['與'자는 거성으로 읽는다.] 문제

---

1) 『시』「주송(周頌)·청묘(淸廟)」: 於穆淸廟, 肅雝顯相. 濟濟多士, 秉文之德. 對
越在天, 駿奔走在廟. 不顯不承, 無斁於人斯.

이다. 첫 번째는 친족들을 다스리는 일이다. 두 번째는 신하들의 공적에 대해 보답하는 일이다. 세 번째는 현명한 자를 등용하는 일이다. 네 번째는 능력이 있는 자를 임명하는 일이다. 다섯 번째는 친애하는 것들을 자세히 살피는 일이다. 이 다섯 가지가 천하에 모두 행해지게 된다면, 백성들 중에는 부족한 자가 없게 되고, 구휼을 받지 못하는 자가 없게 된다. 만약 이 다섯 가지 중에서 한 가지 사안이라도 어그러지게['紕'자는 '篇(편)'자와 '夷(이)'자의 반절음이다.] 된다면, 백성들은 제대로 된 죽음조차 얻지 못하게 된다. 성인이 남면하고 천하를 다스리는 것은 반드시 인도로부터 시작해야 한다. [본래는 "인륜의 도리를 다하게 된다."[2]라고 한 문장 뒤에 수록되어 있었다.]

集說 民不與焉, 謂未及治民也. 治親, 卽上治下治旁治也. 君使臣以禮, 故功曰報. 行成而上, 故賢曰擧. 藝成而下, 故能曰使. 存, 察也. 人於其所親愛而辟焉, 有以察之, 則所愛者一出於公, 而四者皆無私意之累矣. 一得, 猶皆得也. 贍, 賙也. 物, 事也. 紕繆, 舛戾也. 民莫得其死, 言此五事之得失, 關國家之治亂也. 人道, 申言上文之意.

'민불여언(民不與焉)'은 백성들을 다스리는 일까지는 미치지 않는다는 뜻이다. '치친(治親)'은 위로 다스리고 밑으로 다스리며 옆으로 다스린다는 뜻이다. 군주는 신하를 부릴 때 예로 하기 때문에, 공적에 대해서는 "보답한다."고 말한 것이다. 행실을 이루는 것이 우선이기 때문에, 현명한 자에 대해서는 "등용한다."고 말한 것이다. 재예를 이루는 것은 상대적으로 뒤이기 때문에, 능력 있는 자에 대해서는 "시킨다."고 말한 것이다. '존(存)'자는 "살핀다."는 뜻이다. 사람은 자신이 친애하는 대상에 대해 회피하게 되니, 살피게 된다면 친애하는 것들이 모두 공적인 것에서 도출되어, 네 가지 것들도 모두 사사로운 뜻에 얽매임이 없게 된다. '일득(一得)'은 모두 얻는다는 뜻이다. '섬(贍)'자는 "진휼하다."는 뜻이다. '물(物)'

---

2) 『예기』「대전」 004장 : 上治祖禰, 尊尊也. 下治子孫, 親親也. 旁治昆弟, 合族以食, 序以昭繆, 別之以禮義, <u>人道竭矣</u>.

은 사안을 뜻한다. '비무(紕繆)'는 어그러지고 잘못된다는 뜻이다. "백성들이 죽음을 얻지 못한다."는 말은 다섯 가지 일들의 득실은 국가가 다스려지거나 혼란스럽게 됨과 연계된다는 뜻이다. '인도(人道)'는 앞 문장의 뜻을 거듭 밝힌 것이다.

附註　紕繆, 韻書, 織布兩絲同齒曰紕, 言其紊亂也.

'비무(紕繆)'에 대해 『운서』에서는 포를 직조함에 끈을 두 가닥으로 하여 치를 같게 함을 비(紕)라고 부른다고 했으니, 문란하다는 뜻이다

【005】

親親尊尊長長, 男女之有別, 人道之大者也.〈喪服小記-017〉[小記. 本在
"明其宗也"下.]

상복 규정과 관련하여, 부모처럼 친근한 자를 친근하게 대하고, 조부 및
증조부처럼 존귀한 자를 존귀하게 대하며, 형이나 방계의 친족처럼 연장자
를 연장자로 대하고, 남녀 사이의 구별됨이 있는 것은 인도 중에서도 큰
것에 해당한다. [「상복소기」편의 문장이다. 본래는 "종자의 권한을 나타내기 위해서이
다."[1]라고 한 문장 뒤에 수록되어 있었다.]

集說 疏曰: 此論服之降殺. 親親, 謂父母也. 尊尊, 謂祖及曾祖 · 高
祖也. 長長, 謂兄及旁親也. 不言卑幼, 舉尊長則卑幼可知也. 男女
之有別者, 若爲父斬, 爲母齊衰; 姑姊妹在室期, 出嫁大功, 爲夫斬,
爲妻期之屬是也. 此四者, 於人之道爲最大.

소에서 말하길, 이 문장은 상복의 수위를 높이고 낮추는 내용을 논의하고
있다. "친근한 자를 친근하게 대한다."는 말은 부모에 대한 경우를 뜻한
다. "존귀한 자를 존귀하게 대한다."는 말은 조부 · 증조부 · 고조부 등에
대한 경우를 뜻한다. "연장자를 연장자로 대한다."는 말은 형 및 방계의
친족들에 대한 경우를 뜻한다. 신분이 낮고 어린 자에 대해 언급하지 않
은 것은 존귀한 자와 연장자를 거론한다면, 신분이 낮고 어린 자에 대한
경우까지도 알 수 있기 때문이다. "남녀에게 구별됨이 있다."는 말은 마
치 부친을 위해서 참최복을 착용하고, 모친을 위해서 자최복을 착용하며,
고모나 자매 중 아직 시집을 가지 않은 자에 대해서는 기년복을 착용하지
만, 출가한 여자에 대해서 대공복을 착용하고, 남편을 위해서 참최복을
착용하지만, 처를 위해서 기년복을 착용하는 부류가 이러한 경우에 해당
한다. 이러한 네 가지 기준은 인도 중에서도 가장 큰 것이 된다.

---

1) 『예기』 「상복소기(喪服小記)」 016장 : 庶子不祭禰者, <u>明其宗也</u>.

附註 親親尊尊, 按: 尊尊, 謂臣爲君斬, "服術" 下註是也. 小記註以尊尊爲曾高祖服, 與此逕庭. 此段本在小記, 故疏說專以服制言, 今當以汎論倫理爲義.

'친친존존(親親尊尊)'에 대해, 살펴보니, '존존(尊尊)'은 신하가 군주를 위해 참최복을 착용하는 것을 뜻하니, '복술(服術)'의 밑에 있는 주가 여기에 해당한다. 「상복소기」편의 주에서는 '존존(尊尊)'을 증조나 고조를 위해 상복을 착용하는 것으로 보아 이곳의 내용과 큰 차이를 보인다. 이 단락은 본래 「상복소기」편에 수록되어 있었기 때문에, 소의 설명은 전적으로 복제를 기준으로 말한 것인데, 지금은 마땅히 범범히 윤리에 대해 논의한 것으로 풀이해야 한다.

---

2) 『예기』「대전」 012장 : 服術有六: 一曰親親, 二曰尊尊, 三曰名, 四曰出入, 五曰長幼, 六曰從服.

【006】

立權度量, 考文章, 改正朔, 易服色, 殊徽號, 異器械, 別衣服, 此其
所得與民變革者也. 〈006〉 [本在"人道始矣"下.]

도량형을 세우고, 예법을 수록한 전적을 고찰하며, 달력을 고치고, 복식과
그 색깔을 바꾸며, 깃발 등을 다르게 하고, 예악의 기물과 병장기에 차이를
두며, 의복을 구별하니, 이것들은 백성들과 함께 변혁할 수 있는 것들이다.
[본래는 "인도로부터 시작해야 한다."[1]라고 한 문장 뒤에 수록되어 있었다.]

集說 權, 稱錘; 度, 丈尺; 量, 斗斛也. 文章, 典籍也. 正者, 年之始.
朔者, 月之初. 服之色, 隨所尙而變易. 徽, 旌旗之屬. 徽之號, 亦隨
所尙而味異, 如殷之大白, 周之大赤之類也. 器者, 禮樂之器. 械者,
軍旅之器. 衣服各有章采, 時王因革不同. 此七者, 以立 · 考 · 改 ·
易 · 殊 · 異 · 別爲言, 是與民變革者也.

'권(權)'은 무게의 단위를 뜻하며, '도(度)'는 길이의 단위를 뜻하고, '양
(量)'은 용적의 단위를 뜻한다. '문장(文章)'은 예법을 수록한 전적을 뜻
한다. '정(正)'은 한 해의 시작이다. '삭(朔)'은 한 달의 시작이다. 의복의
색깔은 숭상하는 바에 따라서 바꾼다. '휘(徽)'는 깃발 부류를 뜻한다.
깃발의 칭호는 숭상하는 바에 따라 다르게 하니, 예를 들어 은나라의 대
백(大白)[2]이나 주나라의 대적과 같은 부류이다. '기(器)'는 예악에 사용

---

1) 『예기』「대전」005장 : 聖人南面而聽天下, 所且先者五, 民不與焉. 一曰治親,
   二曰報功, 三曰擧賢, 四曰使能, 五曰存愛. 五者一得於天下, 民無不足無不瞻
   者. 五者一物紕繆, 民莫得其死. 聖人南面而治天下, 必自<u>人道始矣</u>.
2) 대백(大白)은 대적(大赤)과 비슷한 것으로, 구기(九旗) 중 순색의 비단을 이용하
   여 만든 깃발인 전(旃)에 해당한다. 다만 백색의 비단을 사용하였기 때문에, '대백'
   이라고 부른다. 은(殷)나라 때 사용하던 깃발이다. 정색(正色)을 사용해서 만들었
   다. 주(周)나라는 하(夏)나라 때의 역법을 기준으로 한다면 11월을 정월로 삼았는
   데, 그 시기에는 만물의 맹아들이 붉은색을 나타내기 때문에, 주나라에서는 '대적'
   이라는 깃발을 사용했던 것이다. 한편 은(殷)나라는 12월을 정월로 삼았는데, 그
   시기에는 만물의 맹아들이 흰색을 나타내기 때문에, 은나라에서는 '대백'이라는

되는 기물이다. '계(械)'는 군대에서 사용하는 무기이다. 의복에는 각각 무늬와 채색이 들어가는데, 각 시대의 왕조는 답습하고 변혁한 것이 다르다. 이러한 일곱 가지 것들에 대해서는 세우고, 고찰하며, 고치고, 바꾸며, 다르게 하고, 차이를 두며, 구별한다고 말했는데, 이것들은 백성과 함께 변혁하는 것들에 해당한다.

【007】

其不可得變革者則有矣. 親親也, 尊尊也, 長長也, 男女有別, 此其不可得與民變革者也. 〈007〉

그러나 그 중에는 변혁을 시킬 수 없는 것도 있다. 친근한 자를 친근하게 대하고, 존귀한 자를 존귀하게 대하며, 연장자를 연장자로 대하고, 남녀 사이에 구별됨이 있는데, 이것들은 백성들과 함께 변혁시킬 수 없는 것들이다.

集說 此天地之常經, 故不可變革.

이것들은 천지의 항상된 법칙이기 때문에, 변혁시킬 수 없다.

【008】

上治祖禰, 尊尊也. 下治子孫, 親親也. 旁治昆弟, 合族以食, 序以昭穆[穆], 別之以禮義, 人道竭矣. 〈004〉 [本在"卑臨尊也"下.]

깃발을 사용했던 것이다. 『주례』「춘관(春官)・건거(巾車)」편에는 "革路, 龍勒, 條纓五就, 建大白."이라는 기록이 있는데, 이에 대한 정현의 주에서는 "大白, 殷之旗."라고 풀이했고, 가공언(賈公彦)의 소(疏)에서는 "明堂位云, 殷之大白, 周之大赤. 相對而言, 故云猶周大赤. 周以十一月爲正, 物萌色赤. 殷以十二月爲正, 物牙色白. 是象正色. 無正文, 故云."라고 풀이했다. 한편 『예기』「명당위(明堂位)」편에서는 "殷之大白, 周之大赤."이라는 기록이 있는데, 이에 대한 공영달(孔穎達)의 소(疏)에서는 "殷之大白, 白色旗."라고 풀이했다.

위로 조부와 부친 항렬의 질서를 바로잡는 것은 존귀한 자를 존귀하게 대하는 뜻이다. 밑으로 자식과 손자 항렬의 질서를 바로잡는 것은 친근한 자를 친근하게 대하는 뜻이다. 옆으로 곤제 항렬의 친족들을 다스리고, 족인들을 음식에 대한 예법으로 회합하며, 소목의['繆'자의 음은 '穆(목)'이다.] 차례로 질서를 세우니, 예의에 따라 구별을 두어서, 인륜의 도리를 다하게 된다. [본래는 "미천한 자가 존귀한 자를 임한다."[3]라고 한 문장 뒤에 수록되어 있었다.]

集説 治, 理而正之也. 謂以禮義理正其恩之降殺, 屬之戚疏也. 合會族人以飲食之禮, 次序族人以昭穆之位, 上治下治旁治之道, 皆有禮義之別, 則人倫之道, 竭盡於此矣.

'치(治)'자는 이치로 다스려서 바르게 한다는 뜻이다. 즉 예의로 은정의 높고 낮음을 이치에 따라 바르게 함이니, 친족들의 가깝고 먼 관계를 의미한다. 족인들을 모을 때에는 음식을 먹는 예법으로 하며, 족인들에 대해 차례를 세움은 소목의 위치로 하니, 위로 다스리고 밑으로 다스리며 옆으로 다스리는 도리는 모두 예의에 따른 구별을 포함하고 있어서, 인륜의 도리는 여기에서 다하게 된다.

【009】
同姓從宗合族屬, 異姓主名治際會, 名著而男女有別.〈008〉 [本在"變革者也"下.]

동성의 친족들은 대종 및 소종을 통해 종족들이 회합된다. 이성의 친족들은 명칭을 중심으로 회합하니, 명칭이 드러나면 남녀 사이에 구별됨이 생긴다. [본래는 '변혁자야(變革者也)'[4]라는 문장 뒤에 수록되어 있었다.]

---

3) 『예기』「대전」003장 : 牧之野, 武王之大事也. 旣事而退, 柴於上帝, 祈於社, 設奠於牧室, 遂率天下諸侯執豆籩, 逡奔走, 追王大王亶父 · 王季歷 · 文王昌, 不以卑臨尊也.
4) 『예기』「대전」007장 : 其不可得變革者則有矣. 親親也, 尊尊也, 長長也, 男女有別, 此其不可得與民變革者也.

集說 同姓, 父族也. 從宗, 從大宗小宗也. 合聚其族之親屬, 則無離散陵犯之事. 異姓, 他姓之女來歸者也. 禮莫大於分, 分莫大於名. 卑者爲婦, 尊者爲母, 以婦與母之名, 治婚姻交際會合之事, 名分顯著, 尊卑有等, 然後男女有別, 而無淫亂賊逆之禍也.

'동성(同姓)'은 부계의 친족을 뜻한다. '종종(從宗)'은 대종(大宗)5) 및 소종을 따른다는 뜻이다. 그의 종족인 친족들을 회합한다면, 떠나거나 흩어져서 참람되게 구는 일이 없게 된다. '이성(異姓)'은 다른 성씨의 여자로 시집을 온 자이다. 예는 구분을 하는 것보다 큰 것이 없고, 구분은 명칭을 바로잡는 것보다 큰 것이 없다. 상대적으로 미천한 자는 며느리의 명칭을 갖고, 존귀한 자는 모친의 명칭을 가지니, 며느리와 모친의 명칭으로 혼인으로 맺어진 여자들과 회합하는 일을 다스리면, 명칭과 구분이 현저하게 밝혀지고, 신분에 등급이 정해지니, 이처럼 한 뒤에야 남녀 사이에 구별됨이 생기고, 음란하거나 패역하게 되는 근심이 없게 된다.

【010】

其夫屬[燭]乎父道者, 妻皆母道也. 其夫屬乎子道者, 妻皆婦道也. 謂弟之妻婦者, 嫂亦可謂之母乎? 名者人治之大者也, 可無愼乎? ⟨009⟩

여자들은 남편의 항렬에 따르므로, 만약 남편이 부친 항렬에 속한다면 ['屬'자의 음은 '燭(촉)'이다.] 그의 처도 모두 모친 항렬에 해당한다. 반대로 남편이 자식 항렬에 속한다면 그의 처도 모두 며느리 항렬에 해당한다. 동생의 처는 제수인데 그녀에 대해서 며느리라고 부를 수 없다. 만약 이처럼 부르

---

5) 대종(大宗)은 소종(小宗)과 상대되는 말이다. 소종과 '대종'은 고대 종법제(宗法制)에 따른 구분이다. 적장자(嫡長子)한 계통만이 '대종'이 되고, 나머지 아들들은 소종이 된다. 예를 들어 천자의 적장자는 '대종'이 되고, 나머지 아들들은 소종이 된다. 만약 소종인 천자의 나머지 아들들이 제후가 되었다면, 본인의 나라에서는 '대종'이 되지만, 천자에 대해서는 역시 소종이 된다. 제후가 된 자의 적장자는 본인의 나라에서 '대종'이 되고, 나머지 아들들은 소종이 된다.

게 된다면, 형수에 대해서 또한 모친이라고 부를 수 있게 되는데, 가능하겠는가? 명칭이라는 것은 인도의 다스림 중 가장 큰 것이니, 신중히 하지 않을 수 있겠는가?

集說 屬, 聯也. 父之兄弟爲伯叔父, 則其妻謂之伯叔母; 兄弟之子爲從子, 則其妻謂之婦, 此於昭穆爲宜. 弟之妻不可謂之爲婦, 猶兄之妻不可謂之爲母, 以紊昭穆也. 故云謂弟之妻婦者, 是嫂亦可謂之母乎? 言皆不可也. 舊說, 弟妻可婦嫂不可母, 失其指矣.

'촉(屬)'자는 "연계된다."는 뜻이다. 부친의 형제는 백부나 숙부가 되니, 그의 아내는 백모나 숙모라 부르고, 형제의 자식은 조카가 되니, 그의 아내는 며느리라고 부르는데, 이것은 소목의 항렬에 따라 합당한 것이다. 동생의 아내에 대해 며느리라고 부를 수 없으니, 이것은 형의 아내에 대해 모친이라 부를 수 없는 경우와 같은 것으로, 소목의 항렬을 문란하게 만들기 때문이다. 그렇게 때문에 "동생의 아내에 대해 며느리라 부른다면, 형수에 대해서 또한 모친이라 부를 수 있는가?"라고 했으니, 모두 불가하다는 뜻이다. 옛 학설에서는 동생의 처에 대해서 '부수(婦嫂)'라고 부를 수 있지만, 모친이라고는 부를 수 없다고 하는데, 이것은 그 요지를 놓친 주장이다.

【011】

四世而緦, 服之窮也. 五世袒免[問], 殺[色介反]同姓也. 六世親屬竭矣. 其庶姓別[彼列反]於上, 而戚單[丹]於下, 昏姻可以通乎?〈010〉

4세대가 지나면 같은 고조를 모시는 친족들이 되니, 서로를 위해서 시마복을 착용한다. 5세대가 지나면 고조의 부친을 함께 모시는 친족들이 되니, 서로를 위해서 단문을['免'자의 음은 '問(문)'이다.] 할 따름으로, 동성인 친족이라도 줄이게['殺'자는 '色(색)'자와 '介(개)'자의 반절음이다.] 된다. 6세대가 지나면 고조의 조부를 함께 모시는 친족들이 되니, 친족관계가 끝나게 된다. 씨는 정식 성에 있어서 윗세대에서 갈라져['別'자는 '彼(피)'자와 '列(렬)'자의 반절음이다.] 나온 것이고, 친족관계도 후대에서 다하였다고['單'자의 음은 '丹(단)'이다.] 하지만, 혼인은 할 수 있겠는가?

集說 四世, 高祖也. 同高祖者服緦麻, 服盡於此矣, 故云服之窮也. 五世袒免, 謂共承高祖之父者, 但爲袒免而已, 是減殺同姓也. 六世則共承高祖之祖者, 并袒免亦無矣, 故曰親屬竭也. 上, 指高祖以上也. 姓爲正姓, 氏爲庶姓, 故魯姬姓而三家各自爲氏, 春秋諸國皆然, 是庶姓別異於上世也. 戚, 親也. 單, 盡也. 四從兄弟, 恩親已盡, 各自爲宗, 是戚單於下也. 殷人五世以後, 則相與通昏, 故記者設問云, 今雖周世, 昏姻可以通乎?

4세대라는 말은 고조까지를 뜻한다. 고조가 같은 친족들에 대해서는 시마복을 착용하니, 정규 상복 규정은 이 관계에서 다하기 때문에, "상복의 제도가 다한다."고 말한 것이다. 5세대가 지난 자들에 대해서는 단문을 하니, 고조의 부친을 함께 모시는 자들은 서로를 위해서 단문만 할 따름이라는 뜻으로, 동성인 친족이라도 줄이고 낮춘다는 의미이다. 6세대가 지난 자들이라면, 고조의 조부를 함께 모시는 자들인데, 이들에 대해서는 단문 또한 없게 된다. 그렇기 때문에 "친속 관계가 끝난다."고 말한 것이다. '상(上)'자는 고조 이상의 조상을 뜻한다. '성(姓)'은 정식 성을 뜻하며, '씨(氏)'는 서성이 된다. 그렇기 때문에 노나라는 희성의 국가이지만, 세 가문은 각각 제 자신의 씨를 갖췄던 것이니, 춘추시대의 제후국에서는 모두 이처럼 했다. 이것은 서성이 윗세대에서 별도로 갈라져 나온 것임을 뜻한다. '척(戚)'은 친족을 뜻한다. '단(單)'은 "다한다."는 뜻이다. 사종형제들은 은정과 친족관계가 이미 다하여, 각각 그 스스로 종가를 이루게 되니, 이것이 친족관계가 아래에서 다한다는 뜻이다. 은나라 때에는 5세대가 지난 뒤라면 서로 혼인할 수 있었다. 그렇기 때문에 『예기』를 기록한 자는 의문 형식으로 기록하여, "현재 주나라 시대라 하지만, 혼인을 할 수 있는가?"고 말한 것이다.

[012]

繫[計]之以姓而弗別, 綴[株衛反]之以食[嗣]而弗殊, 雖百世而昏姻不通者, 周道然也. 〈011〉

혼인을 하는 것은 불가하다. 영원이 체천되지 않는 대종이 있어서, 족인들을 통합할['繫'자의 음은 '計(계)'이다.] 때 성을 통해서 하여 구별을 두지 않고, 그들을 음식에['食'자의 음은 '嗣(사)'이다.] 대한 예법으로 회합을['綴'자는 '株(주)'자와 '衛(위)'자의 반절음이다.] 시켜서 차이를 두지 않으니, 비록 100세대가 지났더라도 혼인을 할 수 없다. 이것은 주나라의 도에서 이처럼 만든 것이다.

集說 周禮: "大宗百世不遷." 庶姓雖別, 而有木姓世繫以聯繫之, 不可分別也. 又連綴族人以飲食之禮, 不殊異也. 雖百世之遠, 無通昏之事, 此周道所以爲至, 而人始異於禽獸者也. 此是答上文設問之辭.

주나라의 예법에서는 "대종(大宗)은 100세대가 지나더라도 체천되지 않는다."고 했다. 서성이 비록 갈라졌지만 본래의 성은 세대마다 연계되어 이를 통해 족인들을 합치니 구별할 수 없다. 또 족인들을 음식에 대한 예법으로 모아서 회합하니 차이를 둘 수 없다. 비록 100세대처럼 먼 시간이 흘렀더라도 혼인을 하지 못하는 사안은 주나라의 도에서 이룩한 것으로, 사람이 비로소 금수와 달라진 점이다. 이것은 앞에서 질문을 했던 말에 대답을 한 기록이다.

附註 綴·食, 並如字.

'綴'자와 '食'자는 모두 글자대로 읽는다.

【013】

服術有六: 一曰親親, 二曰尊尊, 三曰名, 四曰出入, 五曰長幼, 六曰
從服.〈012〉

상복을 착용하는 방법에는 여섯 가지가 있다. 첫 번째는 친근한 자를 친근
하게 대하는 경우이고, 두 번째는 존귀한 자를 존귀하게 대하는 경우이며,
세 번째는 명칭에 따른 경우이고, 네 번째는 여자가 시집을 가지 않았느냐
갔느냐에 따른 경우이며, 다섯 번째는 나이에 따른 차등의 경우이고, 여섯
번째는 따라서 착용하는 경우이다.

集說 疏曰: 親親者, 父母爲首, 次妻子伯叔. 尊尊者, 君爲首, 次
公·卿·大夫. 名者, 若伯叔母及子婦弟婦兄嫂之屬. 出入者, 女在
室爲入, 適人爲出, 及爲人後者. 長幼者, 長謂成人, 幼謂諸殤. 從服
者, 下文六等是也.

소에서 말하길, 친근한 자를 친근하게 대하는 경우, 부모가 첫 번째가
되고, 그 다음으로는 처나 자식, 백부나 숙부에 대한 경우가 된다. 존귀한
자를 존귀하게 대하는 경우, 군주가 첫 번째가 되고, 그 다음으로는 공·
경·대부 등에 대한 경우가 된다. 명칭에 따른 경우는 마치 백모·숙모
및 자부·제부·형수 등의 부류가 여기에 해당한다. '출입(出入)'이라는
것은 여자가 아직 시집을 가지 않은 경우에는 '입(入)'이 되고, 남에게
시집을 간 경우에는 '출(出)'이 되며, 남의 후손이 된 경우도 해당한다.
'장유(長幼)'에서의 '장(長)'은 성인을 뜻하며 '유(幼)'는 요절한 자를 뜻한
다. '종복(從服)'이라는 것은 아래 문장에 나오는 여섯 등급의 경우가 여
기에 해당한다.

【014】

從服有六: 有屬從, 有徒從, 有從有服而無服, 有從無服而有服, 有
從重而輕, 有從輕而重.〈013〉

종복의 경우에는 여섯 가지가 있다. 첫 번째는 친속 관계에 따라 상복을
착용하는 경우이다. 두 번째는 공허하게 남을 따라 친속 관계가 없는 자에
대해 상복을 착용하는 경우이다. 세 번째는 상복을 착용해야 하는 자를
따라서 상복을 착용해야 하지만 실제로 상복을 착용하지 않는 경우이다.
네 번째는 상복을 착용하지 않아야 하는 자를 따라서 상복을 착용하지 않
지만 실제로 상복을 착용하는 경우이다. 다섯 번째는 수위가 높은 상복을
입는 자를 따라서 상복을 착용하지만, 수위가 낮은 상복을 착용하는 경우
이다. 여섯 번째는 수위가 낮은 상복을 입는 자를 따라서 상복을 착용하지
만, 수위가 높은 상복을 착용하는 경우이다.

集說 屬, 親屬也. 子從母而服母黨, 妻從夫而服夫黨, 夫從妻而服
妻黨, 是屬從也. 徒, 空也. 非親屬而空從之服其黨, 如臣從君而服
君之黨, 妻從夫而服夫之君, 妾服女君之黨, 庶子服君母之父母, 子
服母之君母, 是徒從也. 如公子之妻爲父母期, 而公子爲君所厭, 不
得服外舅外姑, 是妻有服而公子無服, 如兄有服而嫂無服, 是從有服
而無服也. 公子爲君所厭, 不得爲外兄弟服, 而公子之妻則服之, 妻
爲夫之昆弟無服, 而服娣姒, 是從無服而有服也. 妻爲其父母期, 重
也. 夫從妻而服之三月, 則爲輕. 母爲其兄弟之子大功, 重也. 子從
母而服之三月, 則爲輕. 此從重而輕也. 公子爲君所厭, 自爲其母練
冠, 輕矣, 而公子之妻爲之服期, 此從輕而重也.

'속(屬)'자는 친속을 뜻한다. 자식은 모친을 따라서 모친의 친족을 위해
상복을 착용하고, 처는 남편을 따라서 남편의 친족을 위해 상복을 착용하
며, 남편은 처를 따라서 처의 친족을 위해 상복을 착용하는 경우가 '속종
(屬從)'에 해당한다. '도(徒)'자는 "공허하다."는 뜻이다. 친속 관계가 아
님에도 공허하게 남을 따라서 그의 친족을 위해 상복을 착용하는 것이니,
마치 신하가 군주를 따라서 군주의 친족을 위해 상복을 착용하고, 처가
남편을 따라서 남편의 군주를 위해 상복을 착용하며, 첩이 여군의 친족을
위해 상복을 착용하고, 서자가 군모의 부모를 위해 상복을 착용하며, 자

식이 모친의 군모를 위해 상복을 착용하는 경우가 '도종(徒從)'에 해당한다. 예를 들어 공자의 처는 자신의 부모를 위해서 기년상을 치르게 되지만, 공자는 군주에 의해서 수위를 낮추게 되어, 장인과 장모에 대해 상복을 착용하지 못하게 되니, 이것은 처는 상복을 착용하지만 공자는 상복을 착용하지 않는 경우이다. 또 예를 들어 형에 대해서는 상복을 착용하지만 형수에 대해서는 상복을 착용하지 않는 경우가 있는데, 이것은 상복을 착용하는 자를 따라서 상복을 착용해야 하지만 실제로는 상복을 착용하지 않는 경우이다. 공자는 군주에 의해 수위를 낮추게 되어 외가의 형제들에 대해서는 상복을 착용하지 않지만, 공자의 처인 경우에는 그들을 위해 상복을 착용하며, 처는 남편의 곤제를 위해 상복을 착용하지 않지만, 손윗동서와 손아랫동서를 위해서는 상복을 착용하니, 이것은 상복을 착용하지 않는 자를 따라서 상복을 착용하지 않아야 하지만 실제로는 상복을 착용하는 경우이다. 처는 그녀의 부모에 대해 기년상을 치르니, 중복(重服)[1]을 착용한 경우이다. 남편은 처를 따라서 그들을 위해 3개월상을 치르니, 이것은 수위가 낮은 상복을 착용한 것이다. 모친은 그녀의 형제 자식들을 위해 대공복을 착용하니, 중복을 착용한 경우이다. 그러나 자식은 모친을 따라 그들을 위해 상복을 착용할 때 3개월 상을 치르니, 이것은 수위가 낮은 상복을 착용한 경우이다. 이러한 경우 등은 수위가 높은 상복을 입은 자를 따라서 상복을 착용하지만, 수위가 낮은 상복을 착용하는 경우이다. 공자가 군주에 의해 수위를 낮추게 되면, 스스로 그의 모친에 대해서는 연관을 착용하니, 수위를 낮추는 것인데, 공자의 처는 공자의 모친을 위해서 기년복을 착용하니, 이것은 수위가 낮은 상복을 입은 자를 따라서 상복을 착용하지만, 수위가 높은 상복을 착용하는 경우이다.

---

1) 중복(重服)은 상복(喪服)의 단계를 뜻하는 용어 중 하나이다. 대공복(大功服) 이상이 되는 상복을 '중복'이라고 부른다.

自仁率親, 等而上之至于祖, 名曰輕; 自義率祖, 順而下之至于禰, 名曰重. 一輕一重, 其義然也. 〈014〉

은정을 사용하여 부모에 따름에 순차적으로 위로 올라가 조상에 이르게 되니, 이러한 경우를 가벼워진다고 부른다. 반면 의로움을 사용하여 조상을 따름에 순차적으로 밑으로 내려가 부친에 이르게 되니, 이러한 경우를 무거워진다고 부른다. 어떤 경우에는 가벼워지고 또 어떤 경우에는 무거워지는 것은 그 도의에 따라 그러한 것이다.

集說 疏曰: 自, 用也. 仁, 恩也. 率, 循也. 親, 父母也. 等, 差也. 子孫君用恩愛依循於親, 節級而上至於祖, 遠者恩愛漸輕, 故名曰輕也. 義主斷割, 用義循祖, 順而下之至於禰, 其義漸輕, 祖則義重, 故名曰重也. 義則祖重而父母輕, 仁則父母重而祖輕. 一輕一重, 宜合如是, 故云其義然也. 按喪服條例, 衰服表恩, 若高曾之服, 本應緦麻小功而進以齊衰, 豈非爲尊重而然邪? 至親以期斷, 而父母三年, 寧不爲恩深乎?

소에서 말하길, '자(自)'자는 "~을 쓰다."는 뜻이다. '인(仁)'자는 은정을 뜻한다. '솔(率)'자는 "따르다."는 뜻이다. '친(親)'자는 부모를 뜻한다. '등(等)'자는 차등을 뜻한다. 자손이 만약 은정을 사용하여 부모에게 의거해 따르면, 순차에 따라 위로 올라가 조상에 이르고, 대수가 먼 조상에 대해서는 그 은정이 점진적으로 엷어지기 때문에, "가벼워진다고 부른다."고 했다. 의로움은 판결하는 것을 위주로 하니, 의를 사용하여 조상에게 따르면, 순차적으로 낮아져서 부친에 이르게 되니, 그 의로움은 점진적으로 엷어지지만, 조상은 도의상 중대한 대상이기 때문에, "중대해진다고 부른다."고 했다. 의로움에 따른다면 조상은 중대하고 부모는 상대적으로 덜 중요하며, 은정에 따른다면 부모는 중대하고 조상은 상대적으로 덜 중요하다. 어떤 것은 가벼워지고 어떤 것은 중대해진다는 것은 마땅히 이처럼 해야 한다. 그렇기 때문에 "그 도의에 따라 그러한 것이다."고 말한 것이다. 『상복조례』를 살펴보면, 상복을 통해서 은정을 드러내니, 고조나 증조를 위해 착용하는 상복은 본래 시마복과 소공복을 착용해야 하지만, 단계를 높여서 자최복을 착용하는데, 이것이 어찌 존귀한 자를 중대하게 대해서 이처럼 한 것이 아니겠는가? 지극히 친근한 자에 대해서는 기년복으로 제도를 단정했지만, 부모를 위해서는 삼년상을 치르니, 어찌 은정이 깊기 때문에 이처럼 한 것이 아니겠는가?

【016】

親親以三爲五, 以五爲九, 上殺[色介反]**·下殺·旁殺, 而親畢矣.**〈喪服小記-010〉 [小記. 本在"出母無服"下.]

친족을 친근하게 대함에 있어서, 3으로부터 5가 되고, 5로부터 9가 되니, 위로 줄어들고['殺'자는 '色(색)'자와 '介'자의 반절음이다.] 밑으로 줄어들며 옆으로 줄어들어서, 그 끝에 이르면 친애하는 관계가 끝난다. [「상복소기」편의 문장이다. 본래는 "출모를 위해서 상복을 착용하지 않는다."[2]라고 한 문장 뒤에 수록되어 있었다.]

集說 由己身言之, 上有父, 下有子, 宜言以一爲三, 而不言者, 父子一體, 無可分之義, 故惟言以三爲五, 謂因此三者, 而由父以親祖, 由子以親孫, 是以三爲五也. 又不言以五爲七者, 蓋由祖以親曾·高二祖, 由孫而親曾孫·玄孫, 其恩皆已疏略, 故惟言以五爲九也. 由父而上, 殺至高祖, 由子而下, 殺至玄孫, 是上殺·下殺也. 同父則期, 同祖則大功, 同曾祖則小功, 同高祖則緦麻, 是旁殺也. 高祖外无服, 故曰畢矣.

자신을 기준으로 말을 해보자면, 위로는 부친이 있고 아래로는 자식이 있으니, 마땅히 1로써 3이 된다고 해야 하는데, 언급하지 않은 이유는

---

2) 『예기』「상복소기(喪服小記)」 009장 : 親親以三爲五者, 爲出母無服.

부친과 자식은 한 몸이므로, 구분할 수 없는 뜻이 있기 때문에, 단지 3으로써 5가 된다고 말한 것이니, 이러한 세 부류의 관계에 따라서, 부친으로부터 조부를 친근하게 대하고, 자식으로부터 손자를 친근하게 대한다는 뜻으로, 이것이 3으로 5가 된다는 뜻이다. 또 5로부터 7이 된다고 말하지 않은 이유는 조부로부터 증조와 고조를 친근하게 대하고, 손자로부터 증손자와 현손자를 친근하게 대함에 있어서, 그 은정은 모두 이미 옅어졌기 때문에, 단지 5로부터 9가 된다고 말한 것이다. 부친으로부터 그 위로 올라가면, 그 관계가 점점 줄어들어 고조에 이르고, 자식으로부터 밑으로 내려가면, 그 관계가 점점 줄어들어 현손자에 이르게 되니, 이것이 위로 줄어들고, 밑으로 줄어든다는 뜻이다. 부친과 동렬인 자를 위해서는 기년복을 착용하고, 조부와 동렬인 자를 위해서는 대공복을 착용하며, 증조와 동렬인 자를 위해서는 소공복을 착용하고, 고조와 동렬인 자를 위해서는 시마복을 착용하니, 이것이 옆으로 줄어든다는 뜻이다. 고조 이상에 대해서는 상복관계가 없기 때문에, "끝난다."라고 말했다.

【017】
傳曰: "皋多而刑五, 喪多而服五. 上附下附, 列[如字]也." 〈服問-018〉 [服問. 本在"不可奪喪也"下.]

전문에서는 "죄의 항목이 많다고 하지만 형벌은 다섯 종류이며, 상의 종류가 많다고 하지만 상복은 다섯 종류이다. 각각에 대해서는 위로 붙이고 아래로 붙이기도 하니, 각각의 등렬에['列'자는 글자대로 읽는다.] 따른다."라고 했다. [「복문」편의 문장이다. 본래는 "상 치르는 것을 빼앗겨서도 안 된다"[3]라고 한 문장 뒤에 수록되어 있었다.]

集說 罪重者附於上刑, 罪輕者附於下刑, 此五刑之上附下附也. 大

---

3) 『예기』「복문(服問)」017장 : 凡見人無免経, 雖朝於君無免経, 唯公門有税齊衰. 傳曰: "君子不奪人之喪, 亦不可奪喪也."

功以上附於親, 小功以下附於疏, 此五服之上附下附也. 等列相似,
故云列也.

죄질이 무거운 것은 상위의 형벌을 적용하고, 죄질이 가벼운 것은 하위의
형벌을 적용하니, 이것은 오형(五刑)에 나타나는 위로 붙고 아래로 붙는
다는 말이다. 대공복(大功服) 이상의 상은 친근한 관계로 적용하고, 소
공복(小功服) 이하의 상은 소원한 관계로 적용하니, 이것은 오복(五服)
에 나타나는 위로 붙고 아래로 붙는다는 말이다. 등차가 서로 유사하기
때문에 "등렬에 따른다."라고 했다.

【018】

君有合族之道, 族人不得以其戚戚君[句], 位也. 〈015〉 [本在"其義然也"下.]
군주에게는 족인들을 회합할 수 있는 도리가 포함된다. 그러나 족인들의
경우에는 군주와 친족관계라 하더라도 그 관계를 내세워 군주에게 친근하
게 대할 수 없으니['君'자에서 구문을 끊는다.] 지위가 엄격히 구분되기 때문이
다. [본래는 "그 도의에 따라 그러한 것이다."라고 한 문장 뒤에 수록되어 있었다.]

集說 君恩可以下施, 故於族人有合聚燕飲之禮. 而族人則皆臣也,
不敢以族屬父兄子弟之親而上親於君者, 一則君有絕宗之道, 二則
以嚴上下之辨, 而杜簒代之萌也.

군주의 은정은 밑으로 베풀 수 있다. 그렇기 때문에 족인들에 대해 취합
하여 연회를 할 수 있는 예법이 포함된다. 그러나 족인들의 경우는 모두
신하의 신분이 되어, 감히 친족 중 부친 및 형제 항렬 또는 자식이나 동생
항렬 등의 관계를 통해서 위로 군주에 대해 친근하게 대할 수 없다. 그
이유는 군주에게는 종족 관계를 끊을 수 있는 도리가 포함되기 때문이며,

---

4) 『예기』「대전」 014장 : 自仁率親, 等而上之至于祖, 名曰輕; 自義率祖, 順而下
之至于禰, 名曰重. 一輕一重, 其義然也.

다른 하나는 이것을 통해 상하 신분 관계를 엄격히 구분하여, 지위가 찬탈될 수 있는 위험의 싹을 막기 위해서이다.

集說 石梁王氏曰: 詳註下文以十一字爲句, 然位也當自爲句, 蓋族人不敢戚君者, 限於位也.

석량왕씨가 말하길, 주석을 상세히 따져보니, '군유합족지도(君有合族之道)'라는 구문 뒤의 11자를 하나의 구문으로 끊었다. 그러나 '위야(位也)'는 마땅히 그 자체로 하나의 구문이 된다. 무릇 족인들은 감히 군주에게 친척 관계를 내세워 친하게 대할 수 없으니, 지위에 따른 제한 때문이다.

【019】

庶子不祭, 明其宗也. 庶子不得爲[去聲]長子三年, 不繼祖也.〈016〉

서자가 자기 집에서 제사를 지내지 못함은 종가를 밝히기 위해서이다. 서자는 장자를 위해서['爲'자는 거성으로 읽는다.] 삼년상을 치르지 못하니, 조부를 계승하지 못했기 때문이다.

集說 說見前篇.

설명이 앞 편에 나온다.

【020】

別子爲祖, 繼別爲宗, 繼禰者爲小宗. 有百世不遷之宗, 有五世則遷之宗. 百世不遷者, 別子之後也. 宗其繼別子之所自出[四字衍文]者, 百世不遷者也. 宗其繼高祖者, 五世則遷者也. 尊祖故敬宗, 敬宗, 尊祖之義也.〈017〉

제후의 적장자를 제외한 나머지 아들 중 별자의 명령을 받게 되면, 별자는 자기 가문의 시조가 되고, 별자를 계승한 자는 대종이 되며, 그 후손들 중

대종의 적장자 외에 나머지 아들은 부친을 계승하여 소종이 된다. 따라서
100세대가 지나더라도 영원히 바뀌지 않는 대종의 종가가 생기고, 5세대가
지나면 바뀌는 소종의 종가가 생긴다. 100세대가 지나더라도 바뀌지 않는
자는 별자의 적통을 계승한 대종이다. 별자를 계승하여 그에게 제사를 지
내는 집을 ['지소자출(之所自出)' 네 글자는 연문이다.] 종가로 삼으면, 그 종가는
100세대가 지나더라도 바뀌지 않는 대종의 가문이 된다. 고조를 계승하여
그에게 제사를 지내는 집을 종가로 삼으면, 그 종가는 5세대가 지나면 바뀌
는 소종의 가문이 된다. 조상을 존숭하기 때문에 종가를 공경하니, 종가를
공경하는 것은 조상을 존숭하는 도의에 해당한다.

集說 宗其繼別子者, 百世不遷者也. "之所自出"四字, 朱子曰衍文
也. 凡大宗, 族人與之爲絶族者, 五世外皆爲之齊衰三月, 母妻亦然.
爲小宗者, 則以本親之服服之. 舊立說見前篇.

별자를 계승한 자를 종주로 삼는 자는 백세대가 지나도록 체천되지 않는
종가이다. '지소자출(之所自出)'이라는 네 글자에 대해, 주자는 "연문이
다."라고 했다. 무릇 대종의 경우, 족인들이 대종과 친족관계가 끊어진
경우라면, 5세대가 넘어간 자들은 모두 대종을 위해서 자최복을 착용하
고 3개월 동안 복상하며, 그의 모친과 처에 대해서도 이처럼 한다. 소종
을 위한 경우라면, 본래의 친족관계에 따른 상복으로 복상한다. 나머지
설명은 앞 편에 나온다.

【021】

有小宗而無大宗者, 有大宗而無小宗者, 有無宗亦莫之宗者, 公子
是也.〈018〉

특수한 경우로 소종은 있어도 대종이 없는 경우가 있고, 대종은 있어도
소종이 없는 경우가 있으며, 종자도 없고 종자를 삼길 자도 없는 경우가
있으니, 이러한 경우는 오직 공자에게만 해당한다.

君無適昆弟, 侯庶兄弟一人爲宗, 以領公子, 其禮亦如小宗.
此之謂有小宗而無大宗也. 君有適昆弟使之爲宗, 以領公子, 更不得
立庶昆弟爲宗. 此之謂有大宗而無小宗也. 若公子止一人, 無他公子
可爲宗, 是無宗也, 則亦無他公子宗於己矣. 此之謂無宗亦莫之宗
也. 前所論宗法, 是通言卿・大夫大小宗之制, 此則專言國君之子,
上不得宗君, 下未爲後世之宗, 有此三事也.

군주에게 적자인 곤제가 없어서 서자 형제들 중 첫째 서열 1명을 종자로
세워, 그를 통해 공자들을 통솔하게 하면, 그에 대한 예법은 또한 소종에
대한 경우와 같게 된다. 이것이 소종은 있어도 대종이 없는 경우를 뜻한
다. 군주에게 적자인 곤제가 있어서 그를 종자로 세우고 그를 통해 공자
들을 통솔하게 하면, 다시금 서자인 곤제들을 종자로 세울 수 없다. 이것
이 대종은 있어도 소종이 없는 경우이다. 만약 공자가 단지 1명일뿐이고,
종자로 삼을 수 있는 다른 공자가 없다면, 이것은 종자가 없는 경우인데,
이러한 경우에는 또한 자신을 종주로 받들 공자들이 없게 된다. 이것이
종자도 없고 또한 종주를 섬기는 자도 없는 경우이다. 앞에서 논의한 종
법제는 경과 대부에게 적용되는 대종과 소종의 제도를 범범하게 말한 것
이고, 이곳에서는 전적으로 제후의 자식 중 위로는 군주를 종주로 삼을
수 없고, 밑으로는 후세의 종주가 아직 못된 경우로 이러한 세 가지 경우
가 있다는 사실만을 언급하였다.

【022】

公子有宗道. 公子之公, 爲其士大夫之庶者, 宗其士大夫之適者, 公
子之宗道也. 〈019〉

공자에게는 종주의 도리가 포함되어 있다. 공자들의 군주인 자는 자신의
서자 형제들 중 사나 대부의 신분인 자들을 위해서, 적자 형제들 중 사나
대부의 신분인 자를 세워 그를 종주로 삼게 되니, 이것이 바로 공자에게
포함된 종주의 도리이다.

集說 此又申言公子之宗道. 公子之公, 謂公子之適兄弟爲君者, 爲其庶兄弟之爲士爲大夫者, 立適公子之爲士·大夫者爲宗, 使此庶者宗之, 故云宗其士·大夫之適者. 此適, 是君之同母弟, 適夫人所生之子也.

이 내용 또한 공자에게 해당하는 종주의 도리를 거듭 설명한 것이다. '공자지공(公子之公)'은 공자의 적자 형제들로 군주가 된 자를 뜻하는데, 그의 서자 형제들 중 사나 대부의 신분이 된 자들을 위해서, 적자인 공자들 중 사나 대부가 된 자를 종주로 세워, 이러한 서자들로 하여금 그를 종주로 받들게 한다는 뜻이다. 그렇기 때문에 "사나 대부 중의 적자를 종주로 삼게 한다."고 말한 것이다. 여기에서 말한 적자는 군주와 같은 어머니에게서 태어난 동생으로, 곧 정부인이 출생한 자식을 뜻한다.

【023】

絶族無移[去聲]服, 親者屬也. 〈020〉

친족관계가 끊어진 자에 대해서는 상복을 소급하여[移자는 거성으로 읽는다.] 입지 않으니, 친족관계가 유지되는 자에 대해서는 해당하는 상복을 착용한다.

集說 三從兄弟同高祖, 故服緦麻, 至四從則族屬絶, 無延及之服矣. 移, 讀爲施. 在旁而及之曰施, 服之相爲以有親而各以其屬爲之服耳, 故云親者屬也.

삼종형제는 고조가 같은 자들이다. 그렇기 때문에 서로를 위해서 시마복을 착용한다. 사종형제에 이르게 되면 친족관계가 끊어지게 되어, 관계를 연장하여 그에 대한 상복을 착용하는 일이 없다. '이(移)'자는 "베풀다."는 뜻으로 풀이한다. 방계의 친족에 대해서 그에 대한 상복 규정이 소급되는 것을 '시(施)'라 부르니, 서로를 위해 상복을 착용하는 것은 그와 친족관계에 있기 때문이며, 각자 그 친속 관계에 따라서 상복을 착용할 따름이다. 그렇기 때문에 "친족관계에 있는 자는 해당 복장을 착용한다."고 말한 것이다.

【024】

自仁率親, 等而上之至于祖; 自義率祖, 順而下之至于禰. 是故人道
親親也. 親親故尊祖, 尊祖故敬宗, 敬宗故收族, 收族故宗廟嚴, 宗
廟嚴故重社稷, 重社稷故愛百姓, 愛百姓故刑罰中[去聲], 刑罰中故
庶民安, 庶民安故財用足, 財用足故百志成, 百志成故禮俗刑, 禮俗
刑然後樂[洛]. 詩云: "不顯不承, 無斁[亦]於人斯." 此之謂也. 〈021〉

은정을 써서 부모에 따르면 등급대로 위로 올라가 조상에게 이르게 된다.
의로움을 써서 조상에 따르면 순차적으로 밑으로 내려가서 부친에게 이르
게 된다. 이러한 까닭으로 인도는 친근한 자를 친근하게 대하는 도리에
해당한다. 친근한 자를 친근하게 대하기 때문에 조상을 존숭하게 되고, 조
상을 존숭하기 때문에 종가를 공경하게 되며, 종가를 공경하기 때문에 족
인들을 거둬들이게 되고, 족인들을 거둬들이기 때문에 종묘의 제사가 엄숙
하게 되며, 종묘의 제사가 엄숙하기 때문에 사직의 제사를 중시하고, 사직
의 제사를 중시하기 때문에 모든 관리들을 사랑하게 되며, 모든 관리들을
사랑하기 때문에 형벌이 알맞게['中'자는 거성으로 읽는다.] 되고, 형벌이 알맞기
때문에 백성들이 편안하게 느끼게 되며, 백성들이 편안하게 느끼기 때문에
재화가 풍족하고, 재화가 풍족하기 때문에 모든 뜻이 이루어지며, 모든 뜻
이 이루어지기 때문에 예와 풍속이 이루어지고, 예와 풍속이 이루어진 뒤
에라야 즐거워하게['樂'자의 음은 '洛(락)'이다.] 된다. 『시』에서 "드러나지 아니
하며 떠받들지 아니할까, 사람들에게 미움을['斁'자의 음은 '亦(역)'이다.] 받는
일이 없도다."라고 한 말이 바로 이러한 경지를 가리킨다.

集說 祖之遷者逾遠, 宗之繼者無窮, 必知尊祖, 乃能敬宗. 收, 不離
散也. 宗道旣尊, 故族無離散, 而祭祀之禮嚴肅. 內嚴宗廟之事, 故
外重社稷之禮. 知社稷之不可輕, 則知百官族姓之當愛. 官得其人,
則刑不濫而民安其生. 安生樂業, 而食貨所育上下俱足, 有恒産者有
恒心, 倉廩實而知禮節. 故非心邪念不萌, 而百志以成; 乖爭陵犯不

作, 而禮俗一致. 刑, 猶成也. 如此則恊氣嘉生[?] [?]爲大和矣, 豈不樂乎! 詩, 周頌·淸廟之篇, 言[?][?][?]之德, 豈不光[?][?]乎? 豈不見尊奉於人乎? 無厭斁於人矣. 引此以[?][?][?]君自親親之[?][?]. [?]之而家而國而天下, 至於禮俗大成, 其可樂者[?], [?]無有厭斁也.

조상 중 체천되는 자는 그 대수가 더욱 멀어지고, 종사를 계승하는 자는 끝이 없으니, 반드시 조상을 존숭할 줄 알아야만 종가를 공경할 수 있다. '수(收)'자는 떠나거나 흩어지지 않게 한다는 뜻이다. 종가의 도리가 이미 존엄하기 때문에, 족인들 중에 흩어지거나 떠나는 자가 없고, 제사의 예법이 엄숙해진다. 내적으로 종묘의 제사를 엄숙하게 대하기 때문에, 외적으로도 사직의 예법을 중시한다. 사직의 제사를 소홀히 할 수 없음을 안다면, 모든 관리와 족인들에 대해 사랑해야만 함을 알게 된다. 해당 관직에 그에 걸맞은 인물을 얻는다면 형벌이 범람하지 않고, 백성들이 자신의 생활을 안정되게 느낀다. 생활이 안정되고 과업을 즐거워하며 음식과 재화가 풍족하여 상하 모든 계층이 풍족하면, 항산하는 자는 항심을 같게 되고, 창고가 가득하여 예절을 알게 된다. 그렇기 때문에 그릇된 마음과 사특한 생각이 싹트지 않고, 모든 뜻이 이루어지며, 어그러진 다툼과 참람됨이 일어나지 않아서, 예와 풍속이 일치된다. '형(刑)'자는 "이루어진다."는 뜻이다. 이와 같게 되면 기운을 합하여 무수하게 생겨나고, 무르익어 큰 조화를 이루는데, 어찌 즐겁지 않을 수 있겠는가? '시(詩)'는 『시』「주송(周頌)·청묘(淸廟)」편으로,5) 문왕의 덕을 노래한 것이니, 어찌 빛나지 않겠는가? 또 어찌 존경을 받아 사람들이 떠받들지 않겠는가? 이것이 사람들이 싫어하지 않는 이유라는 의미이다. 이 시를 인용하여 군주 스스로 친근한 자를 친근하게 대하는 도를 실천하여, 이것을 미루어 가·국·천하에 이르게 해서, 결국 예와 풍속이 크게 완성되는 지경에 이르게 됨을 비유한 것이니, 기뻐할 수 있다는 것은 또한 싫어하지 않는 것이다.

---

5) 『시』「주송(周頌)·청묘(淸廟)」: 於穆淸[?] [?][?]離顯相. 濟濟[?][?] [?][?]文之德. 對越在天, 駿奔走在廟. <u>不顯不承, 無射於[?][?]</u>.

禮記類編大全卷之二十八

『예기유편대전』 28권

◆ 喪大記第三十一 / 「상대기」 31편

類編 此篇記喪禮之大節, 而通論君大夫之禮.

이 편은 상례의 큰 절차를 기록하고 있으며, 군주와 대부의 예를 통괄하여 논의하고 있다.

類編 本居雜記之下. 凡九節.

본래는 『예기』「잡기하(雜記下)」편 뒤에 수록되어 있었다. 모두 9개 절이다.

「상대기」편 문장 순서 비교		
『예기집설』	『예기유편대전』	
	구분	문장
001	始死	001
002		002
003		003
004		004
005		005
006		006
007		007
008		008
009		009
010		019
011	襲	026
012		027
013		028
014		029
015	大小斂	037
016		038
017		039
018		040
019		041
020		042

「상대기」편 문장 순서 비교		
『예기집설』	『예기유편대전』	
	구분	문장
021		043
022		044
023		045
024		046
025		047
026		013
027		015
028		018
029		048
030		049
031		050
032		051
033		052
034		053
035		054
036		016
037		017
038		022
039	杖	023
040		024
041		025
042		030
043		031
044		032
045	飲食之節	033
046		034
047		035
048		036
049		055
050		056
051		057
052	居處言語動作之節	058
053		059
054		060

『예기집설』	『예기유편대전』	
	구분	문장
055		061
056		062
057		063
058		064
059		010
060		011
061		012
062	弔賓	014
063		020
064		021
065		065
066		066
067		067
068		068
069	君大夫弔	069
070		070
071		071
072		072
073		073
074		074
075		075
076		076
077		077
078		078
079		079
080		080
081	棺椁殯葬	081
082		082
083		083
084		084
085		085
086		086
087		087
088		088

표제 「상대기」편 문장 순서 비교

「상대기」편 문장 순서 비교		
『예기집설』	『예기유편대전』	
	구분	문장
089		089
090		090
091		091
092		092
093		093
094		094
095		095
096		096

◇ 시졸(始卒)

【001】

疾病, 外內皆埽[去聲]. 君·大夫徹縣[玄], 士去[上聲]琴瑟. 寢東首[去聲]
於北牖下. 廢牀, 徹褻衣, 加新衣, 體一人. 男女改服. 屬[燭]纊[曠]以
俟絕氣. 男子不死於婦人之手, 婦人不死於男子之手.〈001〉

병이 위독하게 되면, 그 집의 사람들은 그가 거처하는 곳 안팎을 모두 청소
한다.['埽'자는 거성으로 읽는다.] 위독한 자가 군주나 대부의 경우라면, 걸어두
는['縣'자의 음은 '玄(현)'이다.] 악기들을 치우고, 사의 경우라면 금슬을 치운다.
['去'자는 상성으로 읽는다.] 침에서는 북쪽 들창 아래에 병자를 옮겨두는데, 땅
바닥에 두며 머리를['首'자는 거성으로 읽는다.] 동쪽으로 둔다. 그가 거의 죽을
지경이 되면, 침상을 치우고, 속옷을 치우며, 새로운 복장을 입히는데, 사
지를 들 때 양팔과 양다리를 각각 한 사람씩 붙잡는다. 집안의 남자와 여자
들은 모두 복장을 갈아입는다. 병자의 입과 코에 솜을['纊'자의 음은 '曠(광)'이
다.] 대서['屬'자의 음은 '燭(촉)'이다.] 그의 숨이 끊어지는 것을 살핀다. 남자는
여자의 손에서 죽지 않고, 여자는 남자의 손에서 죽지 않는다.

集說 疾, 病之甚也. 以賓客將來候問, 故埽潔所居之內外. 若君與
大夫之病, 則徹去樂縣, 士則去琴瑟. 東首於北牖下者, 東首, 向生氣
也. 按儀禮宮廟圖無北牖, 而西北隅謂之屋漏, 以天光漏入而得名.
或者北牖指此乎. 古人病將死, 則廢牀而置病者於地, 以始生在地,
庶其生氣復反而得活. 及死, 則復擧尸而置之牀上. 手足爲四體, 各
一人持之, 爲其不能自屈伸也. 男女皆改服, 亦擬賓客之來也. 貴者
朝服, 庶人深衣. 纊, 新綿也. 屬之口鼻, 觀其動否, 以驗氣之有無也.
男子不死於婦人之手, 婦人不死於男子之手, 惡其褻也.

'병(病)'은 질 중에서도 심각한 것이다. 빈객이 찾아와서 병문안을 하게
되므로, 그가 거처하는 곳 안팎을 청소한다. 만약 군주와 대부의 병이
위독하다면, 걸어둔 악기를 치워두고, 사의 경우라면 금슬을 치워둔다.

"북쪽 들창 아래에서 머리를 동쪽으로 둔다."고 했는데, 머리를 동쪽으로 두는 것은 생기를 향하도록 하기 때문이다. 「의례궁묘도」를 살펴보면 북쪽 들창이 없고, 서북쪽 모퉁이를 '옥루(屋漏)'라고 부르니, 하늘의 빛이 그곳으로 흘러 들어와서 이러한 명칭을 얻은 것이다. 어떤 자는 북쪽 들창이 바로 이곳을 뜻할 것이라고 했다. 고대인은 병이 위독하여 죽을 지경에 이르면, 침상을 치우고 바닥에 병자를 내려놓았으니, 처음 생겨나는 것들은 땅에 달려 있어서, 생기가 다시 회복되어 살아나기를 바라는 것이다. 그가 거의 죽을 지경에 이르면 재차 시신을 들어서 침상 위에 올려둔다. 양손과 양발은 사지가 되는데, 각각 한 사람씩 그 부분을 잡게 되니, 그가 직접 몸을 굽히거나 펼 수 없기 때문이다. 집안의 남자와 여자들이 모두 복장을 갈아입는 것은 또한 빈객이 찾아오는 것을 대비하기 때문이다. 신분이 존귀한 자는 조복을 착용하고, 서인들은 심의를 착용한다. '광(纊)'은 새로 뽑은 솜이다. 그것을 입과 귀에 대서 움직이는지의 여부를 살피니, 숨을 쉬고 있는지를 가늠할 수 있기 때문이다. 남자는 여자의 손에서 죽지 않고, 여자도 남자의 손에서 죽지 않는 것은 남녀 사이에서는 너무 친밀하게 대하는 것을 꺼려하기 때문이다.

【002】

君夫人卒於路寢, 大夫世婦, 卒於適[的]寢. 內子未命, 則死於下室, 遷尸于寢. 士之妻, 皆死於寢.〈002〉

제후와 그의 부인은 죽을 때 노침에서 생을 마감하고, 대부와 그의 아내는 적침에서['適'자의 음은 '的(적)'이다.] 생을 마감한다. 경의 아내 중 아직 명령을 받아 정식 부인으로 허락을 받지 못한 여자라면, 하실에서 생을 마감하고, 죽은 이후 시신을 침으로 옮긴다. 사와 그의 아내는 모두 침에서 생을 마감한다.

集說 諸侯與夫人皆有三寢, 君正者曰路寢, 餘二曰小寢. 夫人一正

寢, 二小寢, 卒當於正處也. 大夫妻曰命婦, 而云世婦者, 世婦乃國君
之次婦, 其尊卑與命婦等, 故兼言之. 內子, 卿妻也. 下室, 燕處之所.
又燕寢亦曰下室也. 士之妻皆死于寢, 謂士與其妻, 故云皆也. 士喪
禮云死于適室, 此云寢, 寢室通名也.

제후와 그의 부인은 모두 3개의 침을 가지게 되는데, 군주의 정침을 '노침
(路寢)'이라 부르고, 나머지 2개는 '소침(小寢)'이라 부른다. 부인도 1개
의 정침과 2개의 소침을 가지는데, 죽을 때에는 정침에서 죽게 된다. 대
부의 아내는 명부(命婦)[1]라 부르는데, '세부(世婦)'라고 말한 이유는 세
부는 곧 제후에게 있는 첩 중 정부인 다음 서열이 되어, 신분이 명부와
동일하기 때문에 그 둘을 포함해서 말한 것이다. '내자(內子)'는 경의 처
이다. '하실(下室)'은 한가롭게 머무는 장소이다. 또한 연침을 '하실(下
室)'이라고도 부른다. '사지처(士之妻)'는 모두 침에서 죽는다고 했는데,
사와 그의 처에게 해당하기 때문에 '모두'라고 말한 것이다. 『의례』「사상
례(士喪禮)」편에서는 "적실에서 죽는다."[2]라고 했는데, 이곳에서는 '침
(寢)'이라고 했으니, 침(寢)과 실(室)은 통용되는 명칭이다.

【003】

復, 有林麓, 則虞人設階, 無林麓則狄人設階. 〈003〉

초혼을 할 때, 죽은 자가 산림을 소유한 경우라면 우인을 시켜서 사다리를
설치하고, 산림이 없는 경우라면 적인을 시켜서 사다리를 설치한다.

集說 復, 始死升屋招魂也. 虞人, 掌林麓之官. 階, 梯也. 狄人, 樂
吏之賤者. 死者封疆內若有林麓, 則使虞人設梯以升屋. 其官職卑下

---

1) 명부(命婦)는 고대 봉호(封號)를 부여받은 여자들을 뜻한다. 궁중에 머물며 비
(妃)나 빈(嬪)의 신분을 가진 여자들은 내명부(內命婦)라고 부르고, 신하의 처가
된 자들은 외명부(外命婦)라고 부른다.
2) 『의례』「사상례(士喪禮)」: 士喪禮, 死于適室, 幠用斂衾.

不合有林麓者, 則使狄人設之. 以其掌設簨簴, 或便於此.

'복(復)'은 어떤 자가 이제 막 죽었을 때 지붕에 올라가서 초혼을 한다는 뜻이다. '우인(虞人)'은 산림을 관장하는 관리이다. '계(階)'는 사다리를 뜻한다. '적인(狄人)'은 음악을 담당하는 관리 중에서도 신분이 낮은 자이다. 죽은 자가 받은 영지 안에 산림이 있는 경우라면, 우인을 시켜서 사다리를 설치하여 지붕에 올라가게 된다. 그가 맡은 관직과 직무가 낮아서 산림을 소유하기에 적합하지 않다면, 적인을 시켜서 설치한다. 그는 악기를 매다는 틀인 순거(簨簴)[3]를 담당하니, 아마도 이러한 일을 처리하는데 유용했기 때문일 것이다.

【004】

小臣復, 復者朝服. 君以卷[袞], 夫人以屈[闕]狄, 大夫以玄頳[敕貞反], 世婦以禬[知彥反]衣, 士以爵弁, 士妻以稅[象]衣, 皆升自東榮, 中屋履危, 北面三號[平聲], 捲衣投于前, 司服受之, 降自西北榮.〈004〉

주군을 가까이 모시는 자가 초혼을 하는데, 초혼을 하는 자는 조복을 착용한다. 군주에 대해 초혼을 하면 곤복을['卷'자의 음은 '袞(곤)'이다.] 사용해서 흔들고, 군주의 부인에 대해서는 궐적을['屈'자의 음은 '闕(궐)'이다.] 사용하며, 대부에 대해서는 현정을['頳'자는 '敕(칙)'자와 '貞(정)'자의 반절음이다.] 사용하고, 세부에 대해서는 전의를['禬'자는 '知(지)'자와 '彥(언)'자의 반절음이다.] 사용하며, 사에 대해서는 작변을 사용하고, 사의 처에 대해서는 단의를['稅'자의 음은 '象(단)'이다.] 사용하는데, 모든 경우에 있어서 초혼을 하는 자는 동쪽 처마를

---

3) 순거(簨簴)는 종(鍾)이나 경(磬)을 매다는 도구이다. 가로로 받치는 것을 순(簨)이라고 부르며, 비늘을 가진 짐승으로 장식을 한다. 세로로 받치는 것을 거(簴)라고 부르며, 털이 짧은 짐승이나 깃털을 가진 짐승으로 장식을 한다. 순(簨)은 큰 나무판으로 만들게 되어, '업(業)'이라고도 부른다. 『예기』「명당위(明堂位)」편에는 "夏后氏之龍簨簴, 殷之崇牙, 周之壁翣."이라는 기록이 있고, 이에 대한 정현의 주에서는 "簨簴, 所以縣鍾·磬也. 橫曰簨, 飾之以鱗屬; 植曰簴, 飾之以臝屬·羽屬. 簨以大版爲之, 謂之業."이라고 풀이했다.

통해서 지붕으로 올라가고, 지붕에 올라가서는 지붕 중앙의 등마루를 밟고서, 북쪽을 향한 뒤 세 차례 부르게['號'자는 평성으로 읽는다.] 되고, 그 일이 끝나면 옷을 말아서 앞으로 던지니, 사복이 밑에서 그 옷을 받으며, 초혼을 했던 자는 내려갈 때 서북쪽 처마를 통해서 내려간다.

集說 小臣, 君之近臣也. 君以袞, 謂上公用袞服也. 循其等而用之, 則侯伯用鷩冕之服, 子男用毳冕之服, 上公之夫人用褘衣, 侯伯夫人用揄狄, 子男夫人用屈狄. 此言君以袞, 舉上以見下也. 夫人以屈狄, 舉下以知上也. 禎, 赤色. 玄禎, 玄衣纁裳也. 世婦, 大夫妻, 言世婦者, 大夫妻與世婦同用襢衣也. 襢衣而下六服, 竝見前篇. 爵弁, 指爵弁服而言, 非用弁也. 六冕則以衣名冠, 四弁則以冠名衣也. 榮, 屋翼也. 天子諸侯屋皆四註, 大夫以下, 但前簷後簷而已. 翼, 在屋之兩頭, 似翼, 故名屋翼也. 中屋, 當屋之中也. 履危, 立于高峻之處, 蓋屋之脊也. 三號者, 一號於上, 冀魂自天而來. 一號於下, 冀魂自地而來. 一號於中, 冀魂在天地四方之間而來. 其辭則皐某復也. 皐, 長聲也. 三號畢, 乃捲斂此衣自前投而下, 司服者以篋受之, 復之小臣, 卽西北榮而下也.

'소신(小臣)'은 군주를 가까이에서 모시는 신하이다. '군이곤(君以袞)'이라는 말은 상공에 대해서는 곤복을 사용한다는 뜻이다. 그 등급에 따라서 사용을 한다면, 후작과 백작에 대해서는 별면의 복장을 사용하고, 자작과 남작에 대해서는 취면의 복장을 사용하며, 상공의 부인에 대해서는 위의를 사용하고, 후작과 백작의 부인에 대해서는 유적을 사용하며, 자작과 남작의 부인에 대해서는 궐적을 사용한다. 이곳에서 "군주에 대해서 곤복을 사용한다."라고 한 말은 상위의 것을 제시하여 그 이하의 내용도 나타낸 것이다. 또 "부인에 대해서는 궐적을 사용한다."라고 한 말은 하위의 것을 제시하여 그 이상의 내용도 알 수 있다. '정(禎)'자는 적색을 뜻한다. '현정(玄禎)'은 현색의 상의와 분홍색의 하의를 뜻한다. '세부(世婦)'는 대부의 처인데, '세부(世婦)'라고 말한 것은 대부의 처와 군주의 세부가 동일하게 전의를 사용하기 때문이다. 위의 이하의 여섯 가지 복식에 대해서는 앞 편에 그 설명이 나온다. '작변(爵弁)'은 작변복을 가리켜서 한 말이니, 실제로 변을 착용한다는 뜻이 아니다. 육면(六冕)[4]에 대해서는 옷에 따라서 관(冠)의 명칭을 부르며, 사변(四弁)[5]에 대해서는 관에 따라서 옷의 명칭을 부른다. '영(榮)'은 지붕에 날개처럼 달린 처마를 뜻한다. 천자와 제후의 궁실 지붕에는 모두 사면에 빗물을 흘러내리도록 하는 처마가 있고, 대부로부터 그 이하의 계층은 단지 앞과 뒤에만 처마가 있을 따름이다. '익(翼)'은 지붕의 양쪽 끝단에 있는데, 그 모습이 날개와

---

4) 육면(六冕)은 천자가 착용하는 여섯 종류의 면복(冕服)을 가리킨다. 호천(昊天) 및 오제(五帝)에게 제사지낼 때에는 대구(大裘)를 입고 면류관[冕]을 쓰며, 선왕(先王)에게 제사지낼 때에는 곤면(袞冕)을 착용하고, 선공(先公)에 대한 제사 및 향사례(饗射禮)를 시행할 때에는 별면(鷩冕)을 착용하며, 산천(山川) 등에 제사지낼 때에는 취면(毳冕)을 착용하고, 사직(社稷) 등에 제사지낼 때에는 희면(希冕: =絺冕)을 착용하며, 기타 여러 제사에는 현면(玄冕)을 착용한다. 『주례』「춘관(春官)·사복(司服)」편에는 "掌王之吉凶衣服, 辨其名物, 辨其用事. 王之吉服, 祀昊天上帝, 則服大裘而冕, 祀五帝亦如之. 享先王則袞冕. 享先公, 饗射則鷩冕. 祀四望山川則毳冕. 祭社稷五祀則希冕. 祭群小祀則玄冕."이라는 기록이 있다.
5) 사변(四弁)은 천자가 착용하는 여섯 종류의 변복(弁服)을 가리킨다. 전쟁이나 군대와 관련된 일을 처리할 때에는 위변복(韋弁服)을 착용하는데, 무두질한 가죽으로 변(弁) 및 상의와 하의를 만든 복장이다. 조정에 참관하여 신하들에게 정무를 보고받을 때에는 피변복(皮弁服)을 착용하는데, 가죽으로 만든 변(弁)과 15승(升)의 백색 포(布)로 만든 상의 및 흰색의 옷감에 주름을 잡아 만든 하의를 착용한다. 사냥과 관련된 일을 처리할 때에는 관변복(冠弁服)을 착용하는데, 관변(冠弁)은 위모(委貌)를 뜻하며, 치포(緇布)로 만든 상의와 흰색 옷감에 주름을 잡아 만든 하의를 착용한다. 흉사와 관련된 일에는 복변복(服弁服)을 착용하는데, 복변(服弁)은 상관(喪冠)을 뜻하며, 복장은 참최복(斬衰服)이나 자최복(齊衰服)에 해당한다. 『주례』「춘관(春官)·사복(司服)」편에는 "凡兵事, 韋弁服. 眡朝, 則皮弁服. 凡甸, 冠弁服. 凡凶事, 服弁服."이라는 기록이 있고, 이에 대한 정현의 주에서는 "韋弁, 以韎韋爲弁, 又以爲衣裳. …… 視朝, 視內外朝之事. 皮弁之服, 十五升白布衣, 積素以爲裳. …… 甸, 田獵也. 冠弁, 委貌, 其服緇布衣, 亦積素以爲裳. …… 服弁, 喪冠也. 其服, 斬衰·齊衰."라고 풀이했다.

같기 때문에 '옥익(屋翼)'이라고 부른다. '중옥(中屋)'은 지붕 중에서도 가운데 있다는 뜻이다. '이위(履危)'는 가장 높은 곳에 서 있다는 뜻으로, 지붕의 등마루를 뜻한다. '삼호(三號)'라고 했는데, 위에 대해 한 차례 불러서 혼이 하늘로부터 다시 오기를 기대하는 것이다. 또 아래에 대해 한 차례 불러서 혼이 땅으로부터 다시 오기를 기대하는 것이다. 중간에 대해 한 차례 불러서 혼이 천지와 사방의 사이에서 다시 오기를 기대하는 것이다. 그때 하는 말에 있어서는 "아아! 아무개여 돌아오소서."라고 한다. '고(皐)'자는 소리를 길게 내빼는 말이다. 세 차례 부르는 일이 끝나면, 사용한 옷을 말아서 앞으로 던져 밑으로 떨어지게 하고, 의복을 담당하는 사복이 상자를 이용해서 그것을 받고, 초혼을 했던 소신은 곧 서북쪽 처마를 통해서 밑으로 내려온다.

【005】

其爲賓, 則公館復, 私館不復. 其在野, 則升其乘車之左轂而復.〈005〉

사신으로 온 자가 죽었을 경우, 그 자가 머문 속소가 공관이라면 초혼을 하지만, 사관이라면 초혼을 하지 않는다. 만약 여정 중에 죽게 된다면, 그가 타고 갔던 수레의 좌측 수레바퀴 위에 올라가서 초혼을 한다.

集說 說見曾子問及雜記.

자세한 설명은 『예기』「증자문(曾子問)」 및 「잡기(雜記)」편에 나온다.

【006】

復衣不以衣[去聲]尸, 不以斂. 婦人復, 不以袡[如占反]. 凡復男子稱名, 婦人稱字. 唯哭先[去聲]復, 復而后行死事.〈006〉

초혼을 했던 옷으로는 시신에 대해 습을['衣'자는 거성으로 읽는다.] 하지 않고, 염을 하지 않는다. 부인에 대해 초혼을 할 때에는 시집을 올 때 착용했던 복장을['袡'자는 '如(여)'자와 '占(점)'자의 반절음이다.] 사용하지 않는다. 무릇 초혼을 할 때 남자의 경우라면 이름을 부르고, 여자의 경우라면 자를 부른다. 어떤 자가 죽었을 때 곡을 하지만 우선['先'자는 거성으로 읽는다.] 초혼을 하고, 초혼을 끝낸 뒤에 장례를 치르는 절차로 넘어간다.

集說 士喪禮: "復衣初用以覆尸, 浴則去之." 此言不以衣尸, 謂不用以襲也. 以絳緣衣之下曰袡. 蓋嫁時盛服, 非事鬼神之衣, 故不用以復也.

『의례』「사상례(士喪禮)」편에서는 "초혼을 할 때의 옷으로는 최초 그것을 사용하여 시신을 덮지만, 시신을 목욕시키게 되면 제거한다."고 했다. 이곳에서는 이 옷을 시신에게 입히지 않는다고 했는데, 이 말은 이 옷을 사용하여 습을 하지 않는다는 뜻이다. 진홍색으로 연의(緣衣)6)의 하단을 만든 옷을 '염(袡)'이라 부른다. 무릇 시집을 갈 때에는 융성한 복장을 착용하는데, 이것은 귀신을 섬기기 위해 착용하는 복장이 아니다. 그렇기 때문에 이 옷을 사용하여 초혼을 하지 않는다.

【007】

始卒, 主人啼, 兄弟哭, 婦人哭踊.〈007〉

어떤 자가 이제 막 죽었을 때, 상주는 울부짖고, 형제들은 곡을 하며, 부인은 곡과 용을 한다.

集說 啼者, 哀痛之甚, 嗚咽不能哭, 如嬰兒失母也. 兄弟情稍輕, 故哭有聲. 婦人之踊, 似雀之跳, 足不離地. 問喪篇云: "爵踊", 是也.

---

6) 연의(緣衣)는 단의(褖衣)를 뜻한다. '단의'는 흑색의 천으로 상의와 하의를 만들고, 붉은색으로 가장자리에 단을 댄 옷이다. 『의례』「사상례(士喪禮)」편에는 '단의'가 기록되어 있는데, 이에 대한 정현의 주에서는 "黑衣裳赤緣謂之褖."이라고 풀이했다.

'제(嗁)'는 애통함이 극심하여 목이 메어 곡을 할 수 없는 것이니, 마치 어린아이가 어미를 잃은 경우와 같다. 형제는 그 정감이 보다 가볍기 때문에 곡을 하며 소리를 낼 수 있다. 부인들의 용은 마치 참새가 뛰는 것과 같아서, 다리가 지면에서 떨어지지 않는다. 『예기』 「문상(問喪)」편에서 '작용(爵踊)'이라고 한 말이 이것에 해당한다.

【008】

旣正尸, 子坐于東方, 卿·大夫父兄子姓立于東方, 有司庶士哭于堂下北面, 夫人坐于西方, 內命婦姑姉妹子姓立于西方, 外命婦率外宗哭于堂上北面.〈008〉

군주의 시신을 들창 아래로 옮기고 머리를 남쪽으로 두게 되면, 자식은 동쪽에 앉고, 경과 대부 및 부형과 그 자손들은 동쪽에 서 있으며, 유사와 여러 사들은 당하에서 곡을 하며 북쪽을 바라보고, 부인은 서쪽에 앉으며, 내명부 및 군주의 고모 및 자매와 여손자들은 서쪽에 서 있고, 외명부는 외종을 이끌고 당상에서 곡을 하고 북쪽을 바라본다.

集說 此言國君之喪. 正尸, 遷尸於牖下南首也. 姓, 猶生也. 子姓, 子所生, 謂衆子孫也. 內命婦, 子婦世婦之屬. 姑姉妹, 君之姑姉妹也. 子姓, 君女孫也. 外命婦, 卿·大夫之妻也. 外宗, 謂姑姉妹之女.

이 내용은 제후의 상을 뜻한다. '정시(正尸)'는 들창 아래로 시신을 옮기고 머리를 남쪽으로 둔다는 뜻이다. '성(姓)'자는 "낳는다."는 뜻이다. '자성(子姓)'은 자식이 낳은 대상으로, 뭇 자손들을 뜻한다. '내명부(內命婦)'는 자식의 부인 및 세부 등을 뜻한다. '고자매(姑姉妹)'는 군주의 고모 및 자매를 뜻한다. '자성(子姓)'은 군주의 여손자를 뜻한다. '외명부(外命婦)'는 경과 대부의 처를 뜻한다. '외종(外宗)'은 고모와 자매의 딸을 뜻한다.

【009】

大夫之喪, 主人坐于東方, 主婦坐于西方, 其有命夫命婦則坐, 無則皆立. 士之喪, 主人父兄子姓皆坐于東方, 主婦姑姊妹子姓皆坐于西方. 凡哭尸于室者, 主人二手承衾而哭.〈009〉

대부의 상에서 상주는 동쪽에 앉고, 주부는 서쪽에 앉으며, 친족 중 작위를 가진 남자나 여자가 있을 경우라면 앉고 작위가 없다면 모두 서 있게 된다. 사의 상에서 상주, 부친 및 형의 항렬과 자손들은 모두 동쪽에 앉고, 주부, 고모와 자매 및 여손자들은 모두 서쪽에 앉는다. 무릇 실에서 시신에 대해 곡을 할 때, 상주는 두 손으로 시신을 덮고 있는 이불을 붙잡고 곡을 한다.

集說 承衾而哭, 猶若致其親近扶持之情也, 謂初死時.

이불을 잡고 곡을 한다는 말은 마치 친근한 자가 부축해야 하는 정감을 지극히 나타내는 것과 같으니, 이것은 이제 막 죽었을 때에 대한 내용이다.

集說 疏曰: 君與大夫位尊, 故坐者殊其貴賤; 士位下, 故坐者等其尊卑.

소에서 말하길, 군주와 대부는 지위가 존귀하기 때문에 앉게 되는 자들에 대해 신분의 귀천을 구별하는데, 사는 지위가 낮기 때문에 앉게 되는 자들에 대해 신분의 차등에 상관없이 동등하게 한다.

【010】

哭尸于堂上, 主人在東方, 由外來者在西方, 諸婦南鄉[向].〈019〉 [本在 "賓出徹帷"下.]

시신을 당상으로 옮기고 나서 곡을 하게 되면, 상주는 동쪽에 있게 되고, 외지에서 분상하여 온 자는 서쪽에 있게 되며, 부인들은 북쪽과 가까운 자리에서 남쪽을 바라보게['鄉'자의 음은 '向(향)'이다.] 된다. [본래는 "빈객이 밖으로 나가게 되면 당에 설치한 휘장을 걷는다."7)라고 한 문장 뒤에 수록되어 있었다.]

集說 婦人哭位本在西而東面. 今以奔喪者由外而來, 合居尸之西, 故退而近北以鄕南也.

부인이 곡을 하는 자리는 본래 서쪽에서 동쪽을 바라보는 자리인데, 현재는 분상을 하여 외지로부터 온 자가 함께 시신의 서쪽에 있기 때문에, 물러나 북쪽과 가까운 곳에 있으며 남쪽을 향하는 것이다.

類編 右始卒.

여기까지는 '시졸(始卒)'에 대한 내용이다.

---

7) 『예기』「상대기」 018장 : 賓出徹帷.

◇ 습(襲)

【011】

始死, 遷尸于牀, 幠[呼]用斂衾, 去死衣, 小臣楔[先結反]齒用角柶[四],
綴[拙]足用燕几, 君·大夫·士一也. 〈026〉 [本在"棄之於隱者"下.]

어떤 자가 이제 막 죽었을 때에는 땅바닥에 있던 시신을 들어서 침상으로
옮긴다. 그런 뒤에 대렴 때의 이불로 시신을 덮으며['幠'자의 음은 '呼(호)'이다.]
새로 입혔던 옷을 벗기고, 소신은 뿔로 만든 수저를['柶'자의 음은 '四(사)'이다.]
이용해서 입을 벌리게['楔'자는 '先(선)'자와 '結(결)'자의 반절음이다.] 하고, 연궤를
사용하여 발을 고정시키니['綴'자의 음은 '拙(졸)'이다.] 이러한 예법은 군주·대
부·사에게 모두 동일하게 적용된다. [본래는 "은밀한 곳에 버린다."1)라고 한 문장
뒤에 수록되어 있었다.]

集說 病困時遷尸于地, 冀其復生, 死則擧而置之牀上也. 幠, 覆也.
斂衾, 擬爲大斂之衾也. 先時徹褻衣而加新衣以死, 今覆以衾而去此
死時之新衣也. 楔, 柱也. 以角爲柶, 長六寸, 兩頭屈曲爲將含恐口
閉, 故以柶柱齒令開而受含也. 尸應著屨, 恐足辟戾, 故以燕几拘綴
之令直也.

병이 깊어졌을 때 땅으로 시신을 옮겨서 다시 살아나기를 기대하는데,
그가 죽게 되면 시신을 들어서 침상 위에 올려놓는다. '무(幠)'자는 "덮
다."는 뜻이다. '염금(斂衾)'은 대렴을 치르기 위해 만든 이불이다. 그 이
전에 속옷을 치우고 새로운 옷을 입히는 것은 그가 죽었기 때문인데, 현
재 이불로 덮으며 죽었을 때 새로 입혔던 옷을 벗기는 것이다. '설(楔)'자
는 "지탱하다"는 뜻이다. 뿔로 수저를 만드는데, 그 길이는 6촌이며 양쪽
끝을 굽히니, 함을 할 때 입이 닫히는 것을 염려하기 때문에, 수저로 이빨
을 벌려서 벌어지도록 하고 함을 할 수 있게끔 하는 것이다. 시신에 대해

---

1) 『예기』「상대기」 025장 : 子皆杖, 不以卽位. 大夫士哭殯則杖, 哭柩則輯杖. 棄
杖者, 斷而棄之於隱者.

서는 마땅히 신발을 신겨야 하는데, 발이 굽혀지는 것을 염려하기 때문에 연궤로 발이 틀어지지 않도록 묶어서 곧게 만드는 것이다.

【012】

管人汲, 不說[脫]縞屈之, 盡階. 不升堂, 授御者. 御者入浴, 小臣四人抗衾, 御者二人浴. 浴水用盆. 沃水用枓[主], 浴用絺巾, 挋[震]用浴衣, 如他日. 小臣瓜足. 浴餘水棄于坎. 其母之喪, 則內御者抗衾而浴. 〈027〉

시신을 목욕시킬 때, 관인이 그 물을 공급하니, 두레박에 달린 끈을 풀지[‘說’자의 음은 ‘脫(탈)’이다.] 않고 손으로 감아쥐며, 서쪽 계단으로 올라가지만 당에는 올라가지 않고 시중을 드는 자에게 전한다. 시중을 드는 자는 물을 건네받고 안으로 들어가서 시신을 목욕시키는데, 소신 4명이 이불을 들어서 시신의 몸을 가리며, 시중을 드는 자 2명이 목욕을 시킨다. 목욕을 시키는 물은 분을 이용해서 담고, 물을 퍼서 시신에게 뿌릴 때에는 주를[‘枓’자의 음은 ‘主(주)’이다.] 사용하며, 때수건으로는 고운 칡베를 사용하고, 물기를 제거할[‘挋’자의 음은 ‘震(진)’이다.] 때에는 욕의를 사용하는데, 이것은 생전과 동일하게 하는 것이다. 목욕을 모두 마치면 소신은 시신의 발톱을 깎는다. 목욕을 시키고 남은 물은 전인이 파놓았던 구덩이에 버린다. 모친의 상을 치르는 경우라면, 부인들이 이불을 들고서 목욕을 시킨다.

集說 管人, 主館舍者. 汲, 汲水以供浴事也. 縞, 汲水餠上索也. 急遽不暇解脫此索, 但縈屈而執於手. 水從西階升, 盡等而不上堂, 授與御者. 抗衾, 舉衾以蔽尸也. 此浴水用盆盛之, 乃用枓酌盆水以沃尸, 以絺爲巾, 蘸水以去尸之垢. 挋, 拭也. 浴衣, 生時所用以浴者, 用之以拭尸, 令乾也. 如他日者, 如生時也. 瓜足, 浴竟而翦尸足之瓜甲也. 浴之餘水, 棄之坎中, 此坎是甸人取王爲竈所掘之坎. 內御者, 婦人也.

‘관인(管人)’은 숙소에 대한 일을 주관하는 자이다. ‘급(汲)’자는 물을 길러서 목욕시키는 일에 공급한다는 뜻이다. '율(繘)'은 물을 기르는 두레박에 달린 끈이다. 신속히 처리하여 이 끈을 풀 겨를이 없으니, 단지 끈을 감아서 손에 쥐게 된다. 물은 서쪽 계단을 통해서 올려 보내는데, 계단에다 올라가되 당으로는 올라가지 않고, 시중을 드는 자에게 건넨다. '항금(抗衾)'은 이불을 들어서 시신을 가린다는 뜻이다. 이처럼 목욕을 시키는데 사용되는 물은 분을 이용해서 담고, 주를 이용해 분에 담긴 물을 떠서 시신에게 뿌린다. 고운 칡베로 수건을 만들고 물에 적셔서 시신에 묻어 있는 때를 제거한다. '진(抵)'자는 "닦는다."는 뜻이다. '욕의(浴衣)'는 생전에 목욕을 하며 사용하던 것으로, 이것을 이용해서 시신의 몸에 묻어 있는 물기를 닦아 건조시키는 것이다. "다른 때처럼 한다."는 말은 생전처럼 한다는 뜻이다. '조족(爪足)'은 목욕을 끝낸 뒤에 시신의 발톱을 깎는다는 뜻이다. 목욕을 시키고 남은 물은 구덩이에 버리는데, 이 구덩이는 전인이 흙을 모아서 부뚜막을 만들며 파냈던 구덩이이다. '내어자(內御者)'는 부인들을 뜻한다.

【013】

管人汲授御者, 御者差[七何反]沐于堂上. 君沐粱, 大夫沐稷, 士沐粱. 甸人爲垼[役]于西牆下, 陶人出重[平聲]鬲[歷], 管人受沐, 及煮之. 甸人取所徹廟之西北厞[扶味反]薪, 用爨之. 管人授御者沐, 乃沐. 沐用瓦盤, 抵用巾, 如他日. 小臣瓜手翦須. 濡[乃亂反]濯[掉]棄于坎. 〈028〉

시신의 머리를 감길 때, 관인은 물을 길러서 시중을 드는 자에게 건네고, 시중을 드는 자는 당상에서 머리 감길 물에 곡물을 담가서 씻는다.['差'자는 '七(칠)'자와 '何(하)'자의 반절음이다.] 군주의 경우에는 조를 사용하고, 대부의 경우에는 기장을 사용하며, 사의 경우에도 조를 사용한다. 전인은 서쪽 담장 밑에 흙을 쌓아 부뚜막을['垼'자의 음은 '役(역)'이다.] 만들고, 도인은 중에['重'자는 평성으로 읽는다.] 걸칠 항아리를['鬲'자의 음은 '歷(력)'이다.] 꺼내오며, 관인은 시중드는 자가 건넨 곡물 씻은 물을 받아서 이것을 부뚜막의 병에 담아

끓인다. 전인은 부뚜막을 만든 뒤 곧바로 초혼을 했던 자가 치워두었던 정침 서북쪽 모퉁이에['扉'자는 '扶(부)'자와 '味(미)'자의 반절음이다.] 있던 땔감을 가져다가 이것을 이용해서 부뚜막에 불을 지핀다. 머리 감길 물이 끓으면 관인은 시중드는 자에게 물을 건네고, 시중을 드는 자가 머리를 감긴다. 머리 감길 물을 담을 때에는 와반을 사용하고, 씻길 때에는 수건을 사용하는데, 이것은 생전과 동일하게 하는 것이다. 머리를 감긴 뒤에는 소신이 손톱을 깎고 수염을 자른다. 머리를 감기고['擩'자는 '乃(내)'자와 '亂(란)'자의 반절음이다.] 난 더러운['灂'자의 음은 '掉(도)이다.] 물은 구덩이에 버린다.

集說 此言尸之沐. 差, 猶摩也. 謂浙粱或稷之潘汁以沐髮也. 君與士同用粱者, 士卑不嫌於僭上也. 堲, 塊竈也, 將沐時, 甸人之官取西墻下之土爲塊竈. 陶人, 作瓦器之官也. 重鬲, 懸重之鬲, 瓦缾也, 受三升. 管人受沐汁於堂上之御者, 而下往西墻於塊竈中煮之令溫, 甸人爲竈畢, 卽往取復者所徹正寢西北扉, 以爨竈煮沐汁. 謂正寢爲廟, 神之也. 舊說, 扉是屋簷, 謂抽取屋西北之簷. 或說, 西北隅扉, 隱處之薪也, 用瓦鑑以貯此汁也. 盤用巾, 以巾拭髮及面也. 瓜手, 翦手之瓜甲也. 擩, 煩撋其髮也. 灂, 不淨之汁也.

이 내용은 시신의 머리를 감긴다는 뜻이다. '차(差)'자는 "문지르다."는 뜻이니, 조나 기장을 씻고 난 물로 머리카락을 감긴다는 뜻이다. 군주와 사가 동일하게 조를 사용하는 것은 사는 미천하여 상위 예법을 참람되게 따른다는 혐의를 받지 않기 때문이다. '역(堲)'은 흙을 쌓아 만든 부뚜막이니, 머리를 감기고자 할 때, 전인이라는 관리가 서쪽 담장 아래의 흙을 가져다가 부뚜막을 만든다. '도인(陶人)'은 옹기 등을 만드는 관리이다. '중력(重鬲)'은 중(重)에 걸어둔 항아리로, 옹기로 만든 병이니, 용적은 3승이다. 관인은 당상에 있는 시중드는 자에게 머리 감길 물을 받고, 아래로 내려가서 서쪽 담장에 설치된 병 안에 담고 따뜻하게 끓이는데, 전인은 부뚜막 만드는 일이 끝나면, 곧 초혼을 했던 자가 치워두었던 정침 서북쪽 모퉁이의 나무를 가져다가 부뚜막에 불을 지펴 머리 감길 물을 끓인다. 정침에 대해서 '묘(廟)'라고 부르는 것은 신령스럽게 대하기 때문이다. 옛 학설에서 비(扉)는 지붕의 처마이니, 지붕 서북쪽에 있는 처마의 나무를 뽑는다고 했다. 또 일설에서는 서북쪽 모퉁이의 비(扉)는 깊숙한 곳에 쌓아둔 땔감이라고 했다. 옹기로 만든 반을 이용해서 끓인 물을 담는다. 씻을 때 건을 사용한다고 했는데, 수건을 사용하여 머리카락과 얼굴을 닦는다는 뜻이다. '조수(爪手)'는 손톱을 깎는다는 뜻이다. '난(湳)'은 머리카락을 감기고 적신다는 뜻이다. '도(潲)'자는 깨끗하지 않은 물을 뜻한다.

【014】

君設大盤, 造[七到反]冰焉. 大夫設夷盤, 造冰焉. 士併[步頂反]瓦盤, 無冰. 設牀禮[展]第[滓], 有枕. 含[去聲]一牀, 襲一牀, 遷尸于堂又一牀, 皆有枕席, 君·大夫·士一也.⟨029⟩

군주의 경우에는 침상 밑에 대반을 설치하고 그 안에 얼음을 채운다.['造'자는 '七(칠)'자와 '到(도)'자의 반절음이다.] 대부의 경우에는 침상 밑에 이반을 설치하고 그 안에 얼음을 채운다. 사의 경우에는 와반을 나란히['併'자는 '步(보)'자와 '頂(정)'자의 반절음이다.] 설치하되 얼음은 없고 물만 채운다. 침상을 설치하고 자리를 걷어 대자리가['第'자의 음은 '滓(재)'이다.] 드러나도록['禮'자의 음은 '展(전)'이다.] 하며, 베개를 둔다. 함을['含'자는 거성으로 읽는다.] 할 때 하나의 침상이 놓이고, 습을 할 때 하나의 침상이 놓이며, 당으로 시신을 옮길 때에도 하나의 침상이 놓이는데, 이 모든 경우에는 베개와 자리가 포함되니, 이러한 예법은 군주·대부·사에게 모두 동일하게 적용된다.

集說 大盤造氷, 納氷於大盤中也. 夷盤, 小於大盤. 夷, 猶尸也. 併, 竝也. 瓦盤小, 故併設之. 無氷, 盛水也. 氷在下, 設牀於上. 擅, 單也. 去席而袒露第簀, 尸在其上, 使寒氣得通, 免腐壞也. 含襲遷尸三飾, 各自有牀, 此謂沐浴以後, 襲斂以前之事.

'대반조빙(大盤造氷)'은 대반 안에 얼음을 채운다는 뜻이다. '이반(夷盤)'

은 대반보다 작은 것이다. '이(袞)'자는 시(尸)자와 같다. '병(幷)'자는 나란히라는 뜻이다. 와반은 작기 때문에 나란히 설치한다. '무빙(無氷)'은 얼음 없이 물만 채운다는 뜻이다. 얼음 채운 것을 밑에 두고, 그 위에 침상을 설치한다. '전(禫)'자는 홑이라는 뜻이다. 자리를 치우고 침상의 대자리가 드러나도록 하며 그 위에 시신을 올려두어, 차가운 기운이 통하도록 해서 부패를 막는 것이다. 함을 하고 습을 하며 시신을 옮기는 세 절차에 대해서는 각각 그 사안마다 침상이 있게 되는데, 이곳의 내용은 머리를 감기고 목욕을 시킨 이후, 습과 염을 하기 이전의 사안에 해당한다.

類編　右襲.
여기까지는 '습(襲)'에 대한 내용이다.

◇ 대소렴(大小斂)

【015】

小斂於戶內, 大斂於阼. 君以簟席, 大夫以蒲席, 士以葦席. 〈037〉 [本在"酒醴則辭"下.]

소렴은 방문 안쪽에서 하고, 대렴은 동쪽 계단에서 한다. 군주의 경우에는 침상에 대나무로 짠 자리를 깔고, 대부는 부들로 짠 자리를 깔며, 사는 갈대로 짠 자리를 깐다. [본래는 "진한 술의 경우라면 사양을 해야만 한다."[1]라고 한 문장 뒤에 수록되어 있었다.]

> 集說 簟席, 竹席也.

'점석(簟席)'은 대나무로 짠 자리이다.

【016】

小斂: 布絞[爻], 縮者一, 橫者三. 君錦衾, 大夫縞衾, 士緇衾, 皆一. 衣十有九稱[去聲]. 君陳衣于序東, 大夫士陳衣于房中, 皆西領北上. 絞 · 紟[其鴆反]不在列. 〈038〉

소렴(小斂)을 치를 때에는 포로 만든 묶는 끈을['絞'자의 음은 '爻(효)'이다.] 사용하는데, 세로로 묶는 끈은 1개이고, 가로로 묶는 끈은 3개이다. 묶는 끈을 깐 뒤에는 그 위에 이불을 덮는데, 군주의 경우에는 비단으로 만든 이불을 사용하고, 대부의 경우에는 명주로 짠 이불을 사용하며, 사의 경우에는 치포로 만든 이불을 사용하니, 모두 1개의 이불을 사용한다. 의복은 총 19칭을['稱'자는 거성으로 읽는다.] 사용한다. 군주의 경우에는 서의 동쪽에 시신에게 입히는 옷들을 진열하고, 대부와 사의 경우에는 방안에 옷들을 진열하는데, 모두 옷깃을 서쪽으로 두되 북쪽 끝에서부터 진열한다. 묶는 끈과 홑겹

---

1) 『예기』「상대기」036장 : 既葬, 若君食之, 則食之. 大夫 · 父之友食之, 則食之矣. 不辟粱肉, 若有酒醴則辭.

으로 된 이불은('袗'자는 '其(기)'자와 '□□집)'자의 반절음이다. 19칭의 수에 포함되지 않는다.

集說 此明小斂之衣衾. 絞, 即□□所用以束尸使□實者. 從者在橫者之上, 從者一幅, 橫者三幅, 每幅□之末, 折爲三片, 以便結束. 皆一者, 君·大夫·士皆一衾也. 衾在絞□之上. 天數終於九, 地數終於十, 故十有九稱也. 袍, 夾衣. 衣裳, 單□□. 故註云: "單·復具曰稱." 袗, 單被也. 不在列, 不在十九稱之數□□.

이 내용은 소렴에 사용하는 의복과 이불에 대해서 나타내고 있다. '효(絞)'는 염을 하고서 이것을 사용하여 시신을 묶어 결속시키는 것이다. 세로로 묶는 것은 가로로 묶는 것 위에 설치하는데, 세로로 묶는 것은 1폭이고, 가로로 묶는 것은 3폭이며, 매 폭마다 그 끝을 갈라서 3가닥으로 만드니, 쉽게 결속시키기 위해서이다. '개일(皆一)'이라는 말은 군주·대부·사가 모두 하나의 이불을 사용한다는 뜻이다. 이불은 묶는 것 위에 덮어둔다. 하늘의 수는 9에서 끝나고, 땅의 수는 10에서 끝난다. 그렇기 때문에 19칭을 사용한다. '포(袍)'는 겹으로 된 옷이다. 상의와 하의는 홑옷이다. 그렇기 때문에 주에서는 "홑옷과 겹옷에 대해서는 모두 '칭(稱)'이라고 부른다."고 한 것이다. '금(袗)'은 홑겹으로 된 이불이다. '부재렬(不在列)'이라는 말은 19칭의 수에는 포함되지 않는다는 뜻이다.

[017]
大斂: 布絞, 縮者三, 橫者五; 布紟, 二衾. 君·大夫·士一也. 君陳衣于庭, 百稱, 北領西上. 大夫陳衣于序東, 五十稱, 西領南上. 士陳衣于序東, 三十稱, 西領南上. 絞·紟如服. 絞一幅爲三. 不辟[百]. 紟五幅, 無紞[都敢反].〈039〉

대렴을 치를 때에는 포로 만든 묶는 끈을 사용하는데, 세로로 묶는 끈은 3개이고, 가로로 묶는 끈은 5개이며, 포로 만든 홑이불이 사용하고, 소렴

때 사용한 이불보다 1개를 더하여 2개의 이불을 사용한다. 이것은 군주·
대부·사가 모두 동일하다. 군주의 경우 의복은 마당에 진열해두는데, 총
100칭이고, 옷깃은 북쪽으로 두되 서쪽 끝에서부터 정렬한다. 대부의 경우
의복은 서의 동쪽에 진열해두는데, 총 50칭이고, 옷깃은 서쪽으로 두되 남
쪽 끝에서부터 정렬한다. 사의 경우 의복은 서의 동쪽에 진열해두는데, 총
30칭이고, 옷깃은 서쪽으로 두되 남쪽 끝에서부터 정렬한다. 묶는 끈과 홑
이불에 사용하는 포는 조복에 사용하는 포와 같다. 묶는 끈은 1폭으로 하되
끝을 갈라서 3가닥으로 만들지만, 가운데는 가르지['辟'자의 음은 '百(백)'이다.]
않는다. 홑이불은 5폭으로 하되, 가에 붙이는 술이['紞'자는 '都(도)'자와 '敢(감)'
자의 반절음이다.] 없다.

集說 此明大斂之事. 縮者三, 謂一幅直用, 裂其兩頭爲三片也. 橫
者五, 謂以布二幅, 分裂作六片, 而用五片橫於直者之下也. 紟, 一說
在絞下用二擧尸, 一說在絞上, 未知孰是. 二衾者, 小斂一衾, 大斂又
加一衾也. 如朝服, 其布如朝服十五升也. 絞一幅爲三不辟者, 一幅
兩頭分爲三段, 而中不擘裂也. 紟五幅, 用以擧尸者. 無紞, 謂被頭
不用組紐之類爲識別也. 又按, 士沐粱及陳衣, 與士喪禮不同, 舊說
此爲天子之士.

이 문장은 대렴의 사안을 나타내고 있다. "가로로 된 것이 3개이다."는
말은 1폭으로 된 것을 세로로 두되 양쪽 끝을 갈라서 세 가닥으로 만든다
는 뜻이다. "가로로 된 것이 5개이다."는 말은 2폭의 포를 사용하되 갈라서
6가닥으로 만들고, 그 중 5가닥을 이용해서 세로로 된 것 밑에 가로로
둔다는 뜻이다. '금(紟)'에 대해서 일설에서는 효 밑에 두어서 시신을 들
때 사용하는 것이라고도 하고, 또 어떤 자들은 효 위에 둔다고 하는데,
어느 것이 옳은지 모르겠다. '이금(二衾)'이라고 했는데, 소렴에는 1개의
이불을 사용하고, 대렴에는 재차 1개의 이불을 추가하여 2개를 사용한다
는 뜻이다. '여조복(如朝服)'은 사용하는 포가 조복에 사용하는 것과 동일
하게 15승의 것을 사용한다는 뜻이다. "효는 1폭으로 하되 3으로 만들고

백을 하지 않는다.”고 했는데, 1폭의 포에서 양쪽 끝을 갈라 3가닥으로 만들지만, 가운데는 찢지 않는다는 뜻이다. “금은 5폭이다.”라고 했는데, 이것을 이용해서 시신을 들어 올린다. ‘무담(無紞)’은 이불 끝에 끈 등을 이용해서 표식을 하지 않는다는 뜻이다. 또 살펴보니, 사에 대해서 머리를 감길 때 조 씻은 물을 사용한다는 기록이나 옷을 진열하는 것에 있어서, 그 내용이 『의례』「사상례(士喪禮)」편의 기록과 차이를 보이는데, 옛 학설에서는 여기에 나오는 사는 천자에게 소속된 사이기 때문이라고 했다.

【018】

小斂之衣, 祭服不倒. 君無襚. 大夫·士畢主人之祭服. 親戚之衣, 受之不以卽陳. 小斂, 君·大夫·士皆用複[福]衣複衾. 大斂, 君·大夫·士祭服無筭, 君褶[牒]衣褶衾, 大夫·士猶小斂也.〈040〉

소렴에 사용하는 19칭의 옷에 있어서, 제사 복장은 거꾸로 뒤집어두지 않는다. 군주는 자신의 옷만 사용하므로, 다른 사람이 보내온 수의를 포함시키지 않는다. 대부와 사는 가지고 있는 옷이 적기 때문에, 본인의 정규 복장을 먼저 사용하고, 모자란 부분은 다른 사람이 보내온 수의에서 충당한다. 친척이 보내온 수의는 받기만 하고 진열하지 않는다. 소렴 때 군주·대부·사는 모두 솜을 채운['複'자의 음은 '福(복)'이다.] 옷과 솜을 채운 이불을 사용한다. 대렴 때 군주·대부·사는 모두 제사 복장을 사용함에 제한된 수치가 없지만, 군주의 경우에는 겹으로 된['褶'자의 음은 '牒(첩)'이다.] 옷과 겹으로 된 이불을 사용하고, 대부와 사는 여전히 소렴 때 사용하는 옷 및 이불과 동일하게 따른다.

集說 小斂十九稱, 不悉著於身, 但取其方, 故有領在下者, 惟祭服尊, 故必領在上也. 君無襚, 謂悉用己衣, 不用他人襚送者. 大夫·士盡用己衣然後用襚. 言祭服, 擧尊美者言之也. 親戚所襚之衣, 雖受之而不以陳列. 複衣·複衾, 衣衾之有綿纊者. 祭服無筭, 隨所有皆用, 無限數也. 褶衣·褶衾, 衣衾之袷者. 君衣尚多, 故大斂用袷衣衾, 大夫・士猶用小斂之複衣複衾也.

소렴에 사용하는 의복은 19칭이지만, 이 모두를 시신의 몸에 입히는 것은 아니다. 다만 네모반듯하게 펼쳐두려고 하기 때문에 옷깃이 밑으로 가도록 두는 옷도 있다. 그러나 오직 제사 복장만은 존귀한 의복이므로, 반드시 옷깃이 위로 오도록 펼쳐둔다. "군주는 수의가 없다."라고 했는데, 모두 자신의 옷을 사용하는 것이며, 다른 사람이 수의로 보내온 옷을 사용하지 않는다는 뜻이다. 대부와 사는 자신의 옷을 모두 사용한 뒤에 부족한 부분은 수의를 사용한다. '제복(祭服)'이라고 말한 것은 존귀하고 아름다운 복장을 기준으로 말한 것이다. 친척이 수의로 보내온 옷에 대해서는 비록 받기는 하지만 이것을 진열하지는 않는다. '복의(複衣)'와 '복금(複衾)'은 옷과 이불 중 솜을 채운 것이다. "제복에는 셈이 없다."라고 했는데, 가지고 있는 것을 모두 사용하며, 수치의 제한이 없다는 뜻이다. '첩의(褶衣)'와 '첩금(褶衾)'은 옷과 이불 중 겹으로 된 것이다. 군주가 사용하는 옷은 항상 많기 때문에 대렴에서는 겹으로 된 옷과 이불을 사용하며, 대부와 사는 여전히 소렴 때 사용하는 솜을 채운 옷과 솜을 채운 이불을 동일하게 사용한다.

【019】

袍必有表, 不襌[丹]; 衣必有裳. 謂之一稱. 〈041〉

포에는 반드시 겉옷을 껴입혀야 하니, 포만을 홑겹으로['襌'자의 음은 '丹(단)'이다.] 입힐 수 없다. 또 상의를 입힌다면 반드시 하의도 입혀야 한다. 이처럼 모두 갖추게 되면, 이것을 1칭이라 부른다.

集說 袍, 衣之有著者, 乃褻衣也, 必須有禮服以表其外, 不可襌露. 衣與裳亦不可偏有, 如此乃成稱也.

'포(袍)'는 옷 중에 속을 채운 것으로 안에 입는 속옷에 해당한다. 따라서 반드시 예복을 껴입어서 그 겉을 가려야 하니, 포만을 홑겹으로 착용해서 드러내서는 안 된다. 상의와 하의 또한 한쪽만 있어서는 안 되니, 이처럼 모두 갖추게 되면 '칭(稱)'이라 부른다.

【020】

凡陳衣者實之篋, 取衣者亦以篋. 升降者自西階. 凡陳衣不詘[屈], 非列采不入, 絺·綌·紵[宁]不入. ⟨042⟩

무릇 옷을 진열하는 자는 상자에 담았던 옷을 꺼내서 진열하고, 수의를 거둬가는 자 또한 상자에 담아서 가져간다. 옷을 진열하기 위해 당에 오르고 내릴 때에는 서쪽 계단을 이용한다. 무릇 옷을 진열할 때에는 모두 펴두며 말아놓지['詘'자의 음은 '屈(굴)'이다.] 않고, 정복의 색깔이 아닌 간색이나 잡색의 의복은 그 안에 포함시키지 않으며, 고운 갈포와 성근 갈포 및 모시로['紵'자의 음은 '宁(저)'이다.] 만든 옷들은 그 안에 포함시키지 않는다.

> **集說** 陳衣者實之篋, 自篋中取而陳之也. 取衣, 收取遂者所委之衣也. 不詘, 舒而不卷也. 非列采, 謂間色·雜色也. 斂尸者, 當暑亦用袍, 故絺·綌與紵布皆不入也.

"옷을 진열하는 자는 상자에 담는다."는 말은 상자로부터 꺼내서 진열한다는 뜻이다. '취의(取衣)'는 수의를 보내온 자가 전달한 옷을 거둬간다는 뜻이다. '불굴(不詘)'은 펴 두며 말아놓지 않는다는 뜻이다. '비렬채(非列采)'는 간색이나 잡색이 된다는 뜻이다. 시신에게 염을 할 때, 더운 시기라도 또한 포를 사용해야 한다. 그렇기 때문에 치·격과 모시 등은 모두 포함시키지 않는다.

【021】

凡斂者袒, 遷尸者襲. ⟨043⟩

무릇 염을 하는 자는 단을 하고, 시신을 옮기는 자는 습을 한다.

集說 執小斂·大斂之事者, 其事煩, 故必袒, 以取便. 遷尸入柩, 則其事易矣, 故不袒.

소렴과 대렴의 사안을 맡아보는 자들은 그 사안이 번다하기 때문에, 반드시 단을 하니, 편리함에 따르는 것이다. 시신을 옮겨서 관에 안치하는 경우라면, 그 사안이 간단하기 때문에 단을 하지 않는다.

【022】

君之喪, 大[泰]胥[祝]是斂, 衆胥佐之. 大夫之喪, 大胥侍之, 衆胥是斂. 士之喪, 胥爲侍, 士是斂. 〈044〉

군주의 상에서는 태축이['大'자의 음은 '泰(태)'이다. '胥'자의 음은 '祝(축)'이다.] 염을 담당하고, 나머지 축들은 태축을 돕는다. 대부의 상에서는 태축이 그 사안에 임하고, 나머지 축들이 염을 한다. 사의 상에서는 축이 그 사안에 임하고, 사가 염을 한다.

集說 胥, 讀爲祝者, 以胥是樂官, 不掌喪事也. 周禮大祝之職, 大喪贊斂; 喪祝, 卿·大夫之喪掌斂. 士喪禮: "商祝主斂." 故知當爲祝. 侍, 猶臨也.

'서(胥)'자는 축(祝)자로 풀이하니, 서(胥)는 음악을 담당하는 관리라서 상사의 일을 담당하지 않기 때문이다. 『주례』「대축(大祝)」편의 직무 기록에서는 대상에는 염을 돕는다고 했고,[2] 「상축(喪祝)」편에서는 경과 대부의 상에서 염을 담당한다고 했다.[3] 『의례』「사상례(士喪禮)」편에서는 상축(商祝)이 염을 주관한다고 했다. 그렇기 때문에 이 글자는 마땅히 '축(祝)'자가 되어야 함을 알 수 있다. '시(侍)'자는 "임한다."는 뜻이다.

附註 大胥是斂, 胥字皆讀爲祝, 不必改字. 周禮旣非戴記, 何可必

---

2) 『주례』「춘관(春官)·대축(大祝)」: <u>大喪</u>, 始崩, 以肆壐壐尸, 相飯, <u>贊斂</u>, 徹奠.
3) 『주례』「춘관(春官)·상축(喪祝)」: 凡<u>卿大夫之喪, 掌事</u>, 而斂飾棺焉.

同? 或記者聞見異.

'대서시렴(大胥是斂)'에 대해 '서(胥)'자를 모두 축(祝)자로 고쳐서 풀이했는데, 글자를 고칠 필요는 없다. 『주례』 자체가 이미 『예기』와 다른 기록인데, 어찌 반드시 동일할 수 있겠는가? 혹은 『예기』를 기록한 자가 듣고 본 것이 달랐던 것이다.

【023】

小斂大斂, 祭服不倒, 皆左衽, 結絞不紐.〈045〉

소렴과 대렴을 치를 때, 제사 복장은 거꾸로 펼쳐두지 않고, 이러한 옷들은 모두 옷깃이 좌측을 향하도록 하며, 묶는 끈을 결속하게 되면 매듭을 짓지 않는다.

集說 疏曰: 衽, 衣襟也, 生向右, 左手解抽帶便也. 死則襟向左, 示不復解也. 結絞不紐者, 生時帶竝爲屈紐, 使易抽解, 死時無復解義, 故絞束畢結之不爲紐也.

소에서 말하길, '임(衽)'자는 옷의 옷깃을 뜻하며, 살아있는 자들은 우측을 향하도록 하니, 좌측 손으로 허리띠를 풀거나 당기기에 편리하기 때문이다. 죽은 자에 대해서는 옷깃이 좌측을 향하도록 하니, 다시 풀지 않는다는 뜻을 보이기 때문이다. '결교불뉴(結絞不紐)'라고 했는데, 살아있을 때 허리띠는 모두 한쪽으로 굽혀서 매듭을 짓게 되니, 당기거나 풀 때 편리하게 만들기 위해서이며, 죽었을 때에는 다시 푼다는 뜻이 없으므로, 묶는 끈을 결속하게 되면 매듭을 짓지 않는다.

【024】

斂者旣斂必哭. 士與[去聲]其執事則斂, 斂焉則爲之壹不食. 凡斂者六人.〈046〉

염을 하는 자는 염을 끝내면 반드시 곡을 한다. 사가 상사의 일 돕는 것에 참여하게['與'자는 거성으로 읽는다.] 된다면 염을 하고, 염을 하게 되면 죽은 자를 위해 1끼의 식사를 하지 않는다. 대체로 염에 참여하는 자는 6명이다.

集說 與其執事, 謂相助凡役也. 舊說, 謂與此死者平生共執事, 則不至褻惡死者, 故以之斂. 未知是否.

'여기집사(與其執事)'는 상사의 모든 일들에 대해서 돕는다는 뜻이다. 옛 학설에서는 "죽은 자와 함께 근무를 한 자라면, 죽은 자에 대해서 꺼려하지 않기 때문에, 그들로 염을 시행하도록 한다."고 했다. 그러나 이 말이 옳은지 아닌지 모르겠다.

【025】
君錦冒黼殺[色介反], 綴旁七. 大夫玄冒黼殺, 綴旁五. 士緇冒赬[尺貞反]殺, 綴旁三. 凡冒, 質長與手齊, 殺三尺, 自小斂以往用夷衾. 夷衾質殺之裁[去聲]猶冒也. 〈047〉

시신을 감싸는 모에 있어서, 군주의 경우 상단부인 질은 비단으로 만들고 하단부인 쇄에는['殺'자는 '色(색)'자와 '介(개)'자의 반절음이다.] 보무늬를 그리며, 측면에 다는 끈은 7개이다. 대부의 경우 상단부인 질은 현색으로 만들고 하단부인 쇄에는 보무늬를 그리며, 측면에 다는 끈은 5개이다. 사의 경우 상단부인 질은 치포로 만들고 하단부인 쇄는 붉은색으로['赬'자는 '尺(척)'자와 '貞(정)'자의 반절음이다.] 만들며, 측면에 다는 끈은 3개이다. 무릇 모의 경우 상단부의 질 길이는 시신의 팔 길이와 같고, 하단부의 쇄는 3척이며, 소렴을 치른 이후에는 이금을 사용하여 시신을 덮는다. 이금의 질과 쇄를 만드는['裁'자는 거성으로 읽는다.] 방법은 모와 같다.

集說 冒者, 韜尸之二囊. 上曰質, 下曰殺. 先以殺韜足而上, 後以質韜首而下. 君質用錦, 殺畫黼文, 故云"錦冒黼殺"也. 其制縫合一頭, 又縫連一邊, 餘一邊不縫, 兩囊皆然. 綴旁七者, 不縫之處. 上下安七帶, 綴以結之也. 上之質從頭而下, 其長與手齊; 殺則自下而上, 其長三尺也. 小斂有此冒, 故不用衾; 小斂以後, 則用夷衾覆之. 夷, 尸也. 裁, 猶製也. 夷衾與質殺之制, 皆爲覆冒尸形而作也. 舊說, 夷衾亦上齊手, 下三尺, 繒色及長短制度, 如冒之質殺.

'모(冒)'는 시신을 감싸는 2개의 주머니이다. 상단부를 '질(質)'이라 부르고 하단부를 '쇄(殺)'라 부른다. 먼저 쇄로 시신의 다리를 감싸서 위로 올리고, 이후에 질로 시신의 머리를 감싸서 아래로 내린다. 군주의 질은 비단을 이용해서 만들고 쇄에는 보무늬를 그린다. 그렇기 때문에 '비단의 모에 보무늬를 새긴 쇄'라고 말한 것이다. 그것을 제작하는 방법은 한쪽 끝부분을 봉합하고, 재차 한쪽 측면을 봉합하지만 나머지 한쪽 측면은 봉합하지 않으니, 두 주머니를 모두 이처럼 만든다. '철방칠(綴旁七)'이라고 했는데, 봉합하지 않은 측면에 대해서, 위아래로 7개의 띠를 달고, 그것을 묶어서 결속을 시킨다는 뜻이다. 상단부의 질은 시신의 머리부터 그 밑으로 내리는데, 그 길이는 시신의 팔에 맞추며, 하단부의 쇄는 아래로부터 위로 올리는데, 그 길이는 3척이다. 소렴을 치를 때 이러한 모가 포함되므로, 이불을 사용하지 않는다. 소렴을 치른 이후라면 곧 이금을 이용해서 시신을 덮는다. '이(夷)'자는 시(尸)자를 뜻한다. '재(裁)'자는 "만들다."는 뜻이다. 이금과 질·쇄의 제작 방법은 모두 시신을 덮는 모처럼 만들게 된다. 옛 학설에서는 이금 또한 상단부의 길이는 팔의 길이에 맞추고 하단부는 3척이라고 했으며, 비단의 색깔과 그 길이에 대한 제도는 모의 질·쇄와 같다고 했다.

【026】

小斂, 主人卽位于戶內, 主婦東面乃斂. 卒斂, 主人馮[憑]之踊, 主婦亦如之. 主人袒, 說[脫]髦, 括髮以麻. 婦人髽[側瓜反], 帶麻于房中. 徹帷, 男女奉[上聲]尸夷于堂, 降拜.〈013〉[本在"爲命婦出"下.]

소렴을 치르게 되면, 상주는 방문 안쪽의 자리로 나아가고, 주부는 동쪽을 바라보고서 곧 소렴을 시행한다. 소렴을 끝내면 상주는 시신을 부여잡고['馮'자의 음은 '憑(빙)'이다.] 용을 하며, 주부 또한 이처럼 한다. 주부는 단을 하고 다팔머리를 풀며['說'자의 음은 '脫(탈)'이다.] 마를 이용해서 머리카락을 묶는다. 부인은 좌의['髽'자는 '側(측)'자와 '瓜(과)'자의 반절음이다.] 방식으로 머리를 틀고, 방안에서 마로 된 허리띠를 찬다. 당에 쳤던 휘장을 걷고, 상주와 주부 및 남녀의 친족들은 시신을 받들어서['奉'자는 상성으로 읽는다.] 당으로 옮기고, 상주는 당하로 내려와서 빈객에게 절을 한다. [본래는 "명부를 위해서 방밖으로 나온다."[1]라고 한 문장 뒤에 수록되어 있었다.]

集說 檀弓云: "小斂于戶內." 馮之踊者, 馮尸而踊也. 髦, 幼時翦髮 爲之, 年雖成人, 猶垂于兩過. 若父死脫左髦, 母死脫右髦. 親沒不 髦, 謂此也. 鬠, 亦用麻, 如男子括髮以麻也. 帶麻. 麻帶也, 謂婦人 要絰. 小斂畢, 卽徹去先所設帷堂之帷. 諸侯・大夫之禮, 賓出乃徹 帷, 此言士禮耳. 夷, 陳也. 小斂竟, 相者擧尸出戶, 往陳于堂, 而孝 子男女親屬, 竝扶捧之也. 降拜. 適子下堂而拜賓也.

『예기』「단궁(檀弓)」편에서는 "방문의 안쪽에서 소렴을 한다."고 했다. '빙지용(馮之踊)'은 시신을 부여잡고 용을 한다는 뜻이다. '모(髦)'는 어렸을 때 머리카락을 잘라서 만든 다팔머리인데, 나이가 비록 성인에 해당하더라도 여전히 양쪽 측면으로 머리카락을 늘어트린다. 만약 부친이 돌아가셨다면 좌측의 다팔머리를 풀어서 늘어트리고, 모친이 돌아가셨다면 우측의 다팔머리를 풀어서 늘어트린다. "부모가 돌아가시게 되면, 모의 머리 방식을 하지 않는다."고 한 말은 바로 이러한 뜻을 나타낸다. '좌(鬠)'의 머리 방식 또한 마를 사용해서 만들게 되는데, 이것은 남자가 머리카락을 묶을 때 마를 사용하는 것과 같다. '대마(帶麻)'는 마로 만든 허리띠를 뜻하니, 부인이 차는 요질을 의미한다. 소렴을 끝내면 곧 당에 쳤던 휘장을 우선적으로 제거한다. 제후와 대부의 예법에서 빈객이 밖으로 나오면 휘장을 걷는다고 했으니, 이곳의 내용은 사에게 적용되는 예법일 뿐이다. '이(夷)'자는 "놓아둔다."는 뜻이다. 소렴이 끝나면 의례를 돕는 자는 시신을 들어서 방문 밖으로 나가고, 당으로 가서 시신을 놓아두는데, 자식과 남녀의 친족들은 모두 시신을 받들게 된다. '강배(降拜)'는 적자가 당하로 내려와서 빈객에게 절을 한다는 뜻이다.

---

1) 『예기』「상대기」 012장 : 夫人爲寄公夫人出, 命婦爲夫人之命婦出, 士妻不當斂, 則爲命婦出.

附註 奉尸夷于堂, 註“夷, 陳也”, 未詳. 恐當云安也.

‘봉시이우당(奉尸夷于堂)’에 대해 주에서는 “이(夷)자는 놓아둔다는 뜻이다.”라 했는데, 상세하지 않다. 아마도 “안치한다.”라고 말해야 할 것 같다.

【027】

主人卽位, 襲帶絰, 踊. 母之喪, 卽位而免[問], 乃奠. 弔者襲裘加武帶
絰, 與主人拾[其劫反]踊. 〈015〉 [本在"賓於堂上"下.]

상주는 빈객에게 절을 한 뒤 자신의 자리로 나아가서 습을 하고 대와 질을
차며, 용을 한다. 모친의 상이라면 자리로 나아가서 문을['免'자의 음은 '問(문)'
이다.] 하고 전제사를 지낸다. 소렴을 끝낸 뒤에 찾아온 조문객은 갓옷을
습하고 관에 테두리를 더하며 대와 질을 차고, 상주와 번갈아가며['拾'자는
'其(기)'자와 '劫(겁)'자의 반절음이다.] 용을 한다. [본래는 '빈어당상(賓於堂上)'1)라고 한
문장 뒤에 수록되어 있었다.]

集說 主人拜賓後, 卽阼階下之位. 先拜賓時袒, 今拜畢, 乃掩襲其
衣, 而加要帶首絰, 乃踊. 士喪禮: "先踊乃襲絰." 此諸侯禮, 故先襲
絰乃踊也. 母喪降於父, 拜賓竟而卽位, 以免代括髮之麻, 免而襲絰,
至大斂乃成踊也. 乃奠者, 謂小斂奠. 弔者小斂後來, 則掩襲裘上之
褐衣, 加素弁於吉冠之武. 武, 冠下卷也. 帶絰者, 要帶首絰. 有朋友
之恩, 則加帶與絰, 無朋友之恩, 則無帶惟絰而已. 拾踊, 更踊也.

상주는 빈객에게 절을 한 이후 계단 아래의 자리로 나아가는데, 이전에
빈객에게 절을 할 때에는 단을 했고, 현재 절을 끝냈으므로, 곧 그 옷을
가려서 습을 하고 요대와 수질을 차고서 용을 한다. 『의례』「사상례(士喪
禮)」편에서는 "먼저 용을 하고 곧 습과 질을 한다."2)고 했다. 이곳의 내
용은 제후의 예법이다. 그렇기 때문에 먼저 습과 질을 한 뒤에 용을 한다.
모친의 상은 부친의 상보다 낮추니, 빈객에게 절하는 절차가 끝나면 곧
자리로 나아가는데, 문을 하는 것으로 마로 괄발하는 것을 대체하여, 문
을 하고 습과 질을 하며, 대렴 때가 되면 곧 용의 절차를 마무리한다.

---

1) 『예기』「상대기」 014장 : 君拜寄公國賓 ○ ○ 士, 拜卿大夫於 ○, 於士旁三拜.
   夫人亦拜寄公夫人於堂上, 大夫内子士 ○ 時拜命婦, 氾拜賓 ○ 於堂上.
2) 『의례』「사상례(士喪禮)」: 主人拜賓, 大 ○ ○ 拜, 士旅之. 卽位踊, 襲絰于序東,
   復位.

'내전(乃奠)'이라는 말은 소렴을 지내며 차리는 전제사를 뜻한다. 조문하는 자 중 소렴을 치른 이후에 찾아오는 자가 있다면, 갓옷의 위를 석의로 가리고 습을 하며, 길관의 무에 소변을 더하여 쓰게 된다. '무(武)'는 관 하단부의 테두리이다. '대질(帶経)'은 요대와 수질이다. 벗에 대한 은정을 가진 자라면 대와 질을 차는데, 벗에 대한 은정이 없는 자라면 대를 차지 않고 질만 차게 될 따름이다. '습용(拾踊)'은 번갈아가며 용을 한다는 뜻이다.

【028】

賓出徹帷.〈018〉[本在"下一燭"下.]

상주가 빈객에게 절을 한 뒤, 빈객이 밖으로 나가게 되면 당에 설치한 휘장을 걷는다. [본래는 "당하에 1개의 햇불을 준비한다."[3]라고 한 문장 뒤에 수록되어 있었다.]

集說 小斂畢卽徹帷, 士禮也. 此君與大夫之禮, 小斂畢, 下階拜賓, 賓出乃徹帷也.

소렴을 끝내면 곧바로 휘장을 걷는데, 이것은 사의 예법이다. 이곳의 내용은 군주와 대부의 예법에 해당하니, 소렴을 끝내고 계단으로 내려가서 빈객에게 절을 하고, 빈객이 밖으로 나가게 되면 휘장을 걷는다.

【029】

君將大斂, 子弁経, 卽位于序端; 卿・大夫卽位于堂廉楹西, 北面東上; 父兄堂下北面; 夫人・命婦尸西, 東面; 外宗房中南面. 小臣鋪

---

3) 『예기』「상대기」 017장: 君堂上二燭, 下二燭. 大夫堂上一燭, 下二燭. 士堂上一燭, 下一燭.

席, 商祝鋪絞·紟·衾·衣, 士盥于盤上, 士擧遷尸于斂上. 卒斂, 宰告, 子馮之踊, 夫人東面亦如之. 〈048〉 [本在"猶冒也"下.]

군주의 대렴을 치르게 되면, 상주는 흰색의 변을 쓰고 그 위에 환질을 두르며, 동서의 남쪽 끝으로 나아가 자리한다. 경과 대부는 당상의 남쪽 중 모가진 부분에서 기둥의 서쪽에 자리하여, 북쪽을 바라보며 동쪽 끝에서부터 차례대로 정렬한다. 군주의 제부나 제형들 중 관직에 나아가지 않은 자들은 당하에서 북쪽을 바라본다. 부인과 명부들은 시신의 서쪽에서 동쪽을 바라본다. 외종은 방안에서 남쪽을 바라본다. 소신이 자리를 깔게 되면, 상축은 그 위에 묶는 끈·홑이불·이불·의복들을 펼쳐두고, 상축에게 소속된 말단 관리들은 대야에서 손을 씻고 시신을 들어서 염을 치르는 장소로 옮긴다. 염을 끝내면, 태재는 상주에게 끝났다는 사실을 아뢰며, 상주는 시신을 부여잡고 용을 하고, 부인도 동쪽을 바라보며 동일하게 한다. [본래는 "모와 같다."[4]라고 한 문장 뒤에 수록되어 있었다.]

集說 弁絰, 素弁上加環絰, 未成服故也. 序, 謂東序. 端, 序之南頭也. 堂廉, 堂基南畔廉稜之上也. 楹南近堂廉者. 父兄堂下北面, 謂諸父諸兄之不仕者, 以賤故在堂下. 外宗, 見雜記下. 小臣鋪席, 絞·紟·衾鋪于席上. 士, 商祝之屬也. 斂上, 卽斂處也. 卒斂宰告, 大宰告孝子以斂畢也. 馮之踊者, 馮尸而起踊也.

'변질(弁絰)'은 흰색의 변에 환질을 두르는 것이니, 아직 성복을 하지 않았기 때문이다. '서(序)'는 동쪽의 서를 뜻한다. '단(端)'은 서의 남쪽 끝을 뜻한다. '당렴(堂廉)'은 당의 터 중 남쪽에 모가 진 자리를 뜻하니, 기둥의 남쪽은 이곳과 가까운 곳이다. "부형들은 당하에서 북쪽을 바라본다."고 했는데, 군주의 제부들 및 제형들 중 관직에 나아가지 않은 자들은 신분이 미천하기 때문에 당하에 있다는 뜻이다. '외종(外宗)'에 대한 설명은

---

4) 『예기』「상대기」047장 : 君錦冒黼殺, 綴旁七. 大夫玄冒黼殺, 綴旁五. 士緇冒赬殺, 綴旁三. 凡冒, 質長與手齊, 殺三尺. 自小斂以往用夷衾, 夷衾質殺之裁<u>猶冒也</u>.

『예기』「잡기하(雜記下)」편에 나온다. "소신은 자리를 깐다."라고 했는데, 효·금·금·의는 이 자리 위에 깔아두게 된다. '사(士)'는 상축의 휘하에 있는 말단 관리들이다. '염상(斂上)'은 염을 치르는 장소를 뜻한다. "염을 끝내고 재가 아뢴다."고 했는데, 태재가 세자에게 염을 끝냈다고 아뢴다는 뜻이다. '빙지용(馮之踊)'은 시신을 부여잡고 일어나서 용을 한다는 뜻이다.

【030】

大夫之喪, 將大斂, 旣鋪絞·紟·衾·衣, 君至, 主人迎, 先入門右, 巫止于門外. 君釋菜, 祝先入, 升堂. 君卽位于序端; 卿·大夫卽位于堂廉楹西, 北面東上; 主人房外南面; 主婦尸西, 東面. 遷尸卒斂, 宰告, 主人降, 北面于堂下, 君撫之, 主人拜稽顙. 君降, 升主人馮之, 命主婦馮之.〈049〉

대부의 상에서 대렴을 치르게 되었는데, 이미 묶는 끈·홑이불·이불·의복들을 펼쳐둔 상태이고, 그때 군주가 당도하게 되면, 주인은 군주를 맞이하는데, 맞이한 뒤에는 먼저 문으로 들어가서 우측에 위치하고, 군주와 함께 온 무는 문밖에 멈춰 선다. 군주는 문의 신을 예우하여 석채를 지내고, 그 일이 끝나면 군주와 함께 온 축이 먼저 들어가서 당에 오른다. 군주는 뒤따라 들어가서 동서의 남쪽 끝으로 나아가 자리한다. 경과 대부는 당상의 남쪽 중 모가진 부분에서 기둥의 서쪽에 자리하여, 북쪽을 바라보며 동쪽 끝에서부터 차례대로 정렬한다. 상주는 방밖에서 남쪽을 바라본다. 주부는 시신의 서쪽에서 동쪽을 바라본다. 시신을 옮겨서 대렴을 끝내면, 재는 상주에게 끝났다는 사실을 아뢰고, 상주는 내려가서 당하에서 북쪽을 바라본다. 그런 뒤 군주는 시신을 어루만지고, 상주는 절을 하며 이마를 땅에 닿도록 하여, 군주에게 감사를 표한다. 군주가 당하로 내려오면, 상주에게 명령하여 당상으로 올라가서 시신을 부여잡고 용을 하도록 시키고, 주부에게도 명령하여 시신을 부여잡고 용을 하도록 시킨다.

集說 君釋菜, 禮門神也. 宰告, 亦告主人以斂畢也. 君撫之, 撫尸也. 主人拜稽顙, 謝君之恩禮也. 升主人馮之, 君使主人升堂馮尸也. 命, 亦君命之.

군주가 석채를 치르는 것은 문의 신을 예우하기 위해서이다. '재고(宰告)' 또한 상주에게 염이 끝났다고 아뢴다는 뜻이다. '군무지(君撫之)'는 군주가 시신을 어루만진다는 뜻이다. 상주가 절을 하며 이마를 땅에 닿도록 하는 것은 군주의 은혜에 대해 감사를 표하기 때문이다. '승주인빙지(升主人馮之)'는 군주가 상주로 하여금 당상에 올라가서 시신을 부여잡도록 한다는 뜻이다. '명(命)' 또한 군주가 명령한다는 뜻이다.

【031】
士之喪, 將大斂, 君不在, 其餘禮猶大夫也.〈050〉

사의 상에서 대렴을 치르려고 하는데, 군주가 찾아와 임하지 않는다면, 나머지 예법 절차는 대부의 경우와 같게 한다.

集說 其餘禮, 如鋪衣列位等事.

나머지 예법은 옷을 펼쳐 두거나 차례대로 나열하여 위치하는 등의 사안을 뜻한다.

【032】
鋪絞·紟踊, 鋪衾踊, 鋪衣踊, 遷尸踊, 斂衣踊, 斂衾踊, 斂絞·紟踊.〈051〉

묶는 끈과 홑이불을 펼치게 되면 상주는 용을 하고, 이불을 펼치면 상주는 용을 하며, 의복을 펼치면 상주는 용을 하고, 시신을 옮기면 상주는 용을 한다. 시신에게 옷을 입히면 상주는 용을 하고, 이불로 감싸면 상주는 용을 하며, 홑이불로 감싸고 묶는 끈으로 결박하게 되면 상주는 용을 한다.

集說 此踊之節也. 動尸擧柩, 哭踊無數, 不在此節.

이것은 용하는 절차이다. 시신을 옮기고 영구를 들 때에는 곡과 용을 함에 정해진 수치가 없으니, 이러한 절차에 포함되지 않는다.

【033】

君撫大夫, 撫內命婦. 大夫撫室老, 撫姪[迭]娣. 〈052〉

군주는 대부의 시신을 어루만지고 내명부의 시신을 어루만진다. 대부는 실로의 시신을 어루만지고 잉첩의['姪'자의 음은 '迭(질)'이다.] 시신을 어루만진다.

集說 撫, 以手按之也. 內命婦, 君之世婦也. 大夫·內命婦皆貴, 故君自撫之, 以下則不撫也. 室老, 貴臣; 姪娣, 貴妾; 故大夫撫之也. 古者諸侯一娶九女, 二國各以女媵之, 爲姪娣以從, 大夫內子亦有姪娣. 姪者, 兄之子娣, 女弟也, 娣尊姪卑. 士昏禮雖無娣媵, 先言姪, 若無娣, 猶先媵, 士有娣媵, 則大夫有可知矣.

'무(撫)'자는 손으로 시신을 어루만진다는 뜻이다. '내명부(內命婦)'는 군주의 세부들을 뜻한다. 대부와 내명부는 모두 존귀한 자들이기 때문에, 군주가 직접 그들의 시신을 어루만지며, 이들보다 낮은 자들이라면 어루만지지 않는다. '실로(室老)'는 가신 중에서도 존귀한 산하이며, '질제(姪娣)'는 첩 중에서도 존귀한 첩이다. 그렇기 때문에 대부가 직접 그들의 시신을 어루만진다. 고대에는 제후가 한 번 장가를 들 때 9명의 여인을 맞이하였으니, 시집을 보내는 제후국 외에 이웃의 두 제후국에서 각각 여자를 잉첩으로 보내어, 그들을 여동생이나 여조카로 삼아 부인을 따라가게 하는데, 대부의 내자 또한 여조카나 여동생을 첩으로 데려오게 된다. '질(姪)'은 형제의 딸자식이며, '제(娣)'는 여동생인데, 상대적으로는 제(娣)가 높고 질(姪)은 낮다. 『의례』 「사혼례(士昏禮)」편에는 "비록 제(娣)가 없더라도 잉첩이 먼저 한다."5)라고 했으니, 질(姪)의 경우 제(娣)가 없다면 여전히 잉첩을 우선한다는 뜻인데, 사에게도 잉첩으로 삼는

제(娣)가 있으므로, 대부 또한 있었음을 알 수 있다.

【034】

君·大夫馮父·母·妻·長子, 不馮庶子. 士馮父·母·妻·長子·庶子. 庶子有子, 則父母不馮其尸. 凡馮尸者, 父母先, 妻子後.〈053〉

군주와 대부는 부친·모친·처·장자의 시신을 부여잡게 되지만, 서자의 시신은 부여잡지 않는다. 사는 부친·모친·처·장자·서자의 시신을 부여잡게 된다. 서자에게 만약 자식이 있다면, 서자의 부모는 서자의 시신을 부여잡지 않는다. 무릇 시신을 부여잡을 때, 죽은 자의 부모가 먼저 부여잡고, 처와 자식은 뒤에 부여잡는다.

集說 父母先妻子後, 謂尸之父母妻子也. 尊者先馮, 卑者後馮.

"부모가 먼저이고 처자가 뒤이다."는 말은 죽은 자의 부모와 처자들을 뜻한다. 존귀한 자가 먼저 시신을 부여잡게 되고, 미천한 자가 뒤에 시신을 부여잡게 된다.

集說 疏曰: 君·大夫之庶子, 雖無子, 竝不得馮.

소에서 말하길, 군주와 대부의 서자에게 비록 자식이 없더라도 시신을 부여잡을 수 없다.

【035】

君於臣撫之. 父母於子執之. 子於父母馮之. 婦於舅姑奉[上聲]之. 舅姑於婦撫之. 妻於夫拘[偶]之. 夫於妻·於昆弟執之. 馮尸不當君所. 凡馮尸, 興必踊.〈054〉

---

5) 『의례』「사혼례(士昏禮)」: 婦徹于房中, 媵·御餕, 姑酳之. 雖姑婦, 媵先. 於是與始飯之錯.

군주는 신하의 시신에 대해서 어루만진다. 부모는 자식의 시신에 대해서 옷가지를 부여잡고 매달린다. 자식은 부모의 시신에 대해서 몸을 숙여 부여잡는다. 며느리는 시부모의 시신에 대해서 옷을 쥔다.['奉'자는 상성으로 읽는다.] 시부모는 며느리의 시신에 대해서 어루만진다. 처는 남편의 시신에 대해서 옷을 잡아끈다.['拘'자의 음은 '俱(구)'이다.] 남편은 처의 시신 및 형제의 시신에 대해서 옷가지를 부여잡고 매달린다. 시신에 대해 매달릴 때에는 군주가 어루만진 지점은 피한다. 무릇 시신에 대해 매달릴 때에는 일어나서 반드시 용을 한다.

集說 撫之者, 當尸之心胸處撫按之也. 執之者, 執之其衣. 馮之者, 身俯而馮之. 奉之者, 捧持其衣. 拘之者, 微牽引其衣. 皆於心胷之處. 不當君所者, 假令君已撫心, 則餘人馮者必少避之, 不敢當君所撫之處也. 馮尸之際, 哀情切極, 故起必爲踊以泄哀也.

'무지(撫之)'는 시신의 가슴 부분을 어루만진다는 뜻이다. '집지(執之)'는 의복을 잡고 매달린다는 뜻이다. '빙지(馮之)'는 몸을 숙여서 시신에 기대어 부여잡는다는 뜻이다. '봉지(奉之)'는 의복을 잡는다는 뜻이다. '구지(拘之)'는 의복을 조금 잡아끈다는 뜻이다. 이 모두는 시신의 가슴 부근에서 시행한다. '부당군소(不當君所)'라는 말은 가령 군주가 이미 시신의 가슴 부근을 어루만졌다면, 나머지 사람들이 부여잡을 때에는 반드시 그 자리를 조금 피해서 하니, 감히 군주가 어루만진 지점에서 할 수 없다는 뜻이다. 시신을 부여잡을 때에는 애통한 감정이 지극하기 때문에, 일어나서 반드시 용을 하여 슬픔을 덜어내야 한다.

【036】

君喪, 虞人出木角, 狄人出壺, 雍人出鼎, 司馬縣[玄]之, 乃官代哭. 大夫官代哭不縣[玄]壺, 士代哭不以官.〈016〉 [本在"與主人拾踊"下.]

군주의 상에 있어서, 우인은 물이 얼지 않도록 하는 땔감과 물을 뜨는 각을

공출하고, 적인은 물을 담는 호를 공출하며, 옹인은 떨어지는 물을 끓이는
정을 공출하고, 사마는 물이 떨어지도록 호를 걸어두는데[縣'자의 음은 '玄(현)'
이다.] 그런 뒤에는 떨어진 물의 양으로 시간을 판단하여 휘하의 관리들로
하여금 교대로 곡을 하도록 시킨다. 대부의 상에서는 휘하의 관리들이 교
대로 곡을 하지만, 호는 걸어두지[縣'자의 음은 '玄(현)'이다.] 않고, 사의 상에서
는 교대로 곡을 하지만 휘하의 관리를 시키지 않는다. [본래는 "상주와 번갈아가
며 용을 한다."[6]라고 한 문장 뒤에 수록되어 있었다.]

集說 虞人, 主山澤之官. 出木爲薪, 以供爨鼎. 蓋冬月恐漏水氷凍
也. 角, 斛水之斗. 狄人, 樂吏也. 主挈壺漏水之器. 故出壺. 雍人主
烹飪, 故出鼎. 司馬, 夏官卿也. 其屬有挈壺氏. 司馬自臨視其縣, 此
漏器乃官代哭者, 未殯, 哭不絶聲. 爲其不食疲倦. 故以漏器分時刻,
使官屬以次依時相代, 而哭聲不絶也. 士代哭不以官者, 親疎之屬,
與家人自相代也.

'우인(虞人)'은 산림과 하천을 담당하는 관리이다. 나무를 공출하여 땔감
으로 삼으니, 솥에 불을 때는 일에 공급하는 것이다. 겨울철에는 물이
떨어지며 얼게 됨을 염려하기 때문이다. '각(角)'은 물을 뜨는 용기이다.
'적인(狄人)'은 음악을 담당하는 하위 관리이다. 호를 걸어서 물이 떨어
지도록 하는 기구를 담당한다. 그렇기 때문에 호를 공출하는 것이다. '옹
인(雍人)'은 음식을 삶는 등의 일을 담당한다. 그렇기 때문에 정을 공출
하는 것이다. '사마(司馬)'는 하관의 수장인 경의 신분으로, 그의 휘하에
는 설호씨라는 관리가 있다.[7] 사마가 직접 그 일에 임해 물이 떨어지도록
하는 기구의 걸어둔 상태를 점검하면, 관이 대신 곡을 한다고 했는데,
아직 빈소를 차리기 이전에는 곡을 하는 소리가 끊이지 않아야 하고, 음
식도 먹지 않고 피로해졌기 때문에, 물이 떨어지는 기구를 통해 시간을

---

6) 『예기』「상대기」 015장 : 主人卽位, 襲帶絰踊. 母之喪, 卽位而免, 乃奠. 弔者
襲裘加武帶絰, 與主人拾踊.
7) 『주례』「하관사마(夏官司馬)」 : 挈壺氏, 下士六人, 史二人, 徒十有二人.

구분하여, 휘하의 관리로 하여금 차례대로 그 시기에 따라 서로 교대를 시켜서, 곡하는 소리가 끊이지 않도록 하는 것이다. 사의 상에서는 교대로 곡을 하며 관리를 시키지 않는다고 했는데, 친족들이 가족과 함께 서로 교대로 하는 것이다.

【037】

君堂上二燭, 下二燭. 大夫堂上一燭, 下二燭. 士堂上一燭, 下一燭.〈017〉

군주의 상에서는 당상에 2개의 횃불을 준비하고, 당하에 1개의 횃불을 준비한다. 대부의 상에서는 당상에 1개의 횃불을 준비하고, 당하에 2개의 횃불을 준비한다. 사의 상에서는 당상에 1개의 횃불을 준비하고, 당하에 1개의 횃불을 준비한다.

集說 疏曰: 有喪則於中庭終夜設燎, 至曉滅燎, 而日光未明, 故須燭以照祭饌也. 古者未有蠟燭, 呼火炬爲燭也.

소에서 말하길, 상이 발생하게 되면 마당에는 밤이 될 때 화톳불을 설치하고, 새벽이 되면 화톳불을 끄며, 햇빛이 잘 들지 않기 때문에 횃불을 두어서 제사의 음식들을 비춰야 한다. 고대에는 아직까지 밀랍으로 만든 촛불이 없었으므로, 횃불을 '촉(燭)'이라고 불렀다.

類編 右大小斂.

여기까지는 '대소렴(大小斂)'에 대한 내용이다.

◇ 장(杖)

【038】

君之喪三日, 子夫人杖; 五日旣殯, 授大夫世婦杖. 子大夫寢門之外杖, 寢門之內輯[集]之; 夫人世婦在其次則杖, 卽位則使人執之. 子有王命則去[上聲]杖, 國君之命則輯杖. 聽卜有事於尸則去杖. 大夫於君所則輯杖, 於大夫所則杖 《022》 [本在"無無主"下.]

군주의 상에서는 3일째가 되면 자식과 부인이 지팡이를 짚는다. 또 5일째가 되어 빈소를 차린 뒤에는 대부와 세부에게 지팡이를 지급한다. 자식과 부인은 침문 밖에서 지팡이를 짚는데, 침문 안쪽으로 들어오면 지팡이를 손에 모아 쥐어서['輯'자의 음은 '集(집)'이다.] 땅을 짚지 않는다. 부인과 세부는 임시숙소에 있을 때 지팡이를 짚지만, 자신의 자리로 나아가게 되면 다른 사람을 시켜서 그것을 들게 한다. 세자가 천자의 명령을 받들고 온 사신을 맞이하게 되면 지팡이를 제거하고[去자는 상성으로 읽는다.] 이웃 나라의 제후가 보낸 사신을 대하게 되면 지팡이를 모아 쥐어서 땅을 짚지 않는다. 거북점을 치거나 시동에 대한 일을 처리하게 되면 지팡이를 제거한다. 대부는 군주가 계신 장소에서 지팡이를 모아 쥐어서 땅을 짚지 않고, 대부들끼리 있는 장소라면 지팡이를 짚는다. [본래는 "상주가 없는 경우는 없다."[1]라고 한 문장 뒤에 수록되어 있었다.]

集說 子, 兼適庶及世子也. 寢門, 殯宮門也. 輯, 斂也. 謂擧之不以柱地也. 子大夫廬在寢門外, 得柱杖而行至寢門. 子與大夫幷言者, 據禮, 大夫隨世子以入, 子杖則大夫輯, 子輯則大夫去杖, 故下文云: "大夫於君所則輯杖也." 此言大夫特來, 不與子相隨, 故云門外杖, 門內輯. 若庶子之杖, 則不得持入寢門也. 夫人世婦居次在房內, 有王命至則世子去杖, 以尊王命也. 有隣國君之命則輯杖者, 下成君

---

1) 『예기』「상대기」021장 : 其無女主, □□男主拜女賓于寢門□□; 其無男主, 則女主拜男賓于阼階下. 子幼則以衰抱之□□爲之拜. 爲後者□□, 則有爵者辭, 無爵者人爲之拜. 在竟內則俟之, 在竟□□殯葬可也. 喪有□□□. 無無主.

也. 聽卜, 卜葬卜日也. 有事於尸, 虞與卒哭及祔之祭也. 於大夫所則杖者, 諸大夫同在門外之位, 同是爲君, 故竝得以杖柱地而行也.

'자(子)'는 적자 및 서자와 세자를 모두 포함한다. '침문(寢門)'은 빈소의 문을 뜻한다. '집(輯)'자는 "모으다."는 뜻이니, 지팡이를 들지만 이것을 가지고 땅을 짚지 않는다는 뜻이다. 자식과 대부가 머무는 임시숙소 여는 침문 밖에 있으니, 지팡이로 땅을 짚고서 침문까지 당도할 수 있다. 자식과 대부를 함께 언급한 이유는 예법에 따르면 대부는 세자를 따라서 들어오니, 자식이 지팡이를 짚으면 대부는 지팡이를 모으고, 자식이 지팡이를 모으면 대부는 지팡이를 제거한다. 그렇기 때문에 아래문장에서 "대부는 군주가 계신 장소에서는 지팡이를 모은다."고 말한 것이다. 이곳의 내용은 대부 홀로 찾아와서, 자식과 함께 뒤따르지 않는 경우를 뜻한다. 그렇기 때문에 문밖에서 지팡이를 짚고, 문안에서 지팡이를 모은다고 한 것이다. 만약 서자가 지팡이를 짚는 경우라면, 그것을 지니고서 침문 안으로 들어갈 수 없다. 부인과 세부가 머무는 임시숙소 차는 방안에 해당한다. 천자의 명령을 받드는 사신이 당도하게 되면 세자는 지팡이를 제거하니, 천자의 명령을 존귀하게 여기기 때문이다. 이웃 나라 제후의 명령을 받들고 온 자가 있다면 지팡이를 모으니, 세자 스스로 정식 군주에 대한 예법보다 낮추기 때문이다. '청복(聽卜)'은 장례를 치르는 장소와 그 날짜에 대해서 거북점을 친다는 뜻이다. "시동에게 해야 할 일이 있다."는 말은 우제와 졸곡 및 부제 등을 뜻한다. 대부가 있는 장소에서 지팡이를 짚는다는 말은 여러 대부들이 모두 문밖의 자리에 있을 때, 모두 군주를 위해 상을 치르는 입장이므로, 모두가 지팡이로 땅을 짚으며 이동할 수 있다.

【039】
大夫之喪, 三日之朝旣殯, 主人主婦室老皆杖. 大夫有君命則去杖, 大夫之命則輯杖. 內子爲夫人之命去杖, 爲世婦之命授人杖. 〈023〉

대부의 상에서 3일째 아침에 빈소를 차리고 나면, 상주·주부·실로는 모두 지팡이를 짚는다. 상주에게 군주의 명령을 받들고 온 사신이 조문을 한다면 지팡이를 제거하고, 대부의 명령을 받들고 온 사신에 대해서는 지팡이를 모아쥐고 땅을 짚지 않는다. 내자는 군주 부인의 명령을 받들고 온 조문객을 위해 지팡이를 제거하고, 군주 세부의 명령을 받들고 온 조문객을 위해서는 남에게 지팡이를 건넨다.

集說 大夫有君命, 是大夫, 指嫡後子而言. 世婦, 君之世婦也.
대부에게 군주의 명령을 받들고 온 사신이 찾아온다고 했는데, 이때의 '대부(大夫)'는 후계자가 된 자식을 가리켜서 한 말이다. '세부(世婦)'는 군주의 세부를 뜻한다.

【040】
士之喪, 二日而殯, 三日之朝主人杖. 婦人皆杖. 於君命夫人之命如大夫, 於大夫世婦之命如大夫.〈024〉

사의 상에서는 2일이 지난 뒤에 빈소를 마련하며, 3일째 아침에 상주는 지팡이를 짚고, 주부 및 첩과 시집을 가지 않은 딸자식은 모두 지팡이를 짚는다. 군주의 명령을 받들고 온 사신이나 군주 부인의 명령을 받들고 온 사신을 대하는 경우에는 대부의 예법처럼 하고, 대부나 세부의 명령을 받들고 온 사신을 대하는 경우에는 대부의 예법처럼 한다.

集說 如大夫, 謂去杖·輯杖·技人杖. 三者輕重之節也.
"대부와 같다."는 말은 지팡이를 제거하거나 지팡이를 모아 쥐거나 지팡이를 남에게 건네는 등의 세 가지 절차를 적용하는 수위의 규정을 의미한다.

【041】

子皆杖, 不以卽位. 大夫士哭殯則杖, 哭柩則輯杖. 棄杖者, 斷[短]而
棄之於隱者. 〈025〉

적장자를 제외한 나머지 아들들은 모두 지팡이를 짚지만, 그것을 짚고서
자신의 자리로 나아가지 않는다. 대부와 사는 빈소에서 곡을 하게 되면
지팡이를 짚지만, 계빈을 한 이후 영구에 대해 곡을 하게 되면 지팡이를
모아 쥐고 땅을 짚지 않는다. 대상을 치른 이후 지팡이를 버리게 되면, 분
질러서['斷'자의 음은 '短(단)'이다.] 은밀한 곳에 버린다.

集說 子, 凡庶子, 不獨言大夫 · 士之庶子也. 不以杖卽位, 避適子也.
哭殯則杖, 哀勝敬也. 哭柩, 啓後也. 輯杖, 敬勝哀也. 獨言大夫士者,
天子諸侯尊, 子不敢以杖入殯宮門, 故哭殯哭柩皆去杖也. 杖於喪服爲
重, 大祥棄之, 必斷截使不堪他用, 而棄於幽隱之處, 不使人褻賤之也.

'자(子)'는 적장자를 제외한 나머지 아들들을 뜻하니, 대부와 사의 서자들
만 뜻하는 것이 아니다. 지팡이를 짚고 자신의 자리로 나아가지 않는 것
은 적장자의 예법을 피하기 위해서이다. 빈소에서 곡을 하며 지팡이를
짚는 것은 애통함이 공경함보다 심하기 때문이다. 영구에 대해 곡을 하는
것은 계빈을 한 이후를 뜻한다. 지팡이를 모아 쥐고 땅을 짚지 않는 것은
공경함이 애통함보다 심하기 때문이다. 유독 대부와 사에 대해서 언급한
이유는 천자와 제후는 존귀하여, 그의 자식들은 감히 지팡이를 짚고서
빈소의 문으로 들어갈 수 없다. 그렇기 때문에 빈소에서 곡을 하고 영구
에게 곡을 할 때에는 모두 지팡이를 제거한다. 지팡이는 상복 중에서도
중대한 대상이지만, 대상을 치르면 버리게 되니, 반드시 분질러서 다른
용도로 사용할 수 없도록 하고, 은밀한 곳에 버려서 사람들이 함부로 대
하거나 천시여기지 못하도록 한다.

類編 右杖.

여기까지는 '장(杖)'에 대한 내용이다.

◇ 음식에 대한 규범[飮食之節]

【042】

君之喪, 子·大夫·公子·衆士皆三日不食. 子·大夫·公子·衆士
食粥, 納財, 朝一溢米, 莫[暮]一溢米, 食之無筭. 士疏食[嗣]水飮, 食
之無筭. 夫人·世婦·諸妻皆疏食水飮, 食之無筭.〈030〉 [本在"大夫士
一也"下.]

군주의 상에서 세자·대부·공자들·여러 사들은 모두 3일 동안 밥을 먹지
않는다. 세자·대부·공자들·여러 사들은 밥 대신 죽을 먹으니, 죽을 만
들 때 들어가는 쌀알은 아침에는 1일(溢)만큼의 쌀알을 넣고, 저녁에는['莫'
자의 음은 '暮(모)'이다.] 1일만큼의 쌀알을 넣는다. 사는 거친 밥을['食'자의 음은
'嗣(사)'이다.] 먹고 물을 마시는데, 정해진 때가 없이 먹고 싶을 때 먹는다.
부인·세부 및 여러 신하의 처들은 모두 거친 밥과 물을 마시는데, 정해진
때가 없이 먹고 싶을 때 먹는다. [본래는 "대부·사에게 모두 동일하게 적용된다."[1]라
고 한 문장 뒤에 수록되어 있었다.]

集說 納財, 謂有司供納此米也. 鄭註: "財, 穀也". 謂米由穀出, 故
言財. 一溢, 二十四分升之一也. 食之無筭者, 謂居喪不能頓食, 隨
意欲食則食, 但朝莫不得過此二溢之米也. 疏食, 粗飯也.

'납재(納財)'는 유사가 이러한 쌀알을 공급한다는 뜻이다. 정현의 주에서
는 "'재(財)'자는 알곡이다."라 했는데, 쌀알은 알곡에서 나온 것이기 때문
에 '재(財)'라고 말했다는 뜻이다. 1일(溢)[2]은 24분의 1승이다. "먹음에
셈이 없다."는 말은 상을 치를 때에는 끼니마다 먹을 수 없으니, 자신의
의사에 따라 먹고자 한다면 먹게 되지만, 아침과 저녁에 공급되는 2일만

---

1) 『예기』「상대기」 029장 : 君設大盤, 造冰焉. 大夫設小盤, 造冰焉. 士幷瓦盤,
   無冰. 設牀襢第, 有枕. 舍一牀, 造一牀, 遷尸于堂又舍牀. 皆有枕席, 君·大
   夫·士一也.
2) 일(溢)은 한 손에 담을 수 있는 양을 뜻한다. 『소이아(小爾雅)』「광량(廣量)」편에
   는 "一手之盛謂之溢."이라는 기록이 있다.

큼의 알곡은 넘을 수 없다. '소사(疏食)'는 거친 밥을 뜻한다.

附註 朝一溢米, 溢, 一升二十四分升之一, 註漏一升字.
'조일일미(朝一溢米)'라 했는데, '일(溢)'은 1과 24분의 1승이니, 주에서
는 '일승(一升)'이라는 글자를 누락하였다.

【043】

大夫之喪, 主人·室老·子姓皆食粥, 衆士疏食水飲, 妻妾疏食水
飲. 士亦如之.〈031〉

대부의 상에서, 상주·실로·손자들은 모두 죽을 먹고, 여러 가신들은 거
친 밥을 먹고 물을 마시며, 처와 첩들은 거친 밥을 먹고 물을 마신다. 사의
상에서도 이처럼 한다.

集說 室老, 家臣之長. 子姓, 孫也. 衆士, 室老之下也. 士亦如之,
謂士之喪, 亦子食粥, 妻妾疏食水飲也.

'실로(室老)'는 가신들 중의 우두머리이다. '자성(子姓)'은 손자이다. '중
사(衆士)'는 실로보다 낮은 가신들이다. '사역여지(士亦如之)'는 사의 상
에서도 자식은 죽을 먹고 처와 첩들은 거친 밥을 먹고 물을 마신다는
뜻이다.

【044】

既葬, 主人疏食水飲, 不食菜果, 婦人亦如之, 君·大夫·士一也. 練
而食菜果, 祥而食肉. 食粥於盛[平聲]不盥, 食於篹[思管反]者盥. 食菜
以醯醬. 始食肉者, 先食乾[干]肉. 始飲酒者, 先飲醴酒.〈032〉

장례를 끝내면 상주는 거친 밥을 먹고 물을 마시되, 채소와 과일은 먹지
않으며, 부인들 또한 이처럼 하니, 이러한 예법은 군주·대부·사가 동일
하게 따른다. 소상을 끝내면 채소와 과일을 먹고, 대상을 끝내면 고기를
먹는다. 대접에['盛'자는 평성으로 읽는다.] 죽을 담아 먹을 때에는 손을 씻지 않
고, 대나무 그릇에['篹'자는 '思(사)'자와 '管(관)'자의 반절음이다.] 밥을 담아 먹을
때에는 손을 씻는다. 채소를 먹을 때에는 식초나 젓갈을 곁들인다. 처음
고기를 먹을 때에는 먼저 마른['乾'자의 음은 '干(간)'이다.] 고기를 먹는다. 처음
술을 마실 때에는 먼저 단술을 마신다.

集說 盛, 杯杅之器也. 篹, 竹筥也. 杯杅盛粥, 歠之以口, 故不用盥

手. 飯在簋, 須手取而食之, 故當盥手也.

'성(盛)'은 대접 등의 그릇이다. '산(簋)'은 대나무로 만든 그릇이다. 대접
에 죽을 담게 되면 입을 대고 마시기 때문에 손을 씻지 않는다. 밥을
대나무 그릇에 담게 되면 손으로 떠서 먹어야 하므로 손을 씻어야만 한다.

【045】
期之喪, 三不食, 食疏食水飮, 不食菜果. 三月旣葬, 食肉飮酒. 期,
終喪不食肉, 不飮酒. 父在, 爲母爲妻, 九月之喪, 食飮猶期之喪也.
食肉飮酒, 不與人樂[洛]之.〈033〉

기년상을 치를 때, 방계 친족이 치르는 경우라면 3끼를 먹지 않고, 이후
거친 밥을 먹고 물을 마시되 채소와 과일은 먹지 않는다. 3개월이 지나서
장례를 치른 뒤에는 고기를 먹고 술을 마신다. 본래 기년상에 있어서는
상을 끝낼 때까지 고기를 먹지 않고 술을 마시지 않는다. 부친이 생존해
계실 때 돌아가신 모친이나 죽은 아내를 위해서 상을 치르게 되거나 9개월
동안 치르는 대공복의 상에서는 먹고 마시는 것들은 기년상의 경우와 동일
하게 따른다. 고기를 먹고 술을 마실 때에는 남과 함께 먹으며 즐거움을['樂'
자의 음은 '洛(락)'이다.] 나누지 않는다.

〔集說〕 不與人樂之, 言不以酒肉與人共食爲歡樂也. 與, 舊音預, 非.

"남과 더불어서 즐기지 않는다."는 말은 술과 고기를 남과 함께 먹으며
기쁨을 나누지 않는다는 뜻이다. '與'자를 구음에서는 '預(예)'라고 했는
데, 잘못된 주장이다.

〔集說〕 疏曰: 期喪三不食, 謂大夫士旁期之喪, 正服則二日不食. 見
閒傳.

소에서 말하길, 기년상에서 3끼를 먹지 않는다고 했는데, 이것은 대부와
사에 대해서 방계 친족이 치르는 기년상을 뜻하며, 정식 기년상의 경우라

면 2일째까지 먹지 않는다. 이 내용은 『예기』「간전(間傳)」편에 나온다.

附註 不與人樂之, 樂, 音岳.
'不與人樂之'에서의 '樂'자는 그 음이 '岳(악)'이다.

【046】

五月・三月之喪, 壹不食, 再不食, 可也. 比[卑]葬, 食肉飲酒, 不與人
樂之. 叔母・世母・故主・宗子, 食肉飲酒.〈034〉

5개월 동안 치르는 소공복의 상에서는 2끼를 먹지 않고, 3개월 동안 치르는
시마복의 상에서는 1끼를 먹지 않더라도 괜찮다. 장례를 치를 때까지['比'자
의 음은 '비(卑)'이다.] 고기를 먹고 술을 마시지만, 남과 함께 먹으며 즐거움을
나누지 않는다. 숙모와 세모, 옛 주군과 종자를 위해서 상을 치를 때에는
고기를 먹고 술을 마신다.

集說 一不食, 三月之喪也. 再不食, 五月之喪也. 故主, 舊君也. 大
夫本稱主.

1끼를 먹지 않는다는 말은 3개월 동안 치르는 상에 대한 내용이다. 2끼를
먹지 않는다는 말은 5개월 동안 치르는 상에 대한 내용이다. '고주(故主)'
는 옛 주군을 뜻하는데, 대부에 대해서도 본래 '주(主)'라고 지칭한다.

【047】

不能食粥, 羹之以菜可也. 有疾, 食肉飲酒可也. 五十不成喪, 七十
唯衰麻在身.〈035〉

죽을 먹을 수 없는 경우라면 채소로 만든 국을 먹어도 괜찮다. 상중에 병약
해지면 고기를 먹고 술을 마셔도 괜찮다. 50세가 된 자는 상례의 절차를
모두 치르지 않고, 70세가 된 자는 오직 상복만 입을 따름이다.

集說 不成喪, 謂不備居喪之禮節也.

'불성상(不成喪)'은 상중의 의례 절차를 모두 치르지 않는다는 뜻이다.

【048】

旣葬, 若君食之, 則食之. 大夫·父之友食之, 則食之矣. 不辟[避]粱
肉, 若有酒醴則辭. 〈036〉

이미 장례를 치른 이후인데, 만약 군주가 음식을 보내와서 먹도록 한다면
그 음식을 먹는다. 대부나 부친의 벗이 음식을 보내와서 먹도록 한다면
그 음식을 먹는다. 이러한 경우에는 좋은 곡식으로 지은 밥이나 맛있는
고기 요리라도 사양을['辟'자의 음은 '避(피)'이다.] 하지 않지만, 진한 술의 경우
라면 안색으로 나타나니 사양을 해야만 한다.

集說 君食之, 食臣也. 大夫食之, 食士也. 父友, 父同志者. 此並是
尊者食卑者, 故雖粱肉不避, 酒醴見顏色, 故當辭.

군주가 음식을 보내와서 먹게 한다는 말은 신하에게 음식을 보내서 먹도
록 한다는 뜻이다. 대부가 음식을 보내와서 먹게 한다는 말은 사에게 음
식을 보내서 먹도록 한다는 뜻이다. 부친의 벗은 부친과 뜻을 함께 했던
자들이다. 이러한 것들은 모두 존귀한 자가 미천한 자에게 음식을 보내서
먹게끔 하는 것이다. 그렇기 때문에 비록 좋은 곡식으로 지은 밥이나 맛
있는 고기 요리라도 사양하지 않는데, 진한 술을 먹게 되면 안색으로 나
타나기 때문에 사양해야만 한다.

類編 右飲食之節.

여기까지는 '음식지절(飲食之節)'에 대한 내용이다.

◇ 거처·언어·동작에 대한 규범[居處言語動作之節]

【049】

父母之喪, 居倚廬, 不塗, 寢苫[始占反]枕[去聲]凷[塊], 非喪事不言. 君爲廬, 宮之. 大夫·士, 禮[展]之.〈055〉[本在"興必踊"下.]

부모의 상을 치를 때에는 임시숙소인 의려에 머물게 되는데, 의려의 벽에는 진흙을 바르지 않고, 거적을['苫'자는 '始(시)'자와 '占(점)'자의 반절음이다.] 깔고 자며 흙덩이를['凷'자의 음은 '塊(괴)'이다.] 베개로['枕'자는 거성으로 읽는다.] 삼고, 상사와 관련되지 않은 말은 하지 않는다. 군주의 경우 의려를 만들 때에는 의려 밖에 담장처럼 휘장을 둘러서 가린다. 대부와 사는 휘장을 치지 않고 의려를 노출시킨다.['禮'자의 음은 '展(전)'이다. 본래는 "일어나서 반드시 용을 한다."[1]라고 한 문장 뒤에 수록되어 있었다.]

集說 疏曰: 倚廬者, 於中門外東墙下倚木爲廬也. 不塗者, 但以草夾障, 不以泥塗飾之也. 寢苫, 臥於苫也. 枕凷, 枕土塊也. 爲廬宮之者, 廬外以帷障之, 如宮牆也. 禮, 袒也, 其廬袒露, 不以帷障之也.

소에서 말하길, '의려(倚廬)'는 중문 밖 동쪽 담장 아래에 나무를 기대어 만든 임시숙소이다. '부도(不塗)'라는 말은 단지 풀을 엮어서 가리기만 하며, 진흙을 발라서 틈을 메우지 않는다는 뜻이다. '침섬(寢苫)'은 거적 위에 눕는다는 뜻이다. '침괴(枕凷)'는 흙덩이를 베개로 삼는다는 뜻이다. '위려궁지(爲廬宮之)'라는 말은 의려 밖에 휘장을 쳐서 가리니, 마치 건물에 담장이 있는 것처럼 한다는 뜻이다. '전(禮)'자는 "드러내다."는 뜻이니, 의려를 노출시키며 휘장으로 가리지 않는다는 뜻이다.

---

1) 『예기』「상대기」054장 : 君於臣撫之. 父母於子執之. 子於父母馮之. 婦於舅姑奉之. 舅姑於婦撫之. 妻於夫拘之. 夫於妻·於昆弟執之. 馮尸不當君所. 凡馮尸, 興必踊.

【050】

旣葬, 拄[主]楣, 塗廬, 不於顯者. 君·大夫·士皆宮之.〈056〉

장례를 치르게 되면, 담장에 기대었던 나무를 세워서 처마를 받치게[拄'자의 음은 '主(주)'이다.] 하고, 안쪽에는 진흙을 발라서 비바람을 막지만, 밖으로 드러나는 부분에는 진흙을 바르지 않는다. 군주·대부·사는 모두 사면을 둘러서 의려를 드러내지 않는다.

集說 拄楣者, 先時倚木於牆以爲廬, 葬後哀殺. 稍擧起其木, 拄之於楣以納日光, 略寬容也. 又於內用泥以塗之, 而免風寒. 不於顯者, 不塗廬外顯處也. 皆宮之, 不襢也.

'주미(拄楣)'는 이전에 담장 쪽에 나무를 기대어 의려를 만들었는데, 장례를 치른 이후에는 애통함이 줄어들었으니, 이전보다 조금 나무를 세워 박아서 처마를 받치게 하여 햇빛이 들어오도록 하니, 대체적으로 관대하게 처리하는 것이다. 또 내부에는 진흙을 이용해서 벽을 바르고, 비와 추위를 면하게 한다. '불어현자(不於顯者)'는 의려 밖의 드러나는 부분에 대해서는 진흙을 바르지 않는다는 뜻이다. '개궁지(皆宮之)'는 드러내지 않는다는 뜻이다.

附註 不於顯者, 似言葬後設廬於隱蔽之處而塗之. 蓋適子居喪, 則卽於殯側倚廬而居之, 葬後則無柩. 故改設廬於隱處而塗之. 非適子者, 自未葬設廬於隱處而葬後塗之. 註"不塗廬外顯處", 未詳.

'불어현자(不於顯者)'는 아마도 장례를 치른 이후에는 은폐된 장소에 의려를 설치하고 진흙을 바른다는 말인 것 같다. 적자가 상을 치르게 되면 곧바로 빈소 측면에 있는 의려에 가서 그곳에서 거처하게 되며, 장례를 치른 이후에는 빈소에 영구가 없기 때문에 은폐된 곳에 의려를 다시 설치하고 진흙을 바르는 것이다. 적자가 아닌 자들은 아직 장례를 치르지 않았을 때부터 은폐된 장소에 의려를 설치하고, 장례를 치른 이후에 진흙을 바른다. 주에서는 "의려 밖의 드러나는 부분에 진흙을 바르지 않는다."라 했는데, 상세하지 않다.

【051】

凡非適子者, 自未葬, 以於隱者爲廬. 〈057〉

무릇 적장자가 아닌 자들은 장례를 치르기 이전부터 동남쪽 모서리의 어두
운 장소에 의려를 만들어 기거한다.

集說 疏曰: 旣非喪主, 故於東南角隱映處爲廬. 經雖云未葬, 其實
葬竟亦然也.

소에서 말하길, 이러한 자들은 이미 상주가 아니기 때문에, 동남쪽 모서
리의 어두운 장소에 의려를 만든다. 경문에서는 비록 "아직 장례를 치르
지 않았다."고 했지만, 실제로는 장례를 끝냈을 때에도 이처럼 한다.

附註 隱者爲廬, 言庶子於隱屏處爲廬, 與棄杖於隱者同意. 註說恐
非是.

'은자위려(隱者爲廬)'라는 말은 서자는 은밀하고 가려진 곳에 의려를 만
든다는 뜻으로, 은밀한 곳에 지팡이를 버린다는 것과 같은 의미이다. 주
의 설명은 아마도 잘못된 것 같다.

【052】

旣葬, 與人立, 君言王事, 不言國事; 大夫·士言公事, 不言家事. 君
旣葬, 王政入於國; 旣卒哭, 而服王事. 大夫·士旣葬, 公政入於家;
旣卒哭, 弁経·帶, 金革之事無辟[避]也.〈058〉

장례를 끝내고서 남과 함께 서 있을 때, 제후는 천자의 일은 말해도 자기
국가의 일은 말하지 않는다. 또 대부와 사가 이러한 경우에 처한다면, 국가
의 일은 말해도 자기 집안의 일은 말하지 않는다. 제후가 장례를 마치게
되면 천자와 관련된 정무가 제후의 조정에 들어올 수 있고, 졸곡을 치러서
변질과 대를 착용했다면, 천자와 관련된 정무를 처리한다. 대부와 사가 장
례를 마쳤다면, 국가와 관련된 정무가 집안으로 들어올 수 있고, 졸곡을
치러서 변질과 대를 착용했다면, 국가와 관련된 정무를 처리할 수 있으니,
전쟁과 관련된 사안이라 할지라도 피하지['辟'자의 음은 '避(피)'이다.] 않는다.

集說 不言國事·家事, 禮之經也; 旣葬政入以下, 禮之權也. 弁経·
帶, 謂素弁加環経, 而帶則仍是要経也. 大夫·士弁経, 則國君亦弁経
也. 君言服王事, 則此亦服國事也.

국가의 일이나 집안일을 말하지 않는 것은 예법에 따른 정도이다. 장례를
치른 뒤 정무가 들어온다는 것으로부터 그 이하의 일들은 예법에 따른
권도이다. 변질과 대는 흰색의 변에 환질을 두르고, 대는 곧 요질에 해당
한다는 뜻이다. 대부와 사가 변질을 착용한다고 했다면, 제후의 경우에도
또한 변질을 착용했을 때에 해당한다. 제후에 대해서 "천자의 일에 복무
한다."고 했다면, 대부와 사에게 있어서도 국가의 일에 복무한다.

附註 君言王事, 註: "不言家事, 禮之經也. 旣葬政入, 權也." 又曰:
"君言服王事, 則大夫亦服國事." 倶未當. 君旣葬言王事, 大夫·士言
公事, 如國有事問及則告之. 公政入於家, 亦此類, 不必分經權也.
如曰"大夫亦服國事", 則是將起復而從政, 君子不奪視之義, 安在哉?
經文旣曰: "君卒哭服王事; 大夫·士旣卒哭, 金革之事無辟." 大夫士

何可與國君比侔乎?

'군언왕사(君言王事)'에 대해 주에서는 "집안일을 말하지 않는 것은 예법에 따른 정도이다. 장례를 치른 뒤에 정무가 들어온다는 것은 권도이다."라 했고, 또 "제후에 대해 천자의 일에 복무한다고 했다면, 대부 또한 제후의 일에 복무한다."라 했는데, 모두 타당하지 않다. 군주는 장례를 마치면 천자의 일을 언급하고, 대부와 사는 제후의 일을 언급한다고 했는데, 예를 들어 나라에 중대한 일이 발생하여 문의를 해오면 일러주는 것이다. 제후의 정무가 집안으로 들어온다는 것 또한 이러한 부류이니, 정도와 권도로 구분할 필요는 없다. 만약 "대부 또한 제후의 일에 복무한다."라 말한다면, 이것은 상중에 벼슬에 나아가서 그 정무에 종사하는 것이 되는데, "군자는 부모에 대한 마음을 빼앗지 않는다."는 뜻이 어디에 있단 말인가? 경문에서 이미 "제후는 졸곡을 하고서 천자의 일에 복무하고, 대부와 사는 졸곡을 마치고 전쟁에 대한 사안을 피하지 않는다."라 했으니, 대부와 사가 어떻게 제후와 비등하게 할 수 있겠는가?

【053】

旣練, 居堊室, 不與人居. 君謀國政, 大夫‧士謀家事. 旣祥, 黝[於斜反]堊[烏故反]. 祥而外無哭者, 禫而乃無哭者, 樂作矣故也.〈059〉

소상을 치르게 되면, 악실에 머물되 남과 함께 머물지 않는다. 제후는 국정을 모의하고, 대부와 사는 가사를 모의한다. 대상을 치르게 되면, 악실의 바닥은 검게['黝'자는 '於(어)'자와 '斜자의 반절음이다.] 칠하고 벽면은 하얗게['堊'자는 '烏(오)'자와 '故(고)'자의 반절음이다.] 칠한다. 대상을 치른 뒤에는 중문 밖에서 곡을 하지 않고, 담제를 치른 뒤에는 중문 안에서도 곡을 하지 않으니, 음악을 연주하기 때문이다.

集說 堊室在中門外, 練後服漸輕, 可以謀國政‧謀家事也. 祥, 大祥也. 黝, 治堊室之地令黑. 堊, 塗堊室之壁令白, 皆稍致其飾也. 祥後中門外不哭, 故曰 "祥而外無哭者"; 禫則門內亦不復哭, 故曰 "禫而乃無哭者". 所以然者, 以樂作故也.

악실(堊室)은 중문 밖에 있는데, 소상을 치른 뒤에는 상복의 수위가 보다 가벼워지기 때문에, 국정과 가사를 모의할 수 있다. '상(祥)'자는 대상을 뜻한다. '유(黝)'는 악실의 바닥을 검게 칠한다는 뜻이다. '악(堊)'은 악실의 벽을 하얗게 칠한다는 뜻이다. 이 모두는 보다 장식을 꾸민 것이다. 대상을 치른 뒤 중문 밖에서는 곡을 하지 않는다. 그렇기 때문에 "대상을 치르고서 밖에서 곡을 함이 없다."고 말한 것이다. 담제를 치르게 되면 중문 안쪽에서도 재차 곡을 하지 않는다. 그렇기 때문에 "담제를 치르고서 안에서 곡을 함이 없다."고 말한 것이다. 이처럼 하는 이유는 음악을 연주하기 때문이다.

【054】

禫而從御, 吉祭而復寢.〈060〉

담제를 치른 뒤에는 직무를 처리하고, 길제를 치른 뒤에는 침소로 되돌아간다.

集說 從御, 鄭氏謂御婦人, 杜預謂從政而御職事. 杜說近是. 蓋復寢, 乃復其平時婦人當御之寢耳. 吉祭, 四時之常祭也. 禫祭後値吉祭同月, 則吉祭畢而復寢; 若禫祭不値當吉祭之月, 則踰月而吉祭乃復寢也. 孔氏以下文不御於內爲證, 故從鄭說. 又按, 閒傳言旣祥復寢者, 謂大祥後復殯宮之寢, 與此復寢異.

'종어(從御)'에 대해서 정현은 부인을 시중들게 한다고 했고, 두예는 정무에 종사하며 직무를 다스린다고 했다. 두예의 주장이 정답에 가깝다. 무릇 복침(復寢)은 평상시 부인이 시중을 들던 침소로 되돌아간다는 뜻이기 때문이다. '길제(吉祭)'는 사계절마다 지내는 정규 제사를 뜻한다. 담제를 치른 이후 길제를 같은 달에 치르게 되면, 길제를 끝내고서 침소로 되돌아간다. 만약 담제를 치르는 달이 길제를 치르는 달에 해당하지 않다면, 그 달을 넘기고 길제를 치른 뒤에 침소로 되돌아간다. 공영달은 아래 문장에서 "안에서 시중을 들지 않는다."고 한 문장으로 증명을 했으니, 정현의 주장에 따른 것이다. 재차 살펴보니, 『예기』「간전(間傳)」편에서는 대상을 치르고서 침소로 되돌아간다고 했는데, 이것은 대상을 치른 이후 빈궁의 침소로 되돌아간다는 뜻으로, 여기에서 침소로 되돌아간다고 한 말과는 다르다.

【055】

期居廬, 終喪不御於內者, 父在爲母·爲妻. 齊衰期者, 大功布衰九月者, 皆三月不御於內. 婦人不居廬, 不寢苫; 喪父母, 旣練而歸; 期九月者, 旣葬而歸. 〈061〉

기년상을 치를 때에는 의려에 머물며, 상 기간을 끝낼 때까지 침소 안에서 부인을 시중들게 하지 않으니, 부친이 생존해 계실 때 돌아가신 모친의 상을 치르거나 죽은 처의 상을 치를 때이다. 자최복을 착용하고 기년상을 치르며, 또 대공복을 착용하고 9개월 동안 상을 치르는 경우에도 모두 3개월 동안 침소 안에서 부인을 시중들게 하지 않는다. 부인은 의려에 머물지 않고, 거적을 깔고 자지 않는다. 부인이 친부모의 상을 당하게 되면 소상을 끝내고 남편의 집으로 되돌아가고, 기년상과 9개월 상을 치를 때에는 장례를 치른 뒤에 되돌아간다.

集說 喪父母, 謂婦人有父母之喪也. 旣練而歸, 練後乃歸夫家也. 女子出嫁爲祖父母, 及爲父後之兄弟皆期服. 九月者, 謂本是期服而降在大功者, 此皆哀殺, 故葬後卽歸也.

'상부모(喪父母)'는 부인에게 친부모의 상이 발생했다는 뜻이다. '기련이귀(旣練而歸)'는 소상을 치른 뒤에는 남편의 집으로 되돌아간다는 뜻이다. 출가한 여자는 조부모 및 부친의 후계자가 된 형제를 위해서 모두 기년복을 착용한다. '구월(九月)'은 본래는 기년복에 해당하지만 강복하여 대공복을 착용한 경우인데, 이러한 경우에는 모두 애통함이 줄어들기 때문에, 장례를 치른 뒤에 곧바로 되돌아간다.

附註 期九月旣葬而歸, 註謂"期而降在大功", 未見此意. 此九月, 卽大功本服.

'기구월기장이귀(期九月旣葬而歸)'에 대해 주에서는 "기년복에 해당하지만 강복하여 대공복에 해당한다는 뜻이다."라 했는데, 이러한 의미는 나타나지 않는다. 여기에서 말하는 '구월(九月)'은 본복이 대공복인 경우에 해당한다.

【056】

公之喪, 大夫俟練, 士卒哭而歸.〈062〉

채지를 소유한 대부의 상이 발생했을 때, 그의 채지를 다스렸던 대부는
소상을 끝내고서 다스리던 곳으로 되돌아가며, 채지를 다스렸던 사는 졸곡
을 끝내고서 되돌아간다.

集說 雜記曰: "大夫次於公館以終喪, 士練而歸", 言大夫士爲國君
喪之禮也. 此言公者, 家臣稱有地之大夫爲公也. 有地大夫之喪, 其
大夫與士治其采地者, 皆來奔喪, 大夫則俟小祥而反其所治, 士則待
卒哭而反其所治也.

『예기』「잡기(雜記)」편에서는 "대부는 공관에 머물며 군주의 상을 끝내
고, 읍재인 사는 소상을 끝내면 되돌아간다."고 했는데, 대부와 사가 제후
의 상을 치르는 예법을 뜻한다. 이곳에서 '공(公)'이라고 한 말은 가신들
이 채지를 소유한 대부를 '공(公)'이라 부르는 것을 가리킨다. 채지를 소
유한 대부의 상이 발생하면, 그 채지를 다스리고 있는 대부와 사는 모두
찾아와 분상을 하게 되는데, 대부의 경우라면 소상을 끝낼 때까지 기다린
뒤에 다스리던 곳으로 되돌아가고, 사의 경우라면 졸곡을 끝낼 때까지
기다린 뒤에 다스리던 곳으로 되돌아간다.

附註 公之喪, 大夫俟練, 士卒哭而歸, 註曰: "公謂有采地之大夫."
蓋謂如葉公之類, 愚謂不然. 禮經中"公・大夫・士一也", 又"公襲"・
"公視大斂", 皆以國君爲解. 此言公亦是國君也. 但以與雜記所云"大
夫居於公館以終喪, 士練而歸", 未免逕庭, 故註家曲爲之解. 而雜記
則又以士分言朝庭・邑宰之士, 亦恐未然. 蓋記禮者門戶各殊, 不妨
二說之竝行.

"공의 상에 대부는 소상까지 기다리고 사는 졸곡을 하고서 되돌아간다."
고 했는데, 주에서는 "공은 채지를 소유한 대부를 뜻한다."라 했다. 아마
도 섭공과 같은 부류를 뜻하는 것 같은데, 내가 생각하기에는 그렇지 않

다. 『예기』경문 중에서는 "공·대부·사가 동일하다."라 했고, 또 '공의 습'과 "공이 대렴에 참관한다."라 했는데, 이 모두는 제후를 기준으로 풀이했다. 이곳에서 '공(公)'이라 말한 것 또한 제후국의 군주에 해당한다. 다만 이곳의 기록이 『예기』「잡기(雜記)」편에서 "대부는 공관에 머물며 상을 끝내고, 사는 연제를 끝내고서 되돌아간다."라고 한 말과 큰 차이가 생기는 것을 면할 수 없었기 때문에, 주석가들이 곡해해서 이처럼 풀이한 것이다. 그리고 「잡기」편의 내용에 있어서는 사를 조정과 읍재에 속하는 사로 구분해서 설명했는데, 이 또한 아마도 그렇지 않을 것이다. 예법을 기록한 자들의 문호가 각각 달랐기 때문이니, 두 설을 병행하는데 저해가 되지 않는다.

---

1) 『예기』「잡기상(雜記上)」009장 : 大夫次於公館以終喪, 士練而歸, 士次於公館. 大夫居廬, 士居堊室.

【057】

大夫·士, 父母之喪, 旣練而歸; 朔日·忌日, 則歸哭于宗室. 諸父·
兄弟之喪, 旣卒哭而歸.〈063〉

서자들 중 대부나 사가 된 자가 부모의 상을 당하게 된다면, 적자의 집에
가서 상을 치르는데, 소상을 치르게 되면 자신이 거주하는 건물로 되돌아
간다. 또 매월 초하루나 부모가 돌아가신 날이 되면, 종자의 집에 마련된
빈소로 가서 곡을 한다. 제부들이나 형제의 상에 대해서라면, 졸곡을 끝내
고 되돌아간다.

集說 命士以上, 父子皆異宮. 庶子爲大夫·士, 而遭父母之喪, 殯
宮在適子家. 旣練, 各歸其宮. 至月朔與死之日, 則往哭于宗子之家,
謂殯宮也. 諸父·兄弟期服輕, 故卒哭卽歸也.

명사로부터 그 이상의 계층은 부모와 자식이 모두 다른 건물에 거주한다.
서자들 중 대부나 사가 된 자가 부모의 상을 당하게 된다면, 빈소는 적자
의 집에 있게 된다. 소상을 치르게 되면 각각 그들의 집으로 되돌아간다.
매월 초하루와 부모가 돌아가신 날이 되면, 종자의 집으로 찾아가서 곡을
하니, 종자의 집에 마련된 빈소를 뜻한다. 제부들과 형제들에 대해서는
기년복을 착용하여 수위가 상대적으로 낮기 때문에, 졸곡을 치르면 되돌
아간다.

【058】

父不次於子, 兄不次於弟.〈064〉

부친은 자식의 상을 치를 때 임시숙소에 머물지 않고, 형은 동생의 상을
치를 때 임시숙소에 머물지 않는다.

集說 疏曰: 喪卑, 故尊者不居其殯宮次也.

소에서 말하길, 상대적으로 미천한 자의 상을 치르기 때문에, 존귀한 자

는 그들의 빈소에 마련된 임시숙소에 머물지 않는다.

附註 父不次於子, 言父兄之於子弟喪, 不居廬次云爾. 陳註見此文承卒哭而歸以爲喪畢, 恐誤觀. 小記"父不爲衆子次", 可互明也.

'부불차어자(父不次於子)'는 부친과 형은 자식과 동생의 상에 대해서 임시숙소에 머물지 않는다는 말일 따름이다. 진호의 주에서는 이 문장이 졸곡을 치르고서 되돌아간다고 한 문장을 이어받고 있는 것을 보고 상을 마치는 것이라 여겼는데, 아마도 잘못 살핀 것 같다. 『예기』「상복소기(喪服小記)」편에서 "부친은 적자를 제외한 나머지 아들의 상을 치를 때 중문 밖에 임시숙소를 마련하지 않는다."[1]라고 한 말이 상호 그 뜻을 드러낼 수 있다.

類編 右居處言語動作之節.

여기까지는 '거처언어동작지절(居處言語動作之節)'에 대한 내용이다.

---

1) 『예기』「상복소기(喪服小記)」 078장 : 父不爲衆子次於外.

◇ 배빈(拜賓)

【059】

君之喪, 未小斂, 爲寄公國賓出. 大夫之喪, 未小斂, 爲君命出. 士之
喪, 於大夫, 不當斂則出.〈010〉[本在"承衾而哭"下.]

군주의 상에서 아직 소렴을 하지 않았다면, 상주는 찾아온 기공이나 국빈
을 위해서 밖으로 나가서 맞이한다. 대부의 상에서 아직 소렴을 하지 않았
다면, 상주는 군주의 명령을 가지고 찾아온 사신을 위해서 밖으로 나가서
맞이한다. 사의 상에서 대부가 조문을 왔는데, 상주가 소렴을 하는 때가
아니라며 밖으로 나가서 맞이한다. [본래는 "이불을 붙잡고 곡을 한다."[1]라고 한 문
장 뒤에 수록되어 있었다.]

集說 寄公, 諸侯失國而寄託鄰國者也. 國賓, 他國來聘之卿 · 大夫
也. 出, 出迎也. 爲君命出, 謂君有命及門則出也. 檀弓云: "大夫弔,
當事而至則辭焉." 辭, 告也, 故不當斂時, 則亦出迎. 雜記云: "大夫
至, 絶踊而拜之"者, 亦謂斂後也.

'기공(寄公)'은 제후들 중 자신의 나라를 잃고 이웃 나라에 의탁해 있는
자를 뜻한다. '국빈(國賓)'은 다른 나라에서 빙문으로 찾아온 경과 대부
를 뜻한다. '출(出)'자는 나가서 맞이한다는 뜻이다. '위군명출(爲君命
出)'은 군주의 명령을 받들고 온 자가 문에 당도하면, 밖으로 나간다는
뜻이다. 『예기』「단궁(檀弓)」편에서는 "대부가 사에게 조문을 왔는데, 만
약 상주가 시행하고 있는 일이 있을 때 당도하게 된다면, 그 일을 돕는
자가 나와서, 상주가 현재 어떠한 일을 시행하고 있다는 사실을 아뢴다."
고 했다. '사(辭)'자는 "아뢴다."는 뜻이다. 그러므로 염을 할 때가 아니라
면, 또한 밖으로 나와서 맞이한다. 『예기』「잡기(雜記)」편에서는 "대부가

---

1) 『예기』「상대기」 009장 : 大夫之喪, 主人坐于東方, 主婦坐于西方, 其有命夫命
婦則坐, 無則皆立. 士之喪, 主人父兄子姓皆坐于東方, 主婦姑姊妹子姓皆坐于
西方. 凡哭尸于室者, 主人二手承衾而哭.

조문을 하기 위해 찾아왔다면, 용을 멈추고 밖으로 나가서 대부에게 절을 한다."고 했는데, 이 또한 염을 한 이후에 대한 내용이다.

【060】

凡主人之出也, 徒跣扱[揷]衽拊[抚]心, 降自西階. 君拜寄公國賓于位. 大夫於君命, 迎于寢門外, 使者升堂致命, 主人拜于下. 士於大夫親弔則與之哭, 不逆於門外.〈011〉

무릇 상주가 빈객을 맞이하기 위해 밖으로 나올 때에는 맨발을 하며 심의의 앞자락을 허리띠에 꼽고['扱'자의 음은 '揷(삽)'이다.] 가슴을 두드리며['拊'자의 음은 '抚(무)'이다.] 서쪽 계단을 통해서 당하로 내려간다. 군주의 상에 있어서 기공과 국빈에게 절을 할 때에는 그들의 자리를 향해서 한다. 대부의 상에서 군주의 명을 받들고 온 사신에 대해서는 침문 밖에서 그를 맞이하고, 사신이 당으로 올라가서 명령을 전달하면, 상주는 당하에서 절을 한다. 사의 상에서 대부가 직접 조문을 오게 되면, 상주는 그와 함께 곡을 하지만, 문밖에서 그를 맞이하지는 않는다.

集說 徒跣者, 未著喪屨, 吉屨又不可著也. 扱衽者, 扱深衣前襟於帶也. 拊心, 擊心也. 曲禮云: "升降不由阼階." 拜寄公國賓于位者, 寄公位在門西, 國賓位在門東, 主人於庭各向其位而拜之也. 士喪禮云: "賓有大夫, 則特拜之, 即位于西階下東面, 不踊."

'도선(徒跣)'은 상을 치르며 신는 신발을 아직 착용하지 않은 상태이며, 길한 시기에 신는 신발 또한 신지 않는 것이다. '급임(扱衽)'은 심의의 앞자락을 허리띠에 꼽는 것이다. '무심(拊心)'은 가슴을 친다는 뜻이다. 『예기』「곡례(曲禮)」편에서는 "당에 오르거나 내려갈 때에는 부친이 사용하던 동쪽 계단을 이용하지 않는다."고 했다. 기공과 국빈에게 자리에서 절을 한다고 했는데, 기공의 자리는 문의 서쪽이 되고, 국빈의 자리는 문의 동쪽이 되니, 상주는 마당에서 각각 그들의 자리를 향한 상태에서 절을 한다는 뜻이다. 『의례』「사상례(士喪禮)」편에서는 "빈객 중 대부가 있다면, 그에게 단독으로 절을 하고, 서쪽 계단 아래의 자리로 나아가서 동쪽을 바라보되 용은 하지 않는다."[2]고 했다.

【061】

夫人爲寄公夫人出, 命婦爲夫人之命出, 士妻不當斂, 則爲命婦出. 〈012〉
제후의 부인은 조문을 온 기공의 부인을 위해서 방밖으로 나오고, 경과 대부의 부인은 제후 부인의 명령을 받들고 온 사신을 위해서 방밖으로 나오며, 사의 처는 소렴을 하는 시기가 아니라면, 조문을 온 명부를 위해서 방밖으로 나온다.

> **集說** 婦人不下堂, 此謂自房而出拜於堂上也.

부인들은 당하로 내려가지 않으니, 이 내용은 방으로부터 밖으로 나와서 당상에서 절을 한다는 뜻이다.

【062】

君拜寄公國賓大夫 · 士[句], 拜卿大夫於位, 於士旁三拜. 夫人亦拜寄公夫人於堂上, 大夫內子士妻, 特拜命婦, 汎[泛]拜衆賓於堂上. 〈014〉
[本在"夷于堂降拜"下.]
군주의 상에서 소렴이 끝나면 세자는 밖으로 나와서 기공과 국빈에게 절을 하고, 선대 군주의 신하인 대부와 사에 대해서도 절을 하는데['士'자에서 구문을 끊는다.] 경과 대부에 대해서는 그 자리에 나아가서 절을 하지만, 사에 대해서라면 두루 세 차례 절을 할 따름이다. 부인 또한 기공의 부인에 대해서 당상에서 절을 하고, 대부의 내자와 사의 처에 대해서도 절을 하는데,

---

2) 『의례』「사상례(士喪禮)」: 有大夫則特拜之, 卽位于西階下, 東面, 不踊. 大夫雖不辭, 入也.

내자와 명부에 대해서는 개개인마다 절을 하고, 사의 처에 대해서라면 당상에서 그들에 대해 두루['氾'자의 음은 '氾(범)'이다.] 절을 할 따름이다. [본래는 "당으로 옮기고 상주는 당하로 내려와서 빈객에게 절을 한다."라고 한 문장 뒤에 수록되어 있었다.]

集說 君, 謂遭喪之嗣君也. 寄公與國賓入弔, 固拜之矣, 其於大夫・士也, 卿・大夫則拜之於位, 士則旁三拜而已. 旁, 謂不正向之也. 士有上中下三等, 故共三拜. 大夫・士皆先君之臣, 俱當服斬, 今以小斂畢而出庭列位, 故嗣君出拜之. 夫人亦拜寄公夫人於堂上矣, 其於卿・大夫之內子士之妻, 則亦拜之. 但內子與命婦則人人各拜之. 衆賓, 則士妻也. 氾拜之而已, 亦旁拜之比也.

'군(君)'자는 상을 당한 세자를 뜻한다. 기공과 국빈이 들어와서 조문을 하였으므로, 그들에게 절을 하는 것이며, 또한 세자가 대부와 사에게 절을 할 때, 경과 대부에게 한다면 그 자리에서 절을 하고, 사에게 한다면 두루 세 차례 절을 할 따름이다. '방(旁)'은 그들 개개인을 향해서 하지 않는다는 뜻이다. 사에는 상・중・하 세 등급이 있다. 그렇기 때문에 모두 세 차례 절을 한다. 대부와 사는 모두 선대 군주의 신하이니, 모두 참최복을 착용해야만 하는데, 현재 소렴을 끝내고서 마당으로 나와 신분에 따라 나열되어 자리를 잡고 있으니, 세자도 밖으로 나와서 그들에게 절을 한다. 부인 또한 기공의 부인에게 당상에서 절을 하는데, 경과 대부의 내자 및 사의 처에 대해서도 절을 한다. 다만 내자와 명부의 경우에는 개개인에게 각각 절을 한다. '중빈(衆賓)'은 사의 처를 뜻한다. 그녀들에 대해서는 두루 절을 할 따름이니, 또한 세자가 하는 '방배지(旁拜之)'와 비견된다.

---

3) 『예기』「상대기」013장 : 小斂, 主人即位于戶內, 主婦東面乃斂, 卒斂, 主人馮之踊, 主婦亦如之. 主人袒, 說髦, 括髮以麻, 婦人髽, 帶麻于房中. 徹帷, 男女奉尸夷于堂, 降拜.

【063】

婦人迎客送客不下堂, 下堂不哭. 男子出寢門外見人不哭.〈020〉[本在 "諸婦南鄉"下.]

부인은 빈객을 맞이하거나 전송할 때 당하로 내려가지 않고, 당하로 내려 가게 되면 곡을 하지 않는다. 남자는 침문 밖으로 나가게 되면 사람을 보더 라도 곡을 하지 않는다. [본래는 "부인들은 북쪽과 가까운 자리에서 남쪽을 바라보게 된다."[4]라고 한 문장 뒤에 수록되어 있었다.]

集說 堂以內至房, 婦人之事. 堂以外至門, 男子之事. 非其所而哭, 非禮也. 此言小斂後, 男主女主迎送弔賓之禮. 婦人於敵者固不下 堂, 若君夫人來弔, 則主婦下堂至庭, 稽顙而不哭也. 男子於敵者之 弔亦不出門, 若有君命而出迎, 亦不哭也.

당의 안쪽부터 방에 이르기까지는 부인이 치러야 하는 일에 해당한다. 또 당의 바깥쪽부터 문에 이르기까지는 남자가 치러야 하는 일에 해당한 다. 해당하는 장소가 아닌데도 곡을 하는 것은 비례이다. 이곳에서는 소 렴을 한 이후에 남자 상주와 여자 상주가 조문객을 맞이하거나 전송하는 예법을 나타내고 있다. 부인은 자신과 신분이 대등한 자에 대해서라도 당하로 내려가지 않는데, 만약 군주의 부인이 찾아와서 조문을 하는 경우 라면, 주부는 당하로 내려가서 마당까지 가고, 이마를 땅에 대어 절을 하지만 곡은 하지 않는다. 남자는 자신과 신분이 대등한 조문객에 대해서 또한 문밖으로 나가지 않는데, 만약 군주의 명령을 받들고 온 사신이라 면, 밖으로 나가서 맞이하지만 또한 곡은 하지 않는다.

【064】

其無女主, 則男主拜女賓于寢門內; 其無男主, 則女主拜男賓于阼

---

4) 『예기』「상대기」 019장 : 哭尸于堂上, 主人在東方, 由外來者在西方, 諸婦南鄉.

階下. 子幼則以衰[催]抱之, 人爲之拜. 爲後者不在, 則有爵者辭, 無爵者人爲之拜. 在竟[境]內則俟之, 在竟外則殯葬可也. 喪有無後, 無無主.〈021〉

상을 치를 때, 여자 상주가 없는 경우라면, 남자 상주가 침문 안쪽에서 여자 빈객들에게 절을 한다. 남자 상주가 없는 경우라면, 여자 상주가 동쪽 계단 아래에서 남자 빈객에게 절을 한다. 상주를 맡을 자식이 너무 어리다면, 다른 사람을 시켜 상복으로['衰'자의 음은 '催(최)'이다.] 그를 감싸 안게 하고, 그가 어린 상주를 대신하여 빈객들에게 절을 한다. 후계자가 외지에 나가 있을 경우, 후계자가 작위를 가진 자라면, 섭주를 맡은 자가 작위가 없어서 빈객에게 절을 할 수 없다는 이유로 조문객에게 사양의 뜻을 전한다. 만약 후계자가 작위가 없는 경우라면, 섭주가 그를 대신하여 조문객에게 절을 한다. 후계자가 국경을['竟'자의 음은 '(경)'이다.] 벗어나지 않은 경우라면, 그가 되돌아올 때까지 기다린 뒤에 빈소를 차리고 장례를 치른다. 만약 그가 외국에 나가 있는 경우라면, 그가 없더라도 빈소를 차려야 할 시점이 되면 빈소를 차리고, 장례를 치러야 하는 시점이 되면 장례를 치러도 괜찮다. 상사에서는 후계자가 없는 경우는 있어도, 상주가 없는 경우는 없다.

集說 爲後者不在, 謂以事故在外也. 此時若有喪事, 而弔賓及門, 其爲後者是有爵之人, 則辭以攝主無爵, 不敢拜賓. 若此爲後者是無爵之人, 則攝主代之拜賓可也. 出而在國竟之內, 則俟其還乃殯葬. 若在境外, 則當殯卽殯, 殯後又不得歸, 而及葬期, 則葬之可也. 無後, 不過己自絶嗣而已. 無主, 則闕於賓禮. 故可無後, 不可無主也.

후계자가 있지 않다는 말은 어떠한 일 때문에 외지에 있다는 뜻이다. 이 시기에 만약 상사의 일이 발생하여 조문객이 문에 당도하게 되면, 후계자가 작위를 가진 사람일 경우에는 섭주에게 작위가 없어서 감히 빈객에게 절을 할 수 없다고 사양한다. 만약 후계자인 자가 작위가 없는 자라면, 섭주가 그를 대신해서 빈객에게 절을 해도 괜찮다. 출타를 했는데 국경 안에 있는 경우라면, 그가 되돌아올 때까지 기다린 뒤에 빈소를 마련하고 장례를 치른다. 만약 국경 밖에 있는 경우라면, 빈소를 차려야 할 시기가 되면 빈소를 차리고, 빈소를 차린 뒤에도 또한 되돌아오지 못했고, 장례를 치러야 하는 기간이 되었다면 장례를 치러도 괜찮다. 후계자가 없는 것은 본인에게 후손이 끊기는 것에 불과할 따름이다. 그러나 상주가 없게 되면, 빈객에 대한 예법을 빠트리게 된다. 그렇기 때문에 후계자가 없는 경우는 있을 수 있지만, 상주가 없는 경우는 있을 수 없다.

類編 右拜賓.
여기까지는 '배빈(拜賓)'에 대한 내용이다.

◇ 제후와 부인의 조문[君夫人弔]

【065】

君於大夫·世婦, 大斂焉; 爲之賜, 則小斂焉. 於外命婦, 旣加蓋而君至. 於士, 旣殯而往; 爲之賜, 大斂焉[爲字竝去聲].〈065〉 [本在"不次於弟"下.]

군주는 대부와 내명부에 대해서 그들이 죽었을 때, 대렴 때 찾아가서 조문하며 그 일들을 살피고, 그들에게 은혜를 베풀게 된다면, 소렴 때 찾아가서 조문하며 그 일들을 살핀다. 신하의 처에 대해서는 은정이 낮으므로, 그녀들의 대렴이 끝나서 관의 뚜껑을 닫은 이후에 군주가 찾아가서 조문한다. 사에 대해서는 빈소를 마련한 뒤에 찾아가서 조문하는데, 그들에게 은혜를 베풀게 된다면, 대렴 때 찾아가서 조문하고 그 일들을 살핀다.[여기에 나온 '爲'자는 모두 거성으로 읽는다. 본래는 "동생의 상을 치를 때 임시숙소에 머물지 않는다."[1] 라고 한 문장 뒤에 수록되어 있었다.]

集說 君於大夫及內命婦之喪, 而視其大斂, 常禮也. 若爲之加恩賜, 則視其小斂也. 外命婦, 乃臣之妻. 其恩輕, 故君待其大斂入棺加蓋之後, 而後至也. 士雖卑, 亦宜有恩賜, 故亦視其大斂.

군주는 대부와 내명부의 상에 대해서, 그들의 대렴을 살피는 것이 일반적인 예법이다. 만약 그들에게 은혜를 베풀게 된다면, 그들의 소렴을 살핀다. '외명부(外命婦)'는 신하의 처를 뜻하니, 그녀들에 대한 은정이 상대적으로 낮기 때문에, 군주는 그녀들의 대렴이 끝나서 관에 안치하고 뚜껑을 닫은 이후까지 기다렸다가 그 이후에 찾아가게 된다. 사는 비록 신분이 미천하지만 또한 그들에 대해 은혜를 베푸는 경우가 있기 때문에 이러한 경우에도 그들의 대렴을 살피게 된다.

---

1) 『예기』「상대기」 064장 : 父不次於子, 兄不次於弟.

【066】

夫人於世婦, 大斂焉; 爲之賜, 小斂焉. 於諸妻, 爲之賜, 大斂焉. 於
大夫 · 外命婦, 旣殯而往.〈066〉

제후의 부인은 내명부에 대해서 그녀들이 죽었을 때 대렴 때 찾아가서 조
문하며 그 일들을 살피고, 그녀들에게 은혜를 베풀게 된다면, 소렴 때 찾아
가서 조문하며 그 일들을 살핀다. 제처에 대해서는 그녀들에게 은혜를 베
풀게 된다면 대렴 때 찾아가서 조문하며 그 일들을 살핀다. 대부와 신하들
의 처들에 대해서는 빈소를 마련한 뒤에 찾아가서 조문한다.

集說 疏曰: 諸妻, 姪娣及同姓女也, 同士禮, 故賜大斂. 若夫人姪娣
尊同世婦, 當賜小斂. 已上言君夫人視之皆有常禮, 而爲之賜, 則加
禮也.

소에서 말하길, '제처(諸妻)'는 여조카 및 여동생과 동성인 여자들을 뜻하
는데, 사에 대한 예법과 동일하게 따르기 때문에, 은혜를 베풀면 대렴
때 찾아가서 살펴본다. 만약 부인의 여조카 및 여동생이라면 그녀들의
존귀함은 세부와 동일하기 때문에 은혜를 베풀게 되면 소렴(小斂) 때 찾
아가서 살펴본다. 이러한 말들은 군주와 그의 부인이 다른 사람의 상에
찾아가서 살펴볼 때에는 모두 일반적인 예법이 있는데, 그 대상을 위해
은혜를 베풀게 되면 예법의 수위를 높인다는 뜻이다.

【067】

大夫 · 士旣殯, 而君往焉, 使人戒之. 主人具殷奠之禮, 俟于門外;
見馬首, 先入門右. 巫止于門外. 祝代之先. 君釋菜于門內. 祝先升
自阼階, 負墉南面. 君卽位于阼, 小臣二人執戈立于前, 二人立于後.
擯者進, 主人拜稽顙. 君稱言, 視祝而踊. 主人踊.〈067〉

대부와 사의 상이 발생했는데, 군주에게 사정이 있어서 염을 할 때 찾아가
지 못했다면, 빈소를 마련한 뒤에 찾아가게 된다. 이러한 경우에는 사람을

시켜서 군주가 온다는 사실을 알린다. 상주가 그 소식을 접하면 성대한 전제사의 의례를 갖추고, 문밖으로 나와서 기다린다. 군주의 수레 말머리가 보이면 먼저 문으로 들어가서 우측에 위치한다. 군주 앞에 위치했던 무는 문밖에 멈추고, 축이 무를 대신하여 먼저 문으로 들어간다. 군주는 문의 안쪽에서 석채를 지내서 문의 신을 예우한다. 이 시기에 축은 먼저 동쪽 계단을 통하여 당상으로 올라가며, 동쪽 방의 담장을 등지고 남쪽을 바라보며 서 있게 된다. 군주가 동쪽 계단 위의 자리로 나아가게 되면, 소신 2명이 창을 들고서 군주 앞에 위치하고, 또 다른 2명이 군주 뒤에 위치한다. 상주의 부관이 상주 앞으로 나아가 의례절차를 아뢰면, 상주는 마당에서 북쪽을 바라보며 절을 하고 이마를 땅에 닿도록 한다. 군주가 조문하는 말을 건네면, 축이 용하는 것을 살펴서 군주도 용을 하고, 군주의 용이 끝나면 곧 상주가 용을 한다.

集說 大夫・士之喪, 君或以他故不及斂者, 則殯後亦往, 先使告戒主人使知之. 主人具盛饌之奠, 身自出候於門外, 見君車前之馬首, 入立于門東北面. 巫本在君之前, 今巫止不入, 祝乃代巫先君而入. 君釋菜以禮門神之時, 祝先由東階以升. 負墉南面者, 在房戶之東, 背壁而向南也. 主人拜稽顙者, 以君之臨喪, 故於庭中北面拜而稽顙也. 君稱言者, 君擧其所來之言, 謂弔辭也. 祝相君之禮, 稱言畢而祝踊, 故君視祝而踊. 君踊畢, 主人乃踊也.

대부와 사의 상에서 군주가 간혹 다른 사안 때문에 염을 하는 시기에 당도하지 못했다면, 빈소를 마련한 이후에 또한 찾아가게 되니, 먼저 다른 사람을 시켜서 상주에게 알려 군주가 찾아온다는 사실을 인지하게끔 한다. 상주는 성찬을 차린 전제사를 갖추고서 본인이 직접 문밖으로 나가서 기다리고, 군주의 수레 앞에 있는 말머리가 보이게 되면, 문으로 들어와서 동쪽에 서서 북쪽을 바라본다. 무(巫)는 본래 군주 앞에 위치하는데, 현재 무가 멈추고 문으로 들어가지 않는다고 했으니, 축(祝)이 무를 대신하여 군주보다 먼저 들어간다. 군주가 석채를 지내서 문의 신을 예우할 때, 축은 먼저 동쪽 계단을 통해서 당상으로 올라간다. "담장을 등지고 남쪽을 바라본다."고 했는데, 방문의 동쪽에서 벽을 등지고서 남쪽을 향해 선다는 뜻이다. "상주가 절을 하며 이마를 땅에 닿도록 한다."고 했는데, 군주가 상에 임했기 때문에, 마당에서 북쪽을 바라보며 절을 하고 이마를 땅에 닿도록 하는 것이다. '군칭언(君稱言)'은 군주가 찾아오게 된 말을 전한다는 뜻이니, 조문하는 말에 해당한다. 축은 군주가 시행하는 의례를 돕는데, 조문하는 말이 끝나면 축이 용을 한다. 그렇기 때문에 군주는 축이 용하는 것을 살펴보고서 용을 한다. 군주가 용하는 절차를 끝내면 상주가 곧 용을 한다.

【068】

大夫則奠可也; 士則出俟于門外, 命之反奠乃反奠. 卒奠, 主人先俟于門外. 君退, 主人送于門外, 拜稽顙. 〈068〉

군주가 대부의 상에 임하게 된다면, 대부는 용이 끝난 뒤 곧바로 전제사를 지내도 괜찮다. 그러나 사의 경우라면, 상주는 먼저 문밖으로 나가서 기다리니, 전제사를 끝낼 때까지 군주를 기다리게 만들 수 없기 때문이다. 군주가 다른 사람을 시켜 상주에게 되돌아가서 전제사를 지내라고 명령하면, 그제야 되돌아가서 전제사를 지낸다. 전제사를 마치면 상주는 먼저 문밖으로 나가서 기다린다. 군주가 물러가게 되면 상주는 문밖에서 전송하며, 절을 하고 이마를 땅에 닿도록 한다.

集說 若君所臨是大夫喪, 則踊畢, 卽釋此殷奠于殯可也. 若是士喪, 則主人卑, 不敢留君待奠, 故先出俟于門, 謂君將去也, 君使人命其反而奠乃反奠. 奠畢, 主人又先俟于門外, 君去卽拜以送也. 奠畢出俟, 大夫與士皆然.

군주가 상에 임한 것이 대부의 상이라면, 용을 끝내고서 빈소에 은전의 음식들을 진설하여도 괜찮다. 만약 사의 상이라면, 상주는 신분이 낮으므로 감히 군주를 머물게 하여 전제사를 지낼 때까지 기다리도록 할 수 없다. 그렇기 때문에 먼저 문밖으로 나가서 기다리니, 군주가 떠나려고 할 때, 군주는 다른 사람을 시켜서 상주에게 되돌아가서 전제사를 지내라고 명령하면 되돌아가 전제사를 지낸다는 뜻이다. 전제사가 끝나면 상주는 또한 먼저 문밖으로 나가서 기다리고, 군주가 떠나게 되면 절을 하며 전송한다. 전제사가 끝나서 밖으로 나가 기다리는 것은 대부와 사가 모두 동일하다.

【069】

君於大夫疾, 三問之; 在殯, 三往焉. 士疾, 壹問之; 在殯, 壹往焉. 君弔, 則復殯服. 〈069〉

군주는 대부가 병에 걸렸을 때 세 차례 병문안을 가고, 그가 죽었다면 장례를 치르기 이전까지 세 차례 찾아가서 조문한다. 사의 병에 대해서는 한 차례 병문안을 가고, 그가 죽었을 때에는 한 차례 찾아가서 조문한다. 군주가 조문을 오게 되면, 상주가 이미 성복을 한 상태라도 빈소를 마련할 때의 복장으로 갈아입는다.

集說 殯後主人已成服, 而君始來弔, 主人則還著殯時未成服之服. 蓋苴絰·免布·深衣也, 不散帶. 故小記云: "君弔雖不當免時也, 主人必免, 不散麻." 一則不敢謂君之弔後時, 又且以君來, 故新其禮也.
빈소를 마련한 이후 상주는 이미 성복을 한 상태인데, 군주가 처음 찾아와서 조문을 하게 되면, 상주는 빈소를 마련할 때, 즉 아직 성복하기 이전의 복장으로 갈아입는다. 아마도 저질·문포·심의를 착용하고, 대의 끝을 늘어뜨리지 않았을 것이다. 그렇기 때문에 『예기』 「상복소기(喪服小記)」편에서는 "자기 나라의 군주가 조문을 오면, 비록 문을 해야 할 시기가 아니더라도, 상주는 반드시 문을 하며, 요질의 끝을 늘어뜨리지 않는다."고 한 것이다. 그 이유는 감히 군주의 조문이 뒤늦게 왔다고 말할 수 없기 때문이며, 또 군주가 찾아왔기 때문에 그 예법을 새롭게 하고자

해서이다.

【070】
夫人弔於大夫·士, 主人出迎于門外. 見馬首, 先入門右. 夫人入, 升
堂卽位. 主婦降自西階, 拜稽顙于下. 夫人視世子而踊, 奠如君至之
禮. 夫人退, 主婦送于門內, 拜稽顙; 主人送于大門之外, 不拜.〈070〉

제후의 부인이 대부와 사에 대해서 조문을 하게 되면, 주인은 문밖으로
나와서 맞이한다. 부인의 수레 말머리가 보이면, 상주는 먼저 문으로 들어
와 우측에 위치한다. 부인은 안으로 들어와서 당상으로 올라가 자신의 자
리로 나아간다. 주부는 서쪽 계단으로 내려와서 당하에서 절을 하며 이마
를 땅에 닿도록 한다. 부인의 세자는 부인 앞에서 인도를 하는데, 부인은
세자를 살펴보고서 용을 하고, 전제사의 경우는 군주가 당도했을 때의 예
법과 같다. 부인이 물러가게 되면 주부는 문의 안쪽에서 그녀를 전송하고,
절을 하며 이마를 땅에 닿도록 한다. 한편 주인은 대문 밖에서 그녀를 전송
하지만, 주부가 이미 절을 했으므로, 부인에 대해 절을 하지 않는다.

集說 夫人弔, 則主婦爲喪主, 故主婦之待夫人, 猶主人之待君也.
世子, 夫人之世子也. 夫人來弔, 則世子在前道引, 其禮如祝之道君,
故夫人視世子而踊也. 主人送而不拜者, 喪無二主, 主婦已拜, 主人
不當拜也.

제후의 부인이 조문을 하게 되면, 주부가 상주를 맡는다. 그렇기 때문에
주부가 부인을 응대하는 것이니, 주인이 군주를 응대하는 경우와 같다.
'세자(世子)'는 제후 부인의 세자이다. 부인이 찾아와서 조문하게 되면,
세자가 그 앞에 위치하여 부인을 인도하니, 그 예법은 축이 군주를 인도
하는 경우와 같다. 그렇기 때문에 부인은 세자를 살펴서 용을 한다. 주인
이 전송을 하면서도 절을 하지 않는 것은 상에서는 2명의 상주가 있을
수 없기 때문으로, 주부가 이미 절을 했으니 주인은 절을 해서는 안 된다.

【071】

大夫君, 不迎于門外, 入卽位于堂下. 主人北面, 衆主人南面, 婦人卽位于房中. 若有君命‧命夫命婦之命‧四鄰賓客, 其君後主人而拜.〈071〉

대부인 주군이 자신에게 소속된 신하의 상에 조문하게 되면, 상주는 문밖에서 대부인 주군을 맞이하지 않고, 대부인 주군이 안으로 들어가면 당하의 동쪽 계단에 있는 자신의 자리로 나아가 서쪽을 바라본다. 상주는 그의 남쪽에 위치하여 북쪽을 바라보고, 상주의 형제들은 남쪽을 바라보며, 부인들은 방안에 있는 자신의 자리로 나아간다. 대부인 주군이 조문을 할 때, 만약 군주의 명령이나 같은 나라에 살고 있는 대부 및 명부의 명령 또는 이웃 나라에서 찾아온 조문객이 있다면, 대부인 주군이 상주를 자신의 뒤에 서도록 하고, 명령 및 빈객에 대해 먼저 절을 한다.

集説 大夫之臣, 亦以大夫爲君, 故曰大夫君也. 言此大夫君之弔其臣喪也, 主人不迎于門外, 此君入而卽堂下之位, 位在阼階下西向, 主人在其位之南而北面也. 此大夫君來弔之時, 若有本國之君命‧或有國中大夫及命婦之命‧或鄰國卿大夫遣使來弔者, 此大夫君必代主人拜命. 及拜賓, 以喪用尊者主其禮故也. 然此君終不敢如國君專代爲主, 必以主人在己後, 待此君拜竟, 主人復拜也.

대부의 신하는 또한 대부를 주군으로 섬기기 때문에, '대부군(大夫君)'이라고 말했다. 이것은 대부인 주군이 그의 신하에 대한 상에 조문을 한다는 뜻이니, 상주는 문밖에서 맞이하지 않고, 대부인 주군이 안으로 들어가게 되면 당하의 자리로 나아가는데, 그 자리는 동쪽 계단 아래에서 서쪽을 바라보는 곳이며, 상주는 그 자리의 남쪽에 위치하여 북쪽을 바라본다. 대부인 주군이 찾아와서 조문을 할 때, 만약 본국의 군주로부터 명령이 전달되거나 혹은 같은 나라에 살고 있는 대부 및 명부의 명령이 전달되거나 혹은 이웃 나라의 경과 대부가 사신을 보내와서 조문을 하는 일이 발생한다면, 대부인 주군은 반드시 상주를 대신하여 명령 및 빈객에게 절을 하니, 상례에서는 존귀한 자가 그 예법을 주관하기 때문이다. 그러나 여기에서 말한 대부인 주군은 감히 제후가 전적으로 상주를 대신하여 상주를 맡는 것과 동일하게 할 수 없으니, 반드시 상주를 자기 뒤에 위치하도록 해야 하고, 대부인 주군이 절하는 절차가 끝날 때까지 기다린 뒤에 상주가 재차 절을 한다.

集說 石梁王氏曰: 後主人者, 己在前拜, 使主人陪後.

석량왕씨가 말하길, '후주인(後主人)'이라는 말은 본인이 앞에 위치하여 절을 하고, 상주로 하여금 뒤에서 돕도록 한다는 뜻이다.

附註 大夫君後主人而拜, 蓋大夫比於君則卑, 故不主其喪, 待主人拜賓之後, 方與賓客敍拜. "後主人"云者, 後於主人. 註說恐當更詳. 按樂記, 宗祝後尸, 商祝後主人, 註言"祝在尸與主人之後", 恐未然. 所謂"後尸"云者, 謂輕於主人云爾. 禮, 祝相導皇尸及主人, 班次在前, 而云後者, 以其相導之任, 是祝史之事, 爲輕後故耳.

'대부군후주인이배(大夫君後主人而拜)'라 했는데, 대부는 군주에 비하면 미천하기 때문에 그 상을 주관할 수 없어서, 주인이 빈객에게 절을 하고, 빈객과 차례대로 절을 할 때까지 기다리는 것이다. '후주인(後主人)'이라 말한 것은 주인보다 뒤에 한다는 뜻이다. 주의 설명은 아마도 다시 상고해 봐야 할 것 같다. 『예기』「악기(樂記)」편을 살펴보면, 종축은 시동보다 후(後)이고 상축은 주인보다 후(後)라고 했으며,[2] 주에서는 "축은 시동과 주인의 뒤에 있다."라 했는데, 아마도 그렇지 않을 것이다. 이른바 '후시(後尸)'라고 말한 것은 주인보다 비중이 낮다는 것을 뜻할 따름이다.

---

2) 『예기』「악기(樂記)」 049장 : 樂者, 非謂黃鍾大呂弦歌干揚也, 樂之末節也, 故童者舞之. 鋪筵席, 陳尊俎, 列籩豆, 以升降爲禮者, 禮之末節也, 故有司掌之. 樂師辨乎聲詩, 故北面而弦; 宗祝辨乎宗廟之禮, 故後尸; 商祝辨乎喪禮, 故後主人. 是故德成而上, 藝成而下, 行成而先, 事成而後. 是故先王有上有下, 有先有後, 然後可以有制於天下也.

예법에 따르면 축은 황시와 주인을 서로 이끌고 서열에 따라 그 앞에
위치하게 되는데, 그런데도 '후(後)'라 말한 것은 서로 인도하는 임무는
축사가 담당하는 일로, 이것을 비중이 낮은 것으로 여겼기 때문이다.

【072】

君弔, 見尸柩而后踊.〈072〉

군주가 조문을 하면, 시신을 안치한 관을 본 이후에 용을 한다.

集說 前章旣殯而君往, 是不見尸柩也, 乃視祝而踊. 此言見尸柩而后踊, 似與前文異. 舊說殯而未塗則踊, 塗後乃不踊, 未知是否.

앞에서는 빈소를 차린 뒤에 군주가 찾아왔다고 했는데, 이때에는 시신을 안치한 관을 보지 않고, 곧 축을 살펴서 용을 한다. 이곳에서는 시신을 안치한 관을 본 이후에 용을 한다고 했으니, 아마도 앞에 나온 상황과는 차이가 있을 것이다. 옛 학설에서는 빈소를 설치했는데, 아직 흙을 바르지 않았다면 용을 하고, 흙을 바른 뒤에는 용을 하지 않는다고 했는데, 옳은 말인지는 모르겠다.

【073】

大夫・士, 若君不戒而往, 不具殷奠, 君退必奠.〈073〉

대부와 사의 상에 있어서, 만약 군주가 미리 기별을 하지 않고 찾아와 조문하게 된다면, 은전을 준비하지 않지만, 군주가 물러가게 되면 반드시 은전을 지내어 그 사실을 죽은 자에게 아뢴다.

集說 以君之來告於死者, 且以爲榮也.

전제사를 지내는 이유는 군주가 찾아온 사실을 죽은 자에게 아뢰기 때문이며, 또한 그것을 영예로 여기기 때문이다.

類編 右君夫人弔.

여기까지는 '군부인조(君夫人弔)'에 대한 내용이다.

◈ 관곽과 빈소와 하관[棺椁殯窆]

【074】

君大棺八寸, 屬[燭]六寸, 椑[僻]四寸. 上大夫大棺八寸, 屬六寸. 下大夫大棺六寸, 屬四寸. 士棺六寸.〈074〉

제후의 관은 3중으로 만드니, 가장 바깥쪽의 대관은 그 두께가 8촌이고, 대관 안의 촉은['屬'자의 음은 '燭(촉)'이다.] 6촌이며, 촉 안의 벽은['椑'자의 음은 '僻(벽)'이다.] 4촌이다. 하대부의 관은 2중으로 만드니, 대관은 6촌이고, 촉은 4촌이다. 사의 관은 1중으로 만드니 그 두께는 6촌이다.

集說 君, 國君也. 大棺最在外. 屬在大棺之內, 椑又在屬之內, 是國君之棺三重也. 寸數以厚薄而言.

'군(君)'자는 제후를 뜻한다. 대관(大棺)은 가장 바깥쪽에 있는 관이며, 촉(屬)은 대관 안에 있는 관이고, 벽(椑)은 또한 촉 안에 있는 관이니, 이것은 제후의 관은 3중으로 만든다는 사실을 나타낸다. 여기에서 말한 촌(寸)의 수치는 두께를 기준으로 말한 것이다.

【075】

君裏[里]棺用朱緣, 用雜金鐕[玆甘反]. 大夫裏棺用玄緣, 用牛骨鐕. 士不緣.〈075〉

군주의 경우 관의 내부에['裏'자의 음은 '里(리)'이다.] 대해서, 네 방면은 주색의 비단을 붙이고 네 모서리는 녹색의 비단을 붙이는데, 붙일 때에는 쇠로 만든 못을['鐕'자는 '玆(자)'자와 '甘(감)'자의 반절음이다.] 이용해서 붙인다. 대부의 경우 관의 내부 중 네 방면은 현색의 비단을 붙이고 네 모서리는 녹색의 비단을 붙이는데, 붙일 때에는 소뼈로 만든 못을 이용해서 붙인다. 사의 경우 관의 내부는 모두 현색의 비단을 붙이며, 녹색의 비단을 사용하지 않고, 붙일 때에는 소뼈로 만든 못을 사용한다.

集說 疏曰: 裏棺, 謂以繒貼棺裏也. 朱繒貼四方, 緣繒貼四角. 鐕,釘也, 用金釘以椓朱緣著棺也. 大夫四面玄, 四角緣. 士不綠者, 悉用玄也, 亦用大夫牛骨鐕.

소에서 말하길, '이관(裏棺)'은 비단을 관의 내부에 붙인다는 뜻이다. 주색의 비단으로는 사방에 붙이고, 녹색의 비단으로는 네 모서리에 붙인다. '잠(鐕)'자는 못을 뜻하니, 쇠로 된 못을 사용하여 주색과 녹색의 비단을 관에 붙인다. 대부는 네 면에 현색의 비단을 붙이고, 네 모서리에는 녹색의 비단을 붙인다. "사는 녹색을 사용하지 않는다."고 했는데, 모든 곳에 현색의 비단을 붙이고, 또 대부가 사용하는 소뼈로 된 못을 이용해서 붙인다.

集說 石梁王氏曰: 用牛骨爲釘, 不可從.

석량왕씨가 말하길, 소뼈를 이용해서 못을 만들었다는 말은 따를 수 없다.

【076】

君蓋用漆, 三衽三束. 大夫蓋用漆, 二衽二束. 士蓋不用漆, 二衽二束.〈076〉

군주의 관 뚜껑은 이음새에 옻칠을 하고, 3개의 임을 사용하며 3개의 묶음을 짓는다. 대부의 관 뚜껑은 이음새에 옻칠을 하고, 2개의 임을 사용하며 2개의 묶음을 짓는다. 사의 관 뚜껑은 이음새에 옻칠을 하지 않고, 2개의 임을 사용하며 2개의 묶음을 짓는다.

集說 蓋, 棺之蓋板也. 用漆, 謂以漆塗其合縫用衽處也. 衽束, 竝說見檀弓.

'개(蓋)'는 관의 뚜껑을 뜻한다. '용칠(用漆)'은 옻으로 이음새 즉 임(衽)을 사용하는 곳에 바른다는 뜻이다. '임(衽)'과 '속(束)'에 대해서는 그 설명이 모두 『예기』「단궁(檀弓)」편에 나온다.

【077】

君·大夫鬈[舜]瓜, 實于綠[角]中. 士埋之.〈077〉

군주와 대부의 상을 치를 때, 그들이 평소에 모아둔 머리카락과['鬈'자의 음은 '舜(순)'이다.] 손발톱은 주머니에 넣어 관의 네 구석에[~자의 음은 '角(각)'이다.] 담는다. 사의 경우라면 관에 담지 않고 매장한다.

集說 鬈, 亂髮也. 瓜, 手足之瓜甲也. 生時積而不棄, 今死爲小囊盛之, 而實于棺內之四隅. 故讀綠爲角, 四角之處也. 士則以物盛而埋之耳.

'순(鬈)'은 빠진 머리카락을 뜻한다. '조(爪)'는 손톱과 발톱이다. 생전에는 그것을 모아두고 버리지 않는데, 현재 그가 죽어서 작은 주머니에 그것들을 담고, 관의 내부 중 네 모퉁이에 넣는다. 그렇기 때문에 '녹(綠)'자를 각(角)자로 풀이하는 것이니, 네 모서리 부근을 뜻한다. 사의 경우라면 다른 것을 이용해 그것을 담기는 하지만 매장만 할 따름이다.

附註 實于綠中, 綠, 四角所塗, 如字自通. 角字亦好, 而但文不典.

'실우록중(實于綠中)'이라 했는데, '녹(綠)'자는 네 모퉁이의 바른 부분으로, 글자대로 읽어도 뜻이 그 자체로 통한다. '각(角)'자로 해석하는 것 또한 좋지만 문장이 매끄럽지 못하다.

【078】

君殯用輴[春], 欑[才冠反]至于上, 畢塗屋. 大夫殯以幬[燾], 欑至于西序, 塗不曁于棺. 士殯見衽, 塗上帷之.〈078〉

군주의 빈소를 마련할 때에는 춘거를[輴'자의 음은 '春(춘)'이다.] 사용하여 관을 안치하고, 네 방면에 나무를 쌓아올리는데['欑'자는 '才(재)'자와 '冠(관)'자의 반절음이다.] 관보다 높게 쌓아 지붕처럼 만들며, 진흙으로 모두 바른다. 대부의 빈소를 마련할 때에는 순거를 사용하지 않고, 나무를 쌓아 지붕처럼 만들지 않으며 천으로 그 위를 덮게['幬'자의 음은 '燾(도)'이다.] 되고, 관의 한쪽 측면을 서쪽 서에 붙이고 나머지 세 방면에만 나무를 쌓아 올리는데, 진흙을 바른 것은 관까지 닿지 않게 한다. 사의 빈소를 마련할 때에는 관과 뚜껑을 봉합한 임을 드러내고, 임 위에 나무를 덮고 그 위에 진흙을 바르고, 장막을 친다.

集說 君, 諸侯也. 輴, 盛柩之車也. 殯時以柩置輴上. 欑, 猶叢也. 叢木于輴之四面, 至于棺上. 畢, 盡也. 以泥盡塗之. 此欑木似屋形, 故曰畢塗屋也. 大夫之殯不用輴, 其棺一面貼西序之壁, 而欑其三面, 上不爲屋形, 但以棺衣覆之. 幬, 覆也. 故言大夫殯以幬, 欑至于西序也. 塗不曁于棺者, 天子・諸侯之欑木廣而去棺遠, 大夫欑狹而去棺近, 所塗者僅僅不及于棺而已. 士殯掘肂以容棺. 肂, 卽坎也. 棺在肂中不沒, 其蓋縫用衽處, 猶在外而可見, 其衽以上, 亦用本覆而塗之. 帷, 幛也. 貴賤皆有帷, 故帷朝夕之哭乃褰擧其帷耳. 所以帷者, 鬼神尙幽闇故也. 此章以檀弓參之, 制度不同.

'군(君)'자는 제후를 뜻한다. '춘(輴)'은 영구를 싣는 수레이다. 빈소를 마련할 때, 영구는 춘거 위에 싣는다. '찬(欑)'자는 "모으다."는 뜻이다. 춘거의 네 방면에 나무를 쌓아서 관의 윗부분까지 쌓는다. '필(畢)'자는 모두라는 뜻이다. 진흙으로 모두 바른다는 의미이다. 이처럼 나무를 쌓은 것은 지붕의 형태와 유사하기 때문에 "지붕까지 모두 바른다."고 말했다. 대부의 빈소를 마련할 때에는 춘거를 사용하지 않고, 관의 한 방면을 서쪽 서의 담장에 붙이고, 나머지 세 방면에 나무를 쌓게 되는데, 위는 지붕의 형태로 만들지 않고, 단지 관을 덮는 천으로 그 위를 덮기만 한다. '도(幬)'자는 덮개를 뜻한다. 그러므로 "대부의 빈소를 마련할 때에는 관의를 사용하여 덮고, 나무를 쌓되 서쪽 서까지 이른다."고 말한 것이다. 진흙을 바르는 것이 관까지 미치지 않는 것은 천자와 제후의 경우 나무를 쌓는 것이 폭이 넓어 관과 멀리 떨어져 있고, 대부의 경우 나무를 쌓은 폭이 좁아서 관과의 거리가 짧으니, 진흙을 바른 것이 간신히 관까지는 미치지 않을 따름이다. 사의 빈소를 마련할 때에는 땅을 파고서 관을 안치할 따름이다. '사(肂)'자는 구덩이이다. 관을 구덩이 속에 안치하지만 매장하지는 않고, 관의 뚜껑 중 봉합한 부분에 사용한 임(衽)은 바깥쪽에 있어서 볼 수 있는데, 임 위에는 또한 나무를 이용해서 덮고 그곳에 흙칠을 한다. '유(帷)'자는 장막이다. 신분의 차등에 상관없이 모두 장막을 설치하게 된다. 그렇기 때문에 아침저녁으로 곡을 할 때에는 장막을 걷어 올리고 할 따름이다. 장막을 치는 이유는 귀신은 그윽하고 어두운 곳을 숭상하기 때문이다. 이곳의 내용은 『예기』「단궁(檀弓)」편의 내용과 함께 참고해보면, 그 제도가 동일하지 않다.

【079】

熬, 君四種[上聲]八筐, 大夫三種六筐, 士二種四筐, 加魚·腊焉.〈079〉

볶은 알곡을 관에 넣을 때, 군주의 경우에는 4종류의[種'자는 상성으로 읽는다.] 알곡을 8개의 광주리에 담아서 넣는다. 대부의 경우에는 3종류의 알곡을 6개의 광주리에 담아서 넣는다. 사의 경우에는 2종류의 알곡을 4개의 광주리에 담아서 넣는다. 여기에는 모두 물고기와 육포를 추가해서 넣는다.

集說 熬, 以火爇穀令熟也. 熟則香, 寘之棺旁, 使蚍蜉聞香而來食, 免侵尸也. 四種, 黍·稷·稻·梁也. 每種二筐. 三種, 黍·稷·梁. 二種, 黍·稷也. 加魚與腊, 筐同異未聞.

'오(熬)'는 알곡을 볶아서 익힌 것이다. 익힌다면 향기를 내니, 그것을 관의 측면에 넣어두어 개미들이 그 냄새를 맡고 찾아와 먹도록 하여, 시신을 갉아먹는 일을 방지한다. 4종류는 메기장·차기장·쌀·조를 뜻한다. 매 종류마다 2개의 광주리에 담는다. 3종류는 메기장·차기장·조를 뜻한다. 2종류는 메기장·차기장을 뜻한다. 물고기와 육포를 추가하는데, 광주리를 쓰는지 또는 다른 것을 쓰는지에 대해서는 들어보지 못했다.

集說 石梁王氏曰: 棺旁用熬穀加魚腊, 不可從.

석량왕씨가 말하길, 관의 측면에 볶은 알곡을 넣고 물고기와 육포를 넣는다는 말은 따를 수 없다.

【080】

飾棺: 君龍帷·三池,〈080〉振容.〈081〉

관을 치장함에 있어서, 제후의 경우에는 용을 그린 장막으로 영구를 가리고, 유거에는 3개의 빗물받이를 달고, 그 밑에 진용을 단다.

集說 疏曰: 君, 諸侯也. 帷, 柳車邊幛也. 以白布爲之. 王侯皆畫爲龍, 故云君龍帷也. 池者, 織竹爲籠, 衣以靑布, 挂於柳上荒邊瓜端, 象宮室承霤. 天子四注, 屋四面承霤, 柳亦四池. 諸侯屋亦四注而柳降一池, 闕後, 故三池也. 振容者, 振動容飾也, 以靑黃之繒, 長丈餘如幡, 畫爲雉, 懸於池下爲容飾, 車行則幡動, 故曰振容也.

소에서 말하길, '군(君)'자는 제후를 뜻한다. '유(帷)'는 유거 주변을 가리는 장막이니, 백색의 포로 만든다. 천자와 제후는 모두 그림을 그려서 용의 무늬를 새긴다. 그렇기 때문에 "제후는 용유를 한다."고 했다. '지(池)'는 대나무살을 짜서 대바구니를 만들고, 청색의 포를 입히고서 유거의 위 상단부분인 황(荒) 측면 중 끝부분에 걸어두니, 건물에 빗물이 모여서 떨어지도록 한 유(霤)가 있는 것을 상징한다. 천자의 경우에는 네

방면에 빗물받이를 다니, 지붕의 네 방면에 모두 유가 있으므로, 유거에
도 또한 4개의 지(池)가 있다. 제후의 경우 건물의 지붕에는 또한 4개의
빗물받이가 있지만, 유거에는 1개의 지를 줄이게 되어, 후면의 것을 뺀
다. 그렇기 때문에 3개의 지를 단다. '진용(振容)'은 움직일 때 함께 흔들
리는 장식이니, 청색과 황색의 비단으로 만드는데, 그 길이는 깃발과 같
고, 꿩을 그려서, 지(池) 밑에 달아 장식으로 삼으니, 수레가 움직일 때
함께 흔들리므로, '흔들리는 장식'이라고 했다.

【081】

黼荒, 火三列, 黼[弗]三列.〈082〉

제후의 관을 치장할 때에는 유거의 덮개는 변두리에 백색과 흑색으로 도끼
무늬를 그린 보황을 사용하고, 덮개의 중앙 지점에는 또한 화의 무늬를
그린 것이 3줄이고, 불의 무늬를[黼자의 음은 '弗(불)'이다.] 그린 것이 3줄이다.

集說 荒, 蒙也. 柳車上覆, 謂鼈甲也, 綠荒邊爲□□黼斧文, 故云黼
荒. 荒之中央又畫爲火三行, 故云火三列. 又畫兩己□□背爲三行, 故
云黼三列.

'황(荒)'은 덮개를 뜻한다. 유거의 덮개이니, '별갑(鼈甲)'이라고도 부른
다. 덮개 변두리에 가선을 대며 백색과 흑색으로 도끼무늬를 새기기 때문
에, '보황(黼荒)'이라고 했다. 덮개의 중앙 부분에는 또한 화(火)의 무늬
를 그린 것이 3줄이다. 그렇기 때문에 "화가 3렬이다."라고 했다. 또 두
개의 기(己)자가 서로 등지도록 그림을 그린 것이 3줄이다. 그렇기 때문
에 "불이 3렬이다."라고 했다.

【082】

素錦褚, 加僞[帷]荒.〈083〉

제후의 관을 치장할 때에는 흰색의 비단으로 지붕을 만들어서 관을 덮고,
그 위에 주변을 가리는 유와'僞'자의 음은 '帷(유)'이다.] 그 위를 덮는 황을 설치
한다.

集說 素錦, 白錦也. 褚, 屋也. 荒下用白錦爲屋, 象宮室也. 加帷荒
者, 帷是邊牆, 荒是上蓋, 褚覆竟, 而加帷荒於褚外也.

'소금(素錦)'은 백색의 비단을 뜻한다. '저(褚)'자는 지붕을 뜻한다. 황
(荒) 아래에는 백색의 비단을 이용해서 지붕처럼 만드니, 건물을 본뜨기
때문이다. "유황(帷荒)을 더한다."고 했는데, '유(帷)'는 주변을 가리는 장
막이고, '황(荒)'은 그 위를 덮는 덮개이니, 지붕 덮는 일이 끝나면 유와
황을 지붕 밖에 설치한다.

附註 加僞荒, 僞荒, 猶假棺衣也, 不必讀作帷.

'가위황(加僞荒)'이라 했는데, '위황(僞荒)'이라는 것은 임시로 관 위를
덮는 천과 같은 말이니, '유(帷)'자로 고쳐서 읽을 필요는 없다.

【083】

纁紐六.〈084〉

제후의 관을 치장할 때에는 분홍색의 끈 6개를 양쪽 측면에 3개씩 두어서 덮개와 옆을 가리는 장막을 연결한다.

集說 上蓋與邊牆相離, 故又以纁帛爲紐連之, 兩旁各三, 凡六也.

윗면의 덮개와 측면을 가리는 장막은 서로 떨어져 있기 때문에, 또한 분홍색의 비단으로 끈을 만들어서 연결하는데, 양쪽 측면에 각각 3개씩 설치하니, 총 6개가 된다.

【084】

齊[如字], **五采五貝.**〈085〉

제후의 관을 치장할 때에는 수레의 덮개 부분 중 중앙에[齊자는 글자대로 읽는다.] 해당하는 부분은 원형으로 만드는데, 다섯 가지 채색의 비단을 차례대로 넣어서 옷을 입히고, 그 위에는 조개를 엮어 만든 5개의 줄을 붙인다.

集說 齊者, 臍之義, 以當中而言, 謂鼈甲上當中形圓如車之蓋, 高三尺, 徑二尺餘, 以五采繪衣之, 列行相次. 五貝者, 又連貝爲五行, 交絡齊上也.

'제(齊)'자에는 배꼽이라는 뜻이 있으니, 중앙에 해당한다는 뜻으로 한 말이다. 즉 별갑 위의 중앙 부분은 원형으로 만들어서 수레의 덮개처럼 하는데, 높이는 3척이고 지름은 2척이 넘으며, 다섯 가지 채색의 비단으로 입히는데 각각의 채색은 행렬의 순서에 따라 들어간다. '오패(五貝)'는 또한 조개를 연결하여 5줄을 만든 것이니, 제 위에 교차로 연결한다.

【085】

黼翣二, 黻翣二, 畫翣二, 皆戴圭.〈086〉

제후의 관을 치장할 때에는 삽을 세우는데, 보무늬를 새긴 것이 2개이고, 불무늬를 새긴 것이 2개이며, 구름무늬를 새긴 것이 2개인데, 이 모두에 대해서는 양쪽 모서리에 규를 단다.

集說 翣形似扇, 木爲之, 在路則障車, 入椁則障柩. 二畫黼, 二畫黻, 二畫雲氣, 六翣之兩角皆戴圭玉也.

'삽(翣)'의 형태는 부채와 유사한데, 나무로 만들며, 도로에 있을 때 수레를 가리고, 곽에 넣을 때에는 관을 가리게 된다. 2개에는 보무늬를 새기고, 2개에는 불무늬를 새기며, 2개에는 구름무늬를 새기는데, 여섯 개의 삽 양쪽 모서리에는 모두 규옥을 단다.

【086】

魚躍拂池.〈087〉

제후의 관을 치장할 때에는 동으로 만든 물고기를 지 아래에 달아서, 수레가 움직일 때 물고기가 흔들리며 지를 움직이게 한다.

集說 以銅魚懸於池之下, 車行則魚跳躍, 上拂於池, 魚在振容間也.

동으로 만든 물고기를 지(池) 아래에 달아서, 수레가 움직일 때, 물고기가 움직여서 위로 지를 움직이게 하니, 어(魚)는 진용(振容) 사이에 둔다.

【087】

君纁戴六.〈088〉

제후의 관을 치장할 때에는 관의 끈과 유거를 결속시키는 분홍색의 대가 6줄이다.

集說 戴, 猶値也, 用纁帛繫棺細著柳骨, 棺之橫束有三, 每一束, 兩過各屈皮爲紐, 三束則六紐, 今以纁戴於紐以繫柳骨, 故有六戴也.

'대(戴)'는 "꽂다."는 뜻이니, 분홍색의 비단을 이용해서 관의 끈에 연결하고 이것으로 유거의 본체에 결속하니, 관의 가로 방향에는 매듭을 짓는 것이 3개인데, 매 매듭마다 양쪽 측면에 각각 좁아지는 부분을 끈으로 삼아서, 3개의 매듭이 있게 되면 6개의 끈이 있는 것이고, 현재 분홍 비단으로 만든 대(戴)를 끈에 붙여서 유거의 본체와 결속을 한다고 했기 때문에, 6개의 대가 포함된다.

【088】

纁披[去聲]六.〈089〉

제후의 관을 치장할 때에는 수레가 기우는 것을 방지하기 위해 분홍색의 비단으로 만든 피가['披'자는 거성으로 읽는다.] 6줄이다.

集說 亦用絳帛爲之, 以一頭繫所連柳纁戴之中, 而出一頭於帷外, 人牽之, 每戴繫之, 故亦有六也. 謂之披者, 若牽車. 登高則引前以防軒車, 適下則引後以防翻車, 欹左則引右, 欹右則引左, 使不傾覆也. 已上竝孔說.

이 또한 분홍색의 비단으로 만드는데, 한쪽 끝은 유거를 결속했던 대(戴)의 중간 부분에 연결하고, 다른 한쪽 끝은 유(帷) 밖으로 돌출시켜서, 사람들이 잡아서 끌게 되니, 매 대마다 연결하기 때문에 또한 6줄이 있게 된다. 이것을 '피(披)'라고 부르는 것은 수레를 끌었을 때, 높은 곳으로 오르게 되면 앞쪽을 당겨서 수레가 뒤로 넘어가는 것을 방지하고, 낮은 곳으로 가게 되면 뒤쪽을 당겨서 수레가 앞으로 고꾸라지는 것을 방지하며, 좌측으로 기울어진 곳을 가게 되면 우측을 당기고, 우측으로 기울어진 곳을 가게 되면 좌측을 당겨서, 수레가 전복되지 않도록 한다. 이상의 설명은 모두 공영달의 주장이다.

【089】

大夫畫帷二池, 不振容, 畫荒, 火三列, 黻三列, 素錦褚; 纁紐二, 玄
紐二, 齊三采三貝; 黻翣二, 畫翣二, 皆戴綏[而追反]; 魚躍拂池. 大夫
戴前纁後玄, 披亦如之.〈090〉

대부의 관을 치장할 때에는 구름무늬를 그린 장막으로 영구를 가리고, 유
거에는 2개의 빗물받이를 단다. 지 밑에 진용을 달지 않는다. 유거의 덮개
는 변두리에 구름무늬를 그린 화황을 사용하고, 덮개의 중앙 지점에는 또
한 화무늬를 그린 것이 3줄이고, 불무늬를 그린 것이 3줄이다. 흰색의 비단
으로 지붕을 만들어서 관을 덮는다. 분홍색의 끈 2개와 현색의 끈 2개를
두어서 덮개와 옆을 가리는 장막을 연결한다. 수레의 덮개 부분 중 중앙에
해당하는 부분은 원형으로 만드는데, 세 가지 채색의 비단을 차례대로 넣
어서 옷을 입히고, 그 위에는 조개를 엮어 만든 3개의 줄을 붙인다. 삽을
세우는데, 불무늬를 새긴 것이 2개이고, 구름무늬를 새긴 것이 2개인데,
이 모두에 대해서는 양쪽 모서리에 다섯 가지 채색의 깃털로 만든 술을['綏'
자는 '而(이)'자와 '追(추)'자의 반절음이다.] 단다. 동으로 만든 물고기를 지 아래에
달아서, 수레가 움직일 때 물고기가 흔들리며 지를 움직이게 한다. 대부는
관의 끈과 유거를 결속시키는 대를 앞의 것은 분홍색으로 만들고 뒤의 것
은 현색으로 만든다. 피 또한 그 색깔과 수량이 대와 같다.

集說 畫帷, 畫爲雲氣也. 二池, 一云兩過各一, 一云前後各一. 畫
荒, 亦畫爲雲氣也. 齊三采, 絳·黃·黑也. 皆戴綏者, 用五采羽作
蕤, 綴翣之兩角也. 披亦如之, 謂色及數悉與戴同也.

'화유(畫帷)'는 구름무늬를 그린 유를 뜻한다. '이지(二池)'라고 했는데,
양쪽 측면에 각각 1개씩 단다고 말하기도 하고, 또는 앞뒤로 각각 1개씩
단다고 말하기도 한다. '화황(畫荒)' 또한 구름무늬를 그린 황(荒)이다.
제(齊)에는 세 가지 채색을 사용하니, 분홍색·황색·흑색이다. '개대수
(皆戴綏)'라는 말은 다섯 가지 채색의 깃털로 술을 만들어서, 삽(翣)의
양쪽 모서리에 연결시킨 것이다. '피역여지(披亦如之)'라고 했는데, 색깔
과 들어가는 수는 모두 대(戴)와 같다는 뜻이다.

【090】
士布帷, 布荒, 一池, 揄[搖]絞[☉: 纁紐二, 緇紐二, 齊三采, 一貝, 畫翣二, 皆戴綏. 士戴, 前纁後緇. 二披用纁. 〈091〉

사의 관을 치장할 때에는 그림을 그리지 않은 백색의 포로 장막을 만들고 그것으로 영구를 가리며, 유거의 덮개도 그림을 그리지 않은 백색의 포로 만든다. 유거에는 1개의 빗물받이를 단다. 지에는 꿩을 그린['揄'자의 음은 '搖(요)'이다.] 끈을['絞'자의 음은 '爻(효)'이다.] 매단다. 분홍색의 끈 2개와 현색의 끈 2개를 두어서 덮개와 옆을 가리는 장막을 연결한다. 수레의 덮개 부분 중 중앙에 해당하는 부분은 원형으로 만드는데, 세 가지 채색의 비단을 차례대로 넣어서 옷을 입히고, 그 위에는 조개를 엮어 만든 1개의 줄을 붙인다. 삽을 세우는데, 구름무늬를 새긴 것이 2개이며, 삽의 양쪽 모서리에 다섯 가지 채색의 깃털로 만든 술을 단다. 사는 관의 끈과 유거를 결속시키는 대를 앞의 것은 분홍색으로 만들고 뒤의 것은 검은색으로 만든다. 한쪽에 있는 2개의 피 또한 분홍색으로 만든다.

集說 布帷布荒, 皆白布不畫也. 一池在前. 揄, 搖翟也, 雉類, 青質五色. 絞, 青黃之繒也. 畫翟於絞, 繒在池上. 戴當棺束, 每束各在兩過, 前頭二戴用纁, 後二用緇. 二披用纁者, 據一過前後各一披, 故云二披. 若通兩過言之, 亦四披也.

'포유(布帷)'와 '포황(布荒)'은 모두 백색의 포로 만들며 그림을 그리지 않는다. 1개의 지(池)는 앞에 있다. '요(揄)'는 꿩을 그린 것이니, 꿩의 부류는 청색 바탕에 다섯 가지 색깔이 섞여 있다. '효(絞)'는 청색과 황색의 비단으로 만든다. 효(絞)에 꿩을 그리고, 그것은 지(池) 위에 단다. 대(戴)는 관의 봉합부분에 있는 매듭 위에 있는데, 매 매듭마다 각각 양쪽 측면에 연결하며, 앞쪽에 있는 2개의 대(戴)는 분홍색으로 만들고, 뒤쪽에 있는 2개의 대(戴)는 검은색으로 만든다. 2개의 피(披)는 분홍색으로 만드는데, 한쪽 측면의 앞뒤에 각각 1개의 피(披)가 달려 있는 것에 근거를 했기 때문에, '이피(二披)'라고 했다. 만약 양쪽 측면을 통괄해서 말한다면 또한 4개의 피(披)가 된다.

【091】

君葬用輴[춘], 四綍二碑, 御棺用羽葆. 大夫葬用輴[선], 二綍二碑, 御棺用茅. 士葬用國[선]車, 二綍無碑, 比[비]出宮, 御棺用功布.〈092〉

군주의 장례를 치를 때에는 춘거를['輴'자의 음은 '春(춘)'이다.] 사용하고, 관에는 4개의 끈을 달고 하관을 할 때에는 2개의 비를 설치하며, 앞에서 수레를 이끌 때에는 우보라는 깃대를 이용해서 지휘한다. 대부의 장례를 치를 때에는 선거를['輴'자의 음은 '船(선)'이다.] 사용하고, 2개의 끈을 달고 2개의 비를 설치하며, 수레를 이끌 때에는 모를 사용한다. 사의 장례를 치를 때에는 선거를['國'자의 음은 '船(선)'이다.] 사용하고, 2개의 끈을 달지만 비는 설치하지 않고, 집밖을 빠져나갈 때까지는['比'자의 음은 '뽁(비)'이다.] 관을 이끌 때 공포를 사용한다.

集說 此章二輴字·一國字, 註皆讀爲輇, 船音, 然以檀弓"諸侯輴而設幬"言之, 諸諸侯殯得用輴, 豈葬不得用輴乎? 今讀大夫葬用輴與國字, 竝作舡音; 君葬用輴, 音春.

이곳 문장에 나온 2개의 '輴'자와 1개의 '國'자를 정현의 주에서는 모두 '輇'자로 풀이했으니, 그 음은 '船(선)'인데, 『예기』「단궁(檀弓)」편에서 "제후의 경우에는 춘거는 사용하지만, 휘장으로만 그 위를 덮는다."고 한 기록에 따라 말을 해본다면, 제후의 빈소를 마련할 때에는 춘거를 사용할 수 있는데, 어떻게 장례를 치를 때 춘거를 사용할 수 없단 말인가? 현재 대부의 장례를 치를 때 '輴'을 사용한다는 것과 '國'을 사용한다고 했을 때의 두 글자는 모두 '船(선)'자의 음으로 풀이하며, 군주의 장례를 치를 때 '輴'을 사용한다고 했을 때의 '輴'자는 그 음이 '春(춘)'이다.

集說 天子之窆, 用大木爲碑, 謂之豊碑; 諸侯謂之桓楹. 碑綍, 詳見檀弓. 御棺羽葆, 並見雜記. 功布, 大功之布也. 輇車, 雜記作輲字.

천자에 대해 하관을 할 때에는 큰 나무를 이용해서 기둥을 만드는데, 이 것을 '풍비(豊碑)'라고 부르며, 제후에 대해 사용하는 것은 '환영(桓楹)' 이라고 부른다. '비(碑)'와 '불(紼)'에 대해서는 그 설명이 『예기』「단궁 (檀弓)」편에 나온다. '어관(御棺)'과 '우보(羽葆)'에 대해서는 그 설명이 『예기』「잡기(雜記)」편에 나온다. '공포(功布)'는 대공복을 만들 때의 포 를 뜻한다. '전거(輇車)'의 '전(輇)'자를 「잡기」편에서는 '천(輲)'자로 기 록했다.

附註 君葬用輴, 按: 天子用龍輴而葬, 諸侯殯葬而輴而不龍, 大夫 殯不用輴而葬用輴, 是隆殺之節, 不必讀如輇而通. 士用國車, 亦不 必改. 蓋經文必大段窒礙然後改之. 本文可通, 則何可輕改也? 集韻 國字收入先韻, 與嘯字收入質韻一例, 今皆可正.

'군장용순(君葬用輴)'이라 했는데, 살펴보니, 천자는 용순을 사용해서 빈 소를 차리고 장례를 치르는데, 제후는 빈소를 차리고 장례를 치를 때 순거 를 사용하지만 용을 그리지 않고, 대부는 빈소를 차릴 때 순거를 사용하지 않지만, 장례를 치를 때에는 순거를 사용하니, 이것은 높이고 낮추는 절차 에 해당하므로, 굳이 '전(輇)'자로 풀이하지 않아도 뜻이 통한다. '사용국거 (士用國車)'라는 말에 있어서도 글자를 고칠 필요는 없다. 경문에 있어서 는 반드시 큰 단락에서 뜻이 통하지 않은 뒤에야 글자를 고쳐야 하니, 본문의 뜻이 통할 수 있다면 어찌 경솔하게 고칠 수 있겠는가? 『집운』에서 는 국(國)자를 선운(先韻)에 편입시켰는데, 소(嘯)자를 질운(質韻)에 편 입시킨 것과 동일한 용례로, 지금은 이 모두를 바로잡을 수 있다.

【092】

凡封[窆], 用綍, 去碑負引[去聲]. 君封以衡, 大夫·士以咸[緘]. 君命毋
譁, 以鼓封. 大夫命毋哭. 士哭者相止也. 〈093〉

무릇 하관을['封'자의 음은 '窆(폄)'이다.] 할 때에는 불을 이용하게 되는데, 비와
떨어져 서서 인을['引'자는 거성으로 읽는다.] 짊어지고 관을 내린다. 군주의 하
관에는 가로로 덧대는 나무를 사용하여 기울지 않도록 하고, 대부와 사의
경우라면 인을 관의 매듭에 있는 끈에['咸'자의 음은 '緘(함)'이다.] 연결만 하여
하관한다. 군주의 경우 사람들이 잡답하지 않도록 금지시키고, 인을 짊어
진 자들은 북소리에 맞춰서 하관한다. 대부의 경우에는 곡을 하지 않도록
금지시킨다. 사의 경우에는 단지 곡을 하는 자들이 서로에게 주의를 주어
곡을 하지 못하도록 한다.

集說 三封字, 皆讀爲窆, 謂下棺也.

이곳에 나온 3개의 '봉(封)'자는 모두 '폄(窆)'자로 풀이하니, 하관한다는
뜻이다.

集說 疏曰: 棺時, 將綍一頭繫棺緘, 又將一頭繞碑間鹿盧, 所引之
人, 在碑外背碑而立, 負引者漸漸應鼓聲而下, 故云用綍去碑負引
也. 以衡, 謂下棺時, 別以大木爲衡, 貫穿棺束之緘, 平持而下, 備傾
頓也. 以緘者, 以綍直繫棺束之緘而下也. 命毋譁, 戒止其誼譁也.
以鼓封, 擊鼓爲負引者縱舍之節也. 命毋哭, 戒止哭聲也. 士則衆哭
者自相止而已.

소에서 말하길, 하관할 때, 불의 한쪽 끝은 관을 묶은 줄에 매달고 다른
한쪽 끝은 비(碑)에 있는 도르래에 설치하며, 그것을 잡아당기는 사람은
비(碑) 바깥에서 비(碑)를 등지고 서 있게 되며, 인(引)을 짊어지고 당기
는 자는 점진적으로 북소리에 맞춰서 관을 밑으로 내린다. 그렇기 때문에
"불을 이용하며, 비와 떨어져서 인을 짊어진다."라 말한 것이다. '이형(以
衡)'이라고 했는데, 하관할 때 별도로 큰 나무를 가로로 덧대는 나무를

만들고, 관의 이음새에 있는 묶음의 끈에 연결하여, 평형을 유지하며 밑으로 내리는 것이니, 기우는 것을 대비하는 것이다. '이함(以緘)'이라고 했는데, 불을 직접적으로 관의 이음새에 있는 묶음의 끈에 연결하여 밑으로 내린다는 뜻이다. '명무화(命毋譁)'는 서로 잡담하며 떠드는 것을 금지시킨다는 뜻이다. '이고편(以鼓編)'은 북소리를 울려서 인을 짊어지는 자가 줄을 풀어주는 절도로 삼는다는 뜻이다. '명무곡(命毋哭)'은 곡하는 소리가 나오지 않도록 금지시킨다는 뜻이다. 사의 경우 곡을 하는 많은 자들이 제 스스로 서로 금지시킬 따름이다.

【093】

君松椁, 大夫栢椁. 士雜木椁.〈004〉

제후는 소나무로 만든 곽을 사용하고, 대부는 측백나무로 만든 곽을 사용하며, 사는 잡목으로 만든 곽을 사용한다.

集說 天子栢椁, 故諸侯以松. 大夫同於天子者, 卑遠不嫌僭也.

천자는 측백나무로 만든 곽을 사용한다. 그렇기 때문에 제후는 소나무로 만든 곽을 사용한다. 대부가 천자의 예법과 동일하게 따를 수 있는 것은 대부의 신분은 천자에 비해 매우 낮으므로, 참람되다는 혐의를 받지 않기 때문이다.

【094】

棺椁之間, 君容枳[昌六反], 大夫容壺, 士容甒[武].〈005〉

관과 곽 사이에는 부장품을 넣는데, 군주의 경우에는 축을['枳'자는 '昌(창)'자와 '六(륙)'자의 반절음이다.] 넣었고, 대부는 호를 넣었으며, 사는 무를['甒'자의 음은 '武(무)'이다.] 넣었다.

柷, 樂器, 形如桶. 壺, 漏水之器, 一說壺甒皆盛酒之器. 此言
闊狹之度, 古者棺外椁內皆有藏器也.

'축(柷)'은 악기이니, 그 모습은 옻칠을 한 통과 유사하다. '호(壺)'는 물을
떨어트리는 기구인데, 일설에는 호(壺)와 무(甒)가 모두 술을 담는 기구
라고 한다. 이 내용은 폭의 넓이에 대해 나타내고 있으니, 고대에는 관
밖과 곽 내부에 모두 부장품을 넣었다.

【095】

君裏椁虞筐. 大夫不裏椁. 士不虞筐. 〈096〉

군주의 경우 곽은 안쪽을 바르고 우광을 한다. 대부는 곽의 안쪽을 바르지
않는다. 사는 우광을 하지 않는다.

集說 疏曰: 盧氏雖有解釋, 鄭云未聞, 今不錄.

소에서 말하길, 노식이 비록 이 문장에 대해서 풀이를 한 것이 있지만,
정현은 들어보지 못했다고 했으니, 현재 그 풀이를 기록하지 않는다.

附註 君裏椁, 言以繒帛塗椁之裏也.

'군리곽(君裏椁)'은 비단으로 곽의 안쪽을 바른다는 뜻이다.

類編 右棺椁殯窆.

여기까지는 '관곽빈폄(棺椁殯窆)'에 대한 내용이다.

禮記類編大全卷之二十九

『예기유편대전』 29권

◆ 喪服小記第三十二 / 「상복소기」 32편

類編 此篇記喪服之節. 朱子曰: "小記是解喪服傳." 按: 王禘一段, 文不倫類, 今移于禮運篇.

이 편은 상복의 규범을 기록하고 있다. 주자는 "「상복소기」편은 『의례』「상복(喪服)」편의 전문을 풀이한 편이다."라 했다. 살펴보니, "천자가 체제사를 지낸다."[1]라고 한 단락은 문맥이 맞지 않아서, 지금은 『예기』「예운(禮運)」편으로 옮겼다.

類編 本居明堂位之下. 凡十一節.

본래는 『예기』「명당위(明堂位)」편 뒤에 수록되어 있었다. 모두 11개 절이다.

「상복소기」편 문장 순서 비교		
『예기집설』	『예기유편대전』	
	구분	문장
001		001
002		063前
003		002
004		003
005		檀弓上-015
006		雜記上-044
007	喪服之制	雜記上-045
008		080
009		雜記上-046
010		038
011		004
012		063後
013		雜記上-056

---

1) 『예기』「상복소기」 011장: 王者禘其祖之所自出, 以其祖配之, 而立四廟. 庶子王亦如之.

「상복소기」편 문장 순서 비교		
『예기집설』	『예기유편대전』	
	구분	문장
014	五服	雜記上-010
015		雜記上-011
016		雜記上-012
017		046
018		021
019		雜記上-043
020		079
021		014
022		083
023		005
024		024
025		025
026		026
027		049
028		092
029		051
030		030
031		058
032		060
033		061
034	稅服	031
035		032
036		034
037		035
038		033
039	拜稽顙	雜記下-033
040		雜記上-057
041		006
042		007
043		雜記上-041
044		雜記上-042
045	杖	雜記上-040
046		067
047		066

「상복소기」편 문장 순서 비교		
『예기집설』	『예기유편대전』	
	구분	문장
048		068
049		036
050		084
051		085
052		086
053	免	087
054		088
055		089
056		091
057	喪	077
058		雜記上-034
059		雜記上-035
060		奔喪-019
061		服問-013
062		047
063		雜記上-013
064		074
065	主喪	075
066		069
067		雜記上-036
068		073
069		雜記上-031
070		008
071		雜記下-058
072		040
073		090
074		062
075	除喪	028
076		029
077		027
078		055
079	祔	054
080		050
081		082

「상복소기」편 문장 순서 비교		
『예기집설』	『예기유편대전』	
	구분	문장
082		072
083		081
084		059
085	禫	057
086		065
087		
088		
089		
090		
091		
092		

◆ 상복의 제도[喪服之制]

【001】

斬衰括髮以麻. 爲[去聲]**母括髮**以麻, **免**[問]**而以布.**〈001〉

돌아가신 부친을 위해 참최복을 착용할 때에는 머리를 묶을 때 마를 사용한다. 돌아가신 모친을 위해서도['爲'자는 거성으로 읽는다.] 머리를 묶을 때 마를 사용하고, 문을['免'자의 음은 '問(문)'이다.] 하면 포를 사용한다.

> **集說** 斬衰, 主人爲父之服也. 親始死, 子服布深衣, 去吉冠而猶有笄纚, 徒跣扱深衣前衽於帶. 將小斂, 乃去笄纚, 著素冠. 斂訖, 去素冠, 而以麻自項而前交於額上, 卻而繞於紒, 如著幓頭然. 幓頭, 今人名掠髮, 此謂括髮以麻也. 母死亦然, 故云爲母括髮以麻. 言此禮與喪父同也. 免而以布, 專言爲母也. 蓋父喪小斂後, 拜賓竟, 子卽堂下之位, 猶括髮而踊, 母喪則此時不復括髮, 而著布免以踊, 故云免而以布也. 笄纚, 說見內則. 免, 見檀弓.

'참최(斬衰)'는 상주가 돌아가신 부친을 위해 착용하는 상복이다. 부친이 이제 막 돌아가셨을 때, 자식은 포로 된 심의를 착용하고, 길관을 제거하지만 여전히 비녀와 머리를 묶는 쇄는 놔두고, 맨발을 하고 심의의 앞자락을 걷어서 대에 꽂는다. 소렴을 치르게 되면, 비녀와 쇄를 제거하고, 소관을 착용한다. 소렴이 끝나면, 소관을 제거하고, 마로 된 천을 이용해서 목덜미로부터 앞으로 빼서 이마에서 교차시키며 상투에 두르게 되니, 마치 망건을 착용한 것처럼 두르는 것이다. '삼두(幓頭)'에 대해서 오늘날의 사람들은 '약발(掠髮)'이라고 부르니, 이곳에서 "마를 이용해서 머리를 묶는다."고 한 말에 해당한다. 모친이 돌아가셨을 때에도 이처럼 한다. 그렇기 때문에 "돌아가신 모친을 위해서는 마를 이용해서 머리를 묶는다."고 말한 것이다. 즉 이러한 경우의 예법은 돌아가신 부친의 상례를 치르는 것과 동일하다는 뜻이다. "문을 하면 포를 이용한다."는 말은 전적으로 돌아가신 모친을 위해 상을 치르는 경우만을 언급한 것이다. 아마도 부친의 상례에서는 소렴을 끝낸 뒤에 빈객에게 절하는 절차를 마치면, 자식은 당하의 자리로 나아가는데, 여전히 머리를 묶은 상태에서 용을 하게 되고, 모친의 상례를 치르는 경우라면, 이 시기에 재차 머리를 묶지 않고, 포로 된 천을 착용하고 문을 하여 용을 한다. 그렇기 때문에 "문을 하면 포를 이용한다."라고 말한 것이다. '계(筓)'와 '쇄(縦)'에 대해서는 그 설명이 『예기』「내칙(內則)」편에 나온다. '문(免)'에 대해서는 그 설명이 『예기』「단궁(檀弓)」편에 나온다.

【002】

箭筓終喪三年.⟨063⟩[1] [本在"除喪則已"下.] 齊衰, 惡筓以終喪.⟨002⟩ [本在 "免而以布"下.]

아직 시집을 가지 않은 딸은 부친의 상에 대해, 전계를 꼽고서 삼년상을 치른다. [본래는 "기간을 끝내면 제거하고 계속 착용하지 않는다."[2]라고 한 문장 뒤에 수록 되어 있었다.] 부인은 자최복을 입고 치르는 상에서, 조악한 비녀로 머리를 틀고, 중간에 복장방식을 바꾸지 않으며 이 상태로 상을 끝낸다. [본래는 "문 을 하면 포를 사용한다."[3]라고 한 문장 뒤에 수록되어 있었다.]

集說 前章言齊衰惡筓以終喪, 爲母也. 此言箭筓三年, 女子在室爲 父也. 箭, 篠也. 婦人居齊衰之喪, 以榛木爲筓以卷髮, 謂之惡筓. 以 終喪者, 謂中間更無變易, 至服竟則一幷除之也.

앞 장에서는 자최복을 착용하는 여자는 악계를 꼽고 상을 끝낸다고 했는 데, 그것은 모친의 상을 치를 때이다. 이곳에서는 전계를 꼽고 삼년상을 치른다고 했는데, 딸 중 아직 시집을 가지 않은 여자가 부친의 상을 치르

---

1) 『예기』「상복소기」 063장 : <u>箭筓終喪三年</u>, 齊衰三月, 與大功同者, 繩屨.
2) 『예기』「상복소기」 062장 : 久而不葬者, 唯主喪者不除, 其餘以麻終月數者, <u>除 喪則已</u>.
3) 『예기』「상복소기」 001장 : 斬衰括髮以麻. 爲母括髮以麻, <u>免而以布</u>.

는 경우를 뜻한다. '전(箭)'자는 소라는 나무를 뜻한다. 부인은 자최복을 입고 치르는 상에서 개암나무로 만든 비녀로 머리를 트는데, 이 비녀를 '악계(惡笄)'라 부른다. '이종상(以終喪)'은 상을 치르는 중간에 다시금 복장 방식을 바꾸지 않으며, 상을 끝내게 되면 일괄적으로 제거한다는 뜻이다.

【003】

男子冠而婦人笄, 男子免而婦人髽[莊加反]. 其義爲男子則免, 爲婦人則髽.〈003〉

남자는 길한 때나 상을 당했을 때 관을 쓰지만 부인은 비녀를 꼽는다. 상중에 남자가 문을 하게 되면 부인은 좌의['髽'자는 '莊(장)'자와 '加(가)'자의 반절음이다.] 방식으로 머리를 튼다. 이처럼 하는 의미는 남자의 경우에는 문을 하고, 부인의 경우에는 좌의 방식으로 머리를 틀게 하여 남녀를 구별한 것이다.

集說 吉時男子首有吉冠, 婦人首有吉笄. 若親始死, 男去冠, 女則去笄. 父喪成服也, 男以六升布爲冠. 女則箭篠爲笄. 若喪母, 男則七升布爲冠, 女則榛木爲笄, 故云男子冠而婦人笄也. 男子免而婦人髽者, 言今遭齊衰之喪, 當男子著免之時, 婦人則髽其首也. 髽有二, 斬衰則麻髽, 齊衰則布髽, 皆名露紒. 其義爲男子則免爲婦人則髽者, 言其義不過以此免與髽分別男女而已.

길한 시기라면 남자는 머리에 길한 때 쓰는 관을 착용하고, 부인은 머리에 길한 때 꼽는 비녀를 착용한다. 만약 부모가 이제 막 돌아가신 때라면, 남자는 관을 제거하고, 여자는 비녀를 제거한다. 부친의 상에서 성복을 했다면, 남자는 6승의 포로 관을 만들어 착용하고, 여자는 전소나무로 비녀를 만들어서 꼽는다. 만약 모친의 상이라면, 남자는 7승의 포로 관을 만들어 착용하고, 여자는 개암나무로 비녀를 만들어서 꼽는다. 그렇기 때문에 "남자는 관을 쓰고 부인은 비녀를 꼽는다."고 말한 것이다. "남자는 문을 하고 부인은 좌를 한다."는 말은 자최복의 상을 당하게 되어, 남자가 문을 해야 할 때가 되면, 부인은 머리를 좌의 방법으로 튼다는 뜻이다. 좌의 방식에는 두 종류가 있으니, 참최복을 착용하는 경우라면, 마를 이용해서 좌의 방식으로 머리를 틀고, 자최복을 착용하는 경우라면, 포를 이용해서 좌의 방식으로 머리를 트는데, 이 모두를 '노계(露紒)'라고 부른다. '기의위남자즉문위부인즉좌(其義爲男子則免爲婦人則髽)'라는 말은 그 의미는 이러한 문과 좌의 방법으로 남녀를 구별하는데 불과하다는 뜻일 따름이다.

【004】

喪冠不緌.〈檀弓上-015〉 [檀弓. 本在"不巷歌"下.]

상을 당했을 때 쓰는 관에서는 턱 끈의 남은 부분을 앞으로 늘어트리지 않는다. [「단궁」편의 문장이다. 본래는 "거리에서 노래를 부르지 않는다."[4]라고 한 문장 뒤에 수록되어 있었다.]

集說 冠必有笄以貫之, 以紘繫笄, 順頤而下結之曰纓, 垂其餘於前者, 謂之緌. 喪冠不緌, 蓋去飾也.

관에는 반드시 비녀를 두어서 관을 꿰어 관에 달린 끈을 비녀와 연결하고, 그 끈은 턱을 따라 밑으로 내려서 묶게 되니, 이것을 '영(纓)'이라고 부르고, 묶고 난 나머지 끈을 앞으로 늘어트리는데, 이것을 '유(緌)'라고 부른다. 상을 치를 때 쓰는 관에 유(緌)의 방식을 취하지 않는 것은 아마도 치장의 요소를 제거하기 위해서일 것이다.

---

4) 『예기』「단궁상(檀弓上)」014장 : 鄰有喪, 舂不相; 里有殯, 不巷歌.

【005】

喪冠條屬[燭], 以別吉凶. 三年之練冠亦條屬, 右縫. 小功以下左.〈雜記上-044〉 [雜記. 本在"不反服"下.]

상을 치를 때 쓰는 관에는 한 가닥의 노끈을 연결하여['屬'자의 음은 '燭(촉)'이다.] 관의 테두리인 무(武)와 갓끈인 영(纓)으로 삼아, 이를 통해 길흉을 구별한다. 삼년상에서 소상을 치를 때 쓰는 관에도 한 가닥의 노끈을 연결해서 이처럼 하는데, 주름을 접어 꿰맨 것은 우측을 향하도록 한다. 소공복으로부터 그 이하의 상복에서는 주름을 접어 꿰맨 것이 좌측을 향하도록 한다. [「잡기」편의 문장이다. 본래는 "돌아가서 상복을 착용하지 않는다."[5]라고 한 문장 뒤에 수록되어 있었다.]

集說 喪冠以一條繩屈而屬於冠, 以爲冠之武, 而垂下爲纓, 故云喪冠條屬. 屬, 猶着也, 言着於冠也. 是纓與武其此一繩, 若吉冠則纓與武各一物. 玉藻云"縞冠玄武"之類, 是也. 吉凶之制不同, 故云別吉凶也. 三年練冠, 小功之冠也, 其條屬亦然. 吉冠則襵縫向左, 左爲陽, 吉也. 凶冠則襵縫向右, 右爲陰, 凶也. 小功緦麻之服輕, 故襵縫向左而同於吉.

상관(喪冠)에서는 한 가닥의 노끈을 말아서 관에 연결해서, 이것으로 관의 테두리인 무로 삼고, 아래로 내려서 갓끈인 영으로 삼는다. 그렇기 때문에 "상관에는 노끈 한 가닥을 연결한다."라고 한 것이다. '촉(屬)'자는 "붙인다."는 뜻이니, 관에 연결한다는 의미이다. 여기에서 말한 '영(纓)'과 '무(武)'는 모두 한 가닥의 노끈으로 만드는 것이니, 만약 길관인 경우라면, 영과 무는 각각 별개의 부분이 된다. 『예기』「옥조(玉藻)」편에서 "호관에 현무를 단다."고 한 것 등이 바로 이것을 가리킨다. 길과 흉의 제도는 다르기 때문에 "길과 흉을 구별한다."라고 말했다. 삼년상에서 착용하는 연관은 소상 때 착용하는 관을 뜻한다. 그 관에 노끈을 연결하는 것

---

5) 『예기』「잡기상(雜記上)」 043장 : 違諸侯之大夫不反服, 違大夫之諸侯<u>不反服.</u>

또한 이처럼 한다. 길관의 경우라면 주름을 접어 꿰맬 때 그 방향이 좌측을 향하도록 하니, 좌측은 양에 해당하여 길사가 되기 때문이다. 흉관의 경우라면 주름을 접어 꿰맬 때 그 방향이 우측을 향하도록 하니, 우측은 음에 해당하여 흉사가 되기 때문이다. 소공복과 시마복은 수위가 낮은 상복이기 때문에 주름을 접어 꿰맨 것이 좌측을 향하도록 하여 길관과 동일하게 한다.

【006】

緦冠繰[早]纓, 大功以上散帶. 〈雜記上-045〉 [雜記.]

시마복의 관에 다는 갓끈은 잿물에 담갔던 것으로['繰'자의 음은 '무(早)'이다.] 하고, 대공복으로부터 그 이상의 상복을 착용할 때에는 마로 만든 대의 끝을 흩트려 늘어트린다. [「잡기」편의 문장이다.]

集說 緦服之縷, 其麤細與朝服十五升之布同, 而縷數則半之. 治其縷, 不治其布, 冠與衰同是此布也, 但爲纓之布則加以灰澡治之耳, 故曰緦冠繰纓. 繰, 讀爲澡. 大功以上服重, 初死麻帶散垂, 至成服乃絞. 小功以下, 初死卽絞也.

시마복을 제작할 때 사용하는 명주는 거칠고 조밀한 정도가 조복을 만들 때 사용하는 15승의 포와 동일하지만, 명주의 가닥수는 절반이 된다. 명주는 다듬지만 포는 다듬지 않는데, 관과 상복은 모두 이러한 포를 사용하게 된다. 다만 갓끈에 사용하는 포를 만들 때에는 포를 잿물에 씻어서 가공하는 공정이 추가될 따름이다. 그렇기 때문에 "시마복의 관에는 잿물에 씻은 갓끈을 사용한다."라고 말한 것이다. '조(繰)'자는 조(澡)자로 풀이한다. 대공복으로부터 그 이상의 상복은 수위가 높고, 어떤 자가 이제 막 죽었을 때에는 마로 만든 대를 차고 그 끝을 흩트려 늘어트리며, 성복을 하게 된 뒤에야 매듭을 짓는다. 소공복으로부터 그 이하의 상복을 착용할 때에는 어떤 자가 이제 막 죽었을 때부터 곧바로 매듭을 짓는다.

【007】

下殤小功, 帶澡麻不絶本, 詘[屈]而反以報之.《080》 [本在"弟者服斬"下.]

하상을 하여 단계를 낮춰 소공복을 착용할 때에는 조마로 대를 만들되 뿌리부분은 끊지 않고, 끝을 늘어트렸다가 굽혀서[詘자의 음은 '屈(굴)'이다.] 반대로 올려 합해서 묶는다. [본래는 "제자복참(弟者服斬)"이라고 한 문장 뒤에 수록되어 있었다.]

集說 本是期服之親, 以死在下殤, 降爲小功, 故云下殤小功也. 其帶以澡麻爲之, 謂憂治其麻, 使之潔白也. 不絶本, 不斷去其根也. 報, 猶合也. 垂麻向下, 又屈之而反向上, 以合而結之, 故云詘而反以報之也. 凡殤服之麻皆散垂, 此則不散, 首経麻無根, 而要帶猶有根, 皆示其重也.

본래는 기년복을 입어야 하는 친족이지만, 그가 하상의 나이에 요절하여, 수위를 낮춰 소공복을 착용한 것이다. 그렇기 때문에 "하상을 하여 소공복을 입는다."라고 말한 것이다. 대는 조마로 만드니, 마를 두들기고 다듬어서 깨끗하고 희게 만든 것을 뜻한다. "본을 자르지 않는다."는 말은 그 뿌리를 제거하지 않는다는 뜻이다. '보(報)'는 "합한다."는 뜻이다. 마는 밑으로 늘어트리고, 또 그것을 굽혀서 반대로 위로 향하게 하여, 합해서 매듭을 묶는다. 그렇기 때문에 "굽히고 반대로 올려서 합한다."고 말한 것이다. 무릇 요절한 자를 위한 상복에서 마로 만든 대는 모두 끝을 늘어트리게 되는데, 이러한 경우라면 늘어트리지 않고, 수질에 하는 마에는 뿌리 부분이 없지만, 요대에는 오히려 뿌리 부분이 있으니, 이 모두는 중시 여김을 나타낸다.

---

6) 『예기』「상복소기」 079장 : 與諸侯爲兄弟者, 服斬.

【008】

朝服十五升, 去[上聲]其半而緦加灰[句], 錫也.〈雜記上-046〉[雜記. 本在"散帶"下.]

조복은 15승의 포로 만드는데, 그 중 절반을 제거한['去'자는 상성으로 읽는다.] 포로는 시마복을 만들고, 또 여기에 잿물에 담그는 공정을 가미하면['灰'자에서 구문을 끊는다.] 석최가 된다. [「잡기」편의 문장이다. 본래는 "대의 끝을 흩트려 늘어트린다."7)라고 한 문장 뒤에 수록되어 있었다.]

集說 朝服精細, 全用十五升布爲之, 去其半, 則七升半布也. 用爲緦服. 緦云者, 以其縷之細如絲也. 若以此布而加灰以澡治之, 則謂之錫, 所謂弔服之錫衰也. 錫者, 滑易之貌. 緦服不加灰治也. 朝服一千二百縷終幅, 緦之縷細與朝服同, 但其布終幅止六百縷而疎. 故儀禮云: "有事其縷無事其布曰緦."

조복을 만들 때의 천은 정밀하고 가늘어서 모두 15승의 포를 사용해서 만드는데, 그 절반을 덜어내게 되면 7.5승의 포가 된다. 이것을 사용해서 시마복을 만든다. '시(緦)'라고 부르는 것은 그 실의 가늘기가 명주실과 같기 때문이다. 만약 이러한 포를 사용해서 만들고 다시 잿물에 담갔다가 가공하게 되면 그것을 '석(錫)'이라 부르니, 조복으로 사용되는 '석최(錫衰)'에 해당한다. '석(錫)'자는 매끄러운 모양을 뜻한다. 시마복은 잿물에 담그는 공정을 가미하지 않는다. 조복은 1,200가닥의 실로 종폭이 되도록 하는데, 시마복의 실 가늘기는 조복의 경우와 동일하지만, 포의 종폭은 단지 600가닥에 그쳐서 성글다. 그렇기 때문에 『의례』에서는 "실에 가공을 하지만 그것으로 만든 포에 가공을 함이 없다면 '시(緦)'라고 부른다."8)라고 한 것이다.

---

7) 『예기』「잡기상(雜記上)」 045장 : 緦冠繰纓, 大功以上散帶.
8) 『의례』「상복(喪服)」 : 緦麻三月者, 傳曰, 緦者, 十五升抽其半, 有事其縷, 無事其布曰緦.

【009】

経殺[色介反]五分而去[上聲]一, 杖大如経.〈038〉 [本在"君母之黨服"下.]

수질(首経)의 크기를 줄일['殺'자는 '色(색)'자와 '介(개)'자의 반절음이다.] 때에는 5등분 중 1만큼을 줄이고['去'자는 상성으로 읽는다.] 지팡이의 크기는 요질의 크기와 동일하게 한다. [본래는 '군모지당복(君母之黨服)'[9]이라고 한 문장 뒤에 수록되어 있었다.]

集說 喪服傳曰: "苴経大搹, 左本在下, 去五分一以爲帶経." 大搹者, 謂首経也. 五分減一分, 則要絰之大也. 遞減之, 則齊衰之経大如斬衰之帶, 去五分一以爲齊衰之帶; 大功之経大如齊衰之帶, 去五分一以爲大功之帶; 小功之経大如大功之帶, 去五分一以爲小功之帶; 緦麻之経大如小功之帶, 去五分一以爲緦麻之帶. 麻在首在要, 皆曰経. 分言之, 則首曰経, 要曰帶. 所以五分者, 象五服之數也. 杖大如経, 如要経也. 搹者, 搤也.

『의례』「상복(喪服)」편의 전문에서는 "저질의 대격은 좌본이 밑에 있고, 5분의 1을 줄여서 대질로 한다."[10]고 했다. '대격(大搹)'은 수질을 뜻하며, 다섯 등분을 하여 그 중 하나만큼을 줄이면, 요질의 크기가 된다. 교대로 줄여나가면, 자최복의 질 크기는 참최복의 대 크기와 같고, 그 중 5분의 1을 줄여서, 자최복의 대로 만든다. 대공복의 질 크기는 자최복의 대 크기와 같고, 그 중 5분의 1을 줄여서, 대공복의 대로 만든다. 소공복의 질 크기는 대공복의 대 크기와 같고, 그 중 5분의 1을 줄여서, 소공복의 대로 만든다. 시마복의 질 크기는 소공복의 대 크기와 같고, 그 중 5분의 1을 줄여서, 시마복의 대로 만든다. 마는 머리에도 쓰고 허리에도 차는데, 둘 모두를 '질(経)'이라 부른다. 구분해서 말하면, 머리에 쓰는 것을 '질(経)'이라 부르고, 허리에 차는 것을 '대(帶)'라 부른다. 다섯 등분

---

9)『예기』「상복소기」037장 : 爲君母後者, 君母卒, 則不爲君母之黨服.

10)『의례』「상복(喪服)」: 傳曰, 斬者何? 不緝也. 苴絰者, 麻之有蕡者也. 苴絰大搹, 左本在下, 去五分一以爲帶.

으로 나누는 것은 오복의 수치를 본뜬 것이다. 지팡이의 길이는 질과 같다고 했는데, 요질의 크기와 같다는 뜻이다. '격(搹)'은 "쥐다."는 뜻이다.

集說 朱子曰: 首絰大一搹, 只是拇指與第二指一圍.

주자가 말하길, 수질의 길이는 한 손으로 쥔 크기가 되니, 엄지손가락부터 두 번째 손가락까지의 둘레를 뜻한다.

【010】

苴[雎]杖, 竹也. 削杖, 桐也.〈004〉[本在"爲婦人則髽"下.]

저장은['苴'자의 음은 '雎(저)'이다.] 대나무로 만든다. 삭장은 오동나무로 만든다. [본래는 "부인의 경우에는 좌의 방식으로 머리를 틀게 한다."[11]라고 한 문장 뒤에 수록되어 있었다.]

集說 竹杖圓以象天, 削杖方以象地, 父母之別也.

대나무 지팡이는 원형으로 만들어서 하늘을 형상화하고, 나무를 깎아서 만든 지팡이는 네모지게 만들어서 땅을 형상화하니, 돌아가신 부친과 모친에 대한 구별로 삼는다.

集說 疏曰: 苴者, 黯也. 必用竹者, 以其體圓性貞, 四時不改, 明子爲父禮伸痛極, 自然圓足, 有終身之痛也. 削者, 殺也. 桐隨時凋落, 謂母喪外雖削殺, 服從時除, 而終身之心當與父同也.

소에서 말하길, '저(苴)'자는 "검다."는 뜻이다. 반드시 대나무를 이용해서 만드는 이유는 그 몸체가 원형으로 되어 있고 성질이 곧으며, 사계절 동안 변하지 않으니, 자식이 부친을 위해 의례를 펼치고 애통함을 극심히

---

11) 『예기』「상복소기」 003장 : 男子冠而婦人笄, 男子免而婦人髽. 其義爲男子則免, 爲婦人則髽.

나타내어, 자연스럽게 충족이 되지만 종신토록 슬픔을 간직한다는 뜻을 나타내기 때문이다. '삭(削)'자는 "깎다."는 뜻이다. 오동나무는 계절에 따라 잎이 시들어 떨어지니, 모친의 상은 외적으로 비록 줄어드는 면이 있어서 상복에 있어서도 시기에 따라 제거하는 면이 있지만, 종신토록 품게 되는 마음은 부친에 대한 경우와 동일하다는 의미이다.

【011】

齊衰三月, 與大功同者, 繩屨.〈008〉12) [本在"箭笄終喪三年"下.]

아직 시집을 가지 않은 딸은 부친의 상에 대해, 전계를 꼽고서 삼년상을 치른다. 자최복을 착용하고 3개월 동안 복상하는 자는 대공복을 착용하고 9개월 동안 복상하는 자와 수위가 비슷하므로, 둘 모두 승구를 신는다. [본래 는 "전계를 꼽고서 삼년상을 치른다."라고 한 문장 뒤에 수록되어 있었다.]

集說 齊衰爲尊, 大功爲卑. 然三月者恩之輕, 九月者恩稍重, 故可 以同用繩屨. 此制禮者淺深之宜也. 繩屨, 麻繩爲屨也.

자최복을 착용하는 경우는 존귀한 자이고, 대공복을 착용하는 경우는 낮은 자이다. 그러나 3개월을 치르는 것은 은정이 옅은 것이며, 9개월을 치르는 것은 은정이 보다 두터운 경우이다. 그렇기 때문에 둘 모두 승구를 동일하게 신을 수 있다. 이것은 예법을 제정한 것이 깊이에 합당한 경우이다. '승구(繩屨)'는 마로 꼰 줄을 엮어서 신발로 만든 것이다.

【012】

凡弁経其衰侈袂.〈雜記下-056〉 [雜記. 本在"小功則不可"下.]

무릇 변질을 착용할 때에는 그 복장에 있어서 소매의 크기를 크게 만든다.

---

12) 『예기』「상복소기」 063장 : 箭笄終喪三年. 齊衰三月, 與人同者, 繩屨.

「잡기」편의 문장이다. 본래는 "소공복의 상을 치르고 있다면 해서는 안 된다."[13]라고 한 문장 뒤에 수록되어 있었다.]

集說 弁絰之服, 弔服也. 首著素弁而加以一股環絰, 其服有三等, 錫衰·緦衰·疑衰也. 侈, 大也. 袂之小者, 二尺二寸, 此三尺三寸.

변질(弁絰)의 복장은 조문할 때의 복장이다. 머리에 흰색의 변을 쓰고 그곳에 한 가닥으로 둥글게 꼰 질을 두르는데, 그 복장에는 세 등급이 있으니, 석최·시최(緦衰)[14]·의최(疑衰)[15]이다. '치(侈)'자는 "크게 한다."는 뜻이다. 소매 중 작은 것은 둘레가 2척 2촌인데, 이 복장의 소매는 3척 3촌으로 만든다.

類編 右喪服之制.

여기까지는 '상복지제(喪服之制)'에 대한 내용이다.

---

13) 『예기』「잡기하(雜記下)」 055장 : 大功之末可以冠子, 可以嫁子. 父小功之末, 可以冠子, 可以嫁子, 可取婦. 己雖小功既卒哭, 可以冠取妻, 下殤之<u>小功則不可</u>.

14) 시최(緦衰)는 석최(錫衰)와 비슷한 재질로 만든 옷으로, 일종의 상복(喪服)에 해당한다. 천자의 경우, 제후의 상(喪)에 착용했던 복장이다.

15) 의최(疑衰)는 길복(吉服)에 가까운 복장으로, 일종의 상복(喪服)에 해당한다. 천자의 경우, 대부(大夫)나 사(士)의 상(喪)에 착용했던 복장이다.

◇ 오복(五服)

【013】

大夫爲[去聲]其父母兄弟之未爲大夫者之喪服, 如士服.〈雜記上-010〉

[雜記. 本在"士居堊室"下.]

대부는 자신의 부모 및 형제를 위해['爲'자는 거성으로 읽는다.] 상복을 착용할
때, 그들이 만약 아직 대부의 신분이 되지 못한 상태에서 죽었다면, 그들을
위한 상복은 사가 착용하는 상복과 동일하게 한다. [「잡기」편의 문장이다. 본래
는 "사는 악실에 머문다."[1]라고 한 문장 뒤에 수록되어 있었다.]

集說 石梁王氏曰: 父母喪, 自天子達, 周人重爵, 施於尊親, 乃異其
服, 非也. 周公制禮時, 恐其弊未至此.

석량왕씨가 말하길, 부모의 상에 대해서는 천자로부터 그 이하의 계층에
이르기까지 모두 동일하게 따르는데, 주나라 때에는 작위를 중시하여,
작위가 높은 자가 존귀하고 친근한 자에 대해 규정을 적용할 때에는 곧
그 복장을 달리한다고 했는데, 이 말은 잘못된 주장이다. 주공이 예법을
제정했을 당시에 아마도 그 폐단이 이러한 지경에는 이르지 않았을 것이다.

【014】

士爲[去聲]其父母兄弟之爲大夫者之喪服, 如士服. 大夫之適[的]子,
服大夫之服.〈雜記上-011〉

사는 자신의 부모 및 형제를 위해['爲'자는 거성으로 읽는다.] 상복을 착용할 때,
그들이 만약 대부의 신분이 된 이후에 죽었다면, 그들을 위한 상복은 사가
착용하는 상복과 동일하게 한다. 대부의 적자는['適'자의 음은 '的(적)'이다.] 대
부가 착용하는 상복을 입을 수 있다.

---

1) 『예기』「잡기상(雜記上)」 009장 : 大夫次於公館以終喪, 士練而歸, 士次於公館.
大夫居廬, 士居堊室.

集說 大夫適子雖未爲士, 亦得服大夫之服, 則爲士而服大夫服可知矣. 今此所言士, 是大夫之庶子爲士者也. 庶子卑, 故不敢服尊者之服, 所以止如士服也. 孟子言齊疏之服自天于達, 而此經之文若此, 蓋大夫喪禮亡, 不得聞其說之詳矣.

대부의 적자가 비록 아직 사의 신분이 되지 않았더라도, 대부가 착용하는 상복을 입을 수 있으니, 사가 된 경우에도 대부의 복장을 착용할 수 있음을 알 수 있다. 현재 이곳에서 언급한 사는 대부의 서자 중 사가 된 자를 뜻한다. 서자는 신분이 낮기 때문에 존귀한 자가 착용하는 상복을 감히 입을 수 없기 때문에, 단지 사의 복장과 동일하게 따를 뿐이다. 맹자는 상복을 착용하는 것은 천자로부터 그 이하의 계급이 모두 동일하게 따른다고 했지만,2) 이곳 경문에 이처럼 기록되어 있으니, 대부의 상례제도가 망실되어 그 자세한 설명에 대해서는 밝힐 수가 없다.

【015】

大夫之庶子爲大夫, 則爲[去聲]其父母服大夫服. 其位與未爲大夫者齒.〈雜記上-012〉

대부의 서자가 대부가 된다면, 그의 부모를 위해[‘爲’자는 거성으로 읽는다.] 상을 치를 때, 대부가 착용하는 상복을 입고서 치를 수 있다. 그러나 그의 자리는 아직 대부가 되지 못한 적자들과 함께 나이에 따라 서열을 정해 위치한다.

集說 大夫庶子若爲大夫, 可以大夫之喪服喪其親. 然其行位之處, 則與適子之未爲大夫者相齒列.

대부의 서자가 만약 대부가 된다면, 대부가 착용하는 상복을 입고서 그의

---

2) 『맹자』「등문공상(滕文公上)」: 三年之喪, 齊疏之服, 飦粥之食, 自天子達於庶人, 三代共之.

부모에 대한 상을 치를 수 있다. 그러나 그가 서게 되는 위치는 적자들 중 아직 대부가 되지 못한 자들과 서로 나이에 따라 서열을 정해서 선다.

集說 疏曰: 此庶子雖爲大夫, 其年雖長於適子, 猶在適子下, 使適子爲主也.

소에서 말하길, 여기에서 말한 서자는 비록 대부가 되었고, 그의 나이가 비록 적자보다 많더라도, 여전히 적자보다 낮은 자리에 있게 되니, 적자로 하여금 상을 주관하도록 하기 때문이다.

【016】

大夫降其庶子, 其孫不降其父.〈040〉 [本在"服斬衰"之下.]

대부는 자신의 서자에 대해서 상의 등급을 낮추지만, 서자의 아들은 자신의 부친에 대해서 등급을 낮추지 않는다. [본래는 "참최복으로 그대로 착용한다."[3]라고 한 문장 뒤에 수록되어 있었다.]

集說 大夫爲庶子服大功, 而庶子之子, 則爲父三年也. 大夫不服其妾, 故妾子爲其母大功.

대부는 서자를 위해서 대공복을 착용하지만, 서자의 자식은 부친을 위해서 삼년상을 치른다. 대부는 첩을 위해서 상복을 착용하지 않기 때문에, 첩의 자식은 그의 모친을 위해서 대공복을 착용한다.

【017】

世子不降妻之父母. 其爲[去聲]妻也, 與大夫之適子同.〈021〉 [本在"不王不禘"下.]

---

3) 『예기』「상복소기」045장 : 父母之喪偕, 先葬者不虞祔, 待後事, 其葬服斬衰.

세자는 처의 부모에 대해서 상복을 착용할 때 수위를 낮추지 않는다. 세자가 처를 위해['爲'자는 거성으로 읽는다.] 상복을 착용할 때에는 대부가 자신의 적자를 위해서 착용하는 상복과 동일하게 따른다. [본래는 "천자가 아니라면 체제사를 지내지 않는다."⁴⁾라고 한 문장 뒤에 수록되어 있었다.]

集說 世子, 天子・諸侯之適子傳世者也. 不降殺其妻父母之服者, 以妻故親之也. 大夫適子死, 服齊衰不杖. 今世子旣不降其妻之父母, 則其爲妻服, 與大夫服適子之服同也.

'세자(世子)'는 천자와 제후의 적장자로 세대를 전수받은 자를 뜻한다. "처의 부모에 대한 상복을 낮추지 않는다."는 말은 처의 친족이므로 친근하게 대하기 때문이다. 대부의 적자가 죽으면, 그를 위해서 자최복을 착용하되 지팡이는 잡지 않는다. 현재 세자는 이미 그의 처 부모에 대해 상복의 수위를 낮추지 않는다고 했으니, 그가 처를 위해 상복을 착용할 때, 대부가 자신의 적자를 위해 착용하는 상복과 동일하게 따른다.

附註 世子爲妻與大夫之適子同, 一云: "大夫之適子, 爲其妻, 父在不杖, 與此同也."

세자가 처를 위해 상복을 착용할 때, 대부가 자신의 적자를 위해서 착용하는 상복과 동일하게 따른다고 했는데, 한편에서는 "대부의 적자가 자신의 처를 위해 상복을 착용할 때, 부친이 생존해 계시면 지팡이를 잡지 않는데, 이것이 여기에서 말한 것과 동일하다."라 했다.

---

4) 『예기』「상복소기」 020장 : <u>禮不土不禘</u>.

【018】

違諸侯之大夫不反服. 違大夫之諸侯不反服.〈雜記上-043〉 [雜記. 本在"其
贈也拜"下.]

제후의 신하였지만, 그를 떠나서 다른 나라의 대부에게 찾아가 그를 섬기
게 된다면, 본국의 제후가 죽었을 때, 본국으로 돌아가 제후에 대한 상복을
착용하지 않는다. 또 대부를 섬겼었지만, 그를 떠나 제후를 섬기는 신하가
되었다면, 이러한 경우에도 이전의 대부가 죽었을 때 그에게 돌아가서 상
복을 착용하지 않는다. [「잡기」편의 문장이다. 본래는 "물건을 보내온 자에 대해 감사를
표하는 절에서만 한다."[1]라고 한 문장 뒤에 수록되어 있었다.]

集說 違, 去也. 己本是國君之臣, 今去國君而往爲他國大夫之臣,
是自尊適卑, 若舊君死, 己不反服. 以仕於卑臣, 不可反服於前之尊
君也. 本是大夫之臣, 今去而仕爲諸侯之臣, 是自卑適尊. 若反服卑
君, 則爲新君之恥矣, 故亦不反服. 若新君與舊君等, 乃爲舊君服也.
'위(違)'자는 "떠나다."는 뜻이다. 자신이 본래 자기 나라 군주의 신하였는
데, 현재는 본국의 군주를 떠나 다른 나라의 대부에게 가서 그의 신하가
되었으니, 이것은 존귀한 자로부터 상대적으로 미천한 자에게 간 것으로,
만약 본국의 제후가 죽었다면, 본인은 본국으로 돌아가서 제후에 대한
상복을 착용하지 않으니, 미천한 신하를 섬기므로, 이전에 섬겼던 존귀한
군주에 대해서 돌아가 상복을 착용할 수 없기 때문이다. 본래는 대부의
신하였는데, 현재 그를 떠나 제후의 신하가 되었다면, 이것은 미천한 자
로부터 존귀한 자에게 간 것이다. 만약 제후보다 미천한 주군을 위해 돌
아가서 상복을 착용한다면, 새로 섬긴 제후에 대해서는 치욕이 된다. 그
렇기 때문에 이러한 경우에도 돌아가서 상복을 착용하지 않는다. 만약
새로 섬긴 주군과 이전에 섬겼던 주군의 등급이 같다면, 옛 주군을 위해
서 상복을 착용한다.

---

1) 『예기』「잡기상(雜記上)」 042장 : 拜之, 不稽顙. 稽顙者, 其贈也拜.

【019】

與諸侯爲兄弟者, 服斬.〈079〉 [本在"次於外"下.]

다른 나라에 거주하고 있지만, 본국의 제후와 형제인 자는 제후의 상이
발생하면, 본국으로 되돌아와서 참최복을 착용한다. [본래는 "중문 밖에 임시숙
소를 마련한다."[2]라고 한 문장 뒤에 수록되어 있었다.]

集說 卿大夫於君自應服斬, 若不爲卿大夫而有五屬之親者, 亦皆
服斬衰. 此記者恐疑服本親兄弟之服, 故特明之, 蓋謂國君之兄弟先
爲本國卿·大夫, 今居他國未仕, 而本國君卒, 以有兄弟之親, 又是
舊君, 必當反而服斬也. 不言與君爲兄弟, 而言與諸侯爲兄弟, 明在
異國也.

경과 대부는 자신의 군주에 대해 제 스스로 마땅히 참최복을 착용해야
하는데, 만약 경과 대부의 신분이 아니지만, 다섯 부류의 친족에 포함되
는 자라면, 또한 모두들 참최복을 착용해야 한다. 이것은 『예기』를 기록
한 자가 본래 친족 관계인 형제에 대한 상복에 따라 복장을 착용해야
한다고 오해할 것을 염려했기 때문에, 특별히 명시한 것이니, 제후의 형
제들은 이전에 본국의 경과 대부의 신분이었지만, 현재는 다른 나라에
거주하며 아직 벼슬살이를 하지 않았는데, 본국의 제후가 죽게 되면, 그
에게는 형제의 관계가 있게 되고, 또 그는 옛 군주에 해당하니, 반드시
본국으로 되돌아와서 참최복을 착용해야 한다. "군주에 대해서 형제가
된다."라고 말하지 않고, "제후에 대해서 형제가 된다."라고 말한 것은
다른 나라에 거주하고 있다는 사실을 밝히기 위해서이다.

附註 與諸侯爲兄弟服斬, 言君之兄弟, 是爲卿大夫, 故不敢戚君.
服, 君服也. 若尊同, 則當服兄弟之服. 註義太細.

'여제후위형제복참(與諸侯爲兄弟服斬)'이라 했는데, 군주의 형제들은

---

2) 『예기』「상복소기」 078장 : 父不爲衆子<u>次於外</u>.

경과 대부가 된 상태이기 때문에 감히 군주를 친척으로 여길 수 없다는 뜻이다. '복(服)'자는 군주에 대한 상복을 뜻한다. 만약 존귀함이 동일한 경우라면 마땅히 형제에 대한 상복을 착용해야 한다. 주의 뜻은 지나치게 세밀한 것 같다.

【020】

庶子不爲[去聲]長子斬, 不繼祖與禰故也.〈014〉 [本在"明其宗也"下.]

서자가 자신의 장자를 위해서['爲'자는 거성으로 읽는다.] 참최복을 착용하지 않음은 조부나 부친의 뒤를 잇지 않았기 때문이다. [본래는 "종가에 조부의 묘가 있음을 드러내기 위해서이다."3)라고 한 문장 뒤에 수록되어 있었다.]

集說 庶子不得爲長子服斬衰三年者, 以己非繼祖之宗, 又非繼禰之宗, 則長子非正統故也.

서자는 장자를 위해서 참최복을 3년 동안 착용하지 못하니, 본인은 조부를 잇는 종자가 아니기 때문이거나 또 부친을 잇는 종자도 아니기 때문이며, 그것이 아니라면 여기에서 말한 장자는 대종의 적통을 이은 적장자가 아니기 때문이다.

【021】

爲父後者, 爲出母無服. 無服也者, 喪者不祭故也.〈083〉 [本在"大夫牲" 下.]

부친의 후계자가 된 자는 출모를 위해서 상복을 착용하지 않는다. 상복을 착용하지 않는 이유는 상을 치르는 자는 제사를 지내지 못하기 때문이다. [본래는 "대부에게 적용되는 희생물을 사용한다."4)라고 한 문장 뒤에 수록되어 있었다.]

集說 出母, 父所棄絶, 爲他姓之母以死, 則有他姓之子服之. 蓋居喪者不祭, 若喪他姓之母, 而廢己宗廟之祭, 豈禮也哉? 故爲父後者不喪出母, 重宗祀也. 然雖不服, 猶以心喪自居爲恩也, 非爲後者期而不禫.

---

3) 『예기』「상복소기」 013장 : 庶子不祭祖者, 明其宗也.
4) 『예기』「상복소기」 082장 : 其妻爲大夫而卒, 而后其夫不爲大夫, 而祔於其妻, 則不易牲. 妻卒而后夫爲大夫, 而祔於其妻, 則以大夫牲.

'출모(出母)'는 부친으로부터 쫓겨나서 관계가 끊어진 여자이니, 다른 성을 가진 자의 모친이 된 상태로 죽었다면, 다른 성을 가진 자식이 그녀를 위해 복상하게 된다. 무릇 상을 치르는 자는 제사를 지내지 않는데, 만약 다른 성의 모친에 대해 상례를 치른다면, 자기 종묘의 제사를 폐지하는 꼴이 되니, 어찌 예법에 맞는 행동이라 할 수 있겠는가? 그렇기 때문에 부친의 후계자가 된 자는 출모를 위해서 상을 치르지 않으니, 종묘의 제사를 중시여기기 때문이다. 그러나 비록 상복을 입지 않는다 하더라도, 여전히 심상의 방법으로 거처하게 되니 은정 때문이며, 후계자가 아닌 자는 기년상을 치르되 담제는 지내지 않는다.

集説 朱子曰: 出母爲父後者無服, 此尊祖敬宗家無二主之意, 先王制作精微不苟蓋如此.

주자가 말하길, 출모에 대해서 부친의 후계자가 된 자가 상복을 착용하지 않는데, 이것은 조상을 존숭하고 종가를 공경하며, 두 명의 주인이 없다는 뜻에 해당하니, 선왕이 예제를 제정했던 뜻이 이처럼 정밀했던 것이다.

附註 爲出母無服, 註"父所棄絶, 爲他姓之母"云云. 按: 父所棄絶者是矣. 爲他姓之母, 是嫁母. 註義欠明. 出而不嫁, 猶云出母, 他姓與否, 不當論.

'위출모무복(爲出母無服)'에 대해 주에서는 "부친으로부터 쫓겨나서 관계가 끊어진 여자이니, 다른 성을 가진 자의 모친이 되었다."는 등등의 말을 했다. 살펴보니, 부친에게 쫓겨나서 관계가 끊어졌다는 말은 옳다. 다른 성을 가진 자의 모친이 되었다고 했는데, 이것은 다른 집으로 시집을 간 모친에 해당한다. 주의 뜻은 다소 분명하지 않다. 모친이 쫓겨나서 아직 시집을 가지 않았더라도 출모가 되니, 다른 성을 가진 자의 모친이라거나 그렇지 않다는 등의 문제는 따져서는 안 된다.

【022】

祖父卒而後, 爲祖母後者三年.〈005〉[本在"削杖桐也"下.]

부친이 이미 돌아가셔서 손자인 본인이 후계자가 된 경우, 조부가 돌아가신 이후에 조모가 돌아가시면 돌아가신 조모를 위해서는 3년 동안 복상한다. [본래는 "삭장은 오동나무로 만든다."¹⁾라고 한 문장 뒤에 수록되어 있었다.]

集說 適孫無父, 旣爲祖三年矣, 今祖母又死, 亦終三年之制, 蓋祖在而喪祖母, 則如父在而爲母期也. 子死則孫爲後, 故以爲後者言之.

적손 중 부친이 없는 경우, 이미 돌아가신 조부를 위해서 삼년상을 치렀는데, 현재 조모 또한 돌아가셔서, 그녀에 대해서도 삼년 동안 상을 치르게 되니, 조부가 생존해 계신 경우에 조모에 대한 상을 치르게 된다면, 부친이 생존해 계실 경우 돌아가신 모친을 위해서 기년상을 치르는 경우처럼 하기 때문이다. 자식이 죽게 되면 손자가 후사가 된다. 그렇기 때문에 후사가 된 자를 기준으로 말한 것이다.

【023】

婦當喪而出, 則除之.〈024〉[本在"服以士服"下.]

부인은 시부모의 상을 치르는 도중이라 하더라도, 남편에게 쫓겨나게 된다면 상복을 벗는다. [본래는 "사의 복장을 사용한다."²⁾라고 한 문장 뒤에 수록되어 있었다.]

集說 婦當舅姑之喪, 而爲夫所出, 則卽除其服, 恩義絶故也.

부인은 시부모의 상을 당했더라도, 남편에게 쫓겨나게 된다면 곧바로 상복을 벗으니, 은정과 도리가 끊어졌기 때문이다.

---

1) 『예기』「상복소기」 004장 : 苴杖, 竹也. 削杖, 桐也.
2) 『예기』「상복소기」 023장 : 父爲士, 子爲天子諸侯, 則祭以天子諸侯, 其尸服以士服.

【024】

爲父母喪, 未練而出則三年, 既練而出則已.〈025〉

부인이 자신의 부모를 위해서 상을 치르고 있는데, 아직 1년도 되기 이전에 남편에게 쫓겨나게 된다면 집으로 되돌아가서 삼년상을 마저 치르고, 만약 1년이 지난 뒤에 쫓겨나게 된다면 마저 상을 치르지 않는다.

集說 若當父母之喪未期而爲夫所出, 則終父母三年之制, 爲己與夫族絶, 故其情復隆於父母也. 若在父母小祥後被出, 則是己之期服已除, 不可更同兄弟爲三年服矣. 故已也. 已者, 止也.

만약 부모의 상을 당했는데, 아직 1년이 되지 않은 상태에서 남편에게 쫓겨나게 된다면, 부모에 대한 삼년상의 규정을 마저 치르니, 자신은 남편과 친족관계가 끊어졌기 때문에, 그녀의 정감은 재차 자신의 부모에 대해서 융성하게 펼치기 때문이다. 만약 부모의 상에서 소상 이후 쫓겨나게 된다면, 자신이 착용하던 기년복을 이미 제거한 상태이므로, 재차 다른 형제들과 동일하게 삼년상을 치를 수 없다. 그렇기 때문에 그만두는 것이다. '이(已)'자는 "그만둔다."는 뜻이다.

【025】

未練而反則期, 既練而反則遂之.〈026〉

남편에게 쫓겨난 여자가 자신의 집에 되돌아왔는데 부모의 상을 당했을 경우, 1년이 되지 않았을 때 남편이 되돌아오라는 명령을 내렸다면, 부모의 상은 기년상으로 끝내고, 1년이 지난 시점에 되돌아오라는 명령을 내렸다면, 삼년상을 마저 다 치른다.

集說 若被出後遇父母之喪未及期, 而夫命之反, 則但終期服, 反在期後, 則遂終三年. 蓋緣己隨兄弟小祥服, 三年之喪, 不可中變也.

만약 남편에게 쫓겨나게 된 이후 부모의 상을 당하여, 그 기간이 아직

1년에 이르지 않았는데, 남편이 되돌아오라는 명령을 내렸다면, 단지 기년복으로 복상기간을 끝내며, 되돌아오라는 명령의 시기가 1년 이후가 된다면, 끝내 삼년상의 기간을 마친다. 본인은 형제들을 따라서 소상 때의 상복을 착용한 것에 연유하니, 삼년상은 중도에 폐지할 수 없기 때문이다.

【026】

夫爲人後者, 其妻, 爲舅姑大功.〈049〉[本在"之父母無服"下.]

남편이 남의 집 후계자가 된 경우라면, 그의 처는 남편의 친부모를 위하여 등급을 낮춰서 대공복을 착용한다. [본래는 '지부모무복(之父母無服)³)이라고 한 문장 뒤에 수록되어 있었다.]

集說 此舅姑, 謂夫之所生父母.

여기에서 말한 시부모는 남편을 낳은 친부모를 뜻한다.

【027】

適婦不爲舅姑後者, 則姑爲之小功.〈092〉[本在"五哭三袒"下.]

적부의 상이 발생했는데, 그 남편이 후계자가 되지 못했다면, 시어미는 그녀를 위해서 소공복을 착용한다. [본래는 "다섯 차례 곡을 하고, 세 차례 단을 한다."⁴)라고 한 문장 뒤에 수록되어 있었다.]

集說 禮: "舅姑爲適婦大功, 爲庶婦小功." 今此言不爲後者, 以其夫

---

3) 『예기』「상복소기」 048장 : 爲慈母<u>之父母無服</u>.
4) 『예기』「상복소기」 091장 : 奔父之喪, 括髮於堂上, 袒降踊, 襲絰于東方. 奔母之喪, 不括髮, 袒於堂上降踊, 襲免于東方. 絰卽位成踊, 出門哭止, 三日而<u>五哭三袒</u>.

有廢疾, 或他故不可傳重, 或死而無子不受重者, 故舅姑以庶婦之服
服之也.

예법에 따르면, "시부모는 적부를 위해서 대공복을 입고, 서부를 위해서
소공복을 입는다."고 했다. 그런데 이곳에서는 "후계사가 되지 못했다."
라고 했으니, 그녀의 남편에게 폐위될 만한 질병이 있거나 혹은 다른 일
때문에 중책을 전수받지 못하고, 또는 죽었는데 자식이 없어서 중책을
전수하지 못한 경우이다. 그렇기 때문에 시부모는 서부에 대한 상복으로
그녀에 대한 상에 착용한다.

【028】

繼父不同居也者, 必嘗同居, 皆無主後, 同財而祭其祖禰爲同居, 有
主後者爲異居. 〈051〉 [本在"則易牲"下.]

계부와 함께 거처를 하지 않지만, 반드시 그 이전에 함께 거처를 했고, 둘
모두에게 후사가 없으며, 재산을 공유하여 자신의 조부와 부친에 대해서
제사를 지내는 경우라면, 같은 곳에 거주하는 경우로 간주하여, 자식은 계
부를 위해서 기년복을 착용한다. 그런데 계부에게 후사가 있거나 자식에게
후사가 있다면, 다른 곳에 거주하는 경우로 간주하여, 자식은 계부를 위해
서 자최복을 3개월 동안 착용할 따름이다. [본래는 "희생을 바꿔서 사용한다."[5]
라고 한 문장 뒤에 수록되어 있었다.]

集說 母再嫁而子不隨往, 則此子與母之繼父猶路人也, 故自無服
矣. 今此子無大功之親, 隨母以往, 其人亦無大功之親, 故云同居皆
無主後也. 於是以其貸財爲此子而築宮廟, 使之祭祀其先, 如此則是
繼父同居, 其服期也. 異居有三, 一是昔同今異, 二是今雖同居却不
同財, 三是繼父自有子即爲異居, 異居者, 服齊衰三月而已. 此云有
主後者爲異居, 則此子有子亦爲異居也.

---

5) 『예기』 「상복소기」 050장 : 士祔於士則易牲.

모친이 재가를 했는데 자식이 따라가지 않았다면, 자식과 모친의 남편은 아무런 관련이 없다. 그렇기 때문에 상복을 착용하지 않는다. 현재 자식에게 대공복의 관계에 있는 친족이 없어서 모친을 따라갔고, 계부 또한 대공복의 관계에 있는 친족이 없는 상태이기 때문에, "함께 거주하지만 모두 계승할 자가 없다."고 말한 것이다. 이때 그 재화를 통해서 자식을 위해 궁묘를 함께 짓고, 자식으로 하여금 그의 선조에게 제사를 지내도록 했다면, 이것은 계부가 함께 거주하는 경우와 같으니, 그에 대해서는 기년복을 착용한다. 다른 건물에 사는 경우에는 세 종류가 있다. 첫 번째는 이전에는 같은 곳에 거주했지만 현재는 다른 곳에 거주하는 경우이다. 두 번째는 현재는 비록 같은 곳에 거주하지만 재산을 함께 사용하지 않는 경우이다. 세 번째는 계부에게 자식이 있어서 다른 곳에 거주하는 것으로 간주하는 경우이다. 다른 곳에 거주하는 경우에는 자최복으로 3개월 동안 상을 치를 따름이다. 이곳에서 "후계자가 있는 경우 다른 곳에 거주하는 경우로 삼는다."라고 했으니, 그 자식에게 자식이 생기면 또한 다른 곳에 거주하는 경우로 삼는다.

【029】

士妾有子而爲之緦, 無子則已.〈030〉 [本在"虞祔而已"下.]

사는 첩 중 자식을 낳은 여자에게만 시마복을 착용하고, 자식이 없다면 착용하지 않는다. [본래는 "우제와 부제만 지낼 수 있을 따름이다."[6]라고 한 문장 뒤에 수록되어 있었다.]

集說 喪服云: "大夫爲貴妾緦." 士卑, 故妾之有子者爲之緦, 無子則不服也.

---

6) 『예기』「상복소기」 029장 : 大功者主人之喪, 有三年者則必爲之再祭, 朋友虞祔而已.

『의례』「상복(喪服)」편에서는 "대부는 귀첩을 위해서 시마복을 입는다."[7]라고 했다. 사는 미천한 계급이기 때문에, 첩 중에 자식을 낳은 여자를 위해서만 시마복을 착용하고, 자식이 없다면 착용하지 않는다.

【030】

爲慈母後者, 爲庶母可也, 爲祖庶母可也.〈058〉 [本在"爲妻禫"下.]

첩의 자식 중 자모의 자식이 된 자는 서모의 자식이 될 수도 있고, 조부 서모의 자식도 될 수 있다. [본래는 "처를 위해서 담제를 치른다."라고 한 문장 뒤에 수록되어 있었다.]

集說 傳曰: "妾之無子者, 妾子之無母者, 父命之爲子母." 此謂爲慈母後者也. 若庶母嘗有子, 而子已死, 命他妾之子爲其後, 故云爲庶母可也. 若父之妾有子而子死, 已命己之妾子後之亦可, 故云爲祖庶母可也.

『의례』「상복(喪服)」편의 전문에서는 "첩 중 자식이 없는 자와 첩의 자식 중 생모가 없는 자에 대해서, 부친은 명령을 하여, 둘을 자식과 모친 관계로 만든다."[9]라고 했다. 이 내용은 자모의 후계자가 된 자를 뜻한다. 만약 서모 중 일찍이 자식이 있었지만 자식이 이미 죽은 상태라면, 다른 첩의 자식에게 명령하여 그녀의 후계자로 삼을 수 있다. 그렇기 때문에 "서모의 후계자가 될 수도 있다."라고 말한 것이다. 만약 부친의 첩 중 자식이 있었는데 자식이 죽어서, 자신이 자신의 첩 아들에게 그녀의 후계자가 되라고 명령을 하는 것 또한 가능하다. 그렇기 때문에 "조부의 서모 후계자가 될 수도 있다."라고 말한 것이다.

---

7) 『의례』「상복(喪服)」: 貴臣·**貴妾**. 傳曰, 何以緦也? 以其貴也.
8) 『예기』「상복소기」 057장: 宗子母在爲妻禫.
9) 『의례』「상복(喪服)」: 傳曰, 妾之無子者, 妾子之無母者, 父命之曰, "女以爲子."

集說 石梁王氏曰: 爲慈母後者, 爲庶母爲祖庶母後皆可. 謂旣是妾子, 此三母皆妾, 皆可以妾生之子爲後.

석량왕씨가 말하길, 자모의 후계자가 된 자는 서모와 조서모의 후계자가 되는 것도 모두 가능하다고 했다. 이 말은 이미 첩의 자식이고, 여기에서 말한 세 모친은 모두 첩의 신분이니, 모든 경우에 첩이 낳은 자식을 그녀들의 후계자로 삼을 수 있다는 뜻이다.

附註 爲慈母後者, 爲祖庶母可也, 註恐未然. "慈母與妾母不世祭", 則慈母有子, 則死爲之立後云者, 殊乖禮意. 愚意妾母慈己, 不必父妾也, 祖妾亦可慈己云爾.

자모의 후가 되는 경우, 조부 서모가 되어도 가능하다고 했는데, 주의 설명은 아마도 그렇지 않을 것이다. "자모와 첩모에 대해서는 대대로 제사를 지내지 않는다."10)라고 했으니, 자모에게 자식이 있는데, 그가 죽었을 때 그를 위해 후사를 세운다고 한다면 자못 예의 뜻에 어긋나는 것 같다. 내가 생각하기에, 이것은 첩모가 자신을 길러준다고 했을 때, 첩모가 반드시 부친의 첩일 필요는 없고, 조부의 첩 또한 자신을 길러줄 수 있다고 말한 것일 뿐이다.

---

10) 『예기』「상복소기」 060장 : 慈母與妾母, 不世祭也.

【031】

慈母與妾母, 不世祭也. 〈060〉 [本在"長子禫"下.]

자모와 첩인 모친에 대해서는 자식이 제사를 지내더라도 손자는 제사를 지내지 않는다. [본래는 "장자의 상 ... 를 때에는 담제를 지낸다."[1]라고 한 문장 뒤에 수록되어 있었다.]

集說 不世祭者, 謂子祭之而孫不祭也. 上章言妾祔於妾祖姑者, 疏云: "妾無廟, 今乃云祔及高祖, 當是爲壇以祔之耳."

"대대로 제사를 지내지 않는다."는 말은 자식이 제사를 지내더라도 손자는 제사를 지내지 않는다는 뜻이다. 앞 문장에서는 첩은 첩의 조고에 대해서 합사한다고 했고, 소에서는 "첩에 대해서는 묘가 없는데, 현재 합사가 고조에까지 미친다고 했으니, 제단을 만들어서 합사를 한다는 뜻일 뿐이다."라고 했다.

【032】

丈夫冠[去聲]而不爲殤, 婦人笄而不爲殤. 爲殤後者, 以其服服之. 〈061〉

남자가 관례를 치르면["冠"자는 거성으로 읽는다.] 성인으로 간주하니, 요절한 자의 상례에 따르지 않는다. 여자가 계례를 치르면 성인으로 간주하니, 요절한 자의 상례에 따르지 않는다. 친족 중 요절한 자의 후계자가 된 자는 자신의 부친이나 모친에 대한 상복 규정에 따라 복상한다.

集說 男子死在殤年, 則無爲父之道, 然亦有不俟二十而冠者, 冠則成人也. 此章擧不爲殤者言之, 則此當立後者, 乃是已冠之子, 不可以殤禮處之, 其族人爲之後者, 卽爲之子也. 以其服服之者, 子爲父之服也. 舊說, 爲殤者父之子, 而依兄弟之服服此殤, 非也. 其女子已笄而死, 則亦依在室之服服之, 不降而從殤服也.

남자의 죽은 나이가 요절의 나이에 해당한다면, 부친으로서의 도리가 없지

---

1) 『예기』「상복소기」 059장 : 爲父 · ... 妻 · 長子禫.

만, 또한 20세가 될 때까지 기다리지 않고 관례를 치러준 경우가 있는데, 관례를 치렀다면 이미 성인이 된 것이다. 이곳 문장에서는 요절로 여기지 않는 경우를 기준으로 언급했으니, 이곳에서 후계자로 세운다고 한 자들은 곧 이미 관례를 치른 자식이 되므로, 요절한 자에 대한 예법으로 대처할 수 없고, 그의 족인들 중 죽은 자의 후계자가 된 자는 곧 죽은 자의 아들로 간주한다. "그 복장으로써 복상한다."는 말은 자식이 부친을 위해서 착용하는 상복을 뜻한다. 옛 학설에서 요절한 자는 부친의 자식이므로, 형제들에 대한 상복 규정에 따라서 여기에서 말한 요절한 자에 대해서 복상한다고 했는데, 잘못된 주장이다. 여자 중 이미 계례를 치르고서 죽었다면, 또한 이미 혼인이 결정된 여자에 대해 착용하는 상복 규정에 따라 복상하고, 수위를 낮춰서 요절한 자에 대한 상복 규정에 따르지 않는다.

附註 爲殤後以其服服之, 註以爲當立後者, 已冠不爲殤, 族人爲後者, 卽爲子也, 以其服服之者, 子爲父之服也, 仍斥舊註爲非. 按: 丈夫冠者, 如已娶, 則固當立後, 或已冠而未及娶, 則何可立後? 此註不是爲殤後, 以不爲殤爲解, 亦未當. 舊註恐當.

'위상후이기복복지(爲殤後以其服服之)'에 대해 주에서는 후계자로 세워야 하는 자는 이미 관례를 치러서 요절이 되지 않고, 족인들 중 후계자가 된 자는 곧 그의 자식이 되며, 그 복장으로 복상한다는 것은 자식이 부친을 위해 착용하는 상복이라고 하여, 옛 주가 잘못되었다고 비판하였다. 살펴보니, 사내가 관례를 치렀는데, 만약 이미 아내를 들인 경우라면 마땅히 후계자를 세워야 하는데, 만약 이미 관례를 치렀으나 아직 아내를 들이지 않았다면 어떻게 후계자를 세울 수 있겠는가? 이곳 주는 요절한 자의 후계자가 된 것이 아닌 것으로, 요절한 경우가 아니라고 풀이하는 것 또한 타당하지 않다. 옛 주의 내용이 아마도 타당한 것 같다.

類編 右五服.

여기까지는 '오복(五服)'에 대한 내용이다.

◈ 태복(稅服)

【033】

生不及祖父母諸父昆弟, 而父稅[吐外反]喪, 己則否.〈031〉 [本在"無子則己"下.]

어떤 자가 다른 나라에서 태어났는데, 본국에 남아있는 조부모 및 제부의 곤제들에 대해서 보지 못해 알지 못한 경우, 그들의 죽음에 대한 소식을 접했는데, 그 기간이 이미 지난 시점이라면, 부친의 경우에는 그들을 알고 있으므로, 기간을 미루어서['稅'자는 '토(吐)'자와 '外(외)'자의 반절음이다.] 그들에 대한 상복을 착용하지만, 본인은 상복을 입지 않는다. [본래는 "자식이 없다면 착용하지 않는다."[1]라고 한 문장 뒤에 수록되어 있었다.]

集說 稅者, 日月已過, 始聞其死, 追而爲之服也. 此言生於他國, 而祖父母諸父昆弟皆在本國, 己皆不及識之. 今聞其死而日月已過, 父則追而服之, 己則不服也.

'태(稅)'는 시기가 이미 경과했는데, 비로소 상대방의 죽음에 대해 듣게 되어, 기간을 미루어서 그를 위해 상복을 착용한다는 뜻이다. 이 내용은 어떤 자가 다른 나라에서 태어났고, 그의 조부모 및 제부의 곤제 등은 모두 본국에 남아 있는데, 본인이 모두에 대해 만나보지 못해 모르는 경우이다. 현재 그들의 죽음에 대한 소식을 들었는데, 그 시기가 이미 경과했다면, 부친의 경우에는 그들을 알고 있으므로 기간을 미루어서 그들을 위해 상복을 착용하지만, 본인의 경우에는 상복을 착용하지 않는다.

附註 生不及祖父母, 註說可疑. 或曰: "此言人有幼少失怙恃者, 旣壯有追爲之服者, 己雖追制服, 其子則不爲祖父追服. 此所謂生不及祖父也." 諸父昆弟云者, 亡者之姪, 則生是不及諸父也, 亡者之弟,

---

1) 『예기』「상복소기」 030장 : 士妾有子, 而爲之緦, 無子則已.

則是生不及昆弟也. 其諸父之子, 若亡兄之子, 雖爲父追服, 己則不追服也, 更詳之. 此事本非經禮, 不可爲訓, 而古人或有爲之追服者, 然止於子之身而已, 孫及旁親則不可從而服也. 或曰: "兄謂之昆弟可乎?" 曰: "不以辭害義可也."

'생불급조부모(生不及祖父母)'에 대한 주의 설명은 의문스럽다. 혹자는 "이것은 어떤 사람이 어려서 부모를 잃은 경우, 그가 장성하게 되면 기간을 미루어서 부모를 위해 상복을 착용하게 되는데, 본인이 비록 추복하여 상복을 착용하게 되지만, 그의 자식은 조부를 위해 추복하지 않는다는 뜻이니, 이것이 이른바 생전에 조부에게 미치지 않는다는 뜻이다."라 했다. 제부와 곤제를 운운했는데, 죽은 자의 조카인 경우 생전에 제부를 보지 못했던 것이고, 죽은 자의 동생인 경우 생전에 형제들을 보지 못했던 것이다. 제부의 자식이나 죽은 형의 자식에 있어서 비록 부친이 추복하는 대상이 되더라도 본인은 추복을 하지 않는다고 풀이했는데, 다시 살펴보아야 한다. 이 사안은 본래 경례가 아니므로 가르침으로 삼을 수 없고, 옛 사람들 중 간혹 그를 위해 추복을 하는 경우가 있었지만 자식 본인에 그쳤을 뿐이며, 손자나 방계 친족의 경우에는 따라서 상복을 착용하지 않았던 것이다. 혹자는 "형을 곤제라 불러도 괜찮은가?"라 하는데, 답해보자면 "표면적인 말로 인해 본래의 의미를 해치지 않아야 한다."라 하겠다.

【034】

爲君之父母·妻·長子, 君己除喪而后聞喪則 不稅.〈032〉

경과 대부는 군주의 부모·처·장자를 위해서 상복을 착용하는데, 다른 나라에 사신으로 갔다가 어떠한 일 때문에 오래도록 머문 경우, 군주가 이미 상을 끝낸 뒤에 상이 발생했다는 소식을 들었다면, 기간을 미루어서 상복을 착용하지 않는다.

集說 卿·大夫爲君之父母·妻·長子皆有服, 今以出使他國, 或以事久留, 君除喪之後, 己始聞喪, 不追服也.

경과 대부는 군주의 부모·처·장자를 위해서 모두 상복을 착용하게 되는데, 현재 국경을 벗어나 다른 나라로 사신을 갔는데, 간혹 어떠한 일 때문에 오래도록 머물게 되었고, 군주가 상을 끝낸 후 본인이 비로소 상에 대한 소식을 들었다면, 기간을 미루어서 상복을 착용하지 않는다.

【035】

近臣君服斯服矣. 其餘, 從而服, 不從而稅.〈034〉

소신이 군주를 따라서 다른 나라에 갔다가 되돌아왔을 경우, 군주의 친족 상이 발생했는데 이미 그 기한을 넘겼다면, 군주는 기간을 미루어서 상복을 착용하여, 소신도 군주를 따라 상복을 착용한다. 군주를 따라나섰던 신하 중 경이나 대부는 군주가 되돌아왔을 때, 친족 상의 기한이 아직 남았다면 군주를 따라서 상복을 착용하지만, 이미 그 기한이 넘었다면 군주를 따라서 상복을 착용하지 않는다.

集說 近臣, 卑賤之臣也. 此言小臣有從君往他國服喪, 而君之親喪己過服之月日, 君稅之, 此臣亦從君而服. 其餘, 謂卿·大夫之從君出爲介爲行人·宰·史者, 返而君服限未滿, 亦從君而服, 若在限外而君稅, 則不從君而稅也.

'근신(近臣)'은 신분이 미천하고 낮은 신하이다. 이 내용은 소신이 군주를 따라 다른 나라로 갔다가 되돌아왔는데, 군주의 친족 상이 발생했고, 상복을 입는 기간을 이미 초과한 경우, 군주가 태를 하여, 신하 또한 군주를 따라서 상복을 착용한 경우를 뜻한다. '기여(其餘)'는 경과 대부 중 군주를 따라서 국경을 벗어나 개가 되거나 행인(行人)[1] · 재 · 사 등이 된 자를 뜻하니, 그들이 되돌아왔는데 군주가 상복을 입는 기한을 아직 채우지 않았다면, 또한 군주를 뒤따라서 상복을 착용하고, 만약 기한을 벗어나서 군주가 태를 했다면, 군주를 따라 태를 하지 않는다.

【036】

君雖未知喪, 臣服已. 〈035〉

본국에 남아 있던 신하들은 군주가 비록 상이 발생했다는 사실을 모르더라도, 신하는 상복을 착용할 따름이다.

集說 此言君在他國, 而本國有喪君雖未知, 而諸臣之留國者, 自依禮成服不待君返也.

이 내용은 군주가 다른 나라에 머물러 있을 때, 본국에서 군주의 친족 상이 발생하여, 군주가 비록 알지 못한다 하더라도, 본국에 남아있던 여러 신하들은 곧 예법에 따라서 성복을 하며, 군주가 되돌아올 때까지 기다리지 않는다는 뜻이다.

【037】

降而在緦 · 小功者則稅之. 〈033〉 [此上脫"小功不稅"四字. 本在"喪則不稅"下.]

그 대상이 상복의 수위를 낮춰서 시마복이나 소공복에 해당하는 경우라면,

---

1) 행인(行人)은 조근(朝覲) 및 빙문(聘問) 등의 일을 담당하던 관리이다.

기간을 미루어서 상복을 착용한다. [이 앞에는 '소공불태(小功不稅)'라는 네 글자가 누락되었다. 본래는 "상이 발생했다는 소식을 들었다면, 기간을 미루어서 상복을 착용하지 않는다."[2]라고 한 문장 뒤에 수록되어 있었다.]

集說 此句承父稅喪已則否之下, 誤在此. 降者, 殺其正服也. 如叔父及適孫正服, 皆不杖期, 死在下殤, 則皆降服小功, 如庶孫之中殤, 以大功降而爲總也, 從祖昆弟之長殤, 以小功降而爲總也. 如此者皆追服之. 檀弓曾子所言小功不稅, 是正服小功, 非謂降也. 凡降服重於正服, 詳見儀禮.

이 구문은 '부태상기즉부(父稅喪已則否)'라는 구문 뒤와 연결되니, 잘못하여 이곳에 기록된 것이다. '강(降)'은 규범에 따른 복장을 낮춘다는 뜻이다. 예를 들어 숙부 및 적손에 대한 정규 복장은 모두 지팡이를 잡지 않는 기년복인데, 하상일 때 죽었다면, 모두 수위를 낮춰서 소공복을 착용하고, 만약 서손이 중상을 했다면, 대공복을 낮춰서 시마복을 착용하며, 종조의 곤제가 장상을 했다면, 소공복을 낮춰서 시마복을 착용한다. 이러한 경우라면 모두 기간을 미루어서 상복을 착용한다. 『예기』「단궁(檀弓)」편에서 증자가 "소공복에는 태를 하지 않는다."라고 한 말은 정규 복장이 소공복인 경우이니, 낮춘 경우를 뜻하는 말이 아니다. 무릇 강복이 정복에 비해 무거운 경우에 대해서는 그 자세한 설명이 『의례』에 나온다.

附註 降而在總小功稅之, 降而在總者, 庶孫之中殤, 以大功而爲總, 姑本服期, 而適人爲大功, 己若出在人後, 則降爲小功之類. 註云"此句承父稅喪已則否之下", 恐未然.

'강이재시소공태지(降而在總小功稅之)'라 했는데, 강복하여 시마복을 착용하는 경우는 서손 중 중상에 해당하면 대공복이지만 낮춰서 시마복

---

2) 『예기』「상복소기」 032장 : 爲君之父母妻長子, 君已除喪而后聞喪則不稅.

을 착용하는 것이고, 고모에 대해서는 기년복을 착용하지만 남에게 시집을 가면 대공복이 되며, 본인이 만약 출가하여 남의 후사가 된 경우라면 강복하여 소공복이 되는 부류이다. 주에서 "이 구문은 '부태상기즉부(父稅喪己則否)'라는 구문 뒤와 연결된다."라 했는데, 아마도 그렇지 않을 것이다.

類編 右稅服.
여기까지는 '태복(稅服)'에 대한 내용이다.

◈ 배계상(拜稽顙)

三年之喪以其喪拜, 非三年之喪以吉拜.〈雜記下-033〉 [本在"問與賜與"下.]
삼년상에서는 상배에 따라 절을 하고, 삼년상이 아닌 경우라면 길배에 따라 절을 한다. [본래는 "문한 것인가? 사한 것인가?"[1]라고 한 문장 뒤에 수록되어 있었다.]

集說 拜問, 拜賜, 拜賓, 皆拜也. 喪拜, 稽顙而后拜也. 吉拜, 拜而后稽顙也. 今按檀弓鄭註, 以拜而后稽顙, 爲殷之喪拜; 稽顙而后拜, 爲周之喪拜. 疏云, 鄭知此者, 以孔子所論, 每以二代對言, 故云三年之喪吾從其至者, 但殷之喪拜, 自斬衰至緦麻皆拜而后稽顙, 以其質故也. 周則杖期以上, 皆先稽顙而后拜, 不杖期以下, 乃作殷之喪拜. 此章疏義與檀弓疏互看, 乃得其詳.

물어 온 것에 대해 절을 하고, 물건을 보내 온 것에 대해 절을 하며, 빈객에게 절을 하는 것들은 모두 절에 해당한다. '상배(喪拜)'는 이마가 땅에 닿도록 한 이후에 절을 한다. '길배(吉拜)'는 절을 한 이후에 이마가 땅에 닿도록 한다. 현재『예기』「단궁(檀弓)」편에 대한 정현의 주를 살펴보면, 절을 한 이후에 이마를 땅에 닿도록 하는 것은 은나라 때의 상배로 여겼고, 이마를 땅에 닿도록 한 이후에 절을 하는 것은 주나라 때의 상배로 여겼다. 공영달의 소에서는 정현이 이러한 사실을 알 수 있었던 것은 공자가 논의를 할 때에는 매번 은·주 두 왕조를 비교해서 말했기 때문에, 삼년상에서 나는 그 지극한 방법에 따르겠다고 한 것인데, 다만 은나라 때의 상배는 참최복으로부터 시마복까지 모두 절을 한 이후에 이마를 땅에 닿도록 했으니, 질박함을 숭상했기 때문이다. 주나라의 제도에서는 지팡이를 잡고 치르는 기년상 이상은 모든 경우에 있어서 먼저 이마를 땅에 닿도록 하고 그 이후에 절을 했으니, 지팡이를 잡고 치르는 기년상

---

1) 『예기』「잡기하(雜記下)」032장 : 三年之喪, 問與? 賜與?

이 아닌 경우부터는 곧 은나라 때의 상례 규정에 따라 절을 했던 것이라고 했다. 이곳 문장에 나온 공영달의 소 뜻과 「단궁」편에 대한 소를 함께 참고해보면, 그 상세한 내용을 알 수 있다.

【039】

小斂・大斂・啓, 皆辯[徧]拜. 〈雜記上-057〉 [本在"夫之爵位"下. 二段雜記.]

소렴과 대렴 및 계빈을 할 때, 군주를 제외한 다른 빈객들이 찾아왔다면, 일이 끝날 때까지 기다린 뒤에, 밖으로 나와서 모든 빈객들에게 두루['辯'자의 음은 '徧(편)'이다.] 절을 한다. [본래는 "남편의 작위에 따른다."[2]라고 한 문장 뒤에 수록되어 있었다. 2개 단락은 「잡기」편의 문장이다.]

集說 禮, 當大斂小斂及啓攢之時, 君來弔, 則輟事而出拜之. 若他賓客至, 則不輟事, 待事畢乃卽堂下之位而徧拜之, 故特舉此三節言之. 若士於大夫, 當事而大夫至, 則亦出拜之也.

예법에 따르면 대렴과 소렴 및 가매장했던 관을 열 때, 군주가 찾아와서 조문을 하게 된다면, 하던 일을 멈추고 밖으로 나와서 절을 한다. 만약 다른 빈객이 찾아온 경우라면, 하던 일을 멈추지 않고, 일이 끝날 때까지 기다린 뒤에야 당하의 자리로 나아가서 두루 절을 한다. 그렇기 때문에 특별히 이 세 가지 절차를 제시하여 언급했다. 만약 사가 대부를 대하는 경우, 해당하는 절차를 시행하고 있는데 대부가 도착을 했다면, 이러한 경우에도 밖으로 나와서 절을 한다.

【040】

爲[去聲]父母長子稽顙. 大夫弔之, 雖緦必稽顙. 〈006〉 [本在"後者三年"下.]

---

2) 『예기』「잡기상(雜記上)」 056장 : 凡婦人, 從其夫之爵位.

부모와 장자를 위해['爲'자는 거성으로 읽는다.] 상을 치르는 경우에는 이마를 땅에 닿게 한 뒤에야 절을 한다. 대부가 사에게 조문을 왔다면, 비록 시마복을 입고 치르는 상이라 하더라도 반드시 이마를 땅에 닿게 한 이후에 절을 한다. [본래는 '후자삼년(後者三年)[3]'이라고 한 문장 뒤에 수록되어 있었다.]

集說 服重者, 先稽顙而後拜賓; 服輕者, 先拜賓而後稽顙. 父母, 尊也; 長子, 正體也, 故從重. 大夫弔於士, 是以尊臨卑, 雖是緦服之喪, 亦必稽顙而後拜. 蓋尊大夫, 不敢以輕待之也.

수위가 높은 상복을 착용한 자는 먼저 이마를 땅에 닿도록 하고 그 이후에 빈객에게 절을 한다. 수위가 낮은 상복을 착용한 자는 먼저 빈객에게 절을 하고 그 이후에 이마를 땅에 닿도록 한다. 부모는 존귀한 자이고 장자는 정통을 계승한 자이다. 그렇기 때문에 수위가 높은 상복을 입었을 때의 예법에 따른다. 대부가 사에게 조문을 하면, 존귀한 자가 신분이 낮은 자를 대한 경우이므로, 비록 시마복을 입고 치르는 상이라 하더라도, 또한 반드시 이마를 땅에 닿게 한 이후에 절을 한다. 대부를 존귀하게 대하여 감히 가벼운 예법으로 대할 수 없기 때문이다.

【041】

婦人爲[去聲]夫與長子稽顙, 其餘則否.〈007〉

부인은 남편과 장자를 위한['爲'자는 거성으로 읽는다.] 상에서만 이마를 땅에 닿도록 절을 하며, 나머지 경우에는 이처럼 하지 않는다.

集說 婦人受重於他族, 故夫與長子之喪則稽顙. 其餘, 謂父母也. 降服移天, 其禮殺也.

부인은 다른 친족들보다 중책을 맡기 때문에, 남편과 장자의 상에 대해서

---

3) 『예기』「상복소기」 005장 : 祖父卒而後, 爲祖母後者三年.

라면, 이마를 땅에 닿도록 한다. 그 나머지 경우는 부모에 대한 상을 뜻한다. 강복(降服)[4]을 하고 시집을 간 경우라면, 그 예법을 줄이게 된다.

【042】
爲妻, 父母在, 不杖, 不稽顙. 〈雜記上-041〉 [本在"不以杖卽位"下.]

처를 위해 장례를 주관할 경우, 부모가 모두 생존해 계시다면, 지팡이를 잡지 않고, 빈객에게 절을 할 때에도 이마가 땅에 닿도록 절을 하지 않는다. [본래는 "지팡이를 가지고 자신의 자리에 나아갈 수 없다."[5]라고 한 문장 뒤에 수록되어 있었다.]

集說 此謂適子妻死, 而父母俱存, 故其禮如此. 然大夫主適婦之喪, 故其夫不杖, 若父沒母存, 母不主喪, 則子可以杖, 但不稽顙耳. 此幷言之, 讀者不以辭害意可也.

이 내용은 적장자의 처가 죽었는데, 부모가 모두 생존해 계실 때 그 예법이 이와 같다는 뜻이다. 그러나 대부는 적부의 상을 주관하기 때문에, 그녀의 남편은 지팡이를 잡을 수 없는데, 만약 부친이 돌아가시고 모친만 생존해 계신 경우, 모친이 상을 주관하지 않는다면, 자식은 지팡이를 잡을 수 있지만, 이마를 땅에 닿도록 절을 할 수 없을 따름이다. 이곳에서는 두 사안을 한꺼번에 말했으니, 독자는 표면적으로 기록된 말에 따라 의미를 해석하는데 구애되지 않아야 옳다.

---

4) 강복(降服)은 상(喪)의 수위를 본래의 등급보다 한 등급 낮추는 일에 해당한다. 예를 들어 자식은 부모에 대해 삼년상을 치러야 하지만, 다른 집의 양자로 간 경우라면 자신의 친부모에 대해 삼년상을 치르지 않고, 한 등급 낮춰서 1년만 치르게 된다. 이것은 상(喪)의 기간에만 해당하는 것이 아니라, 상복(喪服) 및 상(喪)을 치르며 부수적으로 갖추게 되는 기물(器物)들에도 적용된다.

5) 『예기』「잡기상(雜記上)」 040장 : 爲長子杖, 則其子<u>不以杖卽位</u>.

【043】

母在, 不稽顙. 稽顙者, 其贈也拜.〈雜記上-042〉[二段雜記.]

적장자가 자신의 처를 위해 상을 치를 때, 부친은 이미 돌아가신 상태이고, 모친만 생존해 계시다면, 빈객에게 절을 할 때 이마를 땅에 닿도록 하지 않는다. 이마를 땅에 닿도록 절을 하는 경우는 물건을 보내온 자에 대해 감사를 표하는 절에서만 한다. [2째 단락은 「잡기」편의 문장이다.]

集說 贈, 謂人以物來贈己助喪事也. 母在, 雖不稽顙, 惟拜謝此贈物之人, 則可以稽顙, 故云稽顙者其贈也拜. 一說, 贈, 謂以物送別死者, 卽旣夕禮所云"贈用制幣"也.

'증(贈)'은 다른 사람이 어떤 사물을 가지고 찾아와서 자신에게 증여하여 상사의 일을 돕도록 한 것을 뜻한다. 모친이 생존해 계실 때 비록 이마를 땅에 닿도록 절을 하지 않지만, 오직 이러한 물건을 보내온 자에 대해서 감사를 표하며 절을 하게 되면, 이마를 땅에 닿도록 절을 할 수 있다. 그렇기 때문에 "이마를 땅에 닿도록 절을 하는 것은 물건을 보내온 경우에 절을 하는 것이다."라고 말한 것이다. 일설에는 '증(贈)'은 별도로 죽은 자를 위해서 보내온 물건이니, 곧 『의례』「기석례(旣夕禮)」편에서 "증에는 제폐를 사용한다."[6]고 한 기록이 이것을 뜻한다고 주장한다.

附註 其贈也拜, 註云: "母在不稽顙, 惟拜謝贈物之人, 則可以稽顙." 若於弔客不稽顙, 於贈也拜稽, 則不以輕弔而重財乎? 贈, 恐是君贈幣也. 拜贈之義, 通上文, 不專母在一條.

'기증야배(其贈也拜)'에 대해 주에서는 "모친이 생존해 계시다면 이마를 땅에 닿도록 절을 하지 않는데, 오직 이러한 물건을 보내온 자에 대해서 감사를 할 때라면 이마를 땅에 닿도록 절을 할 수 있다."라 했다. 만약

---

6) 『의례』「기석례(旣夕禮)」: 主人哭, 踊無筭, 襲, 贈用制幣玄纁束, 拜稽顙, 踊如初.

조문객에게 이마를 땅에 닿도록 절을 하지 않고 물건을 보내온 자에게 절을 하며 이마를 땅에 닿도록 한다면, 조문은 경시하고 재물을 중시하는 것이 아니겠는가? 따라서 '증(贈)'이라는 것은 아마도 군주가 보낸 예물일 것이다. 증(贈)에 절을 한다는 의미는 앞 문장과 통괄해보면 모친이 생존해 계신다는 한 조목에만 걸리는 것이 아니다.

類編 右拜稽顙.
여기까지는 '배계상(拜稽顙)'에 대한 내용이다.

◇ 장(杖)

【044】

爲長子杖, 則其子不以杖卽位. 〈雜記上-040〉 [雜記. 本在"則弁絰"下.]

부친이 그의 장자를 위해서 상을 치르며 지팡이를 잡게 되면, 장자의 자식은 지팡이를 가지고 자신의 자리에 나아갈 수 없다. [「잡기」편의 문장이다. 본래는 "변질을 착용한다."[1]라고 한 문장 뒤에 수록되어 있었다.]

集說 其子, 長子之子也. 祖不厭孫, 此長子之子亦得杖, 但與祖同處, 不得以杖獨居己位耳.

'기자(其子)'는 장자의 아들을 뜻한다. 조부는 손자에 대해서 염강(厭降)[2]을 하지 않으니, 장자의 자식 또한 지팡이를 잡지만, 조부와 동일한 장소에 있을 때에는 지팡이를 가지고 자신의 자리에 있을 수 없을 따름이다.

【045】

父不主庶子之喪, 則孫以杖卽位可也. 〈067〉 [本在"不以杖卽位"下.]

부친이 서자의 상을 주관하지 않는다면, 서자의 아들이 지팡이를 잡고서 곡하는 자리로 나아가는 것은 괜찮다. [본래는 "지팡이를 잡고서 곡하는 자리로 나아가지 않는다."[3]라고 한 문장 뒤에 수록되어 있었다.]

集說 父主適子喪而有杖, 故適子之子不得以杖卽位, 避祖之尊故然, 非厭之也. 今父旣不主庶子之喪, 故庶子之子得以杖卽位, 祖不厭孫, 孫得伸也. 父皆厭子, 故身主適婦喪, 而適子不杖. 大夫不服

---

1) 『예기』「잡기상(雜記上)」 039장 : 大夫有私喪之葛, 則於其兄弟之輕喪, <u>則弁絰</u>.
2) 염강(厭降)은 상례(喪禮)에 있어서, 돌아가신 모친을 위해 자식은 본래 삼년상(三年喪)을 치러야 하지만, 부친이 생존해 계신 경우라면, 수위를 낮춰서 기년상(期年喪)으로 치르는데, 이처럼 낮춰서 치르는 것을 '염강'이라고 부른다.
3) 『예기』「상복소기」 066장 : 庶子<u>不以杖卽位</u>.

賤妾, 故妾子亦以厭而降服以服其母. 祖雖尊貴. 不厭其孫, 故大夫降庶子, 而孫不降其父也.

부친은 적자의 상을 주관하며 지팡이를 잡게 된다. 그렇기 때문에 적자의 자식은 지팡이를 들고서 자리로 나아갈 수 없으니, 조부의 존귀함을 피하기 위해서 이처럼 하는 것으로, 수위를 낮추는 경우는 아니다. 현재 부친이 이미 서자의 상을 주관하지 않는다고 했기 때문에, 서자의 자식은 지팡이를 들고서 자리로 나아갈 수 있으니, 조부는 손자의 수위를 낮추지 않아서, 손자가 예법대로 펼 수 있었던 것이다. 부친은 모든 경우에 자식의 수위를 낮춘다. 그렇기 때문에 시아비가 적부의 상을 주관하여 적자는 지팡이를 들지 않는 것이다. 대부는 천첩에 대해 상복을 착용하지 않는다. 그렇기 때문에 첩의 자식 또한 수위를 낮춰 강복을 하여 그의 생모에 대해 복상한다. 조부는 비록 존귀한 자이지만, 손자의 수위를 낮추지 않기 때문에, 대부는 서자에 대해 수위를 낮추지만, 손자는 그의 부친에 대해 낮추지 않는 것이다.

【046】

庶子不以杖卽位.〈066〉[本在"母不禫"下.]

서자는 지팡이를 짚고서 곡하는 자리로 나아가지 않는다. [본래는 "생모에 대한 장례를 치를 때 담제를 지내지 않는다."[4]라고 한 문장 뒤에 수록되어 있었다.]

集說 此言適庶俱有父母之喪者, 適子得執杖進阼階哭位, 庶子至中門外則去之矣.

이 내용은 적자와 서자에게 모두 부모의 상이 발생한 경우, 적자는 지팡이를 짚고서 동쪽 계단으로 나아가 곡을 하는 위치에 설 수 있지만, 서자는 중문 밖에 도달하면 지팡이를 제거한다는 뜻이다.

---

4) 『예기』「상복소기」 065장 : 庶子在父之室, 則爲其母不禫.

【047】

父在, 庶子爲妻, 以杖卽位可也. 〈068〉 [本在"孫以杖卽位可也"下.]

부친이 생존해 계실 때, 서자가 자기 처의 상을 주관하게 되면, 지팡이를 잡고 자리로 나아가는 것은 괜찮다. [본래는 "서자의 아들이 지팡이를 잡고서 곡하는 자리로 나아가는 것은 괜찮다."[5]라고 한 문장 뒤에 수록되어 있었다.]

集說 舅主適婦, 故適子不得杖, 舅不主庶婦, 故庶子爲妻可以杖卽位. 此以卽位言者, 蓋庶子厭於父母, 雖有杖不得持以卽位, 故明言之也.

시아비는 적자의 아내에 대한 상을 주관하기 때문에, 적자는 지팡이를 잡을 수 없다. 시아비는 서자의 아내에 대해서 상을 주관하지 않기 때문에, 서자는 자신의 처를 위해서 지팡이를 잡고 자리로 나아갈 수 있다. 여기에서 자리로 나아간다고 한 말은 아마도 서자는 부모에 대해서 수위를 낮추게 되어, 비록 지팡이를 잡지만 그것을 짚고서 자리로 나아갈 수 없는 경우가 있기 때문에 명시한 것이다.

【048】

虞, 杖不入於室; 祔, 杖不升於堂. 〈036〉 [本在"臣服己"下.]

우제를 치른 뒤에는 지팡이를 짚고 실로 들어가지 않는다. 부제를 치른 뒤에는 지팡이를 짚고 당에 올라가지 않는다. [본래는 "신하는 상복을 착용할 따름이다."[6]라고 한 문장 뒤에 수록되어 있었다.]

集說 虞祭在寢, 祭後不以杖入室; 祔祭在祖廟, 祭後不以杖升堂, 皆殺哀之節也.

우제는 침에서 치르는데, 제사를 끝낸 뒤에는 지팡이를 짚고 실로 들어가

---

5) 『예기』「상복소기」 067장 : 父不主子之喪, 則孫以杖卽位可也.
6) 『예기』「상복소기」 035장 : 君雖不在喪, 臣服己.

지 않는다. 부제는 조묘에서 치르는데, 제사를 끝낸 뒤에는 지팡이를 짚고 당으로 올라가지 않는다. 이 모두는 애통한 감정을 줄이는 규범이다.

【049】

婦人不爲主而杖者, 姑在爲夫杖. 母爲長子削杖. 女子子在室爲父母, 其主喪者不杖, 則子一人杖.〈084〉 [本在"不察故也"下.]

부인은 상주가 아닌데도 지팡이를 잡는 경우가 있으니, 시어미가 생존해 계실 때 죽은 남편을 위해서 지팡이를 잡는다. 모친은 장자의 상을 치르게 되면 삭장을 잡는다. 딸 중 아직 시집을 가지 않은 여자는 부모의 상을 치를 때, 남자 형제가 없어서 같은 성씨의 남자를 섭주로 삼아 그 자가 지팡이를 잡지 않으면, 딸 중 한 명이 지팡이를 잡는다. [본래는 "제사를 지내지 못하기 때문이다."7)라고 한 문장 뒤에 수록되어 있었다.]

集說 此明婦與女當杖之禮. 女子在室而爲父母杖者, 以無男昆弟而使同姓爲攝主也.

이 내용은 부인과 딸이 지팡이를 잡아야 하는 예를 나타내고 있다. 딸이 아직 시집을 가지 않아서 부모의 상을 치르며 지팡이를 잡는 경우는 남자 곤제가 없어서 동성인 친족 남자를 시켜 섭주로 삼았을 경우이다.

類編 右杖.

여기까지는 '장(杖)'에 대한 내용이다.

---

7) 『예기』「상복소기」 083장 : 爲父後者, 爲出母無服. 無服也者, 喪者不祭故也.

◇ 문(免)

【050】

緦小功, 虞卒哭則免. 〈085〉

시마복과 소공복을 치르는 상에서는 우제와 졸곡을 치르게 되면 문을 한다.

> **集說** 緦與小功, 服之輕者也. 殯之後啓之前, 雖有事不免, 及虞與卒哭則必免, 不以恩輕而略於後也.

시마복과 소공복은 상복 중에서도 수위가 낮은 것이다. 빈소를 차린 이후로부터 가매장한 영구를 열기 이전까지 비록 처리하는 일이 있더라도 문을 하지 않는데, 우제와 졸곡을 치르게 되면 반드시 문을 하니, 은정이 가볍더라도 그 뒤의 일들에 대해 소략하게 대하지 않기 때문이다.

【051】

旣葬而不報[赴]虞, 則雖主人皆冠. 及虞則皆免. 〈086〉

이미 장례를 치렀지만 특별한 사정 때문에 신속히[報자의 음은 '부(赴)'이다.] 우제를 치르지 못하는 경우라면, 비록 상주라 하더라도 모두 관을 쓰고, 우제를 치르게 되면, 모두 문을 한다.

> **集說** 前章言赴葬者赴虞, 今言不赴虞, 謂以事故阻之也. 旣未得虞, 故且冠以飾首, 及虞則主人至緦小功者皆免也.

앞 장에서는 신속히 장례를 치러서 신속히 우제를 치르는 경우를 언급했고, 이곳에서는 신속히 우제를 치르지 않는다고 했으니, 특별한 일 때문에 지내지 못했다는 뜻이다. 이미 우제를 치르지 못했기 때문에, 또한 관을 써서 머리를 장식하고, 우제를 치르게 되면, 상주로부터 시마복과 소공복을 착용하는 자들까지 모두 문을 한다.

【052】

爲兄弟既除喪己, 及其葬也反服其服, 報虞卒哭則免, 如不報虞則除之.〈087〉

형제의 상을 치르는데, 기간이 오래되어 이미 상복을 벗은 상태이나 그의 장례를 치르게 되면, 다시 본래의 상복을 착용하고, 신속히 우제와 졸곡을 치르면 문을 한다. 만약 신속히 우제를 치르지 못한다면 문을 하지 않고 상복을 제거한다.

集說 此言爲兄弟除服, 及當免之節.

이 내용은 형제의 상을 치르며 상복을 제거하고, 문을 해야 할 때가 되었을 때의 규범을 설명하고 있다.

【053】

遠葬者, 比反哭者皆冠, 及郊而後免反哭.〈088〉

장지가 멀리 떨어진 경우, 장례를 치를 때에는 반곡을 할 때까지 모두 관을 쓰고, 장례를 치르고 교외에 도달한 이후에는 문을 하며, 집의 묘에 와서 반곡을 한다.

集說 遠葬, 謂葬地在四郊之外也. 葬訖而反, 主人以下皆冠, 道路不可無飾也. 及至郊, 乃去冠著免而反哭于廟焉.

'원장(遠葬)'은 장지가 사방 교외 밖에 있는 경우를 뜻한다. 장례를 끝내고 되돌아오게 되면, 상주로부터 그 이하의 사람들은 모두 관을 쓰니, 도로에서는 장식을 하지 않을 수 없기 때문이다. 교외에 이르게 되면, 곧 관을 제거하고, 문을 하며, 묘에서 반곡을 한다.

【054】

君弔雖不當免時也, 主人必免, 不散麻. 雖異國之君, 免也, 親者皆
免. 〈089〉

자기 나라의 군주가 조문을 오면 비록 문을 해야 할 시기가 아니더라도,
상주는 반드시 문을 하며, 요질의 끝을 늘어트리지 않는다. 비록 다른 나라
의 군주가 조문을 온 경우라 하더라도, 상주는 문을 하며, 대공복 이상의
친족들도 모두 문을 한다.

集說 君弔, 本國之君來弔也. 不散麻, 謂糾其要絰不使散垂也. 親
者皆免, 謂大功以上之親皆從主人而免, 所以敬異國之君也. 餘見前
章諸侯弔下.

군주가 조문을 왔다는 말은 본국의 군주가 찾아와서 조문을 한다는 뜻이
다. '불산마(不散麻)'는 요질을 묶어서 끝을 늘어트리지 않는다는 뜻이
다. '친자개문(親者皆免)'은 대공복으로부터 그 이상의 상복을 착용한 친
족들은 모두 상주를 따라서 문을 한다는 뜻이니, 다른 나라의 군주에 대
해 공경을 표하는 방법이기 때문이다. 나머지 내용들은 앞에서 "제후가
조문한다."는 기록부터 그 이하의 기록에 나온다.

類編 右免.

여기까지는 '문(免)'에 대한 내용이다.

◇ 분상(奔喪)

【055】

奔父之喪, 括髮於堂上, 袒降踊, 襲絰于東方. 奔母之喪, 不括髮, 袒
於堂上降踊, 襲免于東方. 絰即位成踊, 出門哭止, 三日而五哭三
袒.〈091〉 [本在"朝服縞冠"下.]

부친의 상에 분상을 하게 되면, 도착하여 빈궁의 당상에서 머리를 묶고,
단을 한 뒤에 내려와서 용을 하며, 다시 동서의 동쪽에서 옷을 껴입고 질을
두른다. 모친의 상에 분상을 하게 되면, 머리를 묶지 않고, 당상에서 단을
하고 내려와서 용을 하며, 동서의 동쪽에서 옷을 껴입고 문을 한다. 질을
차게 되면, 자리로 나아가서 마저 용을 하고, 빈궁의 문밖으로 나아가 임시
숙소로 가면 곡을 그치니, 3일 동안 다섯 차례 곡을 하고, 세 차례 단을
한다. [본래는 "조복과 호관을 착용한다."[1]라고 한 문장 뒤에 수록되어 있었다.]

集說 不言笄纚者, 異於始死時也. 至即以麻括髮于殯宮之堂上, 袒
去上衣, 降阼階之東而踊, 踊畢而升堂, 襲掩所袒之衣而著要絰于東
方. 東方者, 東序之東也. 此奔父喪之禮如此. 若奔母喪, 初時括髮,
至反哭以後至於成服皆不括髮, 其袒於堂上降踊者與父同. 父則括
髮而加絰, 母則不括髮而加免, 此所異也. 著免加要絰而即位於阼階
之東而更踊, 故云絰即位成踊也. 其即位成踊, 父母皆然. 出門, 出殯
宮之門而就廬次也, 故哭者止. 初至一哭, 明日朝夕哭, 又明日朝夕
哭, 所謂三日而五哭也. 三袒者, 初至袒, 明日朝袒, 又明日朝袒也.

"비녀를 꼽고 이를 싸맨다."는 말을 언급하지 않은 것은 이제 막 돌아가셨
을 때와는 다르게 하기 때문이다. 도착하게 되면 마를 이용해서 빈궁의
당상에서 머리를 묶고, 단을 하여 상의를 제거하고, 동쪽 계단의 동쪽으
로 내려가서 용을 하며, 용을 마치고 당에 오르며, 단을 했던 옷을 가려서

---

1) 『예기』「상복소기」 090장 : 除殤之喪者, 其祭也必玄. 除成喪者, 其祭也朝服縞
冠.

끼우고, 동방에서 요질을 찬다. '동방(東方)'은 동시의 동쪽을 뜻한다. 이 것은 부친의 상에 분상하는 예법이 이와 같다는 뜻이다. 만약 모친의 상에 분상을 하는 경우라면, 최초 머리를 묶고, 도달한 뒤에는 또 곡을 하고 그 이후로부터 성복을 할 때까지는 모두 머리를 묶지 않으며, 당상에서 단을 하고, 내려가서 용을 하는 것들은 부친의 상에 분상하는 경우와 동일하다. 그러나 부친의 상이라면, 머리를 묶은 뒤에 질을 차지만, 모친의 경우라면 머리를 묶지 않고 문을 하니, 이것이 그 차이점이다. 문을 하고 요질을 착용하고서 동쪽 계단의 동쪽으로 나아가 자리를 잡고 다시금 용을 한다. 그렇기 때문에 "질을 하고 자리로 나아가 용을 마친다."고 한 것이다. 자리로 나아가서 용을 마친다는 것은 부친과 모친에 대해서 모두 이처럼 한다. '출문(出門)'은 빈궁의 문을 빠져나와서 상중에 머무는 임시 숙소로 나아간다는 뜻이다. 그렇기 때문에 곡하던 것을 그친다. 최초 도착했을 때에는 한 차례 곡을 하고, 그 다음날 아침저녁으로 곡을 하며, 또 그 다음날 아침저녁으로 곡을 하니, 이것이 이른바 3일 동안 다섯 차례 곡을 한다는 뜻이다. '삼단(三袒)'이라는 것은 최초 도착했을 때 단을 하고, 그 다음날 아침에 단을 하며, 또 그 다음날 아침에 단을 한다는 뜻이다.

【056】

奔兄弟之喪, 先之墓而後之家, 爲位而哭. 所知之喪, 則哭於宮而後之墓. 〈077〉 [本在"納之可也"下.]

형제의 상에서 이미 장례를 치렀는데 그 후에 분상을 할 때에는 먼저 묘에 찾아가고 이후에 그 집에 찾아가서 자리를 마련하여 곡한다. 알고 지내던 자의 상이라면, 먼저 빈소에서 곡을 하고 그 이후에 묘에 찾아간다. [본래는 "부장하는 것이 옳다."[2]라고 한 문장 뒤에 수록되어 있었다.]

---

2) 『예기』「상복소기」 076장 : 陳器之道 ··· 陳之而省納之可 ···· 省陳之而盡納之可

集說 兄弟, 天倫也. 所知, 人情也. 係於天者情急於禮, 由於人者禮
勝於情. 宮, 故殯宮也.

형제는 천륜으로 맺어진 관계이다. 알고 있는 사이는 인정으로 맺어진
관계이다. 천성적인 관계에서는 그 정감이 예법보다 우선되고, 인정에
따른 관계에서는 예법이 정감보다 우세하다. '궁(宮)'은 이전에 만들었던
빈궁을 뜻한다.

【057】

聞兄弟之喪, 大功以上[上聲], 見喪者之鄉而哭.〈雜記上-034〉[本在"女君
之黨服"下.]

분상의 예법에 있어서, 형제에 대한 상의 소식을 들었는데, 그 자가 강복을
한 대공복으로부터 그 이상의[上'자는 상성으로 읽는다.] 관계에 있는 자라면,
상을 당한 자의 고향을 향하여 곡을 한다. [본래는 "여군의 친족을 위해서 상복을
착용한다."³)라고 한 문장 뒤에 수록되어 있었다.]

集說 奔喪禮云: "齊衰望鄉而哭, 大功望門而哭", 此言大功以上, 謂
降服大功者也. 凡喪服, 降服重於正服.

『예기』「분상(奔喪)」의 예법에서는 "자최복을 입는 관계라면 그의 고향
을 바라보고 곡을 하며, 대공복을 입는 관계라면 그 집의 문을 바라보며
곡을 한다."고 했는데, 이곳에서는 대공복으로부터 그 이상의 관계라고
했으니, 본래의 상복보다 수위를 낮춰서 대공복을 착용한 경우이다. 무릇
상복에 있어서 강복을 한 경우는 정복보다 수위가 높다.

也.

3) 『예기』「잡기상(雜記上)」 033장 : 女君死, 則妾爲女君之黨服, 攝女君, 則不爲
先女君之黨服.

【058】

適[如字]兄弟之送葬者弗及, 遇主人於道, 則遂之於墓.〈雜記上-035〉[二
段雜記.]

분상의 예법에 있어서, 형제의 장례에 참여하기 위해 길을 떠났지만[適'자는
글자대로 읽는다.] 영구를 전송할 때 당도하지 못하고, 장례를 마치고 되돌아
오는 상주를 길에서 만나게 된다면, 그는 직접 묘소까지 찾아간 뒤에 되돌
아온다. [2개 단락은 「잡기」편의 문장이다.]

集說 適, 往也. 往送兄弟之葬而不及, 當送之時, 乃遇主人葬畢而
反, 則此送者不可隨主人反哭, 必自至墓所而後反也.

'적(適)'자는 "가다."는 뜻이다. 형제의 장례에 찾아가서 영구를 전송하려
고 했지만 전송을 해야 할 시기에 당도하지 못하고, 상주가 장례를 마치
고 되돌아오는 행렬을 만나게 된다면, 이러한 경우 장례를 전송하기 위해
떠났던 자는 주인을 따라가서 반곡을 하지 못하니, 반드시 직접 묘소가
있는 곳에 도착한 뒤에 되돌아온다.

類編 右奔喪.

여기까지는 '분상(奔喪)'에 대한 내용이다.

◇ 주상(主喪)

【059】

凡喪: 父在, 父爲主. 父沒, 兄弟同居, 各主其喪. 親同, 長者主之; 不同, 親者主之.〈奔喪-019〉[奔喪. 本在"北面而踊"下.]

무릇 상이 발생했을 때, 부친이 생존해 계시다면 부친이 주관한다. 부친이 돌아가셨고 형제가 같은 집에 거주한다면, 형제들은 각각 자신에게 발생한 상을 주관한다. 부모가 같을 경우, 부모의 상을 치를 때에는 장자가 주관한다. 부모가 다르고 그 상을 주관할 자식이 없다면, 죽은 자와 관계가 가까운 자가 주관한다. [「분상」편의 문장이다. 본래는 "북쪽을 바라보며 용을 한다."[1]라고 한 문장 뒤에 수록되어 있었다.]

集說 此言父在而子有妻子之喪, 則父主之, 統於尊也. 父沒之後, 兄弟雖同居, 各主妻子之喪矣. 同宮猶然, 則異宮從可知也. 親同長者主之, 謂父母之喪, 長子爲主; 其同父母之兄弟死, 亦推長者爲主也. 不同親者主之, 謂從父兄弟之喪, 則彼親者爲之主也.

이 내용은 부친이 생존해 계실 때 자식에게 처나 자식의 상이 발생한다면 부친이 주관하니, 존귀한 자에게 통솔되기 때문이다. 부친이 돌아가신 이후 형제가 비록 같은 집에 거주하고 있더라도, 각각 자신들의 처나 자식의 상을 주관한다. 같은 집에 거주하는 자가 오히려 이처럼 한다면, 다른 건물에 거주하는 경우도 이를 통해 알 수 있다. 부모가 같다면 장자가 주관을 한다고 했는데, 부모의 상에서는 장자가 상주가 된다는 뜻이며, 부모가 같은 형제가 죽었다면 또한 가장 연장자를 추대하여 상주로 삼는다는 뜻이다. 부모가 같지 않은 자가 주관한다는 것은 종부의 형제 상에서, 그와 관계가 가까운 자가 그 상의 상주가 된다는 뜻이다.

---

1) 『예기』「분상(奔喪)」 018장 : 所識者弔, 先哭于家而後之墓, 皆爲之成踊, 從主人, 北面而踊.

【060】

君所主, 夫人妻, 太子, 適婦.〈服問-013〉 [服問. 本在"不爲天子服"下.]

군주가 주관하는 상은 자기 부인, 태자, 태자의 정부인 상이다. [「복문」편의 문장이다. 본래는 "천자를 위해서 상복을 착용하지 않는다."[2]라고 한 문장 뒤에 수록되어 있었다.]

(集說) 夫人者, 君之適妻, 故云夫人妻. 太子, 適子也. 其妻爲適婦. 三者皆正, 故君主其喪.

'부인(婦人)'은 군주의 정부인이다. 그렇기 때문에 '부인처(夫人妻)'라고 말했다. '태자(太子)'는 적장자를 뜻한다. 그의 처는 '적부(適婦)'가 된다. 세 대상은 모두 정통이 된다. 그렇기 때문에 군주가 그들의 상을 주관한다.

【061】

大夫不主士之喪.〈047〉 [本在"不降其父"下.]

대부는 사의 상에 대해서 상을 주관하지 않는다. [본래는 "자신의 부친에 대해서 등급을 낮추지 않는다."[3]라고 한 문장 뒤에 수록되어 있었다.]

(集說) 謂士死無主後, 其親屬有爲大夫者, 不得主其喪, 尊故也.

사가 죽었는데 상을 주관할 후사가 없을 때, 그의 친족들 중 대부의 지위에 오른 자가 있을 경우, 그는 그 상을 주관할 수 없다는 뜻이니, 그가 존귀한 신분이기 때문이다.

---

2) 『예기』「복문(服問)」 012장 : 君爲天子三年, 夫人如外宗之爲君也. 世子不爲天子服.
3) 『예기』「상복소기」 046장 : 大夫降其庶子, 其孫不降其父.

【062】

士之子爲大夫, 則其父母弗能主也, 使其子主之, 無子, 則爲[去聲]之
置後.〈雜記上-013〉[雜記. 本在"大夫者齒"下.]

사의 자식이 대부가 되었다면, 그가 죽었을 때 그의 부모는 자식의 상을
주관할 수 없으며, 죽은 자의 자식을 시켜서 주관하게 하되, 자식이 없는
경우라면, 죽은 자를 위해['爲'자는 거성으로 읽는다.] 후계자를 세운다. [「잡기」편
의 문장이다. 본래는 '대부자치(大夫者齒)'[4]라고 한 문장 뒤에 수록되어 있었다.]

集說 石梁王氏曰: 此最無義理. 充其說, 則是子爵高, 父母遂不能
子之, 舜可臣瞽瞍, 皆齊東野人語也.

석량왕씨가 말하길, 이 내용은 너무 터무니없다. 그 주장을 확장한다면
자식의 작위가 높아져서 부모가 결국 그를 자식으로 대할 수가 없게 되
고, 순임금도 자신의 부친인 고수를 신하로 삼을 수 있게 되므로, 이것은
제나라 동쪽 야만인들의 말에 해당한다.

附註 大夫爲其父母, 未爲大夫者如士服, 士之子爲大夫, 其父不能
主也. 石梁註: "父母喪, 自天子達, 周人重爵, 施於尊親, 乃異其服,
非也." 又曰: "父不能主, 是舜可臣瞽瞍." 竊恐未之思也. 凡所謂"父
母之喪無貴賤一也"者, 卽齊斬練祥之等・飦粥居廬之節是已. 大夫
之禮, 今不可考, 而命士以上, 父子異宮. 父母之喪, 旣練而歸, 則其
節文, 必有異於士禮者矣. 況"如士服"云者, 士喪齻衰斬, 大夫稍輕,
以大夫而服齻衰, 其尊親至矣, 未見其貶也. 但不敢以己之貴, 施於
所尊, 故如士服也. 其下士爲其父母爲大夫者服, 如士服, 己爵卑不
得以父爵之貴而服大夫服故也. 此條當與中庸祭以大夫祭以士條參
看.

---

4) 『예기』「잡기상(雜記上)」012장 : 大夫之庶子爲大夫, 則爲其父母服大夫服. 其
位與未爲<u>大夫者齒</u>.

"대부는 자신의 부모에 대해 아직 대부가 되지 못한 상태라면 사의 복장과 동일하게 한다."고 했는데, 사의 자식이 대부가 되었다면, 그의 부모는 그 상을 주관할 수 없다. 석량의 주에서는 "부모의 상은 천자로부터 그 이하의 계층에 이르기까지 동일하게 따르는데, 주나라 때에는 작위를 중시하여, 존귀하고 친근한 자에게 규정을 적용할 때에는 그 복장을 달리한다고 했는데, 이 말은 잘못된 주장이다."라 했고, 또 "부친이 주관할 수 없다는 것은 순임금이 고수를 신하로 삼는 경우이다."라 했는데, 아마도 잘 생각해보지 못한 것 같다. 이른바 "부모의 상에 대해서는 신분의 귀천과 상관없이 동일하게 따른다."5)라는 것은 자최복·참최복·연상의 규정, 된죽과 죽, 의려에 거처하는 절차 등이 여기에 해당할 따름이다. 대부에게 적용되는 예법에 대해서는 현재로서는 고찰할 수 없지만, 명사 이상의 계층은 부모와 자식이 거처지를 달리한다. 따라서 부모의 상에서 연제를 마치고 되돌아간다면, 그 절차와 격식은 분명 사의 예법과 다른 점이 있었던 것이다. 하물며 '여사복(如士服)'이라 말한 것은 사는 상사에 거친 베로 만든 참최복을 착용하고 대부는 보다 가벼운 것을 착용하는데, 대부의 신분임에도 거친 베로 만든 참최복을 착용하는 것은 존귀함과 친함이 지극하기 때문이니, 낮춘다는 것을 찾아볼 수 없다. 다만 자신의 존귀함을 감히 존귀하게 높이는 자에게 시행할 수 없기 때문에 사의 복장과 동일하게 하는 것이다. 그 아래 문장에서 사는 자신의 부모가 대부인 경우 그들을 위한 상복은 사의 상복과 동일하다고 했는데, 자신의 작위가 낮아서 부친의 존귀한 작위에 따라 대부의 상복을 착용할 수 없기 때문이다. 이곳 조목은 마땅히 「중용」에서 제사를 대부의 예법이나 사의 예법으로 치른다고 했던 조목과 함께 살펴야 한다.

---

5) 『중용』「18장」: 武王末受命, 周公成文·武之德, 追王大王·王季, 上祀先公以天子之禮. 斯禮也, 達乎諸侯·大夫及士·庶人. 父爲大夫, 子爲士, 葬以大夫, 祭以士. 父爲士, 子爲大夫, 葬以士, 祭以大夫. 期之喪, 達乎大夫. 三年之喪, 達乎天子. <u>父母之喪, 無貴賤一也.</u>

附註 父母不能主喪, 亦言士一廟, 大夫三廟, 士之適子爲大夫, 則
其父固主之矣. 若是庶子, 則其子別立廟, 故其父不主喪, 使其子主
之, 亦是禮也. 無子爲之立後, 大夫位尊, 不可以無子之故, 祔食於祖
廟, 蓋無祖廟可祔, 且大夫宜立廟故也. 以今言之, 適子之喪, 其父主
之, 題主曰: "亡子某." 庶子之喪, 其父不主, 題主曰: "顯考某官." 以
其孫奉祀. 庶子則別立廟, 適子則入於家廟, 廟中已有顯考, 名稱易
混. 其父主喪, 則其孫不敢主禮, 則然也. 此條以庶子爲解, 義方通
也. 看小記"士攝大夫惟宗子"一條, 則可明. 春秋傳晏桓子卒, 晏嬰
服麤衰斬. 家老曰: "非大夫之禮也." 晏嬰曰: "惟卿爲大夫."

부모가 상을 주관하지 못한다는 것 또한 사는 1개의 묘를 세우고 대부는
3개의 묘를 세우는데, 사의 적자가 대부가 되었다면, 그의 부모는 그 상
을 주관하게 된다. 만약 서자인 경우라면, 그의 자식이 별도로 묘를 세우
기 때문에, 그의 부친은 그 상을 주관할 수 없고, 그의 자식으로 하여금
상을 주관토록 해야 하니, 이것이 또한 예법이다. 자식이 없어 그를 위해
후사를 세운 경우, 대부의 지위는 존귀하여 자식이 없다는 이유로 조부의
묘에 합사하여 흠향을 시킬 수 없으니, 무릇 합사할 수 있는 조묘가 없기
때문이며, 또 대부에 대해서는 마땅히 묘를 세워야 하기 때문이다. 오늘
날을 기준으로 말한다면, 적자의 상에 대해서는 그의 부친이 상을 주관하
며, 제주에서는 '망자모(亡子某)'라 기록하고, 서자의 상은 그의 부친이
주관하지 않으며, 제주에서는 '현고모관(顯考某官)'이라 기록하니, 그의
손자가 제사를 받들기 때문이다. 서자의 경우라면 별도로 묘를 세우고,
적자의 경우라면 가묘로 들이는데, 묘 중에 이미 현고(顯考)가 있으니
명칭이 혼란스럽게 된다. 따라서 그 부친이 상을 주관하게 되면 그의 손
자가 감히 예법을 주관하지 못하는 것은 이러한 이유 때문이다. 이곳 조
목은 서자를 기준으로 풀이해야만 의미가 통하게 된다. 「상복소기」편에
서 "사가 대부를 섭주로 삼는 것은 오직 종자의 경우이다."라고 한 조목을
살펴보면 이러한 사실을 알 수 있다. 『춘추전』에서 안환자가 죽자 안영

은 거친 포로 만든 참최복을 착용했다. 그의 가로가 "대부의 예법이 아닙니다."라 하자 안영은 "오직 경이라야 대부라 할 수 있다."라 했다.6)

---

6) 『춘추좌씨전』「양공(襄公) 17년」: 齊晏桓子卒, 晏嬰麤縗斬, 苴絰·帶·杖, 菅屨, 食鬻, 居倚廬, 寢苫·枕草. 其老曰, "非大夫之禮也." 曰, "唯卿爲大夫."

【063】

士不攝大夫, 士攝大夫唯宗子.〈074〉[本在"舅主之"下.]

사의 상에서는 대부를 섭주로 삼을 수 없다. 사가 종자의 신분이라면, 대부를 섭주로 삼을 수 있다. [본래는 "시아비가 주관한다."[1]라고 한 문장 뒤에 수록되어 있었다.]

> **集說** 士喪無主, 不敢使大夫兼攝爲主. 若士是宗子, 則主喪之任, 可使大夫攝之, 以宗子尊故也. 一說, 大夫之喪無主, 士不敢攝而主之, 若士是宗子則可.

사의 상에 상주를 맡을 자가 없다 하더라도, 감히 대부로 하여금 섭주의 임무를 맡게 해서 상주로 삼을 수 없다. 만약 사가 종자의 신분이라면, 상을 주관하는 임무에 대해서, 대부로 하여금 돕도록 할 수 있으니, 종자는 존귀한 신분이기 때문이다. 일설에는 대부의 상에 상주가 없을 경우, 사가 감히 섭주를 맡아서 상주 노릇을 할 수 없고, 만약 사가 종자의 신분이라면 가능하다는 뜻이라고 주장한다.

【064】

主人未除喪, 有兄弟自他國至, 則主人不免[問]而爲主.〈075〉

상주가 아직 상을 끝내지 않았는데, 형제 중 타국으로부터 돌아온 자가 있다면, 상주는 문을['免'자의 음은 '問(문)'이다.] 하지 않고 상주 역할을 시행한다.

> **集說** 葬後而君弔之, 則非時亦免, 以敬君, 故新其事也. 兄弟, 親屬也. 親則尙質, 故不免而爲主也.

장례를 치른 이후 군주가 조문을 하게 되면, 해당 시기가 아닌데도 또한 문을 하니, 군주를 공경하기 때문에 그 일을 새롭게 하는 것이다. 형제는

---

1) 『예기』 「상복소기」 073장 : 婦之喪虞卒哭, 其夫若子主之, 祔則舅主之.

친족이다. 친근한 자에 대해서는 오히려 질박하게 대한다. 그렇기 때문에 문을 하지 않고 상주 노릇을 한다.

【065】

諸侯弔於異國之臣, 則其君爲主.〈069〉[本在"杖卽位可也"下.]

제후가 다른 나라의 신하에게 조문을 하게 되면, 신하의 임금이 상주를 맡는다. [본래는 "지팡이를 잡고 자리로 나아가는 것은 괜찮다."2)라고 한 문장 뒤에 수록되어 있었다.]

集說 君無弔外臣之禮, 若來在此國而適遇其卿‧大夫之喪則弔之, 以主君之故耳, 故主君代其臣之子爲主.

군주에게는 외신에게 조문하는 예법이 없지만, 만약 군주가 이 나라에 찾아와 머물고 있는데, 때마침 그 나라의 경이나 대부의 상이 발생하면 조문을 하니, 찾아간 나라의 군주 때문에 하는 것일 뿐이다. 그렇기 때문에 그 나라의 군주는 죽은 신하의 자식을 대신하여 상주를 맡는다.

【066】

凡主兄弟之喪, 雖疏亦虞之.〈雜記上-056〉[雜記. 本在"遂至於墓"下.]

무릇 형제의 상을 주관하게 되면, 비록 관계가 소원한 자일지라도 또한 우제와 부제를 치러준다. [「잡기」편의 문장이다. 본래는 "묘소까지 찾아간다."3)라고 한 문장 뒤에 수록되어 있었다.]

集說 小功緦麻, 疏服之兄弟也. 彼無親者主之, 而己主其喪, 則當

---

2) 『예기』「상복소기」068장 : 父在, 庶子出母, 以杖卽位可也.
3) 『예기』「잡기상(雜記上)」035장 : 適兄弟之無後葬者弗及, 遇主人之道, 則遂之於墓.

爲之畢虞祔之祭也.

소공복이나 시마복은 사이가 소원한 친족을 위해 착용하는 상복이다. 상대에게 상을 주관할 친족이 없어서, 본인이 그 상을 주관하게 된다면, 마땅히 죽은 자를 위해서 우제와 부제의 제사를 마쳐야 한다.

【067】

婦之喪虞卒哭, 其夫若子主之, 祔則舅主之.〈073〉[本在"女君可也"下.]

며느리의 상을 치를 때, 우제와 졸곡은 침에서 치르므로, 그녀의 남편이나 자식이 주관하고, 부제는 묘에서 치르므로 그녀의 시아비가 주관한다. [본래는 "여군에게 합사해도 괜찮다."[4]라고 한 문장 뒤에 수록되어 있었다.]

集說 虞卒哭在寢, 祭婦也. 祔於廟, 祭舅之母也. 尊卑異, 故所主不同.

우제와 졸곡을 침에서 치르는 것은 며느리에 대해 제사를 지내기 때문이다. 묘에서 부제를 치르는 것은 시아버지의 모친에 대해 제사를 지내기 때문이다. 존비의 차이 때문에 주관하는 자가 다른 것이다.

【068】

主妾之喪則自祔, 至於練祥皆使其子主之, 其殯祭不於正室.〈雜記上 -031〉[雜記. 本在"経之日數"下.]

정처의 지위를 대신했던 첩이 죽으면 부군은 그녀의 상을 주관하니, 이러한 경우라면 부군이 직접 부제를 지내지만, 소상이나 대상의 경우라면 모두 그녀의 자식으로 하여금 그 상을 주관하도록 하고, 또 그녀는 정처보다 낮으므로, 그녀에 대해 빈소를 차리거나 그곳에서 제사를 지낼 때에는 모두 정실에서 치르지 않는다. [「잡기」편의 문장이다. 본래는 "요질을 차고 그 끝을 흩트려 늘어트리는 기간을 채우고서야 성복을 한다."[5]라고 한 문장 뒤에 수록되어 있었다.]

---

4) 『예기』「상복소기」 072장 : 妾無妾祖姑者, 易牲而祔於女君可也.

集說 女君死而妾攝女君, 此妾死則君主其喪, 其祔祭亦君自主, 若練與大祥之祭, 則其子主之. 殯祭不於正室者, 雖嘗攝女君, 猶降於正嫡, 故殯與祭不得在正室也. 不攝女君之妾, 君則不主其喪.

여군이 죽어서 첩이 여군의 지위를 대신 하였을 때, 이러한 첩이 죽게 되면 부군이 직접 그 상을 주관하며, 그녀에 대한 부제에서도 부군이 직접 주관하는데, 만약 소상이나 대상의 제사라면, 그녀의 자식이 주관한다. "빈소를 차리거나 그곳에서 제사를 지낼 때에는 정실에서 하지 않는다."는 말은 비록 그녀가 여군의 지위를 대신하였더라도, 여전히 정처보다는 낮추기 때문에, 빈소를 차리거나 그곳에서 제사를 지내게 되면 정실에서 지낼 수 없다. 여군의 지위를 대신했던 첩이 아니라면, 부군은 그녀의 상을 주관하지 않는다.

附註 主妾之喪則自祔, 註祔句. 按: 主妾, 主家之妾. 自, 從也. "自祔至於練祥"爲一句. 言虞・祔・練祥, 皆使其子主之也, 雖攝女君, 位賤故也. 蓋妾不得入廟配祭, 生時雖攝事當夕, 喪禮至嚴, 不可以私情蔑禮故也. 主妾如此, 則妾之賤者, 不言而可知矣. 又婦之喪, 虞・卒, 夫若子主之, 祔則舅主之. 婦祔於祖姑, 祖姑者, 舅之母也. 舅是奉祀之適子, 故不得委諸子孫, 而自主之, 重宗廟也. 今主妾當祔於妾祖姑, 妾祖姑旣非正位, 其子不主其祭, 何可主其祔乎?

'주첩지상즉자부(主妾之喪則自祔)'에 대해 주에서는 '부(祔)'자에서 구문을 끊었다. 살펴보니, '주첩(主妾)'은 가사를 담당하는 첩을 뜻한다. '자(自)'자는 '~로부터'라는 뜻이다. 즉 '자부지어련상(自祔至於練祥)'이 하나의 구문이 된다. 이 말은 우제・부제・연상에 대해서 모두 그녀의 자식으로 하여금 주관하도록 한다는 뜻이니, 비록 여군을 대신하는 입장이지만 지위가 미천하기 때문이다. 첩은 묘로 들여서 짝하여 제사를 지낼 수

---

5) 『예기』「잡기상」030장 : 未服麻而奔喪, 及主人之未成絰也, 疏衰與主人皆成之, 親者終其麻帶<u>絰之日數</u>.

없으니, 생전에 비록 가사를 대신하며 침실에서 시중을 들지만 상례는 지극히 엄격하니 사사로운 정감으로 예를 욕되게 할 수 없기 때문이다. 가사를 담당하는 첩에 대해서도 이와 같이 한다면, 첩 중에 미천한 자에 대해서는 언급하지 않아도 알 수 있다. 또 며느리의 상에 있어서 우제와 졸곡은 남편이나 자식이 주관하는데, 부제의 경우라면 시아비가 주관한다. 며느리는 조고(祖姑)에 부제를 지내게 되는데, '조고(祖姑)'는 시아비의 모친이다. 시아비는 제사를 받드는 적자의 신분이기 때문에 자손들에게 맡길 수 없고, 자신이 직접 주관하니, 종묘를 중시여기기 때문이다. 지금 가사를 주관한 첩은 마땅히 첩조고에 부제를 지내야 하는데, 첩조고는 이미 정식 자리가 아니기 때문에, 그의 부친이 그 제사를 주관하지 못하는데, 어떻게 그녀의 부제를 주관할 수 있겠는가?

【069】

男主必使同姓, 婦主必使異姓.〈008〉 [本在“其餘則否”下.]

남자 상주가 없어서 다른 사람을 섭주로 삼는다면, 반드시 동성인 남자 중에서 선별하고, 여자 상주가 없어서 다른 사람을 섭주로 삼는다면, 반드시 이성인 여자 중에서 선별하니, 같은 종가의 아녀자들을 가리킨다. [본래는 “나머지 경우에는 이처럼 하지 않는다.”라고 한 문장 뒤에 수록되어 있었다.]

集說　喪必有男主以接男賓, 必有女主以接女賓. 若父母之喪, 則適子爲男主, 適婦爲女主. 今無男主而使人攝主, 則必使喪家同姓之男; 無女主而使人攝主, 則必使喪家異姓之女, 謂同宗之婦也.

상을 치를 때에는 반드시 남자 상주가 있어서 남자 빈객들을 접대해야 하며, 반드시 여자 상주가 있어서 여자 빈객들을 접대해야 한다. 부모의 상인 경우라면, 적자가 남자 상주가 되고, 적자의 아내가 여자 상주가 된다. 현재 남자 상주가 없는 상태여서 다른 사람을 시켜 섭주로 삼는다면, 반드시 상을 당한 집안과 동성인 남자를 시키고, 여자 상주가 없는 상태여서 다른 사람을 시켜 섭주로 삼는다면, 반드시 상을 당한 집안과 이성인 여자를 시키니, 같은 종가의 아녀자를 뜻한다.

【070】

姑姊妹其夫死而夫黨無兄弟, 使夫之族人主喪. 妻之黨, 雖親不主. 夫若無族矣, 則前後家, 東西家. 無有, 則里尹主之. 或曰: "主之里附 於夫之黨."〈雜記下-058〉 [雜記. 本在“不絶樂”下.]

출가를 한 고모와 자매가 죽었는데, 그녀의 상을 주관할 수 있는 남편도 없고 자식도 없으며, 남편의 집안에 남편의 형제도 없다면, 남편의 친족으로 하여금 그녀의 상을 주관하도록 한다. 처의 친족은 비록 친밀한 자이지

---

1) 『예기』「상복소기」 007장 : 婦人爲夫與長子稽顙, 其餘則否.

만, 상을 주관할 수 없다. 남편에게 만약 친족도 없는 경우라면, 앞뒤 또는 좌우의 이웃이 상을 주관한다. 그마저도 없다면 마을의 수장이 상을 주관한다. 혹자는 "처의 친족이 그녀의 상을 주관하되 남편의 조고(祖姑)에게 부제를 지낸다."라고 했지만, 이것은 잘못된 주장이다. [「잡기」편의 문장이다. 본래는 "음악을 멈추지 않는다."[2]라고 한 문장 뒤에 수록되어 있었다.]

集說 此明姑娣妹死, 而無夫無子者, 喪必有主. 婦人於本親降服, 以其成於外族也, 故本族不可主其喪. 里尹, 蓋閭胥里宰之屬也. 或以爲妻黨主之, 而祔祭於其祖姑, 此非也. 故記者幷著之.

이 내용은 고모나 자매가 죽었을 때, 그녀의 남편도 없고 자식도 없는 경우, 상에서는 반드시 상주가 있어야 함을 나타내고 있다. 부인은 본가의 친족에 대해서 강복을 하니, 남편의 친족 사람이 되었기 때문에, 본가의 친족 사람들은 그녀의 상을 주관할 수 없다. 이윤(里尹)은 여서나 이재와 같이 그 지역을 담당하는 관리이다. 혹자는 처의 친족이 상을 주관하되 그녀의 조고에게 부제를 지낸다고 했는데, 이것은 잘못된 주장이다. 그렇기 때문에 『예기』를 기록한 자는 이러한 기록까지도 함께 수록한 것이다.

類編 右主喪.
여기까지는 '주상(主喪)'에 대한 내용이다.

---

2) 『예기』 「잡기하(雜記下)」 057장 : 父有服, 宮中子不與於樂. 母有服, 聲聞焉, 不擧樂. 妻有服, 擧樂於其側. 大功將至, 辟琴瑟. 小功至, 不絶樂.

◇ 제상(除喪)

【071】

除喪者, 先重者, 易服者, 易輕者. 〈040〉 [本在"與女君同"下.]

상복을 제거하는 경우에는 중요한 것을 먼저 제거한다. 상복을 바꾸는 경우에는 덜 중요한 것을 바꾼다. [본래는 "여군이 따르는 법식과 동일하다."[1]라고 한 문장 뒤에 수록되어 있었다.]

集說 男子重在首, 婦人重在要. 凡所重者有除無變, 故雖卒哭不受輕服, 直至小祥, 而男子除首経, 婦人除要経. 此之謂除喪者先重者也. 易服者, 謂先遭重喪, 後遭輕喪, 而變易其服也. 輕, 謂男子要·婦人首也. 此言先是斬衰, 虞而卒哭, 已變葛経. 葛経之大小, 如齊衰之麻経. 今忽又遭齊衰之喪, 齊衰要首経皆牡麻, 牡麻重於葛也. 服宜從重, 故男不變首, 女不變要, 以其所重也. 但以麻易男要女首而已, 故云易服者易輕者也. 若未虞卒哭則後喪不能變.

남자의 경우 중요한 것은 머리에 쓰고, 부인의 경우 중요한 것은 허리에 차니, 모든 경우에 있어 중요하게 치는 것에는 제거하는 경우는 있어도 변화시키는 경우는 없다. 그렇기 때문에 비록 졸곡을 하고 수위가 낮은 상복을 받지 않았더라도, 소상에 이르게 되면, 남자는 수질을 제거하고 부인은 요질을 제거한다. 이것이 "상복을 제거하는 경우 중요한 것을 먼저 제거한다."는 뜻에 해당한다. "복장을 바꾼다."는 말은 앞서 수위가 높은 상을 당했고, 이후에 수위가 낮은 상을 당했을 때, 그 복장을 변화시켜 바꾼다는 뜻이다. 덜 중요한 것은 남자의 경우 허리에 찬 것이며 부인의 경우 머리에 쓴 것이다. 이것은 먼저 참최복을 착용하고 있는데, 우제를 치르고 졸곡을 하면, 이미 갈로 만든 질로 바꾼다는 뜻이다. 갈로 만든 질의 크기는 자최복에 하는 마로 만든 질의 크기와 같다. 그런데 현재

---

1) 『예기』「상복소기」 039장 : 妾爲君之長子, 與女君同.

갑작스럽게 자최복의 상을 또 당했다면, 자최복에 하는 요질과 수질은 모두 모마로 만들게 되며, 모마로 만든 질은 갈로 만든 질보다도 수위가 높다. 상복을 착용하는 경우에는 마땅히 수위가 높은 것을 따라야 한다. 그렇기 때문에 남자는 수질을 바꾸지 않고 여자는 요질을 바꾸지 않으니, 그것들이 중시 여기는 것들이기 때문이다. 다만 마로 만든 것으로 남자의 요질과 여자의 수질을 바꿀 따름이다. 그렇기 때문에 "상복을 바꾸는 경우에는 덜 중요한 것을 바꾼다."고 말한 것이다. 만약 아직 우제를 치러서 졸곡을 하지 못한 경우라면, 뒤의 상에 대해서는 바꿀 수가 없다.

【072】

除殤之喪者, 其祭也必玄. 除成喪者, 其祭也朝服縞冠. ⟨090⟩ [本在"親者皆免"下.]

요절한 자의 상을 끝낼 때, 그 제사에서는 반드시 현관과 현단복을 착용한다. 성인의 상을 끝낼 때, 그 제사에서는 조복과 호관을 착용한다. [본래는 "친족들도 모두 문을 한다."2)라고 한 문장 뒤에 수록되어 있었다.]

集說 玄, 謂玄冠玄端也. 殤無虞卒哭, 及練之變服, 其除服之祭, 用玄冠玄端黃裳, 此於成人爲釋禫之服, 所以異於成人之喪也. 若除成人之喪, 則祥祭用朝服縞冠, 朝服玄冠緇衣素裳. 今不用玄冠而用縞冠, 是未純吉之祭服也. 又按玄端黃裳者, 若素裳則與朝服純吉同, 若玄裳又與上士吉服玄端同, 故知此爲黃裳也.

'현(玄)'자는 현관과 현단복을 뜻한다. 요절한 자에 대해서는 우제와 졸곡을 치르지 않고, 소상을 치르며 복장을 바꾸는 절차가 없으며, 현관과 현단복에 황색 하의를 착용하니, 이것은 성인의 상에 있어서 담제를 치르며 상복을 제거할 때의 복장으로, 성인의 상과는 다르게 하기 위해서이

---

2) 『예기』「상복소기」 089장 : 君弔雖不當免時也, 主人必免, 不散麻. 雖異國之君, 免也, 親者皆免.

다. 만약 성인의 상을 끝낸다면, 대상의 제사에서는 조복과 호관을 착용하는데, 본래 조복은 현관에 치의와 흰색 하의를 착용하는 것이다. 현재 현관을 사용하지 않고 호관을 사용한 것은 아직은 순전히 길한 시기의 제사 복장처럼 할 수 없기 때문이다. 또 살펴보니, 현단에 황색 하의를 착용하는데, 흰색 하의를 착용한다면, 조복처럼 순전히 길한 복장과 동일하게 되며, 만약 현색 하의를 착용한다면, 또한 상사가 길복에 현단을 착용하는 것과 동일하게 된다. 그러므로 이 복장이 황색 하의가 된다는 사실을 알 수 있다.

【073】

久而不葬者, 唯主喪者不除, 其餘以麻終月數者, 除喪則已.〈062〉 [本在"以其服服之"下.]

오랜 기간이 지나도록 장례를 치르지 못하는 경우, 오직 상주만이 복장을 제거하지 않고, 나머지 기년복 이하의 관계에 있는 친족들은 장례를 치르지 않은 상태이므로, 복장에 변화를 주지 않고 마로 된 것을 착용하여 정해진 기간만큼 채우니, 기간을 끝내면 제거하고 계속 착용하지 않는다. [본래는 "상복 규정에 따라 복상한다."[3]라고 한 문장 뒤에 수록되어 있었다.]

集說 主喪者不除, 謂子於父, 妻於夫, 孤孫於祖父母, 臣於君, 未葬不得除衰絰也. 麻終月數者, 期以下至緦之親, 以主人未葬, 不得變葛, 故服麻以至月數足而除, 不以主人葬後之除也. 然其服猶必收藏以俟送葬也.

"상을 주관하는 자는 제거하지 않는다."는 말은 자식은 부친에 대해서, 처는 남편에 대해서, 고아가 된 손자는 조부모에 대해서, 신하는 군주에 대해서, 아직 장례를 치르지 못해서 상복과 질을 제거하지 못한 경우를

---

3) 『예기』「상복소기」 061장 : 丈夫冠而不爲殤, 婦人笄而不爲殤. 爲殤後者, <u>以其服服之</u>.

뜻한다. "마로써 개월 수를 끝낸다."는 것은 기년복으로부터 그 이하로 시마복의 관계에 있는 친족이니, 상주가 아직 장례를 치르지 못해서 갈로 된 것으로 바꿀 수 없기 때문에, 마로 된 것을 착용하고서 정해질 개월 수까지 채우고서야 제거하며, 상주가 장례를 치른 뒤 제거할 때까지 기다리지 않는다. 그러나 그 복장은 반드시 보관을 해두어 장례를 전송할 때 다시 입어야 한다.

【074】

三年而后葬者必再祭, 其祭之間不同時而除喪 〈028〉 [本在"不爲除喪也"下.]

특별한 사정이 있어서, 삼년상을 치른 뒤에야 장례를 치르는 경우에는 반드시 소상과 대상의 제사를 두 차례 치르는데, 그 제사는 간격을 두어 동시에 치르지 않고, 차례대로 상복을 제거한다. [본래는 "상복을 제거하기 위해서 지내는 것이 아니다."[4]라고 한 문장 뒤에 수록되어 있었다.]

集說 孝子以事故不得及時治葬, 中間練祥時月, 以尸柩尙存, 不可除服. 今葬畢必擧練祥兩祭, 故云必再祭也. 但此二祭仍作兩次擧行, 不可同在一時. 如此月練祭, 則男子除首経, 婦人除要帶, 次月祥祭, 乃除衰服. 故云其祭之間, 不同時而除喪也.

자식이 특별한 일 때문에 해당 시기가 되었는데도 장례를 치르지 못하는 경우, 중간에 연상을 치르는 달에는 시신을 실은 영구가 여전히 존재하므로 상복을 제거할 수 없다. 현재 장례를 끝냈다면 반드시 소상와 대상의 두 차례 제사를 시행해야 한다. 그렇기 때문에 "반드시 두 차례 제사를 지낸다."라고 말한 것이다. 다만 이러한 두 제사는 곧 두 가지를 순차에 따라 시행해야 하며, 같은 시기에 함께 치를 수 없다. 예를 들어 이번

---

4) 『예기』「상복소기」 027장 : 再期之喪, 三年也. 期之喪, 二年也. 九月·七月之喪, 三時也. 五月之喪, 二時也. 三月之喪, 一時也. 故期而祭, 禮也, 期而除喪, 道也. 祭不爲除喪也.

달에 소상의 제사를 지냈다면, 남자는 수질을 제거하고 부인은 요대를 제거하며, 다음 달에 대상의 제사를 지냈다면, 곧 상복을 제거하게 된다. 그렇기 때문에 "제사는 간격을 두며 동시에 하지 않고 상복을 제거한다." 고 말한 것이다.

【075】

大功者主人之喪, 有三年者則必爲之再祭, 朋友虞祔而已.〈029〉

본래 대공복을 입어야 하는 친족인데, 특별한 사정 때문에 남의 상을 주관하게 된 경우, 죽은 자의 가족 중 삼년상을 치러야 하는 자가 있다면, 반드시 그들을 위해서 소상과 대상의 제사를 시행하며, 벗들의 경우에는 우제와 부제만 지낼 수 있을 따름이다.

集說 大功者主人之喪, 謂從父兄弟, 來主此死者之喪也. 三年者, 謂死者之妻與子也. 妻旣不可爲主, 而子又幼小, 則無近親, 故從父兄弟主之. 必爲之主行練祥二祭. 朋友但可爲之虞祭祔祭耳.

"본래 대공복을 입어야 하는 자가 남의 상을 주관한다."는 말은 종부의 형제가 찾아와서 죽은 자의 상을 주관한다는 뜻이다. '삼년자(三年者)'는 죽은 자의 처와 아들을 뜻한다. 처는 이미 상주가 될 수 없고, 아들 또한 너무 어리며, 별도로 가까운 친족이 없기 때문에, 종부의 형제가 상을 주관하게 된다. 반드시 그들을 위해서 상을 주관하여, 소상과 대상의 두 제사를 시행하며, 벗들은 단지 그들을 위해서 우제와 부제만 지낼 수 있을 따름이다.

【076】

再期之喪, 三年也. 期之喪, 二年也. 九月·七月之喪, 三時也. 五月之喪, 二時也. 三月之喪, 一時也. 故期而祭, 禮也. 期而除喪, 道也.

祭不爲除喪也.〈027〉 [本在"反則遂之"下.]

만 2년을 치르는 상은 삼년상에 해당한다. 만 1년을 치르는 상은 이년상에 해당한다. 만 9개월과 7개월 동안 치르는 상은 세 계절 동안 치르는 상이다. 만 5개월 동안 치르는 상은 두 계절 동안 치르는 상이다. 만 3개월 동안 치르는 상은 한 계절 동안 치르는 상이다. 그렇기 때문에 만 1년이 되어서 제사를 지내는 것은 예이고, 만 1년이 되어서 상복을 제거하는 것은 도이다. 제사는 상복을 제거하기 위해서 지내는 것이 아니다. [본래는 "되돌아오라는 명령을 내렸다면, 삼년상을 마저 다 치른다."5)라고 한 문장 뒤에 수록되어 있었다.]

集說 儀禮大功章有中殤七月之文, 卽此七月之喪也. 期而祭, 謂再期之喪致小祥之祭也. 期而除喪, 謂除衰絰易練服也. 小祥之祭, 乃孝子因時以伸其思親之禮也. 練時男子除首絰, 婦人除要帶, 乃生者隨時降殺之道也. 祭與練雖同特竝擧, 然祭非爲練而設也.

『의례』 '대공장(大功章)'에는 중상인 자에 대해서 7개월 동안 복상한다는 기록이 있으니,6) 곧 여기에서 말한 7개월 동안의 상이다. '기이제(期而祭)'는 만 2년 동안의 상에서 소상의 제사를 치른다는 뜻이다. '기이제상(期而除喪)'은 상복과 질대를 제거하고, 연복으로 바꾼다는 뜻이다. 소상을 치르며 지내는 제사에서는 곧 자식이 그 시기에 따라서 부모를 그리워하는 예법을 펼치게 된다. 연제를 치를 때 남자는 수질을 제거하고, 부인은 요대를 제거하니, 살아있는 자들이 각 시기에 따라 낮추는 도리에 해당하기 때문이다. 제사와 소상이 비록 동시에 거행되더라도, 제사는 소상을 위해서 시행하는 것이 아니다.

類編 右除喪.

여기까지는 '제상(除喪)'에 대한 내용이다.

---

5) 『예기』「상복소기」 026장 : 未練而反則期, <u>旣練而反則遂之</u>.
6) 『의례』「상복(喪服)」 : 其中殤七月, 不纓絰.

◇ 부(祔)

【077】
諸侯不得祔於天子, 天子諸侯大夫可以祔於士. 〈055〉 [本在"以其昭穆"下.]
손자가 제후의 신분이었다 하더라도, 천자의 신분이었던 조부에게는 합사
할 수 없다. 다만 손자의 신분이 천자·제후·대부였고, 조부의 신분이 사
였다면, 조부의 묘에 합사할 수 있다. [본래는 "소목의 순서에 따르기 때문이다."[1]라
고 한 문장 뒤에 수록되어 있었다.]

集說 卑孫不可祔於尊祖, 孫雖而不祔其祖之爲士者, 是自尊而卑
其祖, 不可也. 故可以祔於士.

신분이 낮은 손자는 신분이 존귀한 조부에게 합사할 수 없지만, 손자의
신분이 존귀하다고 해서 사의 신분이었던 조부에게 합사를 하지 않는 것
은 자신의 존귀함으로 인해 조부를 낮추는 꼴이 되어 할 수 없다. 그렇기
때문에 사에게는 합사할 수 있다.

【078】
**士大夫不得祔於諸侯, 祔於諸祖父之爲士大夫者. 其妻祔於諸祖姑, 妾
祔於妾祖姑, 亡則中一以上而祔. 祔必以其昭穆.** 〈054〉 [本在"不筮宅"下.]
자손들 중 사와 대부의 신분이었던 자는 제후의 묘에 합사할 수 없고, 조부
의 형제들 중 사나 대부의 신분이었던 자의 묘에 합사한다. 그의 처도 조부
의 형제들 중 사나 대부의 신분이었던 자의 처에게 합사하고, 첩은 조부의
첩에게 합사를 하지만, 조부의 첩이 없다면 한 대를 걸러서 그 이상의 대상
에게 합사하니, 합사를 할 때에는 반드시 소목의 순서에 따르기 때문이다.
[본래는 "무덤에 대해 시초점을 치지 않는다."[2]라고 한 문장 뒤에 수록되어 있었다.]

---

1) 『예기』「상복소기」054장 : 士大夫不得祔於諸侯, 祔於諸祖
   父之爲士大夫者. 其妻祔於諸祖姑, 妾祔於妾祖姑, 亡則中一以上而祔. 祔必以其昭穆.

集說 公子‧公孫之爲士爲大夫者, 不得祔於先君之廟也. 諸祖父, 其祖之爲國君者之兄弟也. 諸祖姑, 諸祖父之妻也. 若祖爲國君, 而無兄弟可祔, 亦祔宗族之疏者. 上言士易牲而祔於大夫, 而大夫不得易牲而祔諸侯者, 諸侯之貴絕宗, 故大夫士不得親之也. 妾祔於妾祖姑, 言妾死則祔於祖之妾也. 亡, 無也. 中, 間也. 若祖無妾, 則又間曾祖一位而祔高祖之妾, 故云亡則中一以上而祔也. 所以間曾祖者, 以昭穆之次不同列, 祔必以昭穆也.

공자와 공손들 중 사나 대부가 된 자는 선군의 묘에 합사할 수 없다. '제조부(諸祖父)'는 제후가 된 조부의 형제들을 뜻한다. '제조고(諸祖姑)'는 제조부의 처를 뜻한다. 만약 조부가 제후의 신분이었고 합사할 수 있는 형제가 없을 때에는 또한 종족 중 관계가 소원한 자에게 합사한다. 앞에서는 사는 희생물을 바꾸고 대부의 묘에 합사를 한다고 했는데, 대부는 희생물을 바꿔서 제후의 묘에 합사할 수 없다. 그 이유는 제후처럼 존귀한 자와는 종주 관계가 끊어졌으므로 대부와 사가 친근하게 대할 수 없기 때문이다. 첩은 첩의 조고에게 합사하니, 첩이 죽었다면 조부의 첩에게 합사한다는 뜻이다. '망(亡)'자는 "없다."는 뜻이다. '중(中)'자는 "사이를 둔다."는 뜻이다. 만약 조부에게 첩이 없다면, 또한 증조부 한 대를 걸러서, 고조부의 첩에게 합사한다. 그렇기 때문에 "없다면 한 자리를 걸러서 그 이상의 대상에게 합사한다."고 말한 것이다. 증조부에 대해 사이를 두는 이유는 소목의 순차에 따르면 동렬이 아니며, 합사를 할 때에는 반드시 소목의 순차에 따라야만 하기 때문이다.

附註 亡則中一以上, 通諸祖之爲大夫, 不止於妾祖姑.

"없으면 한 대를 걸러서 그 이상의 대상에게 합사한다."는 말은 제조(諸祖) 중 대부가 된 자들을 통괄하는 것이니 첩조고에만 그치지 않는다.

---

2) 『예기』「상복소기」 053장 : 祔葬者不筮宅.

【079】

士祔於大夫則易牲.〈050〉[本在"男姑大功"下.]

손자가 사의 신분이었고 조부가 대부의 신분이었는데, 손자가 죽어 대부였던 조부의 묘에 합사한다면, 대부에 대한 희생물로 바꿔서 사용한다. [본래는 "남편의 친부모를 위하여 등급을 낮춰서 대공복을 착용한다."라는 한 문장 뒤에 수록되어 있었다.]

集說 祖爲大夫, 孫爲士, 孫死祔祖, 則用大夫牲. 士牲卑, 不可祭於尊者也. 此與葬以大夫祭以士者不同, 如妾無妾祖姑可祔, 則易牲而祔於女君也.

조부가 대부의 신분이었고, 손자가 사의 신분이었는데, 손자가 죽어서 조부의 묘에 합사하면, 대부의 희생물을 사용한다. 사에게 사용하는 희생물은 낮으므로, 이것을 사용하여 존귀한 자에게 제사를 지낼 수 없기 때문이다. 이 내용은 대부의 예법으로 장례를 치르고, 사의 예법으로 제사를 지낸다는 내용과는 다르니, 마치 첩에게 첩의 조고가 없어서 합사를 할 수 있을 때 희생물을 바꿔서 여군에게 합사를 하는 경우와 같다.

附註 士祔於大夫易牲, 註云云. 按: 此言大夫之庶孫爲士, 死而行祔祭於祖廟, 其宗子則世爲大夫, 自當祭以大夫. 而謂易牲者, 雖來祭於大夫之廟, 死者是士, 故不敢用大夫之牲, 降用士牲, 是易牲也. 禮云: "士·大夫不得祔於諸侯." 士而祔大夫, 則易牲可矣.

사를 대부에게 합사하며 희생물을 바꾼다는 것에 대해 주에서 운운했다. 살펴보니, 이것은 대부의 서손이 사의 신분이 된 자가 죽어서 조묘에 부제를 시행하는 것을 말하는데, 그의 종자는 대대로 대부의 신분이 되므로, 자연히 제사를 지낼 때 대부의 예법에 따르게 된다. 따라서 이른바 희생물을 바꾼다는 것은 비록 찾아와서 대부의 묘에서 제사를 지내지만, 죽은

---

1) 『예기』 「상복소기」 049장 : 夫爲人□□者, 其妻爲舅姑□□.

자가 사의 신분이기 때문에 감히 대부에게 사용되는 희생물을 이용할 수 없어서, 수위를 낮춰 사의 희생물을 사용하는 것으로, 이것이 바로 '역생(易牲)'이다. 『예기』에서는 "사와 대부는 제후에게 합사할 수 없다."2)라 했으니, 사의 신분이었단 자를 대부에게 합사하게 된다면 희생물을 바꾸는 것이 옳다.

附註 鄭氏云: "不以卑牲祭尊." 此言不敢以士牲祭大夫, 易用大夫之牲, 亡者則用本分士牲, 文理亦通. 但以中庸"葬以大夫祭以士"之義推之, 大夫祖雖尊, 主人是士, 則當祭以士. 若以祖爲大夫之故, 祭以大夫, 則有乖於祭從生者之義. 以此觀之, 其說可明. 陳註以從鄭說而欠分曉.

정현은 "미천한 자의 희생물로 존귀한 자에게 제사를 지낼 수 없다."라 했다. 이것은 감히 사에게 사용되는 희생물로 대부에게 제사를 지낼 수 없어서, 대부에게 적용되는 희생물로 바꾼다는 뜻인데, 죽은 자의 경우 본분에 따라 사의 희생물을 사용하니, 이처럼 해야 문리 또한 통한다. 다만 「중용」에서 "장례를 대부의 예법으로 치르고 제사는 사의 예법으로 치른다."라고 했던 뜻으로 미루어보면, 대부인 조부는 비록 존귀하지만, 주인이 사의 신분이라면, 마땅히 제사는 사의 예법에 따라야 한다. 만약 조부가 대부의 신분이었기 때문에 대부의 예법으로 제사를 지낸다면, 제사는 살아있는 자의 것에 따른다는 도의에 어긋난다. 이를 통해 살펴보면 그 주장을 명확히 알 수 있다. 진호의 주에서는 정현의 주장에 따르고 있지만 다소 불분명하다.

---

2) 「예기」 「상복소기」 054장 : <u>士大夫不得祔於諸侯, 祔於諸祖父之爲士大夫者. 其妻祔於諸祖姑, 妾祔於妾祖姑, 亡則中一以上而祔, 祔必以其昭穆.</u>

【080】

其妻爲大夫而卒, 而后其夫不爲大夫, 而祔於其妻, 則不易牲. 妻卒
而后夫爲大夫, 而祔於其妻, 則以大夫牲.〈082〉［本在"祔於親者"之下.］

처가 죽었을 때, 남편이 대부의 신분이었고, 처가 죽은 이후 남편이 어떤
사정으로 인해 대부에서 물러났고, 남편이 죽어서 아내에게 합사하게 되
면, 이전에 사용하던 대부의 희생물로 바꿀 수 없다. 처가 죽은 이후 남편
이 대부의 신분이 되었고, 그 남편이 죽어서 아내에게 합사하게 되면, 대부
에게 적용되는 희생물을 사용한다. 본래는 "시아비를 낳은 생모에게 합사한다."[1]라
고 한 문장 뒤에 수록되어 있었다.]

集說 妻卒時夫爲大夫, 卒後夫即退遂死, 以無祖廟, 故祔於妻之禮,
止得依夫今所得用之牲, 不得更用昔大夫之牲也. 若妻死時夫未爲
大夫, 死後夫乃爲大夫而死, 今祔祭其妻, 則得用大夫牲矣.

처가 죽었을 때 남편이 대부의 신분이었는데, 처가 죽은 이후 남편이 축
출되거나 물러났고, 결국 그 상태로 죽어서 조묘가 없어졌기 때문에, 아
내에게 합사하는 예에서는 단지 남편의 현재 상태에 따라 사용할 수 있는
희생물만 사용하고, 이전 대부였을 때 사용하던 희생물로 바꿀 수 없다.
만약 처가 죽었을 때, 남편이 아직 대부의 신분이 아니었지만, 처가 죽은
이후 남편이 곧 대부가 되었고 그 후에 죽어서, 현재 아내에게 부제를
지내게 되었다면, 대부에게 적용되는 희생물을 사용할 수 있다.

集說 疏曰: 此謂始來仕而無廟者, 若有廟, 則死者當祔於祖, 不得
祔於妻也. 惟宗子去他國以廟從.

소에서 말하길, 이 내용은 처음으로 이 나라에 찾아와서 벼슬살이를 하여
묘가 없는 경우를 뜻하니, 만약 묘가 있다면, 죽은 자는 마땅히 조부의
묘에 합사해야 하고, 처에게 합사할 수 없다. 오직 종자만이 다른 나라로

---

1) 『예기』「상복소기」 080장 : 婦祔於祖姑, 祖姑有三人, 則祔於親者.

떠날 때 묘의 신주를 가지고 간다.

附註 其妻爲大夫而卒, 此言夫妻合享之祭亦名祔, 猶合葬亦言祔也, 非必謂無祖廟也. 其國如無廟, 則當是爲壇以祔, 豈可以無祖而祔於妻乎? 且雖準禮躋祔於祖, 與先亡之妻不可無合享之節. 易牲之義, 陳註是.

'기처위대부이졸(其妻爲大夫而卒)'이라고 했는데, 이것은 남편과 아내에 대해서 합사하여 제사를 지내는 것을 '부(祔)'라 부른 것을 뜻하니, 합장 또한 부(祔)라 말하는 것과 같다. 따라서 이것은 조묘가 없는 경우를 뜻하는 것이 아니다. 그 나라에 묘가 없는 경우라면 마땅히 제단을 만들어서 부제를 치르게 되는데, 어떻게 조묘가 없다고 해서 아내에게 합사를 한단 말인가? 또 비록 예법에 따라 조부에게 제부를 하게 되면 먼저 죽은 처와 함께 합향의 절차가 없을 수 없다. 따라서 희생물을 바꾼다는 뜻에 있어서는 진호의 주가 옳다.

【081】

妾無妾祖姑者, 易牲而祔於女君可也.〈072〉 [本在"養卑者否"下.]

첩에게 있어서 고조의 첩이 없는 경우라면, 희생물을 바꾸고 여군에게 합
사해도 괜찮다. [본래는 "항렬의 낮은 자를 봉양하는 경우에는 바꾸지 않는다."[1]라고 한
문장 뒤에 수록되어 있었다.]

集說 妾當祔於妾祖姑. 上章言亡則中一以上而祔, 是祔高祖之妾,
今又無高祖妾, 則當易妾之牲而祔於適祖姑. 女君, 謂適祖姑也.

첩에 대해서는 마땅히 첩의 조고에게 합사해야 한다. 앞 장에서는 없다면
한 등급을 건너서 그 위에 합사를 한다고 했는데, 이것은 고조의 첩에게
합사한다는 뜻이다. 현재는 또한 고조의 첩도 없는 경우이니, 마땅히 첩
에 대한 희생물을 바꾸고, 조부의 정처에게 합사를 해야 한다. '여군(女
君)'은 곧 적조고를 뜻한다.

附註 妾易牲祔於女君, 亦言妾卑不同於適祖姑, 故妾用卑牲. 註義
欠明.

첩에 대해 희생물을 바꿔서 여군에게 합사한다고 했는데, 이 또한 첩의
신분이 낮아서 적조고와 동일하게 할 수 없기 때문에, 첩에 대해서는 신분
이 낮은 자의 희생물을 사용한다는 뜻이다. 주의 설명은 다소 불분명하다.

附註 鄭云: "凡妾下女君一等." 疏云: "若女君少牢, 則妾用特豚."

정현은 "모든 첩에 대해서는 여군보다 1등급을 낮춘다."라 했고, 소에서
는 "만약 여군에게 소뢰를 사용한다면 첩에 대해서는 한 마리의 새끼돼지
를 사용한다."라 했다.

---

1) 『예기』「상복소기」071장 : 養有疾者不喪服, 遂以主其喪. 非養者入主人之喪,
　則不易己之喪服. 養尊者必易服, 養卑者否.

【082】

婦祔於祖姑. 祖姑有三人, 則祔於親者.〈081〉 [本在"以報之"下.]

며느리는 조부의 처에게 합사한다. 간혹 계모가 있어서 조고가 세 사람이
라면, 시아비를 낳은 생모에게 합사한다. [본래는 "반대로 올려 합해서 묶는다."¹⁾라
고 한 문장 뒤에 수록되어 있었다.]

集說 此言祔廟之禮, 三人或有二繼也. 親者, 謂舅所生母也.

이것은 묘에 합사하는 예법을 뜻하는데, 세 사람이 있다는 것은 간혹 두
명의 계모가 있는 경우를 뜻한다. '친자(親者)'는 시아비를 낳은 생모를
뜻한다.

類編 右祔.

여기까지는 '부(祔)'에 대한 내용이다.

---

1) 『예기』「상복소기」 080장 : 下殤小功, 帶澡麻不絶本, 詘而反<u>以報之</u>.

◇ 담(禫)

【083】

爲父·母·妻·長子禫.〈059〉［本在“祖庶母可也”下.］

부친·모친·처·장자의 상을 치를 때에는 담제를 지낸다. [본래는 "조부 서모의 자식도 될 수 있다."[1]라고 한 문장 뒤에 수록되어 있었다.]

集說 此言當禫之喪, 有此四者. 然妻爲夫亦禫. 又慈母之喪無父在亦禫, 記者略耳.

이 문장은 마땅히 담제를 지내야 하는 상에는 이러한 네 부류가 있다는 뜻이다. 그러나 처는 남편을 위해서 또한 담제를 지낸다. 또 자모의 상에 부친의 곁에 살지 않는 경우라면 또한 담제를 지내니, 『예기』를 기록한 자는 간략히 기록한 것일 뿐이다.

【084】

宗子母在爲妻禫.〈057〉［本在“則不服”下.］

대종은 부친이 돌아가신 경우, 모친이 생존해 계시더라도, 자신의 처를 위해서 담제를 치른다. [본래는 "그녀를 위해서 상복을 입지 않는다.[2]라고 한 문장 뒤에 수록되어 있었다.]

集說 父在, 則適子爲妻不杖, 不杖則不禫. 父沒母存, 則杖且禫矣. 此宗子百世不遷者也. 恐疑於宗子之尊厭其妻, 故明言雖母在, 亦當爲妻禫也. 然則非宗子而母在者不禫矣.

부친이 생존해 계신 경우라면, 적자는 자신의 처를 위해서 상복을 착용하며 지팡이를 잡지 않는데, 지팡이를 잡지 않는다면 담제를 치르지 않는

---

1) 『예기』「상복소기」 058장 : 爲慈母後者, 爲庶母可也, 爲祖庶母可也.
2) 『예기』「상복소기」 056장 : 爲母之君母, 母卒則不服.

다. 부친이 돌아가시고 모친이 생존해 계신 경우라면, 자신의 처를 위해서 지팡이도 잡고 담제도 치른다. 여기에서 말한 종자는 영원토록 체천되지 않는 대종이다. 아마도 종자의 존귀한 신분으로 인해 자신의 처에 대해서 낮춰야 한다고 의심할 것을 염려했기 때문에, 비록 모친이 생존해 계시더라도 마땅히 처를 위해서 담제를 치른다고 명시한 것이다. 그렇다면 종자가 아닐 때 모친이 생존해 계신 경우라면, 담제를 치르지 않는다.

【085】

庶子在父之室, 則爲其母不禪. ⟨065⟩ [本在"筮尸"下.]

서자가 부친의 곁에 살 경우라면, 생모에 대한 장례를 치를 때 담제를 지내지 않는다. [본래는 "시동에 대해서 점을 친다."³⁾라고 한 문장 뒤에 수록되어 있었다.]

集說 此言不命之士父子同宮者.

이 내용은 명의 등급을 받지 못한 사 계급에 대한 것으로, 부친과 자식이 같은 건물에 거주하는 경우를 뜻한다.

類編 右禪.

여기까지는 '담(禪)'에 대한 내용이다.

---

3) 『예기』「상복소기」064장 : 練, 筮日筮尸視濯, 皆要絰杖繩屨, 有司告具而后去杖. 筮日筮尸, 有司告事畢而后杖拜送賓. 大祥吉服而筮尸.

禮記類編大全卷之三十

『예기유편대전』 30권

【類編】 此篇亦記喪服之節, 卽小記之屬也. 或曰"此篇是間傳, 篇中
累以傳曰發其義, 而無答問之詞. 蓋服問與間傳篇目錯易", 理或然
也. 以其承沿之久, 姑仍不改云.

이 편 또한 상복의 규범을 기록하고 있으니, 『예기』「상복소기(喪服小
記)」편에 부류에 속한다. 혹자는 "이 편은 『예기』「간전(間傳)」편에 해당
하는데, 편의 내용 중에서는 자주 '전왈(傳曰)'이라고 하여 그 의미를 드
러내고 있지만 문답하는 말은 없다. 아마도 「복문」편과 「간전」편의 편목
이 잘못하여 바뀐 것 같다."라 했는데, 이치상 그러하기도 할 것 같다.
그런데 이와 같이 답습해온 지가 오래되었으므로, 잠시 이대로 두고 고치
지 않았다.

【類編】 本居問喪之下. 凡三節.
본래는 『예기』「문상(問喪)」편 뒤에 수록되어 있었다. 모두 3개 절이다.

「복문」편 문장 순서 비교		
『예기집설』	『예기유편대전』	
	구분	문장
001		001
002		002
003		003
004		004
005		喪服小記-018
006	喪服	005
007		喪服小記-039
008		喪服小記-019
009		雜記上-033
010		喪服小記-037
011		喪服小記-048
012	立有喪服	006

「복문」편 문장 순서 비교		
『예기집설』	『예기유편대전』	
	구분	문장
013		007
014		008
015		009
016		010
017		011
018		喪服小記-043
	君大夫服	012
		014
		雜記下-080
		015
		016

◇ 종복(從服)

【001】

傳[去聲]曰: "有從輕而重", 公子之妻爲其皇姑. (001)

전문에서는['傳'자는 거성으로 읽는다] "수위가 낮은 상복을 입는 자를 따라서 상복을 착용하지만, 수위가 높은 상복을 착용하는 경우가 있다."라고 했는데, 제후 첩 자식의 부인이 남편의 모친을 위해 상복을 착용하는 경우이다.

集說 有屬從, 有徒從, 故皆以從言.

속종(屬從)[1]이 있고 도종(徒從)이 있기 때문에 모두 '종(從)'자를 붙여서 말했다.

集說 疏曰: 公子, 諸侯之妾子也. 皇姑, 卽公子之母也. 諸侯在尊厭妾子, 使爲母練冠. 諸侯沒, 妾子得爲母大功, 而妾子之妻, 則不論諸侯存沒, 爲夫之母期也. 其夫練冠是輕也, 而妻爲之期是重, 故云有從輕而重也. 皇, 君也. 此妾既賤. 若惟云姑, 則有嫡女君之嫌; 今加皇字, 明非女君, 而此婦尊之與女君同, 故云皇姑也.

소에서 말하길, '공자(公子)'는 제후 첩의 자식을 뜻한다. '황고(皇姑)'는 공자의 모친을 뜻한다. 제후가 생존해 있을 때, 그는 존귀한 신분이므로 첩의 자식에 대해서는 염강(厭降)을 시켜 모친의 상을 치르며 연관(練冠)을 착용하도록 만든다. 제후가 죽은 상태라면 첩의 자식은 자신의 모친에 대해서 대공복(大功服)을 착용할 수 있고, 첩 자식의 처는 제후가

---

1) 속종(屬從)은 친속 관계에 따라 상복을 착용한다는 뜻이다. '속(屬)'자는 친속을 뜻한다. 자식은 모친을 따라서 모친의 친족을 위해서 상복을 착용하고, 처는 남편을 따라서 남편의 친족을 위해서 상복을 착용하며, 남편은 처를 따라서 처의 친족을 위해서 상복을 착용하는 경우가 '속종(屬從)'에 해당한다. 이 세 가지 경우에는 따르는 자가 비록 죽었더라도, 여전히 죽은 자를 따라서 그의 친족을 위해 상복을 착용한다.

생존해 있거나 이미 죽은 경우를 따지지 않고 남편의 모친을 위해서 기년
상(期年喪)을 치른다. 남편은 연관을 착용했으니, 이것은 수위가 낮은
경우에 해당한다. 그런데 그의 처는 기년상을 치르니, 이것은 수위가 높
은 경우에 해당한다. 그렇기 때문에 "가벼운 것을 따라서 무겁게 하는
경우가 있다."라고 했다. '황(皇)'자는 군(君)을 뜻한다. 첩은 미천한 신분
이지만, 만약 '시어미'라고만 부른다면 정실인 여군(女君)을 뜻한다는 혐
의를 받게 된다. 따라서 '황(皇)'자를 덧붙여서 여군이 아니라는 사실을
드러냈고, 첩 자식의 부인이 시어미를 존귀하게 높이는 것은 여군에 대한
경우와 동일하기 때문에, '황고(皇姑)'라고 했다.

【002】

"有從重而輕", 爲妻之父母.〈002〉

전문에서는 "수위가 높은 상복을 입는 자를 따라서 상복을 착용하지만, 수
위가 낮은 상복을 착용하는 경우가 있다."라고 했는데, 처의 부모를 위해
상복을 착용하는 경우이다.

集說 妻爲其父母齊衰, 是重也. 夫從妻而服之乃緦麻, 是從重而輕也.

처는 자기 부모에 대해서 자최복(齊衰服)을 입으니, 이것은 수위가 높은
것이다. 남편이 처를 따라서 그녀의 부모에 대해 상복을 착용하면 시마복
(緦麻服)을 입으니, 이것은 수위가 높은 상복을 착용하는 자에 따르지만
수위가 낮은 상복을 착용하는 경우이다.

【003】

"有從無服而有服", 公子之妻, 爲公子之外兄弟.〈003〉

전문에서는 "상복을 착용하지 않아야 하는 자를 따라서 상복을 착용하지
않지만 실제로 상복을 착용하는 경우가 있다."라고 했는데, 제후 첩 자식의

부인이 남편의 외조부모 및 종모를 위해 상복을 착용하는 경우이다.

集說 疏曰: 公子被厭不服己□□之外家, 是無服也. 妻猶從公子而服公子外祖父母從母緦麻, 是從□服而有服也. 緦□云公子外兄弟, 而知其非公子姑之子者, 以喪服□記云, 夫之所□兄弟服, 妻皆降一等; 夫爲姑之子緦麻, 妻則無服. 今公子之妻爲□有服, 故知其爲公子外祖父母從母也. 此等皆小□□之服, 凡小功者□爲兄弟, 若同宗直稱兄弟, 以外族故稱外兄弟也.

소에서 말하길, 제후의 첩 자식이 염강(厭降)을 하게 되어 자신의 모친 외가 친족에 대해 상복을 착용하지 못하는 것이 상복이 없는 경우이다. 첩 자식의 처는 오히려 그녀의 남편을 따라서 남편 외조부모나 종모에 대해 시마복(緦麻服)을 착용하니, 이것이 상복이 없는 것을 따르는데 상복이 있는 경우이다. 경문에서는 단지 '공자의 외형제'라고만 했는데, 남편의 고모 자식에게는 해당하지 않는다는 사실을 알 수 있는 이유는 『예기』 「상복소기(喪服小記)」편에서 남편이 형제를 위해 상복을 착용하는 경우, 처는 모두 1등급을 낮춘다고 했고, 남편은 고모의 자식에 대해 시마복을 착용하여 처는 상복이 없게 되기 때문이다. 현재 제후 첩 자식의 처는 그 대상을 위해 상복을 착용한다고 했다. 그렇기 때문에 그 대상이 남편의 외조부모 및 종모가 됨을 알 수 있다. 이러한 자들은 모두 소공복(小功服)을 착용하는 자들인데, 소공복을 착용하는 자들을 형제라고 말하지만, 같은 종가에 대해서라면 '형제(兄弟)'라고만 부르므로, 외가 친족이기 때문에 '외형제(外兄弟)'라고 말한 것이다.

【004】
"有從有服而無服", 公子爲其妻之父母. ⟨004⟩
전문에서는 "상복을 착용해야 하는 자를 따라서 상복을 착용해야 하지만 실제로 상복을 착용하지 않는 경우가 있다."라고 했는데, 제후 첩의 자식이 자신의 처 부모를 위한 경우이다.

集説 鄭氏曰: 凡公子厭於君, 降其私親, 女君之子不降.

정현이 말하길, 무릇 제후 첩의 자식은 제후로 인해 염강(厭降)을 하게 되어, 개인의 친족에 대해서는 낮춘다. 여군(女君)의 자식은 낮추지 않는다.

集説 疏曰: 雖爲公子之妻, 猶爲父母期, 是有服也. 公子被厭, 不從妻而服之, 是從有服而無服也.

소에서 말하길, 비록 제후 첩 자식의 부인은 여전히 자신의 부모를 위해서 기년복(期年服)을 착용하는데, 이것은 상복이 있는 경우이다. 제후 첩의 자식은 염강(厭降)을 하게 되어, 자신의 처를 따라서 상복을 착용하지 않으니, 이것은 상복이 있는 것을 따르는데 상복이 없는 경우이다.

【005】

從服者[從服, 當作徒從], 所從亡則已. 屬從者, 所從雖沒也服.〈喪服小記 -018〉 [小記. 本在"大者也"下.]

누군가를 따라서 상복을 착용하는 경우['종복(從服)'은 마땅히 '도종(徒從)'이라 기록해야 한다.] 따르던 자가 죽었다면 상복 착용하는 일을 그만둔다. 혈연관계에 속하여 상대를 따라 상복을 착용하는 경우, 따르던 자가 죽었더라도 상복을 착용한다. [「상복소기」편의 문장이다. 본래는 "큰 것에 해당한다."2)라고 한 문장 뒤에 수록되어 있었다.]

集説 疏曰: 服術有六, 其一是徒從. 徒, 空也. 與彼非親屬, 空從此而服彼. 有四者, 一是妾爲女君之黨, 二是子從母服於母之君母, 三是妾子爲君母之黨, 四是臣從君而服君之黨. 此四徒之中, 惟女君雖沒, 妾猶服女君之黨. 餘三徒, 所從旣亡, 則止而不服. 已, 止也. 屬

---

2) 『예기』「상복소기(喪服小記)」 017장 : 親親尊尊長長, 男女之有別, 人道之大者也.

者, 骨血連續以爲親也. 亦有三, 一是子從母服母之黨, 二是妻從夫服夫之黨, 三是夫從妻服妻之黨. 此三從雖沒, 猶從之服其親也.

소(疏)에서 말하길, 복술에는 여섯 가지가 있으니, 첫 번째는 도종이다. '도(徒)'자는 "공허하다."는 뜻이다. 상대방과 친속 관계가 아닌데 공허하게 이 자를 따라서 상대방에 대한 상복을 착용하는 것이다. 이러한 경우에는 네 가지가 있는데, 첫 번째는 첩이 여군(女君)[3]의 친족을 위한 경우이고, 두 번째는 자식이 모친을 따라서 모친의 군모(君母)[4]에 대해 상복을 착용하는 경우이며, 세 번째는 첩의 자식이 군모의 당을 위한 경우이고, 네 번째는 신하가 군주를 따라서 군주의 당을 위해 상복을 착용하는 경우이다. 이러한 네 가지 도종의 경우, 오직 여군에 대한 경우만 여군이 비록 죽더라도 첩은 여전히 여군의 당을 위해 상복을 착용한다. 나머지 세 가지 도종의 경우, 따르는 자가 이미 죽었다면 관계를 끝내서 상대방을 위해 상복을 착용하지 않는다. '이(已)'자는 "그치다."는 뜻이다. '속(屬)'자는 혈연으로 맺어져서 친족으로 여기는 자를 뜻한다. 이 경우에도 세 종류가 있다. 첫 번째는 자식이 모친을 따라서 모친의 당을 위해 상복을 착용하는 경우이다. 두 번째는 처가 남편을 따라서 남편의 당을 위해 상복을 착용하는 경우이다. 세 번째는 남편이 처를 따라서 처의 당을 위해 상복을 착용하는 경우이다. 이 세 가지 경우에는 따르는 자가 비록 죽었더라도, 여전히 죽은 자를 따라서 그의 친족을 위해 상복을 착용한다.

【006】
傳曰: "母出則爲繼母之黨服, 母死則爲其母之黨服". 爲其母之黨服, 則不爲繼母之黨服.〈005〉[本在"妻之父母"下.]

---

3) 여군(女君)은 본부인을 뜻하는 용어이다. 주로 첩 등이 정처를 지칭할 때 쓰는 용어이다.
4) 군모(君母)는 서자가 부친의 정처를 지칭하는 용어이다.

전문에서는 "모친이 쫓겨난 경우라면 계모의 친족을 위해서 상복을 착용하고, 계모가 돌아가셨다면 쫓겨난 모친의 친족을 위해서 상복을 착용한다."라고 했으니, 쫓겨난 모친의 친족을 위해 상복을 착용한다면, 계모의 친족을 위해서는 상복을 착용하지 않는다. [본래는 "처 부모를 위한 경우이다."5)라고 한 문장 뒤에 수록되어 있었다.]

集說 母死, 謂繼母死也. 其母, 謂出母也.

모친이 돌아가셨다는 말은 계모가 돌아가셨다는 뜻이다. '기모(其母)'는 출모(出母)를 뜻한다.

集說 鄭氏曰: 雖外親亦無二統.

정현이 말하길, 비록 외가 친족이라 하더라도 또한 통솔되는 자가 둘일 수 없다.

【007】

妾爲君之長子, 與女君同.〈喪服小記-039〉[小記. 本在"大如經"下.]

첩은 군주의 장자를 위해서 삼년상을 치르니, 여군이 따르는 법식과 동일하다. [「상복소기」편의 문장이다. 본래는 "크기는 요질의 크기와 동일하게 한다."6)라고 한 문장 뒤에 수록되어 있었다.]

集說 女君爲長子三年, 妾亦同服三年, 以正統故重也.

여군은 장자를 위해서 삼년상을 치르고, 첩 또한 동일하게 삼년상을 치르니, 장자는 정통을 이어서 중대하기 때문이다.

---

5) 『예기』「복문」 004장 : "有從有服而無服", 公子爲其妻之父母.
6) 『예기』「상복소기(喪服小記)」 038장 : 絰殺五分而去一, 杖大如絰.

【008】

妾從女君而出, 則不爲[去聲]**女君之子服.**〈喪服小記-019〉 [小記. 本在"沒也服"下.]

여군과 함께 따라온 첩제가 만약 여군과 함께 내쫓기게 되었다면, 도의가 끊어졌으니 여군의 자식을 위해서 ([爲]자는 거성으로 읽는다.) 상복을 착용하지 않는다. [「상복소기」편의 문장이다. 본래는 "죽었더라도 상복을 착용한다."[7]라고 한 문장 뒤에 수록되어 있었다.]

集說 妾, 謂女君之姪娣也. 其來也, 與女君同入, 故服女君之子與女君同. 若女君犯七出而出, 則此姪娣亦從之出, 子死, 則母自服其子, 姪娣不服, 義絶故也.

'첩(妾)'은 여군의 질제를 뜻한다. 그녀가 시집을 올 때에는 여군과 함께 시집을 온다. 그렇기 때문에 여군의 자식을 위해서 상복을 착용하는 것은 여군에 대한 경우와 동일하다. 만약 여군이 칠거지악을 범하여 내쫓기게 되었다면, 그녀의 질제 또한 그녀를 뒤따라 쫓겨나게 된다. 자식이 죽었다면, 모친은 직접 그녀의 자식을 위해서 상복을 착용하지만, 질제는 착용하지 않으니, 도의가 끊어졌기 때문이다.

【009】

女君死, 則妾爲[去聲]**女君之黨服. 攝女君, 則不爲先女君之黨服.**〈雜記上-033〉 [雜記. 本在"撫僕妾"下.]

여군이 이미 죽었더라도, 첩은 여군의 친족을 위해서 ([爲]자는 거성으로 읽는다.) 상복을 착용한다. 그러나 첩이 여군의 지위를 대신하게 되면, 지위가 보다 존귀해진 것이므로, 이전 여군의 친족을 위해서 상복을 착용하지 않는다. [「잡기」편의 문장이다. 본래는 "미천한 첩의 시신을 어루만진다."[8]라고 한 문장 뒤에 수록되어 있었다.]

---

7) 『예기』「상복소기(喪服小記)」018장: 從服者, 所從亡則已. 屬從者, 所從雖沒也服.

集說 女君死而妾猶服其黨, 是徒從之禮也. 妾攝女君則不服, 以攝位稍尊也.

여군이 죽었더라도 첩은 여전히 여군의 친족을 위해서 상복을 착용하니, 이것은 도종(徒從)9)의 예법에 해당한다. 첩이 여군의 지위를 대신하게 된다면, 이전 여군의 친족을 위해서 상복을 착용하지 않으니, 여군의 지위를 대신하여 보다 존귀해졌기 때문이다.

附註 女君死, 則妾爲女君之黨服, 古註抑妾猶服之說甚好. 然此是徒從, 死而猶服, 於義則違, 恐有誤字. 陳氏曰: "女君死而服其黨, 是徒從之禮也", "所從亡則已"之義, 安在哉? 一云: "'死', 謂始死葬前. '所從亡則已', 亦指葬後也."

"여군이 죽으면 첩은 여군의 친족을 위해서 상복을 착용한다."라 했는데, 옛 주에서는 첩에 대해서는 억누르지만 여전히 상복을 착용한다고 한 설명은 매우 옳다. 그런데 이곳의 내용은 도종에 해당하므로, 죽었는데도 오히려 상복을 착용한다면 도의에 있어서는 어긋나므로 아마도 오자가 있는 것 같다. 진호는 "여군이 죽었더라도 첩은 여전히 여군의 친족을 위해서 상복을 착용하니, 이것은 도종의 예법에 해당한다."라 했는데, "따르던 자가 죽었다면 상복 착용하는 일을 그만둔다."10)는 도의는 어디에 있단 말인가? 한편에서는 "사(死)은 이제 막 죽어서 장례를 치르기 이전을 뜻한다. '따르던 자가 죽었다면 상복 착용하는 일을 그만둔다.'는 것은 또한 장례를 치른 이후를 가리킨다."라 설명한다.

---

8) 『예기』「잡기상(雜記上)」 032장 : 君不撫僕妾.
9) 도종(徒從)은 고대에 상복(喪服)을 착용했던 방식 중 하나이다. '도(徒)'자는 "공허하다[空]."는 뜻이다. 상대방과 친속 관계가 아닌데도, 공허하게 그 자를 따라서 상대방에 대한 상복을 착용하는 것이다.
10) 『예기』「상복소기(喪服小記)」 018장 : 從服者, 所從亡則已. 屬從者, 所從雖沒也服.

【010】

爲君母後者, 君母卒, 則不爲君母之黨服.〈喪服小記-037〉 [本在“不升於堂”下.]

서자가 후계자가 된 경우, 군주의 정부인에 대해서도 아들이 되는데, 그 자는 군주의 정부인이 죽으면, 더 이상 정부인의 친족들을 위해서 상복을 착용하지 않는다. [본래는 “당에 올라가지 않는다.”[1]라고 한 문장 뒤에 수록되어 있었다.]

集說 此言無適子而庶子爲後者. 卽上章從服者. 所從亡則已之義也.

이 내용은 적자가 없어서 서자가 후계자가 된 경우를 뜻하니, 곧 앞장에서 말한 ‘종복(從服)’에 해당하는 자들로, 따르던 자가 죽게 되면 그만둔다는 뜻에 해당한다.

【011】

爲慈母之父母無服.〈喪服小記-048〉 [二段小記. 本在“士之喪”下.]

자모의 부모를 위해서는 상복을 입지 않는다. [2개 단락은 「상복소기」편의 문장이다. 본래는 ‘사지상(士之喪)’[2]이라고 한 문장 뒤에 수록되어 있었다.]

集說 恩所不及故也.

은정이 미치는 대상이 아니기 때문이다.

類編 右從服.

여기까지는 ‘종복(從服)’에 대한 내용이다.

---

1) 『예기』「상복소기(喪服小記)」 036장 : 虞, 杖不入於室, 祔, 杖不升於堂.
2) 『예기』「상복소기(喪服小記)」 047장 : 大夫不主士之喪.

【012】

三年之喪旣練矣, 有期之喪旣葬矣, 則帶其故葛帶, 絰期之絰, 服其
功衰. 〈006〉 [本在"繼母之黨服"下.]

부친의 삼년상에서 연제를 마쳤는데, 모친의 기년상에서 장례를 마쳤다면,
부친의 상에서 차고 있던 갈포로 만든 허리띠를 두르고, 기년상에서 차는
질을 두르며, 공최를 착용한다. [본래는 "계모의 친족을 위한 상복"[1]이라고 한 문장
뒤에 수록되어 있었다.]

集說 疏曰: 謂三年之喪練祭之後, 又當期喪旣葬之節也. 故葛帶,
謂三年喪之練葛帶也. 今期喪旣葬, 男子則應著葛帶, 此葛帶與三年
之葛帶麤細正同, 而以父葛爲重, 故帶其故葛帶也. 絰期之絰者, 謂
三年之喪練後, 首絰旣除, 故絰期之葛絰也. 若婦人練後, 麻帶除矣,
則絰其故葛絰, 帶期之麻帶, 以婦人不葛帶故也. 功衰者, 父喪練後
之衰也. 雜記疏云: 三年喪練後之衰, 升數與大功同, 故云功衰也.

소에서 말하길, 삼년상에서 이미 연제(練祭)를 치른 이후인데, 재차 기년
상에서 장례를 마친 이후의 절차에 해당한 경우를 뜻한다. '고갈대(故葛
帶)'는 삼년상에서 연제 때 착용하는 갈포로 만든 허리띠를 뜻한다. 현재
기년상에서 장례를 마쳤으므로, 남자라면 마땅히 갈대를 착용해야 하니,
갈대는 삼년상에서 착용하는 갈대와 거친 정도가 동일하고, 부친의 상을
치르며 착용하는 갈대를 중요하게 여기기 때문에 이전의 갈대를 착용한
다. 기년상의 질(絰)을 착용한다고 했는데, 삼년상에서 연제를 치른 이후
에는 수질(首絰)의 경우 이미 제거를 했기 때문에, 기년상에 착용하는
갈포로 만든 질(絰)을 착용한다. 부인의 경우 연제를 끝낸 이후 마로 만

---

1) 『예기』「복문」005장 : 傳曰: "母出則爲繼母之黨服, 母死則爲其母之黨服", 爲
   其母之黨服, 則不爲繼母之黨服.

든 허리띠를 제거하면, 이전의 갈포로 만든 질(絰)을 차고, 기년상의 마로 만든 허리띠를 차니, 부인은 갈대를 차지 않기 때문이다. '공최(功衰)'는 부친의 상에서 연제를 치른 이후에 착용하는 상복을 뜻한다. 『예기』「잡기(雜記)」편의 소에서 말하길, 삼년상에서 연제를 치른 이후의 상복은 승(升)의 수가 대공복(大功服)과 같다. 그렇기 때문에 '공최(功衰)'라고 부른다.

【013】

有大功之喪, 亦如之, 小功無變也.〈007〉

삼년상에서 연제를 마쳤는데, 대공복의 상이 발생하여 그 상에서 장례를 마쳤다면 또한 이전의 갈포로 만든 허리띠를 두르고, 기년상에서 차는 질을 두른다. 소공복의 상이 뒤늦게 발생한 경우에는 상복에 변화가 없다.

集說 疏曰: 三年喪練後, 有大功喪亦旣葬, 亦帶其故葛帶而絰期之葛絰也, 故云亦如之. 小功無變者, 言先有大功以上喪服, 今遭小功之喪, 無變於前服, 不以輕服減累於重也.

소에서 말하길, 삼년상에서 연제(練祭)를 치른 이후 대공복(大功服)을 착용해야 하는 상이 발생했고 또 그 상에서 장례를 마쳤다면, 앞서와 같이 이전의 갈포로 만든 허리띠를 차고, 기년상의 갈포로 만든 질(絰)을 찬다. 그렇기 때문에 "또한 이와 같다."라고 했다. 소공복(小功服)의 상에는 변화가 없다고 했는데, 앞서 대공복 이상의 상복을 착용하고 있는데, 재차 소공복의 상을 당하게 되면, 이전에 착용했던 상복에서 변화를 주지 않으니, 수위가 낮은 상복으로 인해 수위가 높은 상복을 경감시키거나 겹칠 수 없기 때문이다.

【014】

麻之有本者, 變三年之葛. 〈008〉

대공복 이상의 경우 마로 만든 질에는 뿌리부분도 함께 포함되는데, 상이
겹쳤을 때 삼년상에서 착용하는 갈포로 만든 질을 이것으로 바꿀 수 있다.

集說 疏曰: 大功以上爲帶者, 麻之根本幷留之, 合糾爲帶, 如此者
得變三年之練葛. 小功以下, 其絰澡麻斷本, 不得變三年之葛也. 言
變三年之葛, 擧其重者. 其實期之葛有本者, 亦得變之.

소에서 말하길, 대공복(大功服) 이상의 상복에서 허리띠를 차는 경우,
마(麻)의 뿌리도 함께 남겨두어, 이것을 함께 꼬아서 허리띠를 만드니,
이와 같은 경우 삼년상에서 연제(練祭)를 치른 이후의 갈포로 만든 허리
띠를 이것으로 바꿀 수 있다. 소공복(小功服) 이하 상복에서의 질(絰)은
마(麻)를 깨끗하게 만들고 뿌리를 잘라내니, 삼년상에서 착용하는 갈포
로 만든 질(絰)을 이것으로 바꿀 수 없다. 즉 삼년상에서 착용하는 갈포
로 만든 질(絰)을 바꾼다고 한 말은 수위가 높은 것을 기준으로 했다는
뜻이다. 실제로 기년상(期年喪)에 착용하는 갈포로 마든 질(絰)에도 뿌
리가 포함되므로, 또한 이것으로 바꿀 수 있다.

【015】

**旣練, 遇麻斷[短]本者, 於免絰之. 旣免去絰, 每可以絰必絰, 旣絰則
去之.** 〈009〉

삼년상에서 연제를 치른 이후 마의 뿌리를 잘라서['斷'자의 음은 '短(단)'이다.]
질을 만들게 되는 소공복 이하의 상을 당했다면, 문을 할 때에 그에 대한
질을 찬다. 문을 한 이후에는 질을 제거하고, 매번 질을 차야만 하는 시기
라면 반드시 질을 차며, 질을 차는 일이 끝났다면, 제거하고 연제 이후의
복장으로 갈아입는다.

集說 疏曰: 斬衰旣練之後, 遭小功之喪, 雖不變服, 得爲之加絰也. 於免絰之者, 以練無首絰, 於此小功喪有事於免之時, 則爲之加小功之絰也. 旣免之後, 則脫去其絰. 每可以絰之時, 必爲之加絰. 旣絰則去之, 自練服也.

소에서 말하길, 참최복(斬衰服)의 상에서 연제(練祭)를 치른 이후 소공복(小功服)의 상을 당하면, 비록 복장을 바꿀 수 없지만, 그를 위해서 질(絰)은 착용할 수 있다. 문(免)에서 질(絰)을 한다는 말은 연제를 치른 이후에는 수질(首絰)이 없어지니, 소공복의 상에서 문에 대해 시행할 일이 있다면, 그를 위해 소공복의 질(絰)을 착용할 수 있다는 뜻이다. 이미 문을 한 이후라면 질을 제거하며, 매번 질을 차야 하는 때라면 반드시 그를 위해 질을 찬다. 질 차는 일이 끝났다면 제거하고 연제 이후의 복장으로 갈아입는다.

【016】

小功不易喪之練冠, 如免, 則絰其緦 · 小功之絰. 因其初葛帶. 緦之麻不變小功之葛, 小功之麻不變大功之葛, 以有本爲稅[吐外反].〈010〉

상을 치르고 있는데 뒤늦게 소공복 이하의 상이 발생했을 때에는 이전 상에서 착용했던 연관을 바꾸지 않으며, 만약 문을 하게 된다면, 수질은 시마복이나 소공복에 차는 질을 두르며, 허리띠는 이전 상에 차고 있던 갈포로만든 허리띠를 찬다. 시마복에 차는 마로 만든 질로는 소공복에 착용하는 갈포로 만든 질을 바꾸지 않고, 소공복에 차는 마로 만든 질로는 대공복에차는 갈포로 만든 질을 바꾸지 않으니, 뿌리가 있는 마로 만든 질을 바꾸는['稅'자는 '吐(토)'자와 '外(외)'자의 반절이다.] 기준으로 삼기 때문이다.

集說 疏曰: 言小功以下之喪, 不合變易三年喪之練冠, 其期之練冠, 亦不得變也. 如當緦小功著免之前, 則首絰其緦與小功之絰, 所以爲後喪緦絰者, 以前喪練冠首絰已除故也. 要中所著, 仍因其初喪練之

葛帶; 輕喪之麻, 本服既輕, 雖初喪之麻, 不變前重喪之葛也. 稅, 謂
變易也. 總與小功麻絰既無本, 不合稅變前喪; 惟大功以上麻絰有本
者, 得稅變前喪也.

소에서 말하길, 소공복(小功服) 이하의 상에서는 삼년상에서 착용하고
있던 연관(練冠)을 바꾸지 않으니, 기년상의 연관 또한 바꿀 수 없다.
만약 시마복(緦麻服)과 소공복의 상에서 문(免)을 착용해야 하는 절차에
해당한다면, 수질(首絰)로는 시마복과 소공복의 질(絰)을 차니, 뒤에 발
생한 시마복의 질(絰)을 차는 이유는 이전 상에서 연관을 하여 수질을
이미 제거한 상태이기 때문이다. 허리에 착용하는 것은 곧 초상에서 연제
(練祭)를 치른 이후에 착용하는 갈포로 만든 허리띠를 차는데, 수위가
낮은 상에 차는 마(麻)로 만든 허리띠의 경우, 본래의 상복이 이미 수위
가 낮으니, 비록 초상에서 착용하는 마(麻)로 만든 허리띠라 하더라도
이전에 발생한 수위가 높은 상의 갈포로 만든 허리띠를 바꾸지 않는다.
'태(稅)'자는 바꾼다는 뜻이다. 시마복과 소공복의 마(麻)로 만든 질(絰)
은 뿌리가 없는 것이니, 이전 상에 착용했던 것을 바꾸기에 마땅하지 않
으며, 오직 대공복(大功服) 이상의 상에서 착용하는 뿌리가 있는 마(麻)
의 질(絰)만이 이전 상의 것을 바꿀 수 있다.

【017】

殤長中, 變三年之葛, 終殤之月, 筭而反三年之葛. 是非重麻, 爲其
無卒哭之稅. 下殤則否.〈011〉

대공복의 관계에 있는 자가 장상이나 중상을 하게 되면 삼년상에서 차고
있던 갈포로 만든 질을 그의 상에서 쓰는 것으로 바꿀 수 있고, 요절한
자에 대한 복상기간을 끝내면 다시 삼년상에서 차는 갈포로 만든 질로 바
꾼다. 이것은 마로 만든 질을 중시해서가 아니며, 요절한 자에 대해서는
졸곡 때 복장을 바꾸는 예법이 없기 때문에 특별히 허용하는 것이다. 하상
을 한 경우라면 이처럼 하지 않는다.

集說 疏曰: 殤長中者, 謂本服大功, 今乃降在長中殤. 男子則爲之小功, 婦人爲長殤小功, 中殤則緦麻, 如此者得變三年之葛. 著此殤服之麻, 終竟此殤月數. 如小功則五月, 緦則三月. 還反服其三年之葛也. 既服麻不改, 又變三年之葛, 不是重此麻也. 以殤服質略, 自初死服麻以後, 無卒哭時稅麻服葛之禮也. 下殤則否者, 以大功以下之殤, 男子婦人俱爲之緦麻, 其情輕, 不得變三年之葛也. 按上文麻有本者得變三年之葛, 則齊衰下殤雖是小功, 亦是麻之有本者. 故喪服小記云: "下殤小功帶澡麻不絕本." 然齊衰下殤, 乃變三年之葛. 今大功長殤麻既無本, 得變三年之葛者, 以無虞卒哭之稅, 故特得變之. 若成人小功緦麻, 麻既無本, 故不得變也.

소에서 말하길, '상장중(殤長中)'은 본래의 상복관계는 대공복(大功服)에 해당하지만, 현재 장상(長殤)과 중상(中殤)에 해당하여 수위를 낮췄다는 뜻이다. 남자의 경우 그를 위해 소공복(小功服)을 착용하고, 여자는 장상한 자를 위해 소공복을 착용하며, 중상의 경우라면 시마복(緦麻服)을 착용한다. 이와 같은 경우에는 삼년상에서 차고 있던 갈(葛)로 만든 질(絰)을 바꿀 수 있다. 요절한 자를 위한 상복의 마(麻)로 만든 질을 차고 있다면, 요절한 자에 대해 복상기간을 끝내게 된다. 만약 소공복에 해당한다면 5개월 동안 착용하고, 시마복에 해당한다면 3개월 동안 착용하며, 그 기간이 끝나면 삼년상에서 착용하고 있던 갈포로 만든 질을 다시 찬다. 이미 마(麻)로 된 질을 착용한 것을 바꾸지 않고 또 삼년상의 갈포로 만든 질을 바꾸는 것은 마(麻)로 된 질을 중시해서가 아니다. 요절한 자에 대해 복상하는 것은 본래부터 간략하니, 처음 죽었을 때 마로 된 질을 착용한 이후에는 졸곡(卒哭)을 할 때 마로 된 질을 바꿔서 갈포로 된 질을 차는 예법이 없다. 하상(下殤)이라면 그렇지 않다고 했는데, 대공복 이하의 관계에 있는 자가 요절을 하면 남자와 여자는 모두 그를 위해 시마복을 착용하는데, 그에 대한 정감은 낮아서 삼년상에서 차고 있던 갈포로 만든 질을 바꿀 수 없다. 앞 문장을 살펴보면 뿌리가 있는

마로 만든 질로는 삼년상에서 차고 있던 갈포로 만든 질을 바꿀 수 있다
고 했으니, 자최복(齊衰服) 이하의 관계에 있는 자가 요절을 하면 비록
소공복에 해당하지만, 또한 뿌리가 있는 마로 만든 질을 착용하게 된다.
그렇기 때문에 『예기』 「상복소기(喪服小記)」편에서는 "하상을 하여 단
계를 낮춰 소공복을 착용할 때에는 마를 깨끗하게 하여 허리띠를 만들되
뿌리부분은 끊지 않는다."라고 했다. 그러므로 자최복의 관계에 있는 자
가 하상을 하게 되면, 삼년상에서 차고 있던 갈포로 만든 질을 바꾼다.
현재 대공복의 관계에 있는 자가 장상을 하였으니, 마로 만든 질에도 본
래 뿌리가 없다. 그런데도 삼년상에서 차고 있던 갈포로 만든 질을 바꿀
수 있는 것은 우제(虞祭)와 졸곡(卒哭)에서 바꾸는 예법이 없기 때문에,
특별히 복장을 바꿀 수 있는 것이다. 만약 성인이 된 상태에서 죽은 자가
소공복이나 시마복의 관계에 해당한다면, 마로 만든 질에는 본래부터 뿌
리가 없기 때문에 바꿀 수 없다.

【018】

斬衰之葛與齊衰之麻同,　齊衰之葛與大功之麻同,　麻同皆兼服之.
〈喪服小記-043〉 [小記. 本舊 "則書氏" 下.]

참최복의 상에서 졸곡을 치른 뒤 차는 갈로 만든 질은 자최복의 상에서
초상 때 차는 마로 만든 질과 크기가 같다. 자최복의 상에서 졸곡을 치른
뒤 차는 갈로 만든 질은 대공복의 상에서 초상 때 차는 마로 만든 질과
크기가 같다. 수위가 높은 상과 낮은 상이 겹쳤을 때, 여자의 경우에는 모
두 마로 된 것을 차고, 남자의 경우에는 마와 갈로 만든 질을 모두 착용한
다. [「상복소기」편의 문장이다. 본래는 "씨(氏)를 기록한다."[2]라고 한 문장 뒤에 수록되어
있었다.]

---

2) 『예기』 「상복소기(喪服小記)」 042장 : 復與書銘, 自天子達於士, 其辭一也. 男
子稱名, 婦人書姓與伯仲, 如不知姓則書氏.

上章言経殺皆是五分去一, 此言斬衰卒哭後所受葛経, 與齊
衰初死之麻経大小同; 齊衰變服之葛経, 與大功初死之麻経大小同.
麻同皆兼服之者, 謂居重喪而遭輕喪, 服麻又服葛也. 上章言男子易
要経不易首経, 故首仍重喪之葛, 要乃輕喪之麻也. 婦人卒哭後無變
上下皆麻, 此言麻葛兼服者, 止謂男子耳.

앞에서는 질의 크기를 줄일 때, 모두 5분의 1씩 줄인다고 했고, 이곳에서
는 참최복의 상에서 졸곡을 한 이후에 받게 되는 갈로 만든 질은 자최복
의 상에서 초상 때 착용하는 마의 질과 크기가 같다고 했으며, 자최복의
상에서 상복을 변경하여 갈로 만든 질을 찰 때, 대공복의 상에서 초상
때 착용하는 마의 질과 크기가 같다고 했다. '마동개겸복지(麻同皆兼服
之)'라는 말은 수위가 높은 상을 치르는 도중 수위가 낮은 상을 당하여,
마로 된 것을 착용하고, 또 갈로 된 것을 착용한다는 뜻이다. 앞에서는
남자는 요질은 바꾸지만 수질은 바꾸지 않는다고 했기 때문에, 머리에
두르는 것은 곧 수위가 높은 상에서 차는 갈로 만든 질이고, 허리에는
곧 수위가 낮은 상에서 차는 마로 만든 질을 찬다. 부인의 경우 졸곡을
치른 뒤에는 변경하는 일이 없어서, 위아래 모두 마로 된 것을 차니, 이곳
에서 마와 갈을 함께 착용한다고 한 말은 단지 남자에 대한 경우를 뜻할
따름이다.

右竝有衰服.
여기까지는 '병유최복(竝有衰服)'에 대한 내용이다.

◇ 제후와 대부의 상복 규정[君大夫服]

【019】

君爲天子三年, 夫人如外宗之爲君也. 世子不爲天子服.〈012〉[本在"下殤則否"下.]

제후는 천자를 위해서 참최복으로 삼년상을 치르고, 제후의 부인은 제후의 외종이 제후를 위해 기년상을 치르는 것과 동일하게, 천자를 위해서 기년 상을 치른다. 세자는 혐의를 멀리하기 위해 천자를 위해서 상복을 착용하지 않는다. [본래는 "하상을 한 경우라면 이처럼 하지 않는다."[1]라고 한 문장 뒤에 수록되어 있었다.]

集說 諸侯爲天子服斬衰三年. 外宗, 見前篇. 諸侯外宗之婦爲君期, 夫人爲天子亦期, 故云夫人如外宗之爲君也. 世子有繼世之道, 不爲天子服者, 遠嫌也.

제후는 천자를 위해서 참최복(斬衰服)을 3년 동안 착용한다. '외종(外宗)'에 대한 설명은 앞에 나온다. 제후의 외종에 속하는 부인들은 제후를 위해서 기년복(期年服)을 착용하는데, 제후의 부인은 천자를 위해서 또한 기년복을 착용한다. 그렇기 때문에 "제후의 부인은 제후의 외종이 제후를 위해 상을 치르는 것처럼 한다."라고 했다. 세자에게는 세대를 계승하는 도리가 포함되는데, 천자를 위해서 상복을 착용하지 않는 이유는 혐의를 멀리하기 위해서이다.

【020】

大夫之適子, 爲君・夫人・太子, 如士服.〈014〉[本在"太子適婦"下.]

대부의 적장자는 제후・제후의 부인・제후의 태자를 위해서 상복을 착용

---

1) 『예기』「복문」011장 : 殤長中, 變三年之葛, 終殤之月, 筭而反三年之葛. 是非重麻, 爲其無卒哭之稅. <u>下殤則否</u>.

하는데, 사가 착용하는 상복과 동일하게 한다. [본래는 "태자, 태자의 정부인 상이다."2)라고 한 문장 뒤에 수록되어 있었다.]

集說 鄭氏曰: 士爲國君斬, 小君期, 太子君服斬, 臣從服期.

정현이 말하길, 사는 제후를 위해서 참최복(斬衰服)을 착용하고, 소군(小君)을 위해서는 기년복(期年服)을 착용한다. 태자를 위해 제후는 참최복을 착용하고, 신하는 종복(從服)을 하여 기년복을 착용한다.

集說 疏曰: 大夫無繼世之道, 其子無嫌, 故得爲君與夫人及君之太子, 著服如士服也.

소에서 말하길, 대부에게는 세대를 계승하는 도가 없으니, 그 자식이 상복을 착용하더라도 혐의를 받지 않는다. 그렇기 때문에 제후·제후의 부인 및 제후의 태자에 대해서 상복을 착용할 수 있는데, 사가 상복을 착용하는 것처럼 한다.

【021】

外宗爲[去聲]君夫人, 猶內宗也.〈雜記下-080〉[雜記. 本在"魯昭公始也"下.]

외종이 제후와 그의 부인을 위해[爲'자는 거성으로 읽는다.] 상복을 착용하는 것은 내종의 경우와 같다. 「잡기」편의 문장이다. 본래는 "노나라 소공 때부터 시작되었다."3)라고 한 문장 뒤에 수록되어 있었다.

集說 疏曰: 外宗者, 謂君之姑姊妹之女, 及舅之女, 及從母皆是也. 內宗者, 君五屬內之女. 內宗爲君服斬衰, 爲夫人齊衰, 此云猶內宗也, 則齊斬皆同. 君夫人者, 是國人所稱號. 此外宗, 謂嫁在國中者. 若國外, 當云諸侯也. 古者大夫不外娶, 故君之姑姊妹嫁於國內大夫

---

2) 『예기』「복문」013장 : 君所主, 夫人妻, 太子, 適婦.
3) 『예기』「잡기하(雜記下)」079장 : 夫人之不命於天子, 自魯昭公始也.

爲妻, 是其正也. 諸侯不內娶, 故舅女及從母不得在國中. 凡內外宗,
皆據有爵者, 其無服而嫁於諸臣, 從爲夫之君者, 內外宗皆然. 若嫁
於庶人, 則亦從其夫爲國君服齊衰三月者, 亦內外宗皆然.

소에서 말하길, '외종(外宗)'은 군주의 고모 · 자매가 낳은 딸자식, 외숙의
딸자식, 종모(從母)[4] 등이 모두 여기에 해당한다. '내종(內宗)'은 군주의
오속(五屬)[5]에 속한 친족의 딸자식을 뜻한다. 내종은 군주를 위해서 참
최복을 착용하고, 그의 부인을 위해서 자최복을 착용한다. 이곳에서는
"내종과 같다."고 했으니, 참최복을 착용한다는 것은 모두 동일하다. '군
(君)'과 '부인(夫人)'은 그 나라의 사람들이 지칭하는 호칭이다. 이곳에서
'외종(外宗)'이라고 말한 자들은 같은 나라 안에서 시집을 간 여자들을
뜻한다. 만약 다른 나라로 시집을 간 경우라면 마땅히 '제후(諸侯)'라고
불러야 한다. 고대의 대부들은 다른 나라에서 아내를 맞이하지 않았다.
그렇기 때문에 군주의 고모 · 자매 등이 같은 나라에 살고 있는 대부에게
시집을 가서 그들의 아내가 되었으니, 이것은 정식 규범에 해당한다. 제
후는 국내에서 아내를 맞이하지 않았다. 그렇기 때문에 외숙의 딸 및 종
모 등은 국내에 있을 수 없다. 무릇 내종과 외종은 모두 작위를 가지고
있는 자를 기준으로 말한 것이니, 상복관계가 없고 뭇 신하들에게 시집을
간 여자들은 남편을 따라 남편의 군주를 위해서 상복을 착용하니, 내종과
외종이 모두 이러하다. 만약 서인에게 시집을 간 여자라면, 또한 그녀의
남편을 따라서 그 나라의 군주를 위해서 자최복을 3개월 동안 착용하니,
이 또한 내종과 외종이 모두 이처럼 따른다.

---

4) 종모(從母)는 모친의 자매인 이모를 뜻한다.
5) 오속(五屬)은 서로를 위해 상복(喪服)을 입어야 하는 친족을 뜻한다. 상복은 참최
   복(斬衰服), 자최복(齊衰服), 대공복(大功服), 소공복(小功服), 시마복(緦麻服)
   이 있는데, 친족들은 각각의 친소(親疎) 관계에 따라 위의 다섯 가지 상복을 착용
   하게 되므로, '오속'이라고 부른다.

集說 又按儀禮·喪服疏云: "外宗有三: 周禮外宗之女有爵, 通卿·大夫之妻, 一也. 雜記註, 謂君之姑·姊妹之女·同之女·從母皆是, 二也. 若姑之子婦, 從母之子婦, 其夫是君之外甥, 爲君服斬, 其婦亦名外宗, 爲君服期, 三也. 內宗有二: 周禮內女之有爵, 謂同姓之女悉是, 一也. 雜記註, 君之五屬之內女, 二也."

또한 『의례』「상복(喪服)」편의 소를 살펴보면, "외종(外宗)에는 세 종류가 있다. 『주례』에서는 외종의 여자 중 작위를 가지고 있는 자이니, 이들은 경과 대부의 아내들과 함께 첫 번째 부류가 된다. 『예기』「잡기」편에 대한 정현 주에서는 군주의 고모, 자매의 딸자식, 외숙의 딸자식, 종모 등이 모두 여기에 해당한다고 했으니, 이것이 두 번째 부류이다. 고모의 아들 부인, 종모의 아들 부인과 같은 경우, 그녀들의 남편은 군주의 외친이 되어 군주를 위해 참최복을 착용하니, 그들의 부인 또한 외종이라고 부르며, 군주를 위해서 기년복을 착용한다. 이것이 세 번째 부류이다. 내종(內宗)에는 두 종류가 있다. 『주례』에서는 내녀 중 작위를 가진 자라고 했는데, 천자와 동성인 여자들이 모두 여기에 해당하여, 첫 번째 부류가 된다. 「잡기」편의 주에서 군주의 오속에 속한 내녀라고 했으니, 두 번째 부류가 된다."라 했다.

【022】
君之母非夫人, 則群臣無服. 唯近臣及僕驂乘從服, 唯君所服服也. 〈015〉
[本在"如士服"下.]

제후의 모친이 이전 제후의 정부인이 아니라면, 신하들은 상복을 착용하지 않는다. 오직 근신이나 수레를 모는 자 및 수레에 함께 타는 호위무사만이 종복을 하는데, 군주가 착용하는 상복을 따라서 착용한다. 본래는 "사가 착용하는 상복과 동일하게 한다."6)라고 한 문장 뒤에 수록되어 있었다.

---

6) 『예기』「복문」014장 : 大夫之適子, 爲君·夫人·太子, 如士服.

疏曰: 君母是適夫人, 則群臣服期; 非夫人則君服緦, 故群臣無服也. 近臣, 閽寺之屬. 僕, 御車者. 驂乘, 車右也. 唯君所服服者, 君緦, 則此等人亦緦也.

소에서 말하길, 제후의 모친이 이전 제후의 정부인이라면, 뭇 신하들은 그녀를 위해 기년복(期年服)을 착용한다. 그러나 이전 제후의 정부인이 아니라면, 제후는 시마복(緦麻服)을 착용하기 때문에 뭇 신하들은 상복을 착용하지 않는다. '근신(近臣)'은 궁내에서 문을 지키거나 궁내 사람들을 담당하는 혼인(閽人)이나 시인(寺人) 등의 부류이다. '복(僕)'은 수레를 모는 자이다. '참승(驂乘)'은 수레에 함께 타는 호위무사이다. 오직 제후가 착용하는 상복을 입는다는 말은 제후가 시마복을 입는다면 이러한 자들 또한 시마복을 착용한다는 뜻이다.

【023】

公爲卿大夫錫衰以居, 出亦如之, 當事則弁経. 大夫相爲亦然. 爲其妻, 往則服之, 出則否. 〈016〉

제후가 경이나 대부를 위해 상복을 착용할 때에는 석최를 착용하여 기거하고, 출타를 할 때에도 또한 그 복장을 착용하며, 상에 대해 해당 절차를 시행하는 때라면 머리에는 변질을 쓴다. 대부가 서로에 대해 상복을 착용할 때에도 이처럼 한다. 그들의 처에 대해서 상복을 착용할 때에는 그 집에 찾아간다면 이러한 복장을 착용하지만, 다른 일로 출타할 때에는 착용하지 않는다.

集說 疏曰: 君爲卿大夫之喪, 成服之後, 著錫衰以居也. 出, 謂以他事而出, 非至喪所. 亦著錫衰, 首則皮弁也. 當事, 若大斂及殯, 幷將葬啓殯等事, 則首著弁経, 身衣錫衰; 若於士, 則首服皮弁也. 大夫相爲亦然者, 亦如君於卿大夫也. 若君於卿大夫之妻, 及卿大夫相爲其妻, 而往臨其喪, 亦服錫衰, 但不常著之以居. 或以他事出, 則不服也.

소에서 말하길, 제후가 경과 대부의 상을 치를 때 성복(成服)을 한 이후라면 석최(錫衰)를 착용하여 기거한다. '출(出)'자는 다른 일로 인해 출타를 한다는 뜻으로, 상을 치르는 장소로 간다는 의미가 아니다. 또한 석최를 착용하는데 머리에는 피변(皮弁)을 착용한다. '당사(當事)'는 대렴(大斂)이나 빈소를 마련하는 경우 및 장례를 치르기 위해 계빈(啓殯)을 하는 경우 등인데, 이러한 일을 하게 되면 머리에는 변질(弁経)을 착용하고, 몸에는 석최를 걸치며, 사에 대한 경우라면 머리에는 피변을 착용한다. 대부가 서로를 위해 상복을 착용할 때에도 이처럼 한다고 했는데, 제후가 경이나 대부의 상복을 착용하는 경우와 동일하게 한다는 뜻이다. 만약 군주가 경이나 대부의 처에 대해서 상복을 착용하고, 경과 대부가 서로에 대해 그들의 처를 위해 상복을 착용하는 경우. 그 상에 찾아가서 임하게 되면 또한 석최를 착용하지만 항상 이 복장을 착용하며 기거하는 것은 아니다. 간혹 다른 사안으로 출타하게 된다면 착용하지 않는다.

集說 錫衰之布以緦布而加灰治. 弁経制如爵弁. 素爲之, 加環経其上.

석최(錫衰)를 만드는 포는 시마복(緦麻服)을 만드는데 사용하는 포를 이용하고 잿빛으로 물들이는 공정을 더하며, 변질(弁経)을 만드는 제도는 작변(爵弁)을 만드는 것과 동일한데 흰색으로 만들고 그 위에 환질(環経)을 두르는 것이다.

類編 右君大夫服.

여기까지는 '군대부복(君大夫服)'에 대한 내용이다.

禮記類編大全卷之三十一

『예기유편대전』 31권

◈ 雜記上第三十四 / 「잡기상」 34편

類編 此篇雜記喪禮之節, 卽喪大記之屬也. 所記多有錯亂, 今略正之. 篇末數條, 非喪禮而附見.

이 편은 상례의 규범을 뒤섞어 기록하고 있는데, 『예기』「상대기(喪大記)」편의 부류에 해당한다. 기록들은 대부분 착간되어 혼란스러워서 지금 간략히 이를 바로잡는다. 편 끝에 있는 몇 조목들은 상례에 대한 내용이 아니며 부견한 것이다.

類編 本居樂記之下. 凡二十三節, 附四節.

본래는 『예기』「악기(樂記)」편 뒤에 수록되어 있다. 모두 23개 절이며, 덧붙인 것이 4개 절이다.

『예기집설』	『예기유편대전』	
	구분	문장
001	이졸	喪服小記-071
002		檀弓上-083
003		018
004		019
005		020
006		檀弓上-126
007		檀弓上-130後
008		檀弓上-124
009		喪服小記-042
010		檀弓上-125
011		006
012		007
013		008
014		雜記下-064
015	襲斂	062
016		063

『예기집설』	『예기유편대전』 구분	『예기유편대전』 문장
	「잡기상」편 문장 순서 비교	
017		053
018		雜記下-096
019		064
020		032
021		雜記下-072
022		062
023		075
024	服杖	檀弓下-115
025		檀弓下-002
026		檀弓下-116
027		檀弓上-123
028	棺椁	檀弓上-137
029		檀弓上-138
030		檀弓上-139
031		檀弓上-143
032	殯	檀弓上-151
033		檀弓上-128
034		檀弓上-129
035		檀弓上-120
036		檀弓上-130前
037	朝夕哭奠	雜記下-060
038		058
039		檀弓上-144
040		檀弓上-149
041		014
042		喪服小記-053
043		017
044		016
045	葬	021
046		檀弓上-122
047		048前
048		檀弓下-001
049		雜記下-068

「잡기상」편 문장 순서 비교		
『예기집설』	『예기유편대전』	
	구분	문장
050		076
051		049後
052		喪服小記-076
053		054
054		檀弓上-121
055		雜記下-065
056		喪服小記-044
057		雜記下-027
058		雜記下-026
059		052
060	虞卒哭	055
061		檀弓下-100
062		檀弓下-101
063		檀弓下-102
064		雜記下-052
065		雜記下-053
066		022
067		025
068	祔	023
069		024
070		雜記下-004
071		028
072		檀弓上-131
073		喪服小記-064
074		雜記下-010
075	練祥禫	雜記下-011
076		雜記下-012
		雜記下-023
		雜記下-024
		檀弓上-150
		雜記下-043
	飲食居處言語動作之節	雜記下-045
		雜記下-044
		雜記下-034

『예기집설』	『예기유편대전』	
	구분	문장
		雜記下-049
		服問-017
		雜記下-017
		雜記下-018
		009
		喪服小記-078
		喪服小記-041
		雜記下-047
		雜記下-048
		雜記下-036
		雜記下-037
		雜記下-038
		雜記下-039
		雜記下-040
		雜記下-041
		檀弓上-136
		雜記下-042
		檀弓下-007
		檀弓下-003
		059
		檀弓下-008
	弔哭	檀弓下-009
		喪服小記-070
		檀弓上-140
		檀弓上-141
		檀弓上-142
		038
		雜記下-067
		037
		雜記下-025
		檀弓下-006前
		檀弓下-010
		074
		檀弓下-004

『잡기상』편 문장 순서 비교

「잡기상」편 문장 순서 비교		
『예기집설』	『예기유편대전』	
	구분	문장
		檀弓下-006中
		檀弓上-033
		檀弓下-006中
		檀弓下-006後

◇ 시졸(始卒)

【001】

養[去聲]有疾者不喪服, 遂以主其喪. 非養者入主人之喪, 則不易己
之喪服. 養尊者必易服, 養卑者否.〈喪服小記-071〉[小記. 本在"不錫衰"下.]
친족 중 가까운 친족이 없는데 병에 걸린 자가 있어서 본인이 그를 봉양하
게['養'자는 거성으로 읽는다.] 되면, 자신이 본래 입고 있던 상복을 벗고 봉양한
다. 그리고 그 자가 죽게 되면 봉양했던 인연에 따라 그의 상을 주관한다.
그를 봉양했던 자가 아니지만 그가 죽은 뒤에 그 집에 찾아와서 그의 상을
주관하게 된다면, 자신이 본래 입고 있던 상복을 바꾸거나 제거하지 않는
다. 부친이나 형 항렬의 존귀한 자를 봉양하는 경우에는 반드시 복장을
바꾸지만, 자식이나 동생 항렬의 낮은 자를 봉양하는 경우에는 바꾸지 않
는다. [「상복소기」편의 문장이다. 본래는 "석최를 착용하지 않는다."[1]라고 한 문장 뒤에
수록되어 있었다.]

集說 親屬無近親而遇疾者, 己往養之而身有喪服, 釋去其服, 惡其
凶也. 故云養有疾者不喪服. 若此疾者遂死, 旣無主後, 己旣養之,
當遂主其喪, 蓋養者於死者有親也. 然亦不著己之喪服, 故云遂以主
其喪. 非養者入主人之喪, 謂疾時不曾釋服來致其養, 今死乃入來主
其喪, 則亦不易去己之喪服也. 尊, 謂父兄. 卑, 謂子弟.

친족 중에 가까운 친족이 없는데 질병에 걸린 자가 있어서, 자신이 찾아
가서 봉양을 하였는데, 본인이 상복을 착용한 상태라면 상복을 제거하니,
흉사를 꺼리기 때문이다. 그래서 "질병에 걸린 자를 봉양하는 자는 상복
을 입지 않는다."라고 말한 것이다. 만약 질병에 걸린 자가 결국 죽게
된다면, 이미 상주를 맡을 후사가 없는 상태이고, 자신이 이미 그를 돌봤
으므로, 마땅히 그 일에 따라서 그 상까지도 주관하니, 봉양을 한 자는

---

1) 『예기』「상복소기(喪服小記)」070장 : 諸侯弔必皮弁錫衰, 所弔雖已葬, 主人必
免. 主人未喪服, 則君亦<u>不錫衰</u>.

죽은 자에 대해서 친족 관계가 성립되기 때문이다. 그러나 이러한 경우에
도 본인이 본래 입고 있었던 상복을 입지 않는다. 그렇기 때문에 "결국
그 일로 인해 그 상을 주관한다."라고 말한 것이다. "병자를 돌본 자가
아니지만, 그 집에 들어가서 남의 상을 주관한다."라고 했는데, 어떤 자가
질병에 걸렸을 때, 일찍이 상복을 벗고서 찾아와 그를 봉양하지 못했지
만, 현재 그가 죽어서 곧 그 집에 찾아와서 그 상을 주관한다는 뜻이니,
이때에는 또한 자신의 상복을 바꾸거나 제거하지 않는다. '존(尊)'은 부친
이나 형을 뜻한다. '비(卑)'는 자식이나 동생을 뜻한다.

【002】

扶君, 卜[僕]人師扶右, 射人師扶左. 君薨以是舉.〈檀弓上-083〉 [檀弓. 本
在"曰知禮"下.]

군주를 부축함에 복인['卜'자의 음은 '僕(복)'이다.]의 수장은 오른쪽을 부축하고,
사인의 수장은 왼쪽을 부축한다. 군주가 죽게 되면 이 사람들을 이용해서
군주의 시신을 들게 한다. [「단궁」편의 문장이다. 본래는 "예를 아는구나라고 했다."[2]
라고 한 문장 뒤에 수록되어 있었다.]

集說 君疾時, 僕人之長扶其右體, 射人之長扶其左體. 此二人皆平
日贊正服位之人, 故君旣薨, 遇遷尸, 則仍用此人也. 方氏釋師爲衆,
應氏以卜人爲卜筮之人.

군주가 질병에 걸렸을 때, 복인의 수장은 군주의 몸 중 오른쪽을 부축하
고, 사인의 수장은 왼쪽을 부축한다. 이 두 사람은 모두 평상시 때 임금의
복장을 가다듬고 자리를 정돈하는 일을 돕는 자들이다. 그렇기 때문에
군주가 죽게 되어 시신을 옮길 때가 되면, 곧 이 사람들을 이용하게 된다.

---

2) 『예기』「단궁상(檀弓上)」082장 : 叔孫武叔之母死, 旣小斂, 擧者出, 尸出戶, 袒,
　　且投其冠, 括髮. 子游曰: "知禮."

방씨는 '사(師)'자를 무리들로 풀이하였고, 응씨는 복인(卜人)을 거북점
과 시초점을 치는 사람들로 여겼다.

類編 右始卒.
여기까지는 '시졸(始卒)'에 대한 내용이다.

◇ 복(復)

【003】

復, 諸侯以褒衣冕服爵弁服.〈018〉 [本在"卜人作龜"下.]

초혼에 있어서, 제후는 포의·면복·작변복 등을 사용한다. [본래는 "복인은 거북껍질을 그슬려서 점을 친다."[1]라고 한 문장 뒤에 수록되어 있었다.]

集說 復, 解見前. 褒衣者, 始命爲諸侯之衣, 及朝覲時天子所加賜之衣也. 冕服者, 上公自袞冕而下, 備五冕之服; 侯·伯自鷩冕而下, 其服四; 子·男自毳冕而下, 其服三. 諸侯之復也, 兼用褒衣及冕服爵弁之服也.

'복(復)'에 대해서는 그 설명이 앞에 나온다. '포의(褒衣)'는 처음 명령을 받아 제후가 되었을 때 착용했던 옷이나 조근(朝覲) 등의 의례 때 천자가 하사해준 옷을 뜻한다. '면복(冕服)'의 경우 상공은 곤면으로부터 그 이하의 복장을 착용하여, 오면의 복장을 모두 갖추고, 후작·백작은 별면으로부터 그 이하의 복장을 착용하여, 네 개의 복장을 갖추며, 자작·남작은 취면으로부터 그 이하의 복장을 착용하여, 세 개의 복장을 갖춘다. 제후의 초혼에서는 포의 및 면복·작변의 복장을 모두 사용하게 된다.

【004】

夫人稅[象]衣揄[搖]狄, 狄稅素沙.〈019〉

제후의 부인에 대해 초혼을 할 때에는 단의와['稅'자의 음은 '象(단)'이다.] 요적을['揄'자의 음은 '搖(요)'이다.] 사용하며, 유적과 단의는 흰색의 안감을 댄다.

集說 此言夫人始死所用以復之衣也. 稅衣, 色黑而緣以纁. 揄, 與

---

1) 『예기』「잡기상(雜記上)」 017장 : 大夫之喪, 大宗人相, 小宗人命龜, 卜人作龜.

搖同. 揄狄色靑, 江淮而南, 靑質而五色皆備成章曰搖狄. 狄, 當爲
翟, 雉名也. 此服蓋畫搖翟之形以爲文章, 因名也. 狄稅素沙, 言自
揄翟至稅衣, 皆用素沙爲裏, 卽今之白絹也.

이 내용은 제후의 부인이 이제 막 죽었을 때, 초혼을 하며 사용하는 복장
을 뜻한다. '단의(稅衣)'는 색이 검고 가선은 분홍색으로 댄 옷이다. '유
(揄)'자는 요(搖)자와 동일하니, '요적(揄狄)'은 그 색이 청색이며, 강수와
회수 이남에서는 청색 바탕에 다섯 가지 색깔을 모두 갖춰 무늬를 꾸민
옷을 '요적(搖狄)'이라고 부른다. '적(狄)'자는 마땅히 적(翟)자가 되니,
꿩을 뜻하는 명칭이다. 이 복장에는 아마도 움직이는 꿩의 형상을 그려서
무늬로 삼았기 때문에, 그에 따라 이러한 명칭을 정한 것 같다. '적단소사
(狄稅素沙)'라는 말은 요적으로부터 단의에 이르기까지는 모두 흰색의
천을 사용하여 안감을 만든다는 뜻이니, 이것은 곧 현재의 백색 비단에
해당한다.

集說 按內司服, 六服者, 褘衣 · 揄狄 · 闕狄 · 鞠衣 · 展衣 · 褖衣也.
『주례』「내사복(內司服)」편을 살펴보면, '육복(六服)'이라는 것은 위의
(褘衣) · 요적(揄狄) · 궐적(闕狄) · 국의(鞠衣) · 전의(展衣) · 단의(褖
衣)이다.[2]

集說 儀禮註云: 王之服九, 而祭服六; 后之服六, 而祭服三. 王之
服, 衣裳之色異; 后之服, 連衣裳而其色同. 以婦人之德, 本末純一故
也. 王之服禪而無裏, 后之服裏而不禪, 以陽成於奇, 陰成於偶故也.
『의례』의 주에서 말하길, 천자의 복장은 아홉 가지이고, 제사의 복장은
여섯 가지이다. 왕후(王后)[3]의 복장은 여섯 가지이고, 제사의 복장은 세

---

2) 『주례』「천관(天官) · 내사복(內司服)」: 內司服; 掌王后之六服, 褘衣, 揄狄, 闕
　狄, 鞠衣, 展衣, 緣衣, 素沙.
3) 왕후(王后)는 천자의 본부인을 뜻한다. 후대에는 황후(皇后)라고 부르기도 하였

가지이다. 천자의 복장은 상의와 하의의 색깔이 다르지만, 왕후의 복장은 상의와 하의가 연결되어 있어서 그 색깔이 동일하다. 부인의 덕성은 근본과 말단이 순일하기 때문이다. 천자의 복장은 홑겹으로 만들어서 안감이 없지만, 왕후의 복장에는 안감을 대어 홑겹으로 만들지 않으니, 양은 홀수에서 완성되고 음은 짝수에서 완성되기 때문이다.

【005】

內子以鞠衣襃衣素沙. 下大夫以禮之彦反衣. 其餘如士. 復西上.〈020〉

경의 정처에 대해 초혼을 할 때에는 하사받은 국의를 사용하는데, 이 옷에는 백색의 비단으로 안감을 댄다. 하대부의 처에 대해서는 전의를['禮'자의 음은 '之(지)'자와 '彦(언)'자의 반절음이다.] 사용한다. 나머지 복장은 사의 처에 대한 복장인 단의(褖衣)를 함께 사용한다. 초혼을 할 때에는 서쪽을 상등으로 삼는다.

集說 內子, 卿之嫡妻也. 其復用鞠衣. 此衣蓋始命爲內子時所襃賜者, 故云鞠衣襃衣也. 亦以素沙爲裏. 下大夫, 謂下大夫之妻也. 禮, 周禮作展. 其餘如士者, 謂士妻之復用褖衣, 內子與下大夫之妻復亦兼用褖衣也. 復西上者, 復之人數多寡各如其命數. 若上公九命, 則復者九人, 以下三命, 則用三人. 北面則西在左, 左爲陽, 冀其復生, 故尙左也, 尊者立於左.

'내자(內子)'는 경의 정처이다. 그녀에 대한 초혼 복장은 국의를 사용한다. 이 복장은 아마도 처음 명을 받아 내자가 되었을 때 그녀의 덕을 기리며 하사한 복장이기 때문에, '국의인 포의'라고 말한 것 같다. 이 복장 또한 흰색의 비단으로 안감을 댄다. 이곳의 '하대부(下大夫)'는 하대부의 처를 뜻한다. '전(禮)'자를 『주례』에서는 전(展)자로 기록했다.[4] '기여여

다. 고대에는 천자(天子)를 왕(王)이라고 불렀기 때문에, 천자의 부인을 '왕후'라고 부른 것이다.

【008】

復·揳[屑]齒·綴[拙]足·飯[上聲]·設飾·帷堂竝作.〈檀弓上-124〉[本在"漆
之藏焉"下.]

초혼을 하며, 시신의 입에 각사(角柶)를 넣어 벌리고['揳'자의 음은 '屑(설)'이다.]
다리가 굽어지지 않도록 고정시키며['綴'자의 음은 '拙(졸)'이다.] 시신의 입에 쌀
등을 채우고['飯'자는 상성으로 읽는다.] 시신에 대해 習(습)과 斂(염)을 하며,
당에 휘장을 치는 등 총 6가지 일들은 동시에 시행한다. [본래는 "옻칠을 하고,
그 속에 물건을 채워둔다."[1]라고 한 문장 뒤에 수록되어 있었다.]

集說 始死招魂之後, 用角柶柱尸之齒令開, 得飯舍時不閉; 又用燕
几拘綴尸之兩足令直, 使著屨時不辟戾也. 飯者, 實米與貝于尸口中
也. 設飾, 尸襲斂也. 帷堂, 堂上設帷也. 作, 起爲也. 復至帷堂大事
一時竝起, 故云"竝作"也. 儀禮亦總見一圖.

어떤 자가 이제 막 죽게 되어 초혼을 하게 되면, 그 이후에는 각사(角柶)
를 이용해서 시신의 이빨 사이에 걸어두어 입을 벌리게 하여, 반함(飯含)
을 할 때 입이 닫히지 않도록 한다. 또 연궤(燕几)[2]를 이용해서 시신의
양쪽 다리를 고정시켜 곧게 펴지도록 하여, 신발을 신길 때 다리가 굽혀
지지 않도록 한다. '반(飯)'이라는 것은 쌀과 화패 등을 시신의 입 속에
채운다는 뜻이다. '설식(設飾)'은 시신에 대해서 습(襲)을 하고 염(斂)을
한다는 뜻이다. '유당(帷堂)'은 당 위에 휘장을 설치한다는 뜻이다. '작
(作)'은 시행한다는 뜻이다. 초혼으로부터 당에 휘장을 치는 것에 이르기
까지 총 6가지 일들은 동시에 모두 시행한다. 그렇기 때문에 "모두 시
행한다."라고 말한 것이다. 『의례도』에도 또한 총괄적으로 하나의 그림
에 이것들이 기록되어 있다.

---

1) 『예기』「단궁상(檀弓上)」 123장 : 君卽位而爲椑, 歲一漆之, 藏焉.
2) 연궤(燕几)는 휴식을 취할 때 몸을 기댈 수 있도록 만든 안석이다.

附註 按: 復而楔齒·綴足竝作, 飯而設飾·帷堂竝作. 註六事一時竝作, 恐未然.

살펴보니, 초혼을 하며 시신의 입에 각사를 넣어 벌리고 다리를 고정시키는 것을 함께 시행하고, 시신의 입에 반을 하며 습과 염을 하고 당에 휘장 치는 것을 함께 시행한다. 주에서는 여섯 가지 사안을 동시에 시행한다고 했는데, 아마도 그렇지 않을 것이다.

【009】

復與書銘, 自天子達於士, 其辭一也. 男子稱名, 婦人書姓與伯仲,
如不知姓則書氏.〈喪服小記-042〉[小記. 本在"皆於其次"下.]

초혼의 의식과 명정에 기록할 때 쓰는 명칭은 천자로부터 사에 이르기까지
그 말들이 모두 동일하다. 남자의 경우에는 이름을 지칭하고, 부인의 경우
에는 성과 첫째나 둘째 등을 기록하며, 만약 성을 모르는 경우라면 씨를
기록한다. [「상복소기」편의 문장이다. 본래는 "모두 상중에 머무는 임시 숙소에서 한다."[1]
라고 한 문장 뒤에 수록되어 있었다.]

集說 復, 招魂以復魄也. 書銘, 書死者名字於明旌也. 檀弓疏云:
"士喪禮爲銘各以其物, 士長三尺, 大夫五尺, 諸侯七尺, 天子九尺.
若不命之士, 以緇長半幅長一尺, 經末長終幅長二尺, 總長三尺." 周
禮: "天子之復, 曰皐天子復. 諸侯, 則曰皐某甫復." 此言天子達於士
其辭一者, 殷以上質不諱名, 故臣可以名君歟! 男子稱名, 謂復與銘
皆名之也. 婦人銘則書姓及伯仲, 此或亦是殷以上之制, 如周則必稱
夫人也. 姓, 如魯是姬姓, 後三家各自稱氏. 所謂氏也, 殷以前, 六世
之外, 則相與爲昏, 故婦人有不知姓者, 周不然矣.

'복(復)'은 혼을 불러서 백으로 되돌리는 절차이다. '서명(書銘)'은 죽은
자의 이름과 자를 명정에 기록한 것이다. 『예기』「단궁(檀弓)」편의 소에
서는 "『의례』「사상례(士喪禮)」편에서는 명을 만들 때에는 각각 해당하
는 사물을 사용하는데, 사의 것은 길이가 3척이고, 대부는 5척이며, 제후
는 7척이고, 천자는 9척이다. 만약 명의 등급을 받지 못한 사라면, 검은색
천 반폭을 사용한다고 했으니, 그 길이는 1척이고, 끝부분의 붉은색 천은
길이를 종폭으로 한다고 했고, 그 길이는 2척이 되니, 총 길이는 3척이
된다."라고 했다. 주나라의 예법에 있어서, "천자의 초혼에서는 '아아! 천
자여 돌아오소서.'라고 말한다. 제후의 경우에는 '아아! 아무개 보여 돌아

---

1) 『예기』「상복소기(喪服小記)」041장 : 無事不辟廟門, 哭皆於其次.

오소서.'라고 말한다."라고 했는데, 이곳에서는 천자로부터 사 계급에 이르기까지 사용하는 말이 동일하다고 했다. 그 이유는 은나라로부터 그 이전 시대에는 질박하여 이름을 피휘하지 않았기 때문에, 신하도 이름으로 군주를 부를 수 있었기 때문일 것이다. 남자에 대해서는 이름을 부른다고 했는데, 초혼과 명에 있어서 모두 이름으로 그를 지칭한다는 뜻이다. 부인의 명은 성 및 첫째나 둘째 등을 함께 기록한다고 했는데, 이것은 아마도 은나라로부터 그 이전 시대의 제도인 것 같으니, 주나라의 경우라면 반드시 '부인(夫人)'이라고 지칭해야 한다. '성(姓)'의 경우 노나라는 희성인데, 후대의 삼가에서는 각각 개별적인 씨를 불렀다. 이것이 바로 '씨(氏)'라는 것이니, 은나라로부터 그 이전에는 육세 밖이라면, 서로 혼사를 치를 수 있었다. 그렇기 때문에 부인의 경우 성을 모르는 경우도 있었던 것인데, 주나라에서는 이처럼 하지 않았다.

類編 右復.

여기까지는 '복(復)'에 대한 내용이다.

◇ 부(訃)

【010】

父兄命赴者.〈檀弓上-125〉[檀弓. 本在"帷堂竝作"下.]

대부 이상의 계급에서는 어떤 자가 죽게 되면, 그 자의 부형이 부고를 알릴
자를 임명한다. [「단궁」편의 문장이다. 본래는 "당에 휘장을 치는 등의 일들은 동시에
시행한다."1)라고 한 문장 뒤에 수록되어 있었다.]

集說 疏曰: 生時與他人有恩識者, 今死, 則其家宜使人往相赴告.
士喪禮: "孝子自命赴者", 若大夫以上, 則父兄命之也."

소에서 말하길, 생전에 다른 사람과 은정을 나누고 면식이 있는 자에 대
해서는 현재 그 자가 죽게 되면, 그 집에서는 마땅히 사람을 시켜서 그곳
에 찾아가 부고를 서로 알리도록 한다. 『의례』「사상례(士喪禮)」편에서
는 "자식은 직접 부고를 알릴 자를 정한다."2)라고 했는데, 만약 대부 이상
의 계급이라면, 부형이 임명하게 된다.

【011】

凡訃於其君, 曰: "君之臣某死." 父母妻長子, 曰: "君之臣某之某死."
君訃於他國之君曰: "寡君不祿, 敢告於執事." 夫人曰: "寡小君不
祿." 太子之喪曰: "寡君之適[的]子某死."〈006〉[本在"以爲裳帳"下.]

무릇 자기 군주에게 부고를 알릴 때에는 "군주의 신하 아무개가 죽었습니
다."라고 말한다. 그의 부모·처·장자에 대해서 부고를 알릴 때에는 "군주
의 신하 아무개의 아무개가 죽었습니다."라고 말한다. 자기 군주에 대해서
다른 나라의 군주에게 부고를 알릴 때에는 "저희 군주가 더 이상 녹봉을

---

1) 『예기』「단궁상(檀弓上)」 124장 : 復·揳齒·綴足·飯·設飾·帷堂竝作.
2) 『의례』「사상례(士喪禮)」 : 乃赴于君. 主人西階東, 南面命赴者, 拜送. 有賓則
拜之.

받지 못하니, 감히 일을 맡아보는 자에게 아룁니다."라고 말한다. 군주의 부인에 대해서는 "저희 소군께서 더 이상 녹봉을 받지 못하니, 감히 일을 맡아보는 자에게 아룁니다."라고 말한다. 태자의 상에 대해서는 "저희 군주의 적자[`適`자의 음은 `的(적)`이다.] 아무개가 죽었으니, 감히 일을 맡아보는 자에게 아룁니다."라고 말한다. [본래는 "휘장으로 삼는다."3)라고 한 문장 뒤에 수록되어 있었다.]

集說 君與夫人訃, 不曰薨而曰不祿, 告他國謙辭也. 敢告於執事者, 凶事不敢直指君身也.

군주와 그의 부인에 대해서 부고를 알릴 때에는 '훙(薨)'이라 말하지 않고, '불록(不祿)'이라 말하니, 다른 나라에 알릴 때에는 겸손한 말로 전하기 때문이다. "감히 일을 맡아보는 자에게 아룁니다."라고 말하는 것은 흉사에 대해서는 감히 직접적으로 군주 자신을 가리킬 수 없기 때문이다.

【012】
大夫訃於同國適[敵]者曰: "某不祿." 訃於士亦曰: "某不祿." 訃於他國之君曰: "君之外臣寡大夫某死." 訃於適者曰: "吾子之外私寡大夫某不祿, 使某實[至]." 訃於士亦曰: "吾子之外私寡大夫某不祿, 使某實."〈007〉

대부가 죽었을 때, 그와 같은 나라에 거주하는 대부 중 신분이 대등한[`適`자의 음은 `敵(적)`이다.] 자에게 부고를 알릴 때에는 "아무개가 더 이상 녹봉을 받지 못합니다."라고 말한다. 사에게 부고를 알릴 때에도 "아무개가 더 이상 녹봉을 받지 못합니다."라고 말한다. 다른 나라의 제후에게 부고를 알릴 때에는 "군주의 외국 신하인 저희 대부 아무개가 죽었습니다."라고 말한다. 다른 나라에 거주하는 신분이 대등한 자에게 부고를 알릴 때에는 "그대의 외국 친우인 저희 대부 아무개가 더 이상 녹봉을 받지 못하여, 아무개를

---
3) 『예기』「잡기상」 005장 : 士輤葦席以爲屋, 蒲席以爲裳帷.

시켜 이곳에 오도록[‘實’자의 음은 ‘至(지)’이다.] 했습니다.”라고 말한다. 다른 나라의 사에게 부고를 알릴 때에도 “그대의 외국 친우인 저희 대부 아무개가 더 이상 녹봉을 받지 못하여, 아무개를 시켜 이곳에 오도록 했습니다.”라고 말한다.

集說 適者, 謂同國大夫位命相敵者. 外私, 在他國而私有恩好者也. 實, 讀爲至, 言爲訃而至此也.

‘적자(適者)’는 같은 나라에 거주하는 대부 중 지위와 명의 등급이 죽은 자와 대등한 자를 뜻한다. ‘외사(外私)’는 다른 나라에 소속되어 있지만 사적으로 은정과 우호를 다졌던 자를 뜻한다. ‘실(實)’자를 지(至)자로 풀이하니, 부고를 위해 이곳에 왔다는 뜻이다.

附註 按: 實猶言不可諱, 不必改作至. 且至字, 意亦不足.

살펴보니, ‘실(實)’은 “피할 수가 없다.”는 말과 같으니, 고칠 필요가 없다. 또 ‘지(至)’자로 풀이하는 것은 그 의미가 충분하지 못하다.

【013】

士計於同國大夫曰: "某死." 計於士亦曰: "某死." 計於他國之君曰: "君之外臣某死." 計於大夫曰: "吾子之外私某死." 計於士亦曰: "吾子之外私某死."〈008〉

사가 죽었을 때, 그와 같은 나라에 거주하는 대부에게 부고를 알릴 때에는 "아무개가 죽었습니다."라고 말한다. 사에게 부고를 알릴 때에도 "아무개가 죽었습니다."라고 말한다. 다른 나라의 제후에게 부고를 알릴 때에는 "군주의 외국 신하인 아무개가 죽었습니다."라고 말한다. 다른 나라의 대부에게 부고를 알릴 때에는 "그대의 외국 친우 아무개가 죽었습니다."라고 말한다. 다른 나라의 사에게 부고를 알릴 때에도 "그대의 외국 친우 아무개가 죽었습니다."라고 말한다.

集說 士卑, 故其辭降於大夫.

사는 신분이 미천하기 때문에, 전하는 말에 있어서도 대부보다 낮추게 된다.

類編 右計.

여기까지는 '부(計)'에 대한 내용이다.

◇ 습렴(襲斂)

【014】

天子飯[上聲]九貝, 諸侯七, 大夫五, 士三.〈雜記下-064〉[本在"徒爲之也"下.]

천자는 함을['飯'자는 상성으로 읽는다.] 하며 9개의 조개를 사용하고, 제후는 7개를 사용하며, 대부는 5개를 사용하고, 사는 3개를 사용한다. [본래는 "무리들이 처음으로 시행했다."1)라고 한 문장 뒤에 수록되어 있었다.]

集說 飯, 含也. 貝, 水物, 古者以爲貨. 士喪禮: "貝三, 實于笄." 周禮天子飯含用玉, 此蓋異代之制乎.

'반(飯)'은 함이다. 조개는 수중생물인데, 고대에는 이것을 화폐로 여겼다. 『의례』「사상례(士喪禮)」편에서는 "조개 3개를 상자에 담는다."2)라고 했다. 그런데 주나라의 예법에 따르면 천자의 반함에는 옥을 사용한다고 했으니, 이곳의 기록은 아마도 다른 시대의 제도일 것이다.

【015】

公七踊, 大夫五踊, 婦人居間; 士三踊, 婦人皆居間.〈062〉[本在"以下之家也"下.]

제후의 상에서 용을 하게 되면 7차례 하고, 대부의 상에서 용을 하게 되면 5차례 하는데, 부인이 용을 할 때에는 먼저 용을 하는 상주와 뒤에 용을 하는 빈객 중간에 한다. 또 사의 상에서 용을 하게 되면 3차례 하는데, 부인은 모두 상주와 빈객 중간에 용을 한다. [본래는 "그 이하의 계층이 소유한 집이다."3)라고

---

1) 『예기』「잡기하(雜記下)」063장 : 泄柳之母死, 相者由左; 泄柳死, 其徒由右相. 由右相, 泄柳之徒爲之也.

2) 『의례』「사상례(士喪禮)」: 貝三實于笄. 稻米一豆實于筐. 沐巾一, 浴巾二, 皆用絺, 于笄, 櫛于箪. 浴衣于篋. 皆饌于西序下, 南上.

3) 『예기』「잡기상」061장 : 爲君使而死, 公館復, 私舘不復. 公館者, 公宮與公所爲也. 私館者, 自卿大夫以下之家也.

한 문장 뒤에 수록되어 있었다.]

集說 國君五日而殯, 自死至大斂凡七次踊者. 始死, 一也. 明日襲,
二也. 襲之明日之朝, 三也. 又明日之朝, 四也. 其日既小斂, 五也.
小斂明日之朝, 六也. 明日大斂時, 七也. 大夫三日而殯, 凡五次踊
者. 始死, 一也. 明日襲之朝, 二也. 明日之朝及小斂, 四也. 小斂之
明日大斂, 五也. 士二日而殯, 凡三次踊者. 始死, 一也. 小斂時, 二
也. 大斂時, 三也. 凡踊, 男子先踊, 踊畢而婦人乃踊, 婦人踊畢, 賓
乃踊, 是婦人居主人與賓之中間, 故云居間也. 然記者固云動尸舉
柩, 哭踊無數, 而此乃有三五七之限者, 此以禮經之常節言, 彼以哀
心之泛感言也. 又所謂無數者, 不以每踊三跳九跳爲三踊之限也.

제후는 죽은 이후 5일째에 빈소를 마련하니, 죽었을 때로부터 대렴을 할
때까지 모두 7차례 용을 한다. 이제 막 죽었을 때 하는 것이 첫 번째
용이다. 그 다음날 습을 하며 하는 것이 두 번째 용이다. 습을 한 다음날
아침에 하는 것이 세 번째 용이다. 또 그 다음날 아침에 하는 것이 네
번째 용이다. 그날 소렴을 마친 뒤에 하는 것이 다섯 번째 용이다. 소렴을
한 다음날 아침에 하는 것이 여섯 번째 용이다. 다음날 대렴을 할 때
하는 것이 일곱 번째 용이다. 대부는 죽은 이후 3일째에 빈소를 마련하
니, 모두 5차례 용을 한다. 이제 막 죽었을 때 하는 것이 첫 번째 용이다.
다음날 습을 하는 아침에 하는 것이 두 번째 용이다. 그 다음날 아침과
소렴을 할 때 하는 것이 세 번째와 네 번째 용이다. 소렴을 한 다음날
대렴을 할 때 하는 것이 다섯 번째 용이다. 사는 죽은 이후 2일째에 빈소
를 마련하니, 모두 3차례 용을 한다. 이제 막 죽었을 때 하는 것이 첫
번째 용이다. 소렴을 할 때 하는 것이 두 번째 용이다. 대렴을 할 때 하는
것이 세 번째 용이다. 무릇 용에 있어서 남자가 먼저 용을 하고, 용하는
것이 끝나면 부인이 곧 용을 하며, 부인이 용하는 것을 끝내면 빈객이
용을 하니, 이것은 부인이 하는 용이 주인과 빈객이 하는 용 중간에 있다

는 것을 나타낸다. 그렇기 때문에 "사이에 있다."라고 말한 것이다. 그런데 『예기』「문상(問喪)」편에서는 진실로 "시신을 운반하고 영구를 움직일 때 하는 곡과 용에는 정해진 수치가 없다."고 했는데, 이곳에서는 3·5·7 등의 제한이 있다고 했다. 그 이유는 이곳 내용은 『예경』에 기록된 항상된 규정을 기준으로 말한 것이며, 「문상」편은 범범히 느끼게 되는 애통한 마음에 기준을 두어 말했기 때문이다. 또 이른바 "정해진 수치가 없다."는 말은 매번 용을 할 때 세 차례 발을 구르게 되어, 아홉 차례 발을 구르는 것으로 세 차례 용을 하는 제한으로 삼지 않는다는 뜻이다.

【016】

公襲卷[衮]衣一, 玄端一, 朝服一, 素積一, 纁裳一, 爵弁二, 玄冕一, 襃衣一, 朱綠帶, 申加大帶於上.〈063〉

공작에 대해 襲을 할 때에는 곤의가[卷'자의 음은 '袞(곤)'이다.] 한 벌이고, 현단이 한 벌이며, 조복이 한 벌이고, 소적이 한 벌이며, 훈상이 한 벌이고, 작변이 두 벌이고, 현면이 한 벌이고, 포의가 한 벌인데, 옷을 입힌 뒤에는 주색과 녹색으로 채색한 띠를 채우고, 그 위에 대대를 거듭 채운다.

集說 卑者以卑服親身, 如子羔之襲, 是也. 公貴者, 故上服親身, 襃衣最外, 尊顯之也. 襃衣, 上公之服也. 玄端, 玄衣朱裳, 齊服也. 天子以爲燕服, 士以爲祭服, 大夫·士以爲私朝之服. 朝服, 緇衣素裳, 公日視朝之服也. 素積, 皮弁之服, 諸侯視朝之服也. 纁裳, 冕服之裳也. 爵弁二者, 玄衣·纁裳二通也. 以其爲始命所受之服, 故特用二通, 示重本也. 玄冕, 見上章. 襃衣者, 君所加賜之衣, 最在上, 榮君賜也. 諸侯襲尸用小帶以爲結束, 此帶則素爲之而飾以朱綠之采也. 申, 重也. 已用革帶, 又重加大帶, 象生時所服大帶也. 此帶卽上章所云, 率帶, 諸侯·大夫皆五采, 士二采者, 是也.

미천한 자는 등급이 낮은 복장을 몸에 직접 입히는 옷으로 삼으니, 자고 의 습이 이러한 경우이다. 공작은 존귀한 자이기 때문에 상등의 복장을 몸에 직접 입히는 옷으로 삼는데, 천자로부터 하사를 받은 포의를 가장 겉에 입히는 것은 존귀하게 높여서 드러내기 위해서이다. '포의(褒衣)'는 상공이 입을 수 있는 복장이다. '현단(玄端)'은 현색의 상의와 주색의 하 의로 된 옷이니, 재계를 할 때 착용하는 복장이다. 천자는 이 옷을 연복 (燕服)[4]으로 삼고, 사는 제사 때의 복장으로 삼으며, 대부와 사는 또한 이것을 사조에서 착용하는 복장으로 삼는다. '조복(朝服)'은 치의와 흰색 의 하의로 된 옷이니, 공작이 날마다 조정에 참관할 때 착용하는 복장이 다. '소적(素積)'은 피변복으로, 제후가 조정에 참관할 때 착용하는 복장 이다. '훈상(纁裳)'은 면복에 착용하는 하의를 뜻한다. "작변이 두 벌이 다."라는 말은 현색의 상의와 진홍색의 하의가 모두 두 벌이라는 뜻이다. 이 복장은 처음 명의 등급을 받을 때 착용했던 복장이기 때문에, 특별이 두 벌을 사용하여 근본을 중시하는 뜻을 나타낸다. '현면(玄冕)'에 대한 설명은 앞에 나온다. '포의(褒衣)'는 군주가 특별히 하사를 해준 옷이니, 가장 끝에 입혀서, 군주의 하사를 영예로움으로 삼는다. 제후가 시신에 대해 습을 할 때에는 소대를 사용해서 결속을 하는데, 이때의 띠는 흰색 의 천으로 만들고, 주색과 녹색의 채색으로 장식을 한다. '신(申)'자는 거 듭이라는 뜻이다. 이미 혁대를 사용했는데 재차 대대를 사용했으니, 이것 은 생전에 차게 되는 대대를 상징한다. 이러한 띠는 앞에서 "율대의 경우, 제후와 대부는 모두 다섯 가지 채색을 넣어서 장식을 하고, 사는 두 가지 채색을 넣어서 장식을 한다."라고 한 말에 해당한다.

---

4) 연복(燕服)은 평상시 한가하게 거처할 때 착용하는 복장을 뜻한다. 또한 연회를 할 때 착용하는 복장을 뜻하기도 한다.

【017】

率[律]帶, 諸侯大夫皆五采, 士二采.〈053〉[本在"柄與末"下.]

시신에게 옷을 입힌 뒤 결속하는 율대의[率'자의 음은 '律(률)'이다.] 경우, 제후
와 대부는 모두 다섯 가지 채색을 넣어서 장식을 하고, 사는 두 가지 채색
을 넣어서 장식을 한다. [본래는 "자루와 끝5)"이라고 한 문장 뒤에 수록되어 있었다.]

集說 率, 與縂同, 死者著衣畢而加此帶. 謂之縂者, 但褔帛邊而熨
殺之, 不用箴線也, 以五采飾之. 士喪禮緇帶. 此二采, 天子之士也.
'율(率)'자는 동아줄을 뜻하는 율(縂)자와 같으니, 죽은 자에 대해 의복을
모두 입힌 뒤에는 이러한 띠를 이용해서 묶게 되므로, 이것을 '율(縂)'이
라고 부르는데, 비단의 가장자리를 접고 붙여서 줄이게 되며, 바느질을
하지 않고, 다섯 가지 채색으로 장식을 한다. 『의례』「사상례(士喪禮)」편
에서는 치대를 사용한다고 했다. 따라서 이곳에서 두 가지 채색을 한다고
한 것은 천자에게 소속된 사 계층을 뜻한다.

【018】

韠長[去聲]三尺, 下廣[去聲]二尺, 上廣一尺, 會[膾]去上五寸. 紕[毗]以爵
韋六寸, 不至下五寸. 純[準]以素, 紃[旬]以五采.〈雜記下-096〉[本在"燕則
髦首"下.]

습갑의 길이는[長'자는 거성으로 읽는다.] 3척이고, 하단의 폭은[廣'자는 거성으로
읽는다.] 2척이며, 상단의 폭은 1척이고, 꿰맨 곳이 모인 지점은[會'자의 음은
'膾(회)'이다.] 상단에서 5촌이 떨어진 지점이다. 습갑의 측면 가선은[紕'자의
음은 毗(비)'이다.] 6촌의 길이인 적흑색의 가죽으로 만드는데, 밑으로 5촌의
지점까지는 내리지 않는다. 하단의 가선은[純'자의 음은 '準(준)'이다.] 흰색의
끈을 사용하고, 장식으로 다는 끈은[紃'자의 음은 '旬(순)'이다.] 다섯 가지 채색

---

5) 『예기』「잡기상」052장 : 暢臼以椈, 杵以梧. 枇以桑, 長三尺, 或曰五尺. 畢用桑,
長三尺, 刊其柄與末.

의 끈을 사용한다. [본래는 "집에서 한가롭게 거처할 때라면, 비녀를 빼고 머리를 묶을 수 있다."⁶⁾라고 한 문장 뒤에 수록되어 있었다.]

集說 疏曰: 韠, 韍也. 會, 頭縫也. 韠旁緣謂之紕, 下緣曰純. 紃, 條也, 謂以五采之條置於諸縫之中, 詳見玉藻.

소에서 말하길, '필(韠)'은 슬갑이다. '회(會)'는 상부의 꿰맨 곳이다. 슬갑 측면의 가선을 '비(紕)'라고 부르고, 하단의 가선을 '준(純)'이라 부른다. '순(紃)'은 장식으로 다는 끈이니, 다섯 가지 채색의 끈을 봉합된 부위에 묶는 것으로, 자세한 설명은 『예기』「옥조(玉藻)」편에 나온다.

【019】
小斂環絰, 公·大夫·士一也.⟨064⟩ [本在"加大帶於上"下.]

소렴을 치를 때 환질을 두르는 것은 제후·대부·사가 모두 동일하다. [본래는 "그 위에 대대를 거듭 채운다."⁷⁾라고 한 문장의 뒤에 수록되어 있었다.]

集說 疏曰: 環絰, 一股而纏也. 親始死, 孝子去冠, 至小斂不可無飾, 士素委貌, 大夫以上素弁, 而貴賤悉得加於環絰, 故云公·大夫·士一也.

소에서 말하길, '환질(環絰)'은 한 가닥의 끈을 엮어서 만들게 된다. 부모가 이제 막 돌아가셨을 때, 자식은 관을 제거하지만, 소렴을 치르게 되면 장식이 없을 수 없으니, 사는 흰색의 위모(委貌)⁸⁾를 착용하고, 대부로부터 그 이상의 계급은 흰색의 변을 착용하는데, 신분의 차이와 상관없이

---

6) 『예기』「잡기하(雜記下)」 095장 : 女雖未許嫁, 年二十而笄, 禮之, 婦人執其禮. 燕則鬈首.
7) 『예기』「잡기상」 063장 : 公襲卷衣一, 玄端一, 朝服一, 素積一, 纁裳一, 爵弁二, 玄冕一, 褖衣一, 朱綠帶, 申加大帶於上.
8) 위모(委貌)는 검은색의 명주로 짠 관(冠)이다. '위(委)'자는 안정시킨다는 뜻으로, 이 관을 착용하여 용모를 안정시키기 때문에 '위모'라고 부른다.

모두 그 위에 환질을 두를 수 있다. 그렇기 때문에 "제후·대부·사가 동일하다."고 했다.

【020】

君不撫僕妾.〈032〉 [本在"不於正室"下.]

부군은 미천한 첩이 죽었을 때, 그녀의 시신을 어루만지지 않는다. [본래는 "정실에서 치르지 않는다."⁹⁾라고 한 문장 뒤에 수록되어 있었다.]

集說 死而君不撫其尸者, 略於賤也.

그녀가 죽었는데도 부군이 그녀의 시신을 어루만지지 않는 것은 미천한 자에게는 예법을 간략히 적용하기 때문이다.

【021】

嫂不撫叔, 叔不撫嫂.〈雜記下-072〉 [本在"奔喪禮然"下.]

형수는 시동생이 죽었을 때 그 시신을 어루만지지 않고, 시동생은 형수가 죽었을 때 그 시신을 어루만지지 않는다. [본래는 "분상의 예법처럼 따른다."¹⁰⁾라고 한 문장 뒤에 수록되어 있었다.]

集說 撫, 死而撫其尸也. 嫂叔宜遠嫌, 故皆不撫.

'무(撫)'는 어떤 자가 죽었을 때 그 시신을 어루만진다는 뜻이다. 형수와 시동생은 마땅히 혐의를 멀리해야 하기 때문에, 둘 모두 서로에 대해 시신을 만지지 않는다.

---

9) 『예기』「잡기상」 031장 : 主妾之喪, 則自祔, 至於練祥, 皆使其子主之, 其殯祭, 不於正室.

10) 『예기』「잡기하(雜記下)」 071장 : 婦人非三年之喪, 不踰封而弔; 如三年之喪, 則君夫人歸. 夫人其歸也, 以諸侯之弔禮. 其待之也, 若待諸侯然. 夫人至, 入自闈門, 升自側階, 君在阼. 其他如奔喪禮然.

【022】
公視大斂, 公升, 商祝鋪[平聲]席乃斂 〈065〉 [本在"士一也"下.]
군주가 신하의 상에 임하여 대렴 때 참관해서, 당 위로 오르게 되면, 대렴
의 일을 담당하고 있는 상축은 자리를 깔고[鋪'자는 평성으로 읽는다.] 대렴의
절차를 시행한다. [본래는 "사가 모두 동일하다."11)라고 한 문장 뒤에 수록되어 있었다.]

集說 君臨臣喪而視其大斂. 商祝, 習知殷禮者, 專主斂事. 主人雖
先已鋪席布絞紟等物, 聞君將至, 悉徹去之, 待君至升堂, 商祝乃始
鋪席爲斂事, 蓋榮君之至而擧其禮也.

군주가 신하의 상에 임하여, 대렴 때 참관을 한 것이다. '상축(商祝)'은
은나라 때의 예법을 익힌 자이며, 염에 대한 일을 주관한다. 상주가 비록
먼저 자리를 깔고 시신을 묶는 끈인 효나 홑이불인 금 등을 펼쳐두었더라
도, 군주가 장차 도착하게 된다는 소식을 듣게 되면, 이 모두를 치워두고,
군주가 당에 오를 때까지 기다리며, 그런 뒤에 상축은 곧 처음으로 자리
를 펴고 염의 일을 진행하니, 군주가 당도한 것을 영예롭게 여겨서 해당
의례를 거행하기 때문이다.

附註 公視大斂, 鋪席乃斂, 此言公升後, 始鋪席乃斂. 註云: "已鋪
席, 聞君至, 悉徹而復鋪." 經文未見此意. 一云"謂先鋪君席", 亦通.

군주가 대렴에 참관하면 자리를 깔고 대렴을 시행한다고 했는데, 이것은
군주가 당상으로 올라간 이후에 비로소 자리를 깔고서 염을 한다는 뜻이
다. 주에서는 "이미 자리를 깔아 두었는데, 군주가 당도했다는 소식을
접하고서 모두 치우고 다시 자리를 깐다."고 했다. 경문에는 이러한 의미
가 나타나지 않는다. 한편에서는 "미리 군주의 자리를 깔아둔다는 뜻이
다."라 하는데, 이 또한 뜻이 통한다.

---

11) 『예기』「잡기상」 064장 : 小斂環絰, 公大夫士一也.

【023】

外宗房中南面, 小臣鋪席, 商祝鋪絞[爻]給[其鳩反]衾, 士盥于盤北, 擧
遷尸于斂上. 卒斂宰告, 子馮[憑]之踊, 夫人東面坐馮之興踊.〈075〉[北
字, 大記分作上士二字. 本在"不敢受弔"下.]

외종(外宗)¹⁾은 방안에서 남쪽을 바라보며, 소신은 자리를 깔고, 상축은 시
신을 묶는 끈인 효['絞'자의 음은 '爻(효)'이다.]·홑이불인 금['給'자는 '其(기)'자와
'鳩(짐)'자의 반절음이다.]·이불인 금 등을 펼치며, 사는 대야의 북쪽에서 손을
씻고, 염을 하는 곳 위로 시신을 들어서 옮긴다. 염하는 일이 끝나서 재가
그 사실을 아뢰면, 자식은 시신에 매달리고['馮'자의 음은 '憑(빙)'이다.] 용을 하
며, 부인은 동쪽을 바라보고 앉아 있다가 시신에 매달리고 일어나서 용을
한다. 「북(北)'자를 『예기』 「상대기(喪大記)」편에서는 상(上)자와 사(士)자로 나눠서 기록
했다.²⁾ 본래는 "감히 다른 나라에서 찾아온 빈객의 조문을 받지 않는다."³⁾라고 한 문장 뒤에
수록되어 있었다.]

集說 此是喪大記君大斂章文, 重出在此, 說見本章.

이 문장에 나타난 상황은 『예기』 「상대기(喪大記)」편에서 군주에 대해
대렴을 하는 문장에 해당하는데, 이곳에 중복해서 나타난 것이니, 「상대
기」편에 해당 설명이 나온다.

類編 右襲斂.

여기까지는 '습렴(襲斂)'에 대한 내용이다.

---

1) 외종(外宗)은 고모 및 자매 등의 딸자식을 뜻한다.
2) 『예기』 「상대기(喪大記)」 048장 : 君將大斂, 子弁絰, 卽位于序端; 卿·大夫卽
   位于堂廉楹西, 北面東上; 父兄堂下北面; 夫人·命婦尸西, 東面; 外宗房中南
   面. 小臣鋪席, 商祝鋪絞·給·衾·衣, 士盥于盤上, 士擧遷尸于斂上. 卒斂, 宰
   告, 子馮之踊, 夫人東面亦如之.
3) 『예기』 「잡기상」 074장 : 其國有君喪, 不敢受弔.

◇ 복장(服杖)

【024】

天子崩, 三日, 祝先服; 五日, 官長服; 七日, 國中男女服; 三月, 天下
服.〈檀弓下-115〉 [本在"哭於他室"下.]

천자가 죽게 되면, 3일째에 천자의 후계자와 축관이 가장 먼저 상복을 입을
때 짚게 되는 지팡이를 짚는다. 그리고 5일째가 되면 천자에게 소속된 대부
와 사들이 모두 지팡이를 짚게 된다. 7일째가 되면 천자의 수도에 살고
있는 모든 백성들이 자최복을 착용하게 된다. 3개월째가 되면 각 제후국들
에 있는 대부들이 모두 세최(繐衰)1)를 착용하게 된다. [본래는 "다른 방으로
가서 곡을 했다."2)라고 한 문장 뒤에 수록되어 있었다.]

集說 疏曰: 祝, 大祝 · 商祝也. 服, 服杖也. 是喪服之數, 故呼杖爲
服. 祝佐含斂, 先病, 故先杖也, 故子亦三日而杖. 官長, 大夫 · 士也,
病在祝後, 故五日. 國中男女, 謂畿內民及庶人在官者. 服齊衰三月
而除, 必待七日者, 天子七日而殯, 殯後嗣王成服, 故民得成服也. 三
月天下服者, 謂諸侯之大夫爲王繐衰. 旣葬而除, 近者亦不待三月,
今據遠者爲言耳. 何以知其或杖服或衰服? 按喪大記及喪服四制云
云. 然四制云七日授士杖, 此云五日士杖者, 崔氏云, 此據朝廷之士,
四制言邑宰之士也.

소에서 말하길, '축(祝)'은 대축(大祝)3)과 상축(商祝)4)을 가리킨다. '복

---

1) 세최(繐衰)는 5개월 동안 소공복(小功服)의 상을 치를 때 착용하는 상복을 뜻한
   다. 가늘고 성근 마(麻)의 포를 사용해서 만들기 때문에, '세최'라고 부른다.
2) 『예기』「단궁하(檀弓下)」 114장 : 子思之母死於衛, 赴於子思, 子思哭於廟. 門
   人至, 曰: "庶氏之母死, 何爲哭於孔氏之廟乎?"子思曰: "吾過矣! 吾過矣!" 遂哭
   於他室.
3) 대축(大祝)은 제사와 관련된 관직이다. 『예기』「곡례하(曲禮下)」편에는 "天子建
   天官, 先六大, 曰大宰, 大宗, 大史, 大祝, 大士, 大卜, 典司六典."이라고 하여,
   대재(大宰)와 함께 천관(天官)에 소속된 관리로 기술되어 있다. 한편 『주례』「춘

(服)'자는 상복에 짚게 되는 지팡이를 짚는다는 뜻이다. 지팡이 또한 상복의 제도에 해당한다. 그렇기 때문에 지팡이에 대해서 '복(服)'이라고 부른 것이다. 축은 함(含)과 염(斂)을 돕게 되어 가장 먼저 피로해진다. 그렇기 때문에 우선적으로 지팡이를 짚게 되는 것이고, 따라서 자식 또한 3일째에 지팡이를 짚는 것이다. '관장(官長)'은 대부와 사들을 뜻하니, 그들은 축 다음으로 피로해진다. 그렇기 때문에 5일째에 지팡이를 짚는 것이다. '국중남녀(國中男女)'라는 말은 천자의 수도 안에 살고 있는 백성들 및 서인들 중 말단 관리에 있는 자들을 뜻한다. 자최복을 착용하고 3개월간 복상을 한 뒤에 상복을 벗게 되는데, 반드시 7일째까지 기다린 다음에 시행하는 것은 천자에 대해서는 7일째에 빈소를 마련하고, 빈소를 마련한 이후에 천자의 지위를 계승하는 자가 성복(成服)을 하기 때문에 백성들도 그 이후에야 성복을 할 수 있는 것이다. '삼월천하복(三月天下服)'이라는 말은 제후에게 소속된 대부는 천자를 위해서 세최(繐衰)를 착용한다. 장례(葬禮)를 끝내게 되면 상복을 벗게 되는데, 가까운 곳에 살고 있는 자라면, 또한 3개월까지 기다리지 않지만, 현재 이곳 문장은 멀리 떨어져 살고 있는 자를 기준으로 말했기 때문에, 이처럼 표현한 것일 뿐이다. 그런데 어떻게 어떤 경우의 복(服)자는 지팡이를 짚는 것이

관종백(春官宗伯)」편에는 "大祝, 下大夫二人, 上士四人, 小祝, 中士八人, 下士十有六人, 府二人, 史四人, 胥四人, 徒四十人."이라고 하여, '대축'은 하대부(下大夫) 2명이 담당하고, 그 직속 휘하에는 상사(上士) 4명이 배속되어 있으며, '대축'을 돕는 소축(小祝) 관직에는 중사(中士) 4명이 담당하고, 그 휘하에는 하사(下士) 16명, 부(府) 2명, 사(史) 4명, 서(胥) 4명, 도(徒) 40명이 배속되어 있다고 기록되어 있다. 또 『주례』「춘관(春官)·대축(大祝)」편에는 "掌六祝之辭, 以事鬼神示, 祈福祥求永貞."이라고 하여, '대축'은 여섯 가지 축문에 관한 일을 담당하여, 이것으로써 귀신을 섬겨 복을 기원하는 일을 했다고 기록되어 있다.
4) 상축(商祝)은 상(商)나라 즉 은(殷)나라 때의 예법을 익혀서, 제사를 돕는 자를 뜻한다. 『예기』「악기(樂記)」편에는 "商祝辨乎喪禮, 故後主人."이라는 기록이 있는데, 이에 대한 공영달(孔穎達)의 소(疏)에서는 "商祝, 謂習商禮而爲祝者."라고 풀이했다.

고, 또 어떤 경우에는 세최(繐衰)를 착용한다는 것임을 알 수 있는가?
『예기』「상대기(喪大記)」편 및 「상복사제(喪服四制)」편에서 이러한 내
용들을 언급했기 때문이다. 그러나 「상복사제」편에서는 7일째에 사에게
지팡이를 지급한다고 했고, 이곳 문장에서는 5일째에 사에게 지팡이를
지급한다고 해서 차이를 보인다. 이러한 문제에 대해서 최영은5)은 이곳
문장은 조정에 소속된 사들을 기준으로 한 기록이고, 「상복사제」편의 내
용은 읍재(邑宰)로 있는 사들에 대해 언급한 것이라고 풀이했다.

【025】

公之喪, 諸達官之長杖. 〈檀弓下-002〉 [本在"車一乘"下.]

군주의 상에서는 여러 달관들 중에서도 수장만이 지팡이를 잡게 된다. [본래
는 "견거 1대를 사용한다."6)라고 한 문장 뒤에 수록되어 있었다.]

集說 方氏曰: 受命於君者, 其名達於上, 故謂之達官. 若府史而下,
皆長官自辟除, 則不可謂之達矣. 受命於君者, 其恩厚, 故公之喪, 惟
達官之長杖.

방씨가 말하길, 군주로부터 명을 받은 자는 그 이름을 상위 등급으로 다
다르게 했기 때문에, 그 관리를 '달관(達官)'이라 부르는 것이다. 만약
부사(府史) 이하의 관리들이라면, 이러한 자들은 모두 그 관부의 수장이
관리를 임명하게 되므로, 그들을 '달관(達官)'이라 부를 수 없다. 군주로
부터 명을 받은 자는 그 은혜를 받음이 두텁기 때문에, 군주의 상에서

---

5) 최영은(崔靈恩, ? ~ ?) : =최씨(崔氏). 남북조(南北朝) 때의 학자이다. 오경(五經)
   에 능통하였고, 다른 경전에도 두루 해박하였다고 전해진다. 『모시(毛詩)』, 『주례
   (周禮)』 등에 주석을 달았고, 『삼례의종(三禮義宗)』, 『좌씨경전의(左氏經傳義)』
   등을 지었다.
6) 『예기』「단궁하(檀弓下)」 001장 : 君之適長殤, 車三乘; 公之庶長殤, 車一乘; 大
   夫之適長殤, 車一乘.

오직 달관에 해당하는 수장들만이 지팡이를 잡게 된다.

集說 　今按: 凡官皆有長・貳, 此以長言, 則不及貳也.

지금 살펴보니, 모든 관부에는 수장도 있고 부관도 있는데, 이곳에서 수장만을 언급했다면, 이 규정은 부수장까지는 적용되지 않는 것이다.

類編 　右服杖.

여기까지는 '복장(服杖)'에 대한 내용이다.

◇ 관곽(棺椁)

【026】

虞人致百祀之木, 可以爲棺椁者斬之. 不至者, 廢其祀, 刜[武粉反]其
人.〈檀弓下-116〉 [本在"天下服"下.]

천자가 죽었을 경우, 산림과 천택을 담당하는 우인에게 명령을 내려서, 수
도 안에 있는 사당의 나무들 중 천자의 장례 때 사용될 관과 곽의 재료로
쓸 수 있는 좋은 재목을 골라서 베고, 그 목재를 공급하도록 시킨다. 그런
데 만약 목재가 도착하지 않는다면, 그 사당을 없애버리고, 그 사람의 목을
벤다.['刜'자는 '武(무)'자와 '粉(분)'자의 반절음이다. 본래는 "각 제후국들에 있는 대부들이
모두 세최를 착용하게 된다."1)라고 한 문장 뒤에 수록되어 있었다.]

集說 虞人, 掌山澤之官也. 天子之棺四重而椁周焉, 亦奚以多木爲
哉? 畿內百縣之祀, 其木可用者, 悉斬而致之, 無乃太多乎? 畿內之
美材, 固不乏矣, 奚獨於祠祀斬之乎? 廢其祀, 刜其人, 又何法之峻
乎? 禮制若此, 未詳其說. 一云, 必命虞人致木, 不用命者, 然後國有
常刑. 虞人非一, 未必盡命之也.

'우인(虞人)'은 산림과 천택을 담당하는 관리이다. 천자의 관은 4중으로
만들고, 곽도 주변을 모두 두르게 되어 있지만, 또한 어찌 많은 나무를
이용해서 만드는 것이겠는가? 천자의 수도 안에 포함된 모든 현에는 사
당이 있는데, 그 사당에 심어진 나무 중 재료로 이용할 수 있는 것들을
모두 베어서 공급하게 된다면, 너무 많은 것이 아닌가? 또 천자의 수도
안에는 좋은 재목이 풍족하게 있을 텐데, 어찌 사당에서만 나무를 벤단
말인가? 그 사당을 폐지하고 그 사람의 목을 벤다면, 또한 어떤 법이 이처
럼 혹독하단 말인가? 이와 같은 예제를 만든 것에 대해서는 그 설명이

---

1) 『예기』「단궁하(檀弓下)」 115장 : 天子崩, 三日, 祝先服; 五日, 官長服; 七日,
國中男女服; 三月, 天下服.

상세하지 않다. 일설에는 다음과 같이 설명한다. 반드시 우인에게 명령하여 나무를 바치게 하는데, 명령에 따르지 않은 자에게는 일이 끝난 뒤에 국가에서 일정한 형벌을 내리게 된다. 그런데 우인은 한 사람이 아니니, 모든 자들에게 명령을 내릴 필요는 없었다.

【027】

君卽位而爲椑[僻], 歲一漆之, 藏焉.〈檀弓上-123〉[本在"視重罍"下.]

제후가 즉위하게 되면, 자신의 시신을 안치할 관을['椑'자의 음은 '僻(벽)'이다.] 만들고, 매년 한 차례 옻칠을 하고, 그 속에 물건을 채워둔다. [본래는 "중류의 숫자에 견주어서 한다."[2]라고 한 문장 뒤에 수록되어 있었다.]

集說 疏曰: 君, 諸侯也. 人君無論少長, 體尊物備, 卽位卽造爲親尸之棺, 蓋杝棺也, 漆之堅强甓甓然, 故名椑. 每年一漆, 示始未成也. 藏焉者, 其中不欲空虛, 如急有待, 故藏物於中. 一說不欲令人見, 故藏之.

소에서 말하길, '군(君)'자는 제후를 뜻한다. 군주에게는 나이를 따지지 않고, 존귀한 신분에 맞춰 사물을 갖추므로, 즉위를 하게 되면 곧바로 자신의 시신을 안치할 관을 만드니, 아마도 이때의 관은 이관(杝棺)일 것이며, 옻칠을 하여 벽돌처럼 튼튼하게 만들게 된다. 그렇기 때문에 '벽(椑)'이라고 부르는 것이다. 매년 한 차례 옻칠을 하여, 아직 완성되지 않았음을 나타내는 것이다. "물건을 넣어둔다."는 말은 그 속을 비워두어 마치 급급하게 시신이 빨리 들어오기를 기다리는 것처럼 보이고 싶지 않기 때문에, 그 안에 물건을 채워두는 것이다. 일설에는 사람들에게 보이고 싶지 않기 때문에 숨겨둔다고 풀이하기도 한다.

---

2) 『예기』「단궁상(檀弓上)」 122장 : 池, <u>視重罍</u>.

椑藏焉, 不過藏去之義.

벽(椑)을 장(藏)한다는 것은 감추고 제거한다는 뜻에 지나지 않는다.

【028】

天子之棺四重[平聲], 水兕[似]革棺被之, 其厚三寸, 杝[移]棺一, 梓棺二. 四者皆周.〈檀弓上-137〉[本在"居者皆弔"下.]

천자가 사용하는 관은 4겹으로['重'자는 평성으로 읽는다.] 만든다. 첫 번째 관은 물소와 들소['兕'자의 음은 '似(사)'이다.]의 가죽으로 만든 관으로, 시신을 직접 감싸는 관이 되는데, 그 두께는 3촌이다. 그리고 그 겉에는 피나무['杝'자의 음은 '移(이)'이다.]로 만든 이관이 있게 되니, 1겹으로 만든다. 그리고 그 겉에는 가래나무로 만든 재관이 있게 되는데, 2겹으로 되어 있어서, 안쪽에 있는 관을 속관(屬棺)이라고 하며, 바깥쪽에 있는 관을 대관(大棺)이라고 부른다. 이처럼 4중으로 되어 있는 관들은 상하 및 사방을 둘러싼 형태로 제작한다. [본래는 '거자개조(居者皆弔)[1]'라고 한 문장 뒤에 수록되어 있었다.]

集說 水牛・兕牛之革耐濕, 故以爲親身之棺, 二革合被爲一重. 杝木亦耐濕, 故次於革, 即下章所謂裨也. 梓木棺二, 一爲屬, 一爲大棺; 杝棺之外有屬棺, 屬棺之外又有大棺. 四者皆周, 言四重之棺, 上下四方悉周匝也. 惟槨不周, 下有茵, 上有抗席故也.

물소와 들소의 가죽은 습기에 강하다. 그렇기 때문에 이 가죽을 이용해서 시신의 몸에 직접 닿는 관을 만드는 것인데, 두 가죽을 합쳐서 한 겹으로 만든다. 피나무 또한 습기에 강하다. 그렇기 때문에 가죽으로 만든 관 위를 덮는 관으로 사용하니, 곧 아래 문장에서 말한 '벽(椑)'에 해당한다.[2] 가래나무는 두 겹으로 만드는데, 한 겹은 속관(屬棺)이 되고, 그 위의 한 겹은 대관(大棺)이 된다. 따라서 이관(杝棺) 겉에는 속관이 있게 되고, 속관 겉에는 또한 대관(大棺)이 있게 된다. "네 개의 관이 모두 두른다."는 말은 네 겹으로 된 관은 상하 및 사방을 모두 둘러싼다는 뜻이다. 오직 곽의 경우에만 둘러싸지 않으니, 밑면에는 '인(茵)'이 받치게 되고, 윗면에는 항석(抗席)이 놓이기 때문이다.

---

1) 『예기』「단궁상(檀弓上)」 136장 : 所識, 其兄弟不同居者, 皆弔.
2) 『예기』「단궁상」 123장 : 君即位而爲椑, 歲壹漆之, 藏焉.

【029】

棺束, 縮二衡[橫]三; 衽, 每束一.〈檀弓上-138〉

관을 묶을 때에는 못을 사용하지 않았으므로, 가죽 끈을 이용해서 세로로 2줄을 묶고, 가로'衡'자의 음은 '橫(횡)'이다.]로 3줄을 묶는데, 결속에 사용하는 임은 매 묶음마다 1개씩 사용한다.

集說 古者棺不用釘, 惟以皮條直束之二道, 橫束之三道. 衽, 形如今之銀則子, 兩端大而中小, 漢時呼爲小要. 不言何物爲之, 其亦木乎. 衣之縫合處曰衽, 以小要達合棺與蓋之際, 故亦各衽. 先鑿木置衽, 然後束以皮, 每束處必用一衽, 故云"衽每束一"也.

고대에는 관에 못을 사용하지 않았고, 오직 가죽 끈을 이용해서 세로로 2줄을 묶고 가로로 3줄을 묶었다. '임(衽)'이라는 것은 그 형태가 오늘날 은으로 만든 칙자(則子)와 같은 것인데, 양쪽 끝단은 크고 중앙은 작으며, 한나라 때에는 이것을 '소요(小要)'라고 불렀다. 어떠한 재료로 만든다고 언급하지 않았으니, 이 또한 나무로 만들었을 것이다. 옷에서 봉합한 곳을 '임(衽)'이라고 부르는데, 소요로는 관과 덮개가 합쳐지는 곳을 연결시킨다. 그렇기 때문에 또한 그 명칭을 '임(衽)'이라고 하는 것이다. 먼저 나무에 구멍을 뚫어서 임을 끼우고, 그런 뒤에 가죽 끈으로 묶게 되는데, 매 가죽 끈마다 반드시 한 개의 임을 사용해야만 한다. 그렇기 때문에 "임은 매 묶음마다 1개씩이다."라고 말한 것이다.

【030】

柏槨以端, 長[去聲]六尺.〈檀弓上-139〉

측백나무로 곽을 만들 때에는 나무의 밑동을 사용하고, 그 길이[長'자는 거성으로 읽는다.]는 6척으로 한다.

集說 天子以柏木爲槨. 端, 猶頭也. 用柏木之頭爲之, 其長六尺.

천자는 측백나무로 곽을 만든다. '단(端)'자는 밑동을 뜻한다. 측백나무의
밑동을 이용해서 만들게 되며, 그 길이는 6척이다.

類編 右棺槨.
여기까지는 '관곽(棺槨)'에 대한 내용이다.

◇ 빈(殯)

【031】

天子之殯也, 菆[才官反]塗龍輴[春]以槨, 加斧于槨上, 畢塗屋, 天子之
禮也.〈檀弓上-143〉 [本在"不以樂食"下.]

천자의 빈소를 만들 때에는 끌채에 용의 무늬가 들어간 춘거를['輴'자의 음은
'春(춘)'이다.] 사용해서 영구를 싣고 빈소를 만드는 장소로 이동시킨다. 그런
뒤 수레 주변에 나무를 쌓고['菆'자는 '才(재)'자와 '官(관)'자의 반절음이다.] 진흙을
발라서 마치 곽의 형태로 만든다. 그런 뒤에 도끼 무늬가 들어간 천으로
관을 덮고, 네 기둥 위에 지붕을 올린 뒤 사면을 모두 진흙으로 바르게
되는데, 이것은 천자에게만 적용되는 예법이다. [본래는 "음악을 연주하며 식사하
는 일을 거행하지 않는다."[1]라고 한 문장 뒤에 수록되어 있었다.]

集說 疏曰: 菆, 叢也. 菆塗, 謂用木叢棺而四而塗之也. 龍輴,
殯時用輴車載柩, 而畫轅爲龍也. 以槨者, 此叢木象槨之形也. 繡覆棺之
衣爲斧丈, 先菆四面爲槨, 使上與棺齊, 而上猶開, 以此棺衣從槨上
入覆於棺, 故云"加斧于槨上"也. 畢, 盡也. 斧覆既竟, 又四注爲屋以
覆於上, 而下四面盡塗之也.

소에서 말하길, '찬(菆)'자는 "쌓는다."는 뜻이다. '찬도(菆塗)'는 관의 주
변을 나무를 이용해서 쌓고 사면에 진흙을 바른다는 뜻이다. '용순(龍輴)'
은 빈소를 마련할 때, 춘거를 이용해서 영구를 싣고 수레의 끌채에 용을
그린 것이다. '이곽(以槨)'이라는 말은 이러한 나무를 쌓아서 곽은 형태
를 본떴다는 뜻이다. 수놓은 천으로 관을 덮는데 거기에 도끼 무늬를 그
리게 되고, 우선적으로 사면을 쌓아서 곽(槨)처럼 만들되, 그 윗면이 관
과 수평이 되도록 하고, 윗면은 여전히 개방해두며, 이러한 관을 덮는
천은 곽처럼 쌓은 나무 위로부터 넣어서 관을 덮도록 한다. 그렇기 때문

---

1) 『예기』「단궁상(檀弓上)」142장 : 爲之<u>不以樂食</u>.

에 "곽 위에 도끼 무늬를 더한다."라고 말한 것이다. '필(畢)'자는 모두라는 뜻이다. 도끼 무늬가 들어간 천을 덮는 일이 끝났다면, 또한 네 기둥을 세워 지붕처럼 만들고 그 위를 가리며, 아래 네 면은 모두 진흙을 바르게 된다는 뜻이다.

集說 今按: 菆塗龍輴, 是輴車亦在殯中, 非脫去輴車而殯棺也.

지금 살펴보니, 용순에 나무를 쌓고 진흙을 바른다는 것은 순거가 또한 빈소 안에 있다는 뜻으로, 순거에서 영구를 내려서, 빈궁 안에 관만 있다는 뜻이 아니다.

【032】

君於士, 有賜帟[亦].〈檀弓上-151〉 [本在"徙月樂"下.]

군주는 사에 대해서, 빈소를 차릴 때 그 위를 덮는 작은 장막['帟'자의 음은 '亦(역)'이다.]을 하사해주는 경우가 있다. [본래는 "그 달을 넘겨서는 음악을 연주하게 된다."[2]라고 한 문장 뒤에 수록되어 있었다.]

集說 帟, 幕之小者, 置之殯上以承塵也. 大夫以上, 則有司供之; 士卑又不得自爲, 故君於士之殯, 以帟賜之也.

'역(帟)'자는 장막 중에서도 크기가 작은 것으로, 빈소 위에 설치하여 먼지가 떨어지는 것을 막는다. 대부 이상의 계급이라면, 유사가 장막을 공급하게 되는데, 사는 신분이 미천하고 또한 제 스스로 이것을 설치할 수 없다. 그렇기 때문에 군주는 사가 차린 빈소에 대해서, 작은 장막을 하사하게 된다.

---

2) 『예기』「단궁상(檀弓上)」 150장 : 祥而縞, 是月禫, 徙月樂.

【033】

既殯, 旬而布材與明器.〈檀弓上-128〉[本在"祭肉也與"下.]

빈소를 차리고 난 뒤 10일이 지나게 되면, 곽과 명기를 만드는 자재들을
벌려두어서 건조시킨다. [본래는 "제사 때 사용되는 고기가 있기 때문일 것이다."[3]라고
한 문장 뒤에 수록되어 있었다.]

集說 材, 爲槨之木也. 布者, 分列而暴乾之也. 殯後旬日, 卽治此
事. 禮"獻材于殯門外", 註云"明器之材", 此云材與明器者, 蓋二者之
材皆乾之也.

'재(材)'자는 곽을 만들 때 사용되는 나무이다. '포(布)'는 조목조목 벌려
두어서 건조를 시킨다는 뜻이다. 빈소를 차린 이후 10일이 지나게 되면
이러한 일들을 시행한다. '체일(逮日)'은 해가 아직 다 넘어가기 전을 뜻
한다. 『예』에서는 "빈소의 문 밖으로 재료를 들인다."[4]라 했고, 이 문장
에 대한 정현의 주에서는 "명기(明器)를 만들 때 사용하는 재료이다."라
고 했다. 그런데 이곳 문장에서는 재(材)와 명기(明器)라고 언급했으니,
아마도 곽(槨)을 만드는 재료와 명기(明器)를 만드는 재료를 모두 건조
시킨다는 뜻인 것 같다.

類編 右殯.

여기까지는 '빈(殯)'에 대한 내용이다.

---

3) 『예기』「단궁상(檀弓上)」 127장 : 喪不剝奠也與, 祭肉也與.
4) 『의례』「사상례(士喪禮)」 : 既井槨, 主人西面拜工, 左還槨, 反位哭, 不踊. 婦人
哭于堂. 獻材于殯門外, 西面, 北上, 綪. 主人徧視之, 如哭槨. 獻素‧獻成亦如
之.

◇ 조석곡전(朝夕哭奠)

【034】

朝奠日出, 夕奠逮日. 〈檀弓上-129〉

아침에 올리는 전제사는 해가 뜰 때 올리고, 저녁에 올리는 전제사는 해가
질 때 올린다.

> **集說** 逮日, 及日之未落也.

'체일(逮日)'은 해가 아직 다 넘어가기 전을 뜻한다.

> **集說** 方氏曰: 朝奠以象朝時之食, 夕奠以象夕時之食, 孝子事死如
> 事生也.

방씨가 말하길, 아침에 올리는 전제사는 아침식사를 상징하고, 저녁에
올리는 전제사는 저녁식사를 상징하니, 자식은 돌아가신 부모를 섬길 때,
생전에 섬기던 것처럼 하는 것이다.

【035】

有薦新, 如朔奠. 〈檀弓上-120〉 [本在"婦人不葛帶"之下.]

새로운 음식을 바치게 된다면, 삭전의 의례 절차와 동일하게 한다. [본래는
"부인들은 갈포로 엮은 대를 차지 않는다."[1]라고 한 문장 뒤에 수록되어 있었다.]

> **集說** 朔奠者, 月朔之奠也. 未葬之時, 大夫以上, 朔望皆有奠; 士則
> 朔而已. 如得時新之味, 或五穀新熟而薦之, 則其禮亦如朔奠之儀也.

'삭전(朔奠)'은 매월 초하루에 지내는 전제사이다. 아직 장례를 치르기
이전이라면, 대부 이상의 계급은 매월 초와 보름에 모두 전제사를 지내게

---

1) 『예기』「단궁상(檀弓上)」 119장 : 婦人不葛帶.

되고, 사 계급에서는 매월 초하루에만 지낼 따름이다. 만약 그 계절에 새로 생산된 맛있는 음식을 얻게 되거나 혹은 오곡이 새로 수확되어 바치게 된다면, 그 예를 또한 매월 초하루에 지내는 전제사의 의례와 동일하게 한다.

【036】

父母之喪, 哭無時. 〈檀弓上-130〉[2] [本在"夕奠逮日"下.]

부모의 상을 치를 때에는 곡을 할 때 특별히 정해진 시기가 없어서, 시도 때도 없이 곡을 한다. [본래는 "저녁에 올리는 전제사는 해가 질 때 올린다."[3]라고 한 문장 뒤에 수록되어 있었다.]

集說 未賓, 哭不絕聲, 殯後雖有朝夕哭之時, 然廬中思憶則哭, 小祥後哀至則哭, 此皆哭無時也.

아직 빈소를 차리기 이전이라면 곡을 하는 소리가 끊이질 않고, 빈소를 차린 이후에는 비록 조석으로 곡을 하는 규정된 시간이 있지만, 움막 안에서 부모를 생각하게 되면 시도 때도 없이 곡을 하게 되고, 소상을 지낸 이후에는 애통한 생각이 들게 되면 곡을 하니, 이러한 시기에는 모두 곡을 할 때 특별히 정해진 시기가 없는 것이다.

附註 哭無時, 此是初喪無時之哭. 註以"使必知其反", 通釋謂小祥後, 可疑.

'곡무시(哭無時)'라는 것은 초상 때 시도 때도 없이 곡하는 것에 해당한다. 주에서는 "사신으로 갔다가 되돌아오면 반드시 제사를 지내어 돌아온 사실을 알린다."라고 한 말을 통괄해서 소상 이후라고 풀이했는데, 의문스럽다.

---

2) 『예기』「단궁상(檀弓上)」 130장 : 父母之喪, 哭無時; 使必知其反也.
3) 『예기』「단궁상(檀弓上)」 129장 : 朝奠日出, 夕奠逮日.

【037】

國禁哭則止, 朝夕之奠, 卽位自因也.〈雜記下-060〉[本在"不加於采"下.]

나라에 큰 제사가 있어서 나라 안에 곡하는 것을 금지하면, 상을 당한 자는 곡을 멈추지만, 아침과 저녁에 올리는 전제사라면, 자신의 자리로 나아가서 해당 의례를 시행한다. [본래는 "채색된 옷에 차지 않는다."[1]라고 한 문장 뒤에 수록되어 있었다.]

集説 國有大祭祀, 則喪者不敢哭. 然朝奠夕奠之時, 自卽其阼階下之位, 而因仍禮節之故事以行也.

나라에 큰 제사가 있으면 상을 치르는 자는 감히 곡을 할 수 없다. 그러나 아침에 올리는 전제사와 저녁에 올리는 전제사 때에는 스스로 동쪽 계단 밑의 자리로 나아가서, 예절에 따른 옛 일대로 그 의례를 시행한다.

【038】

朝夕哭不帷, 無柩者不帷.〈058〉[本在"皆辯拜"下.]

아침저녁으로 곡을 할 때에는 영구를 가리는 휘장을 치지 않고, 장례를 치러서 영구가 없는 경우에는 당에 휘장을 치지 않는다. [본래는 "모든 빈객들에게 두루 절을 한다."[2]라고 한 문장 뒤에 수록되어 있었다.]

集説 朝夕之間, 孝子欲見殯, 故哭則褰擧其帷, 哭畢仍垂下之. 無柩, 謂葬後也. 神主祔廟之後還在室, 無事於堂, 故不復施帷.

아침과 저녁 사이에 자식이 빈소의 영구를 보고자 하기 때문에, 곡을 하게 되면 그 앞을 가리고 있는 휘장을 걷어 올리고, 곡이 끝나면 다시 휘장을 친다. 영구가 없다는 말은 장례를 치른 이후를 뜻한다. 신주를 묘에 합사한 이후에는 다시 실로 되돌려 놓으므로, 당에서 진행할 일이 없다.

---

1) 『예기』「잡기하(雜記下)」 059장 : 疏者不紳, 執玉不麻, 麻不加於采.
2) 『예기』「잡기상」 057장 : 小斂・大斂・啓, 皆辯拜.

그렇기 때문에 다시 휘장을 치지 않는다.

【039】

唯天子之喪, 有別[彼列反]姓而哭.〈檀弓上-144〉 [本在"天子之禮也"下.]

오직 천자의 상에서만 성(姓)을 구별하여['別'자는 '彼(피)'자와 '列(렬)'자의 반절음이다.] 곡을 하게 된다. [본래는 "천자에게만 적용되는 예법이다."3)라고 한 문장 뒤에 수록되어 있었다.]

集說 諸侯朝覲天子, 爵同則其位同; 今喪禮則分別同姓·異姓·庶姓, 使各相從而爲位以哭也.

제후가 천자를 조근하는 경우, 작위가 같다면 그 위치가 동일하게 되는데, 현재는 상례를 치르는 경우이므로, 천자와 동성인 자, 이성인 자, 친족관계가 없는 자 등을 구별하고, 각각의 부류별로 서열을 정하고 자리를 마련하여 곡을 한다.

【040】

士備入而後朝夕踊.〈檀弓上-149〉 [本在"父兄之命"下.]

사가 모두 들어온 이후에야 아침저녁으로 용하는 의례를 시행한다. [본래는 "자신의 부형이 명령한 것이라고 칭하며 물건을 보낸다."4)라고 한 문장 뒤에 수록되어 있었다.]

集說 國君之喪, 諸臣有朝夕哭踊之禮, 哭雖依次居位, 踊必相視爲節, 不容有先後也. 士卑, 其入恒後, 士皆入, 則無不在者矣, 故擧士

---

3) 『예기』「단궁상(檀弓上)」143장 : 天子之殯也, 菆塗龍輴以椁, 加斧于椁上, 畢塗屋, <u>天子之禮也</u>.
4) 『예기』「단궁상(檀弓上)」 148장 : 未仕者不敢稅人, 如稅人, 則以<u>父兄之命</u>.

入爲畢而後踊焉.

제후국에서 군주에 대한 상이 발생하면, 모든 신하들은 조석으로 곡과 용을 하는 예법이 있게 되는데, 곡을 할 때에는 비록 서열에 따라 곡하는 자리를 정하게 되고, 용을 할 때에는 반드시 서로의 행동에 견주어서 절도에 맞게 해야 하지만, 지위에 따른 선후의 차이는 없다. 사의 신분은 미천하며, 그들이 들어왔을 때에는 항상 후열에 서게 되는데, 사가 모두 들어오게 되면, 대열에 위치하지 않은 자가 없게 된다. 그렇기 때문에 사가 들어오는 것을 기준으로 삼아 들어오는 일이 끝나는 기점으로 정하고, 그 이후에 용을 하는 것이다.

[類編] 右朝夕哭奠. [服杖以下竝檀弓. 國禁·不帷二段本文.]
여기까지는 '조석곡전(朝夕哭奠)'에 대한 내용이다. 「복장(服杖)'으로부터 그 이하는 모두 「단궁」편의 문장이다. '국금(國禁)'과 '불유(不帷)'의 2개 단락은 「잡기상」편의 본문에 해당한다.]

◇ 장(葬)

【041】

大夫卜宅與葬日, 有司麻衣布衰[催]布帶因喪屨緇布冠不蕤[而追反], 占者皮弁.〈014〉 [本在"爲之置後"下.]

대부가 죽었을 때, 그에 대한 장지와 장례 치를 날짜에 대해 거북점을 치게 되면, 관련 일을 담당하는 유사는 백색의 포로 된 심의를 착용하고, 그 앞에 포로 만든 상복을['衰'자의 음은 '催(최)'이다.] 달며, 포로 만든 허리띠를 두르고, 상복을 착용할 때 신는 신발을 착용하며, 치포관을 착용하되 갓끈 장식은['蕤'자는 '而(이)'자와 '追(추)'자의 반절음이다.] 달지 않으며, 거북점을 치는 자는 피변을 착용한다. [본래는 "죽은 자를 위해 후계자를 세운다."[1]라고 한 문장 뒤에 수록되어 있었다.]

集說 卜宅, 卜葬地也. 有司, 治卜事之人也. 麻衣, 白布深衣也. 布衰者, 以三升半布爲衰, 長六寸, 廣四寸, 就綴於深衣前當胷之上. 布帶, 以布爲帶也. 因喪屨, 因喪服之繩屨也. 蕤, 與緌同. 古者緇布冠無緌, 後代加蕤, 故此明言之也. 有司爲卜, 故用半吉半凶之服. 占者, 卜龜之人也. 尊於有司, 故皮弁, 其服彌吉也. 皮弁者, 於天子則爲視朝之服, 諸侯·大夫·士, 則爲視朔之服也.

'복택(卜宅)'은 장지로 쓸 장소에 대해 거북점을 친다는 뜻이다. '유사(有司)'는 거북점과 관련된 일을 담당하는 관리이다. '마의(麻衣)'는 백색의 포로 만든 심의이다. '포최(布衰)'는 3.5승의 포로 상복을 만드는데, 그 길이는 6촌이며 폭은 4촌으로 해서, 심의의 앞쪽 가슴 위쪽에 연결한 것이다. '포대(布帶)'는 포로 허리띠를 만든 것을 뜻한다. '인상구(因喪屨)'는 상복을 착용할 때 승구를 신는 것에 따른다는 뜻이다. '유(蕤)'자는 유(緌)자와 동일하다. 고대에 착용한 치포관에는 갓끈인 유가 없었는데,

---

1) 『예기』「잡기상」 013장 : 士之子爲大夫, 則其父母弗能主也, 使其子主之, 無子, 則爲之置後.

후대에는 갓끈 장식을 달았기 때문에 이곳에서 명시를 한 것이다. 유사는 거북점 때문에, 절반은 길복에 해당하고 절반은 흉복에 해당하는 복장을 착용한다. '점자(占者)'는 거북점을 치는 자를 뜻한다. 유사보다 존귀하기 때문에 피변을 착용하니, 그 복장은 보다 길한 쪽에 가깝다. '피변(皮弁)'이라는 것은 천자에게 있어서는 조정에 참관할 때의 복장이 되고, 제후 · 대부 · 사에게 있어서는 시삭(視朔)[2]을 할 때의 복장이 된다.

【042】

袝葬者不筮宅.〈喪服小記-053〉[小記. 本在"之右南面"下.]

합장을 하는 경우에는 그 무덤이 이미 점을 쳐서 정한 곳이므로, 재차 시초점을 치지 않는다. [「상복소기」편의 문장이다. 본래는 "우측에서 남쪽을 바라보며, 조문객들을 대한다."[3]라고 한 문장 뒤에 수록되어 있었다.]

集說 宅, 謂塋壙也. 前人之葬已筮而吉, 故袝葬則不必再筮也.

'택(宅)'은 무덤을 뜻한다. 이전에 장례를 치른 자에 대해서, 이미 시초점을 쳐서 길한 장지를 골랐기 때문에, 무덤에 합장하는 경우에는 재차 시초점을 칠 필요가 없다.

【043】

大夫之喪, 大宗人相[去聲], 小宗人命龜, 卜人作龜.〈017〉[本在"包奠而讀

---

2) 시삭(視朔)은 천자 및 제후가 매월 초하루에, 종묘(宗廟)에 고하여 해당 월의 달력을 받고, 그곳에서 해당 월에 시행해야 할 정무를 처리하였던 것을 뜻한다. 『춘추좌씨전』「희공(僖公) 5년」편에는 "公既視朔, 遂登觀臺以望, 而書, 禮也."라는 기록이 있고, 이에 대한 공영달(孔穎達)의 소(疏)에서는 "視朔者, 公既告廟受朔, 即聽視此朔之政, 是其親告朔也."라고 풀이했다.

3) 『예기』「상복소기(喪服小記)」 052장 : 哭朋友者於門外<u>之右南面</u>.

書"下.]

대부의 상에 발생하면, 대종백이 파견되어 의례 절차를 돕고[‘相’자는 거성으로
읽는다.] 소종백이 파견되어 거북점을 칠 때, 거북껍질에게 그 사안을 알리는
일을 하며, 복인은 거북껍질을 그슬려서 점을 친다. [본래는 "희생물의 고기를
포장해둔 것을 견거에 싣고, 사(史)가 영구의 동쪽에 서서 부의를 보내온 사람과 그 물건을
기록한 문서를 읽는다."4)라고 한 문장 뒤에 수록되어 있었다.]

集說 大宗人, 小宗人, 卽大宗伯·小宗伯也. 相, 佐助禮儀也. 命
龜, 告龜以所卜之事也. 作龜, 鑽灼之也.

‘대종인(大宗人)’과 ‘소종인(小宗人)’은 곧 대종백과 소종백(小宗伯)5)을
뜻한다. ‘상(相)’자는 의례의 진행을 돕는다는 뜻이다. ‘명귀(命龜)’는 거
북껍질에게 거북점을 쳐야 하는 사안에 대해 알린다는 뜻이다. ‘작귀(作
龜)’는 불쏘시개로 그슬린다는 뜻이다.

集說 劉氏曰: 大宗人, 或是都宗人. 小宗人, 或是家宗人. 掌都家之
禮者.

유씨가 말하길, ‘대종인(大宗人)’은 아마도 도종인(都宗人)6)이며, ‘소종
인(小宗人)’은 아마도 가종인(家宗人)7)이니, 채지로 있는 지역에서 시

---

4) 『예기』「잡기상」 016장 : 大夫之喪旣薦馬, 薦馬者哭踊, 出乃<u>包奠而讀書</u>.
5) 소종백(小宗伯)은 대종백(大宗伯)을 보좌하는 관리이다. 『주례』의 체제에 따르
   면 중대부(中大夫) 2명이 담당을 했다. 수행하는 일은 대체로 대종백과 동일하며,
   대종백을 보좌하여 세부적인 절차들을 수행한다.
6) 도종인(都宗人)은 도(都)에서 시행되는 제사 등을 담당하는 관리이다. 『주례』의
   체제에 따르면 상사(喪事) 2명이 담당을 했고, 그 휘하에는 중사(中士) 4명이 배
   속되어 있었으며, 실무를 맡아보는 자로는 부(府) 2명, 사(史) 4명, 서(胥) 4명,
   도(徒) 40명이 배속되어 있었다.
7) 가종인(家宗人)은 가(家)에서 시행되는 제사 등을 담당하는 관리이다. 『주례』의
   체제에 따르면 상사(喪事) 2명이 담당을 했고, 그 휘하에는 중사(中士) 4명이 배
   속되어 있었으며, 실무를 맡아보는 자로는 부(府) 2명, 사(史) 4명, 서(胥) 4명,
   도(徒) 40명이 배속되어 있었다.

행되는 예법을 담당하는 자이다.

【044】

大夫之喪旣薦馬, 薦馬者哭踊, 出乃包奠而讀書. 〈016〉 [本在"占者朝服"
下.]

대부의 상을 치를 때, 영구가 장지로 떠나게 되면 수레에 멍에를 맬 말을
끌고 오는데, 그 일이 끝나면 자식은 그 모습을 보고 애통한 마음이 들어
곡을 하고 발을 구르며, 밖으로 나서게 되면 희생물의 고기를 포장해둔
것을 견거(遣車)에 싣고, 사(史)가 영구의 동쪽에 서서 부의를 보내온 사람
과 그 물건을 기록한 문서를 읽는다. [본래는 "점괘를 해석하는 자는 조복을 착용한
다."라고 한 문장 뒤에 수록되어 있었다.]

集說 薦, 進也. 駕車之馬, 每車二匹. 按旣夕禮, 柩初出至祖廟, 設
遷祖之奠訖乃薦馬, 至日側祖奠之時又薦馬, 明日設遣奠時又薦馬.
此言旣薦馬, 謂遣奠時也. 馬至則車將行, 故孝子感之而哭踊. 包奠
者, 取遣奠牲之下體包裹而置於遣車以送死者. 馬至在包奠之前, 而
云出乃包奠者, 明包奠爲出之節也. 讀書者, 旣夕云: "書賵於方." 方,
版也, 謂書賵奠賻贈之人名與其物於版, 柩將行, 主人之史於柩東,
西面而讀之, 此明大夫之禮與士同.

'천(薦)'자는 "나아간다."는 뜻이다. 수레에 멍에를 매는 말은 수레마다
2필이 들어간다. 『의례』「기석례(旣夕禮)」편을 살펴보면, 영구는 최초
조묘로부터 나오는데, 조묘에서 옮기며 바치는 전제의 진설이 끝나면,
곧 말을 끌고 오며, 해가 기울게 되어 조전을 할 때에도 또한 말을 끌고
오고, 다음날 견전을 진설할 때에도 또한 말을 끌고 온다. 이곳에서 "이미
말을 끌고 왔다."라고 한 말은 견전을 치르는 때를 가리킨다. 말이 도착하
면 수레는 움직이려고 하기 때문에, 자식은 그에 슬픔을 느껴 곡을 하며
발을 구르게 된다. '포전(包奠)'은 견전을 하며 사용한 희생물의 하체를

가져다가 포장을 하여 견거에 싣고 죽은 자를 전송하는 것이다. 말이 도착하는 시기는 포전을 하기 이전이 되는데, "밖으로 나오면 포전을 한다."라고 말한 것은 포전이라는 것이 출발의 기준이 됨을 나타내기 위해서이다. '독서(讀書)'에 대해서 「기석례」편에서는 "방에 부의로 온 것들을 기록한다."[8]라고 했다. '방(方)'은 문서를 뜻하니, 부의를 보내온 사람의 이름과 그 물건을 문서에 기록하고, 영구가 떠나려고 할 때 주인에게 소속된 사가 영구의 동쪽에 서서, 서쪽으로 바라보고 그 문서를 읽는다는 뜻이니, 이것은 대부의 예법이 사의 예법과 동일하다는 점을 나타낸다.

【045】

大夫不揄[搖]絞[爻]屬[燭]於池下.〈021〉[本在"復西上"下.]

대부는 꿩을['揄'자의 음은 '搖(요)'이다.] 그린 효를['絞'자의 음은 '爻(효)'이다.] 지 아래에 결속하지['屬'자의 음은 '燭(촉)'이다.] 않는다. [본래는 "초혼을 할 때에는 서쪽을 상등으로 삼는다."[9]라고 한 문장 뒤에 수록되어 있었다.]

集說 此言大夫喪車之飾. 揄, 翟雉也. 絞, 青黃之繒也. 池, 織竹爲之, 形如籠, 衣以青布. 若諸侯以上則畫揄翟於絞而屬於池之下, 大夫降於人君, 故不揄絞屬於池下也.

이 내용은 대부의 상거(喪車)[10]에 하는 장식을 뜻한다. '요(揄)'는 꿩을 뜻한다. '효(絞)'는 청색과 황색의 비단이다. '지(池)'는 대나무를 짜서 만

---

8) 『의례』「기석례(旣夕禮)」 : 書賵於方, 若九, 若七, 若五.

9) 『예기』「잡기상」 020장 : 內子以鞠衣褒衣素沙. 下大夫以襢衣. 其餘如士. 復西上.

10) 상거(喪車)는 악거(惡車)라고도 부른다. 장례(葬禮)를 치를 때 사용되는 수레이다. 다만 시신의 관을 싣는 용도로 사용되는 것이 아니라, 그의 자식이 타게 되는 수레이다. 『예기』「잡기상(雜記上)」편에는 "端衰・喪車皆無等."이라는 기록이 있는데, 이에 대한 공영달(孔穎達)의 소(疏)에서는 "喪車者, 孝子所乘惡車也."라고 풀이했다.

드는데, 그 모습이 대바구니와 비슷하며, 청색의 포를 입힌다. 만약 제후 이상의 경우라면, 효에 꿩을 그려서 지 아래에 결속하는데, 대부는 군주보다 낮추기 때문에 꿩을 그린 효를 지 아래에 결속하지 않는다.

【046】

池, 視重[平聲]霤.〈檀弓上-122〉 [檀弓. 本在"以其服除"下.]

상거에 다는 빗물받이인 지(池)를 설치할 때, 그 수치는 생전에 가옥에 설치하던 빗물받이인 중류['重'자는 평성으로 읽는다.]의 숫자에 견주어서 한다. [「단궁」편의 문장이다. 본래는 "제 스스로 상복을 벗는다."[11]라고 한 문장 뒤에 수록되어 있었다.]

集說 疏曰: 池者, 柳車之池也. 重霤者, 屋之承霤也, 以木爲之, 承於屋簷, 水霤入此木中, 又從木中而霤於地, 故云'重霤'也. 天子之屋四注, 四面皆有重霤; 諸侯四注而重霤去後; 大夫惟前後二; 士惟一在前. 生時屋有重霤, 故死時柳車亦象宮室, 而設池於車覆鼈甲之下, 墻帷之上. 蓋織竹爲之, 形如籠, 衣以靑布以承鼈甲. 名之曰"池", 以象重霤也. 方面之數, 各視生時重霤.

소에서 말하길, '지(池)'라는 것은 유거(柳車)[12]에 다는 지(池)를 뜻한다. '중류(重霤)'라는 것은 지붕에 다는 빗물받이인 '승류(承霤)'를 뜻하니, 나무로 그것을 만들게 되고, 지붕의 처마에 달게 되어 빗물이 그 나무속으로 들어가게 하고, 또한 나무를 통해서 땅으로 떨어지도록 한다. 그렇기 때문에 '중류(重霤)'라고 부르는 것이다. 천자의 가옥에는 지붕에 4개의 기둥을 대고 사면에 모두 중류를 설치하는데, 제후의 경우에는 4개의 기둥을 대지만 중류에 있어서는 뒷면의 1개를 제거하고, 대부의 경우에는 오직 앞면과 뒷면에만 있어 총 2개의 중류를 설치하며, 사의 경우에는

---

11) 『예기』「단궁상(檀弓上)」 121장 : 既葬, 各以其服除.
12) 유거(柳車)는 상거(喪車)를 뜻한다. 상(喪)을 치를 때 사용하는 수레를 의미한다.

단지 앞면에 1개의 중류를 설치할 뿐이다. 생전에 거처하던 가옥의 지붕에도 중류가 있었기 때문에, 그 자가 죽었을 때에도 또한 궁실을 본떠서 유거를 만들게 되어, 수레의 덮개인 별갑 아래와 담장처럼 두르는 유 위에 빗물받이인 지를 설치하게 된다. 아마도 대나무살을 짜서 만들었을 것이며, 그 형태는 대바구니와 흡사하고, 청색의 포로 감싸서 영구의 덮개를 바치게 했을 것이다. 이것을 '지(池)'라고 부른 이유는 이것을 통해서, 중류를 형상화했기 때문이다. 각 방면에 다는 숫자는 각자 생전에 설치하던 중류의 수에 견주게 된다.

【047】

遣[去聲]車視牢具, 疏布輤, 四面有章[去聲], 置于四隅.〈048〉13) [本在"不以襚"下.]

견거의['遣'자는 거성으로 읽는다.] 수량은 사용되는 희생물의 수에 견주며, 거친 포를 사용하여 덮개를 만들고, 네 방면에는 가림막이['章'자는 거성으로 읽는다.] 있으며, 외관(外棺)의 네 모퉁이에 둔다. [본래는 "물건을 보내는 용도로 사용하지 않는다."14)라고 한 문장 뒤에 수록되어 있었다.]

集說 遣車, 說見檀弓. 視牢具者, 天子太牢包九介, 則遣車九乘; 諸侯太牢包七介, 則七乘; 大夫亦太牢包五介, 則五乘; 天子之上士三命少牢包三介, 則三乘也. 諸侯之士無遣車. 遣車之上以麤布爲輤. 輤, 蓋也, 四面有物以障蔽之. 章, 與障同. 四隅, 槨之四角也.

'견거(遣車)'에 대해서는 그 설명이 『예기』「단궁(檀弓)」편에 나온다. "희생물을 갖춘 것에 견준다."는 말은 천자는 태뢰를 사용하여 고기를 9개로 포장하니 견거는 9대를 사용하며, 제후는 태뢰를 사용하여 고기를 7개로

---

13) 『예기』「잡기상」048장 : 遣車視牢具, 疏布輤, 四面有章, 置於四隅. 載穡, 有子曰, "非禮也, 喪奠脯醢而已."

14) 『예기』「잡기상」047장 : 諸侯相襚以後路與冕服, 先路與褒衣不以襚.

포장하니 견거는 7대를 사용하고, 대부 또한 태뢰를 사용하여 고기를 5개로 포장하니 견거는 5대를 사용하며, 천자에게 소속된 상사는 3명의 등급으로 소뢰를 사용하여 고기를 3개로 포장하니 견거는 3대를 사용한다. 제후에게 소속된 사는 견거를 사용하지 않는다. 견거 위에는 거친 포로 천을 만든다. '천(輤)'은 덮개를 뜻하며, 네 방면에 다른 것을 덧대어 가림막으로 가린다. '장(章)'자는 가림막을 뜻하는 장(障)자와 같다. '사우(四隅)'는 외관의 네 모퉁이를 뜻한다.

【048】

君之適長殤, 車三乘; 公之庶長殤, 車一乘; 大夫之適長殤, 車一乘.
〈檀弓下-001〉[檀弓. 本在"有賜帝"下.]

군주의 적자가 장상을 했을 때에는 견거(遣車)[15] 3대를 사용하고, 공의 서자가 장상을 했을 때에는 견거 1대를 사용하며, 대부의 적자가 장상을 했을 때에는 견거 1대를 사용한다. [「단궁」편의 문장이다. 본래는 "빈소를 차릴 때 그 위를 덮는 작은 장막을 하사해주는 경우가 있다."[16]라고 한 문장 뒤에 수록되어 있었다.]

集說 此言送殤遣車之禮. 君, 謂國君, 亦或有地大夫通得稱君也. 公, 專言五等諸侯也. 十六至十九爲長殤. 葬此殤時, 柩朝廟畢將行, 設遣奠以奠之, 牲體分析包裹, 用此車載之以遣送死者, 故名遣車. 車制甚小, 以置之槨內四隅, 不容大爲之也. 禮, 中殤從上, 君適長三乘, 則中亦三乘, 下則一乘也; 公庶長一乘, 則中亦一乘, 下則無也; 大夫適長一乘, 則中亦一乘, 下殤及庶殤並無也.

이곳 문장은 요절한 자를 전송하며 사용하는 견거의 예법을 언급하고 있

---

15) 견거(遣車)는 장례(葬禮)를 치를 때 사용되는 수레이다. 장례 때에는 장지(葬地)에서 제사를 지내기 위해 희생물을 가져가게 된다. '견거'는 바로 희생물의 몸체를 싣고 가는 수레를 뜻한다.
16) 『예기』「단궁상(檀弓上)」 151장 : 君於士, 有賜帝.

다. '군(君)'자는 제후국의 군주를 뜻하며, 또한 간혹 영지를 소유하고 있는 대부까지도 통칭하여, '군(君)'이라 부를 수 있다. '공(公)'은 전적으로 다섯 등급에 속하는 제후들을 가리키는 말이다. 16~19세 사이에 요절한 것을 '장상(長殤)'이라고 부른다. 이처럼 요절한 자를 장례 치를 때에는 영구에 대해 종묘에서 조묘(朝廟)[17]를 하고, 그 일이 끝나면 장차 행차를 시작하는데, 그 때에는 견전(遣奠)을 설치하여 전제사를 지내고, 희생물의 몸체는 나눠서 포장하며, 이 수레를 이용해서 포장된 고기를 실어 죽은 자를 전송하는 곳으로 보낸다. 그렇기 때문에 이 수레를 '견거(遣車)'라고 부른다. 이 수레를 제작할 때에는 매우 작게 만들어서, 곽 안의 네 모퉁이에 두게 되니 크게 만들 수 없다. 예법에 따르면, 중상(中殤)[18]의 경우 그 위의 등급에 따르니, 군주의 적자가 작상을 했을 때 3대의 수레를 사용한다면, 중상인 경우에도 또한 3대의 수레를 사용하고, 하상(下殤)[19]인 경우에는 1대의 수레를 사용한다. 또 공의 서자가 장상을 했을 때 1대의 수레를 사용한다면, 중상인 경우에도 1대의 수레를 사용하고, 하상인 경우에는 수레가 없게 된다. 또 대부의 적자가 장상을 했을 때 1대의 수레를 사용한다면, 중상인 경우에도 1대의 수레를 사용하고, 하상을 했거나 서자 중 요절한 자의 경우에는 모두 수레가 없게 된다.

---

17) 조묘(朝廟)는 종묘(宗廟)에 전제(奠祭)를 지낸다는 뜻이다. 또 『춘추』「문공(文公) 6년」경문(經文)에는 "閏月不告月, 猶朝于廟."라는 기록이 있고, 이에 대한 두예(杜預)의 주에서는 "諸侯每月必告朔聽政, 因朝宗廟."라고 풀이했다. 즉 제후들은 매월 반드시 고삭(告朔)을 하며 정사(政事)를 돌보게 되는데, 이것에 연유하여 종묘에서 전제사를 지낸다. 또한 '조묘'는 상례(喪禮)를 치르며 영구를 조묘로 이동시켜서, 장차 장지로 떠나게 됨을 아뢰는 의식이기도 하다.

18) 중상(中殤)은 12~15세 사이에 요절한 자를 뜻한다. 『의례』「상복(喪服)」편에 "十五至十二爲中殤."이라는 기록이 있다.

19) 하상(下殤)은 8~11세 사이에 요절한 자를 뜻한다. 『의례』「상복(喪服)」편에 "十一至八歲爲下殤."이라는 기록이 있다.

【049】

升正柩, 諸侯執綍五百人, 四綍皆銜枚, 司馬執鐸, 左八人, 右八人, 匠人執羽葆御柩. 大夫之喪, 其升正柩也, 執引[去聲]者三百人, 執鐸者左右各四人, 御柩以茅.〈雜記下-068〉[本在"不擧樂"下.]

장례를 치르기 위해 영구를 조묘의 당 위로 올리고 위치를 바르게 잡을 때, 제후의 경우에는 상여줄을 잡는 자가 500명이며, 상여에 매달린 4개의 상여줄에 각각 고르게 분포하여 위치하고 모두들 입에 재갈을 물어서 떠들지 않으며, 사마는 목탁을 들고서 그들에 대해 호령을 하는데, 좌측에 8명이 위치하고, 우측에 8명이 위치하여, 좌우에서 영구를 둘러싸게 되며, 장인은 깃털로 만든 보를 잡고서 영구를 인도하게 된다. 대부의 상이라면, 영구를 당에 올려서 위치를 바로잡을 때, 상여줄을['引'자는 거성으로 읽는다.] 잡는 자는 300명이며, 목탁을 들고 좌우에 위치하는 자는 각각 4명씩이고, 영구를 인도할 때에는 모로써 한다. [본래는 "음악을 연주하지 않는다."[20]라고 한 문장 뒤에 수록되어 있었다.]

集說 升正柩者, 將葬柩朝祖廟, 升西階, 用輁軸載柩于兩楹間而正之也. 柩有四綍, 枚形似箸, 兩端有小繩, 銜于口而繫于頸後, 則不能言, 所以止誼譁也. 五百人皆用之. 司馬十六人執鐸, 分居左右夾柩, 以號令於衆也. 葆形如蓋, 以羽爲之. 御柩者, 在柩車之前, 若道塗有低昂傾虧, 則以所執者爲抑揚左右之節, 使執綍者知之也. 引, 卽綍, 互言之耳. 茅, 以茅爲麾也.

'승정구(升正柩)'는 장례를 치르려고 하여 영구를 조묘에 알현시키며 서쪽 계단으로 올리는데, 공축을 사용해서 양쪽 기둥 사이에 영구를 올리고 위치를 바로잡는다. 영구에는 4개의 불이 달려 있다. '매(枚)'는 그 모습이 대나무로 만든 통과 유사하며, 양쪽 끝에는 작은 새끼줄이 달려 있어서, 입에 재갈처럼 물리고서 목 뒤에서 묶게 되면 말을 할 수 없으니,

---

20) 『예기』「잡기하(雜記下)」067장 : 卿大夫疾, 君問之無筭, 士壹問之. 君於卿大夫, 比葬不食肉, 比卒哭不擧樂. 爲士, 比殯不擧樂.

시끄럽게 떠드는 것을 그치게 하는 도구이다. 500명의 사람들은 모두 이 것을 사용하여 입에 문다. 사마 16명은 목탁을 잡고, 좌우로 나뉘어 양쪽에서 영구를 둘러싸니, 이들을 통해 많은 사람들을 호령한다. '보(葆)'는 그 모습이 뚜껑과 유사한데, 깃털로 만든다. 영구를 인도하는 자는 영구를 실은 수레 앞에 위치하니, 만약 길에 낮아지거나 높아지는 등의 굴곡이 있다면, 손에 든 것을 좌우로 낮추거나 올리는 기준으로 삼아, 상엿줄을 잡고 있는 자로 하여금 그 사실을 인지하도록 한다. '인(引)'은 곧 불에 해당하니, 상호 호환이 되도록 말한 것일 뿐이다. '모(茅)'는 띠풀로 만든 일종의 깃발이다.

【050】

士喪有與天子同者三: 其終夜燎, 及乘人, 專道而行.〈076〉 [本在"興踊" 下.]

사의 상에는 천자의 상과 동일한 점이 세 가지 있다. 첫 번째는 영구를 옮기는 날 밤부터 아침까지 불을 피우는 것이며, 두 번째는 사람들로 하여금 영구를 끄는 줄을 잡도록 하는 것이고, 세 번째는 영구를 움직일 때 그 길을 전적으로 사용하며 이동하는 것이다. [본래는 "일어나서 용을 한다."[21]라고 한 문장 뒤에 수록되어 있었다.]

集說 終夜燎, 謂遷柩之夜, 須光明達旦也. 乘人, 使人執引也. 專道, 柩行於路, 人皆避之也.

'종야료(終夜燎)'는 영구를 옮기는 날 밤에 불을 피워 빛을 내도록 해서 아침까지 태우는 것이다. '승인(乘人)'은 사람들로 하여금 영구를 끄는 줄을 잡도록 하는 것이다. '전도(專道)'는 도로에서 영구를 이동시킴에 사람들이 모두 그 자리를 피해준다는 뜻이다.

---

21) 『예기』「잡기상」 075장 : 外宗房中南面, 小臣鋪席, 商祝鋪絞紟衾, 士盥於盤北, 舉遷尸於斂上. 卒斂宰告, 子馮之踊, 夫人東面坐馮之興踊.

附註 專道而行, 按: 柩車中道而行, 不避御路也. 未見人皆避之之
意.

'전도이행(專道而行)'이라 했는데, 살펴보니, 이것은 영구를 실은 수레가
가운데 길을 통해 가서 수레길을 피하지 않는다는 뜻이다. 사람들이 모두
피해준다는 뜻은 나타나지 않는다.

【051】

端衰喪車皆無等.〈049〉1) [本在"稱哀子哀孫"下.]

단최와 상거는 모두 귀천에 따른 차등이 없다. [본래는 "'애자(哀子)' 또는 '애손 (哀孫)'으로 지칭한다."라고 한 문장 뒤에 수록되어 있었다.]

集說　端, 正也. 端衰, 喪服上衣也. 吉時玄端服, 身與袂同以二尺二 寸爲正, 喪衣亦如之, 而綴六寸之衰於胷前, 故曰端衰也. 喪車, 孝子 所乘惡車也. 此二者, 皆無貴賤之差等.

'단(端)'자는 정폭을 뜻한다. '단최(端衰)'는 상복의 상의를 뜻한다. 길한 때의 현단복은 몸통 부위와 소매 부분을 모두 2척 2촌으로 하는 것을 정폭으로 삼는데, 상복의 상의 또한 이처럼 만들고, 6촌으로 만든 상복 부분을 가슴 앞에 단다. 그렇기 때문에 '단최(端衰)'라고 부른다. '상거 (喪車)'는 자식이 타게 되는 악거(惡車)2)를 뜻한다. 이 두 가지는 모두 귀천에 따른 차등이 없다.

【052】

陳器之道, 多陳之而省納之可也, 省陳之而盡納之可也.〈喪服小記-076〉
[小記. 本在"不免而爲主"下.]

장례 때 함께 부장하는 명기의 경우, 그것을 진열하는 법도는 빈객에게 받은 것들은 모두 진열하지만 추려서 부장하는 것이 옳고, 상주가 제작한 것들은 추려서 진열하지만 모두 부장하는 것이 옳다. [「상복소기」편의 문장이 다. 본래는 "문을 하지 않고 상주 역할을 시행한다."3)라고 한 문장 뒤에 수록되어 있었다.]

---

1) 『예기』「잡기상」049장 : 祭稱"孝子"·"孝孫", 喪稱"哀子"·"哀孫". 端衰喪車皆 無等.

2) 악거(惡車)는 악거(堊車)를 뜻한다. 상중(喪中)에 있는 자가 타게 되는 백색으로 된 수레이다. '악(堊)'자는 흰색으로 칠한다는 뜻이다.

3) 『예기』「상복소기(喪服小記)」075장 : 主人未除喪, 有兄弟自他國至, 則主人不 免而爲主.

集說 陳器, 陳列從葬之明器也. 凡朋友賓客所贈遺之明器, 皆當陳列, 所謂多陳之也. 而所納於壙者有定數, 故云省納之可也. 省, 減殺也. 若主人所作者依禮有限, 故云省陳之而盡納之可也.

'진기(陳器)'는 장례를 치르며 함께 부장하는 명기를 진열한다는 뜻이다. 무릇 벗이나 빈객들이 증여한 명기들은 모두 진열해야 하니, 이것이 바로 "많이 진열한다."는 뜻이다. 그러나 무덤에 수용할 수 있는 용량에는 정해진 수치가 있기 때문에, "추려서 부장하는 것이 옳다."라고 말한 것이다. '생(省)'자는 줄인다는 뜻이다. 만약 상주가 제작한 것들은 예법에 따르면 제한이 있기 때문에, "줄여서 진열하지만 모두 부장하는 것이 옳다."라고 말한 것이다.

【053】
醴者, 稻醴也. 甕甒[武]筲[思交反]衡[抗]實見[諫]間[平聲], 而后折入.〈054〉[本在"士二采"下.]

단술은 쌀로 빚은 단술로 준비한다. 식초나 장을 담는 옹, 단술을 담는 무['甒'자의 음은 '武(무)'이다.] 서직을 담는 소['筲'자는 '思(사)'자와 '交(교)'자의 반절음이다.] 이것들을 받치는 틀인 항은['衡'자의 음은 '抗(항)'이다.] 관 밖에 씌운 간과['見'자의 음은 '諫(간)'이다.] 외관 사이에['間'자는 평성으로 읽는다.] 채우고, 그런 뒤에 항석(抗席)을 받치는 절을 외관 위에 올린다. [본래는 "사는 두 가지 채색을 넣어서 장식을 한다."[4]라고 한 문장 뒤에 수록되어 있었다.]

集說 此言葬時所藏之物. 稻醴, 以稻米爲醴也. 甕甒, 皆瓦器, 甕盛醯醢, 甒盛醴酒. 筲, 竹器, 以盛黍稷. 衡, 讀爲桁, 以木爲之, 所以皮舉甕甒之屬也. 見, 棺衣也. 言此甕甒筲衡實於見之外槨之內. 而后折入者, 折形如床而無足, 木爲之, 直者三, 橫者五, 窆事畢, 而后加

---
4) 『예기』「잡기상」053장 : 率帶, 諸侯大夫皆五采, 士二采.

之壙上, 以承抗席也.

이 내용은 장례를 치를 때 함께 부장하는 사물을 뜻한다. '도례(稻醴)'는 쌀로 만든 단술이다. '옹(甕)'과 '무(甒)'는 모두 옹기로 만든 그릇으로, 옹으로는 식초나 육장을 담고 무로는 단술을 담는다. '소(筲)'는 대나무로 만든 그릇으로, 이것으로 서직을 담는다. '형(衡)'자는 항(桁)자로 풀이하니, 나무로 만들게 되며, 옹이나 무 등을 받쳐주는 도구이다. '간(見)'은 관에 입히는 천이다. 즉 이러한 옹·무·소·항은 관에 씌운 천 겉과 외관 안에 채운다는 뜻이다. "그 이후에 절을 들인다."고 했는데, '절(折)'은 그 모습이 평상과 같지만 다리가 없는 것이며, 나무로 만들고, 세로로 된 것이 3개이고 가로로 된 것이 5개이며, 하관하는 일이 끝나면, 그 이후에 구덩이 위에 얹고, 이것을 통해 항석을 받치게 한다.

附註 實見間, 註: 見音練, 見者, 棺衣也. 練, 當是諫字.

'實見間'이라 했는데, 주에서는 '見'자의 음은 '련(練)'이고, '見'은 관에 입히는 천이라고 했다. '련(練)'자는 마땅히 '간(諫)'자가 되어야 한다.

【054】

旣葬, 各以其服除. 〈檀弓上-121〉 [檀弓. 本在"如朔奠"下.]

장례를 끝냈다면, 각자 제 스스로 상복을 벗는다. [「단궁」편의 문장이다. 본래는 "삭전의 의례 절차와 동일하게 한다."[1]라고 한 문장 뒤에 수록되어 있었다.]

集說 三月而葬, 葬而虞, 虞而卒哭. 親重, 而當變麻衰者變之, 其當除者卽自除之, 不俟主人卒哭之變也.

3개월 뒤에 장례를 치르고, 장례를 치른 뒤에 우제를 지내며, 우제를 지내고서 졸곡을 한다. 친족 관계가 가까운 자라서 마땅히 마로 된 상복을 바꿔야 하는 자라면 상복을 바꾸고, 상복을 벗어야 하는 자라면 곧 제 스스로 상복을 벗으니, 상주가 졸곡을 끝내고서 상복을 바꿀 때까지 기다리지 않는다.

附註 旣葬各以其服除, 包主人在其中也. 卒哭是葬後, 故統言旣葬. 註云"不俟主人卒哭之變", 未詳.

'기장각이기복제(旣葬各以其服除)'라 했는데, 주인도 그 가운데 포함되어 있는 것이다. 졸곡은 장례를 치른 이후가 된다. 그렇기 때문에 통괄적으로 '기장(旣葬)'이라 했다. 주에서는 "상주가 졸곡을 끝내고서 상복을 바꿀 때까지 기다리지 않는다."라고 했는데, 상세하지 않다.

附註 右葬.

여기까지는 '장(葬)'에 대한 내용이다.

---

1) 『예기』「단궁상(檀弓上)」 120장 : 有薦新, 如朔奠.

◇ 우졸곡(虞卒哭)

【055】
士三月而葬, 是月也卒哭. 大夫三月而葬, 五月而卒哭. 諸侯五月而葬, 七月而卒哭. 士三虞, 大夫五, 諸侯七. 〈雜記下-065〉 [本在"士三"下.]

사는 3개월이 지나서 장례를 치르며, 장례를 치른 달에 졸곡을 한다. 대부는 3개월이 지나서 장례를 치르고, 5개월이 지나서 졸곡을 한다. 제후는 5개월이 지나서 장례를 치르고, 7개월이 지나서 졸곡을 한다. 사는 3차례 우제를 치르고, 대부는 5차례 치르며, 제후는 7차례 치른다. [본래는 "사는 3개를 사용한다."[1]라고 한 문장 뒤에 수록되어 있었다.]

> 集說 疏曰: 大夫以上位尊, 念親哀情於時長遠. 士職卑位下, 禮數未伸.

소에서 말하길, 대부로부터 그 이상의 계층은 지위가 존귀하므로, 부모를 그리워하고 애통해하는 정감이 시기적으로 더 길다. 사는 직무가 미천하고 지위도 낮으니, 예법을 모두 펼치지 못한다.

【056】
報葬者報虞, 三月而后卒哭. 〈喪服小記-044〉 [小記. 本在"皆兼服之"下.]

가난하거나 특별한 변고 때문에 죽자마자 장례를 치르는 경우에는 우제 또한 신속히 치른다. 다만 졸곡의 경우에는 3개월이 지난 뒤에 치른다. [「상복소기」편의 문장이다. 본래는 "모두 함께 착용한다."[2]라고 한 문장 뒤에 수록되어 있었다.]

> 集說 報, 讀爲赴, 急疾之義. 謂家貧或以他故不得待三月, 死而卽

---

1) 『예기』「잡기하(雜記下)」 064장 : 天子飯九貝, 諸侯七, 大夫五, 士三.
2) 『예기』「상복소기(喪服小記)」 043장 : 斬衰之葛與齊衰之麻同, 齊衰之葛與大功之麻同, 麻同, 皆兼服之.

葬者, 旣疾葬亦疾虞. 虞以安神, 不可後也. 惟卒哭則必俟三月耳.

'보(報)'자는 부(赴)자로 풀이하니, 신속하다는 뜻이다. 즉 집안이 가난하거나 다른 변고가 발생하여 3개월이 지날 때까지 기다릴 수 없어서, 죽은 뒤에 곧바로 장례를 치르는 경우에는 신속히 장례를 치르고 또 신속히 우제를 치른다는 의미이다. 우제는 신령을 안심시키는 제사이므로, 늦게 지낼 수 없다. 졸곡의 경우에만 반드시 3개월이 지날 때까지 기다린 뒤에 지낼 따름이다.

【057】

祝稱卜葬虞, 子孫曰"哀", 夫曰"乃", 兄弟曰"某卜葬其兄[句]", 弟曰"伯子某."〈雜記下-027〉 [本在"皆少牢"下.]

장례를 치르는 날짜에 대해 거북점을 칠 때에는 축사에서 다음과 같이 지칭한다. 자식이 부친을 위해 거북점을 치거나 손자가 조부를 위해 거북점을 치는 경우라면, '애(哀)'라 말하여, "애자(哀子)인 아무개가 부친 아무개 보(甫)의 장례에 대해서 거북점을 칩니다."라고 말하거나 "애손(哀孫)인 아무개가 조부 아무개 보의 장례에 대해서 거북점을 칩니다."라고 말한다. 남편이 아내를 위해 거북점을 치는 경우라면, '내(乃)'라고 말하여, "내(乃)인 아무개가 처 아무개 씨(氏)의 장례에 대해서 거북점을 칩니다."라고 말한다. 형을 위해 동생이 거북점을 치는 경우라면, "아무개가 형 아무개의 장례에 대해서 거북점을 칩니다."라고 말한다.['兄'자에서 구문을 끊는다.] 형이 동생을 위해 거북점을 치는 경우라면, "아무개가 동생 아무개의 장례에 대해서 거북점을 칩니다."라고 말한다. [본래는 "모두 소뢰를 사용한다."[3]라고 한 문장 뒤에 수록되어 있었다.]

集說 初虞, 卽葬之日, 故幷言葬虞. 子卜葬父, 則祝辭云: "哀子某

---

3) 『예기』「잡기하(雜記下)」 026장 : 上大夫之虞也少牢, 卒哭成事附皆太牢. 下大夫之虞也犆牲, 卒哭成事附皆少牢.

卜葬其父某甫", 孫則云: "哀孫某卜葬其祖某甫", 夫則云: "乃某卜葬
其妻某氏." 乃者, 助語之辭, 妻卑故爾. 若弟爲兄, 則云: "某卜葬兄
伯子某." 兄爲弟, 則云: "某卜葬其弟某."

초우(初虞)[4]는 장례를 치르는 날에 해당한다. 그렇기 때문에 '장우(葬
虞)'라고 함께 말한 것이다. 자식이 부친의 장례를 치르는 날짜에 대해
거북점을 치게 되면, 축사에서는 "애자인 아무개가 부친 아무개 보의 장
례에 대해서 거북점을 칩니다."라고 말한다. 손자의 경우라면, "애손인
아무개가 조부 아무개 보의 장례에 대해서 거북점을 칩니다."라고 말한
다. 남편의 경우라면, "내인 아무개가 처 아무개 씨의 장례에 대해서 거북
점을 칩니다."라고 말한다. '내(乃)'라는 말은 어조사인데, 처는 미천하기
때문에 이처럼 말한다. 만약 동생이 형을 위해 거북점을 치는 경우라면,
"아무개가 형인 맏아들 아무개의 장례에 대해서 거북점을 칩니다."라고
말한다. 형이 동생을 위해 거북점을 치는 경우라면, "아무개가 동생 아무
개의 장례에 대해서 거북점을 칩니다."라고 말한다.

附註 祝稱卜葬虞, 卜葬其兄句誤, 當連下文讀. "伯子某"下添"弟某"
二字, 則尤明. 雖無二字, 亦通.

'축칭복장우(祝稱卜葬虞)'라 했는데, '복장기형(卜葬其兄)'에서 구문을
끊는 것은 잘못되었으니, 마땅히 뒤의 문장과 연결해서 해석해야 한다.
'백자모(伯子某)'라는 말 뒤에 '제모(弟某)'라는 두 글자를 첨가하면 그
뜻이 더욱 분명해진다. 비록 두 글자가 없더라도 또한 뜻이 통한다.

---

4) 초우(初虞)는 장례(葬禮)를 치른 뒤에 빈소에서 거행하는 첫 번째 우제(虞祭)를
   뜻한다.

【058】

上大夫之虞也少牢, 卒哭成事附皆大牢. 下大夫之虞也牷[特]牲, 卒
哭成事附皆少牢.〈雜記下-026〉 [本在"不改成踊"下.]

상대부가 우제를 치를 때에는 소뢰를 사용하고, 졸곡을 하여 길사를 완성
하는 때와 부제를 치를 때에는 태뢰를 사용한다. 하대부가 우제를 치를
때에는 특생을['牷'자의 음은 '特(특)'이다.] 사용하고, 졸곡을 하여 길사를 완성
하는 때와 부제를 치를 때에는 소뢰를 사용한다. [본래는 "다시 고쳐서 용을 마무
리 짓지 않는다."[1]라고 한 문장 뒤에 수록되어 있었다.]

集說 卒哭謂之成事, 成吉事也. 附, 祔廟也.

졸곡을 '성사(成事)'라 부르니, 길사를 완성했다는 뜻이다. '부(附)'자는
묘에서 부제를 치른다는 뜻이다.

【059】

暢臼以掬[菊], 杵以梧, 枇[匕]以桑, 長[去聲]三尺, 或曰五尺. 畢用桑,
長三尺, 刊其柄與末.〈052〉 [本在"於己可也"下.]

울창주를 만들 때, 울금초를 찧는 절구는 측백나무로['掬'자의 음은 '菊(국)'이
다.] 만들며, 공이는 오동나무로 만든다. 주인이 희생물의 몸체를 들어 올릴
때 사용하는 비는['枇'자의 음은 '匕(비)'이다.] 뽕나무로 만드는데, 그 길이는['長'
자는 거성으로 읽는다.] 3척이며, 혹은 5척으로 만들었다고도 한다. 주인이 비
를 사용할 때 실무를 맡아보는 자는 필을 이용해서 그 일을 돕는데, 필은
뽕나무로 만들고, 그 길이는 3척이며, 자루와 끝은 깎아내서 만든다. [본래는
"자신의 묘에서 해도 괜찮다."[2]라고 한 문장 뒤에 수록되어 있었다.]

集說 暢, 鬱鬯也. 掬, 柏也. 擣鬱鬯者, 以柏木爲臼, 梧木爲杵. 柏

---

1) 『예기』「잡기하(雜記下)」 025장 : 當祖, 大夫至, 雖當踊, 絶踊而拜之, 反, 改成
踊, 乃襲. 於士, 旣事成踊襲, 而后拜之, <u>不改成踊</u>.

2) 『예기』「잡기상」 051장 : 大夫冕而祭於公, 弁而祭於己. 士弁而祭於公, 冠而祭
於己. 士弁而親迎[去聲], 然則士弁而祭<u>於己可也</u>.

香芳而梧潔白, 故用之. 牲體在鑊, 用枇升之以入鼎, 又以枇自鼎載
之入俎, 主人舉肉之時, 執事者則以畢助之擧. 此二器, 吉祭以棘木
爲之, 喪祭則用桑木. 畢之柄與末加刊削, 枇亦必然也.

'창(暢)'은 울창주를 뜻한다. '국(椈)'은 측백나무를 뜻한다. 울창주의 재
료가 되는 울금초를 찧을 때에는 측백나무로 절구를 만들고, 오동나무로
공이를 만든다. 측백나무는 향긋한 냄새가 나고 오동나무는 희고 깨끗하
기 때문에 사용한다. 희생물의 몸체가 가마솥에 있을 때에는 비를 이용해
건져서 솥에 담고, 또 비를 이용해서 정으로부터 도마에 올리며, 주인이
고기를 들어 올릴 때, 일을 맡아보는 자는 필을 이용해서 들어 올리는
일을 돕는다. 이 두 기물은 길제에서는 가시나무를 이용해서 만드는데,
상제인 경우라면 뽕나무를 이용해서 만든다. 필의 자루와 끝은 깎아내는
공정을 더하니, 비 또한 반드시 이처럼 만든다.

【060】

重[平聲]旣虞而埋之.〈055〉 [本在"折入"下.]

중은['重'자는 평성으로 읽는다.] 우제를 끝내고 매장한다. [본래는 "그것을 외관 위에
올린다."³⁾라고 한 문장 뒤에 수록되어 있었다.]

集說 重, 說見檀弓. 虞祭畢, 埋於祖廟門外之東.

'중(重)'에 대한 설명은 『예기』「단궁」편에 나온다. 우제가 끝나면 조묘의
문밖 동쪽에 매장한다.

【061】

虞而立尸, 有几筵.〈檀弓下-100〉 [本在"弗爲服也"下.]

---

3) 『예기』「잡기상」 054장 : 醴者, 稻醴也. 甕甒筲衡實見閒, 而后折入.

우제를 지내게 되면 비로소 시동을 세워서 신령을 형상화하게 되고, 시동이 사용할 수 있는 안석과 대자리를 설치하게 된다. [본래는 "상복을 착용하지 않는다."4)라고 한 문장 뒤에 수록되어 있었다.]

集說 未葬之前, 事以生者之禮; 葬則親形已藏, 故虞祭則立尸以象神也. 筵, 席也. 大斂之奠, 雖有席而無几; 此時則設几與筵相配也.

장례를 치르기 이전이라면, 살아있는 자를 섬기는 예법으로 섬기게 된다. 장례를 치르게 되면, 부모의 육신이 이미 무덤으로 들어갔기 때문에, 우제를 지내고서 시동을 세워 신령을 형상화한다. '연(筵)'자는 자리를 뜻한다. 대렴을 할 때의 전제사에서도 비록 석을 설치하게 되지만 안석은 없다. 이 시기가 되어야만 궤와 연이 서로 짝을 이루며 설치된다.

【062】
卒哭而諱, 生事畢而鬼事始已.〈檀弓下-101〉

졸곡을 하게 되면 죽은 자의 이름을 피휘하여 시호를 사용하게 된다. 그 이유는 살아있는 자처럼 섬기는 일이 끝나고 귀신으로 섬기는 일이 시작되었기 때문이다.

集說 卒哭而諱其名, 蓋事生之禮已畢, 事鬼之事始矣. 已, 語辭.

졸곡을 지내면서 죽은 자의 이름을 피휘하는 것은 살아있는 자를 섬길 때의 예법으로 섬기는 일이 모두 끝나고, 귀신을 섬길 때의 예법으로 섬기는 일이 시작되기 때문이다. '이(已)'자는 어조사이다.

【063】
旣卒哭, 宰夫執木鐸以命于宮曰: "舍故而諱新." 自寢門至于庫門.〈檀

---

4) 『예기』 「단궁하(檀弓下)」 099장 : 仕而未有祿者, 君有饋焉曰"獻", 使焉曰"寡君". 違而君薨, 弗爲服也.

弓下-102〉〔三段檀弓〕

졸곡이 끝나게 되면, 재부(宰夫)5)를 시켜서 목탁을 두드리며, 궁에 명령을
전달하도록 시키니, 재부는 "체천(遞遷)이 되시는 분의 피휘를 버리고, 이
제 막 돌아가신 분의 이름을 피휘하라."라고 전달하는데, 그 일을 침문(寢
門)으로부터 고문(庫門)에 이르기까지 시행한다. 〔3개 단락은 「단궁」편의 문장이
다.〕

集說 周禮大喪・小喪, 宰夫掌其戒令. 故卒哭後, 使宰夫執金口木
舌之鐸振之, 以命令于宮也. 其令之之辭曰"舍故而諱新." 故, 謂高
祖之父當遷者. 諱多則難避, 故使之舍舊諱而諱新死者之名也. 以其
親盡, 故可不諱. 庫門, 自外入之第一門, 亦曰皐門.

『주례』에서는 대상과 소상 때 재부가 금령을 담당한다고 했다.6) 그렇기
때문에 졸곡을 치른 이후에 재부를 시켜서 쇠로 만든 틀에 나무로 된
방울이 달린 기구를 잡고서, 그것을 두드리며 궁에 명령을 전달한다. 명
령을 하는 말에서는 "옛 피휘를 버리고 새로운 피휘를 하라."라고 말하게
된다. '고(故)'자는 고조의 부친으로 체천에 해당하는 자를 뜻한다. 피휘
가 많으면 일일이 피휘하기가 어렵게 된다. 그렇기 때문에 재부로 하여금
옛 피휘를 버리게 하고 이제 막 죽은 자의 이름을 피휘하라고 시키는
것이다. 대수(代數)가 다하여 친함이 모두 소진하였기 때문에, 피휘를
하지 않을 수 있는 것이다. '고문(庫門)'은 외부로부터 들어올 때 첫 번째
당도하게 되는 문이니, 이 문을 또한 '고문(皐門)'이라고도 부른다.

---

5) 재부(宰夫)는 주(周)나라 때 천관(天官)에 소속된 관직이다. 조정 내에서의 법도
  를 담당하였으며, 신하들의 서열을 바로잡았고, 금령 등에 대한 일을 담당하였다.
  천관의 수장인 대재(大宰)와 부관인 소재(小宰)를 보좌하였다. 『주례』의 체제에
  따르면 하대부(下大夫) 4명이 담당을 하였다. 『주례』「천관총재(天官冢宰)」편에
  는 "宰夫, 下大夫四人."이라는 기록이 있고, 『주례』「천관(天官)・재부(宰夫)」편
  에는 "宰夫之職掌治朝之灋, 以正王及三公六卿大夫群吏之位., 掌其禁令."이라
  는 기록이 있다.
6) 『주례』「천관(天官)・재부(宰夫)」 : 大喪小喪, 掌小官之戒令, 帥執事而治之.

【064】

卒哭而諱. 王父母兄弟世父叔父姑姉妹, 子與父同諱.〈雜記下-052〉[本在"何常聲之有"下.]

졸곡을 끝낸 뒤에는 피휘를 한다. 부친의 조부모, 부친의 형제, 부친의 백부와 숙부, 부친의 고모, 부친의 자매 등에 대해서 부친은 피휘를 하니, 자식은 부친과 함께 그들에 대해서도 동일하게 피휘를 한다. [본래는 "어떤 규칙적인 소리가 있겠는가?[7)]라고 한 문장 뒤에 수록되어 있었다.]

集説　卒哭以前, 猶以生禮事之, 故不諱其名. 卒哭後, 則事以鬼道, 故諱其名而不稱也. 此專言父之所諱, 則子亦不敢不諱, 伏曰子與父同諱也. 父之祖父母伯父叔父及姑等於己小功以下, 本不合諱, 但以父之所諱, 己亦從而諱也. 若父之兄弟及姉妹, 己自當諱, 不以從父而諱也. 又按: 不逮事父母, 則不諱王父母, 謂庶人. 此所言, 以父是士, 故從而諱也.

졸곡을 치르기 이전에는 여전히 살아계실 때의 예법에 따라 섬긴다. 그렇기 때문에 이름에 대해서 피휘를 하지 않는다. 졸곡을 치른 뒤라면, 귀신에 대한 도리로써 섬긴다. 그렇기 때문에 이름에 대해서는 피휘를 하여 지칭하지 않는다. 이곳 내용은 부친이 피휘를 하는 대상에 대해서는 자식 또한 감히 피휘를 하지 않을 수 없음을 전적으로 언급하고 있다. 그렇기 때문에 "자식은 부친과 피휘를 동일하게 한다."라고 말한 것이다. 부친의 조부모·백부·숙부 및 고모 등은 자신에 대해서 소공복으로부터 그 이하의 관계에 있으므로, 본래는 피휘를 하는 것이 합당하지 않다. 그러나 부친이 피휘를 하는 대상이기 때문에 본인 또한 그에 따라서 피휘를 한다. 만약 부친의 형제 및 자매 등에 대해서라면 본인은 마땅히 피휘를 해야 하니, 부친을 따라서 피휘를 하는 것이 아니다. 또 살펴보면, 부모를

---

7) 『예기』「잡기하(雜記下)」051장 : 曾申問於曾子曰, "哭父母有常聲乎?" 曰, "中路嬰兒失其母焉, 何常聲之有?"

섬기는 자가 아니라면 조부모의 이름을 피휘하지 않는데, 이것은 서인들에 대한 경우이다. 이곳에서 언급한 내용은 부친이 사의 신분인 경우이다. 그렇기 때문에 그에 따라서 피휘를 한다.

【065】
母之諱宮中諱, 妻之諱不擧諸其側, 與從[去聲]祖昆弟同名則諱.〈雜記下-053〉

모친이 피휘를 하는 이름에 대해서는 집안에서 피휘를 하고, 처가 피휘를 하는 이름에 대해서는 그녀의 주변에서 피휘를 하는데, 만약 모친 및 처가 피휘하는 이름이 때마침 자신의 종조[從'자는 거성으로 읽는다.] 곤제들과 이름이 같은 경우라면, 다른 장소라 하더라도 피휘를 한다.

集說 母爲其親諱, 則子於一宮之中亦爲之諱. 妻爲其親諱, 則夫亦不得稱其辭於妻之左右. 非宮中, 非其側則, 固可稱矣. 若母與妻所諱者, 適與己從祖昆弟之名同, 則雖他所亦諱之也.

모친은 자신의 친족에 대해서 피휘를 하니, 자식은 집안에서 또한 그들에 대해 피휘를 한다. 처는 자신의 친족에 대해서 피휘를 하니, 남편 또한 처가 피휘를 하는 이름에 대해서 처의 주변에서 지칭할 수 없다. 집안이 아니고 처의 주변이 아니라면, 해당하는 이름들을 지칭할 수 있다. 만약 모친 및 처가 피휘하는 이름이 때마침 자신의 종조 곤제들과 이름이 같은 경우라면, 비록 다른 장소라 하더라도 피휘를 한다.

附註 與從祖昆弟同名則諱, 註: "母與妻之所諱." 未見此意, 如此段, 闕疑可也.

'여종조곤제동명즉휘(與從祖昆弟同名則諱)'라 했고, 주에서는 "모친과 처가 피휘하는 이름"이라고 했는데, 이러한 의미가 나타나지 않으니, 이와 같은 단락은 의심스러운 부분을 빼버리는 것이 옳다.

[類編] 右虞卒哭.

여기까지는 '우졸곡(虞卒哭)'에 대한 내용이다.

◇ 부(祔)

【066】

大夫附於士. 士不附於大夫, 附於大夫之昆弟. 無昆弟, 則從其昭穆,
雖王父母在亦然.〈022〉 [本在"屬於池下"下.]

손자가 대부가 된 뒤에 죽었더라도 사였던 조부의 묘에 합사를 한다. 손자
가 사가 된 뒤에 죽었다면 대부였던 조부의 묘에 합사를 할 수 없고, 대부
였던 조부의 형제들 중 사의 신분을 가진 자의 묘에 합사를 한다. 사였던
조부의 형제가 없다면, 소목의 순서에 따라 고조부 및 그 항렬에서 사였던
자의 묘에 합사하니, 비록 조부모가 생존해 계신 때라도 또한 고조부 및
그 항렬에서 합사할 곳을 찾는다. [본래는 "지 아래에 결속한다."[1]라고 한 문장 뒤에
수록되어 있었다.]

集說 附, 讀爲祔. 祖爲士, 孫爲大夫而死, 可以祔祭於祖之爲士者,
故曰大夫祔於士. 若祖爲大夫, 孫爲士而死, 不可祔祭於祖之爲大夫
者, 惟得祔祭於大夫之兄弟爲士者, 故曰士不祔於大夫, 祔於大夫之
昆弟. 若祖之兄弟無爲士者, 則從其昭穆, 謂祔於高祖之爲士者. 若
高祖亦是大夫, 則祔於高祖昆弟之爲士者也. 雖王父母在亦然者, 謂
孫死應合祔於祖, 今祖尙存無可祔, 亦是祔於高祖也. 小記云: "中一
以上而祔", 與此義同.

'부(附)'자는 합사를 뜻하는 부(祔)자로 해석한다. 조부가 사의 신분이었
고 손자가 대부가 된 뒤에 죽었다면, 사였던 조부의 묘에 부제를 지낼
수 있기 때문에 "손자인 대부를 사인 조부에게 합사한다."라고 말했다.
만약 조부가 대부였고 손자가 사가 된 뒤에 죽었다면, 대부였던 조부의
묘에 부제를 지낼 수 없고, 오직 대부인 조부의 형제들 중 사의 신분이었
던 자의 묘에서 부제를 지낼 수 있기 때문에, "손자인 사는 대부인 조부에

---

1) 『예기』「잡기상」 021장 : 大夫不揄絞屬於池下.

게 합사할 수 없고, 대부인 조부의 형제들 중 사였던 자의 묘에 합사한 다."라고 말했다. 만약 조부의 형제들 중 사의 신분이었던 자가 없다면 소목의 차례에 따르니, 사였던 고조부에게 합사한다는 뜻이다. 만약 고조 부 또한 대부의 신분이었다면, 고조부의 형제들 중 사였던 자의 묘에 합 사를 한다. "비록 왕조부와 왕조모가 생존해 계시더라도 또한 이처럼 한 다."라고 했는데, 손자가 죽게 되면 마땅히 조부의 묘에 합사를 해야 하는 데, 현재 조부가 여전히 생존해 있는 경우라면 합사를 할 수 없으니, 이러 한 경우에도 고조부의 묘에 합사를 한다는 뜻이다. 『예기』「상복소기(喪 服小記)」편에서 "한 대를 걸러서 그 이상의 대상에게 합사를 한다."라고 한 말도 이곳의 의미와 동일하다.

【067】

公子附於公子.〈025〉[本在"則不配"下.]

손자가 공자의 신분이고 조부가 군주의 신분이라면, 군주의 형제 중 공자 의 신분이었던 자에게 합사를 한다. [본래는 "함께 배향하지 않는다."[2]라고 한 문장 뒤에 수록되어 있었다.]

集說 疏曰: 若公子之祖爲君, 公子不敢祔之, 祔於祖之兄弟爲公子 者, 不敢戚君故也.

소에서 말하길, 만약 공자의 조부가 제후이면, 공자가 죽었을 때 감히 합사를 하지 못하고, 군주인 조부의 형제들 중 공자의 신분인 자에게 합 사를 하니, 감히 군주를 친족으로 대할 수 없기 때문이다.

---

2) 『예기』「잡기상」024장 : 男子附於王父則配, 女子附於王母則不配.

【068】

婦附於其夫之所附之妃, 無妃, 則亦從其昭穆之妃. 妾附於妾祖姑,
無妾祖姑, 則亦從其昭穆之妾.〈023〉[本在"在亦然"下.]

부인의 경우 그 남편이 합사하게 될 대상의 아내에게 합사를 하고, 그 아내
가 없는 경우라면, 또한 소목의 항렬에 따라 한 세대를 걸러 그 이상의
선조 아내에게 합사한다. 첩의 경우 조부의 첩에 합사를 하고, 조부의 첩이
없는 경우라면, 또한 소목의 항렬에 따라 한 세대를 걸러 그 이상의 선조
첩에게 합사한다. [본래는 "계신 때라도 또한 고조부 및 그 항렬에서 합사할 곳을 찾는
다."[3]라고 한 문장 뒤에 수록되어 있었다.]

集說 夫所祔之妃, 夫之祖母也. 昭穆之妃, 亦謂間一代而祔高祖之
妃也. 妾亦然.

남편이 합사를 하게 될 대상의 비는 남편의 조모를 뜻한다. 소목의 비
또한 한 세대를 건너서 고조의 비에게 합사를 한다는 뜻이다. 첩에 대해
서도 또한 이처럼 한다.

【069】

男子附於王父則配, 女子附於王母則不配.〈024〉

남자가 죽어서 조부에게 합사를 하는 경우라면, 조모까지도 함께 배향하
고, 여자가 죽어서 조모에게 합사하는 경우라면, 조부는 함께 배향하지 않
는다.

集說 男子死而祔祖者, 其祝辭云: "以某妃配某氏", 是幷祭王母也.
未嫁之女, 及嫁未三月而死, 歸葬女氏之黨者, 其祔於祖母者, 惟得
祭祖母, 不祭王父也, 故云祔於王母則不配. 蓋不言"以某妃配某氏"

---

3) 『예기』「잡기상」022장 : 大夫附於士. 士不附於大夫, 附於大夫之昆弟. 無昆弟,
則從其昭穆, 雖士父母在亦然.

耳. 有事於尊者可以及卑, 有事於卑者不敢援尊也.

남자가 죽어서 그의 조부에게 합사를 지내는 경우, 그 축사에서는 "아무개 비를 아무개 씨에게 배향합니다."라고 말하니, 이것은 조모까지도 함께 제사를 지낸다는 사실을 나타낸다. 아직 시집을 가지 않은 여자 및 시집을 왔지만 아직 3개월이 지나지 않았는데 죽어서, 여자 집안으로 돌려보내어 장례를 치르는 경우, 조모에게 합사를 하는데, 이러한 경우에는 오직 조모만 제사지낼 수 있고, 조부는 제사지낼 수 없다. 그렇기 때문에 "조모에게 합사를 하는 경우라면 배향을 하지 않는다."라고 한 것이다. 아마도 이러한 경우에서는 "아무개 비를 아무개 씨에게 배향합니다."라고 말하지 않았을 따름이다. 존귀한 자에게 어떤 일이 발생한 경우에는 미천한 자에게까지 해당 사안이 미칠 수 있지만, 미천한 자에게 어떤 일이 발생한 경우에는 감히 존귀한 자까지 끌어들일 수 없다.

附註 女子祔於王母不配, 註: "蓋不言以某妃配." 此當云不言以祖考配卑, 不可援尊故耳.

'여자부어왕모불배(女子祔於王母不配)'에 대해 주에서는 "아마도 아무개 비를 배향한다고 말하지 않는다."라 했는데, 이것은 마땅히 조고를 미천한 자에게 배향한다고 말하지 않는다고 말해야 하니, 존귀한 자를 끌어들일 수 없기 때문이다.

【070】

王父死, 未練祥而孫又死, 猶是祔於王父也.〈雜記下-004〉[本在"練祥皆行"下.]

조부가 돌아가셨고, 아직 소상과 대상의 제사를 치르지 않았는데, 손자가 죽게 된다면, 이러한 경우에도 손자는 조부에게 부제를 치른다. [본래는 "소상과 대상의 제사를 모두 시행한다."[1]라고 한 문장 뒤에 수록되어 있었다.]

集說 孫之祔祖, 禮所必然, 故祖死雖未練祥, 而孫又死, 亦必祔於祖.

손자는 조부에게 부제를 치르니, 예법에 있어서 반드시 이처럼 하게 된다. 그렇기 때문에 조부가 돌아가셨는데, 아직 소상과 대상을 치르지 않은 상태에서 손자가 죽게 되면, 이러한 경우에도 반드시 조부에게 부제를 치른다.

【071】

有父母之喪尚功衰, 而附兄弟之殤則練冠附[句], 於殤稱"陽童某甫", 不名, 神也.〈028〉[本在"杖屨不易"下.]

부모의 상이 발생하여 여전히 공최를 착용하고 있는데, 소공복을 착용하는 형제들 중 요절한 자가 발생하여, 그에 대한 부제를 치르게 되면 연관을 착용하고 부제를 치르고['附'자에서 구문을 끊는다.] 요절한 자에 대해서는 '양동인 아무개 보'라고 부르니, 이름으로 부르지 않은 것은 신령으로 대하기 때문이다. [본래는 "지팡이와 신발만은 바꾸지 않는다."[2]라고 한 문장 뒤에 수록되어 있었다.]

集說 三年喪練後之衰, 升數與大功同, 故云功衰也. 此言居父母之喪, 猶尚身著功衰, 而小功兄弟之殤, 又當祔祭, 則仍用練冠而行禮,

---

1) 『예기』「잡기하(雜記下)」 003장 : 如三年之喪, 則旣穎, 其練祥皆行.
2) 『예기』「잡기상」 027장 : 有三年之練冠, 則以大功之麻易之, 唯杖屨不易.

不改服也. 祝辭稱陽童者, 庶子之殤, 祭於室之白處, 故曰陽童. 宗
子爲殤, 則祭於室之奧, 故稱陰童. 童者, 未成人之稱也. 今按己是
曾祖之適, 與小功兄弟同曾祖, 其死者及其父皆庶人, 不得立祖廟,
故曾祖之適孫爲之立壇而祔之. 若己是祖之適孫, 則大功兄弟之殤,
得祔祖廟, 其小功兄弟之殤, 則祖之兄弟之後也. 今以練冠而祔, 謂
小功及緦麻之殤耳. 若正服大功, 則變練冠矣. 某甫者, 爲之立字而
稱之, 蓋尊而神之, 則不可以名呼之也.

삼년상을 치르며 연제를 지낸 이후의 상복은 그 승의 수가 대공복을 만드
는 상복의 승과 같다. 그렇기 때문에 그 상복을 '공최(功衰)'[3]라고 부른
다. 이 내용은 부모의 상을 치르고 있으며 여전히 자신의 몸에 공최를
걸치고 있는데, 소공복에 해당하는 형제 중 요절한 자가 발생했고, 또
마땅히 부제를 치러야 한다면, 곧 연관을 착용하고서 해당 의례를 시행하
며, 복장을 바꾸지 않는다는 뜻이다. 축사에서 있어서 '양동(陽童)'이라고
지칭하는 것은 서자 중 요절한 자에 대해서는 묘실 중에서도 밝은 곳에서
제사를 지내기 때문에, '양동(陽童)'이라고 부른다. 종자가 요절을 했다
면, 묘실의 그윽한 장소에서 제사를 지내기 때문에, '음동(陰童)'이라고
부른다. '동(童)'은 아직 성인이 되지 못해서 붙이는 칭호이다. 현재의
상황을 살펴보면, 본인은 증조부의 적자이며, 소공복을 착용하게 되는
형제와는 증조부가 같은 친족인데, 죽은 형제와 그의 부친은 모두 서인의
신분이 되어, 조부의 묘를 세울 수 없다. 그렇기 때문에 증조부의 적손은
그를 위해 제단을 쌓고 그를 합사하게 된다. 만약 본인이 조부의 적손이
라면, 대공복을 착용하게 되는 형제 중 요절한 자에 대해서는 조부의 묘
에 합사를 할 수 있는데, 소공복을 착용하게 되는 형제 중 요절한 자에
대해서라면, 조부의 형제에서 파생된 후손이 된다. 현재 연관을 착용하고

---

3) 공최(功衰)는 상복(喪服)의 한 종류이다. 참최복(斬衰服)과 자최복(齊衰服)을 입
고 치르는 상(喪)에서, 소상(小祥)을 지낸 이후에 착용하는 상복이다. 상복 재질의
거친 정도가 대공복(大功服)과 같기 때문에, '공최'라고 부르게 되었다.

합사를 한다고 한 것은 소공복 및 시마복을 착용하는 자들 중 요절한 자에 대한 내용일 따름이다. 만약 정복(正服)⁴⁾으로 대공복을 착용하는 경우라면, 연관을 바꾸게 된다. '아무개 보'라는 말은 그를 위해 자(字)를 붙여서 부르는 것이니, 존귀하게 대하며 신령으로 대한다면, 이름으로 그를 부를 수 없기 때문이다.

附註 附兄弟之殤則練冠, 註"練冠附"句. 按: 冠下當句, "附於殤"爲 一句. 言行附祭於殤喪也.

'부형제지상즉련관(附兄弟之殤則練冠)'이라 했는데, 주에서는 '연관부 (練冠附)'에서 구문을 끊었다. 살펴보니, '관(冠)'자 뒤에서 구문을 끊어 야 하며, '부어상(附於殤)'이 하나의 구문이 된다. 즉 요절한 자의 상사에 서 부제를 시행한다는 의미이다.

類編 右祔.

여기까지는 '부(祔)'에 대한 내용이다.

---

4) 정복(正服)은 본래의 상례(喪禮) 규정에 따른 정식 복장을 뜻한다. 친족 관계에서 는 각 등급에 따른 상례 절차가 규정되어 있으므로, '정복'이라는 것은 규정에 따른 상복(喪服)을 착용하는 것뿐만 아니라, 상(喪)을 치르는 기간과 각종 부수적 기물 (器物)들에 대해서도 규정대로 따르는 것을 뜻한다.

◇ 연상담(練祥禫)

【072】

練, 練衣, 黃裏, 線[七絹反]絹緣[去聲].〈檀弓上-131〉 葛要[平聲]絰, 繩屨無
絇.〈檀弓上-132〉 角瑱[吐練反].〈檀弓上-133〉 鹿裘, 衡[橫]長, 袪. 袪, 裼之
可也.〈檀弓上-134〉 [檀弓. 本在"知其反也"下.]

소상에는 연의를 착용하니, 연의는 황색의 옷감으로 중의(中衣)의 속단을
대고, 옅은 홍색['線'자는 '七(칠)'자와 '絹(견)'자의 반절음이다.]의 비단으로 옷깃과
소매의 끝단['緣'자는 거성으로 읽는다.]을 댄 것이다. 남자들은 갈로 만든 요질
을['要'자는 평성으로 읽는다.] 차게 되고, 승구라는 신발을 신되 신코 장식이
없는 것을 신는다. 각전을['瑱'자는 '吐(토)'자와 '練(련)'자의 반절음이다.] 이용해서
귀를 가린다. 사슴가죽으로 만든 갓옷을 넓고['衡'자의 음은 '橫(횡)'이다.] 길게
만든 것으로 바꿔 입고 소맷부리도 달게 된다. 소맷부리를 달았다면 석의
(裼衣)를 착용해도 괜찮다. [「단궁」편의 문장이다. 본래는 "되돌아가야 함을 알게끔
해야 한다."[1]라고 한 문장 뒤에 수록되어 있었다.]

集說 疏曰: 練, 小祥也. 小祥而著練冠練中衣, 故曰練也. 練衣者,
以練爲中衣. 黃裏者, 黃爲中衣裏也. 正服不可變, 中衣非正服, 但
承衰而已. 線, 淺絳色. 緣, 謂中衣領及衰之緣也.

소에서 말하길, '연(練)'자는 소상을 뜻한다. 소상을 지내며 연관과 연중
의를 착용한다. 그렇기 때문에 소상을 '연(練)'이라 부르는 것이다. '연의
(練衣)'라는 것은 누인 명주로 중의를 만든 것이다. '황리(黃裏)'라는 것
은 황색의 천으로 중의의 속감을 댄다는 뜻이다. 정식 복장인 상복은 바
꿀 수 없지만, 중의는 정복에 속하는 것이 아니며, 단지 상복에 받쳐 입는
것일 뿐이다. '전(線)'이라는 것은 옅은 홍색의 옷감을 뜻한다. '연(緣)'이
라는 것은 중의의 옷깃과 소매의 끝단을 뜻한다.

---

1) 『예기』「단궁상」 130장 : 父母之喪, 哭無時; 使必知其反也.

集說 　小祥男子去首之麻絰, 惟餘要葛也, 故曰葛要絰. 繩屨者, 父母初喪菅屨, 卒哭, 受齊衰繐屨, 小祥受大功繩麻屨也. 無絇, 謂無屨頭飾也.

소상 때 남자는 머리에 쓰고 있는 마질을 제거하고, 오직 허리에 찬 갈포로 만든 요질만을 남긴다. 그렇기 때문에 "갈로 만든 요질을 찬다."라고 말한 것이다. '승구(繩屨)'라는 것은 부모가 이제 막 돌아가셨을 경우 관구라는 신발을 신게 되는데, 졸곡을 하게 되면 자최복에 신는 괴표로 엮은 신발을 신게 되며, 소상을 치르게 되면 대공복에 신는 승마로 만든 신발을 신게 된다. '무구(無絇)'는 신발에 신코 장식이 없는 것을 뜻한다.

集說 　朱子曰: 菅屨 · 疏屨, 今不可考. 今略以輕重推之, 斬衰用今草鞋, 齊衰用麻鞋可也. 麻鞋, 今卒伍所著者.

주자가 말하길, 관구와 소구에 대해서는 현재로서는 고찰할 방법이 없다. 대략적으로 경중의 수위에 따라 추론해보면, 참최복에는 오늘날 초혜라는 것을 신으니, 자최복에는 마혜라는 것을 신는 것이 옳다. '마혜(麻鞋)'라는 것은 오늘날 병사들이 착용하는 신발이다.

集說 　瑱, 充耳也, 吉時君大夫士皆有之, 所以掩於耳. 君用玉爲之, 初喪去飾, 故無瑱; 小祥后微飾, 故用角爲之也.

'전(瑱)'은 귀를 가리는 것이니, 길한 때 군주 · 대부 · 사 계급은 모두 이러한 치장품을 차서 귀를 가리게 된다. 군주는 옥을 이용해서 이것을 만드는데, 초상 때에는 장식을 제거하게 되므로 전을 하지 않고, 소상을 치른 이후에는 장식을 조금 할 수 있게 되므로 짐승의 뿔로 이것을 만들어서 치장한다.

集說 　疏曰: 冬時吉凶衣裏皆有裘, 吉則貴賤有異, 喪則同用鹿皮爲之. 小祥之前, 裘狹而短, 袂又無袪; 小祥稍飾, 則更易作橫廣大者,又長之, 又設其袪也. 裼者, 裘上之衣, 吉時皆有, 喪後凶質, 未有裼衣, 小祥後漸向吉, 故加裼可也. 按如此文, 明小祥時外有衰, 衰內有練中衣, 中衣內有裼衣, 裼衣內有鹿裘, 鹿裘內自有常著襦衣.

소에서 말하길, 겨울에는 길복이나 흉복 안에 모두 갓옷을 입게 되는데, 길복인 경우에는 신분의 귀천에 따라 차이가 있지만, 상복인 경우에는 모두 동일하게 사슴가죽으로 갓옷을 만든다. 소상을 치르기 이전에는 갓옷을 좁고 짧게 만들며, 소매에도 또한 소맷부리가 없다. 소상을 지내게 되면 점진적으로 치장을 하게 되어, 다시금 가로로 길고 크게 만든 갓옷으로 바꿔 입고, 또한 그 옷을 길게 만들며, 소매에도 소맷부리를 달게 된다. '석(裼)'이라는 것은 갓옷 위에 입는 옷을 뜻하는데, 길한 시기에는 모두 이 옷을 착용하게 되지만, 상을 치른 후에는 흉한 시기가 되어 질박하게 꾸미게 되므로, 석의를 착용하지 않다가 소상을 치른 이후에는 점진적으로 길한 시기로 접어들게 되므로, 석의를 그 위에 착용해도 괜찮다. 이와 같은 기록들을 살펴보면, 소상 때에는 겉에 상복을 착용하고, 상복 안에는 연중의를 착용하며, 중의 안에는 석의를 입게 되고, 석의 안에는 사슴가죽으로 만든 갓옷을 입게 되며, 갓옷 안에는 자동적으로 항상 착용하는 유의를 입게 된다.

集說 今按: 袪者, 袖口也. 此所謂袪, 則是以他物爲袖口之緣. 既袪以爲飾, 故裼之可也.

지금 살펴보니, '거(袪)'라는 것은 소맷부리이다. 이곳에서 '거(袪)'를 언급했다면, 다른 옷감을 이용해서 소맷부리의 끝단을 달았던 것이다. 이미 '거(袪)'를 하여 장식을 했기 때문에, 석(裼)을 해도 괜찮은 것이다.

【073】

練, 筮日筮尸視濯, 皆要[平聲]絰杖繩屨, 有司告具而后去[上聲]杖. 筮

日筮尸, 有司告事畢而后杖拜送賓. 大祥吉服而筮尸.〈喪服小記-064〉[小記. 本在"繩屨"下.]

소상을 치르게 되면, 소상의 제사를 치르는 날과 그때 세우는 시동에 대해서 시초점을 치고, 제사에 사용될 제기들의 세척 상태를 살피며, 모든 경우에 요질을 두르고['要'자는 평성으로 읽는다.] 지팡이를 잡으며 승구를 신지만, 유사가 모든 사안이 갖춰졌다고 아뢴 이후에는 지팡이를 제거하고['去'자는 상성으로 읽는다.] 그 일에 임한다. 제삿날과 시동에 대해서 점을 칠 때, 유사가 관련 사안이 끝났다고 아뢴 이후에는 지팡이를 잡고 절을 하여 빈객을 전송한다. 대상 때에는 길복을 착용하고 시동에 대해서 점을 친다. [「상복소기」편의 문장이다. 본래는 "승구를 신는다."2)라고 한 문장 뒤에 수록되어 있었다.]

集說 練, 小祥也. 筮日, 筮祥祭之日也. 筮尸, 筮爲尸之人也. 視濯, 視祭器之滌濯也. 小祥除首絰, 而要之葛絰未除, 將欲小祥, 則預著此小祥之服以臨此三事, 不言衰與冠者, 則亦必同小祥之制矣. 有司, 謂執事者. 向者變服猶杖, 今執事者告三事辦具, 將欲臨事, 故孝子卽去杖而致敬. 此三事者, 惟筮日筮尸有賓來, 今執事者告筮占之事畢, 則孝子復執杖以拜送於賓. 視濯無賓, 故不言. 至大祥時, 則吉服行事矣. 吉服, 朝服也. 不言筮日視濯, 與小祥同可知也.

'연(練)'은 소상을 뜻한다. '서일(筮日)'은 소상을 치르는 제삿날에 대해서 시초점을 친다는 뜻이다. '서시(筮尸)'는 시동으로 삼을 자에 대해서 시초점을 친다는 뜻이다. '시탁(視濯)'은 제기 세척하는 일들을 살펴본다는 뜻이다. 소상을 치르며 수질을 제거하지만, 허리에는 갈로 된 질을 차고 제거하지 않으니, 소상을 치르고자 한다면, 미리 이러한 소상 때의 복장을 착용하고서 앞서 말한 세 가지 사안에 임하는데, 상복과 관에 대해서 말하지 않았다면, 이때의 복장 또한 반드시 소상 때의 제도와 동일하게 했던 것이다. '유사(有司)'는 실무를 맡아보는 자이다. 이전에는 복장을

---

2) 『예기』「상복소기(喪服小記)」 063장 : 箭笄終喪三年, 齊衰三月, 與大功同者, 繩屨.

변경했지만 여전히 지팡이를 잡고 있었는데, 현재는 일을 맡아보는 자가 세 가지 사안이 모두 갖춰졌다고 알리면, 장차 그 사안에 임하고자 하기 때문에, 자식은 곧 지팡이를 제거하고 공경함을 지극히 나타낸다. 여기에서 말한 세 가지 사안 중 제삿날과 시동에 대해서 시초점을 칠 때에만, 빈객이 찾아오는 경우가 있으니, 현재 일을 맡아보는 자가 시초점 치는 일이 모두 끝났다고 아뢰면, 자식은 다시 지팡이를 잡고서 절을 하여 빈객을 전송한다. 제기를 세척하는 일을 살펴볼 때에는 빈객이 찾아오는 일이 없기 때문에, 언급하지 않은 것이다. 대상을 치를 때가 되면, 길복을 착용하고서 해당 사안을 치른다. '길복(吉服)'은 조복을 뜻한다. 제삿날에 대해서 점을 치거나 제기 세척하는 일을 살핀다고 언급하지 않았으니, 소상 때와 동일하게 함을 알 수 있다.

【074】

祭, 主人之升降散等, 執事者亦散等. 雖虞附亦然.〈雜記下-010〉 [本在 "葬而後祭"下.]

형제의 상이 발생했을 때, 부모에 대한 소상 및 대상을 지내게 되면, 상주는 당에 오르고 내리며 계단을 한 칸씩 밟고, 한 칸마다 양발을 모으지 않으며, 일을 맡아보는 자 또한 이처럼 계단을 오르고 내린다. 비록 형제에 대한 우제와 부제를 치르고 난 뒤 부모에 대한 제사를 지내게 된 때라도 이처럼 계단을 오르고 내린다. [본래는 "장례를 마친 뒤에 제사를 지낸다."3)라고 한 문장 뒤에 수록되어 있었다.]

集說 散, 栗也. 等, 階也. 吉祭則涉級聚足, 喪祭則栗階, 二祥之祭, 吉禮宜涉級聚足, 而栗階者, 以有兄弟之喪, 故略威儀也. 燕禮云: "栗階不過二等." 蓋始升猶聚足, 連步至二等, 則左右足各一發而升

---

3) 『예기』「잡기하(雜記下)」009장 : 父母之喪, 將祭而昆弟死, 旣殯而祭. 如同宮, 則雖臣妾葬而後祭.

堂也. 雖虞祔亦然者, 謂主人至昆弟虞祔時而行父母祥祭, 則與執事
者亦皆散等也.

'산(散)'자는 율(栗)자의 뜻이다. '등(等)'자는 계(階)자의 뜻이다. 길제의
경우라면 계단에 오를 때 한 칸을 오르게 되면 양발을 모으게 되는데,
상제를 치르게 되면 율계(栗階)⁴⁾를 한다. 소상과 대상 때의 제사는 길례
에 따라 마땅히 계단을 오르며 한 칸마다 양발을 모아야 하는데도 율계를
하는 것은 형제의 상이 발생했기 때문에, 예법에 따른 행동거지를 간략히
하는 것이다. 『의례』「연례(燕禮)」편에서는 "율계에서는 계단의 두 칸을
오르지 않는다."⁵⁾라고 했다. 무릇 처음 계단에 오를 때에는 여전히 발을
모으지만, 연속하여 두 번째 칸에 오르게 되면 좌측과 우측발이 각각 한
칸씩을 밟으며 당에 오르게 된다. "비록 우제와 부제의 경우라도 이처럼
한다."는 말은 상주가 곤제의 우제와 부제를 치른 뒤에 부모에 대한 소상
및 대상의 제사를 지내게 된다면, 일을 맡아보는 자와 함께 모두들 율계
를 한다는 뜻이다.

附註 升降散等, 散等, 栗階也. 栗之義, 蹙也. 愚意散等, 乃指荒迷
略威儀, 不能一一涉汲也. 按: 此是汎言練祥之祭, 當連下文爲義.
雖虞祔亦然, 蓋祔重於祥, 兼云虞, 便文也.

'승강산등(升降散等)'이라 했는데, '산등(散等)'은 율계(栗階)를 뜻한다.
'율(栗)'자의 뜻은 재촉하다는 뜻이다. 내가 생각하기에 '산등(散等)'은 정
신이 없어 위엄스러운 의례규범을 약소화하여 일일이 계단을 밟을 수 없
는 것을 가리킨다. 살펴보니, 이것은 연상의 제례를 범범하게 언급한 것

---

4) 율계(栗階)는 계단을 오르는 방법 중 하나이다. 두 발을 모으지 않고, 좌우의 발을
   교차하며 한 칸씩 성큼 성큼 올라가는 것이다. 『의례』「연례(燕禮)」편에는 "凡公
   所辭皆栗階. 凡栗階, 不過二等"이라는 기록이 있는데, 이에 대해 정현의 주에서
   는 "其始升, 猶聚足連步; 越二等, 左右足各一發而升堂."이라고 풀이했다.
5) 『의례』「연례(燕禮)」: 凡公所辭皆栗階. 凡栗階不過二等. 凡公所酬, 既拜, 請
   旅侍臣. 凡薦與羞者, 小膳宰也, 有內羞.

으로, 아래문장과 연결해서 뜻풀이를 해야 한다. '수우부역연(雖虞祔亦然)'이라 했는데, 부제는 상제보다 중대한데 우제를 함께 언급한 것은 문장을 편리에 따라 기록했기 때문이다.

【075】

自諸侯達諸士, 小祥之祭, 主人之酢也嚌[才細反]之, 衆賓兄弟則皆啐[七內反]之. 大祥主人啐之, 衆賓兄弟皆飮之可也.〈雜記下-011〉

제후로부터 사에 이르기까지 소상의 제사를 지낼 때, 상주가 돌린 술잔을 받게 되면 입에 대고[‘嚌’자는 ‘才(재)’자와 ‘細(세)’자의 반절음이다.] 빈객 무리들과 형제들은 모두 술을 마신다.[‘啐’자는 ‘七(칠)’자와 ‘內(내)’자의 반절음이다.] 대상의 제사에서 상주가 술을 마신다면, 빈객 무리들과 형제들은 모두 술을 마셔도 괜찮다.

集說 至齒爲嚌, 入口爲啐. 主人之酢嚌之, 謂正祭之後, 主人獻賓長, 賓長酢主人, 主人受酢則嚌之也. 衆賓兄弟啐之, 謂祭未受獻之時則啐之也.

술을 입에 대는 것을 ‘제(嚌)’라 부르고, 입으로 넘기는 것을 ‘쵀(啐)’라 부른다. “상주가 잔을 돌렸을 때에는 입에 댄다.”는 말은 정규 제사를 지낸 이후 상주가 빈객들의 수장에게 술을 따라서 주면, 빈객들의 수장은 주인에게 술잔을 돌리고, 상주가 돌린 술잔을 받으면 입에 대기만 한다는 뜻이다. “여러 빈객 무리들과 형제들은 술을 마신다.”는 말은 제사 말미에 술잔을 받을 때라면 술을 마신다는 뜻이다.

【076】

凡侍祭喪者, 告賓祭薦而不食.〈雜記下-012〉

무릇 소상이나 대상의 제사를 돕는 자들은 빈객에게 육포나 젓갈로 제사를 지내라고 아뢸 따름이며, 빈객은 제사를 마치고 그것들을 먹지 않는다.

集說 侍祭喪, 謂相喪祭禮之人也. 薦, 謂脯醢也. 相禮者但告賓祭此脯醢而已, 賓不食之也. 若吉祭, 賓祭畢則食之. 此亦謂練祥之祭, 主人獻賓賓受獻, 主人設薦時也. 虞祔無獻賓之禮.

'시제상(侍祭喪)'은 상제의 의례를 돕는 사람들을 뜻한다. '천(薦)'은 육포나 젓갈 등을 뜻한다. 의례를 돕는 자는 단지 빈객에게 이러한 육포와 젓갈 등으로 제사를 지내라는 말만 아뢸 따름이며, 빈객은 그것들을 먹지 않는다. 만약 길제의 경우에는 빈객이 제사를 끝내게 되면 그것들을 먹게 된다. 따라서 이곳에서 말한 내용 또한 소상과 대상 때의 제사를 뜻하니, 상주가 빈객에게 술을 따라서 바쳐 빈객이 따라준 술잔을 받고, 주인이 육포나 젓갈 등을 진설한 시기에 해당한다. 우제와 부제에는 빈객에게 술을 따라주는 예법 자체가 없다.

附註 侍祭喪, 祭喪, 喪中行祭, 指練祥也.
'시제상(侍祭喪)'이라 했는데, '제상(祭喪)'은 상중에 제사를 시행하는 것으로, 연상을 가리킨다.

【077】

祥, 主人之除也, 於夕爲期, 朝服. 祥因其故服.〈雜記下-023〉[本在"行之
是也"下.]

대상의 제사는 상주가 상복을 제거하는 절차이니, 대상의 제사를 치르기
전날 저녁에 제사를 지내겠다는 계획을 알리고, 조복을 착용한다. 대상의
제사 때에는 그 전날 저녁에 입고 있었던 복장에 따라서 조복을 착용한다.
[본래는 "시행하는 것이 옳다."[1]라고 한 문장 뒤에 수록되어 있었다.]

集說 祥, 大祥也.

'상(祥)'은 대상을 뜻한다.

集說 疏曰: 祥祭之時, 主人除服之節, 於夕爲期, 謂於祥祭前夕, 預
告明日祭期也. 朝服, 謂主人著朝服, 緇衣素裳, 其冠, 則縞冠也. 祥
因其故服者, 謂明旦祥祭時, 主人因著其前夕故朝服也. 又曰: 此據
諸侯卿大夫言之, 從祥至吉, 凡服有六: 祥祭, 朝服縞冠, 一也. 祥訖,
素縞麻衣, 二也. 禫祭, 玄冠黃裳, 三也. 禫訖, 朝服綏冠, 四也. 踰月
吉祭, 玄冠朝服, 五也. 既祭玄端而居, 六也.

소에서 말하길, 대상의 제사를 지내게 될 때 상주가 복장을 제거하는 규
범에서는 저녁에 기약을 하니, 대상의 제사를 지내기 전날 저녁에 미리
다음날 제사를 지낼 계획에 대해 미리 알린다는 뜻이다. '조복(朝服)'은
상주가 조복을 착용한다는 뜻으로, 치의에 흰색의 하의를 착용하며, 그때
착용하는 관은 호관이다. "대상에서는 옛 복장에 따른다."라고 했는데,
다음날 아침 대상의 제사를 지낼 때, 상주는 그 전날 저녁에 착용했던
옛 복장인 조복에 따른다는 뜻이다. 또 말하길, 이것은 제후에게 소속된

---

1) 『예기』「잡기하(雜記下)」 022장 : 免喪之外行於道路, 見似目瞿, 聞名心瞿, 弔
死而問疾, 顔色戚容, 必有以異於人也. 如此而后可以服三年之喪, 其餘則直道
而行之是也.

경과 대부를 기준으로 한 말이니, 대상으로부터 길제를 치를 때까지, 그 복장에는 모두 여섯 가지가 있다. 대상의 제사에서는 조복에 호관을 착용하니, 이것이 첫 번째 복장이다. 대상의 제사를 끝내면 소호에 마의를 착용하니, 이것이 두 번째 복장이다. 담제를 치를 때에는 현관과 황색의 하의를 착용하니, 이것이 세 번째 복장이다. 담제를 끝내면 조복에 섬관을 착용하니, 이것이 네 번째 복장이다. 그 달을 건너서 길제를 치르며 현관에 조복을 착용하니, 이것이 다섯 번째 복장이다. 제사를 끝내면 현단을 착용하고 거처하니, 이것이 여섯 번째 복장이다.

[集說] 陸氏曰: 綅, 息廉反. 黑經白緯曰綅.

육덕명이 말하길, '綅'자는 '息(식)'자와 '廉(렴)'자의 반절음이다. 흑색의 날줄과 백색의 씨줄로 직조한 것을 '섬(綅)'이라 부른다.

【078】
子游曰: "旣祥, 雖不當縞者, 必縞然後反服."〈雜記下-024〉

자유가 말하길, "대상을 치른 이후 찾아온 조문객이 있다면, 비록 호관을 착용하는 때가 아니더라도, 반드시 호관을 착용한 뒤에 조문을 받는다. 그런 뒤에는 대상 이후 착용하는 소호와 마의로 다시 갈아입는다."라고 했다.

[集說] 疏曰: 旣祥, 謂大祥後有來弔者, 雖不當縞, 謂不正當祥祭縞冠之時也. 必縞然後反服者, 主人必須著此祥服縞冠以受弔者之禮, 然後反服大祥後素縞麻衣之服也.

소에서 말하길, '기상(旣祥)'은 대상을 치른 이후 찾아온 조문객이 있는 경우를 뜻하며, "비록 호관을 착용하는 경우에 해당하지 않는다."는 말은 대상의 제사에서 호관을 착용해야 하는 때에 해당하지 않는다는 말이다. "반드시 호관을 착용한 뒤에야 복장을 되돌린다."는 말은 주인은 반드시 대상의 제사 때 쓰는 호관을 착용하고서 조문을 받는 예법에 따라야 하며, 그런 뒤에는 대상 이후 착용하는 소호와 마의의 복장으로 다시 갈아입는다는 뜻이다.

附註 旣祥不當縞, 按: 此似指竝有喪親服當除, 而有期功之喪者, 麻重於縞而必縞而除喪, 反服期功之麻, 文義方足. 註因疏說以受弔爲義, 欠長. 且註云: "祥後有弔者, 必著祥服縞冠, 受弔後反服. 大祥後素縞麻衣." 云云. 祥祭之朝服縞冠, 以祭奪情. 祭後則素縞麻衣, 反凶於祭時所着. 今於旣祥之後, 釋素縞之衣, 而以祥祭縞冠受弔, 輕重失宜. 與文氏子練冠垂涕之義不同, 亦見註說之欠精也.

'기상부당호(旣祥不當縞)'라 했는데, 살펴보니, 이것은 아마도 상이 나란히 발생하여 부모에 대한 상복을 제거해야 할 때 기년복이나 대·소공복의 상이 발생한 경우를 가리키는데, 마는 호보다 수위가 무거운데도 반드시 호관을 쓰고 상을 끝내고 다시 기년복이나 대·소공복의 마를 착용한다면 문장과 뜻이 충족하게 된다. 주에서는 소의 주장으로 인해 조문을 받는 것으로 뜻풀이를 했는데 다소 미흡하다. 또 주에서는 "대상을 치른 이후에 조문객이 찾아온 경우 반드시 대상 때의 복장인 호관을 착용하고 조문을 받은 이후에 복장을 되돌린다. 대상 이후에는 소호에 마의를 착용한다."라 운운했다. 대상의 제사에서는 조복에 호관을 착용하는데, 제사를 통해 정감을 털어내기 때문이다. 제사를 끝낸 이후에 소호에 마의를 착용하는 것은 도리어 제사를 지낼 때 착용했던 복장보다 흉한 것이 된다. 현재 대상을 끝낸 이후 소호의 복장을 벗고 대상의 제사 때 착용하는 호관으로 조문을 받는 것은 경중이 마땅함을 잃은 것이다. 이것은 문씨의 아들이 연관을 착용하고 눈물을 흘렸던 뜻[2]과도 같지 않으니, 이것을 통해서도 주의 주장에 드러난 미흡한 점들을 확인할 수 있다.

---

2) 『예기』「단궁상(檀弓上)」073장 : 將軍文子之喪, 旣除喪而后越人來弔, 主人深衣·練冠, 待于廟, 垂涕洟. 子游觀之, 曰: "將軍文氏之子, 其庶幾乎! 亡於禮者之禮也, 其動也中.

【079】

祥而縞, 是月禪, 徙月樂.〈檀弓上-150〉[檀弓. 本在"朝夕踊"下.]

대상을 치르고서 호관을 쓰며, 담제사를 지내는 달에 담제사를 지내면, 그 달을 넘겨서는 음악을 연주하게 된다. [「단궁」편의 문장이다. 본래는 "조석으로 용을 한다."[1]라고 한 문장 뒤에 수록되어 있었다.]

集說 疏曰: 祥, 大祥也. 縞, 謂縞冠, 大祥日著之.

소에서 말하길, '상(祥)'자는 대상을 뜻한다. '호(縞)'자는 호관(縞冠)[2]을 뜻하니, 대상을 치른 날에 이 관을 착용한다.

集說 馬氏曰: 祥禪之制, 施於三年之喪, 則其月同; 施於期之喪, 則其月異. 雜記曰, "十一月而練, 十三月而祥, 十五月而禪", 此期之喪也. 父在爲母有所屈, 三年所以爲極. 而至於二十五月者, 其禮不可過; 以三年之愛而斷於期者, 其情猶可伸. 在禪月而樂者, 聽於人也; 在徙月而樂者, 作於己也.

마씨가 말하길, 대상과 담제사를 지내는 제도를 삼년상에 적용하게 되면, 두 절차를 치르는 달이 같고, 기년상에 적용하게 되면, 두 절차를 치르는 달이 달라진다. 『예기』「잡기(雜記)」편에서는 "11개월째에 소상을 치르고, 13개월째에 대상을 치르며, 15개월째에 담제사를 지낸다."[3]라고 했는데, 이것은 기년상을 기준으로 한 내용이다. 부친이 생존해 계실 때 돌아가신 모친을 위해서는 굽히는 점이 생기고, 삼년상은 상례를 지극하게 치르는 것이다. 25개월째에 이르게 되면, 그 예를 지나치게 시행할 수가 없다. 따라서 삼년상을 치러야 하는 모친에 대해서, 기년상으로 단

---

1) 『예기』「단궁상(檀弓上)」 149장 : 士備入而後朝夕踊.
2) 호관(縞冠)은 백색의 명주로 만든 관(冠)이다. 상제(祥祭)나 흉사(凶事) 때 착용했다.
3) 『예기』「잡기하(雜記下)」 037장 : 期之喪十一月而練, 十三月而祥, 十五月而禪. 練則弔.

축한 경우라면, 그 정감을 오히려 펼칠 수가 있게 된다. 담제사를 치른 달에 음악을 한다는 것은 남이 연주하는 것을 듣는다는 뜻이며, 그 달을 남겨서 음악을 한다는 것은 본인이 연주하는 것이다.

附註 祥而縞是月禪, 一云"是月禪, 非指祥月也. 言今月禪, 則後月樂", 自爲一義. 如論語"子於是日哭則不歌", 詳見通解.

'상이호시월담(祥而縞是月禪)'이라 했는데, 한편에서는 "시월담(是月禪)은 상제를 지내는 달을 뜻하는 것이 아니다. 이번달에 담제를 지내면 다음달에 음악을 연주한다는 뜻이다."라 했는데, 그 자체로 하나의 뜻이 된다. 이것은 『논어』에서 "공자는 이날에 곡을 했다면 노래를 부르지 않았다."[4]라고 한 것과 같으니, 자세한 내용은 『통해』에 나온다.

類編 右練祥禪.

여기까지는 '연상담(練祥禪)'에 대한 내용이다.

---

4) 『논어』「술이(述而)」: 子於是日哭, 則不歌.

◇ 음식 · 거처 · 언어 · 동작의 규범[飮食居處言語動作之節]

【080】

喪食雖惡必充飢. 飢而廢事, 非禮也. 飽而忘哀, 亦非禮也. 視不明, 聽不聰, 行不正, 不知哀, 君子病之. 故有疾, 飮酒食肉, 五十不致毁, 六十不毁, 七十飮酒食肉, 皆爲[去聲]疑死.〈雜記下-043〉 [本在"待盈坎"下.]

상중에 먹게 되는 음식은 비록 조악한 것이라도 반드시 굶주림을 채워야 한다. 굶주려 상사를 제대로 처리하지 못하는 것은 비례이다. 배불리 먹어서 슬픔을 잊는 것 또한 비례이다. 보아도 뚜렷이 보지 못하고, 들어도 제대로 듣지 못하며, 걸어도 바르게 걷지 못하고, 슬픔을 잊게 되는 것을 군자는 근심하였다. 그렇기 때문에 상중에 병이 든 자는 술도 마시고 고기도 먹으며, 50세가 된 자는 몸을 지나치게 상하게 해서는 안 되고, 60세가 된 자는 몸을 상하게 해서는 안 되며, 70세가 된 자는 술도 마시고 고기도 먹으니, 이 모두는 그가 죽게 될까를 염려해서['爲'자는 거성으로 읽는다.] 만든 규정이다. [본래는 "무덤에 흙 채우는 일이 끝날 때까지 기다린다."[1]라고 한 문장 뒤에 수록되어 있었다.]

集說 疑死, 恐其死也.

'의사(疑死)'는 죽게 될까를 염려한다는 뜻이다.

附註 皆爲疑死, 疑, 近也. 記曰"疑女於夫子", 莊子"乃疑於神", 皆同此意. 註"恐其死", 似不然.

'개위의사(皆爲疑死)'라 했는데, '의(疑)'자는 가깝다는 뜻이다. 『예기』에서 "네가 선생님과 다를 바 없다."[2]라 했고, 『장자』에서 "이에 신에

---

1) 『예기』「잡기하(雜記下)」 042장 : 弔非從主人也, 四十者執綍. 鄕人五十者從反哭, 四十者待盈坎.

2) 『예기』「단궁상(檀弓上)」 049장 : 子夏喪其子而喪其明. 曾子弔之曰: "吾聞之也, 朋友喪明則哭之." 曾子哭, 子夏亦哭曰: "天乎! 予之無罪也!" 曾子怒曰: "商! 女何無罪也? 吾與女事夫子於洙 · 泗之間, 退而老於西河之上, 使西河之

가깝게 된다."3)라 한 말도 모두 이와 같은 뜻이다. 주에서 "죽게 될까 염려한다."라 했는데, 아마도 그렇지 않을 것이다.

民疑<u>女於夫子</u>, 爾罪一也. 喪爾親, 使民未有聞焉, 爾罪二也. 喪爾子, 喪爾明, 爾罪三也. 而曰爾何無罪與?" 子夏投其杖而拜曰: "吾過矣! 吾過矣! 吾離群而索居亦已久矣."
3) 『장자』「달생(達生)」 : 用志不分, <u>乃凝於神</u>. 其佝僂丈人之謂乎!

【081】

功衰, 食菜果, 飮水漿, 無鹽酪[洛]. 不能食食[嗣], 鹽酪可也.〈雜記下
-045〉[本在"弗食也"下.]

공최를 착용했다면 채소와 과일을 먹고, 물과 음료를 마시되, 소금이나 낙
['酪'자의 음은 '洛(락)'이다.] 등의 재료는 첨가하지 않는다. 만약 밥을['食'자의 음
은 '嗣(사)'이다.] 제대로 먹을 수 없는 상태라면, 소금이나 낙 등을 첨가해도
괜찮다. [본래는 "음식을 먹지 않는다."1)라고 한 문장 뒤에 수록되어 있었다.]

集說 功衰, 斬衰齊衰之末服也. 酪, 說文, 乳漿也.

'공최(功衰)'는 참최복과 자최복의 상에서 말미에 착용하는 복장이다. '낙
(酪)'에 대해서 『설문』에서는 우유 등을 걸쭉하게 만든 것이라고 했다.

附註 無鹽酪不能食, 註云: "酪, 乳漿." 義不長. 禮運"以爲醴酪", 註
"酪, 醋也." 鄭云酢酨也. "不能食"句. 食鹽酪, 亦如字.

'무염락불능식(無鹽酪不能食)'이라 했고, 주에서는 "낙(酪)은 우유를 걸
쭉하게 만든 것이다."라 했는데, 풀이가 뛰어나지 못하다. 『예기』「예운
(禮運)」편에서는 "이로써 술과 낙(酪)을 만들었다."2)라 했고, 주에서는
"낙(酪)은 식초를 뜻한다."라 했으며, 정현의 주에서는 식초 등의 조미료
라 했다. '불능식(不能食)'에서 구문을 끊는다. '食鹽酪'에 있어서도 '食'
자 또한 글자대로 읽는다.

---

1) 『예기』「잡기하(雜記下)」 044장 : 有服, 人召之食不往. 大功以下旣葬適人, 人
  食之, 其黨也食之, 非其黨弗食也.

2) 『예기』「예운(禮運)」 009장 : 後聖有作, 然後修火之利, 范金合土, 以爲臺榭宮
  室牖戶. 以炮, 以燔, 以亨, 以炙, 以爲醴酪. 治其麻絲, 以爲布帛. 以養生送死,
  以事鬼神上帝, 皆從其朔.

【082】

有服, 人召之食不往. 大功以下旣葬適人, 人食[嗣]之, 其黨也食之, 非其黨弗食也.〈雜記下-044〉[本在"皆爲疑死"下.]

자신이 상복을 착용하고 있다면, 남이 식사에 초대하더라도 가지 않는다. 만약 대공복으로부터 그 이하의 상복을 착용하고 있고, 이미 장례를 치른 상태라면, 상대의 초대에 응하여 찾아가는데, 남이 식사를[食'자의 음은 '嗣 (사)'이다.] 대접할 때, 그가 자신의 친족이라면 그 음식을 먹지만, 자신의 친족이 아니라면 음식을 먹지 않는다. [본래는 "이 모두는 그가 죽게 될까를 염려해서 만든 규정이다."1)라고 한 문장 뒤에 수록되어 있었다.]

集說 黨, 謂族人與親戚也.

'당(黨)'은 족인과 친척을 뜻한다.

【083】

三年之喪, 如或遺[去聲]之酒肉, 則受之必三辭. 主人衰絰而受之. 如君命則不敢辭, 受而薦之. 喪者不遺人. 人遺之, 雖酒肉受也. 從父昆弟以下旣卒哭, 遺人可也.〈雜記下-034〉[本在"以吉拜"下.]

삼년상을 치르고 있는데 만약 어떤 자가 술과 고기를 보내준다면[遺'자는 거성으로 읽는다.] 받기는 하지만 반드시 세 차례 사양한다. 물건을 받을 때 상주는 상복을 착용하고서 그것을 받는다. 만약 군주가 하사를 해준 것이라면 감히 사양하지 않으며, 그것을 받아서 부모 앞에 바친다. 상을 치르는 자는 남에게 물건을 보내주지 않는다. 남이 물건을 보내오면 비록 술과 고기라 하더라도 그것을 받는다. 종부의 곤제로부터 그 이하의 자에 대해서 상을 치르고 있는데, 졸곡을 마쳤다면, 남에게 물건을 보내주어도 괜찮다. [본래는 "길배에 따라 절을 한다."2)라고 한 문장 뒤에 수록되어 있었다.]

---

1) 『예기』「잡기하(雜記下)」 043장 : 喪食雖惡必充飢. 飢而廢事, 非禮也. 飽而忘哀, 亦非禮也. 視不明, 聽不聰, 行不正, 不知哀, 君子病之. 故有疾, 飲酒食肉, 五十不致毀, 六十不毀, 七十飮酒食肉, <u>皆爲疑死</u>.

集說 喪大記云: "旣葬, 君食之則食之, 大夫父之友, 食之則食之", 此云衰絰而受, 雖受而不食也. 薦之者, 尊君之賜. 喪者不遺人, 以哀戚中不當行禮於人也. 卒哭可以遺人, 服輕哀殺故也.

『예기』 「상대기(喪大記)」편에서는 "장례를 마쳤을 때, 군주가 음식을 보내오면 먹고, 대부 및 부친의 친구가 음식을 보내오면 먹는다."라 했고, 이곳에서는 상복을 착용하고서 받는다고 했으니, 비록 받기는 하지만 먹지는 않는 것이다. "그것을 바친다."는 말은 군주의 하사에 대해서 존귀하게 여기기 때문이다. 상을 치르는 자는 남에게 물건을 보내주지 않으니, 애통하고 슬픈 마음이 들게 되므로, 남에 대해서 해당 의례를 시행해서는 안 되기 때문이다. 졸곡을 끝내고서는 남에게 물건을 보내줄 수 있으니, 상복의 수위가 낮고 애통함도 줄어들었기 때문이다.

集說 石梁王氏曰: 居喪有酒肉之遺, 必疾者也.

석량왕씨가 말하길, 상을 치르는 도중에 남이 술과 고기를 보내오는 경우가 생긴 것은 분명 쇠약해진 자를 위해서이다.

附註 人遺之雖酒肉受也, 未必是疾者, 或以助饋奠, 故受之.

'인유지수주육수야(人遺之雖酒肉受也)'라 했는데, 반드시 질병에 걸린 자를 위해서만이 아니며, 간혹 궤전(饋奠)3)을 돕기 위해 보내오기도 하기 때문에 받는 것이다.

---

2) 『예기』 「잡기하(雜記下)」 033장 : 三年之喪以其喪拜, 非三年之喪以吉拜.
3) 궤전(饋奠)은 상중(喪中)에 시행하는 전제사[奠祭]를 가리킨다.

【084】

疏衰之喪旣葬, 人請見之則見, 不請見人. 小功請見人可也. 大功不以勤摯, 唯父母之喪, 不辟[避]涕泣而見人. 〈雜記下-049〉 [本在"無沐浴"下.]

자최복의 상을 치를 때 이미 장례를 끝냈는데, 남이 만나보기를 청하게 되면 만나보지만, 본인은 남에 대해서 만나보기를 청하지 않는다. 소공복의 상에서는 남에 대해 만나보기를 청해도 괜찮다. 대공복의 상에서는 폐물을 가져가서 만나보지 않고, 오직 부모의 상에서만 눈물을 훔치지 않고 ['辟'자의 음은 '避(피)'이다.] 남을 만나본다. [본래는 "목욕을 하거나 머리를 감는 일이 없다."[1]라고 한 문장 뒤에 수록되어 있었다.]

集說 疏衰, 齊衰也. 摯與贄同.

'소최(疏衰)'는 자최복을 뜻한다. '지(摯)'자는 폐물을 뜻하는 지(贄)자와 같다.

【085】

凡見人無免[如字]経, 雖朝於君無免経, 唯公門有稅[脫]齊衰. 傳曰: "君子不奪人之喪, 亦不可奪喪也." 〈服問-017〉 [服問. 本在"出則否"下.]

무릇 찾아가서 남을 만나볼 때에는 질을 벗는['免'자는 글자대로 읽는다.] 경우가 없으니, 비록 군주에게 조회를 하더라도 질을 벗지 않으며, 오직 지팡이를 잡지 않는 자최복의 상에서 공문으로 들어갈 때 자최복을 벗게['稅'자의 음은 '脫(탈)'이다.] 된다. 전문에서는 "군자는 남의 상을 빼앗지 않고, 상 치르는 것을 빼앗겨서도 안 된다."라고 했다. [본래는 "다른 일로 출타할 때에는 착용하지 않는다."[2]라고 한 문장 뒤에 수록되어 있었다.]

集說 見人, 往見於人也. 経重, 故不可釋免. 入公門雖稅齊衰, 亦不

---

1) 『예기』「잡기하(雜記下)」 048장 : 凡喪小功以上, 非虞附練祥無沐浴.
2) 『예기』「복문(服問)」 016장 : 公爲卿大夫錫衰以居, 出亦如之, 當事則弁経. 大夫相爲亦然. 爲其妻, 往則服之, 出則否.

稅絰也, 此謂不杖齊衰. 若杖齊衰及斬衰, 雖入公門亦不稅.

남을 본다는 말은 찾아가서 남을 만나본다는 뜻이다. 질(絰)은 중대한 복식이다. 그렇기 때문에 질을 벗을 수 없다. 공문(公門)으로 들어가게 되면 비록 자최복(齊衰服)을 벗지만 또한 질은 벗지 않으니, 이것은 지팡이를 잡지 않는 자최복의 상을 뜻한다. 만약 지팡이를 잡게 되는 자최복의 상이나 참최복(斬衰服)의 상이라면 비록 공문으로 들어가게 되더라도 또한 상복을 벗지 않는다.

【086】

三年之喪, 言而不語, 對而不問. 廬堊室之中, 不與人坐焉. 在堊室之中, 非時見[現]乎母也不入門. 〈雜記下-017〉 [本在"東夷之子也"下.]

삼년상을 치를 때에는 자기 스스로 자신이 처리해야 할 일을 말하지만, 남과 함께 논의하지는 않고, 대답은 하지만 스스로 묻지는 않는다. 의려와 악실에 있을 때에는 남과 함께 앉지 않는다. 악실에 있을 때에는 때에 따라 모친을 뵙는['見'자의 음은 '現(현)'이다.] 일이 아니라면, 중문으로 들어가지 않는다. [본래는 "동이의 자손이라 할만하다."[3]라고 한 문장 뒤에 수록되어 있었다.]

集說 言, 自言己事也. 語, 爲人論說也. 倚廬及堊室, 說見前篇. 時見乎母, 謂有事行禮之時而入見母也. 非此則不入中門.

'언(言)'은 자신이 처리해야 할 일을 스스로 말한다는 뜻이다. '어(語)'는 남과 논의를 한다는 뜻이다. 의려(倚廬)와 악실(堊室)에 대한 설명은 앞에 나온다. "때때로 모친을 뵙니다."는 말은 어떤 사안에 따라 관련 의례를 시행할 때 들어가서 모친을 뵙는다는 뜻이다. 이러한 경우가 아니라면 중문으로 들어가지 않는다.

---

3) 『예기』「잡기하(雜記下)」 016장 : 孔子曰: "少連・大連善居喪, 三日不怠, 三月不解, 期悲哀, 三年憂, 東夷之子也."

【087】

疏[平聲]衰皆居堊室不廬, 廬嚴者也.〈雜記下-018〉

자최복을['疏'자는 평성으로 읽는다.] 입고 치르는 상에서는 모든 경우 악실에 머물며 의려에 머물지 않는다. 의려라는 곳은 매우 엄숙한 장소이기 때문이다.

集說 疏衰, 齊衰也. 齊衰有三年者, 有期者, 有三月者. 凡喪次, 斬衰居倚廬, 齊衰居堊室. 大功有帷帳, 小功緦麻有牀第. 廬嚴者, 謂倚廬乃哀敬嚴肅之所, 服輕者不得居.

'소최(疏衰)'는 자최복이다. 자최복을 입는 경우에는 삼년상을 치를 때가 있고, 기년상을 치를 때가 있으며, 삼개월상을 치를 때가 있다. 무릇 상을 치르며 머무는 임시 숙소에 있어서, 참최복을 착용했을 때에는 의려에 머물고, 자최복을 착용했을 때에는 악실에 머문다. 대공복을 착용했을 때에는 휘장과 장막을 치며, 소공복과 시마복을 착용했을 때에는 평상과 대자리가 있게 된다. '여엄자(廬嚴者)'는 의려는 애통함과 공경함을 나타내어 엄숙해야 할 장소이니, 수위가 낮은 상복을 착용한 경우에는 거처할 수 없다는 뜻이다.

【088】

大夫次於公館以終喪, 士練而歸, 士次於公館. 大夫居廬, 士居堊室.〈009〉[本在"外私某死"下.]

제후가 죽었을 때, 대부는 공관에 머물며 군주의 상을 끝내고, 읍재인 사는 연제를 끝내면 되돌아가며, 조정에 속한 사는 공관에 머물며 군주의 상을 끝낸다. 임시숙소에 머물 때 대부는 여에 머물고, 사는 악실에 머문다. [본래는 "외국 친우 아무개가 죽었습니다."[4]라고 한 문장 뒤에 수록되어 있었다.]

---

4) 『예기』「잡기상」 008장 : 士訃於同國大夫曰, "某死." 訃於士亦曰, "某死." 訃於

集說 此言君喪, 則大夫居喪之次, 在公館之中, 終喪乃得還家. 若邑宰之士, 至小祥得還其所治之邑. 其朝廷之士, 亦留次公館以待終喪. 廬, 在中門外東壁, 倚木爲之, 故云倚廬. 堊室, 在中門外屋下, 壘墼爲之, 不塗墍.

이 내용은 군주의 상이 발생하면, 대부는 상중에 머무는 임시 숙소에 머물게 되니, 공관(公館)[5]에 있게 되며, 상을 끝내면 집으로 돌아갈 수 있다는 뜻이다. 만약 읍재(邑宰)[6]인 사라면, 소상을 끝내면 자신이 다스리는 읍으로 되돌아갈 수 있다. 조정에 속한 사는 또한 공관에 머물며 상이 끝날 때까지 대기한다. '여(廬)'는 중문 밖 동쪽 벽에 있는 것으로 나무를 기대어 만들기 때문에, '의려(倚廬)'라고 부른다. '악실(堊室)'[7]은 중문 밖 지붕 밑에 있으며, 아직 굽지 않은 흙벽돌을 쌓아 만들게 되며, 일반 건물처럼 벽에 칠을 하여 꾸미지 않는다.

集說 劉氏曰: 鄭云居堊室, 亦謂邑宰也, 朝士亦居廬. 蓋斬衰之喪居廬, 旣練居堊室, 朝士大夫皆斬衰, 未練時皆當居廬也.

유씨가 말하길, 정현은 악실에 머무는 자 또한 읍재를 뜻한다고 했고, 조정에 속한 사는 또한 여에 머문다고 했다. 무릇 참최복(斬衰服)[8]으로

他國之君曰, "君之外臣某死." 訃於大夫曰, "吾子之外私某死." 訃於士亦曰, "吾子之外私某死."

5) 공관(公館)은 군주가 빈객(賓客)들을 머물게 하기 위해 만든 숙소이다. 군주의 신하들이 가지고 있는 건물은 사관(私館)에 해당하는데, 빈객이 사관에 머물 때, 군주가 명령을 내리게 되면, 그 장소는 '공관'이 되어, 빈객이 필요로 하는 것들을 지급하게 된다. 또한 '공관'은 궁중에 있는 건물을 가리키기도 하며, 궁실의 건물과 떨어져 있는 별도의 건물을 뜻하기도 한다.

6) 읍재(邑宰)는 읍(邑)을 다스리는 수장을 뜻하니, 후대의 현령(縣令)에 해당한다. '재(宰)'자는 총괄하는 자를 가리키므로, '읍재'라고 부른다.

7) 악실(堊室)은 상중(喪中)에 임시로 거처하던 가옥으로, 네 벽면에 흰색의 회칠을 하였다.

8) 참최복(斬衰服)은 상복(喪服) 중 하나로, 오복(五服)에 속한다. 상복 중에서도 가장 수위가 높은 상복이다. 거친 삼베를 사용해서 만들며, 자른 부위를 꿰매지

치르는 상에서는 여에 머물고, 연제가 끝나면 악실에 머물게 되는데, 조정에 속한 사와 대부는 모두 참최복을 착용하며, 아직 연제를 끝내지 않았을 때에는 모두 마땅히 여에 머문다.

附註 大夫居廬士居堊室, 註云"亦謂邑宰之士", 恐未然. 士卑於大夫, 居堊室, 合於節文. 雖曰服斬, 居處之節, 豈眞若居父母之喪哉? 以義推之, 父母之喪, 命士以上, 猶曰旣練而歸, 則居喪終喪於公館, 豈非太過? 又以爲邑宰之士, 旣練之後, 方歸於所治之邑. 夫邑宰各有分職, 不可以曠, 旣練而方歸, 則其前一期之間, 邑中宮事, 誰可主者? 註說非矣. 竊恐此等處, 是記者異同之致. 或曰: 大記是天子之士, 雜記是諸侯之士. 此條與喪大記"俟練"參考.

'대부거려사거악실(大夫居廬士居堊室)'에 대해 주에서는 "또한 읍재인 사를 뜻한다."라 했는데, 아마도 그렇지 않을 것이다. 사는 대부보다 미천하니, 악실에 거처하는 것이 예의 규범에 맞다. 비록 참최복을 착용한다고 하지만, 거처하는 규정에 있어서 어찌 부모의 상을 치르는 것과 똑같이 할 수 있겠는가? 의미에 따라 추론해보면, 부모의 상에 있어서 명사로부터 그 이상의 계층은 오히려 소상을 끝내고서 되돌아간다고 했다면, 상을 치름에 있어서 공관에 머물며 상을 끝내는 것은 너무 지나친 일이 아니겠는가? 또 읍재인 사라고 여겨서, 소상을 마친 이후에는 그가 다스리는 읍으로 되돌아가게 된다고 했다. 읍재는 각각 직분을 담당하고 있어서 자리를 비울 수 없는데, 소상을 끝내고서야 되돌아가게 된다면 그 이전 1년이라는 기간 동안 읍의 관청 일들은 누가 주관한단 말인가? 주의 설명은 잘못되었다. 내가 생각하기에, 아마도 이러한 것들에 있어서는 『예기』를 기록한 자들이 듣고 본 내용에 차이가 있어서 이와 같은 문제가 생긴 것 같다. 혹자는 "『예기』「상대기(喪大記)」편에 나온 내용은 천

않기 때문에 참최(斬衰)라고 부른다. 이 복장을 입게 되는 기간은 일반적으로 3년에 해당하며, 죽은 부모를 위해 입거나, 처 또는 첩이 죽은 남편을 위해 입는다.

자에게 소속된 사에 대한 것이고, 「잡기」편의 내용은 제후에게 소속된 사에 대한 것이다."라 했는데, 이 조목은 「상대기」편의 "소상을 끝낼 때까지 기다린다."[9]라고 한 대목과 함께 살펴보아야 한다.

---

9) 『예기』「상대기(喪大記)」 062장 : 公之喪, 大夫俟練, 士卒哭而歸.

【089】

父不爲衆子次於外.〈喪服小記-078〉 [本在"後至墓"下.]

부친은 적장자를 제외한 나머지 아들들의 상을 치를 때, 중문 밖에 임시숙소를 마련하지 않는다. [본래는 "그 이후에 묘에 찾아간다."[1]라고 한 문장 뒤에 수록되어 있었다.]

集說 適長子死, 父爲之居喪次於中門外, 庶子否.

적장자가 죽었을 때, 부친은 그를 위해 상을 치르며 중문 밖에 임시숙소를 마련하고, 서자에 대해서는 그렇게 하지 않는다.

【090】

無事不辟[毗亦反]廟門, 哭皆於其次.〈喪服小記-041〉 [二段小記. 本在"易輕者"下.]

특별한 일이 없으면 빈궁의 문은 열지['辟'자는 '毗(비)'자와 '亦(역)'자의 반절음이다.] 않으며, 수시로 곡을 할 때에는 모두 상중에 머무는 임시 숙소에서 한다. [2개 단락은 「상복소기」편의 문장이다. 본래는 "덜 중요한 것을 바꾼다."[2]라고 한 문장 뒤에 수록되어 있었다.]

集說 辟, 開也. 廟門, 殯宮之門也. 鬼神尙幽闇, 故有事則辟, 無事不辟也. 次, 倚廬也. 朝夕之哭, 與受弔之哭, 皆卽門內之位, 若或晝或夜無時之哭, 則皆於倚廬也.

'벽(辟)'자는 "연다."는 뜻이다. '묘문(廟門)'은 빈궁의 문을 뜻한다. 귀신은 그윽하고 어두운 곳을 숭상하기 때문에, 특별한 일이 있는 경우에는 열고, 특별한 일이 없으면 열지 않는다. '차(次)'는 의려(倚廬)[3]이다. 아

---

1) 『예기』「상복소기(喪服小記)」 077장 : 奔兄弟之喪, 先之墓而後之家, 爲位而哭. 所知之喪, 則哭於宮而後之墓.
2) 『예기』「상복소기(喪服小記)」 040장 : 除喪者, 先重者. 易服者, 易輕者.

침저녁으로 곡을 하거나 조문을 받아서 곡을 하는 경우에는 모두 문 안쪽의 자리로 나아가서 하며, 낮이나 밤에 수시로 곡을 하는 경우라면, 모두 의려에서 한다.

【091】

非從柩與反哭, 無免[問]於堩[亘]. 〈雜記下-047〉 [本在"謂之無子"下.]

장지가 가까울 때, 영구를 따라서 장례 행렬을 전송하거나 반곡을 하는 경우가 아니라면, 도로에서['堩'자의 음은 '亘(긍)'이다.] 문을['免'자의 음은 '問(문)'이다.] 착용하는 경우가 없다. [본래는 "자식을 없게 만드는 자라고 평가한다."[4]라고 한 문장 뒤에 수록되어 있었다.]

集說 堩, 道路也. 道路不可無飾, 故從柩送葬與葬畢反哭, 皆著免而行於道路, 非此二者則否也. 然此亦謂葬之近者. 小記云: "遠葬者比反哭皆冠, 及郊而后免也."

'긍(堩)'자는 도로를 뜻한다. 도로에서는 꾸미지 않을 수 없다. 그렇기 때문에 영구를 따라서 장례 행렬을 전송하거나 장례를 끝내고 반곡을 하는 경우에는 모두 문을 착용하고 도로에서 이동하는데, 이 두 가지 경우가 아니라면 이처럼 하지 않는다. 그러나 이 내용은 또한 장지가 가까운 경우를 뜻한다. 『예기』 「상복소기(喪服小記)」편에서는 "장지가 멀리 떨어진 경우, 장례를 치를 때에는 반곡을 할 때까지 모두 관을 쓰고, 장례를 치르고 교외에 도달한 이후에는 문을 한다."고 했다.

---

3) 의려(倚廬)는 상중(喪中)에 머물게 되는 임시 거처지이다. '의려'는 '의(倚)', '려(廬)', '악실(堊室)', '사려(舍廬)' 등으로 부르기도 한다.

4) 『예기』 「잡기하(雜記下)」 046장 : 孔子曰, "身有瘍則浴, 首有創則沐, 病則飮酒食肉. 毁瘠爲病, 君子弗爲也. 毁而死, 君子謂之無子."

【092】

凡喪小功以上[上聲], 非虞附練祥無沐浴. 〈雜記下-048〉

무릇 상에 있어서 소공복으로부터 그 이상의['上'자는 상성으로 읽는다.] 경우,
우제·부제·소상·대상이 아니라면, 목욕을 하거나 머리를 감는 일이 없다.

集說 潔飾所以交神, 故非此四祭, 則不沐浴也.

청결히 하고 장식을 하는 것은 신과 교감하기 위해서이다. 그렇기 때문에
이 네 가지 제사가 아니라면, 목욕을 하거나 머리를 감지 않는다.

類編 右飮食居處言語動作之節.

여기까지는 '음식거처언어동작지절(飮食居處言語動作之節)'에 대한 내
용이다.

◇ 조곡(弔哭)

【093】

三年之喪, 雖功衰不弔, 自諸侯達諸士. 如有服而將往哭之, 則服其服而往. 〈雜記下-036〉 [本在"如剡"下.]

삼년상을 치르고 있을 때, 비록 소상을 끝내서 공최로 갈아입은 상태라 하더라도 남의 상에 찾아가서 조문을 하지 않으니, 이러한 규정은 제후로부터 사에 이르기까지 모두 통용된다. 그러나 만약 자신과 상복관계에 있는 친족이 죽게 되어, 그에게 찾아가 곡을 하게 되면, 자신이 입고 있던 공최를 벗고, 해당하는 상복을 착용하고 찾아간다. [본래는 "몸을 깎는 것 같다."[1]라고 한 문장 뒤에 수록되어 있었다.]

集說 疏曰: 小祥後衰與大功同, 故曰功衰. 如有五服之親喪而往哭, 不著己之功衰, 而依彼親之節以服之也. 不弔與往哭二者, 貴賤皆同之.

소에서 말하길, 소상을 치른 이후의 상복 수위는 대공복의 수위와 동일하다. 그렇기 때문에 그때의 상복을 '공최(功衰)'라고 부른다. 만약 오복의 관계에 있는 친족이 죽어서 그에게 찾아가 곡을 할 때에는 자신의 공최를 착용하지 않고, 상대방 친족에 대한 규범에 따라서 해당 복장을 착용한다. 조문을 하지 않는다는 사안과 가서 곡을 한다는 사안은 신분의 등급에 상관없이 모두 동일하게 따른다.

【094】

期之喪, 十一月而練, 十三月而祥, 十五月而禫. 練則弔. 〈雜記下-037〉

기년상을 치를 때, 11개월이 지나면 소상을 치르며, 13개월이 지나면 대상을 치르고, 15개월이 지나면 담제를 치른다. 소상을 치르면 집을 벗어나

---

1) 『예기』「잡기하(雜記下)」035장 : 縣子曰: "三年之喪如斬, 期之喪如剡."

조문을 할 수 있다.

集說 鄭氏曰: 凡齊衰十一月, 皆可以出弔. 又曰: 此爲父在爲母.

정현이 말하길, 무릇 자최복의 상에서 11개월이 지나면 모두 집밖으로 나가 조문을 할 수 있다. 또 말하길, 이것은 부친이 생존해 계실 때 모친의 상을 치르는 경우이다.

【095】
旣葬大功[句], **弔哭而退, 不聽事焉.** 〈雜記下-038〉

본인에게 대공복을 착용해야 하는 상이 발생했는데, 그 상에 대해서 이미 장례를 치렀다면[功'자에서 구문을 끊는다.] 타인의 상에 대해서 찾아가서 조문을 하고 곡을 하고서 즉시 물러나니, 상주가 습이나 염의 절차를 마칠 때까지 기다리지 않는다.

集說 旣葬大功者, 言己有大功之喪已葬也. 弔哭而退, 謂往弔他人之喪, 則弔哭旣畢, 卽退去, 不待與主人襲斂等事也.

"이미 대공의 상에 대해서 장례를 치렀다."고 한 말은 본인에게 대공복을 착용해야 하는 상이 발생했는데, 그 상에 대해서 이미 장례를 치렀다는 뜻이다. "조문하고 곡을 하고서 물러난다."는 말은 다른 집에 발생한 상에 찾아가서 조문을 하면, 조문하고 곡하는 일이 끝나면 즉시 물러나오고, 주인이 습이나 염을 하는 등의 사안을 끝낼 때까지 기다리지 않는다는 뜻이다.

附註 旣葬大功, 大功者, 功衰也. 言杖期之服, 葬後服功衰, 可以弔人而不聽事也.

'기장대공(旣葬大功)'이라 했는데, '대공(大功)'은 공최를 뜻한다. 지팡이를 잡는 기년상의 복제에서는 장례를 치른 이후에 공최를 착용하고, 이것으로는 남에게 조문은 할 수 있지만 일을 맡지 않는다는 뜻이다.

【096】

期之喪未葬, 弔於鄉人, 哭而退, 不聽事焉. 功衰弔, 待事不執事.〈雜記下-039〉

자최복을 입고 지팡이를 잡지 않는 기년상을 치르고 있을 경우, 아직 장례를 끝내지 않았더라도, 마을 사람에 대해서는 조문을 할 수 있지만, 조문을 하게 되면 곡을 하고 물러나며, 상주가 해당 절차를 끝낼 때까지 기다리지 않는다. 공최를 착용한 뒤 조문을 하게 되면, 해당 절차를 끝낼 때까지 기다릴 수 있지만, 그 일들에 대해서는 직접 맡아서 처리할 수 없다.

集說 儀禮 · 喪服傳, 姑姊妹適人無主者, 姪與兄弟爲之齊衰不杖期. 此言期之喪, 正謂此也. 雖未葬, 亦可出弔. 但哭而退, 不聽事也. 此喪旣葬, 受以大功之衰, 謂之功衰. 此後弔於人, 可以待主人襲斂等事, 但不親自執其事耳.

『의례』「상복(喪服)」편의 전문에서는 고모 및 자매 중 남에게 시집을 갔으나 상주를 맡을 자가 없는 경우, 조카 및 형제들은 그녀들을 위해 자최복을 입고 지팡이를 잡지 않는 기년상을 치른다고 했다. 이곳에서 '기지상(期之喪)'이라고 한 말은 바로 이러한 경우를 뜻한다. 비록 아직 장례를 치르지 않았지만, 이러한 경우에는 또한 집밖으로 나가 남에 대해 조문을 할 수 있다. 다만 곡을 하면 물러나니, 상주가 해당 절차를 처리할 때까지 기다리지 않는다. 이러한 상에서 이미 장례를 치르게 되면 대공복의 수위와 같은 상복을 받게 되니, 이것을 '공최(功衰)'라고 부른다. 이것을 착용한 이후 남에 대해서 조문을 하게 되면, 상주가 습이나 염 등의 절차를 끝낼 때까지 기다릴 수 있지만, 직접 그 상의 일들을 맡아볼 수 없다.

附註 期之喪, 註以姑姊妹之無主爲言, 經文未見此意. 以"旣葬大功"一條錯看之, 故有此誤解, 今當正之. 大功之喪, 當視期之喪葬後.

'기지상(期之喪)'에 대해 주에서는 고모나 자매 중 상주를 맡을 자가 없는 경우로 말했는데, 경문에는 이러한 의미가 나타나지 않는다. 이것은 '기장대공(旣葬大功)'이라는 한 조목을 잘못 보았기 때문에, 이와 같은 잘못된 해석을 하게 된 것으로, 지금은 이를 바로잡아야 한다. 대공복의 상에서는 마땅히 기년상에서 장례를 치른 이후의 것들에 견주어서 해야 한다.

【097】

小功緦, 執事不與於禮.〈雜記下-040〉

소공복이나 시마복의 상을 치르고 있을 때에는 남의 상에 대해서 의례 진
행은 도울 수 있지만, 궤전(饋奠)처럼 중대한 절차에 대해서는 참여하지
않는다.

集說 執事, 謂擯相也. 禮, 饋奠也. 輕服可以爲人擯相, 擯相事輕故
也. 饋奠之禮重, 故不與.

'집사(執事)'는 의례의 진행을 돕는다는 뜻이다. '예(禮)'는 궤전을 뜻한
다. 수위가 낮은 상복을 착용했을 때에는 남을 위해 의례의 진행을 도울
수 있는데, 의례의 진행을 돕는 일은 상대적으로 덜 중요한 일이기 때문
이다. 궤전을 치르는 예법은 중대한 절차이기 때문에 참여하지 않는다.

【098】

**相趨也出宮而退, 相揖也哀次而退, 相問也旣封[窆]而退, 相見也反
哭而退, 朋友虞附而退.**〈雜記下-041〉

서로에 대해 종종걸음으로 걸어서 공경의 뜻을 표하는 관계에서라면 영구
가 묘의 궁문을 빠져나갈 때까지 기다린 뒤에 물러간다. 서로 읍을 하며
안면이 있었던 자였다면 영구가 대문 밖의 애도를 표하는 장소까지 도달한
뒤에 물러간다. 서로 안무를 물으며 물건을 보내는 관계에서라면 하관을
['封'자의 음은 '窆(폄)'이다.] 할 때까지 기다린 뒤에 물러간다. 예물을 가지고
가서 서로 만나보는 의례를 시행하는 관계에서라면 자식이 반곡을 할 때까
지 기다린 뒤에 물러간다. 벗들이라면 우제와 부제를 치를 때까지 기다린
뒤에 물러간다.

集說 此言弔喪之禮, 恩義有厚薄, 故去留有遲速. 相趨者, 古人以
趨示敬. 論語: "過之必趨", 左傳: "免冑趨風"之類, 是也. 言此弔者與
主人昔嘗有相趨之敬, 故來弔喪. 以情輕, 故柩出廟之宮門卽退去

也. 相揖者, 己嘗相會相識, 故待柩至大門外之哀次而退也. 相問遺者, 是有往來恩義, 故待窆畢而退. 嘗執贄行相見之禮者, 情又加重, 故待孝子反哭於家乃退. 朋友恩義更重, 故待虞祭祔祭畢而後退也.

이 내용은 상사에 조문하는 예법에 있어서 은정과 도의에 따라 차이가 있기 때문에, 떠나고 머물러 있음에도 더디고 빠른 차이가 있음을 뜻한다. '상추(相趨)'는 고대인들은 종종걸음으로 감으로써 공경의 뜻을 나타냈다. 『논어』에서 "그 곁을 지나칠 때에는 반드시 종종걸음으로 걸으셨다."[1]라 했고, 『좌전』에서 "투구를 벗고 종종걸음으로 신속히 지나갔다."[2]라 한 부류들이 이러한 경우에 해당한다. 즉 이것은 조문을 하는 자와 상주가 이전부터 일찍이 서로에 대해 종종걸음으로 걸으며 공경의 뜻을 나타낸 사이임을 뜻한다. 그렇기 때문에 찾아가서 상대방의 상사에 조문을 할 때, 그 정감이 가볍기 때문에 영구가 묘의 궁문 밖으로 나가게 되면 곧바로 물러나게 된다. '상읍(相揖)'은 본인이 일찍이 서로 회합을 가져서 서로 안면이 있었던 자이다. 그렇기 때문에 영구가 대문 밖에 잠시 머물며 애도를 표하는 장소에 도착할 때까지 기다렸다가 물러난다. "서로 안부를 묻고 물건을 전한다."는 말은 왕래를 가지며 은정과 도의를 나눴던 관계이다. 그렇기 때문에 하관하는 일이 끝날 때까지 기다린 뒤에 물러난다. 일찍이 예물을 가지고 서로 찾아보는 의례를 시행했던 자라면, 그 정감이 더욱 두텁기 때문에, 자식이 그 집에서 반곡을 할 때까지 기다린 뒤에야 물러간다. 벗들은 은정과 도의가 더욱 두텁기 때문에, 우제와 부제를 끝낼 때까지 기다린 뒤에야 물러간다.

---

1) 『논어』「자한(子罕)」: 子見齊衰者冕衣裳者與瞽者, 見之, 雖少必作, 過之必趨.
2) 『춘추좌씨전』「성공(成公) 16년」: 郤至三遇楚子之卒, 見楚子, 必下, 免胄而趨風.

【099】

所識, 其兄弟不同居者, 皆弔.〈檀弓上-136〉[檀弓. 本在"雖鄰不往"下.]

알고 지내던 자가 죽었을 경우, 죽은 자의 형제들이 죽은 자와 같은 집에서 살고 있지 않다 하더라도, 그 형제들에게 모두 찾아가서 조문을 한다. [「단궁」 편의 문장이다. 본래는 "비록 이웃에 상이 발생했다 하더라도 찾아가지 않는다."[3]라고 한 문장 뒤에 수록되어 있었다.]

集說 馮氏曰: 上二句, 既主生者出弔往哭爲義, 則下一句文意當同. 所識當爲句, 若所知之謂也. 死者既吾之所知識, 則其兄弟雖與死者 不同居, 我皆當弔之, 所以成往來之情義也.

풍씨가 말하길, 앞의 두 구문 내용이 이미 상주가 밖으로 나와서 조문을 하고, 찾아가서 곡을 한다는 것을 뜻한다면, 그 뒤 1개 구문의 뜻도 마땅 히 동일해야 한다. 따라서 '소식(所識)'에서 구문을 끊어야 하니, 이 말은 알고 지내던 자라고 부르는 말과 같다. 죽은 자가 이미 나와 알고 지내던 자라면, 그의 형제들이 비록 죽은 자와 같은 집에 살고 있지 않다고 하더 라도, 나는 그 형제들에 대해서 모두 찾아가서 조문을 해야만 하는 것으 로, 서로 왕래하는 정감과 도의를 이루기 위해서이다.

【100】

弔非從主人也, 四十者執綍[弗]. 鄕人五十者從反哭, 四十者待盈坎. 〈雜記下-042〉[本在"虞附而退"下.]

상사에 조문을 하는 일은 온갖 일들을 돕기 위함이지, 단순히 상주를 따르 는 것만이 아니다. 따라서 40세 이하의 자들은 힘이 장성하므로, 힘을 많이 쓰는 상엿줄['綍'자의 음은 '弗(불)'이다.] 잡는 일을 해야 한다. 같은 마을 사람들 중 50세가 된 자는 쇠약해지는 나이가 되므로, 상주를 따라서 반곡을 하고,

---

3) 『예기』「단궁상(檀弓上)」135장 : 有殯, 聞遠兄弟之喪, 雖緦必往; 非兄弟, 雖鄰 不往.

40세인 자들은 무덤에 흙 채우는 일이 끝날 때까지 기다린 뒤에야 물러간다. [본래는 "우제와 부제를 치를 때까지 기다린 뒤에 물러간다."⁴⁾라고 한 문장 뒤에 수록되어 있었다.]

集說 言弔喪者, 是爲相助凡役, 非徒隨從主人而已, 故年四十以下者力壯, 皆當執紼. 同鄕之人五十者始衰之年, 故隨主人反哭, 而四十者待土盈壙乃去.

상사에 대해 조문을 한다는 것은 상사에 필요한 온갖 일들을 돕기 위함이지, 단순히 주인을 따르는 것이 아닐 따름이라는 뜻이다. 그렇기 때문에 40세 이하인 자들은 힘이 장성하므로 모두들 상엿줄을 잡아야 한다. 같은 마을의 사람들 중 50세가 된 자들은 비로소 쇠약해지는 나이이기 때문에 주인을 따라가서 반곡을 하고, 40세인 자들은 무덤에 흙 채우는 일이 끝날 때까지 기다린 뒤에야 물러난다.

【101】
弔於葬者必執引[去聲]; 若從柩, 及壙[上聲], 皆執紼. 〈檀弓下-007〉 [本在 "食肉焉"下.]

장례를 치를 때 조문하는 자들은 반드시 영구가 실려 있는 수레의 새끼줄을 잡고서 끄는['引'자는 거성으로 읽는다.] 일을 돕는다. 만약 영구를 끄는 사람의 수가 충족되어 남은 인원들이 영구를 뒤따라가게 되면, 무덤에['壙'자는 상성으로 읽는다.] 이르러 하관을 할 때, 모두들 관에 매달린 새끼줄을 잡고서 하관하는 일을 돕는다. [본래는 "고기를 먹는다."⁵⁾라고 한 문장 뒤에 수록되어 있었다.]

集說 引, 引柩車之索也. 紼, 引棺索也.

---

4) 『예기』「잡기하(雜記下)」 041장 : 相趨也出宮而退, 相揖也哀次而退, 相問也既封而退, 相見也反哭而退, 朋友虞附而退.
5) 『예기』「단궁하(檀弓下)」 006장 : 大夫弔, 當事而至, 則辭焉. 弔於人, 是日不樂. 婦人不越疆而弔人. 行弔之日, 不飲酒食肉焉.

'인(引)'자는 영구를 실은 수레의 새끼줄을 잡고서 끈다는 뜻이다. '불(綍)'자는 관에 매달린 새끼줄을 당긴다는 뜻이다.

集說 鄭氏曰: 示助之以力.

정현(鄭玄)이 말하길, 힘써 돕는다는 뜻을 보이기 위함이다.

集說 疏曰: 弔葬本爲助執事, 故必相助引柩車. 凡執引用人, 貴賤有數, 數足則餘人皆散行從柩, 至下棺窆時, 則不限人數, 皆悉執綍也. 引者, 長遠之名, 故在車, 車行遠也; 綍是撥擧之義, 故在棺, 棺惟撥擧, 不長遠也.

소에서 말하길, 장례 때 조문하는 것은 본래 처리할 일들을 돕기 위해서이다. 그렇기 때문에 반드시 서로 도와서 영구가 실려 있는 수레를 끌게 된다. 무릇 새끼줄을 잡아당길 때에는 사람을 이용하게 되는데, 신분의 귀천에 따라 사람의 수에도 차등이 있으니, 그 수가 충족되었다면, 나머지 사람들은 모두 흩어져 걸으며 영구를 뒤따라가고, 관을 내릴 때가 되면, 새끼줄을 잡아끄는 사람의 수에 제한을 두지 않으니, 모두들 관에 매달린 새끼줄을 잡아끌게 된다. '인(引)'자는 멀리 간다는 뜻의 명칭이다. 그렇기 때문에 수레에 매달린 새끼줄에 그 명칭을 쓰게 되니, 수레가 멀리 가게 되기 때문이다. '불(綍)'자는 들어 올린다는 뜻이다. 그렇기 때문에 관에 매달린 새끼줄에 그 명칭을 쓰게 되니, 관은 유일하게 들어 올려지고, 수레처럼 직접 끌어서 먼 길을 가는 것이 아니다.

【102】

君於大夫, 將葬, 弔於宮, 及出, 命引之, 三步則止. 如是者三, 君退[句]. 朝亦如之, 哀次亦如之.〈檀弓下-003〉[二段檀弓. 本在"長杖"下.]

군주는 대부의 상에 대해서 장차 장례를 치르려고 하면, 빈소에 찾아가서 조문을 하고, 영구를 실은 수레가 행차를 하려고 하면, 명령을 내려서 수레를 끌고 가도록 하는데, 3보를 가게 되면 수레는 곧 멈추게 된다. 이와 같은 과정을 세 번 반복하게 되면, 영구는 장지로 떠나가게 되니, 군주는 곧 물러가게 된다.['退'자에서 구문을 끊는다.] 군주가 조문하러 찾아왔을 때 그 시기가 조묘(朝廟)를 하는 때라 하더라도 또한 이처럼 하고, 영구가 평상시 대부 본인이 빈객을 대하던 장소를 지나치게 되면, 자식은 애통한 마음을 느끼게 되어, 또한 이곳에서 잠시 멈춰 서게 하는데, 이때에도 또한 이와 같은 과정을 반복하여 행차를 하게 된다. [2개 단락은 「단궁」편의 문장이다. 본래는 "수장만이 지팡이를 잡게 된다."[6]라고 한 문장 뒤에 수록되어 있었다.]

集說 弔於宮, 於其殯宮也. 出, 柩已行也. 孝子攀號不忍, 君命引之, 奪其情也. 引者三步卽止, 君又命引之, 如是者三, 柩車遂行, 君卽退去. 君來時不必恒在殯宮, 或當柩朝廟之時亦如之; 或已出大門至平日待賓客次舍之處, 孝子哀而暫停柩車, 則亦如之.

'조어궁(弔於宮)'은 빈소에서 조문을 한다는 뜻이다. '출(出)'은 영구를 이미 끌어냈다는 뜻이다. 자식이 영구를 부여잡고 울부짖으며 영구가 밖으로 나가는 것을 참아낼 수 없으면, 군주는 명령을 하여 영구를 끌어내라고 하니, 자식의 정감을 떨쳐내는 것이다. 끌어내는 자는 3보를 간 뒤에 곧 멈추고, 군주는 재차 명령을 하여 끌어내도록 하는데, 이와 같은 과정을 3번 반복하면 영구를 실은 수레는 마침내 길을 떠나게 되고, 군주는 곧 물러나게 된다. 군주가 찾아왔을 때, 그 시기가 항상 빈소가 차려져 있을 때에만 해당하는 것이 아니며, 간혹 영구가 조묘를 할 때에 해당하기도 하니, 이때에도 또한 이처럼 한다. 그리고 간혹 이미 행차를 시작하여, 대문을 빠져나와 평소 주인이 빈객을 대할 때 서 있게 되는 장소에 도달하게 되면, 자식은 애통한 마음을 느껴 잠시 영구를 실은 수레를 멈추게 하니, 이때에도 이처럼 한다.

---

6) 『예기』「단궁하(檀弓下)」 002장 : 公之喪, 諸達官之長杖.

【103】

君若載而后弔之, 則主人東面而拜, 門右北面而踊, 出待反而后奠.
〈059〉[本在 "無柩者不帷" 下]

군주가 찾아와서 신하의 상에 조문을 하는데, 만약 그 시점이 관을 이미
영구에 실어둔 때라고 한다면, 상주는 수레의 서쪽에서 동쪽을 바라보며
군주에게 절을 하고, 묘문 안의 우측에서 북쪽을 바라보며 발을 구르고,
군주의 조문이 끝나면 문밖으로 나가 기다려서 군주를 전송하고, 다시 되
돌아온 이후에는 전제사를 진설하여 그 사실을 아뢴다. [본래는 "영구가 없는
경우에는 당에 휘장을 치지 않는다."7)라고 한 문장 뒤에 수록되어 있었다.]

集說 此謂君來弔臣之喪, 而柩已朝廟畢, 載在柩車, 君旣弔, 位在車
之東, 則主人在車西東面而拜. 門右, 祖廟門之西偏. 自內出則右在
西, 孝子旣拜君從位而立, 故於門內西偏北面而哭踊爲禮也. 踊畢先
出門以待拜送, 不敢必君之久留也. 君命之反還喪所, 卽設奠以告死
者, 使知君之來弔也. 一說, 此謂在廟載柩車之時. 奠, 謂反設祖奠.
이것은 군주가 찾아와서 신하의 상에 조문을 하였는데, 그 시기가 관을
이미 옮겨 조묘를 마쳐서, 영구에 실어둔 상태이며, 군주가 조문을 끝내
게 되면 그 위치는 수레의 동쪽이 되니, 상주는 수레의 서쪽에서 동쪽을
바라보며 절을 한다는 뜻이다. 문의 우측은 조묘의 문 서쪽을 뜻한다.
안으로부터 밖으로 나가게 되면 우측은 서쪽이 되는데, 자식이 이미 군주
에게 절을 하여 그 자리에 따라 서 있었기 때문에, 문안의 서쪽에서 북쪽
을 바라보고 곡과 용을 하여, 예법에 따르는 것이다. 용이 끝나면 먼저
문밖으로 나가서 대기하며 절을 하고 전송하니, 감히 군주를 오래도록
머물게 할 수 없기 때문이다. 군주가 명령을 하여 상을 치르는 장소로
되돌아가게 되면, 곧바로 전제사를 진설하여 죽은 자에게 그 사실을 아뢰
니, 군주가 찾아와서 조문을 했다는 사실을 알게끔 하는 것이다. 일설에

---

7) 『예기』 「잡기상」 058장 : 朝夕哭不帷, <u>無柩者不帷</u>.

는 이 내용은 묘 안에서 관을 영구에 실어둔 때에 해당한다. '전(奠)'은 되돌아가 조전을 진설한다는 뜻이라고 했다.

附註 君若載而弔, 待反而奠, 反, 恐是君旣弔而還返也. 待君之反, 卽設奠而告於柩, 榮其賜也.

군주가 만약 영구가 실려 있는데 조문을 했다고 했고, '대반이전(待反而奠)'이라 했는데, '반(反)'은 아마도 군주가 조문을 끝나고 되돌아간다는 뜻인 것 같다. 즉 군주가 되돌아갈 때까지 기다리고, 그런 뒤에 곧바로 전제사를 지내서 영구에 그 사실을 아뢰니, 하사에 대해 영예롭게 여기기 때문이다.

喪, 公弔之, 必有拜者, 雖朋友·州里·舍人可也. 弔曰: "寡君承事."
主人曰: "臨[如字]." 〈檀弓下-008〉 [檀弓. 本在"皆執紼"下.]

상에 있어서 군주가 그 집에 조문을 가게 되면, 반드시 군주 앞으로 나와서
절을 하는 자가 있어야 한다. 만약 주인의 후계자 및 친족이 없다면, 비록
죽은 자의 친구 및 마을 사람 또는 상사를 맡아보는 자가 나와서 절을 하더
라도 무방하다. 조문을 하는 말에서는 부관이 군주의 말을 전하며, "저희
군주께서 상사의 일을 돕는데 참여하시고자 오셨습니다."라고 말한다. 그
러면 상주는 "욕되게도 누추한 곳까지 왕림하시게['臨'자는 글자대로 읽는다.]
함을 깊이 사죄합니다."라고 말한다. [「단궁」편의 문장이다. 본래는 "모두들 관에
매달린 새끼줄을 잡고서 하관하는 일을 돕는다."[1]라고 한 문장 뒤에 수록되어 있었다.]

集說 此謂國君弔其諸臣之喪. 弔後, 主人當親往拜謝; 喪家若無主
後, 必使以次疏親往拜; 若又無疏親, 則死者之朋友, 及同州同里, 及
喪家典舍之人往拜, 亦可也. 寡君承事, 言來承助喪事, 此君語擯者
傳命以人之辭. 主人曰臨者, 謝辱臨之重也.

이 문장은 제후국의 군주가 신하들의 상에 조문하는 내용이다. 조문을
끝낸 이후 상주는 마땅히 직접 가서 절을 하며 군주가 직접 오게 한 것에
대해 절을 하며 사죄하게 된다. 상을 당한 집에 만약 주인의 후계자가
없는 경우라면, 반드시 친척들 중 그 다음 서열에 해당하는 자로 하여금
군주에게 가서 절을 하도록 시킨다. 만약 친척들도 없다면, 죽은 자의
친구 및 같은 마을에 사는 사람, 또는 상을 당한 집에서 일을 맡아보던
자로 하여금 군주에게 나아가 절을 하도록 시켜도 무방하다. '과군승사
(寡君承事)'라는 말은 찾아와서 상사를 돕는 일에 참여하겠다는 뜻이니,
이것은 군주의 말을 부관이 전달하게 되어 들어와서 건네는 말에 해당한
다. '주인왈림(主人曰臨)'이라는 말은 욕되게 상에 임해주신 것에 대해

---

1) 『예기』「단궁하(檀弓下)」 007장 : 弔於葬者必執引; 若從柩, 及壙, 皆執紼.

깊이 사죄하는 말이다.

【105】

君遇柩於路, 必使人弔之.〈檀弓下-009〉

군주가 도로에서 뜻밖의 상여 행렬을 만나게 된다면, 반드시 사람을 시켜
조문해야만 한다.

<blockquote>
集說　蕢尙畫宮受弔, 不如杞梁之妻知禮. 而此言弔於路, 何也? 蓋
有爵者之喪當以禮弔, 此謂臣民之微賤者耳, 禮不下庶人也. 言必使
人弔者, 是汎言衆人之喪也.
</blockquote>

괴상이 빈소의 그림을 그려서 조문을 받은 것2)은 기량의 처가 예를 알았
던 것만 못하다.3) 그런데 이곳에서는 도로에서 조문을 한다고 했는데,
어째서인가? 무릇 작위를 가지고 있는 자에 대해서는 마땅히 예에 따라
서 조문을 해야 하는데, 이곳에서 말하는 자는 백성들 중 신분이 미천한
자일 따름이니, 예는 서인에게까지는 적용되지 않기 때문이다.4) 반드시
사람을 시켜서 조문을 한다고 말한 것은 백성들의 상을 폭넓게 가리키는
말이다.

【106】

諸侯弔必皮弁錫衰, 所弔雖已葬, 主人必免[問]. 主人未喪服, 則君亦

---

2) 『예기』「단궁하(檀弓下)」 093장 : 哀公使人弔蕢尙, 遇諸道, 辟於路, 畫宮而受
弔焉.
3) 『예기』「단궁하(檀弓下)」 094장 : 曾子曰, 蕢尙不如杞梁之妻之知禮也. 齊莊公
襲莒于奪, 杞梁死焉. 其妻迎其柩於路而哭之哀.
4) 『예기』「곡례상(曲禮上)」 180장 : 國君撫式, 大夫下之. 大夫撫式, 士下之. <u>禮不
下庶人</u>.

不錫衰.〈喪服小記-070〉 [小記. 本在"其君爲主"下.]

제후가 신하에게 조문을 할 때에는 반드시 피변에 석최를 하며, 조문으로 찾아간 집에서 비록 이미 장례를 치른 뒤라 하더라도, 상주는 반드시 문을 ['免'자의 음은 '問(문)'이다.] 한다. 상주가 아직 성복을 하지 않았다면, 제후 또한 석최를 착용하지 않는다. [「상복소기」편의 문장이다. 본래는 "신하의 임금이 상주를 맡는다."[5]라고 한 문장 뒤에 수록되어 있었다.]

集說 錫者, 治其布使之滑易也. 國君自弔其臣, 則素弁環絰錫衰; 弔異國臣, 則皮弁錫衰也. 凡免之節, 大功以上爲重服, 自始死至葬, 卒哭後, 乃不復免; 小功以下爲輕服, 自始死至殯, 殯後不復免, 至葬啓殯之後而免, 以至卒哭如始死. 今人君來弔, 雖非服免之時, 必爲之免, 以尊重人君故也. 禮"旣殯而成服." 此言未喪服, 謂未成服也.

'석(錫)'은 포를 다듬어서 매끄럽게 만든 것이다. 제후가 직접 자신의 신하에게 조문을 하게 되면, 소변에 환질을 두르고 석최를 착용하며, 다른 나라의 신하에게 조문을 한다면, 피변에 석최를 착용한다. 문을 하는 절차에 있어서, 대공복으로부터 그 이상의 상복은 수위가 높은 상복으로 여기고, 어떤 자가 이제 막 죽었을 때로부터 장례를 치를 때까지 하며, 졸곡을 끝낸 뒤에는 곧 재차 문을 하지 않는다. 소공복으로부터 그 이하의 상복은 수위가 낮은 상복으로 여기며, 이제 막 죽었을 때로부터 빈소를 차릴 때까지 하고, 빈소를 차린 뒤에는 다시 문을 하지 않고, 장례를 치르게 되어 가매장했던 빈소를 열게 된 이후에는 문을 하여 졸곡 때까지 하니, 어떤 자가 이제 막 죽었을 때처럼 하는 것이다. 현재 군주가 찾아와서 조문을 했는데, 비록 그 시기가 문을 하는 시기가 아니더라도, 반드시 그를 위해 문을 하니, 군주를 존중하기 때문이다. 예법에서는 "빈소를 차리고서 성복을 한다."라고 했는데, 이곳에서는 아직 상복을 입지 않았다고 했다. 이것은 아직 성복을 하지 않았다는 뜻이다.

---

5) 『예기』「상복소기(喪服小記)」 069장 : 諸侯弔於異國之臣, 則其君爲主.

【107】

天子之哭諸侯也, 爵弁経, 紂[緇]衣.〈檀弓上-140〉 [本在"長六尺"下.]

천자가 제후의 상에 대해 곡을 할 때에는 작변에 질(経)을 두르고, 치의를 ['紂'자의 음은 '緇(치)'이다.] 착용한다. [본래는 "길이는 6척으로 한다."[6]라고 한 문장 뒤에 수록되어 있었다.]

集說 諸侯薨而赴於天子, 天子哭之. 爵弁紂衣, 本士之祭服. 爵弁, 弁之色如爵也. 紂衣, 絲衣也.

제후가 죽어서 천자에게 부고를 알리면, 천자는 곡을 한다. 그때 작변을 쓰고 치의를 착용하니, 이것은 본래 사가 착용하는 제복이다. 작변은 변(弁)의 색깔이 참새와 같은 것이다. '치의(紂衣)'는 사의(絲衣)이다.

集說 鄭氏曰: 経, 衍字也. 周禮王弔諸侯, 弁経緦衰.

정현이 말하길, '질(経)'자는 연문으로 들어간 글자이다. 『주례』에 따르면 천자가 제후에게 조문을 할 때에는 변질(弁経)을 쓰고 시최(緦衰)[7]를 착용한다고 했다.[8]

集說 疏曰: 天子至尊, 不見尸柩, 不弔服. 此遙哭之, 故不服緦衰而服爵弁紂衣也.

소에서 말하길, 천자는 지극히 존귀한 존재이므로, 시신과 영구를 직접 보지 않고, 조복도 착용하지 않는다. 여기에서 곡을 한다는 것은 멀리 떨어져 있는 상태에서 곡을 한다는 것이다. 그렇기 때문에 시최를 착용하지 않고, 작변과 치의를 착용하는 것이다.

---

6) 『예기』「단궁상(檀弓上)」 139장 : 柏椁以端, <u>長六尺</u>.
7) 시최(緦衰)는 석최(錫衰)와 비슷한 재질로 만든 옷으로, 일종의 상복(喪服)에 해당한다. 천자의 경우, 제후의 상(喪)에 착용했던 복장이다.
8) 『주례』「춘관(春官)・사복(司服)」: 王爲三公六卿錫衰, <u>爲諸侯緦衰</u>, 爲大夫士疑衰, <u>其首服皆弁経</u>.

【108】

或曰: "使有司哭之." 〈檀弓上-141〉

어떤 자들은 "유사를 시켜서 곡을 대신하도록 한다."고 주장한다.

集說 鄭氏曰: 非也, 哀戚之事不可虛.

정현이 말하길, 잘못된 주장이니, 슬픔을 나타내는 일에 대해서는 허례로 할 수 없다.

【109】

爲[去聲]之不以樂食. 〈檀弓上-142〉 [三段檀弓.]

천자는 죽은 제후를 위하여['爲'자는 거성으로 읽는다.] 음악을 연주하며 식사하는 일을 거행하지 않는다. [3개 단락은 「단궁」편의 문장이다.]

集說 疏曰: 此是記者之言, 非或人之說也.

소에서 말하길, 이 문장은 『예기』를 기록한 자의 주장이며, 혹자의 주장이 아니다.

【110】

大夫之哭大夫弁経. 大夫與[去聲]殯亦弁経. 〈038〉 [本在"拜踊"下.]

대부가 다른 대부의 상에 찾아가 곡을 하게 되면 석최를 입고 변질을 착용한다. 대부가 다른 대부의 빈소 만드는 일에 참여하게['與'자는 거성으로 읽는다.] 되면 또한 변질을 착용하지만, 몸에는 피변복을 입는다. [본래는 "절을 하고 발을 구른다."9)라고 한 문장 뒤에 수록되어 있었다.]

集說 大夫之喪旣成服, 而大夫往弔, 則身著錫衰, 首加弁経. 弁経

---

9) 『예기』「잡기상」 037장 : 凡喪服未畢, 有弔者, 則爲位而哭拜踊.

者, 如爵弁而素, 加以環経也. 若與其殯事, 是未成服之時也. 首亦
弁経, 但身不錫衰耳. 不錫衰, 則皮弁服也.

대부의 상이 발생하여 이미 성복을 했는데, 다른 대부가 찾아와서 조문을
한다면, 찾아온 자는 몸에 석최를 걸치고, 머리에는 변질을 두른다. '변질
(弁経)'이라는 것은 작변과 같지만 흰색으로 만든 변에 환질을 두른 것이
다. 만약 빈소를 만드는 일에 참여한다면, 이 시기는 아직 성복을 하지
않았을 때이다. 머리에도 또한 변질을 착용하지만, 몸에는 석최를 걸치지
않을 따름이다. 석최를 걸치지 않았다면, 피변복을 착용한다.

【111】

卿・大夫疾, 君問之無筭, 士壹問之. 君於卿・大夫, 比[뿌]葬不食肉,
比卒哭不擧樂. 爲[去聲]士, 比殯不擧樂.〈雜記下-067〉 [本在"其次如此也"
下.]

경과 대부가 병에 걸렸을 때, 군주는 그들에게 문병을 함에 정해진 횟수가
없고, 사가 병에 걸렸을 때에는 한 차례만 문병한다. 군주는 경과 대부의
죽음에 대해서, 그들의 장례를 치를 때까지['比'자의 음은 '뿌(비)'이다.] 고기를
먹지 않고, 그들에 대해 졸곡을 할 때까지 음악을 연주하지 않는다. 사를
위해서는['爲'자는 거성으로 읽는다.] 빈소를 차릴 때까지 음악을 연주하지 않는
다. [본래는 "시행하는 순서는 이 기록과 같다."[10]라고 한 문장 뒤에 수록되어 있었다.]

集說 喪大記云: "三問." 此云無筭, 或恩義如師保之類乎. 或三問者,
君親往; 而無筭者, 遣使乎. 士有疾, 君問之惟一次, 卑賤. 比, 及也.

『예기』「상대기(喪大記)」편에서는 "세 차례 문병을 한다."고 했는데, 이
곳에서는 정해진 수가 없다고 했으니, 아마도 은정과 도의에 따른 사(師)
나 보(保) 같은 스승들의 부류였기 때문일 것이다. 그것이 아니라면 세

---

10) 『예기』「잡기하(雜記下)」066장 : 諸侯使人弔, 其次含襚賵臨, 皆同日而畢事者
也. <u>其次如此也</u>.

차례 문병을 하는 것은 제후가 직접 찾아가는 것이고, 정해진 수가 없이 자주 가는 것은 사신을 보내는 것이다. 사가 병에 걸리면, 군주는 문병을 하며 오직 한 차례만 하니, 신분이 미천하기 때문이다. '비(比)'자는 "~에 이르다."는 뜻이다.

【112】

凡喪服未畢, 有弔者, 則爲位而哭拜踊. 〈037〉 [本在"雖疏亦虞之"下.]

무릇 친족을 위해 상복을 착용하고 있는데, 아직 그 기간이 완전히 끝나지 않았고, 새로 찾아와 조문을 하는 자가 있다면, 자리를 마련하여 곡을 하고 빈객에게 절을 하고 발을 구른다. [본래는 "관계가 소원한 자일지라도 또한 우제와 부제를 치러준다."[11]라고 한 문장 뒤에 수록되어 있었다.]

集說 疏曰: 不以殺禮而待新弔之賓也. 言凡者, 五服悉然.

소에서 말하길, 예법을 줄여서 새로 조문을 온 빈객을 대하지 않기 때문이다. 무릇 '범(凡)'이라고 한 말은 오복의 관계에 속한 자들에 대해 모두 이처럼 한다는 뜻이다.

【113】

當袒, 大夫至, 雖當踊, 絶踊而拜之, 反, 改成踊, 乃襲. 於士, 旣事成踊襲, 而后拜之, 不改成踊. 〈雜記下-025〉 [本在"反服"下.]

사에게 상이 발생하여 단을 해야 하는 때인데, 대부가 조문을 하기 위해 찾아왔다면, 비록 그 시기가 용을 하고 있던 때라 하더라도, 용을 멈추고 밖으로 나가서 대부에게 절을 하며, 그 일이 끝나면 다시 되돌아와서 용의 절차를 마치며, 그런 뒤에 습을 한다. 만약 사가 찾아온 경우라면, 해당하는 일들을 마치고 용의 절차를 끝낸 뒤에 습을 하고, 그런 뒤에 밖으로

---

11) 『예기』「잡기상」036장 : 凡主兄弟之喪, 雖疏亦虞之.

나가서 절을 하니, 다시 고쳐서 용을 마무리 짓지 않는다. [본래는 "원래의 복장으로 갈아입는다."[12]라고 한 문장 뒤에 수록되어 있었다.]

集說 疏曰: 此明士有喪, 大夫及士來弔之禮. 士有喪當袒之時, 而大夫來弔, 蓋斂竟時也, 雖當主人踊時, 必絶止其踊而出拜此大夫. 反, 還也. 改, 更也. 拜竟而反還先位, 更爲踊而始成踊, 尊大夫之來, 新其事也. 乃襲者, 踊畢乃襲初袒之衣也. 於士旣事成踊襲者, 旣, 猶畢也, 若當主人有大小斂諸事而士來弔, 則主人畢事而成踊, 踊畢而襲, 襲畢乃拜之, 拜之而止, 不更爲之成踊也.

소에서 말하길, 이 내용은 사에게 상이 발생했을 때, 대부 및 사가 찾아와서 조문을 할 때의 예법을 나타내고 있다. 사가 상을 치르며 마땅히 단을 해야 하는 때, 대부가 찾아와서 조문을 한 것이니, 무릇 염을 끝냈을 때에는 비록 주인이 용을 해야 하는 때라 하더라도, 반드시 용하던 것을 멈추고 밖으로 나와서 찾아온 대부에게 절을 해야 한다. '반(反)'자는 "되돌아간다."는 뜻이다. '개(改)'자는 다시라는 뜻이다. 절을 끝내고서 앞서 위치하던 자리로 되돌아가고 다시 용을 하여, 비로소 용의 절차를 마치니, 대부가 찾아온 사실을 존귀하게 여겨서, 그 일을 새롭게 만들기 때문이다. '내습(乃襲)'은 용을 끝내면 최초 단을 했던 옷을 습한다는 뜻이다. "사에 대해서는 그 일을 마치며 용을 끝내고서 습을 한다."라고 했는데, '기(旣)'자는 "마치다."는 뜻으로, 만약 주인에게 대렴과 소렴 등의 여러 사안이 있을 때, 사가 찾아와서 조문을 한다면, 주인은 그 일을 끝내고 용의 절차를 마치며, 용을 끝내고서 습을 하고, 습하는 일이 끝나면 그에게 절을 하며, 절을 하고서 그치니, 다시금 그를 위해 용의 절차를 마무리 짓지 않는다.

---

12) 『예기』「잡기하(雜記下)」 024장 : 子游曰, "旣祥, 雖不當縞者, 必縞然後反服."

【114】

大夫弔, 當事而至, 則辭焉.〈檀弓下-006〉[13) [本在"倚其門而歌"下.]

대부가 사에게 조문을 함에 만약 상주가 시행하고 있는 일이 있을 때 당도
하게 된다면, 그 일을 돕는 자가 나와서 상주가 현재 어떠한 일을 시행하고
있다는 사실을 아뢴다. [본래는 "그의 문에 기대어서 노래를 불렀다."14)라고 한 문장
뒤에 수록되어 있었다.]

集說 大夫弔, 弔於士也. 大夫雖尊, 然當主人有小斂·大斂或殯之
事而至, 則擯者以其事告之. 辭, 猶告也. 若非當事之時, 則孝子下
堂迎之.

'대부조(大夫弔)'라는 말은 대부가 사에게 조문을 갔다는 뜻이다. 대부는
비록 존귀한 신분이지만 상주가 소렴·대렴 혹은 빈소를 마련하는 일이
있을 때가 되어서 당도하게 된다면, 부관이 나와 시행하고 있는 일을 대
부에게 아뢴다. '사(辭)'자는 "아뢴다."는 뜻이다. 만약 시행하는 일이 없
을 때 당도하게 된다면, 상주는 당하로 내려가서 그를 맞이한다.

【115】

大夫之喪, 庶子不受弔.〈檀弓下-010〉[二段檀弓. 本在"必使人弔之"下.]

대부의 상에서 서자는 조문을 받지 않는다. [2개 단락은 「단궁」편의 문장이다.
본래는 "반드시 사람을 시켜 조문해야만 한다."15)라고 한 문장 뒤에 수록되어 있었다.]

集說 大夫之喪, 適子爲主拜賓. 或以他故不在, 則庶子不敢受弔,

---

13) 『예기』「단궁하(檀弓下)」 006장 : 大夫弔, 當事而至, 則辭焉. 弔於人, 是日不
樂. 婦人不越疆而弔人. 行弔之日, 不飮酒食肉焉.

14) 『예기』「단궁하(檀弓下)」 005장 : 季武子寢疾, 蟜固不說齊衰而入見, 曰: "斯道
也, 將亡矣. 士唯公門說齊衰." 武子曰: "不亦善乎! 君子表微." 及其喪也, 曾點
倚其門而歌.

15) 『예기』「단궁하(檀弓下)」 009장 : 君遇柩於路, 必使人弔之.

不敢以卑賤爲有爵者之喪主也.

대부의 상에서는 적자가 상주가 되어, 빈객에게 절을 하게 된다. 간혹 다른 연유가 있어, 적자가 그 자리에 있지 않다면, 서자는 감히 적자를 대신해서, 조문을 받을 수 없으니, 감히 자신의 미천한 신분으로, 작위를 가지고 있는 상주를 대신할 수 없기 때문이다.

【116】

其國有君喪, 不敢受弔.〈074〉 [本在"門外拜稽顙"下.]

자신의 나라에 군주의 상이 발생했고, 자신에게도 상이 발생한 상황이라면, 자신의 상에서는 감히 다른 나라에서 찾아온 빈객의 조문을 받지 않는다. [본래는 "문밖으로 나가서 절을 하며 이마를 땅에 댄다."16)라고 한 문장 뒤에 수록되어 있었다.]

集說 言卿・大夫以下有君喪, 而又有親喪, 則不敢受他國賓客之弔, 尊君故也.

경과 대부로부터 그 이하의 계층에 있어서 군주의 상이 발생하고 또 자신의 집에 상이 발생한 상황이라면, 자신의 상에서 감히 다른 나라에서 찾아온 빈객의 조문을 받지 않으니, 군주를 존귀하게 높이기 때문이다.

---

16) 『예기』「잡기상」073장 : 上客臨曰, "寡君有宗廟之事, 不得承事, 使一介老某相執綍." 相者反命曰, "孤須矣." 臨者入門右, 介者皆從之, 立于其左東上. 宗人納賓, 升受命于君. 降曰, "孤敢辭吾子之辱. 請吾子之復位." 客對曰, "寡君命某毋敢視賓客, 敢辭." 宗人反命曰, "孤敢固辭吾子之辱. 請吾子之復位." 客對曰, "寡君命某毋敢視賓客, 敢固辭." 宗人反命曰, "孤敢固辭吾子之辱. 請吾子之復位." 客對曰, "寡君命使臣某毋敢視賓客, 是以敢固辭. 固辭不獲命, 敢不敬從." 客立于門西, 介立于門左東上. 孤降自阼階拜之, 升, 哭, 與客拾踊三. 客出, 送于門外拜稽顙.

【117】

五十無車者, 不越疆而弔人.〈檀弓下-004〉 [本在"亦如之"之下.]

50세가 된 자들 중 수레가 없는 자는 국경을 넘어서까지 남에게 조문을 가지 않는다. [본래는 "또한 이와 같은 과정을 반복하여, 행차를 하게 된다."[17]라고 한 문장 뒤에 수록되어 있었다.]

集說 始衰之年, 不可以筋力爲禮也.

비로소 쇠약해지는 나이가 되었으므로, 근력을 쓰는 일에 중점을 두고 예를 시행할 수 없다.

【118】

婦人不越疆而弔人.〈檀弓下-006〉[18] [本在"是日不樂"下.]

부인은 국경 밖으로 나가서 남에게 조문을 가지 않는다. [본래는 "그 날에는 음악을 연주하지 않는다."라고 한 문장 뒤에 수록되어 있었다.]

集說 婦人無外事, 故不越疆而弔.

부인에게는 바깥일이라는 것이 없다. 그렇기 때문에 국경 밖으로 나가서, 조문을 가지 않는 것이다.

【119】

死而不弔者三: 畏・厭[壓]・溺.〈檀弓上-033〉 [本在"絲屨組纓"下.]

죽은 자에 대해 조문을 하지 않는 경우는 세 가지 있다. 첫 번째는 전쟁터

---

17) 『예기』「단궁하(檀弓下)」 003장 : 君於大夫, 將葬, 弔於宮, 及出, 命引之, 三步 則止. 如是者三, 君退. 朝亦如之, 哀次亦如之.

18) 『예기』「단궁하(檀弓下)」 006장 : 大夫弔, 當事而至, 則辭焉. 弔於人, 是日不樂. 婦人不 越疆而弔人. 行弔之日, 不飲酒食肉焉.

에 나아가 겁에 질려 죽은 경우이며, 두 번째는 압사['厭'자의 음은 '壓(압)'이다.]를 당한 경우이고, 세 번째는 익사를 당한 경우이다. [본래는 "명주의 코 장식이 있는 신발을 신었고, 오채색의 무늬가 들어간 끈이 달린 관을 썼다고 했다."19)라고 한 문장 뒤에 수록되어 있었다.]

集說 方氏曰: 戰陣無勇, 非孝也, 其有畏而死者乎? 君子不立巖墻之下, 其有厭而死者乎? 孝子舟而不游, 其有溺而死者乎? 三者皆非正命, 故先王制禮, 在所不弔.

방씨가 말하길, 전쟁터에 나아가 용맹함이 없다면 효가 아니니,20) 두려움에 떨면서 죽을 수 있겠는가? 군자는 무너질 것 같은 담장 아래에 서 있지 않으니,21) 압사를 당할 수 있겠는가? 효자는 배를 타되 헤엄을 치지 않으니,22) 익사를 당할 수 있겠는가? 이 세 가지 경우에 속하는 자들은 자신의 수명을 다한 것이 아니다. 그렇기 때문에 선왕이 예법을 제정할 때, 이러한 경우에 속하는 자들에 대해서는 조문을 하지 않는 경우로 둔 것이다.

集說 應氏曰: 情之厚者豈容不弔, 但其辭未易致耳. 若爲國而死於兵, 亦無不弔之理, 若齊莊公於杞梁之妻, 未嘗不弔也.

응씨가 말하길, 정감이 두터운 자가 어찌 조문하지 않는 것을 수용할 수

---

19) 『예기』「단궁상(檀弓上)」032장 : 孔子旣祥, 五日彈琴而不成聲, 十日而成笙歌. 有子, 蓋旣祥而絲屨·組纓.

20) 『예기』「제의(祭義)」033장 : 曾子曰, 身也者, 父母之遺體也. 行父母之遺體, 敢不敬乎? 居處不莊, 非孝也. 事君不忠, 非孝也. 涖官不敬, 非孝也. 朋友不信, 非孝也. 戰陣無勇, 非孝也. 五者不遂, 災及於親, 敢不敬乎?

21) 『맹자』「진심상(盡心上)」 : 孟子曰, "莫非命也, 順受其正, 是故知命者不立乎巖墻之下. 盡其道而死者, 正命也, 桎梏死者, 非正命也."

22) 『예기』「제의(祭義)」 038장 : 樂正子春下堂而傷其足, 數月不出, 猶有憂色. …… 壹擧足而不敢忘父母, 是故道而不徑, 舟而不游, 不敢以先父母之遺體行殆.

있겠는가? 단지 조문하며 위로하는 말을 건네지 못할 따름이다. 만약 나라를 위해 전쟁터에서 죽은 자가 있다면, 조문을 하지 않는 이치란 없으니, 마치 제(齊)나라 장공(莊公)이 기량(杞梁)의 처에 대해서 일찍이 조문을 하지 않음이 없었던 것과 같다.23)

集說 愚聞先儒言明理可以治懼, 見理不明者, 畏懼而不知所出, 多自經於溝瀆, 此眞爲死於畏矣, 似難專指戰陳無勇也. 或謂鬪狠亡命曰畏.

내가 듣기로, 선대 유학자들은 이치에 밝게 되면, 두려움을 다스릴 수 있다고 하였으니, 이치를 보고도 밝지 못한 자는 두려워하며, 표출해야 할 것을 알지 못하여, 대부분 도랑에서 제 스스로 목을 매달아 죽게 되니,24) 이러한 자들이 진실로 두려움 때문에 죽은 자들일 것이다. 따라서 전쟁터에서 용맹함을 발휘하지 못하고 죽은 자들만을 전적으로 가리킨다고 생각하기는 어려울 것 같다. 혹자는 다투기를 좋아하여, 부여받은 명령을 잊고, 제멋대로 행동하는 것을 '외(畏)'라고 부른다고 했다.

附註 死而不弔三, 横渠曰: "不弔者, 如何不淑之詞, 無所施焉, 特致其哀而已." 畏厭溺, 畏, 與威同, 謂桎梏死者. 白虎通云: "畏者, 兵死也."

'사이불조삼(死而不弔三)'이라 했는데, 횡거는 "조문을 하지 않는 것은 '어찌하여 이처럼 불행한 일이 발생했습니까.'라는 말을 할 수 없기 때문이니, 단지 슬픔을 지극히 나타낼 따름이다."라 했다. '외염닉(畏厭溺)'이

---

23) 『춘추좌씨전』「양공(襄公) 23년」: 齊侯歸, 遇杞梁之妻於郊, 使弔之. 辭曰, "殖之有罪, 何辱命焉? 若免於罪, 猶有先人之敝廬在, 下接不得與郊弔." 齊侯弔諸其室.

24) 『논어』「헌문(憲問)」: 子貢曰, "管仲非仁者與? 桓公殺公子糾, 不能死, 又相之." 子曰, "管仲相桓公, 霸諸侯, 一匡天下, 民到于今受其賜. 微管仲, 吾其被髮左衽矣. 豈若匹夫匹婦之爲諒也, 自經於溝瀆而莫之知也?"

라 했는데, '외(畏)'자는 위(威)자는 같은 뜻이니, 붙잡혀서 죽은 경우를 뜻한다. 『백호통』에서는 "'외(畏)'자는 전쟁터에서 죽었다는 뜻이다."라 했다.

【120】

弔於人, 是日不樂.〈檀弓下-006〉¹⁾ [本在“至則辭焉”下.] 行弔之日, 不飮酒
食肉焉.〈檀弓下-006〉²⁾ [四段檀弓. 本在“不越疆而弔人”下.]

남에게 조문을 하게 되면 그 날에는 음악을 연주하지 않는다. [본래는 "당도하
게 된다면, 그 일을 돕는 자가 나와서 상주가 현재 어떠한 일을 시행하고 있다는 사실을
아뢴다."라고 한 문장 뒤에 수록되어 있었다.] 조문을 시행한 날에는 술을 마시지
않고 고기도 먹지 않는다. [4개 단락은 「단궁」편의 문장이다. 본래는 "국경 밖으로
나가서 남에게 조문을 가지 않는다."라고 한 문장 뒤에 수록되어 있었다.]

> **集說** 是日不樂, 不飮酒食肉, 皆爲餘哀未忘也.

조문을 한 날에 음악을 연주하지 않고, 술과 고기를 먹고 마시지 않는데,
이 모두는 마음에 슬픔이 남아 있어서, 그에 대한 생각을 잊을 수 없기
때문이다.

> **類編** 右弔哭.

여기까지는 '조곡(弔哭)'에 대한 내용이다.

---

1) 『예기』「단궁하」006장 : 大夫弔, 當事而至, 則辭焉. <u>弔於人, 是日不樂</u>. 婦人不
　　越疆而弔人. 行弔之日, 不飮酒食肉焉.
2) 『예기』「단궁하」006장 : 大夫弔, 當事而至, 則辭焉. 弔於人, 是日不樂. 婦人不
　　越疆而弔人. <u>行弔之日, 不飮酒食肉焉</u>.

| 저자소개 |

최석정(崔錫鼎, 1646~1715)

· 조선 후기의 문신이자 학자이다.
· 본관은 전주(全州)이고 초명은 석만(錫萬)이며, 자는 여시(汝時) · 여화(汝和)이
  고, 호는 명곡(明谷) · 존와(存窩)이며, 시호는 문정(文貞)이다.

| 역자소개 |

정병섭鄭秉燮

· 1979년 출생
· 2002년 성균관대학교 유교철학과 졸업
· 2004년 성균관대학교 대학원 유학과 석사
· 2013년 성균관대학교 대학원 유학과 철학박사
· 『역주 예기집설대전』 · 『역주 예기보주』 · 『역주 예기천견록』을 완역하였다.
· 『의례』, 『주례』, 『대대례기』 번역과 한국유학자들의 예학 관련 저작들의 번역
  을 계획 중이다.

· 『예기유편대전(禮記類編大全)』의 표점과 원문은 한국유경편찬센터(http://ygc.
  skku.edu)의 자료를 사용하였다.

譯註
禮記類編大全 ❻

초판 인쇄   2020년 2월 1일
초판 발행   2020년 2월 18일

저   자 | 최 석 정(崔錫鼎)
역   자 | 정 병 섭(鄭秉燮)
펴 낸 이 | 하 운 근
펴 낸 곳 | 學古房

주   소 | 경기도 고양시 덕양구 통일로 140 삼송테크노밸리 A동 B224
전   화 | (02)353-9908   편집부(02)356-9903
팩   스 | (02)6959-8234
홈페이지 | hakgobang.co.kr
전자우편 | hakgobang@naver.com, hakgobang@chol.com
등록번호 | 제311-1994-000001호

ISBN   979-11-6586-138-4 94150
          979-11-6586-132-2 (세트)

값 : 38,000원

※ 파본은 교환해 드립니다.